Clemens-August Andreae · Wirtschaft und Gesellschaft

Ausgewählte Schriften in memoriam

Volkswirtschaftliche Schriften

Begründet von Prof. Dr. Dr. h. c. J. Broermann †

Heft 433

Clemens-August Andreae

Clemens-August Andreae

Wirtschaft und Gesellschaft

Ausgewählte Schriften in memoriam

herausgegeben von

Franz Aubele

Duncker & Humblot · Berlin

Die Deutsche Bibliothek – CIP-Einheitsaufnahme

Andreae, Clemens-August:
Wirtschaft und Gesellschaft : ausgewählte Schriften in memoriam / Clemens-August Andreae. Hrsg. von Franz Aubele. – Berlin : Duncker und Humblot, 1994
(Volkswirtschaftliche Schriften ; H. 433)
ISBN 3-428-07960-4
NE: Aubele, Franz [Hrsg.]; GT

Fotoprint: Color-Druck Dorfi GmbH, Berlin
Printed in Germany

ISSN 0505-9372
ISBN 3-428-07960-4

Inhaltsverzeichnis

Würdigungen

I. Mensch und Wirtschaft

II. Wirtschaftsverfassung und Wirtschaftsordnung

III. Marktwirtschaft

IV. Der Unternehmer

V. Österreich - Europa

VI. Freizeit

VII. Wirtschaft und Kunst

VIII. Die Universität als Wirtschaftsfaktor

Vorwort des Herausgebers

Am 26. Mai 1991 ist o.Univ.-Prof. Dr. Dr.h.c. Clemens-August Andreae auf der Rückreise von einer wissenschaftlichen Exkursion nach Hongkong zusammen mit seinem Kollegen Prof. Lehmann, vier Assistenten und fünfzehn Studenten der Universität Innsbruck durch einen Flugzeugabsturz über Thailand ums Leben gekommen.

Das "in memoriam" im Titel dieses Bandes gilt allen mit ihm Verunglückten.

C.-A. Andreae wurde aus diesem beklagenswerten Anlaß damals mehrfach in der Presse ausführlich gewürdigt, sein Institut hat im Band 189 der "Veröffentlichungen der Universität Innsbruck" auf die Vielseitigkeit seines Denkens und seiner Tätigkeit als Hochschullehrer hingewiesen.

C.-A. Andreae wurde am 5. März 1929 in Graz geboren, studierte in Marburg, Promotion 1950, anschließend Assistent am Institut für Finanzwissenschaft an der Universität Köln, habilitierte sich 1955 bei Prof. Schmölders und kam im Sommersemester 1958 als junger Extraordinarius für Politische Ökonomie nach Innsbruck, wurde 1962 ordentlicher Professor, war 1966/67 und 1976/77 Dekan sowie 1981-83 Rektor.

Wir haben uns gleich im Sommersemester 1958 kennengelernt, ich begann damals nach Abschluß meines Habilitationsverfahrens mit einer Vorlesung über Mittelstandspolitik, einem Thema, das auch Andreae beschäftigte. Unsere Interessen in Fragen der Wirtschaftspolitik sind sich in den vergangenen mehr als 30 Jahren immer wieder begegnet, Fragen der Wirtschaftsverfassung und Wirtschaftsordnung, des Wettbewerbs und der staatlichen Kartellpolitik, des Unternehmertums und der Sozialpartnerschaft. Meine gleichzeitige Tätigkeit in der Interessenorganisation der gewerblichen Wirtschaft war Anlaß für viele Gespräche, Andreae hat stets den Kontakt mit der praktischen Wirklichkeit gesucht und gepflegt, er war ein liebenswerter Kollege und Freund, beliebt bei seinen Studenten, als glänzender Redner im Hörsaal und bei Veranstaltungen von Wirtschaftsverbänden bekannt und geschätzt.

Im Hinblick auf meine lange Bekanntschaft mit Clemens-August Andreae und aus Anlaß seines bevorstehenden 65. Geburtstages habe ich gerne die

Herausgabe eines Gedenkbandes mit ausgewählten Publikationen übernommen. Diese Zusammenstellung war freilich bei dem Umfang des mir von seinem Institut für Finanzwissenschaft zur Verfügung gestellten Schriftenverzeichnisses keine leichte Aufgabe. Die Vielfalt seiner Interessen, Gedanken und Ideen, das in seinen Veröffentlichungen erkennbare publizistische Echo auf Probleme in Politik, Wirtschaft und Gesellschaft lassen einen leitenden Gesichtspunkt deutlich werden: die Aufgabe der Nationalökonomie besteht darin, neben der Grundlagenforschung auch Zweckforschung zu betreiben und wirtschaftspolitische Entscheidungen durch Anwendung wissenschaftlicher Methoden und Erkenntnisse auf konkrete wirtschaftspolitische Probleme vorzubereiten .

Die Wirtschaftswissenschaft ist aber auch Kulturwissenschaft, ist eine Wissenschaft vom Menschen, sie hat sich an den Ereignissen ihrer Zeit und der Welt zu orientieren, sie soll und muß in das praktische Leben hineingreifen und sich - wie es Andreae getan hat - auch mit Gesundheit und Freizeit, mit sozialer Sicherheit und Daseinsvorsorge, aber auch mit Ökonomik der Kunst befassen.

Ich danke allen, die mir bei der Gestaltung dieser Publikation geholfen haben, vor allem dem Institut für Staatsrecht und Politische Wissenschaften der Universität Linz, das auf Initiative des Vizepräsidenten des Bundesrates o.Univ.-Prof. Dr.Dr.h.c. Herbert Schambeck das gesamte Buchmanuskript fertiggestellt hat sowie dem Verleger Prof. Norbert Simon für die Übernahme der Publikation, die ich Frau Dipl.Vw. Ilse Andreae und allen anderen Hinterbliebenen widme.

Innsbruck, im September 1993 Univ.-Prof. Dr. Franz Aubele

Würdigungen

Der Vizekanzler und Bundesminister für Wissenschaft und Forschung

Ein Gedenken an Clemens-August Andreae fällt leicht. Nicht weil etwa der Wissenschafter, Zeitgenosse und Freund eine so einfache Person gewesen wäre, sondern weil seine Spuren in der Zeit und in der Welt kräftige waren. Unverkennbar war allein schon der historische Hintergrund. Geprägt durch das kurfürstliche Köln, mit Österreich auf das engste verbunden, war er irgendwie der Typus eines barocken Menschen. Er wäre als Kirchenfürst genauso vorstellbar gewesen wie als Kanzler eines Reichsfürsten mit Sinn für Lebensfreude, Herrschaft und ihre Zeichen sowie der Ausübung von Ämtern. Die Gestaltung seines Universitätsinstitutes in Innsbruck war eindrucksvoll, die Auftritte des Wissenschafters von jener Kräftigkeit, die sich nichts von des Gedankens Blässe anmerken ließ, die oft den Universitäten vorgeworfen wird, das Engagement in allen Lebensbereichen, die ein positives Verhältnis zur Welt und Aufgabe signalisierten.

Clemens-August Andreae verstand sich immer auch politisch. Nicht im Sinne eines Adabeis oder Intervenienten, sondern eines grundsatzorientierten Menschen, der bereit war, Konflikt und Auseinandersetzung auf sich zu nehmen, wenn es um seine Ideen und Vorstellungen ging. Sein Engagement war nicht eng beschränkt auf sein Wissenschaftsgebiet, sondern ging tief in Kunst und Industrie hinein mit jener Selbstverständlichkeit, die eigentlich der Wissenschaft zu eigen sein sollte. Daß er nebenbei damit auch viel Geld bewegte, das Wissenschaft und Kunst zugute kam, sei dankbar bemerkt. Vielleicht hat er damit am besten jene Dienstfunktion der Wirtschaft am Leben signalisiert und personalisiert, die Kritiker unseres Wirtschaftssystems so gerne verschweigen. Immer wieder wird Wirtschaft nur als Selbstzweck hingestellt, während es für Andreae ein Teil des Lebensvollzugs gewesen ist - ein Lebensvollzug, der nicht behindert, sondern dadurch unterstützt werden sollte. Umso betroffener war ich, als ich von seinem tragischen Tod hörte.

Die vorliegende Publikation wird die Erinnerung an Clemens-August Andreae als einen der vielseitigsten und originellsten Vertreter der akademischen Welt wachhalten.

Dr. Erhard Busek

Der Landeshauptmann von Tirol

Der Leopold-Franzens-Universität Innsbruck diente Clemens-August Andreae als Ordinarius für Politische Ökonomie, darüber hinaus als Dekan und Rektor. Einer der jüngsten Professoren in der Geschichte der heimischen Hochschule wurde durch einen zu frühen Tod aus unserer Mitte gerissen.

Die Tiroler Landesregierung verlieh Dr. Clemens-August Andreae in Würdigung seiner Verdienste bereits vor zehn Jahren das Ehrenzeichen des Landes Tirol. Ein Rektor mit jugendlichem Elan regierte damals die Universität in schwierigen Zeiten sachlich souverän und mit schöpferischer Freude am hohen Amt, immer zum konstruktiven Gespräch mit Professoren, Assistenten und Studierenden bereit, aber stets entscheidungsfreudig.

Der Forscher und Gelehrte Andreae, dessen Verlust uns noch heute mit Schmerz erfüllt, gelangte zu elementaren Erkenntnissen. Etwa, daß der Lebensstandard nicht mit Konsumvermögen, Stundenlohn oder Dauer der Arbeitszeit ausgedrückt werden kann, sondern daß dazu die Qualität der Umwelt, Glücksvermögen, örtliche und geistige Heimat gehören. Seine Worte leben weiter!

Dipl.Ing. Dr. Alois Partl

Der Vorsitzende der österreichischen Rektorenkonferenz

Als am 26. Mai 1991 bei Bangkok ein Flugzeug zerschellte, verlor das Institut für Finanzwissenschaft an der Universität Innsbruck seinen Gründer, die österreichische Wirtschaftswissenschaft einen ihrer blendendsten Köpfe, die österreichische Rektorenkonferenz und mit ihr das gesamte akademische Leben dieses Landes einen unermüdlichen akademischen Lehrer, hervorragenden Forscher und klugen Vordenker: Clemens-August Andreae.

Dem akademischen Leben gab Professor Andreae durch sein beispielhaftes Engagement in vielen hohen und höchsten Funktionen wertvolle Impulse. So diente er 1966/67 der Rechts- und Staatswissenschaftlichen Fakultät der Universität Innsbruck in seiner Eigenschaft als Dekan, 1976/77 bekleidete er dasselbe Amt an der Sozial- und Wirtschaftswissenschaftlichen Fakultät. Nicht zuletzt trugen ihm wohl auch seine Verdienste als Leiter und Organisator bedeutender Hochschulkurse und Symposien über Grundsatzfragen der Ökonomie hohe Auszeichnungen und Ehrungen ein.

Von 1981 bis 1983 war Professor Andreae Rektor der Universität Innsbruck. In der Österreichischen Rektorenkonferenz wirkte er in mehreren Ausschüssen führend mit, so befaßte er sich etwa mit Fragen der Hochschulreform und des Hochschulbudgets und trug zur Reform des Studienrechts äußerst engagiert bei. Die Wichtigkeit der Zusammenarbeit zwischen Universität und Wirtschaft hatte Professor Andreae schon frühzeitig erkannt und tatkräftig gefördert.

Clemens-August Andreae hinterläßt ein wissenschaftliches Werk von außergewöhnlichem Umfang und bleibender Bedeutung. Seine Arbeiten zeigen eine beachtliche geistige Breite und Interdisziplinarität, trotzdem bleibt die Frage nach den Motiven und Triebkräften für wirtschaftliche Verhaltensweisen in der Gesellschaft gleichsam der Leitstern seines Denkens und Suchens. Besonders interessiert ihn das durchaus ambivalente Phänomen der Macht, als Gestaltungsmöglichkeit und Bedrohung zugleich; diesem Phänomen spüren letztlich auch seine Forschungen auf den Gebieten der Wettbewerbstheorie und Wirtschafts- und Finanzpolitik nach.

Clemens-August Andreaes dienendes Leben für Wissenschaft und Gesellschaft hat vieles bewegt und zum Positiven hin verwandelt. Er bleibt unvergessen.

O.Univ.-Prof. Dr. Johannes Hengstschläger
Rektor der Universität Linz

Der Rektor der Universität Innsbruck

O.Univ.-Prof. Dr. Clemens-August Andreae war ein Meister des Wortes - des gesprochenen und des geschriebenen Wortes. Das Erlebnis seiner spontanen Beredsamkeit, ihrer Klarheit und Frische, ihrer undogmatischen Anschaulichkeit, ihres Witzes, kurz: ihrer ständigen Geistes-Gegenwart, dieses Erlebnis ist mit ihm dahingegangen. Anders verhält es sich mit seinen Schriften und mit seinen gedruckten Reden. Sie haben ihn überdauert, sie können lebendig gehalten werden.

Sie können es deshalb, weil einiges, was den Redner so fesselnd machte - seine Gabe etwa, komplizierte Sachverhalte auf den Punkt zu bringen, oder die Anschaulichkeit und Lebendigkeit seiner Darstellung - auch den Schreiber auszeichnet. Sie haben darüber hinaus den Vorzug, den Theoretiker und den Philosophen Clemens-August Andreae deutlicher wahrnehmbar zu machen. Gerade die Vielfalt der Forschungs- und Interessengebiete ist geeignet, die Einheit der philosophischen Ausgangskonzeption an den Tag zu bringen.

Deshalb verbinde ich mit meinem Dank an alle, die sich um diesen Band verdient gemacht haben, den Wunsch, daß er den Weg zum Publikum findet.

O.Univ.-Prof. Dr. Hans Moser

I. Mensch und Wirtschaft

Mensch und Wirtschaft

Spannungen und Lösungen*

Nationalökonomie - eine Wissenschaft vom Menschen ?

Ironisch-ernste Aphorismen über die Beziehungen zwischen Mensch und Wirtschaft teilte 1957 K. E. Boulding unter dem Thema "Wirtschafts- und Sozialwissenschaften" in "Diogenes, Internationale Zeitschrift für die Wissenschaften vom Menschen" mit.

"Die Welt des Wirtschaftlers besteht nicht aus Menschen, sondern aus Waren und Mengenverhältnissen, die damit verbunden sind: Preise, Leistung, Vorräte, Verbrauch, Zinsfüße und so weiter. Seine Unterlagen bestehen zum größten Teil aus den zeitlichen Varianten dieser Faktoren. Die Wirtschaftswissenschaft ist daher eine Art Astronomie von Waren, die sich mit den Bewegungen und wechselseitigen Beziehungen zwischen diesen zeitlichen Varianten beschäftigt, und wenn diese Bewegungen regelmäßig genug sind, kann die zufällige Tatsache, daß Waren von Menschen bewegt werden, ausgeklammert werden. So können die Astronomen in ähnlicher Form die Frage ausklammern, ob die Planeten von Engeln bewegt werden, denn ob sie nun bewegt werden oder nicht, Engel sind entzückend regelmäßig in ihrem Verhalten, daß sie ausgeklammert, zumindest aber durch Differentialgleichungen ersetzt werden können. Leider Gottes sind die Menschen für den Wirtschaftstheoretiker in ihren Bewegungen nicht so regelmäßig wie die Engel": ein Tatbestand, den die ökonomische Theorie bisher nur allzuoft vernachlässigen zu können glaubte.

Es ist ungemein aufschlußreich, in der Geschichte der Wirtschaftstheorie zu verfolgen, wie neue empirische Erkenntnisse über das Verhalten der Menschen in der Wirtschaft zunächst den Anstoß zu wissenschaftlichen Fortschritten und zur Schulenbildung gaben, um schon bald nach ihrer Verkündigung zu blassen, also schematischen und durchaus nichtempirischen Fiktionen "weiterentwickelt" zu werden. So war der Homo Oeconomicus im Ideengebäude Adam Smith's eine durchaus reale Kategorie, nämlich der soziologische Typus des "wohl von

---

* Selbständige Publikation, erschienen in: Tyrolia-Geschenktaschenbücher, Band 33/34, Innsbruck 1966.

Eigennutz geleiteten Menschen, bei dem aber doch die Anmaßung der Selbstliebe gedämpft und herabgestimmt ist, der allgemein die Grenzen innehält, die nicht nur das Recht, sondern auch die Gerechtigkeit vorschreibt, der die entfernteren Wirkungen seiner Handlungen bedenkt, Vorteile und Nachteile abwägt und, indem er Selbstbeschränkung übt, sich als 'klugen' Menschen bewährt". (O. v. Zwiedineck-Südenhorst: Der Begriff Homo Oeconomicus und sein Lehrwert, in "Jahrbücher für Nationalökonomie und Statistik", 1934, zit. aus, ders.: Mensch und Wirtschaft, Berlin 1955, S. 277). Und wenn in diesen Realtypus des englischen Unternehmers jener Zeit auch unverkennbare Elemente der Smith'schen Moralphilosophie eingegangen sind, so entspricht der Wirtschaftsmensch Ricardos vollends "der teils subtilen, teils groben und brutalen Tatsächlichkeit" (Herbert Schack: Der irrationale Begriff des Wirtschaftsmenschen, in "Jahrbücher für Nationalökonomie und Statistik", 122. Band, S. 449) der englischen Verhältnisse nach 1776, "in denen die Schroffheit der Eigennutzverfolgung auf Kosten anderer noch viel deutlicher . . . zu erleben war" (Zwiedineck-Südenhorst, a.a.O.)

Die Umdeutung dieser Realtypen in eine schematische Fiktion, wie sie zuerst von Buckle und J. St. Mill vollzogen wurde (Schack, a.a.O.), verallgemeinert eine empirisch gewonnene Typisierung gruppenkonformer Verhaltensweisen zu dem Bild eines von einem einzigen Instinkt getriebenen, mechanisch reagierenden Wesens, mit dem häufig ohne Bedenken auch der Konsument identifiziert wurde. Solch grundlegende Verkennung des sozialen Charakters empirischer ökonomischer Hypothesen, Theorien und "Gesetze" ist häufig zu beobachten, sie bedeutet stets, daß das Wissen um den zeitlich und räumlich begrenzten sozialkulturell determinierten Geltungsbereich (vgl. G. Eisermann: Wirtschaftstheorie und Soziologie, "Recht und Staat", Heft 205, Tübingen 1957, S. 9 f.) einer ökonomischen Theorie schwindet oder hintangestellt wird, und führt daher folgerichtig zu fortschreitender Distanzierung der Theorie von ihrem eigentlichen Erkenntnisobjekt: der wirtschaftlichen Wirklichkeit.

Die in dieser Schrift zusammengefaßten Beiträge beinhalten nun keine Auseinandersetzungen mit Theorien. Mir lag nur daran, ein Bild vom Menschen in seinen verschiedenen Bezügen zur Wirklichkeit des Wirtschaftslebens zu vermitteln, die unterschiedlichen Motive seines Handelns zu erklären und den Versuch von Anregungen zur Befestigung der Position des Menschen im Mittelpunkt auch des ökonomischen Seins zu unternehmen.

Aus jeweils aktuellem Anlaß heraus konzipierte und hier unter einem Leitthema versammelte Gedankengänge können und wollen nicht den Anspruch erheben, die Nationalökonomie als eine Wissenschaft vom Menschen zu *erweisen*. Jedoch wurden die einzelnen Beiträge aus solcher Überzeugung heraus verfaßt.

Anlaß und beschränkter Raum verbieten es, jetzt und hier Argumente gegen die wissenschaftliche Legitimität des "homo oeconomicus" der katallaktischen Forschungsrichtung zu präsentieren und die Darstellung der Theorie vom Wirtschaften der Menschen zu vermitteln.

Das Wissen über die Anschauung der Nationalökonomie als anthropologische Wissenschaft, "als Kristallisationskern für eine Synthese der Wissenschaft vom Menschen" (Hellmuth Stefan Seidenfus), vermitteln dem Leser wie mir die Werke vieler Großen unseres Faches.

Mein verehrter Lehrer, Prof. Günter Schmölders, hat die empirische Erforschung des ökonomischen Verhaltens des Menschen zu seiner Lebensaufgabe werden lassen. War es für mich eine Auszeichnung, von Forschung und Lehre Schmölders' geprägt zu werden, so durfte ich es als Glück empfinden, meinen ersten Ruf als Hochschullehrer von der Universität Innsbruck zu erhalten, an deren wirtschaftswissenschaftlichem Institut seit langem schon Nationalökonomie als Wissenschaft vom Menschen gelehrt wird. Der Institutsvorstand, Prof. Ferdinand Ulmer, hat die 1948 publizierten theoretischen Darlegungen über "Grunderkenntnisse einer allgemeinen Wirtschaftstheorie" vom Menschen hergeleitet.

Viele wertvolle Anregungen und tatkräftige Unterstützung in meiner Arbeit verdanke ich darüber hinaus Freunden und Mitarbeitern, insbesondere meinen Kollegen Hansmeyer, Kilger, Klüber sowie Dr. Rexhausen, Oberbürgermeister Dr. Rinsche, Dr. Smekal, Dr. Scherhorn und Dr. Schoen.

Das Ergebnis dieser vielfältigen Anregungen, der in Universitätsdiskussionen und privaten Gesprächen formulierten Ideen und Meinungen zu vereinigen und als Diskussionsstoff einer weiteren Leserschaft zuzuleiten, sehe ich als meine Aufgabe, sowie als Sinn und Zweck der vorgelegten Schrift an.

Den verschiedenen im Quellenverzeichnis (Anhang) genannten Verlagen danke ich für die freundliche Genehmigung der Wiedergabe meiner im Laufe der letzten Jahre verfaßten Beiträge.

Eine wohlgemeinte Kritik mögen die von mir genannten Lehrer, Kollegen, Mitarbeiter und Schüler als "geistige" Autoren würdigen. Für etwaige Fehler, Mängel oder gedankliche Unklarheiten trage ich selbstverständlich allein die Verantwortung.

DER STAATSBÜRGER

Freiheit und Eigentum - höchste Werte des Staatsbürgers

Das Wesen der beiden Begriffe Freiheit und Eigentum sowie ihr innerer Zusammenhang ist, wie im einzelnen darzulegen sein wird, nur von der Idee der Person her verständlich, weil in ihr begründet. Das kommt überzeugend zum Ausdruck in der Erklärung der Menschenrechte vom 10. Dezember 1948 und in der Systematik moderner Grundrechtskataloge. So erscheint in der Präambel der Deklaration der Menschenrechte die Würde des Menschen als oberster Wert und als die "Grundlage von Freiheit, Gerechtigkeit und Frieden in der Welt". Daraus ergeben sich dann die einzelnen Menschenrechte, unter denen auch das Recht, "Eigentum innezuhaben" (Art. 17) genannt wird. In der Verfassung der Bundesrepublik Deutschland ist die Würde des Menschen (Art. 1) das Fundament des gesamten positiven Rechts. Sie ist die Ausgangsposition, in ihr gründet die freie Entfaltung der Persönlichkeit (Art. 2), und auf diese Grundlage wird neben anderen Grundrechten auch die Gewährleistung des Eigentums (Art. 14) gestellt. Die Begriffe Person, Freiheit, Eigentum bedürfen indessen der materialen Ausdehnung. Bevor man versucht, etwas über den Sinn der Freiheit und den des Eigentums auszusagen, ist es notwendig, sich über den Begriff der Person zu verständigen.

Begriff der Person

Als Person unterscheidet sich der Mensch von jeder anderen Individualisierung dadurch, daß er mit der Anlage des Selbstbewußtseins und der Selbstverfügung, mit Vernunft und Freiheit ausgestattet ist. Er ist nicht nur äußerlich durch Abgrenzung und Gestalt von anderem Seienden unterschieden. Das Besondere personaler Individualisierung besteht darin, daß die Person um sich selbst weiß, sich selbst besitzt, über sich selbst verfügt: daß sie ein Ich ist. Seine Personalität gibt dem Menschen als *denkendem* Wesen das Wissen um sich selbst und das Stehen im eigenen Stand, als *wollendem* Wesen die Macht, sich selbst zu bestimmen und sich auf selbstgesetzte Ziele hin zu entscheiden. In diesen beiden Möglichkeiten des sich selbst bewußten *Erkennens* und des in Freiheit sich entscheidenden *Wollens* liegt das Wesen der Personalität, der Aufgipfelung des Menschenwesens überhaupt, der auch seine leiblichsinnliche Natur zugeordnet ist. Das erhebt den Menschen weit über jede unpersonale Individualität, der Selbstbewußtsein und Selbstverfügbarkeit fehlen. Personen als Existenz einer geistigen Natur meint den Selbstand eines Wesens, das den Sinn seines Daseins nicht mit naturgesetzlicher Notwendigkeit erfüllt, sondern in freier Entscheidung. Das bedeutet aber auch, daß der Mensch in diesem seinem Selbstand und seiner Selbstverfügung Selbstzweck ist und niemals als Mittel zum Zweck "eingesetzt" werden darf.

Sinn der Freiheit

Zum Wesen der Person gehört also die Freiheit. Ihr Sinn besteht aber in der frei vollzogenen Bindung menschlichen Handelns an eine vorgegebene Wertordnung, in der Bejahung der Werte des Wahren, Guten und Schönen, deren Verwirklichung durch den Menschen Entfaltung und Bereicherung seiner Personalität und ihre Vollendung zur Persönlichkeit bedeutet. Personale Freiheit ist sinnvoll nur in der Verknüpfung der "Freiheit wovon" mit der "Freiheit wozu" (Nietzsche). Sie ist also keineswegs als Korrelat oder Konträrbegriff zur Gebundenheit, sondern als ein *Modus der Bindung* zu verstehen. Vollzug der Freiheit bedeutet Lösung des Menschen von Gebundenheiten physischer und animalischer Natur und die Bejahung geistig-ethischer Bindungen, die der Würde seiner personalen Verfassung als Geistnatur angemessen sind. Das Höchstmaß von Freiheit, das ein Mensch erreichen kann, ist also zugleich ein Höchstmaß an Bindung, jener Bindung, die in Freiheit ihr Ja spricht zur Welt der Werte und sie zu verwirklichen sucht. Dies also ist der Inhalt des Begriffs der personalen Würde: Selbsthabe und Selbstverfügung, das Handeln aus eigener Anfangskraft im Blick auf die Verwirklichung einer objektiven Wertordnung. Diese Idee der Würde des Menschen wurde im Ablauf ihrer geschichtlichen Entfaltung wesentlich vertieft durch die biblische Imago-Dei-Lehre, welche eine neue Dimension des Menschen aufschloß und mit dem Ausweis seiner Verwurzelung im Transzendenten seiner personalen Würde die letzte Begründung gab.

Grundlage des Eigentumsgedankens

In der Hinwendung zu einem Anderen, zur Umwelt, Mitwelt und Überwelt, begegnet der Mensch einer *wert*-vollen Welt. Und indem er sich in selbstmächtiger, freier Entscheidung den Werten der Welt öffnet und sie bejaht, wird er zu wertvoller Persönlichkeit und gewinnt so erst eigentlich sich selbst. Damit haben wir den logischen Ansatzpunkt für die Entfaltung des Eigentumsgedankens gewonnen. Begrifflich versteht man unter Eigentum Verfügungsmacht über Sachgüter. Diese Verfügungsmacht aber ist nicht Selbstzweck, sondern Mittel zum Zweck, sie steht im Dienst der Persönlichkeitsentfaltung. Das Eigentumsrecht soll gemäß seiner naturrechtlichen Bestimmung dem Menschen jenen Raum der Freiheit gewähren, in welchem er die Sinnbestimmung seiner Existenz, durch Wertverwirklichung zur Persönlichkeit zu werden, erfüllen kann. Im einzelnen werden in der Tradition der naturrechtlichen Eigentumslehre folgende Argumente zur Begründung angeführt:

1. Das Eigentum ist die materielle Basis der Lebensentfaltung des Menschen in seiner Leib- Geist-Natur, es ist der Garant seiner Würde und Freiheit und ein entscheidendes Mittel seiner ethischen Bewährung. Darüber hinaus ermöglicht es dem Menschen als geistig-planendem Wesen, "die Gegenstände seines Bedarfs nicht nur für den Augenblick, sondern auch für die Zukunft vorsorgend und nach eigenem Ermessen auszuwählen" (Rerum novarum, n. 6). Es geht in dieser letzteren Aussage um die Funktion des Eigentums als Mittel der Zukunftsvorsorge, der Sicherung menschlicher Unabhängigkeit von den Wechselfällen des Lebens.

2. Das Eigentum hat fundamentale soziale Funktionen: Abgrenzung der Rechtssphären und damit Sicherung des Rechtsfriedens, Weckung und Erhaltung des persönlichen Interesses an den Gütern, Förderung der Produktion und des wirtschaftlichen Tauschverkehrs. Demgegenüber würde eine grundsätzliche Aufhebung des Eigentums zu sozialem Unfrieden führen, zu Trägheit und Interesselosigkeit an den Sachgütern, zur Erschwerung des Warenaustausches und vor allem zu einer ungeheuren Konzentration an wirtschaftlicher und politischer Macht mit ihren die Würde und Freiheit des Menschen bedrohenden Wirkungen. All diese Einzelargumente sind Ausdruck der Grundtatsache, daß das Eigentum als "die Erstreckung der menschlichen Person in die materielle Welt bei der Erfüllung ihrer existentiellen Zwecke" (Messner) anzusehen ist und daß es die notwendige materielle Voraussetzung ist für die Erfüllung der dem Menschen gestellten Lebensaufgabe, durch frei vollzogene Wertverwirklichung den Lebenssinn seiner Existenz zu erfüllen.

Doppelte Funktion des Eigentums

Wenn wir die Bezogenheit des Eigentums auf die Würde und Freiheit der Person herausstellen, so darf nicht die eben angedeutete innere Konstitution der Person als ens individuale et sociale übersehen werden. Aus dieser Individual- und Sozialnatur der Person, aus der Polarität ihrer Eigenständigkeit und Gemeinschaftsbezogenheit ergibt sich auch für die Funktionsbestimmung des Eigentums eine weitere bedeutsame Konsequenz, nämlich die Doppelseitigkeit des Eigentums, die man in einer terminologischen Parallelität zur Individual- und Sozialnatur der Person als die *Individual-* und *Sozialnatur* des Eigentums zu bezeichnen pflegt.

In seiner *Individualnatur* ist das Eigentum auf die individualitas der Person, auf ihre Eigenständigkeit und Eigenmächtigkeit bezogen; es dient der Sicherung der personalen Freiheit und hat in dieser Funktion die Aufgabe, dem Menschen die äußeren Bedingungen für die Aktualisierung seiner Freiheit zu garantieren. Die *Sozialnatur* des Eigentums indessen ist die logische Konsequenz der socialitas der Person. Das Eigentum als Mittel der Persönlichkeitsentfaltung schließt die Beanspruchung der Sachgüter durch das Gesamtwohl nicht aus, sondern trägt sie gerade in sich, weil der Mensch nur in seiner wesensmäßigen Gemeinschaftsbezogenheit und als Glied einer Gemeinschaft Vollperson wird. Das Eigentum hat also keineswegs individualistischen Charakter, es verpflichtet viel mehr den Menschen zum sozialen Gebrauch seiner Güter in steter Rücksicht auf die Gemeinschaft. Der Begriff der Sozialnatur des Eigentums umschließt auch die Tatsache, daß die Sachgüter von ihrer naturrechtlichen Zwecksetzung her für die ganze Menschheit bestimmt sind und diesem Widmungszweck in jeder geschichtlichen Situation erhalten bleiben müssen: "Auch nach ihrer Unterstellung unter das Privateigentum hört die Erde nicht auf, dem allgemeinen Nutzen zu dienen" (Rerum novarum, n. 7). Die Einrichtung des Privateigentums ist lediglich das Mittel, um die Erfüllung dieses Widmungszweckes der Sachgüter auf geordnetem Wege sicherzustellen.

Aus dieser Tatsache, daß die materiellen Dinge dem Nutzen *aller* zu dienen bestimmt sind, ergibt sich schließlich eine weitere Folgerung: das Recht *jedes* Menschen auf Privateigentum, was nicht als Besitznivellierung und Gleichmacherei verstanden werden darf. Wenn aber eine unsoziale Eigentumsgestaltung vorliegt, durch welche einerseits breite Massen der Bevölkerung von der Vermögensbildung ausgeschlossen sind, andererseits eine Konzentration der Vermögen in den Händen weniger begünstigt wird, dann ist eine Neuordnung der Eigentumsverhältnisse ein dringendes Gebot.

Eigentum in Arbeiterhand

Hier liegt der Ansatzpunkt für die viel diskutierte Frage der Eigentumsbildung in Arbeiterhand. Eigentumslosigkeit gefährdet die wirtschaftliche, persönliche und politische Freiheit der Menschen und bringt sie in die Abhängigkeit des Staates und anderer Machtgebilde, von denen sie Hilfe erhoffen, um dann vollends um ihre Freiheit gebracht zu werden. Eigentumsbeteiligung sichert den Arbeitern ein starkes Maß von Freiheit und Unabhängigkeit gegenüber den Wechselfällen der wirtschaftlichen Entwicklung und des persönlichen Lebens und in demselben Maße auch Unabhängigkeit gegenüber den gesellschaftlichen Machtgebilden.

Gewiß kann man darauf hinweisen, daß ein Großteil der Menschen konsumorientiert und nur an der Einkommenshöhe, nicht aber an einer dauerhaften Eigentumsbildung interessiert ist. Es ist eine bedenkliche Tatsache, daß breite

Massen infolge der Entartungen des modernen Kapitalismus so lange vom Eigentum ausgeschlossen blieben, daß ihnen der Sinn für die Bedeutung des Eigentums, aber auch die Fähigkeit und der Wille zur Eigentumsbildung verlorengingen. Daraus entsteht aber die Gefahr, daß ihnen auch die auf dem Privateigentum gründende freiheitliche Gesellschaftsordnung gleichgültig wird. Der Glaube vieler Menschen an den im Grunde naturwidrigen Kollektivismus ist nur verständlich, weil, wie Götz Briefs mit Recht feststellt, "das Eigentum in ihren Augen keine Bedeutung mehr besaß, weder für sie selbst noch für den wirtschaftlichen Fortschritt und die soziale Lebenssicherung". An einer sehr zeitgemäßen Stelle seiner "Politik" (4. Buch) hat schon Aristoteles darauf hingewiesen, daß eine Demokratie nicht bestehen könne, wenn es nicht eine breite Mittelklasse von unabhängigen, mit der Ankerfunktion des Eigentums ausgestatteten Bürgern gibt: "Es ist für den Staat das größte Glück, wenn die Bürger einen mittleren und ausreichenden Besitz haben." Wenn diese Mittelschicht zu klein oder gar aufgerieben sei, so setze ein Verfall der Demokratie ein, der leicht mit dem Triumph derjenigen Herrschaftsformende, die Aristoteles als Tyrannis bezeichnete, die in unserer Zeit als Kollektivismus und Totalitarismus bekannt geworden ist.

Die Gleichgültigkeit vieler Menschen gegenüber dem Eigentum kann also kein Grund sein, die Dinge auf sich beruhen zu lassen, sondern zu tun, was möglich ist, den Sinn für die Bedeutung des Eigentums zu wecken, der Flucht der Massen in den "Geltungskonsum" entgegenzuwirken und die Fähigkeit zur Eigentumsbildung zu stärken; denn "die Institution des Eigentums bedarf, um leben zu können, der Bejahung durch die große Mehrheit der Bevölkerung. Diese große Mehrheit der Bevölkerung aber wird die Institution des Eigentums nur dann freudig bejahen, wenn sie am Eigentum beteiligt und dieses ihres Eigentums froh ist" (v. Nell-Breuning).

Kollektivismus und Individualismus

Die Individual- und Sozialnatur des Eigentums bezeichnet nicht nur die positiven Inhalte des Eigentumsbegriffs, sondern weist zugleich zwei bedenkliche Einseitigkeiten prinzipieller Haltungen zum Eigentumsgedanken zurück: den Kollektivismus und den Individualismus. Im gleichen Maße wie der Kollektivismus die Individualnatur, den Selbstand und die Freiheit der Person leugnet, sie zur Funktion und zum Instrument im Dienst des Kollektivs degradiert, muß er konsequent auch die Individualnatur des Eigentums, seine Bezogenheit auf die personale Würde des Menschen abweisen. Die Forderung einer "Überführung des

Privateigentums auf die Gesellschaft" ist vom kollektivistischen Menschen- und Gesellschaftsverständnis her durchaus folgerichtig.

Aber auch das individualistische Menschenbild löst für die Eigentumsidee zwingende Schlußfolgerungen aus, die im Ergebnis ebenfalls zur Zerstörung der Eigentumsordnung führen, wenn dies auch im allgemeinen weniger klar erkannt und ausgesprochen wird als im Falle des Kollektivismus. Der Individualismus verneint die Sozialnatur des Eigentums, seine soziale Gebundenheit und seine Bezogenheit auf die Gemeinschaft. Das ergibt sich folgerichtig aus seiner Auffassung der Person, die nur in ihrer Individualnatur, als isoliertes Individuum und ohne ihre konstitutive Bezogenheit auf die Gemeinschaft gesehen wird. Konsequent fordert der Individualismus - so insbesondere in seiner klassischen Ausprägung, dem orthodoxen Liberalismus - für den einzelnen in allen Lebensbereichen möglichst unbeschränkte Freiheiten. Hinter dieser Forderung steht ein formaler, zielloser Freiheitsbegriff, der die Orientierung an einer objektiv vorgegebenen Wertordnung nicht zuläßt und aus der Natur des Menschen geforderte Gemeinschaftsbindungen abweist. Der Nutzen und die Interessen des als autonom verstandenen Individuums sind nach liberalistischer Auffassung die einzige Gestaltungsnorm der Gesellschaft. Diese wird lediglich als ein utilitaristischer Zweckverband angesehen, seine Verpflichtungen werden als eine Art Prämienzahlung hingenommen, durch die man sich den Schutz und die Vorteile eines gesellschaftlichen Zusammenschlusses sichert.

Mit solcher Auffassung der Person ist auch die Bahn freigegeben für die liberale Eigentumsidee, die sich seit der Französischen Revolution durchsetzte und als absolutes Herrschaftsrecht über Sachen in den kontinentalen Gesetzbüchern ihren Niederschlag fand, angefangen vom Code Napoleon bis zum Bürgerlichen Gesetzbuch. Das war das Ergebnis des maßgebenden Einflusses der romanistischen Rechtsschule, welche das Eigentum als "totale und ausschließende Herrschaftsmacht" verstand. Führende Romanisten, so etwa Windscheid und Gerber, sahen in jeder Eigentumsbeschränkung eine Inkonsequenz des Eigentumsbegriffs. Immerhin mußte man einräumen, daß die Verfügungsmacht des Eigentümers an der Gemeinschaft staatlichen Zusammenlebens ihre Grenze fand und daß sich also das "freie Belieben' des Eigentümers durch "das Gesetz oder die Rechte Dritter" Einschränkungen gefallen lassen müsse. Solche Einschränkungen wurden aber als dem Eigentum wesensfremd empfunden. Herrschend wurde die schon von dem mittelalterlichen Rechtslehrer Bartolus definierte Idee eines absoluten Eigentums: "Dominium est ius de re corporali perfecte disponendi nisi lex prohibeat." Zwar erhoben Juristen vom Range Iherings und v. Gierkes Einspruch gegen die Aufnahme dieses "romanisch-absoluten" Eigentumsbegriffs in das BGB, vor allem gegen dessen Ausdehnung auch auf das Bodenrecht. Die von ihnen vertretene Auffassung eines *sozialen* Eigentumsbegriffs setzte sich aber nur langsam durch und konnte nicht verhindern, daß nicht dieser, sondern der absolute Eigentumsbegriff Eingang in das BGB fand.

Die Verabsolutierung der Person als ens individuale und die Leugnung ihrer Gemeinschaftsgebundenheit durch den Individualismus, daraus folgend die Verabsolutierung des Eigentumsrechts, haben schwerwiegende Folgen. Eine allseitige Entfaltung der Person zur Persönlichkeit und damit zusammenhängend auch des Gemeinschaftslebens ist nur möglich in der Anerkennung einer ethischen Wertordnung und der in ihr fundierten Gemeinschaftsbindungen, auf die hin die Person als ens sociale wesenhaft angelegt ist. Je verantwortungsbewußter der Mensch, vor allem auch im Umgang mit seinem Eigentum, diese Gemeinschaftsgebundenheit wahrnimmt, um so mehr erfüllt er sein eigenes Wesen, um so mehr dient er aber auch dem Gemeinwohl. Zwischen beiden, der personalen Wesensentfaltung und dem Gemeinwohl, bestehen ja engste wechselseitige Zusammenhänge. Es führt deshalb zur Gefährdung der Gemeinschaftsordnung und damit der Person selbst, wenn sie sich autonom und selbstherrlich über die zu ihrem Wesen gehörenden Gemeinschaftsbindungen hinwegsetzt und sich in der Pflege ihrer Individualität verliert, indem sie ihre Sozialnatur leugnend auch die soziale Bindung des Eigentums mißachtet.

Freiheit und Willkür

Aus solchem Individualismus entsteht ein "Kampf aller gegen alle", ein "Kampf ums Dasein", in dem sich schließlich Skrupellosigkeit und Brutalität, die "Männer mit den starken Ellenbogen" durchsetzen: "Quand je suis le plus faible, je vous demande la liberté, parce cela est votre principe; mais quand je suis le plus fort, je vous l'ôte, parce cela est le mien", so hat Louis Veuillot das innere Entwicklungsgesetz des Individualismus charakterisiert. Das ist klassischer Liberalismus, nach dessen Spielregeln Hitler seine Diktatur aufbaute, was er selbst zynisch, aber sachlich richtig, seinem Verbündeten, dem Liberalismus, bestätigte. Es ist der Ausdruck der liberalistischen Überzeugung einer bindungslosen Freiheit, der auf der Ausklammerung der Wahrheitsfrage beruhenden Pseudofreiheit des "Tunkönnen, was man will", die im Ergebnis zur Auslöschung der Freiheit führt. Individualismus und Liberalismus vermögen von sich aus, wie auch die Geschichte erweist, diesem Prozeß der sich selbst aufhebenden Freiheit keinerlei ideelle und ethische Kraft entgegenzusetzen. Die Absurdität der Selbstaufhebung der Freiheit gehört zum Wesen dieses ethisch ungebundenen Individualismus, der bei ungehinderter geschichtlicher Entwicklung im Kollektivismus endet und dessen erste Stufe darstellt.

Individualismus und Kollektivismus sind Ausdruck der ständig bestehenden Spannungseinheit, die zum Wesen der Person als ens individuale et sociale gehört; die ihren Niederschlag findet in der Individual- und Sozialnatur des Eigentums. Beide aber, Individualismus und Kollektivismus, suchen diese Spannung durch Verabsolutierung eines der beiden Pole und Ausschaltung des anderen aufzuheben und zerstören damit beides: die Person und das Gemeinschaftsleben. Demgegenüber ist es das Charakteristikum personalen Denkens, daß es die Person in ihrer Eigenständigkeit und Gemeinschaftsgebundenheit gleichermaßen anerkennt, damit aber auch die Individual- und Sozialnatur des Eigentums als einer grundlegenden Ordnungsmacht personalen Lebens. Die freie und sittlich handelnde Person in ihrem Reichtum an kraftvoller, gemeinschaftsgebundener Individualität ermöglicht erst wahre Gemeinschaft, die ja nur aus der Kraft ihrer Glieder lebt. Die Gemeinschaft ihrerseits aber ist die Voraussetzung dafür, daß die Person zu voller Entfaltung ihrer personalen Anlagen und Kräfte kommen kann; daß ihr über ihre individuelle Begrenztheit hinaus Ergänzung und Vollendung zuteil wird. Die Entfaltung der Person in ihrer Polarität als ens individuale et sociale erfordert aber, daß auch die Doppelseitigkeit des Eigentums gesehen und anerkannt wird: seine die personale Eigenständigkeit und Freiheit garantierende Individualnatur und seine auf die rechte Ordnung des Gemeinschaftsganzen gerichtete Sozialnatur.

Gedanken zur Eigentumspolitik

Eine erfolgreiche Antwort auf die eigentumspolitische Fragestellung hat eine hinreichende Klarheit über die gebräuchlichen Begriffsinhalte zur Voraussetzung. Meinungsumfragen ergeben immer wieder, daß breiteste Kreise unseres Volkes unter "Eigentum" nichts anderes verstehen als Waschmaschine, Kühlschrank, Fernsehgerät, Auto usw. Die Masse versteht also unter Eigentum etwas, was der Nationalökonom dem Konsum zurechnen würde. Wir propagieren mit der "Eigentumsbildung" möglicherweise etwas, was wir gar nicht beabsichtigen, weil wir nicht genügend wissen, wie das, was wir sagen, ausgelegt wird.

Exakter wäre wissenschaftlich ohnehin die Propagierung der "Vermögensbildung". Vermögen aber wird von breiten Schichten als etwas aufgefaßt, was für "Große" reserviert ist: Genau besehen geht es freilich um den Begriff der Kapitalbildung. Sie ist - nicht nur unter volkswirtschaftlichen Gesichtspunkten - das eigentliche Ziel. Der Versuch, ein "Programm der Kapitalbildung" der Arbeitnehmerschaft plausibel zu machen, ist allerdings von vornherein zum Scheitern verurteilt.

Wenn dennoch von "Eigentumsbildung" gesprochen wird, sollten wir darunter die "Eigentumsbildung" an Produktionsmitteln verstehen. Wir streben ja - im Gegensatz zu der marxistischen Theorie von der Sozialisierung der Produktionsmittel - eine breite Streuung des Privateigentums an diesen Produktionsmitteln an. Die eigentumsmäßige Beteiligung breiter Schichten daran ist ja das eigentliche Ziel der gegenwärtigen Diskussion.

Eigentumsbildung

Eine Umverteilung dessen, was bisher schon Eigentum geworden ist, würde bedeuten, daß die - scheinbare - Bildung von Eigentum mit einer Enteignung begänne. Die psychologischen Effekte einer Politik, die so die Sicherheit, die Eigentum gewährt, von vornherein in Frage stellen müßte, sprechen für sich selbst. Nationalökonomisch ausgedrückt verlangen die hier in Frage kommenden Pläne eine neue Abart struktureller "fiscal policy", die im Gegensatz zur traditionellen "fiscal policy", die konjunkturell orientiert ist und durch Vermehrung oder Verminderung der öffentlichen Ausgaben eine Belebung oder Bremsung der Konjunktur herbeiführt, das strukturelle Ziel der Vermögensredistribution durch Zwangseingriff anstrebt.

Es liegt nahe, die Frage der Eigentumsbildung - und zwar vor allem in Hinsicht auf die breite Streuung von Eigentum an den Produktionsmitteln - als ein Wachstumsproblem zu sehen. Von den Vertretern dieser Auffassung wird vor allem betont, daß Eigentumsbildung in Stufen vor sich gehen müsse. Man solle nicht Volksaktien verkaufen, ehe sich die Menschen an das Sparkonto gewöhnt haben.

Hier liegen sicher sehr ernst zu nehmende Gedankengänge vor - selbst wenn die Entwicklungen in der menschlichen Wirklichkeit sich nicht immer so rational vollziehen. Daher ist es notwendig, die Frage der Eigentumsbildung auch wesentlich als ein Erziehungsproblem zu sehen.

Die Frage der Eigentumspolitik steht und fällt mit unserer Antwort auf den Anruf zu schöpferischer Phantasie, der in der Situation liegt. Es steht außer Frage, daß wir uns in der Eigentumspolitik etwas einfallen lassen müssen, wenn die Entwicklung nicht über uns hinweggehen soll. Es gibt historische Beispiele genug, die das Schicksal derjenigen aufweisen, die ein "zu spät" in Kauf genommen haben.

Die bisher zur Verfügung stehenden Forschungsergebnisse und Statistiken über die Ersparnisneubildung in den privaten Haushaltungen lassen noch nicht erkennen, in welchen der privaten Haushaltungen gespart worden ist. Vor allem ist unklar, in welchem Ausmaß Unternehmer und selbständige Privathaushalte an diesem Aufkommen beteiligt sind. Alle Vermutungen sprechen dafür, daß die Beteiligung von Haushalten, die den geringeren Einkommensstufen zuzurechnen sind, in geringerem Maße, als bisher stets geschätzt, beteiligt sind.

Schwierigkeiten ergeben sich immer wieder aus der Tatsache, daß der sogenannte "Vitalbesitz" dem "Fernbesitz" noch immer in auffälligem Maße vorgezogen wird. Das ist vor allem bedeutsam für die Frage, in welcher Weise breite Schichten der Bevölkerung zur Beteiligung am Produktionsmittel Eigentum gebracht werden können. Vor Beginn der Urlaubszeit sind sehr viele der neuen österreichischen Volksaktionäre zur Bank gegangen mit der Frage, ob sie die Aktie vor ihrer Urlaubsreise abliefern müßten. Sie hatten zum Teil völlig skurrile Vorstellungen - so etwa, daß die Dividende entfallen könne, während sie mit ihrer Aktie in Urlaub seien - und waren offenbar der Meinung, ihr Besitz wäre von der Gesellschaft nicht nachhaltig genug verteidigt. Eine weitere Schwierigkeit liegt darin, daß der Aktienbesitz nicht - wie der Besitz an dauerhaften Konsumgütern - ein zusätzliches "psychic-income" bringt. Diese Art des Sachwertbesitzes befriedigt nicht den Hang, gerade der Arbeiterschaft, zum demonstrativen Konsum.

Zur Schutzfunktion des Eigentums gegenüber der Allmacht des Staates gehört auch die Tatsache, daß es in vielen Fällen eine "Flucht" aus dem Zugriffsbereich des Staates bedeuten kann (Möglichkeit des "Untertauchens" in der freien Wirtschaft).

Bei der Feststellung, daß das Sicherheitsmotiv heute für die Eigentumsbildung nicht mehr die gleiche Rolle spielt wie früher, muß auch bedacht werden, daß die meisten Menschen heute nicht mehr in der Lage sind, durch Bildung privaten Eigentums besonders risikobeladene Situationen abzufangen. Gegen die Invalidität ist für einen Großteil der Bevölkerung nur die Sozialversicherung ein echter Schutz, der durch Eigentumsbildung auch beim besten Willen nicht abgelöst werden kann.

Die Neigung zum demonstrativen Konsum bei der Arbeiterschaft sollte keineswegs immer so schlechtgemacht werden, wie es die heute vorherrschende Tendenz unserer Sozialkritiker für richtig hält. Diese Konsumneigung ist ein entscheidender Faktor für die politische Stabilität in unserem Land gewesen. Menschen, die die Politik einer Regierung nicht verstehen - und das sind die meisten -, verstehen doch, wenn es ihnen unter einer Regierung gut geht.

Dieses Konsumstreben sollte also als eine, wenn auch nicht die letzte Stufe der Eigentumsbildung im Grundsatz durchaus bejaht werden.

Die Tatsache, in einer Marktwirtschaft Unternehmer zu sein, stellt eine große Chance dar. Es ist unter vielerlei Gesichtspunkten ein Privileg. Dieses Privileg verbindet sich mit Pflichten. Werden diese Pflichten nicht rechtzeitig erkannt und wahrgenommen, werden nicht rechtzeitig die anderen an diese Chance mitherangeführt, dann kann eines Tages die Entwicklung über die Schicht der Unternehmer ebenso hinweggehen, wie sie über die Feudal- und Kolonialmächte hinweggegangen ist.

Eine Politik der Eigentumsbildung kann nur als Realpolitik betrieben werden. Das bedeutet, daß nicht der Versuch gemacht werden darf, die Tatsachen "normgerecht" - und d.h.: passend - zurechtbiegen zu wollen, sondern daß die Tatsachen erforscht werden.

Miteigentum oder Gewinnbeteiligung

Für das Problem der sozialen Eigentumsbildung bedeutet das, daß der Vorschlag eines Miteigentums am Betrieb, z.B. in der Form der Belegschaftsaktien, möglicherweise deswegen gescheitert ist, weil er an den Tatsachen vorbeigeht.

Der empirische Befund zeigt - Ergebnis einer repräsentativen Stichprobe des Instituts für Demoskopie bei den berufstätigen Arbeitern im Jahre 1955 -, daß 68 Prozent der Arbeiter einer Gewinnbeteiligung gegenüber einem Miteigentum den Vorzug geben, während nur 19 Prozent lieber Miteigentum wollen und der Rest von 13 Prozent unentschieden ist oder kein Urteil in dieser Frage hat. Eine genaue Auswertung der Ergebnisse unter Berücksichtigung der Fragestellung zeigt, daß die Materie trotz einer klärenden, informierenden Formulierung der Frage für den Arbeiter zu kompliziert ist, als daß er ein genaues Bild der Lage hätte gewinnen können. In seinem Buch "Die befragte Nation" sagt Schmittchen (S. 140): "Begriffe, die dazu erdacht sind, breiten Bevölkerungsschichten sinnfällig politische Programme der wirtschaftlichen Systeme vor Augen zu stellen, werden in der Regel nicht verstanden. Faktisch dienen sie nur der Verständigung der politischen und publizistischen Fachwelt unter sich." Diese Fachleute aber sind ein esoterischer Kreis von Mandarinen, die eine eigene Sprache sprechen und absolut nicht begreifen, daß andere nicht begriffen haben, was sie selbst verstehen können. Hier ist es mit "public relations" allein nicht getan. Wären die Unternehmer tatsächlich böswillig, so hülfe auch die Öffentlichkeitsarbeit nichts. Sie sind es aber nicht. Sie geben sich - von einigen schwarzen Schafen abgesehen - sehr viel Mühe, gutwillig zu sein. Trotzdem aber glauben die Arbeiter nicht an diese Gutwilligkeit, weil sie gedanklich aus einer Zeit stammen, in der die Gesellschaft nicht in der Lage war, sämtliche Mitglieder in ausreichendem Maße am Genuß des Produkts zu beteiligen. In jener Zeit der Mangelgesellschaft sind dieser Haß und dieses Mißtrauen entstanden und bis heute noch nicht restlos abgebaut. In der heutigen Gesellschaft wäre das Mißtrauen an sich gar nicht notwendig.

Infolgedessen bestehen echte Chancen, es abzubauen. Dieser Abbau würde keineswegs zum Abbau der Gewerkschaften führen, sondern zur Zeremonialisierung des Labour-Management-Konflikts. Zeremonialisierung würde bedeuten, daß man sich vor der Öffentlichkeit streitet und dennoch abends zusammensitzt und sich ganz gut versteht. Der Kampf würde auf beiden Seiten nicht mehr so ernst genommen im Sinne eines Existenzkampfes. Es träte dann zwischen den Partnern eine wohlwollende Nüchternheit ein, die solche negative Stereotype wie "Unternehmer sind böswillig - Arbeitnehmer sind undankbar" überflüssig macht.

Alle Anzeichen sprechen dafür, daß die Vorstellung falsch ist, als müßten Begriffe wie "Miteigentum", "Anteilschein", "Belegschaftsaktie" usw. an die kapitalistische Ideologie erinnern und daher bei der ideologisch gebundenen Arbeiterschaft Widerstand wecken. Die Arbeiterschaft identifiziert sich zwar mit den Gruppen, durch die sie ihre Interessen vertreten sieht. Die ideologische Verankerung dieser Neigung erweist sich aber bei empirischer Nachprüfung als überaus schwach.

Das Mißtrauen gegen das Miteigentum hat also seinen Grund darin, daß der Arbeiter geneigt ist, unter wirtschaftlichen Gesichtspunkten nach dem Nutzen zu fragen. Das ist nicht notwendig ein beklagenswerter Materialismus, weil die Erfahrung zeigt, daß der gleiche Arbeiter für ein ihm konkret benanntes und für ihn konkret vorstellbares Anliegen bereitwillig opfert. Weil er "Miteigentum" nicht versteht, entscheidet er sich für "Gewinnbeteiligung", weil er zu wissen glaubt, was er hat.

Wenn Eigentum erzieherisch wirken soll, so muß sichergestellt sein, daß diese Wirkung auch eintreten kann. Die Arbeiter müssen nicht nur den Wortinhalt eines Vorschlages oder Plans verstehen, sondern auch seinen Sinn. Das erfordert ein entsprechendes, in seinen Formen zweckhaftes Angebot und darüber hinaus eine einfallsreiche, gezielte Öffentlichkeitsarbeit, um den gesellschaftspolitischen und sozialpolitischen Sinn aller Überlegungen deutlich zu machen.

Sicher ist, daß auch die Erfüllung aller dieser Voraussetzungen nichts fruchten wird, wenn nicht eine Voraussetzung geschaffen wird: das Vertrauen der Arbeiter in die guten Absichten der Unternehmer und die Bereitschaft, deren Partner zu werden.

Die entscheidende Aufgabe wird also sein, die zur Zeit bevorzugten Eigentumsformen, ebenso wie die materiellen und psychologischen Möglichkeiten und Grenzen der Eigentumsbildung bei den unteren Einkommen möglichst genau zu ermitteln. Dann wird man überlegen müssen, wie unsere Stellungnahme zum Eigentumsproblem propagiert wird. Diese Propaganda scheint mir keineswegs aussichtslos zu sein, weil das beliebte Wort: "Der Arbeiter ist nicht sparfähig", aus den bereits angegebenen Gründen nicht realistisch zu sein scheint. Unter volkswirtschaftlichen Gesichtspunkten ist die mangelnde Kapitalbildung das große Problem. Die Chance des Kommunismus - auch in Hinsicht auf die Entwicklungsländer - ist, daß er ein Rezept für die Lösung bereithält: den allumfassenden Zwang. Es ist die alles entscheidende Frage, ob es den freiheitlichen Gesellschaften gelingt, ohne Zwang, sondern mit Phantasie und Werbung - den ihnen angeborenen Methoden - dem Kommunismus den Rang abzulaufen und etwas Besseres anzubieten.

Soziale Eigentumsbildung

Das Thema bedarf vorweg einer kurzen begrifflichen Klärung und Abgrenzung. Es darf Einverständnis darüber vorausgesetzt werden, daß es im Begriff der sozialen Eigentumsbildung *nicht* um Fragen der Sozialisierung, der Verstaatlichung, der "Überführung von Privateigentum in Gemeineigentum" nach marxistischer Terminologie geht, und wie sonst immer diese Sachverhalte benannt werden mögen. Der Begriff sozial meint im Zusammenhang unseres Themas vielmehr sozial wie sozialgerecht, also eine vom Gemeinwohl, von der guten Ordnung des Gemeinschaftslebens her geforderte Eigentumsbildung. Das mag zur begrifflichen Fixierung unseres Themas zwar genügen, sachlich ist damit aber noch gar nichts gewonnen, denn wir sind damit aus dem Umkreis des rein Terminologischen noch nicht herausgekommen. Vom Inhaltlichen her erhebt sich aber nun die Frage: Was heißt sozialgerecht? Welche Richtung muß die Eigentumsbildung nehmen, damit ihr das Prädikat "sozial" und "sozialgerecht" zugesprochen werden kann?

Was sozialgerecht ist, läßt sich nicht aus einer rein immanenten Begriffsanalyse herleiten. Wir kommen hier nur weiter, wenn wir uns zunächst Klarheit zu schaffen versuchen über Wesen und Sinn des Eigentums überhaupt. Das ist wiederum nicht aus der Idee des Eigentums an sich ableitbar, sondern setzt den Rekurs auf die menschliche Person voraus. Wir stimmen hier in vollem Umfang Anton Tautscher zu, daß das Eigentum "Ausdruck der Person" sei, daß "das Eigentumsrecht personbestimmt" sei und seinen Grund darin finde, daß der Mensch einer "gesicherten Freiheitssphäre" bedürfe (Wirtschaftsethik, S. 140).

Weil aber jeder Mensch Person ist, so ergibt sich aus dem Persönlichkeitscharakter des Eigentums die weitere Tatsache, daß die Verfügung über Eigentum nicht ein Privileg einzelner gesellschaftlicher Gruppen sein kann, sondern daß jeder Mensch zur Teilhabe an der Verfügung über materielle Güter berechtigt ist; dies freilich nicht im Sinne einer öden Gleichmacherei, sondern in Anerkenntnis der Tatsache, daß eine Gesellschaft der natürlichen Gliederung, eines ständisch-stufenförmigen Aufbaus nicht entbehren kann. Entsprechend dieser Gliederung hat jeder einzelne innerhalb des gesellschaftlichen Ganzen seinen besonderen Ort und seine ganz persönliche, nur ihm zugedachte Lebensaufgabe und Sinnbestimmung zu erfüllen. Von daher ergibt sich auch das Maß seiner Einbeziehung in die Verfügungsmacht über materielle Güter.

Vom Gütergebrauch

Die Tatsache, daß *jeder* Mensch über materielle Güter verfügungsberechtigt ist - wenn auch im Maße der nur ihm zugedachten Lebensbestimmung und gesellschaftlichen Funktion -, diese Tatsache ist freilich alte abendländische Weisheit. Thomas v. Aquin brachte sie zum Ausdruck in der Formulierung des usus communis rerum als des obersten Prinzips der Güterlehre und Güterordnung. Dieses Prinzip des usus communis rerum, des Gemeingebrauchs der Güter, steht in keiner Beziehung zum verwaltungsrechtlichen Begriff des Gemeingebrauchs, der jenes öffentlich-rechtliche Eigentum meint, das von jedermann ohne besondere behördliche Erlaubnis benutzt werden kann. Der Begriff ist auch streng zu unterscheiden von dem der Gütergemeinschaft. Gemeingebrauch in unserem Zusammenhang ist eine sozialethische Kategorie, die präzis dieses meint: die Forderung, daß *jeder* Mensch entsprechend seiner besonderen, ihm vom Schöpfer zugedachten Berufung an der Nutzung der Erdengüter teilhabe, die Bestimmung der Güter, "immer dem Nutzen der Allgemeinheit dienstbar zu bleiben", wie es Leo XIII. in Rerum novarum, n. 7, formuliert.

Die Maxime des Gemeingebrauchs steht auch keineswegs im Gegensatz zum Gedanken des Privateigentums. Im Gegenteil: in der Tradition der naturrechtlichen Eigentumslehre seit Thomas v. Aquin besteht Übereinstimmung, daß das Gemeingebrauchsprinzip in der gegebenen geschichtlichen Situation, der Theologe würde sagen: in statu naturae lapsae, sinnvoll nur konkretisiert werden kann in der Form der Privateigentumsordnung, und dies aus folgenden Gründen:

1. Die Abgrenzung der Rechtssphären, die Grenzziehung zwischen Mein und Dein, aber auch zwischen Individuum und Staat sichert der Person einen Raum der Freiheit, innerhalb dessen sie sich als Leib-Geist-Wesen entfalten, sich in der

freien Verfügung über Güter sittlich bewähren und sie so zur Persönlichkeit werden kann.

2. Abgrenzung der Rechtssphären bedeutet aber auch Sicherung des Rechtsfriedens in den menschlichen Beziehungen. Durch die Privateigentumsordnung soll erreicht werden, "daß Besitz und Gebrauch der materiellen Güter dem menschlichen Zusammenleben fruchtbaren Frieden und lebensvolle Festigkeit, nicht kampf- und neidgeladene, nur auf dem erbarmungslosen Spiel von Macht und Ohnmacht beruhende, stets schwankende Beziehung bringen" (Pius XII., Rundfunkbotschaft am 1. Juni 1941).

3. Die besondere Bedeutung des Privateigentums für den *Arbeiter* besteht darin, daß es ihn von der drückenden Unsicherheit und Abhängigkeit befreit, die mit dem Arbeitsverhältnis regelmäßig verbunden sind. Deshalb kommt es darauf an, wie wiederum Pius XII. sagt, "nicht das Privateigentum abzuschaffen, sondern darauf bedacht zu sein, es auszuweiten als Frucht gewissenhaften Schaffens jedes Arbeiters und jeder Arbeiterin. Dann werden gerade durch das Privateigentum allmählich die Massen der Unruhigen und Verwegenen sich mindern, die bald aus finsterer Verzweiflung, bald aus blindem Trieb von jedem Wind trügerischer Lehren sich hin und her treiben lassen" (Ansprache am 13. Juni 1943). Ohne Privateigentum verliert die Masse der Arbeiterschaft den Sinn für den Wert der Freiheit und schließt sich bedenkenlos jedem System an, das Sicherheit und Brot verspricht, mag es die Menschen im übrigen auch zu Sklaven erniedrigen.

4. Das Privateigentum ist eine wesentliche Grundlage für den Bestand und das Gedeihen der Familie. Es ist, wie insbesondere Leo XIII. und Pius XII. lehren, "in hervorragendem Grade mit dem Bestand und der Entwicklung der Familie verbunden", damit es "dem Familienvater die nötige Freiheit und Unabhängigkeit sichere, deren er bedarf, um die vom Schöpfer selbst ihm auferlegten Pflichten hinsichtlich des leiblichen, geistigen und religiössittlichen Wohles der Familie erfüllen zu können" (Pius XII., Rundfunkbotschaft am 1. Juni 1943). Von besonderer Bedeutung für eine gesunde Entfaltung der Familie ist das Eigentum an dem Boden, auf dem sie wohnt: "In der Regel macht nur jene Stabilität, die aus dem eigenen Boden kommt", so sagt Pius XII., "aus der Familie die ganz vollkommene und ganz fruchtbare Lebensquelle der Gesellschaft" (Rundfunkbotschaft am 1. Juni 1941). Deshalb sieht Pius XII. in der Förderung des Privateigentums am Boden, des Lebensraumes der Familie, eines der wichtigsten sozialpolitischen Anliegen einer gesunden Familienpolitik.

5. Im Blick auf den Staat ist das Privateigentuun einer der stärksten institutionellen Garanten für die rechte Begrenzung und gegen den Mißbrauch der

Staatsgewalt, ein Argument, das erst mit der Entwicklung der modernen totalitären Staaten sein besonderes Gewicht bekommen hat. Die Freiheitsrechte des Bürgers sind umso wirksamer geschützt, je mehr er materiell vom Staat unabhängig ist und Rückhalt am Privateigentum findet. Aufhebung des Privateigentums und Konzentration aller wirtschaftlichen Macht beim Staat bedeutet eine ständige Bedrohung der Freiheit und Würde des Menschen, weil ohne Privateigentum den totalitären Tendenzen einer Staatsführung kaum noch Schranken gezogen werden könnten.

6. Das Privateigentum ist eine "Quelle des Wohlstandes", die "notwendig versiegen müßte, wenn man das Können des einzelnen und jeden Antrieb zum Fleiß ausschaltet" (Leo XIII., Rerum novarum, n. 12). Das Privateigentum spornt die Menschen zum Fleiß an, aber auch zu erhöhter Sorgfalt gegenüber den Gütern und schafft im Wirtschaftsleben klar abgegrenzte Zuständigkeitsbereiche. Das sind Gesichtspunkte, die schon Aristoteles zur Begründung des Privateigentums anführte und die, unter seinem Einfluß stehend, Thomas v. Aquin sich zu eigen machte. Es ist eine allgemeine Erfahrung, daß die Menschen im Falle der Gütergemeinschaft in ungleich stärkerem Maße als bei Bestehen von Privateigentum versucht sind, der Arbeit tunlichst auszuweichen, der Trägheit zu verfallen, und die Dinge gleichgültig zu behandeln, es sei denn, daß sie sich von hohen ethisch-religiösen Motiven leiten lassen, wie etwa im Falle der klösterlichen Gemeinschaften. Insbesondere ist in diesem Zusammenhang zu erwähnen, daß bei Aufhebung des Privateigentums und seiner Ersetzung durch eine totale Gütergemeinschaft die Frage der Funktionsaufteilung in der Verwaltung der Güter zu schweren gesellschaftlichen Konflikten führen müßte. Werden die Funktionen und Verantwortungsbereiche nicht genau gegeneinander abgegrenzt, so fiihrt das zu Wirrwarr, weil sich nun niemand für etwas bzw. jeder für alles zuständig fühlen kann. Werden aber die Verantwortungsbereiche aufgeteilt, so entstehen Spannungen daraus, daß trotz der rechtlichen Gleichheit in der Verwaltung der Güter und im Vollzug des Wirtschaftsprozesses gesellschaftliche Differenzierungen unvermeindlich sind: indem die einen leitende, die anderen ausführende Funktionen übernehmen; indem die einen leichte und mühelose Tätigkeiten ausüben, die anderen schwere Arbeiten leisten müssen, während der Anteil am Ertrag erfahrungsgemäß in einem solchen System meist in umgekehrtem Verhältnis zur aufgewendeten Arbeit steht (vgl. dazu Thomas, Summa theologica, II, II, 66, 2c; Politicorum, liber II, lectio 4). Die Spannung in einem solchen eigentumslosen Gesellschaftssystem steigert sich zum äußersten, wenn die Verwalter von Schlüsselpositionen darüber hinaus ihre wirtschaftliche Macht mißbrauchen, den ihnen Unterstellten auch ihre geistige und religiöse Freiheit zu nehmen und sie in sklavischer Abhängigkeit zu halten. Hinsichtlich

dieser Konsequenzen trifft sich eine auf die juristische Abgrenzung des Privateigentums verzichtende Gütergemeinschaft im Ergebnis mit den schon unter Punkt 5 angedeuteten Gefährdungen des von Eigentum entblößten Menschen durch totalitäre Staatstendenzen.

Soziale Eigentumsbildung

Die Aufgliederung der vorangehend aufgeführten Argumente zur Begründung des Privateigentums entspricht nicht ihrer historischen Entfaltung innerhalb der Tradition der Naturrechtslehre, sondern folgt Überlegungen der Zweckmäßigkeit ihrer Darstellung. Es war allerdings notwendig, diese Argumente explizite auszuführen, damit kein Zweifel darüber aufkomme, daß bei aller Unabdingbarkeit des Gemeingebrauchsprinzips die naturrechtliche Fundamentierung und Notwendigkeit des Privateigentums in der metaphysisch begründeten, im wesentlichen auf Thomas von Aquin zurückgehenden abendländischen Eigentumslehre nicht im geringsten in Frage gestellt wird. Obwohl wir - noch besser: gerade weil wir hier von "sozialer Eigentumsbildung" sprechen wollen, muß diese Tatsache von allem Anfang an festgehalten werden. Schon die oben im einzelnen angeführten Argumente zur Begründung des Privateigentums bringen hinreichend zum Ausdruck, daß von einer *sozialen* Eigentumsbildung dann nicht mehr gesprochen werden könnte, wenn Maßnahmen ergriffen und Wege gegangen würden, die zur Aushöhlung und Zerstörung der Privateigentumsordnung führen müßten. Denn alles, was in dieser Linie geschähe, zielte auf die Zerstörung des Gemeinschaftslebens und könnte nicht sozial und sozialgerecht, als dem Gemeinwohl dienend, angesehen werden.

Nachdem dies in aller Eindeutigkeit festgestellt und auch auf dem Hintergrund der folgenden Ausführungen festzuhalten ist, wenden wir uns nun dem Verhältnis von Gemeingebrauchsprinzip und Privateigentumsordnung zu, um so der inhaltlichen Klärung dessen, was mit einer "sozialen Eigentumsbildung" gemeint und als Aufgabe gestellt ist, näherzukommen. Das Prinzip des Gemeingebrauchs der Güter ist die beherrschende Norm für die Privateigentumsordnung, das Regulativ für deren Ausgestaltung. Das bedeutet, daß die Abgrenzung der konkreten individuellen Eigentumsrechte den ständig wechselnden geschichtlichen Bedingungen angeglichen werden muß, notfalls mit Hilfe des positiven Rechts. Zwar ist die Privateigentumsordnung *als Institution* unaufhebbar, nicht jedoch unter allen Umständen auch die individuellen Eigentumsrechte, also das Recht des A an seinem Grundstück, des B an seinen Fabrikanlagen. Mit dem Wandel der Geschichte wandeln sich auch die Ansprüche des Gemeingebrauchsprinzips an die Ausgestaltung der Privateigentumsordnung, anders formuliert: Die stets gleichbleibende Forderung des usus communis rerum verlangt, damit sie angesichts der wechselnden geschichtlichen Verhältnisse sinnvoll verwirklicht werden kann, eine stets wechselnde Ausformung der Privateigentumsinstitution.

Sozialbestimmtheit des Eigentums

Diese Sachverhalte hat auch Othmar Spann im Blick, wenn er schreibt: "Das Privateigentum muß einen der ständischen Solidarität entsprechenden gemeinnützigen, zur Gemeinsamkeit hinzwingenden Einschlag erhalten . . . es gibt formell Privateigentum, der Sache nach aber nur Gemeineigentum, indem das Privateigentum der einzelnen . . . zuletzt auf das Ganze, den Staat, hingerichtet ist." Und im gleichen Zusammenhang weist Othmar Spann darauf hin, daß gegebenenfalls "Der Zwang zu gemeinnütziger Verwaltung des Privateigentums" eingreifen müßte (Der wahre Staat, 1931, S. 204). Gewiß sind diese Gedanken Spanns eingebettet in die Terminologie und das Ideengefüge seines Universalismus und bekommen von daher ihr volles Gewicht. Daß sie aber in der Linie unserer Überlegungen liegen, dürfte nicht zweifelhaft sein. Das gilt auch für die eigentumstheoretischen Überlegungen Anton Tautschers, der von der "sozialen Verpflichtung" des Eigentums spricht und dann feststellt, daß "mit zunehmender Dichte der Gemeinschaften der Verpflichtungsgrad des Eigentums der zugehörigen Gemeinschaftsglieder" steige (Wirtschaftsethik, 1957, S. 144). In wiederum anderer Formulierung bringt Josef Lob diesen Gedanken zum Ausdruck, wenn er vom "Gemeinschaftscharakter des Eigentums" spricht, von der Tatsache, "daß Eigentum ohne Obereigentum der Gesellschaft nicht bestehen darf, daß also das Privateigentum nicht verabsolutiert werden darf. Das Nutzungseigentum ist ein verpflichtendes Eigentum" (Eigentum in ganzheitlicher Sicht, 1958, S. 13). Wir können den uns hier begegnenden Sachverhalt und die verschiedenen Termini seiner Benennung (usus communis rerum, Gemeingebrauchsprinzip, soziale Verpflichtung des Eigentums, Obereigentum der Gesellschaft) auch in dem Begriff der *Sozialbestimmtheit* des Privateigentums einfangen. Der Sinn dieser Sozialbestimmtheit des Eigentums besteht also darin, jedem Menschen die ihm angemessene Teilhabe an der Güternutzung zu gewähren. Das bedeutet unter den Bedingungen einer vom Prinzip des Privateigentums beherrschten Güterordnung: Wenn Privateigentum, dann tunlichst "Eigentum für alle" (Pius XII., Ansprachen am 24.12.1942; 1.9.1944). "Wealth is like muck, it is not good, but if it be spread", so hatte schon Francis Bacon, einer der Repräsentanten des englischen Empirismus, die hier gestellte Aufgabe formuliert. Sie muß je verschieden gelöst werden unter Berücksichtigung der gegebenen geschichtlichen Situation in der Weise der konkret-juridischen *Ausgestaltung* der Privateigentumsordnung. Es kommt also nicht darauf an, die Einrichtung des Privateigentums aufzuheben oder auch nur zurückzudrängen, sondern die individuellen Eigentumsrechte in möglichst breiter Streuung aufzuteilen. Das wäre der Ansatz einer recht verstandenen "sozialen Eigentumsbildung", die also im Effekt nicht eine Gefährdung und Aushöhlung der Privateigentumsordnung bedeutet, sondern deren stärkste Sicherung, indem Neidkomplexe, Affront und Ressentiment gegenüber dem Privateigentum abgebogen und seine naturrechtliche Sozialbestimmung realisiert werden. Damit ist allerdings auch schon ausgesprochen, daß eine soziale Eigentumsbildung - verstanden als Verwirklichung jener naturrechtlichen Sozialbestimmtheit des Eigentums - nicht auf eine absolute Konservierung individueller Eigentumsrechte hinausläuft, sondern deren Neugestaltung entsprechend der je veränderten geschichtlichen Situation anstrebt. Das bedeutet für die positiv-rechtliche Abgrenzung der individuellen Eigentumsrechte: was in der Vergangenheit einmal gültiges Recht war, kann heute unrecht sein und der Sozialbestimmtheit des Eigentums widersprechen. Weil die privaten Eigentumsverhältnisse durch die geschichtliche Entwicklung überholt werden können und sich dann als gemeinschaftsgefährdend und rechtswidrig erweisen, deshalb kann eine soziale Eigentumsbildung die Verabsolutierung einer statisch und positivistisch mißverstandenen Rechtsordnung, die Heiligsprechung und Verewigung individueller Eigentumsrechte nicht gelten lassen. Gemeinwohlwidriges Privateigentum verstößt gegen das Naturrecht und ist rechtlich nicht fundiert. In diesem Falle verlangt das gleiche Naturrecht, in welchem die Institution des Privateigentums begründet ist, die Beseitigung einer dem Gemeinwohl entgegenstehenden Eigentumsverteilung und, notfalls mit Hilfe des Staates als des Letztverantwortlichen für das Gemeinwohl, eine Neuabgrenzung der individuellen Eigentumsrechte: "Indem die Staatsgewalt das Privateigentum auf die Erfordernisse des Gemeinwohls abstimmt", so schreibt Pius XI., "erweist sie den Eigentümern keine Feindseligkeit, sondern einen Freundschaftsdienst; denn sie verhütet auf diese Weise, daß die Einrichtung des Privateigentums, vom Schöpfer in weiser Vorsehung zur Erleichterung des menschlichen Lebens bestimmt, zu unerträglichen Unzuträglichkeiten führt und sich so selbst ihr Grab gräbt. Das heißt nicht, das Privateigentum aufheben, sondern es schirmen; das ist keine Aushöhlung des Eigentums, sondern seine innere Festigung" (Quadragesimo anno, n. 49). Die gleichen Konsequenzen aus der Sozialbestimmtheit des Eigentums hat Othmar Spann gezogen, allerdings in stärkerer Konkretisierung als das durch eine Enzyklika geschehen kann. Spann bestätigt dem Staat, daß er auf zweierlei Weise legitimiert sei, im Interesse gemeinnütziger Verwaltung des Privateigentums einzugreifen: "a) in bloß verneinender, abwehrender Weise, so daß die offensichtliche gemeinschädliche Anwendung verhindert wird . . . b) außerdem ist die gemeinnützige Verwendung des Eigentums auch in unmittelbar aufbauender Weise zu bewirken" (Der wahre Staat, 1931, S. 204 f.).

Eigentum und Gemeinwohl

Damit ist auch das Problem der Eigentumspolitik ins Blickfeld getreten. Ihre Aufgabe besteht darin, die konkreten individuellen Eigentumsrechte entsprechend den historischen Wandlungen der gesellschaftlichen Situation mit dem Gemeinwohl in Einklang zu bringen. Das kann grundsätzlich auf zweierlei Weise geschehen: innerhalb der Privatrechtssphäre aus der Initiative des einzelnen oder, falls die private Initiative versagt, auf dem Wege über die öffentliche Gewalt, insbesondere mit Hilfe des Staates, des obersten Verwalters des Gemeinwohls. Als Mittel der Eigentumspolitik stehen dem Staat zur Verfügung: öffentliche Kontrolle, Steuerpolitik, Preispolitik, Lastenausgleich, Bodenreform u.a. Der gegenwärtig im Brennpunkt der Diskussion stehende Weg einer Neuordnung der Eigentumsrechte ist die Idee der Vermögensbildung in Arbeiterhand. Wir übertragen nun unsere Überlegungen von der Ebene des Abstrakten auf die der gesellschaftspolitischen Wirklichkeit hic et nunc, indem wir den Gedanken der sozialen Eigentumsbildung an einem Zentralproblem gegenwärtiger Gesellschaftspolitik exemplifizieren und konkretisieren.

Wenn wir von Vermögensbildung in Arbeiterhand sprechen, dann ist in diesem Zusammenhang gemeint die Beteiligung der Arbeiterschaft an der volkswirtschaftlichen Kapitalausstattung. Diese Frage der Vermögensbeteiligung der Arbeiterschaft ist deshalb so ernst und bedrängend geworden, weil sich seit etwa einem Jahrhundert Kapitalbildung und Substanzzuwachs an Produktionsgütern einseitig in den Händen der "Kapitalisten" vollzogen haben, denen die ihres Handwerkszeugs verlustig gegangenen, vom Eigentum an den Produktionsmitteln entblößten Arbeiter gegenüberstehen. Das bedeutet nicht nur Akkumulation riesiger Kapitalblöcke und Konzentration von wirtschaftlicher Macht in den Händen weniger, sondern ist zugleich "Die Ursache des sogenannten Klassenmonopols und des als Klassen-Rente anzusprechenden Teils der Kapitalrendite" (v. Nell-Breuning, Eigentumsbildung in Arbeiterhand, 1955, S. 9). Damit ist nichts gesagt gegen die Kapitalrendite als solche, also das Einkommen aus Kapitalbesitz. Mitausgesprochen ist in jener Feststellung vielmehr eine Kritik an dem Teil der Kapitalrendite, der das Ergebnis der Monopolisierung des Kapitals in den Händen einiger weniger Kapitalbesitzer ist; der aber wegfallen bzw. sich in breiter Streuung aufteilen würde, wenn alle oder auch nur ein Großteil der in einer Volkswirtschaft mitwirkenden Menschen, insbesondere die

Arbeitnehmerschaft, in die volkswirtschaftliche Kapitalbildung einbezogen würden.

Die Forderung nach Auflösung jener Kapitalblöcke und nach einer breit gestreuten Eigentumsbildung hinsichtlich der volkswirtschaftlichen Kapitalbildung erhält besonderes Gewicht im Blick auf das System einer sozialen Marktwirtschaft. Ein marktwirtschaftliches Wirtschaftssystem, dem es nicht nur auf die Maximierung des Sozialprodukts und nicht nur auf die funktionale Sicherung, sondern in erster Linie auf den sozialen Vollzug und ein soziales Ergebnis des Wirtschaftsprozesses ankommt, verlangt die Schaffung annähernd gleicher Startbedingungen für die Partner dieses Wirtschaftsprozesses. Zu einer sozialen Marktwirtschaft, die den Begriff "sozial" im Sinne des von der sozialen Gerechtigkeit geforderten ordo socialis versteht und ernst nimmt, gehört der Aufbau einer machtneutralen Ordnung dergestalt, daß das wirtschaftliche Kräftespiel frei bleibt von persönlichen Abhängigkeiten; daß die Partner des Produktionsprozesses vom ökonomischen System her gesehen gleichgestellt sind und diese Gleichstellung der Startbedingungen grundsätzlich jedem einzelnen innerhalb des ökonomischen Bereichs die gleiche Erfolgschance eröffnet. Daß die Praxis der sozialen Marktwirtschaft von der Verwirklichung dieser ihrer Idee immanenten Forderung noch weit entfernt ist, darüber bestehen wohl kaum Zweifel. Eine um den Arbeitsmarkt zentrierte Volkswirtschaft, in der sich Arbeit und Kapital als zwei Machtblöcke kollektiv gegenüberstehen und kollektiv die Arbeitsbedingungen und die Löhne aushandeln, ist insoweit weder marktwirtschaftlich noch sozial organisiert. Denn zu einem sozial erträglichen Ablauf und Ergebnis des Produktionsprozesses kommt es unter solchen Umständen nicht auf Grund der persönlichen Initiative der einzelnen Wirtschaftspartner und des "freien Spiels der Kräfte", sondern auf Grund kollektiver Regelungen und Verhaltensweisen. Doch reichen diese nicht aus, sondern müssen ergänzt werden durch das System einer umfassenden Redistributionspolitik, die ein ständiger Zeuge dafür ist, daß sich der Wirtschaftsprozeß nicht als ein einheitlicher gesellschaftlicher Vorgang darstellt; daß er vielmehr sozusagen schizophren gespalten ist in eine "wirtschaftliche" und eine "soziale" Komponente; dies in der Weise, daß im ersten Akt Wirtschaft und Wirtschaftspolitik besorgt werden, deren Ergebnis sodann im zweiten Akt sozial korrigiert wird. Eine breite Streuung des Eigentums an der volkswirtschaftlichen Kapitalausstattung könnte durch die Stärkung der wirtschaftlichen Position der Arbeiterschaft die Entwicklung in die Richtung einer annähernden Startgleichheit der Wirtschaftspartner drängen und so der Verwirklichung der Idee einer sozialen Marktwirtschaft wesentliche Hilfen leisten.

In der Wirklichkeit aber ist der Prozeß der industriellen Vermögensbildung auch in den vergangenen Jahren wieder in der entgegengesetzten Richtung verlaufen. So ist bekannt, daß der in der Bundesrepublik den Unternehmern in der Zeit von 1948 bis zur Gegenwart zugeflossene Vermögenszuwachs jährlich ca. 8 bis 9 Milliarden beträgt und bei anfallender Konjunktur auch weiterhin in dieser Höhe anfallen wird. Dabei ist noch zu bedenken, daß sich diese Neubildung von Produktionsvermögen vollzog mit Hilfe einer fast überhohen Steuerbegünstigung für technische Neuanlagen und insbesondere mit Hilfe nicht entnommener Gewinne, also nicht auf dem Wege über freiwillige Ersparnisse des Kapitalmarktes, sondern durch Zwangssparen mittels überhöhter Preise.

Lösungsversuche

Es gibt wohl niemanden, der diese Entwicklung im Interesse der guten Ordnung des Gesellschaftsganzen nicht für bedenklich hielte. Im Zusammenhang dieser unserer Überlegung ist es nicht möglich, die Vielzahl der auf eine Umstrukturierung der industriellen Vermögensbildung gerichteten Lösungsversuche auch nur umrißhaft zu skizzieren und auf ihre Brauchbarkeit hin zu prüfen. Grundsätzlich stehen einer Neuordnung der industriellen Vermögensschichtung zwei Wege zur Verfügung: 1. der revolutionäre Weg der Umverteilumg schon vorhandenen Vermögens; 2. der revolutionäre Weg der Umschaltung der Sozialdynamik und somit der *Umlenkung* der künftigen Vermögensbildung. Maßgebend für die Entscheidung ist, welcher Weg unter den relativ geringsten Störungen und Reibungsverlusten für die Wirtschafts- und Gesellschaftsordnung zum Ziele führt. Die Erfahrung, insbesondere mit dem Lastenausgleich, hat gezeigt, daß eine rückwirkende Vermögenskorrektur ex nunc mit erheblichen Kosten und volkswirtschaftlichen Vermögenseinbußen verbunden und überdies damit nicht die Gewähr gegeben ist, daß die Weichen für die künftige Vermögensbildung richtig gestellt werden, so daß wahrscheinlich schon nach einiger Zeit die Eigentumsstrukturen wiederum eine Korrektur verlangen und somit in kurzen Abständen immer wieder reformiert werden müßten. Deshalb ist zunächst zu überlegen, welche Möglichkeiten der Weg der Umlenkung der künftigen Vermögensbildung in Aussicht stellt; ob nicht eine Vermögenskorrektur ex nunc die geforderte Reform der Eigentumsverhältnisse reibungsloser und "geräuschloser" zu bewerkstelligen vermag und vor allem eine intensivere Wirksamkeit und größere Dauerhaftigkeit der auf diese Weise eingeleiteten Neuordnung verspricht. In der gegenwärtigen Diskussion zur Neuordnung der betrieblichen Eigentumsverhältnisse wird denn auch in der Tat der Weg einer rückwärts, auf die schon bestehenden Eigentumsverhältnisse gerichteten Umverteilung kaum noch in Betracht gezogen. Der Schwerpunkt aller Überlegungen liegt auf der Folge nach der Umlenkung der künftig sich bildenden Vermögen, nach einer die Arbeitnehmerschaft in die betriebliche Vermögensbildung miteinbeziehenden Umschaltung der kapitalistischen Sozialdynamik, die bisher vermögensmäßig nur einer gesellschaftlichen Minderheit zugute kam. Es geht also um die Schaffung einer Betriebsstruktur, die "nicht vom Eigentum her, sondern auf Eigentum hin aufgebaut ist" (v. Nell-Breuning, Eigentumsbildung, S. 42).

Der Fragenkreis der sozialen Eigentumsbildung mag noch relativ leicht und unkompliziert erscheinen, solange die ganze Problematik nur reißbrettartig angelegt ist und sozusagen am grünen Tisch diskutiert wird. Ihre gesellschaftspolitische und volkswirtschaftliche Kompliziertheit und Hintergründigkeit wird erst spürbar, wenn man sich Gedanken darüber macht, wie die Idee der sozialen Eigentumsbildung in dem vielschichtig verschlungenen Gebilde einer modernen Volkswirtschaft verwirklicht werden könnte. Dieser Übergang vom theoretischen Bereich in den der Praxis wird uns deutlich zum Bewußtsein bringen, daß es eine Illusion wäre, zu glauben, die Verwirklichung des Gedankens der sozialen Eigentumsbildung stünde unmittelbar bevor und es bedürfe dazu lediglich noch des Druckes auf einige Schaltknöpfe im Getriebe unserer gesellschaftlichen Apparatur. Gewiß sind schon mancherlei praktische Anläufe gemacht worden. Es sei nur erinnert an die vielfältigen Formen der Gewinnbeteiligung. Deren Bedeutung liegt aber weit überwiegend im Umkreis des Gedankens der betrieblichen Partnerschaft, der sogenannten human relations im Betrieb. Eine eigentliche Neuordnung der industriellen Vermögensstrukturen ist aber auf diesem Wege weder möglich noch beabsichtigt. Die Voraussetzung dafür wäre eine gesellschaftspolitische Gesamtplanung, die nicht mikroökonomisch, bei den einzelnen Betrieben, ansetzen würde, sondern makroökonomisch, indem sie a limine das Ganze der Volkswirtschaft in den Blick nähme. Freilich ist auch unter diesem Aspekt schon erhebliche gedankliche Vorarbeit geleistet worden. Es gibt eine Reihe von makroökonomisch angelegten Plänen zur industriellen Vermögensstreuung, die in ihrem Kern auf Grundgedanken zurückgehen, welche von Oswald v. Nell-Breuning entworfen wurden. Die Konzeption Nell-Breunings hat in der sozialpolitischen Diskussion zwar stärkste Beachtung gefunden; sie ist in gleichem Maße auch auf Kritik und Ablehnung gestoßen und hat damit sichtbar gemacht, daß es verfehlt wäre, auf eine in naher Zukunft bevorstehende Realisierung des Gedankens einer sozialen Eigentumsbildung starke Hoffnungen zu setzen.

Zur Veranschaulichung der Situation soll nun der Grundgedanke dieser Konzeption noch kurz skizziert werden: Das "Zentralproblem ist nicht", so schreibt v. Nell-Breuning, "die Verteilung des Erfolges, des Ergebnisses, des Ertrages der einzelnen Unternehmung; Zentralproblem ist vielmehr der Anteil der verschiedenen Bevölkerungskreise am Sozialprodukt im ganzen" (Eigentumsbildung, S. 28). Es komme darauf an, "daß wir die Kapitalrendite insgesamt verkleinern, das Arbeitseinkommen insgesamt vergrößern" (a.a.O., S. 10). "In dem Maße, wie breiteste Kreise - hier der Arbeitnehmerschaft - Anteil am Kapitalbesitz, d. i. an der Sachmittelausstattung der Volkswirtschaft, insbesondere an den ertragbringenden Sachmitteln erlangen, setzt sich ihr Einkommen aus mehr als einer funktionellen Einkommensart zusammen. Dadurch wird unmittelbar die Frage der funktionellen Einkommensbildung und Einkommensverteilung entschärft (a.a.O., S. 53 f.). Ansatzpunkt einer solchen Umstrukturierung des Eigentums am volkswirtschaftlichen Realkapital ist der Substanzzuwachs der Betriebe, die jährliche Netto-Investitionsrate, die im Sozialprodukt enthalten ist. Unter der Voraussetzung, daß die Expansionsrate der Wirtschaft ein Jahrzehnt lang 5 % ausmachte und es möglich wäre, die Hälfte der neugeschaffenen Vermögenswerte an Realkapital in die Hand der bisherigen Nichteigentümer zu leiten, könnte nach zehn Jahren schon etwa ein Fünftel der Kapitalausstattung der Wirtschaft Eigentum der Arbeitnehmerschaft sein (vgl. a.a.O., S. 29, 48).

Eine wesentliche Voraussetzung für das Gelingen dieses Planes - und damit setzt schon die Kritik an! - besteht darin, daß trotz Veränderungen der Anteile der verschiedenen Bevölkerungsgruppen am Sozialprodukt dessen volkswirtschaftlich optimale Zusammensetzung gesichert bleibt, das will sagen: Obwohl darauf abzuzielen ist, den Anteil des Faktoreinkommens der Arbeit am Sozialprodukt zu erhöhen, kommt es darauf an, daß sich diese Erhöhung nicht in Konsumsteigerung niederschlägt. Die Netto-Investitionsrate muß auf jener Höhe bleiben, die auch künftighin die volkswirtschaftlich notwendige Kapitalbildung ermöglicht. Auch nach einer Umschichtung der Einkommensquoten von Kapital und Arbeit darf sich die Relation von Konsumgütern und Kapitalgütern nicht wesentlich zuungunsten der letzteren verschieben. Denn dann würden nicht nur die wirtschaftliche Entwicklung und die volkswirtschaftliche Produktivität gehemmt und in eine rückläufige Bewegung gebracht, sondern auch der ganze Plan einer massiven Kapitalbeteiligung der Arbeitnehmerschaft würde illusorisch. Müßte man also damit rechnen, daß die Arbeiter die ihnen zusätzlich zugedachte Einkommensquote konsumieren, dann wäre es nicht möglich, sie auf dem Wege der Beteiligung an der Netto-Investitionsrate in das Eigentum an den Produktionsmitteln hineinzunehmen. Das ist ein entscheidender Vorbehalt gegenüber einer breiten Vermögensstreuung. Seine Diskussion ist freilich längst im Gange, ein Einverständnis darüber ist aber umso schwerer zu erzielen, als hier nicht lediglich rein ökonomische, sondern wesentlich auch sozialpsychologische Sachverhalte mit im Spiel sind.

Ein weiteres Problem ist dieses: Die Beteiligung der Arbeitnehmerschaft am Produktionsmitteleigentum setzt voraus, daß sich die Gewerkschaften dafür einsetzen, in den Arbeitern den Sparwillen zu wecken und Forderungen nach Lohnerhöhung nicht lediglich damit zu begründen, der Arbeiterschaft eine bessere Lebenshaltung im Sinne einer Ausdehnung des Konsums zu ermöglichen, sondern ihr einen angemessenen Anteil an der volkswirtschaftlichen Vermögensbildung zu sichern. An die Konkretisierung einer gesamtwirtschaftlichen Vermögensbeteiligung wäre also erst dann zu denken, wenn sich die Gewerkschaften davon überzeugen ließen, daß ein solcher Plan im Interesse der Arbeiterschaft liegt, und aus dieser Überzeugung das Streben ihrer Mitglieder an erster Stelle auf Vermögensbildung hinlenken würden und nur sekundär auf die Steigerung der als erhöhten Verbrauch verstandenen Lebenshaltung. Diese Überzeugung gewinnt zwar auch innerhalb der Gewerkschaftsbewegung an Boden, in das allgemeine Bewußtsein der gewerkschaftlichen Führungs- und Funktionärsschicht ist sie aber noch keineswegs eingedrungen. Sie wird sich auch vorerst wohl kaum durchsetzen, infolge der immer noch wirksamen Vorherrschaft der Ideen der Sozialisierung und der Mitbestimmung.

Eine ebenso große Rolle spielt in der Diskussion der Vermögensbeteiligung die Frage, wie die Unternehmer auf eine Umschichtung der Einkommensverteilung, die für sie eine Absenkung der Kapitalrendite bedeutet, reagieren würden: ob sie das Interesse an der Produktion verlieren und diese einschränken würden oder ob sie versuchen werden, bei Ausdehnung der Produktion ihren Einkommensanteil trotz relativer Minderung doch in seiner absoluten Höhe zu erhalten. Es scheint zwar, daß man dieser Frage, an die wiederum vom Psychologischen heranzugehen wäre, eine zu große Bedeutung beimißt. Immerhin muß aber zugegeben werden, daß der Plan einer umfassenden Kapitalbeteiligung der Arbeitnehmerschaft durchkreuzt würde, wenn feststünde, daß die Unternehmerschaft durchgängig mit Produktionseinschränkung und Entlassung von Arbeitskräften reagieren würde. Bei der Erarbeitung und Analyse von Typen unternehmerischer Verhaltensweisen würde man aber vermutlich in einige Verlegenheit kommen, wollte man nach dem Typ *des* Unternehmers suchen, der eine Verkürzung seiner Kapitalrendite mit Produktionseinschränkung beantworten würde. Immerhin: die Frage steht im Raum und bedeutet ein weiteres Hindernis für die Verwirklichung unseres Gedankens.

Ein größeres Gewicht scheint indessen jenem Argument zuzukommen, welches sich darauf stützt, daß der den Arbeitern zugesprochene Anteil an der Kapitalrendite von den Betrieben als Kostenelement eingesetzt und auf die Preise überwälzt wird, obschon man auch dieser Frage nicht eine Bedeutung geben sollte, die ihr nicht zukommt. Denn die Möglichkeit der Überwälzung hängt vom Zusammenspiel verschiedener Komponenten ab (Marktform, Konjunktur, Elastizität der Nachfrage), von denen jede für sich schon eine Überwälzung ausschließen kann. Immerhin ist eine Situation denkbar, in der sich die Betriebe zu einer Art Kalkulationskartell zusammenschließen, so daß alsdann die Kapitalbeteiligung der Arbeitnehmer durch Preiserhöhungen paralysiert würde. Dem will v. Nell-Breuning dadurch begegnen, daß er die Umwandlung des Lohnarbeitsverhältnisses in einen Gesellschaftsvertrag vorschlägt, woraus sich dann allerdings neue gesellschaftspolitische Probleme und Schwierigkeiten ergäben.

Es sollte damit nur angedeutet werden, welche Hindernisse sich in den Weg stellen, wenn man daran geht, die Idee der sozialen Eigentumsbildung aus dem Raum der Theorie in den der gesellschaftspolitischen Praxis zu übertragen. Man wird sich aber auch nicht mit dem Gedanken beruhigen dürfen: die Schwierigkeiten sind nun einmal so groß und scheinen fast unüberwindlich, daß man zweckmäßigerweise die bisherige Entwicklung der industriellen Vermögensbildung ungestört weiterlaufen läßt. Es ist sozialpsychologisch unwahrscheinlich, daß die Arbeiterschaft und ihre Organisationen nach der seit Karl Marx abgelaufenen geschichtlichen Entwicklung den Prozeß der einseitigen Vermögensbildung der Unternehmerhand auf die Dauer hinnehmen werden. Wird die Lösung nicht auf dem evolutionären Weg der Umlenkung künftiger Vermögenszugänge gefunden, dann wird man sich darauf einstellen müssen, daß das Eigentumsproblem eines Tages revolutionär durch Sozialisierung oder Neuverteilung der schon vorhandenen Vermögenswerte angegangen wird. Wie man sich auch im Einzelfall entscheiden mag, die Notwendigkeit eigentumspolitischer Maßnahmen läßt sich nicht abweisen, wenn man den Kollektivierungs- und Sozialisierungstendenzen der Zeit Einhalt gebieten und die für die Erhaltung der Freiheit und Würde des Menschen unverzichtbare Institution des Privateigentums nicht gefährden will. Mit noch stärkerem Gewicht als 1931 gelten heute die Worte Pius XI.: "Gehe man doch endlich mit Entschiedenheit und ohne weitere Säumnis an die Verwirklichung dieser Forderung (nach einer breiten Eigentumsstreuung). Täusche sich niemand! Nur um diesen Preis lassen sich öffentliche Ordnung, Ruhe und Frieden der menschlichen Gesellschaft gegen die Mächte des Umsturzes mit Erfolg behaupten" (Quadragesimo anno, n. 62).

DER ARBEITNEHMER

Kapitalbildung aus Arbeitnehmereinkommen - Warum und Wie?

Würde jeder neben dem Arbeitseinkommen Zinsen und Dividenden beziehen, so entfiele die Notwendigkeit zum Kampf der Klassen um den Anteil am

Volkseinkommen. Es gäbe dann keine Klasseneinteilung mehr in arbeitende Menschen und Rentiers. In welchem Verhältnis sich Löhne und Gewinne das Volkseinkommen teilen, wäre dann vom Gerechtigkeitsdenken und vom sozialpolitischen Standpunkt aus unerheblich. Für die Höhe der Quoten wären nur noch betriebs- und volkswirtschaftliche Gesichtspunkte maßgebend.

Um zu dem Kern der Problematik vorzudringen, sollte man die Vielzahl der Spielarten von Zwangssparsystemen und von Plänen zur Eigentumsneuordnung einmal beiseite lassen und sich auch nicht mit dem Problem der "Gerechtigkeit" beschweren. Wo der Wirtschaftsablauf jedem gleiche Chancen gewährt und wo die Bürger in ungefähr gleichem Maß an dem Konsumertrag der Volkswirtschaft teilhaben, dort kann es keine systembedingten Ungerechtigkeiten geben. Außerdem ist die Frage der gerechten Verteilung des Sozialproduktes im Augenblick deshalb zweitrangig, als zuvor das Problem der Steigerung der Produktion gelöst werden muß; denn dieses Problem der Erhaltung der Wettbewerbsfähigkeit und Vollbeschäftigung hat für die Bundesrepublik gefährliche Aktualität erlangt.

Die Preise können als von der Auslandskonkurrenz fixierte Daten nicht mehr im Umfang der nachfragewirksamen Einkommenserhöhung aufgestockt werden. Als Folge davon - das weitere Anziehen der Lohnkosten vorausgesetzt - verwandelt sich die vorherrschende Preisinflation in eine vorherrschende Kosteninflation. Das führt zwangsläufig zur Gewinnschrumpfung und läßt demzufolge neue Investitionen riskant und nicht mehr ertragreich erscheinen.

Kapital gegen Konsum

Doch ist es nicht nur so, daß die Unternehmerschaft bei mangelnder Ertragsaussicht die Lust am Wagnis, an der Kapitalinvestition und also an der langfristigen Produktionsvorsorge verliert - selbst wenn sie entgegen der Verhaltensweise eines "homo oeconomicus" auch ohne Gewinnaussichten neue Anlagen errichten, den Maschinenpark vergrößern und, der industriellen Entwicklung folgend, die Kapitalinvestitionen je Arbeitsplatz aufstocken wollte, sie könnte es nicht im gewünschten und erforderlichen Ausmaß: es steht kein Kapital dafür bereit.

Was für die Zukunft einer jeden Volkswirtschaft vom Jahresertrag abgezweigt werden sollte, wird in der Bundesrepublik buchstäblich verfrühstückt, zumindest soweit es sich um die im Arbeitnehmereinkommen enthaltenen potentiellen Kapitalbeträge handelt. Wir tauschen gewissermaßen Kapital gegen Konsumimporte ein. Dem einzelnen wird dieser Tatbestand deshalb nicht bewußt, weil "Kapital" in monetärer Erscheinungsform nicht sichtbar wird. Der Reichtum einer Industrienation präsentiert sich aber in der Größe und Ergiebigkeit ihrer als Wirtschaftspotential etablierten Ersparnis- und Kapitalbildung.

Wenn man hingeht und diesen "goldene Dukaten speienden Esel" stückchenweise an das Ausland verhökert, muß man zu guter Letzt feststellen, daß, wo kein Esel ist, auch keine Dukaten mehr herkommen. Wir befinden uns im Anfangsstadium solcher Entwicklung. Wir geben uns nicht mit der Milch der Kuh zufrieden, wir wollen auch das Fleisch. Nichts anderes bedeutet der übermäßige Eintausch von Zahlungsmitteln gegen Konsumimporte, solcher Zahlungsmittel nämlich, die eigentlich zur Investition im deutschen Industriepotential benötigt werden. Tatsächlich werden auch diese Mittel investiert: In dem Land nämlich, das die Konsumgüter an den deutschen Markt liefert, entstehen nun jene Fabriken und Erzeugungsanlagen, die in Deutschland gewissermaßen "demontiert" werden. In der weiteren Folge ermöglicht die Ergiebigkeit des so ins Ausland abgezweigten Investitionsfonds dort den Bau von Straßen, Schulen, Krankenhäusern, Kanälen, Universitäten und aller jener Infrastrukturvorhaben, die den Wohlstand und die Gesundheit eines Volkes ausmachen.

Diese Überlegung ist nicht gegen einen liberalen Welthandel gerichtet. Jedes Volk sollte in der Entfaltung seiner speziellen Fähigkeiten vielmehr zu einem kräftigen Hin- und Herströmen der Güter und Waren über die Grenzen und Ozeane beitragen. Doch sollten diese Güterströme zumindest auf längere Sicht ausgeglichen sein, sonst erfolgt die Bezahlung der Außenhandelsleistungen in industrieller Substanz eines Volkes. Einem vorübergehend höheren Wohlstand würde dann eine lange Zeitspanne der Entbehrung, des Konsumverzichts und des Neuaufbaus folgen müssen, wie wir sie drastisch von 1935 bis 1955 erlebten. Der heutige Wohlstand wird bereits nicht mehr nur aus dem Ertrag der deutschen Arbeit gespeist. Monat für Monat finanziert die deutsche Arbeitnehmerschaft den hohen Lebensstandard und also den importierten Konsum mit solchen Einkommensbestandteilen, die - würden sie beim Unternehmer anfallen - in Industrieanlagen investiert würden. Es brauchte also kein Mangel an Kapital zu herrschen, verhielten sich die Einkommensempfänger im Arbeitnehmersektor entsprechend wie jene im Unternehmerbereich: Dann hätten sie jenen Einkommensbestandteil zu sparen, der für Investitionen volkswirtschaftlich erforderlich ist. In diesem Punkt erheben sich neue Fragen.

Zwangssparen?

Der kleine Mann, von dem wir Verantwortungssinn und Sparfreudigkeit erwarten oder gar erzwingen wollen, kann aber zu Recht auf die Furcht vor dem Mangel an Geldwertbeständigkeit hinweisen. Er kann zudem die moralische

Qualität seiner abwartenden, reservierten Position mit der bitteren Feststellung des seinerzeitigen amerikanischen Schatzamtssekretärs erhärten. George Humphrey erhob auf der Weltbankversammlung 1956 die Anklage, daß "die Inflation die grausamste Form des Diebstahls ist, weil das Volk gegen sie wehrlos ist". Will man diesen Einwänden und Bedenken Rechnung tragen und dennoch das Problem ausreichender Kapitalbildung lösen, so ergibt sich die Notwendigkeit, dem einzelnen die Entscheidung über die Höhe der Ersparnisbildung abzunehmen und die Ersparnis selbst in Anlageformen unterzubringen, die von Geldwertänderungen nicht tangiert werden. Außerdem sollte die gesamtwirtschaftliche Ersparnisbildung auf dem Gesetzesweg erzwungen werden, ohne jedoch das einzelne Wirtschaftssubjekt der freien Entscheidung über die Verwendung von Einkommensbestandteilen für den Konsum oder zur Kapitalanlage zu entheben. Erscheinen schon die beiden ersten Forderungen - staatliche Festsetzung der Sparrate und Vorschrift inflationssicherer Sparformen - problematisch, so dürfte der dritte Vorschlag - Zwang unter gleichzeitiger Freiwilligkeit - auf den ersten Blick geradezu unverständlich und widersprüchlich wirken.

Doch ist hier die Lösung wie bei den meisten besonders verzwickt erscheinenden Fragen einfach und naheliegend:

Im Umfang der Kapitallücke - sie läßt sich im Rahmen der volkswirtschaftlichen Gesamtrechnung ermitteln - verfügt der Staat ein Zwangssparen, das nach dem Familienstand, also nach der Leistungsfähigkeit, abgestuft werden könnte. Die Sparbeträge wären anschließend einem vorwiegend auf Industrieaktien aufgebauten Investmentfonds zuzuführen. Der "Zwangssparer" erhält freie Verfügung über die Investmentzertifikate. Er kann sie halten oder verkaufen.

Über den Markt findet dann der Austausch von Anteilen gegen Zahlungsmittel zwecks Befriedigung der individuellen Spar- oder Konsumbedürfnisse statt.

Solches System hätte gegenüber jeder Investivlohnplanung den Vorteil, daß es unabhängig vom einzelnen Unternehmen, unabhängig von der Vornahme oder dem Unterbleiben von Lohnveränderungen und auch unabhängig von der individuellen Sparentscheidung funktioniert. Es hätte den Vorteil, daß der einzelne frei ist in der finanziellen und monetären Disposition seines Einkommens, daß er aber andererseits a priori und automatisch die Chance erhält, Volkskapitalist zu werden, am Wachstum und an der Ergiebigkeit des deutschen Industriepotentials teilzuhaben. Zwar wird niemand zum Konsumverzicht gezwungen, aber die individuelle Konsumerhöhung setzt die persönliche, bewußte Entscheidung zum Konsumverzicht bei einem anderen Individuum voraus. Der Unterschied zur gegenwärtigen Einkommens- und Ausgabepraxis läge nur darin, daß der Gesamtbetrag der volkswirtschaftlichen Kapitalbildung nicht dem Zufall der Summierung individueller Sparentscheidungen überlassen bleibt, sondern vor jeder individuellen Einkommensbildung bereits als "Kapital" definiert und in entsprechender, aber handelbarer Form dem Einkommensempfänger zugeführt wird. Das Volkseinkommen würde also ex ante in einen Konsumteil und einen Kapitalteil aufgegliedert werden. Bei solchem Verfahren würden daher die von Keynes geäußerten Befürchtungen zu großen oder zu geringen Sparens und die daraus fließenden konjunkturzyklisch abträglichen Entwicklungen gegenstandslos. Selbstverständlich dürfte solches Kapitalansammlungsverfahren nicht mit dogmatischer Strenge oder in teutonischer Perfektion gehandhabt werden.

Auf alle Fälle sind die auf geschilderte Weise investierten Ersparnisse des Arbeitnehmers vor Inflationen fortan sicherer, als es die Sachanlagen (außer Gold) herkömmlicher Kapitalisten je waren.

Was der kleine Mann dann über den eine hohe Gewinnspanne ermöglichenden, überhöhten Preis eines Gutes zur Firmenfinanzierung, zu neuen Industrieinvestitionen beitrüge, flösse ihm als Aktionär wieder in die andere Tasche, was er weniger an Lohn erhielte, schlüge sich als Guthaben auf dem Dividendenkonto nieder.

Der Weg bis zu solchem Volkskapitalismus ist lang und wird Jahrzehnte, vielleicht ein Jahrhundert dauern. Aber es ist der einzige im Kapitalismus gangbare Weg.

Gedanken zur Gestaltung der Sozialpartnerschaft

In seinen Studien zur gesellschaftlichen Macht behauptet Wolfe, "daß die Frauen in einer auf gegenseitigem Verständnis und somit mehr oder weniger gleichmäßiger Machtverteilung aufbauenden Ehe glücklichere Ehefrauen sind". Wenn die Assoziation von Partnerschaft in der Tarifautonomie mit Partnerschaft in der Ehe erlaubt ist, dann dürften hier wie dort zwei Elemente für Partnerschaft wesentlich sein: gegenseitiges Verständnis und gleichmäßige Machtverteilung. Eine solche klare Fassung des Begriffes Partnerschaft vermeidet den Verdacht, "Partnerschaft" nur als einen politischen Schwammbegriff mißbrauchen zu wollen, der geeignet wäre, Gegensätze zu verkleistern. Einem ähnlichen Verdacht unterliegt auch der in der Partnerschaftsdiskussion häufig verwendete Begriff der "Ordnungsfunktion", die den Gewerkschaften zugeschrieben wird, und die damit zusammenhängende Forderung nach Anerkennung einer solchen Ordnungsfunktion durch den anderen Sozialpartner. Partnerschaft wie Ordnungsfunktion haben zwar einen positiven Akzent. Aber niemand darf sich gegen sie wenden, und jeder interpretiert sie anders. Es ist daher zweckmäßig, eine verbindliche Interpretation herauszuarbeiten.

Die Autonomie bei der Festlegung der Lohnsätze und Arbeitsbedingungen, die den Sozialpartnern zusteht, schafft einen relativ staatsfreien Raum und orientiert sich an den Grundsätzen der Selbstverwaltung und Subsidiarität. Rechtlich handelt es sich um eine vom Staat delegierte wirtschaftspolitische Teilfunktion, sozialethisch um ein Naturrecht der Arbeitspartner. Jede Beeinträchtigung der Tarifautonomie, wie z.B. ein Streikverbot oder die Zwangsschlichtung, bedeuten die Einengung der Freiheit und führen bestenfalls zu sozialem Scheinfrieden. Wenn insoweit den gesellschaftlichen Machtverhältnissen ungenügend Rechnung getragen wird, stauen sich soziale Energien, die über kurz oder lang stabilitätsgefährdend werden können.

Tarifautonomie setzt im freiheitlichen Staat die positive und negative Koalitionsfreiheit voraus, oder anders ausgedrückt: das Verbot des Kartellverbotes für die Sozialpartner und ebenso das Verbot der Zwangsmitgliedschaft bei ihren Organisationen.

Bevor es zu einem Einschwenken auf die partnerschaftliche Linie kam, herrschte am Arbeitsmarkt entweder die Klassenkampfsituation oder die Verhandlungs- und Vertragssituation. Die Klassenkampfsituation ist gekennzeichnet durch ein bilaterales Monopol am Arbeitsmarkt mit gegensätzlichen Interessen der Marktparteien. Ihr Ziel ist es, den eigenen Vorteil zu maximieren und womöglich die Macht des Gegners zu neutralisieren.

Das Endziel der "proletarischen Klasse" war es ursprünglich, über die Änderung der Einkommens und Eigentumsverteilung zu der Änderung von Wirtschafts- und Gesellschaftsordnung zu gelangen und die "kapitalistische Klasse" zu vernichten.

Bei der Verhandlungs- und Vertragssituation wird die Existenz der anderen Marktpartei unausgesprochen nicht in Frage gestellt. Es besteht die grundsätzliche Bereitschaft zur Einigung. Mit dem Streik wird möglichst nur gedroht, ebenso mit der Aussperrung. Der Kompromißpunkt wird hierbei fixiert durch den Schnittpunkt der Kurven "Konzessionsbereitschaft der Unternehmer" und "Streikbereitschaft der Gewerkschaften". Bei einem "Spiel mit offenen Karten" könnten die Partner diesen Punkt theoretisch zuvor ermitteln. Solche Offenbarung der Absichten kann jedoch bei "kaltem Sozialkrieg" nicht vorausgesetzt werden. Die Verhandlungsmethoden beinhalten vielmehr Formen der Täuschung, Drohung und des Bluffs.

Doch wird immerhin Rücksicht auf öffentliche Meinung und Staat genommen, um die Tarifautonomie selbst nicht zu gefährden.

Überbetriebliche Partnerschaft

Der Begriff überbetrieblicher Partnerschaft läßt sich aus der Partnerschaftssituation auf Betriebsebene herleiten. Nach Hartmann ist betriebliche Partnerschaft "jede Form der Zusammenarbeit zwischen Unternehmensleitung und Mitarbeitern, bei der außer einer ständigen Pflege der zwischenmenschlichen Beziehungen eine Mitwirkung und Mitverantwortung sowie eine materielle Beteiligung der Belegschaft am Ergebnis gemeinschaftlichen Bemühens innerbetrieblich und vertraglich vereinbart ist". Versuchen wir auf dieser Grundlage Partnerschaft auf überbetrieblicher Ebene zu definieren, so begreifen wir als Partner einerseits das Kapital, vertreten durch selbständige und angestellte Unternehmer, oder ihre Verbandsrepräsentanten, und andererseits die "Arbeit", also die Gesamtheit der unselbständig-abhängig Beschäftigten, vertreten durch Funktionäre der Gewerkschaften.

Zu ehrlichen, gutwilligen Partnern können beide Gruppen nur dann werden, wenn drei menschlich- psychologische, ökonomische und politische Gesichtspunkte Beachtung finden: Stärkung des gegenseitigen Vertrauens, der Handlungspublizität und Toleranz, Bemühung um ein Gleichgewicht ökonomischer Macht und schließlich der Verzicht auf die Inanspruchnahme politischer Macht.

Partner ist, wer das Geschick des Ganzen auf der Basis völliger Gleichberechtigung mitbestimmen kann. Das "Ganze" ist hier die gemeinsame Aufgabe der Sozialpartner, im Wege der Abstimmung anfangs widerstreitender Interessen die Lohn- und Arbeitsbedingungen jeweils so einzurichten, daß sie allseits als gerecht empfunden werden. Für das Funktionieren einer so verstandenen Partnerschaft lassen sich zehn "Verhaltensregeln" formulieren:

1. Gegenseitige Anerkennung der gemeinsamen Ordnungsfunktion auf dem Arbeitsmarkt und die Beschränkung der gegenseitigen Aktivität auf die Festlegung von Lohn- und Arbeitsbildung.

2. Anerkennung von Rolle und Status des Partners und also Verzicht auf dem Prestige des Partners (Unternehmer, Verbandssyndikus, Gewerkschaftsmitglieder, Betriebsräte und Mitbestimmungsorgane) abträgliche Aktionen. Die Arbeitnehmer hätten demnach auch die wirtschaftliche Führungsrolle der Unternehmer unbeschadet der Mitbestimmung ebenso wie die Rechtsordnung des Privateigentums an den Produktionsmitteln anzuerkennen. Auf solche Weise könnte die

beiderseitige psychische Abwehrhaltung abgebaut und eine "Reizung" des Sozialpartners vermieden werden.

3. Die Versachlichung der Lohnpolitik erfordert eine betriebswirtschaftlich und volkswirtschaftlich fundierte Argumentation zwischen Fachleuten und den Verzicht auf die oft beobachtete Handlungsweise orientalischen Feilschens, der Täuschung und Drohung. Andererseits bedeutet Versachlichung der Lohnpolitik nicht etwa ihre Verweichlichung.

4. Die Anerkennung von Grenzen der Lohnpolitik, die einzelwirtschaftlich von der Erhaltung des Wirtschaftlichkeitsprinzips gezogen werden, erfordert eine stärkere Orientierung der Lohnpolitik an den Verhältnissen des einzelnen Unternehmens. Sollte ein Unternehmen auf die Dauer nicht in der Lage sein, marktgerechten Lohn zu zahlen, so wird es seine Arbeitskräfte auf "marktwirtschaftliche Weise" verlieren. Gesamtwirtschaftlich hätte die Erhaltung der Währungsstabilität dem Handeln der Sozialpartner Grenzen zu setzen. Die Summe der Löhne und Gewinne sollte also unter Berücksichtigung des Einkommens der übrigen Bevölkerung nicht größer sein als das Sozialprodukt zu geltenden Preisen.

5. Die Postulate der Offenheit und Ehrlichkeit verpflichten die Sozialpartner zu einem Höchstmaß an gegenseitiger Information. Sie sollten "die Karten auf den Tisch legen", um nicht von vornherein gerechte Lösungen durch mangelnde "Markttransparenz" auszuschließen.

6. Verzicht auf Störungen des Gleichgewichts der Marktmacht wird begründet durch das beiderseitig gegebene Interesse, die Machtgrundlagen der Verhandlungsposition der Partner für den Fall des Bruches der Partnerschaft in Reserve zu halten. Insbesondere sollte keine bewußte Störung des finanziellen Gleichgewichts erstrebt werden.

7. Der unbedingt erforderliche Verzicht auf Ausnutzung politischer Macht zur Verschiebung des Gleichgewichts der Marktmacht dürfte besonders schwer zu realisieren sein, da die Parlamente zu einem hohen Prozentsatz mit Interessenvertretern der Sozialpartner besetzt sind, es also beiden Seiten möglich wäre, den politischen Einfluß zu den die Machtverhältnisse ändernden Gesetzen zu nutzen. Solche Maßnahmen würden die Tarifautonomie ausschalten, indem dadurch die Auseinandersetzung der Sozialpartner ins Parlament und damit auf die Ebene staatlicher Willensbildung verlagert wird.

8. Der Verzicht auf Arbeitskämpfe vor Ausschöpfung aller anderen Verhandlungsmittel ermöglicht Abkühlungsperioden und gewährt Gelegenheit zu ausgiebigen Verhandlungen.

9. Die gegenseitige Unabhängigkeit setzt die Vermeidung subventionsähnlicher Zuwendungen und Maßnahmen (Gewerkschaftsbeitragsinkasso) voraus. Nur auf diese Weise ist es möglich, bei den eigenen Mitgliedern glaubwürdig zu bleiben und den Verdacht der "Bestechung" durch die Marktgegensätze zu vermeiden.

10. Waffengleichheit ist die Prämisse für faire Auseinandersetzungen und verlangt im Falle der Sozialpartnerschaft, daß am Ende der Skala der Einwirkungsmöglichkeiten bei den Arbeitnehmern der "Streik" und bei den Arbeitgebern die "Aussperrung" zu stehen hätten.

Früchte der Sozialpartnerschaft

Im Rahmen der Tarifautonomie ergeben sich aus dem partnerschaftlichen Verhalten die folgenden Konsequenzen:

Eine gute Sozialpartnerschaft erfordert das ständige Gespräch, und zwar ohne Rampenlicht. Es wird wesentlich durch die allseitige Befolgung der vorgeschlagenen Verhaltensregeln erleichtert und könnte viel zur Vermeidung von Prestigehandlungen und zu einem fortwährenden Interessenausgleich ohne spektakuläre Auseinandersetzungen beitragen.

Partnerschaftliche Gesinnung läßt darüber hinaus die gegenseitige Anwesenheit bei Veranstaltungen geboten sein. Hierbei ist der sozialpsychologische Grundsatz von Bedeutung, daß Kontakt Sympathie schafft. Außerdem werden dann eher Entgleisungen bei Reden vermieden und es ergeben sich zwanglose Gelegenheiten zu Gesprächen. Diese Beispiele mögen genügen, um zu zeigen, welche Wege zur Sozialpartnerschaft eingeschlagen werden können. Die Lösungen sollten jedoch ohne Perfektion und Bürokratisierung verwirklicht werden, um die schon vorhandene Verbandsmüdigkeit in unserer Gesellschaft nicht weiter zu verstärken.

Der Weg zu einer wohlverstandenen Partnerschaft ist nicht ohne Risiko gangbar. Es sollten daher immer nur kleine Schritte unternommen und jeder Anschein des Vertragsbruches sorgfältig vermieden werden. Selbstverständlich kann bloßes Reden von Partnerschaft zur Stärkung der eigenen Position mißbraucht werden, um danach wieder mit klassenkampfähnlichen Auseinandersetzungen zu beginnen. Das Handeln nach den Spielregeln der Partnerschaft befreit jedoch von dieser Sorge und bietet eine echte Chance zur Versachlichung der sozialen Konflikte, letzten Endes ihrer Vermeidung und somit zur Festigung des sozialen Gefüges im Staat.

Human-Relations-Funktion von Sozialpolitik und Wirtschaftlichkeitsprinzip

Die neueren Anschauungen in der Nationalökonomie über die Rolle des Menschen im Produktionsprozeß und über seine Position innerhalb eines Unternehmens wurden in starkem Maße geprägt von den Forschungsergebnissen der Soziologie und der Sozialphilosophie.

In den ersten Jahrzehnten des zwanzigsten Jahrhunderts noch Objekt im Produktionsprozeß, wurde dem Arbeitnehmer inzwischen von der herrschenden Meinung der volkswirtschaftlichen Theorie sowie allenthalben in der Praxis die Stellung des Subjekts im Wirtschaftsgeschehen eingeräumt. Der Mensch wird nicht mehr nur als Faktor Arbeit, als ein ehedem besonders fungibles Element im Produktionsprozeß betrachtet. Vielmehr hat sich die Meinung durchgesetzt, die ökonomische Welt habe auf zweierlei Weise dem Menschen zu dienen: zum einen sei die von ihm geschaffene Produktion für seinen Nutzen und Verzehr bestimmt, zum andern seien darüber hinaus auch die Arbeitsstätten, in denen der Werktätige die überwiegende Zeit seines wachen Daseins verbringt, im Hinblick auf sein Können, Fühlen, Wollen und Leben zu erbauen und einzurichten, damit nicht erst mit den erzeugten Konsumgütern, sondern bereits anläßlich ihrer Produktion den Arbeitenden befriedigendes Erleben und Selbstbestätigung gewährt werden könne. Dieses Erfordernis bedingt nun keineswegs nur materielle Vorkehrungen. Das Lebensgefühl eines Menschen wird mindestens im gleichen Maße wie durch die Begegnung mit der Welt der Dinge und Güter durch seinen Platz im gesellschaftlichen Gefüge, durch Sympathien und Antipathien, durch die Art der Begegnung mit anderen Menschen, durch das Bewußtsein, anerkannt zu werden und Leistungen zu vollbringen, beeinflußt.

Den Menschen in den Mittelpunkt des wirtschaftlichen Seins rücken, bedeutet demnach, seine Beziehung zur materiellen Umwelt zu verändern und seine gesellschaftlichen Kontakte neu zu gestalten.

Leider wird von Theoretikern und Praktikern oft nur eine Seite dieser Problematik isoliert behandelt und gesehen. Entweder konzentriert sich der Forscher und Kritiker auf die Möglichkeiten gesamtwirtschaftlicher und betrieblicher Sozialpolitik und denkt dabei vor allen Dingen an eine Verbesserung der existenziellen und sozialen Lebens- und Arbeitsbedingungen, oder aber die Diskussion bewegt sich im Bereich der sozialphilosophischen Abstraktion sowie einer formalen theoretisch-psychologischen Betrachtungsweise und beleuchtet die soziologische Stellung des arbeitenden Menschen, woraus wiederum Forderungen für die Verbesserung seines Ansehens als Persönlichkeit und als Mitarbeiter resultieren. Es soll nun nicht behauptet werden, daß es ohne Gewinn bliebe, die beiden Aspekte - die materielle Situation und die psychologische Bewußtseinslage - gesondert zu untersuchen.

Die Theorie vermag jedoch nur dann der Wirklichkeit des gesellschaftlichen und ökonomischen Seins brauchbare Erkenntnisse zur Anwendung zu präsentieren, wenn der Fragenkomplex unter gleichzeitiger Betrachtung materieller und ideeller Aspekte untersucht und erörtert wird.

Die Mitte: der Mensch

Wir wollen einen Versuch zur Ortsbestimmung des Menschen von heute im wirtschaftlichen und betrieblichen Geschehen unternehmen, soweit dies im Rahmen eines kurzzuhaltenden Beitrages überhaupt möglich ist.

Will man Arbeitnehmer und Arbeitgeber gemeinsam in den Mittelpunkt des ökonomischen Seins rücken, so wird man die menschliche Arbeit nicht mehr wie früher als Produktionsfaktor ansehen dürfen, sondern umgekehrt in Theorie und Praxis den Betrieb ganz bewußt in den Dienst des Menschen stellen müssen. Daraus ergibt sich die Forderung, Lohnzahlungen nicht mehr als Entgelt für geleistete Arbeit, sondern als einen der Mitarbeiterpersönlichkeit zuerkannten Anteil am Sozialprodukt zu definieren. Aus diesem Postulat läßt sich eine Aufhebung des Gegensatzes von Arbeit und Kapital ableiten. In jedem Falle stellen die Beteiligten ihre Ressourcen - sei es nun die derzeit aktuell aufgewendete Arbeitszeit oder sei es "vorgetane Arbeit" - für den Wirtschaftsprozeß gemeinsam zur Verfügung. Wo es keine dogmatischen und theoretisch formulierten Abgrenzungen und Konfrontationen von Kapital und Arbeit mehr gibt, sollte auch im menschlichen Bereich die Überbrückung und letztlich die völlige Beseitigung von Klassengegensätzen möglich sein. Im Laufe dieses Prozesses würde bereits eine stetige Verbesserung des persönlichen und gesellschaftlichen Verhältnisses zwischen den Arbeitgebern und Arbeitnehmern, also zwischen den Führungskräften eines Unternehmens und den ausführenden Tätigen möglich sein.

Papst Johannes XXIII. sagt in "Mater et magistra": "Das Ziel muß sein, das Unternehmen zu einer echten menschlichen Gemeinschaft zu machen. ... Das erfordert im gegenseitigen Verhältnis ... Zusammenarbeit, Achtung voreinander und Wohlwollen."

Hier wird vornehmlich die psychologische Seite des Problems angesprochen. Wie wir jedoch schon ausführten, ist mit einer Änderung des Betriebsklimas, mit einer Änderung der Umgangsformen im Betrieb eine Lösung des Problems, den Menschen aus einem Objekt zum Subjekt des Wirtschaftsprozesses zu machen, noch nicht gefunden. Hierzu bedarf es vielmehr verschiedener Maßnahmen der Sozialpolitik und der Einkommenspolitik. In diesem Punkt des Gedankenganges begegnen wir einem systembedingten Konflikt zwischen den ökonomischen Postulaten. Wir wollen auf der einen Seite die Stellung des Arbeitnehmers psychologisch und substanziell zu der eines Arbeitspartners werden lassen, auf der anderen Seite müssen wir jedoch gemäß der gleichrangigen Forderung nach fortdauernder Sicherung eines selbständig marktwirtschaftlichen Prozesses das Wirtschaftlichkeitsprinzip im Auge behalten. Natürlich gäbe es als Lösung aus diesem Konflikt der Zielsetzungen die Möglichkeit, den gordischen Knoten mit dem Schwerte zu durchhauen. Mit anderen Worten: man könnte in einmaligem Akt eine zwangsweise Umverteilung allen Eigentums in Staat und Volkswirtschaft herbeiführen. Ein solches Vorhaben begegnet nicht nur den Vorschriften unserer Rechtsordnung, sondern würde von der überwiegenden Mehrheit der Bürger aus mancherlei Gründen - sei es nun finanzielles Interesse, Wahrung der Machtverhältnisse oder ein aufrechtes Anstandsempfinden - entschieden abgelehnt werden. Man kann die ökonomisch und gesellschaftlich erwünschten Veränderungen in revolutionärer Manier kaum erfolgreich übers Knie brechen, es sei denn, man nähme die dabei zwangsläufig einhergehende Vernichtung vieler materieller Werte sowie die Tilgung aller bereits vorhandenen positiven Bindungen und Empfindungen zwischen den Menschen und den in der Hierarchie eines jeden Staatswesens erforderlichen Schichten in Kauf.

Menschlichkeit und Wirtschaftlichkeit

Eine klare und schnelle Lösung der aufgezeichneten Probleme ist also auf keinen Fall denkbar. Vielmehr werden wir uns heute und auf längere Zukunft hin mit der Überwindung jener teilweisen "Antinomie zwischen Menschlichkeit und Wirtschaftlichkeit" im Betrieb auseinanderzusetzen haben. Natürlich wird die Situation arg überspitzt dargestellt, wenn man sie in die Formel "Menschlichkeit oder Wirtschaftlichkeit" preßt. Es ist sehr wohl denkbar, daß ein ganz ungewöhnlich gutes menschliches Verhältnis in einer Unternehmung oder Betriebsstätte vorherrscht, ohne daß die Prinzipien der Wirtschaftlichkeit vernachlässigt werden. Doch genügt für das Lebensgefühl und die Persönlichkeitsentwicklung eines Menschen auf längere Sicht die Phrase der Höflichkeit im Betriebsleben nicht. Und auch das Bewußtsein, eine Arbeit gewissenhaft, gut und schnell zu vollbringen, vermag den Menschen auf die Dauer nicht mit dem Gefühl der Bestätigung seines Ichs zu erfüllen.

Die Persönlichkeit eines Menschen erwächst aus der Lebenssphäre, die er sich zu schaffen versteht. Die Möglichkeiten für solchen Aufbau liegen jedoch erst diesseits der Schwelle des Existenzminimums. Wir beurteilen einen anderen nach dem Maße seiner Bildung, nach seinem Geschmack, nach seiner von Können, Fleiß und Sparsamkeit geprägten bürgerlichen Existenz und nach seinem Charakter. Innerhalb einer Industriegesellschaft bedarf es zur Ausbildung aller dieser Eigenheiten, Merkmale und Fähigkeiten materieller Mittel. Man hüte sich jedoch vor dem Trugschluß, materielle Mittel würden in jedem Falle einen Menschen zum Gentleman und zur Persönlichkeit werden lassen. Ob ein Mensch Hochachtung verdient, hängt, wie wir wohl alle wissen, keineswegs allein vom wirtschaftlichen Erfolg ab, sondern die Voraussetzungen hierfür liegen in seinem Wesen und in den ihm vom Schöpfer verliehenen Gaben begründet.

Die Ausbildung und Entwicklung der angeborenen Eigenschaften erfordert jedoch innerhalb unserer Gesellschaftsorganisation nicht geringe materielle Voraussetzungen. Diese Tatsache erhellt, daß es mit einem veränderten Umgangston allein im betrieblichen Leben nicht getan ist.

Nun muß jedoch jede Umverteilung des betrieblichen und volkswirtschaftlichen Ertrages Erschütterungen innerhalb der derzeit stabilisierten gesamtwirtschaftlichen Harmonie mit allen ökonomischen und soziologischen Folgen bewirken. Im Extremfalle könnte das marktwirtschaftliche System funktionsunfähig werden, nämlich dann, wenn die durch Sozialleistungen und Einkommensredistributionen verursachten Kostenerhöhungen ein selbstverantwortliches Tätigwerden unternehmerischer Initiative nicht mehr sinnvoll erscheinen lassen. Hier stellt sich nun also die Aufgabe, immer wieder aufs Neue den Balanceakt zwischen einer möglichst effizienten Sozialpolitik und einer möglichst funktionsfähigen freien Marktwirtschaft zu organisieren. Oder wäre es richtiger, herausfinden zu wollen, ob das Prinzip der Menschlichkeit oder Wirtschaftlichkeit im betrieblichen Sein dem jeweils anderen unterzuordnen ist? Wir möchten meinen, daß es hier nicht auf Unterordnung, sondern auf Gleichgewichtsfindung ankommt, weil es schließlich einen Punkt in diesem Balanceakt geben muß, bei dem die Durchsetzung des einen Prinzips nicht auf Kosten des anderen geschieht, sondern wo beiden Postulaten Genüge getan werden kann, ohne das eine dem anderen nachstehen zu lassen.

Wir haben hier demnach ein Optimum zu finden, nicht ein Maximum.

Die Bewältigung dieser Aufgabe verlangt die vorherige Bestandsaufnahme: welche verschiedenen Maßnahmen und Maßnahmenbündel der betrieblichen Sozialpolitik gibt es? Wir unterscheiden überbetriebliche (zentrale) und betriebliche (dezentrale) Möglichkeiten der sozialpolitischen Einwirkung im Betrieb. Die ersten können von Staat und Arbeitspartnerorganisationen, also Gewerkschaften und Unternehmerverbänden, veranlaßt werden. Wir nennen als Beispiele die Gewerbeordnung, die Arbeitsschutzordnung, das Betriebsrätegesetz, das Mutterschutzgesetz, das Gesetz zum Verbot der Kinderarbeit, Kollektivverträge, die Krankenversicherungspflicht, das Gesetz über die Lohnfortzahlung im Krankheitsfalle, womit aber nur einigen der zahlreichen, möglichen Maßnahmen zentraler Betriebssozialpolitik Erwähnung getan wurde. Diese zentralen Maßnahmen betreffen alle Betriebe und Unternehmen etwa in gleicher Weise. Zwar sind im Falle bestimmter sozialpolitischer Zuwendungen durch die Konstruktion der Mittelaufbringung oder der Mittelverwendung für einige Branchen oder Betriebsgrößenklassen Härten und Wettbewerbsverzerrungen gegeben, aber im Vergleich zu den dezentralen Maßnahmen betrieblicher Sozialpolitik darf hier doch von für alle Wirtschaftseinheiten wettbewerbsneutralen Daten gesprochen werden.

Sozialpolitische Maßnahmen

Diese Wettbewerbsneutralität ist, wie gesagt, bei den aus betrieblicher Initiative getroffenen sozialpolitischen Vorkehrungen nicht gegeben. Der Grund liegt auf der Hand; die Kosten solcher sozialer Zusatzleistungen und die daraus eventuell gewonnenen Vorteile für Betrieb und Mitarbeiter bleiben auf das jeweilige Unternehmen beschränkt. Es können also aus solchen einzelbetrieblichen Sozialmaßnahmen Wettbewerbsvor- und -nachteile entstehen.

Im Bereich der dezentralen betrieblichen Sozialpolitik unterscheiden wir solche Maßnahmen, die auf Initiative mehrerer Betriebe zustandekommen (kartellmäßige Vereinbarungen), und jene auf Initiative eines Betriebes getroffenen Sozialentscheidungen. Dabei bleibt es vorerst unerheblich, ob der Anstoß zu solcher Entscheidung von der Arbeiterschaft oder der Unternehmensführung ausgeht. In jedem Fall haben wir diese Maßnahmen, die das Verhältnis zwischen Arbeitgebern und Arbeitnehmern verändern oder doch zumindest berühren, unter die Begriffskategorien der sozialen Partnerschaft einzuordnen. In der betrieblichen Wirklichkeit unseres Jahrzehnts können wir ein Kaleidoskop zahlreicher Möglichkeiten einer derartigen individuellen betrieblichen Sozialpolitik konstatieren. Je nach sozialer Einstellung, nach unternehmerischem Ermessen, nach den gegebenen ökonomischen Möglichkeiten, den menschlichen Fähigkeiten und nicht zuletzt in Anbetracht der Konkurrenzbedingungen und der solidarischen Bindung an Verbände der Branche oder der Region, wird der Fächer sozialpolitischer Leistungen, Einrichtungen und Errungenschaften in den Betrieben differieren.

Man sollte hier vielleicht grundsätzlich unterscheiden zwischen betrieblichen Sozialleistungen und der Übertragung von Unternehmerfunktionen auf die Mitarbeiterschaft. Im Bereich der Sozialleistungen sind Verbesserungen des Arbeitsplatzes, hygienische Einrichtungen, Krankenfürsorge, Ferienheime, Kantinen, Bibliotheken u. ä. denkbar.

Die neuere Auffassung von der Funktion eines jeden Menschen als Partner im Wirtschaftsprozeß bedingt die teilweise Überlassung von Leitungskompetenzen und von Gewinnanteilen an die Arbeitnehmer. Man könnte eine ökonomische Berechtigung solcher Entwicklungen auch daraus ableiten, daß gegenüber der Unternehmensbuchhaltung und der vom Staat geforderten Rechnungslegung, also gegenüber dem Finanzamt, der Firmenleiter ebenfalls ein Arbeitsentgelt in Ansatz bringen darf. (Bei Personengesellschaften und Einzelfirmen wird es sich hier allerdings nur um einen kalkulatorischen Unternehmerlohn handeln können.) Kurzum, die neue Auffassung vom Menschen als Sozialpartner bedingt gleiche Rechte, bedingt Entscheidungsbefugnisse für Unternehmer und Arbeitnehmer und bedingt die Zahlung von Arbeitslohn und die Beteiligung am Residuum des Wirtschaftsertrages ebenfalls für beide, für Arbeitnehmer und für Arbeitgeber.

Der Prozeß der unternehmerischen Funktionsübertragung geht in Stufen vor sich. Er verläuft vom Mitspracherecht über personelle und späterhin wirtschaftliche Entscheidungen, dem Kontrollrecht oder Vetorecht bis zur Mitbestimmung durch Repräsentanten der Arbeitnehmerschaft in Vorstand und Aufsichtsrat. Schließlich ist die wiederum in der Ausgestaltung vielseitig denkbare Gewinnbeteiligung der Schlußpunkt hinter der Metamorphose vom Arbeiter zum Sozialpartner.

Auf die zahlreichen Möglichkeiten der Arbeitnehmergewinnbeteiligung und auf die daraus unterschiedlich resultierenden ökonomischen Verwicklungen und Systemstörungen wollen wir nicht im einzelnen eingehen. Schließlich ist es nichts Besonderes, daß bei der Lösung eines großen Problems die Bewältigung zahlreicher kleinerer Probleme und Fragestellungen erforderlich wird. Natürlich sollte im Falle einer zentralen gesetzlichen Regelung, die es derzeit bei uns nicht gibt, zuvor der für das Wirtschaftssystem günstigste Weg gefunden werden. Im Augenblick ist jedoch allein von Bedeutung, den allgemeinen Schwierigkeiten und Hindernissen bei der geschilderten Veränderung der Position der Menschen im betrieblichen Wirtschaftsleben nachzuspüren und Lösungsmöglichkeiten zu überdenken.

Vor der gedanklichen Konfrontation der Prinzipien betrieblicher Sozialpolitik und Wirtschaftlichkeit hat die Klärung des Begriffes der Wirtschaftlichkeit zu stehen. Wir wollen darunter die Kombination der Produktionsfaktoren nach dem Minimalkostenprinzip verstanden wissen. Eine solche Definition hat den Vorzug der Systemindifferenz. Es ist also gleichgültig, welche wirtschaftspolitischen Ziele und welche unternehmenspolitischen Entscheidungen vorgegeben sind. Demnach ließe sich in jedem Fall eine Aussage über die Wirtschaftlichkeit der Betriebsführung treffen, ob der Betrieb nur als Privatunternehmen Ertrag erzielen soll, als öffentliches Regieunternehmen für die Deckung der Kosten Sorge zu tragen hat oder als sonstige öffentliche Einrichtung der Erfüllung gemeinwirtschaftlicher Aufgaben dienen müßte.

Für die Existenzerhaltung eines privaten Unternehmens ist neben der Wirtschaftlichkeit auch die Rentabilität von Wichtigkeit, ja sogar von größter Bedeutung. Es gehört nicht in den Rahmen dieses Themas, darzulegen, warum ein unwirtschaftlich arbeitendes Unternehmen dennoch rentabel geführt werden und eine unrentabel tätige Firma doch wirtschaftlich zu arbeiten vermag. Jedenfalls ist die Existenzfähigkeit eines privaten Unternehmens dann in Frage gestellt, wenn infolge Unrentabilität das finanzielle Gleichgewicht nicht mehr eingehalten werden kann.

Unsere Fragestellung geht nun dahin, ob die Wirtschaftlichkeit und die Rentabilität eines Unternehmens durch betriebliche sozialpolitische Maßnahmen beeinflußt werden können und wenn ja, in welcher Richtung. Darüber hinaus wäre es von Interesse, zu erfahren, ob die nämlichen sozialpolitischen Entscheidungen volkswirtschaftliche und ordnungspolitische Rückwirkungen besitzen.

Bei der Analyse der betriebswirtschaftlichen Auswirkungen jener Konfrontation von Sozialpolitik und Wirtschaftlichkeit unterscheiden wir wiederum zwischen den materiellen Sozialleistungen sowie dem Mitspracherecht und der Ertragsbeteiligung der Arbeitnehmerschaft.

Sozialleistungen stellen für den Betrieb Kostenfaktoren dar. Für die Arbeitnehmerschaft handelt es sich hierbei gewissermaßen um einkommenswirksame Zuwendungen, auf deren Form sie jedoch keinen unmittelbaren Einfluß ausüben können. Der Arbeitnehmer kann also gewöhnlich nicht zwischen der Bereitstellung von Sozialleistungen bzw. einer direkten höheren Lohnzuwendung unter Verzicht auf die Sozialleistungen wählen. Die Sozialleistungen selbst sind wiederum im allgemeinen an eine Bedingung geknüpft. Auf den Eintritt der Bedingung kann der Arbeitnehmer entweder Einfluß nehmen, oder aber er hat keinen Einfluß darauf. Beispiel für den ersten Fall wäre die Inanspruchnahme einer Werksbibliothek oder eines betrieblichen Kindergartens, geistiges Interesse und das Vorhandensein eigener Kinder vorausgesetzt. Als Beispiel für den zweiten Fall können wir die betrieblichen Sonderleistungen im Krankheitsfall nennen. Diese werden jedoch erst dann wirksam, wenn der Arbeitnehmer erkrankt, was üblicherweise nicht seinem Einfluß und Willen unterliegt.

Nebenwirkungen der Sozialleistungen

In diesem Zusammenhang soll erwähnt werden, daß es nicht unbedeutende Strömungen und Meinungen in der Arbeiterschaft gibt, wonach den Arbeitnehmern eine gleichmäßige und vom Eintritt irgendwelcher Bedingungen unabhängige höhere Entlohnung lieber wäre als die Verwendung der entsprechenden Mittel für die Bereitstellung von Sozialleistungen. Es würde sich gewiß lohnen, in einer besonderen Untersuchung dem Pro und Kontra dieser Anschauungen nachzugehen und die ökonomischen und soziologischen Auswirkungen einer Substitution sozialer Leistungen durch unmittelbare und an alle Arbeitnehmer gleichmäßig begebene Einkommenszuwendungen zu ermitteln.

Soziale Leistungen sind im allgemeinen auf die körperliche und geistige Gesundheit und Entwicklung des Arbeitnehmers und seiner Familie ausgerichtet. Die Betriebe können mit Hilfe solcher gezielter und zusätzlicher Aufwendungen zweifelsohne einen produktionsfördernden Einfluß ausüben, sofern die Zuwendungen nicht solchen Umfang annehmen, daß für die einzelnen Begünstigten ein Zusammenhang zwischen Entgelt und Arbeitsleistung nicht mehr ersichtlich ist und also kein Leistungswettbewerb der Arbeitnehmer innerhalb des Betriebes mehr stattfindet. Dabei denken wir nicht nur an einen Wettbewerb mit der Zeit, also an die Arbeit im Akkord, sondern wir meinen vor allen Dingen den Wettbewerb um die Anerkennung der Leistung, um den Aufstieg innerhalb der Betriebshierarchie, um prämien- und leistungsbedingte Lohnerhöhungen und infolgedessen um eine klar ersichtliche ideelle und materielle Besserstellung gegenüber anderen Mitarbeitern. Wenn eine zu Zwecken der Produktionsförderung vorgenommene Sozialpolitik nicht ihren Sinn verlieren soll, gilt es also auch hier wiederum, das Optimum der Effizienz zu finden. Eine verbindliche Regel läßt sich nicht aufstellen. Dieses Optimum wird in jedem einzelnen Fall anders gelagert sein.

Nun liegt es jedoch nicht nur in der Entscheidung der Firma, ob sie bestimmte soziale Leistungen gewähren möchte oder nicht. Der Wettbewerb um Arbeitskräfte in Zeiten einer angespannten Arbeitsmarktlage läßt es notwendig erscheinen, die gleichen sozialen Bedingungen dem zukünftigen Mitarbeiter und somit also auch den bereits eingestellten Mitarbeitern zuzusichern, wie sie von Konkurrenzunternehmen geboten werden. Hinzu kommt, daß zur Gewährung bestimmter sozialer Leistungen ein entsprechender Ertrag vorhanden sein muß. Um also im Wettbewerb am Arbeitsmarkt Schritt halten zu können, muß man im Wettbewerb am Gütermarkt ebenfalls vornan sein. Die sozialen Leistungen, die für den Arbeitsmarktwettbewerb erforderlich sind, müßten demnach bereits zur Erreichung einer möglichst hohen Produktion dank Förderung der Arbeitswilligkeit der Mitarbeiter und dank Erhaltung ihrer Gesundheit und Fortbildung der geistigen Kräfte zuvor eingesetzt worden sein.

Daraus folgt, daß Sozialleistungen stets gleichermaßen aus produktionspolitischer Notwendigkeit und zum Zwecke eines erfolgreichen Wettbewerbes am Arbeitsmarkt erforderlich sind. Allerdings können die Unternehmen und Betriebe dennoch in ihren Wettbewerbsbedingungen durch die Gunst oder Ungunst des Standortes und des Marktes (Monopole) beeinträchtigt oder begünstigt sein. In der geschilderten Situation erkennen wir die Vorteile der Gewährung sozialer Leistungen gegenüber der Gewährung unmittelbarer Einkommenszuwendungen für die Unternehmen. Diese Vorteile lassen sich etwa vergleichen mit jenen eines besonderen Service im Einzelhandel, kostenloser Zuwendungen und Zugaben beim Verkauf, von Preisausschreiben und Werbeprämien im Bereich der letzten Handelsstufe gegenüber einer Preisherabsetzung im Umfang der für die genannten Verkaufshilfen aufgewandten Gelder.

In beiden Fällen - also bei Verkaufshilfen und Sozialleistungen - wird dem Interessenten eine individuelle Zuwendung vorgegaukelt, die sein Interesse an der Sache - in einem Fall an der Ware, im anderen Fall an der Betriebsbindung - steigern soll; mehr steigern soll und kann jedenfalls, als es eine Preisherabsetzung oder eine Lohn- und Gehaltserhöhung vermöchten, die bald als Herabsetzung oder als Erhöhung nicht mehr im Bewußtsein der Begünstigten vorhanden wären, während Handelszugaben und soziale Leistungen in jedem Bedarfsfalle immer wieder aufs neue als etwas Besonderes in Erscheinung treten.

Diesen subjektiven Vorteilen sozialer Leistungen für das Unternehmen stehen zweifelsohne auch auf andere Weise nicht so rationell zu erzielende objektive Nutzen für die Beteiligten zur Seite, welche vor allen Dingen in der Wirksamkeit des Solidaritätsprinzips Niederschlag finden. So kann hier beispielsweise mit einer relativ geringen Summe den jeweils Kranken eine sehr viel wirksamere zusätzliche Hilfe geleistet werden, als wenn dieser begrenzte Betrag aufgesplittert in winzige Sümmchen monatlich an alle Betriebsangehörigen zur Verteilung käme.

Arbeitnehmer und Unternehmer sind daran interessiert, die Produktion in jedem Augenblick maximal zu gestalten. Das Solidaritätsprinzip ermöglicht überall dort wirksame Hilfe, wo ein Produktionsfaktor in der Leistung beeinträchtigt ist. Dieses Argument für soziale Leistungen anstelle Erhöhung direkter Einkommenszuwendungen gibt unseres Erachtens den Ausschlag für diese Form betrieblicher Sozialpolitik.

Gefahren betrieblicher Sozialpolitik

Darüber sollte jedoch nicht völlig in Vergessenheit geraten, daß soziale Leistungen weniger variabel sind als Einkommenszuwendungen. Wohl ist es heutzutage - auch in Krisenzeiten - schwerer als früher, Arbeitnehmer zu entlassen. Gesetzliche Vorschriften beengen insoweit die Entscheidungsfreiheit des Unternehmers. Doch kann dieser letztlich, wenn auch nur mit einem "time-lag", für die völlige oder teilweise Freistellung eines Bruchteils des Produktionsfaktors Arbeit und somit für die Befreiung von den daraus resultierenden Lohn- und Gehaltskosten Sorge tragen. Hinsichtlich der Sozialleistungen wird dies meist dann nicht möglich sein, wenn diese nicht als vom Eintritt einer Bedingung abhängige finanzielle Zuwendungen an ein Individuum, sondern wenn sie als eine ständige materielle Einrichtung gegeben sind, deren Benutzung den Mitarbeitern des Betriebes offensteht, wie es beispielsweise bei Kantinen, Sanitätsstellen oder Werksbibliotheken der Fall ist. Solche Ausgestaltungen sozialer Leistungen können die Entscheidungsfreiheit über die Kostengestaltung des Unternehmens beeinträchtigen. Wiewohl es sich dabei um indirekte einkommenswirksame Zuwendungen handelt, ist hier doch nicht der Fall variabler, sondern weitgehender fixer Kosten gegeben. Diese Tatsache hat zweifellos Auswirkungen auf die Elastizität des Betriebes und seine Anpassungsfähigkeit an das Marktgeschehen.Eine weit stärkere Beeinträchtigung der unternehmerischen Entscheidungsbefugnis liegt jedoch in den durch Übernahme von Unternehmerfunktionen seitens der Arbeiterschaft begründeten Rechten zur Mitsprache, -kontrolle und -bestimmung. So könnte die Arbeitnehmerschaft in der Wahrnehmung der ihr teilweise abgetretenen unternehmerischen Funktionen, beispielsweise bei der Entscheidung von personellen Fragen, außerbetrieblichen Gesichtspunkten den Vorrang vor dem Unternehmensinteresse einräumen. Diese Gefahr läßt sich aus der überbetrieblichen Organisation der Arbeitnehmer in Gewerkschaften herleiten.

In "wirtschaftlichen" Fragen wird die Arbeitnehmerschaft mitunter von den Interessen ihres Standes stärker bestimmt sein als von den Interessen der jeweiligen Branche.

So wäre es durchaus denkbar, daß die Arbeitnehmervertreter in Vorstand und Aufsichtsrat eines Unternehmens dem Halten von Arbeitskräften den Vorzug vor der Rationalisierung und Automatisierung des Unternehmens geben und dabei noch nicht einmal auf Kosten des Betriebes zu handeln meinen, weil ihre Kollegen in anderen Firmen dieser Branche ebenso verfahren. Daraus könnte jedoch eine restlose Überalterung der gesamten Wirtschaftszweige resultieren, und eines Tages wäre es dann so weit, daß dieser Wirtschaftszweig nur noch aus den

Zuwendungen des Steuerzahlers auf dem Umweg über die Finanzkasse existiert. Hier wären also für die Volkswirtschaft und für die Eigentümer und Kapitalgeber der betreffenden Firmen äußerst unangenehm spürbare Nachteile zu gewärtigen.

Erleichtert wird diese unerwünschte Entwicklung durch die Verbeamtung großer Firmen, die ihrerseits wiederum eine Folge des häufigen Verlustes der Identität von Eigentums- und Unternehmerfunktion in der modernen Großindustrie ist. Diese Identität findet man heutzutage im allgemeinen nur noch in mittleren und kleineren Firmen. In Großfirmen entscheidet meist ein Kollegium, dem "angestellte Unternehmer", Manager, vorstehen. Das Kollegium einer Kapitalgesellschaft ist "psychologisch" wie rechtlich sehr viel leichter als etwa die Führungsspitze einer Personalgesellschaft aus der Unternehmer- und Arbeitnehmersphäre gemeinsam zu beschicken und wird daher heutzutage nicht mehr selten als gleichzeitige Repräsentanz von Kapital und Arbeit betrachtet. Hierin liegen zweifellos Vorteile für alle Wirtschaftspartner und für die Führung der Unternehmen sowie für das gesamte Wirtschaftssystem, weil dadurch starke Gegensätze und Auseinandersetzungen eher vermieden werden können, was wiederum einen produktivitätsfördernden Einfluß ausüben dürfte.

Die Gefahren einer solchen Konstruktion haben wir jedoch auch gezeigt. Sie liegen in der Entwicklung zur "Verwaltung" des Unternehmens, das aber nur dann erfolgreich wirtschaften kann, wenn es nicht verwaltet, sondern geführt wird. Innerhalb einer Verwaltung ist das Gefühl der Verantwortlichkeit, die Freude am Risiko, die Bereitschaft zur Initiative und zu auf lange Sicht vorgenommenen Investitionen geringer ausgeprägt, was auch wiederum Rückwirkungen auf die Produktivität hat. Also auch hier wieder ein Optimumproblem. Es kommt darauf an, jene Konstruktion von "gemeinsamer Unternehmensführung" zu finden, die sowohl die "Gemeinsamkeit" als auch die "Führung" sicherstellt.

Gleichzeitig wäre auf die Erhaltung des Eigentumsrechtes zu achten, und zwar nicht nur auf die formelle, sondern auch auf die substanzielle Sicherung dieses Rechtes. Hieran sollten nicht nur die bisherigen Großeigentümer, sondern eigentlich mehr noch die Arbeitnehmer, also die Kleinaktionäre von heute und Miteigentümer der Industrie von morgen, interessiert sein.

Beteiligung am Kapital

Wir sagten eingangs bereits, daß Beteiligung am Kapital und am Ertrag aus diesem Kapital die höchste Stufe der Übertragung unternehmerischer Funktionen auf den Arbeitspartner ist. Damit wandelt sich das Arbeitnehmerinteresse in ein Unternehmerinteresse, vorausgesetzt, daß die Kapitalerträge für den einzelnen

Arbeitnehmer groß genug sind, um ein solches Interesse zu begründen. Es käme also darauf an, die Arbeitnehmerschaft insgesamt und in der Ausprägung individuell zu Kapitaleignern an der Gesamtwirtschaft - etwa mit Investmentzertifikaten - zu machen und doch die Unternehmerfunktionen zwecks straffer Führung eines Unternehmens, zwecks Erhaltung des persönlichen Gewinn- und Verlustrisikos und der daraus begründeten und gezügelten Investitionsfreudigkeit bei persönlich haftenden Unternehmern und Großeigentümern zu belassen. Wir könnten uns als Lösung dieses Problems eine Konstruktion vorstellen, bei der die Beteiligten etwa so organisiert sind, wie es in einer Kommanditgesellschaft auf Aktien der Fall ist. Die Arbeitnehmer sind die Kommanditisten mit Aktien, die Unternehmer die Komplementäre. Eine andere Konstruktion wäre eine Aufteilung des Firmenkapitals einer Kapitalgesellschaft in stimmrechtslose Anteilscheine und in Anteile mit Stimmrecht. Die einen sind im Besitz der am Ertrag zu beteiligenden Arbeitnehmer, die anderen in der Verfügung der im Risiko stehenden Unternehmer. In der praktischen Ausgestaltung würde die eine wie die andere Konstruktion wohl viele Probleme und Schwierigkeiten verursachen. Außerdem ist zu bedenken, daß der Gesamtertrag eines Unternehmens in zahlreiche Teile zerfällt; in den Teil, den der Staat über die Steuern erhält, in den Teil, der für die Selbstfinanzierung des Unternehmens abzuzweigen ist, in die Anteile der Geschäftsführer (Gehalt, Tantiemen usw.), der Kapitalgeber (Zins, Dividende) und der Arbeitnehmer (Lohn, Gehalt). Die von uns genannten Lösungsmöglichkeiten implizieren nun die weitgehende Identität von Arbeitnehmern sowie Unternehmern und Kapitalgebern. Hinzu kommt, daß die Arbeitnehmer auch bei der unternehmerischen Entscheidung eine Hand im Spiel hätten. Es wird Aufgabe der heutigen und zukünftigen Generation von Nationalökonomen sein, eine praktikable Lösung des vorgezeichneten Problems zu erarbeiten.

Auswirkungen

Über diesen betriebsorganisatorischen Problemen dürfen jedoch nicht die volkswirtschaftlichen Implikationen übersehen werden. Hier ist vor allen Dingen an die Art der Verwendung der ausgeschütteten Mittel zu denken. Wurden die von Großkapitalanlegern erzielten Zins- und Dividendenerträge bislang im allgemeinen zu neuen Investitionen eingesetzt, so könnten sich maßgebliche Störungen des Wirtschaftsablaufes ergeben, wenn die Kleinkapitaleigner von morgen, die Arbeitnehmer, die ihnen nun ausgezahlten Kapitalerträge einer anderen Verwendung zuführen, als es der Fall wäre, wenn noch immer die Großaktionäre sie erhalten würden. Die Folge vornehmlich konsumtiver Verwendung von Kapitalerträgen könnte eine Schwächung der Infrastruktur und gleichzeitig eine konjunkturelle Depression infolge von Auftragsmangel in der Investitionsgüterindustrie bewirken. Es wäre also darauf zu achten, daß eine neue Aufteilung der Kapitalerträge nicht zu einer anderen Relation der Verwendungsarten solcher Kapitalerträge führt. Wiederum ein Problem, das im Zusammenhang der großen Frage der Abstimmung von sozialem Denken und Wirtschaftlichkeit zu lösen wäre.

Wir wollen die vorgetragenen Überlegungen nun zusammenfassen: alle genannten Varianten, in denen der "soziale Betrieb" verwirklicht ist oder werden soll, finden im Betriebsgeschehen ihren Niederschlag, in dem sie entweder kostenerhöhend oder kostensenkend bzw. ertragsvermindernd oder ertragssteigernd wirken. Sie sind also danach zu beurteilen, ob sie das betriebliche Geschehen positiv oder negativ beeinflussen. Ein bestimmtes Maß an sozialen Maßnahmen ist zum Zwecke der Leistungssteigerung und der Verhinderung der Abwanderung von Arbeitskräften produktionspolitische Notwendigkeit. Nach oben wird das Ausmaß aber dann überschritten, wenn die Eigenwirtschaftlichkeit des Betriebes nicht mehr gewährleistet ist, d.h., wenn die Kosten einschließlich Verzinsung des Kapitals und Ersatzbeschaffungswerten für Investitionen nicht mehr gedeckt sind. So besteht ein ursächlicher Zusammenhang zwischen Sozialleistungen und Leistungssteigerung: Es kann nur dann mehr verteilt werden, wenn mehr erarbeitet wird. Dabei ist noch zu berücksichtigen, daß es eine psychologische Grenze für Sozialleistungen gibt. Erfahrungsgemäß sinkt nämlich mit zunehmenden Sozialleistungen die Arbeitsleistung, da der innere Zusammenhang zwischen Arbeitsleistung und Arbeitsentgelt verlorengeht.

Von diesen betriebswirtschaftlichen Auswirkungen wird natürlich darüber hinaus der gesamtwirtschaftliche Produktionsprozeß betroffen. Erfolgt z.B. eine Gewinnbeteiligung der Arbeiter, die ihr Mehreinkommen in den Konsum leiten, auf Kosten der betrieblichen Investitionen, so werden ein Rückgang des volkswirtschaftlichen Wachstums und letztlich Depressionen unvermeidlich. So könnte man sagen, daß es in betriebswirtschaftlicher Hinsicht die Bilanz und in volkswirtschaftlicher Hinsicht Depressionen und Krisen sind, die überhöhte soziale Maßnahmen im Zaum halten. Ein wesentlich anderes Bild ergibt sich dann, wenn die betrieblichen sozialen Maßnahmen die Aufgabe haben, eine Änderung der Gesellschafts- und Wirtschaftsordnung herbeizuführen. In diesem Fall führen sie nämlich unter Außerachtlassung der betriebs- und volkswirtschaftlichen Wirtschaftlichkeit zur Aufhebung der Freizügigkeit des Arbeitsmarktes (Bindung an den Betrieb), des Kapitalmarktes (Investitionsschwächen) und zur Aushöhlung der Privateigentumsordnung (Mitbestimmung - Mitverfügung). Damit würden gleichzeitig die Voraussetzungen für die Funktionsfähigkeit einer auf Freiheit beruhenden Wirtschaftsordnung getilgt.

Die Schwierigkeit in der Diskussion liegt heute darin, daß der Begriff "sozial" inhaltlich nicht quantifizierbar ist, der Wirtschaftlichkeit eines Betriebes aber quantitativ fixierbare Grenzen gesetzt sind. Diese müssen sein: Sicherung der betriebswirtschaftlichen Eigenwirtschaftlichkeit, Sicherung der volkswirtschaftlichen Produktivität und Sicherung der auf Freiheit beruhenden Wirtschaftsordnung.

DER UNTERNEHMER

Unternehmer zwischen Marktmacht und Kooperation

Der Ruf nach zwischenbetrieblicher Zusammenarbeit, nach Kooperation, sei in zunehmendem Maße an die Stelle der gegen Konzentration gerichteten Kassandrarufe auf den Tagesordnungen der Veranstaltungen von Wirtschafts- und Unternehmerverbänden und der wissenschaftlichen Kongresse getreten, meinte "Der Volkswirt" in einem seiner Leitartikel (Nr. 13 vom 29.3.1963).

Zwar besitzt das Thema Konzentration heute kaum weniger Aktualität als in früheren Jahren, ja man könnte sogar sagen, daß ihm gegenwärtig noch mehr Beachtung zukommt.

Es dürfte aber doch zutreffen, daß innerhalb von Verbänden und in der Wirtschaftspresse die Möglichkeiten der zwischenbetrieblichen Kooperation mit mehr Lautstärke und Publizität als das Thema "Konzentration" behandelt werden. Dieser Umstand weckt einerseits die Hoffnung, daß sich der von der Konzentration bedroht fühlende Mittelstand endlich aus der Passivität löst und gemäß dem Konkurrenzprinzip einer freien kapitalistischen Wirtschaft wirkungsvolle Maßnahmen zur Stärkung der eigenen Produktionskraft und Marktposition ergreift. Andererseits könnte dieses plötzlich viel gepriesene Stichwort "Kooperation" dann zur weiteren Verwirrung der Auffassungen beitragen, wenn es als Kontrapunkt zu dem Begriff "Konzentration" gesetzt wird; denn Kooperation ist doch wohl selbst schon eine Stufe in dem Prozeß der Konzentration, allerdings eine recht eindeutig abgrenzbare Stufe, sofern man darunter die Zusammenarbeit unabhängiger, gleichberechtigter Partner verstanden wissen will. Herbert Groß faßt diesen Tatbestand in dem Begriff "Verbund" zusammen ("Probleme des industriellen Verbundes", Handelsblatt Nr. 12 v. 19.1.1963), nachdem er die Möglichkeiten horizontaler Kooperation ursprünglich sogar als "Ergänzer-Vertrag" definiert hatte. Ohne den didaktischen Wert dieser und vieler ähnlicher Begriffsschöpfungen anderer Autoren in Abrede stellen zu wollen, muß doch gesagt werden, daß sich zahlreiche Gegensätze und Erwiderungen in der Debatte über die Wettbewerbs- und Wirtschaftsordnung erübrigen würden, wenn die Beteiligten zuvor den Inhalt der von ihnen verwendeten Begriffe geklärt hätten. Wir meinen damit nicht eine Klärung im Sinne von Lehrbuchdefinitionen, beispielsweise daß die Konzentration von Vermögen, die Zusammenfassung von mehreren Unternehmen oder die Vereinigung von Verfügungsmacht über voneinander unabhängige Vermögensteile und Unternehmen zu unterscheiden wären.

Die Geister scheiden sich in einem anderen Punkte: die einen - gemeinhin neoliberal etikettiert - haben, wenn sie von Konzentration sprechen, horizontal und vertikal wildwuchernde Industriereiche im Sinn, deren Größe und Gewalt nicht durch den Besitz eines ökonomischen Monopols im Sinne der Preistheorie, sondern durch die höchstens noch soziologisch faßbare Monopolmacht eines "Staates im Staate" bestimmt wird. Die anderen - Widersacher der Neoliberalen - beziehen sich bei der Befürwortung stärkerer Konzentration nur schlicht auf die technisch bedingten Erfordernisse der Kapazitätsauswertung für Kosten-optimal produzierte Großserien und der dazu notwendigen Kapitalakkumulation. Demgegenüber geht es bei den liberalen Geistern im letzten überhaupt nicht mehr um die Wirtschaftsordnung, sondern um die Grundrechte der Demokratie, um die persönliche Freiheit. Doch niemand unter den im westlichen Lager versammelten Widersachern der Neoliberalen wollte die Freiheiten des Individuums bedroht sehen. Salin beteuert, keiner seiner neoliberalen Freunde und Feinde könne ihn in der Sorge um die Erhaltung der menschlichen und der wirtschaftlichen Freiheit übertreffen (E. Salin, Kartellverbot und Konzentration, Kyklos, Vol. XVI, 1963, S. 187). Während jedoch der neoliberale Franz Böhm befürchtet, hier sei "ein Störungsfaktor vor allem deshalb, weil der Besitz von Marktmacht schon als sozialer Status mit dem Prinzip der gesellschaftlichen Koordination nicht vereinbar ist . . ." (Die Konzentrations-Debatte, Frankfurter Allgemeine Zeitung Nr. 132 vom 10.6.1961), meint Salin gegen die Marktmacht selbst nichts einwenden zu brauchen, sondern nur vor ihrem Mißbrauch auf der Hut sein zu müssen. "Ein starker Staat hat sich noch nie vor privater Macht gefürchtet, sondern hat sie kontrolliert, hat sie in Schranken gehalten . . ." (E. Salin, Kartellverbot und Konzentration, a.a.O., S. 190).

Aber auch in diesem Punkt dürfte kaum ein entscheidender Widerspruch zu Böhm entdeckt werden können. Er möchte keine unterschiedlichen, den Wettbewerb verzerrende Machtverhältnisse zwischen den im Kapitalismus zu Recht nach dem Prinzip des Eigennutzes handelnden Marktpartnern entstehen lassen. Das von Salin angesprochene Verhältnis Staat-Wirtschaft ist ein völlig anderes Kapitel. Die in diesem Zusammenhang von Rudolf Gunzert (Konzentration, Markt und Marktbeherrschung, Fritz-Knapp-Verlag 1961, S. 9) behandelte

Frage, ob Macht gut oder böse sei, ist für Böhm gemäß dem oben gebrachten Zitat, wonach Marktmacht ein Störungsfaktor an sich im System einer freien Marktwirtschaft ist, tatsächlich ebenso gegenstandslos wie für Salin. Daher lauten die wahren Gegensätze: Marktmacht schadet im Wettbewerbssystem immer! - Marktmacht schadet der Volkswirtschaft nur bei Mißbrauch!

Damit ist aber immer noch keine zufriedenstellende Begriffsklärung erfolgt: Was hat man unter Marktmacht zu verstehen? Ist es die Beherrschung eines Marktes? Ist es die Macht, den Wettbewerb am Markt auszuschließen? Ist es die Monopolmacht? Wir möchten meinen, daß keine der möglichen begrifflichen Definitionen hier bei der Überprüfung der dogmatisch verhärteten gegensätzlichen Standpunkte weiterhelfen könnte. Marktmacht als "sozialer Status" kann nämlich sehr wohl ohne Monopolstellung gegeben sein. Andererseits braucht ein regionales Monopol einer Firma mit geringer Finanzkraft durchaus noch nicht als Störungsfaktor in der Wirtschaftsordnung zu wirken.

Konzentration und Konzern

An diesem Faktum "Marktmacht" zerstreiten sich die Dogmatiker - und reden aneinander vorbei. Salin argumentiert mit dem Erfordernis der großen Serie, der Massenproduktion für stärkere Konzentration. Nur so könne die Wettbewerbsfähigkeit in der EWG und am Weltmarkt erhalten bleiben, nur dadurch lasse sich der Wohlstand der Massen heben. Soweit widerspricht niemand. Hans Otto Lenel (Ursachen der Konzentration, Verlag C. B. Mohr, Tübingen 1962) zeigt die Vielzahl jener nicht technisch, sondern allein marktpolitisch erklärbaren Motive der Konzentration in der Vergangenheit auf. Auch er läuft damit offene Türen ein. Warum sollte man sich also nicht auf die Formel einigen können: Förderung der Konzentration, soweit produktionstechnisch erforderlich und vorteilhaft! Hierunter fiele allerdings nicht das willkürliche, wenn auch finanziell und unter dem Aspekt des privaten Risikoausgleiches vorteilhafte Zusammenfassen von Zeitungen und Kohlen (Stinnes), Backpulver und Fluggesellschaft (Oetker), Speiseöl, Fischfangflotte, Suppenwürfel (Unilever).

Helmut Arndt ("Die Rolle der Konzerne in der Wirtschaft", Die Zeit, Nr. 7, vom 15. Feb. 1963) macht darauf aufmerksam, daß es eben dieser interne Verlust- und Risikoausgleich ist, der die viel zu kleinen Serien, welche die volkswirtschaftlich erwünschte Rationalisierung unmöglich machen, gewissermaßen künstlich konserviert. Innerhalb des Konzerns gibt es im allgemeinen tatsächlich keinen Wettbewerbszwang, keine exakte Steuerung der Produktion über die Preise und der Produktivität über die Kosten. Arndt illustriert die Behauptung, daß es in Konzernen eher an dem Zwang zur produktionstechnisch erwünschten

Konzentration fehle bei spezialisierten Einzelunternehmen, mit der Schilderung der Aufgliederung der deutschen Lkw-Produktion. Hier gebe es viel zu kleine, unrentable Serien von teilweise etwa 100 Stück im Jahr. Es seien aber gerade die schwerindustriellen Konzerne, die hier am stärksten gegen das Rationalitätsprinzip sündigten. So habe Krupp 1961 14 Lkw-Typen gebaut, der Haniel-Konzern (MAN) 13 Typen, die Rheinischen Stahlwerke (Hanomag) 12 Typen und Klöckner Humboldt-Deutz 8 Typen. Bei fünf der Typen des größten deutschen Konzerns seien 1961 nur 9, 11, 18, 50 und 186 Exemplare hergestellt worden!

Es handelt sich hier zweifellos um einen extrem gelagerten Fall. Aber andererseits sollte Einigkeit darüber zu erzielen sein, daß Konzerne nicht zwangsläufig wirtschaftlicher arbeiten müssen als Einzelunternehmen, ja daß sie sich eher partielle Unwirtschaftlichkeit leisten können als jene. Daraus folgt, daß es eine optimale Konzentrationsstufe geben muß, die je nach Branche und Situation differieren mag und gewiß kaum mathematisch bestimmt werden kann. Diese Erkenntnis gibt nun sowohl den Konzentrationsbefürwortern als auch deren Gegnern recht - sofern die einen von der unteroptimalen Konzentration her argumentieren, die anderen dagegen Beispiele überoptimaler oder gar produktionstechnisch und sortimentsmäßig irrelevanter Konzentration vor Augen haben.

Während jedoch der Hader dieser Parteien die interessierte Öffentlichkeit in Atem hält, vollzieht sich in der Bundesrepublik ein Konzentrationsprozeß größten Ausmaßes, der weniger die Folge von Marktmacht ist, noch aus produktionstechnischen Erfordernissen resultiert: die Amerikaner etablieren sich in der EWG und kaufen Stützpunkte gewissermaßen zu jedem Preis.

Der Kapitalmangel mittlerer Unternehmen, die verringerten Selbstfinanzierungsmöglichkeiten und die bei nun nachlassender Konjunktur plötzlich unheilvoll drohende Konkurrenz der Großen der jeweiligen Branche lassen die wirtschaftliche Zukunft selbständiger Unternehmer wenig aussichtsreich erscheinen. Sicherheit bietet bei so geringen Chancen erfolgreicher Selbständigkeit höchstens der Verkauf des Unternehmens oder die Fusion. Der einzige Ausweg aus diesem Dilemma, das Rationalisierungs- und Spezialisierungskartell zwischen selbständigen, konzernfreien Unternehmen, wurde nun ausgerechnet von den erbitterten Gegnern der Konzentration verbaut. Die Folge ist eine Konzentrationsentwicklung, die nur zum geringsten Teil die von den wissenschaftlichen Befürwortern der Konzentration gehegten Hoffnungen auf Rationalisierung und Steigerung der Produktionsergiebigkeit erfüllt. Diese Art der Konzentration dürfte daher kaum im Sinne der Antiliberalen sein.

Salin selbst warnt unter Hinweis auf den Einbruch des US-Kapitals in Europa vor solcher Entwicklung und schreibt, es dürfte klüger sein, "sich rechtzeitig zu überlegen, was man alles mit einem unrealen Modellfanatismus anzurichten im Begriff steht, und der politischen Realität der Welt mehr Rechnung zu tragen" (a.a.O., S. 200). Sein Rezept: Übergang der deutschen und der EWG-Kartellgesetzgebung vom Verbotsprinzip zur Mißbrauchsahndung. Hier nun trägt Salin - so berechtigt seine Forderung sein mag - den politischen Realitäten selbst nicht Rechnung. Er sollte wissen, daß weder die "Modellbauer" der Ära Erhard noch etwa sozialdemokratische Wirtschaftspolitiker zu dieser Radikalkur bereit wären. Die für eine ökonomisch sinnvolle Konzentration erforderlichen Voraussetzungen ließen sich allerdings auch durch weit weniger drastische Veränderungen des Kartellgesetzes erreichen.

Ziel aller Maßnahmen sollte es sein, den mittleren Unternehmen den Weg zu einer auf Stärkung der Finanzkraft und Senkung der Produktionskosten gerichteten Zusammenarbeit freizugeben. Auf diese Weise läßt sich die staatspolitisch erwünschte Vielzahl von selbständigen Existenzen erhalten, die unternehmerische Eigeninitiative bleibt in den von der Kooperation ausgenommenen Bereichen der Unternehmensführung wirksam und garantiert damit das selbsttätige Funktionieren der über dezentralisierte Planung und den Preis regulierten Marktwirtschaft. Substitutionskonkurrenz und der latente Wettbewerb über Distanz üben auch dort und dann den vom System erwünschten Zwang zur Wirtschaftlichkeit aus, wo etwa durch Spezialisierungskartelle partielle und regionale Monopole für einzelne Güter entstehen würden.

Heilmittelkartell?

Der Kapitalismus zieht mehr Kraft aus dem Vorhandensein und aus der Initiative einer Vielzahl von technisch optimal ausgerüsteten Unternehmen als aus dem unmittelbaren Wettbewerb zwischen ihnen. Nicht die Spezialisierung und, als Folge davon, die begrenzte Monopolisierung von (im Extremfall) etwa 20.000 Unternehmen vermag die freiheitliche Wirtschaftsordnung und den Fortbestand einer selbstregulierenden Marktwirtschaft in Frage zu stellen, sondern erst die wegen erbarmungsloser Konkurrenz ungleich starker Partner resultierende Vertrustung und die ökonomische Unterwerfung nicht konzerngebundener, zwar noch selbständiger, aber nun in der "Furcht des Herrn" stehender Marktpartner beseitigt die Selbstregulierung der freien Marktwirtschaft, schafft jene soziologisch abträgliche Marktmacht und verbeamtet die Unternehmerschaft, denn das ökonomische Risiko der Konzerne trägt teilweise sogar der Staat, auf keinen Fall jedoch der einzelne Abteilungs- und Betriebsleiter. Die derzeit gegebenen "Möglichkeiten mittelständischer Kooperation" erörterte ich ebenso wie die erforderlichen gesetzlichen Korrekturen bereits im Volkswirt Nr. 42 vom 19.10.1962.

Es wäre jedoch zu optimistisch, etwa im Falle der Spezialisierungskartelle schon von einem Übergang vom Erlaubnis- zum Anmelde- und Widerspruchsverfahren sowie von der erforderlichen Befreiung jener Spezialisierungskartelle von zu perfektionistisch ausgeklügelten Voraussetzungen (so zum Beispiel Nachweis voraussichtlich verbesserter Bedarfsbefriedigung und eines angemessenen Verhältnisses des Rationalisierungserfolges zur Wettbewerbsbeschränkung) und von der Abschaffung oder Minderung einer auch bislang prohibitiv wirkenden Anmeldegebührenstaffel einen Konsolidierungserfolg bei der mittelständischen Industrie zu erhoffen. Darüber hinaus müßte man auch Empfehlungen generell aus dem Verbotsbereich des Gesetzes gegen Wettbewerbsbeschränkungen (GWB) entlassen. Durch Empfehlungen können marktwirtschaftlich erwünschte Außenseiter - soweit es sich nicht um die einer Mißbrauchsaufsicht zu unterstellenden Boykottempfehlungen handelt - nicht beeinträchtigt werden. Bei Normen- und Typenkartellen könnte doch wohl auch ohne Schaden für die liberale Wirtschaftsordnung auf ein Widerspruchsverfahren verzichtet werden.

Die Förderung zwischenbetrieblicher Kooperation sollte schließlich wirkungsvoll durch eine Politik stetiger, punktueller und regionaler Interventionen, also durch die Kooperation zwischen Staat und Wirtschaft ergänzt werden. Für den Bereich der Infrastruktur, für Städtebau, Versorgung und Sozialanlagen, für das Geldwesen und die Banken, für Verkehrs- und Energiepolitik ist der Staat ohnehin verantwortlich und in diesen Bereichen monopolistisch tätig. Es sollte sich von selbst verstehen, daß Energie, Verkehr, Wohnung, Ausbildung, soziale Versorgung, Raumordnung, die allesamt unerläßliche integrierende Bestandteile des Wirtschaftsprozesses darstellen, mit den unternehmerischen Dispositionen langfristig abgestimmt werden.

So selbstverständlich dieses Erfordernis erscheint und mit wachsendem Anteil sowohl des Staates am Sozialprodukt als auch des Infrastrukturbereiches innerhalb der Wertschöpfung an Dringlichkeit zunimmt, so vollständig wurde es bisher in der Bundesrepublik vernachlässigt und ausdrücklich sogar als dirigistisch und unliberal zurückgewiesen. Immerhin bekennt man sich inzwischen zu einer landwirtschaftlichen Strukturpolitik, die zur Beseitigung der Kümmerexistenzen führen soll. In gleicher Weise und sogar in Ergänzung hierzu hätte eine gewerbliche Strukturpolitik zu treten, die nach Gesichtspunkten der langfristigen Kräftigung spezialisierter Industrieunternehmen von produktionstechnisch optimaler Größe auszurichten wäre.

Die von Jean Monnet in Frankreich angeregten vierjährigen "Modernisierungs- und Entwicklungspläne" haben seit 1946 eine Reihe interessanter Erfahrungen mit einer unverbindlichen Vorschaurechnung und eines Budgets des Sozialproduktes als Orientierungstableau für die Wirtschaft vermittelt. Diese Methode einer die Eigeninitiative der Unternehmer keineswegs drosselnden "Planifikation" hat in letzter Zeit zu einer - wie die Produktionszahlen zeigen - erfolgreich konzertierenden Volkswirtschaft in Frankreich geführt.

Wie wichtig eine solche, vom Staat unterstützte Wettbewerbsstärkung, insbesondere der annähernd 50 Prozent unserer industriellen Produktion fabrizierenden selbständigen Einzelunternehmer schon heute ist, lassen die "Wettkampfvorbereitungen" anderer am Weltmarkt konkurrierender Industrienationen erahnen. Trotz Antitrustgesetzgebung zögern die USA nicht, die Bildung von marktbeherrschenden Unternehmen zuzulassen, wenn dies im internationalen Wettbewerb vorteilhaft erscheint. Ein Beispiel hierfür bietet die beabsichtigte Fusion der Fluggiganten PAA und TWA zur größten Fluggesellschaft der Welt. Mit geradezu sektiererischem Ernst gehen die Japaner daran, die Konzentration ihrer Wirtschaft mit Blick auf ihre zukünftige Konkurrenzfähigkeit am Weltmarkt zu betreiben (Staatliche Förderung der Industrie in Japan? Neue Zürcher Zeitung, Nr. 115 vom 28.4.1963). Diese Beispiele zeigen, was uns am Weltmarkt an konzentrierter (und wohl auch subventionierter) Wettbewerbskraft in Zukunft begegnen wird.

Die Durchsetzung in Dogmatismus erstarrter, historischer Auffassungen von atomarer Konkurrenz am Markt vermag weder die deutsche Wettbewerbsfähigkeit zu steigern noch dem industriellen Fortschritt zu dienen, der allein durch die optimale Zusammenfassung der knappen Mittel und Güter gefördert werden kann. Darum gilt es, die diesen Fortschritt beengenden Grenzen im GWB anders zu legen, so daß Unternehmerinitiative und Wettbewerbswirtschaft erhalten bleiben und die heute noch selbständigen Firmen nicht als Folge des quasi bestehenden Kartellverbots vom internationalen Wettbewerb vernichtet oder in ausländische und heimische Kapital- und Konzernportefeuilles eingegliedert werden.

Allerdings - und damit kommen wir zu der eingangs zitierten Beobachtung eines erst noch schwachen Interesses der Unternehmer an der Kooperation zurück - ist es nun Sache der betroffenen selbständigen Unternehmerschaft, die Kooperation in der Praxis und über die bundes- und landespolitische Einflußnahme auch mit dem gleichen Eifer voranzutreiben, mit dem zuvor die Bevorzugung der Konzerne angeprangert wurde. Wer nicht zur elastischen Anpassung an die vom technischen Fortschritt und vom Markt bewirkten neuen Gegebenheiten bereit ist, hat - und darin sind sich die Neoliberalen und ihre Widersacher einig! -

seine Chancen im Wirtschaftsprozeß verpaßt. Wirtschaften bleibt auch trotz der Möglichkeiten zur Kooperation ein Risiko - aber für den guten Unternehmer ein tragbares.

Gedanken zur Mittelstandspolitik

In seiner Ansprache an die Teilnehmer des Internationalen Mittelstandskongresses vom 25. Oktober 1956 charakterisierte Pius XII. die soziale und politische Bedeutung des Mittelstandes in folgender Weise [1]:

"Die Mittelstellung, die Sie innehaben, der zahlenmäßig bedeutende Raum, den Sie in der Bevölkerung einnehmen, die Ihren Schichten eigenen Tugenden machen Sie zu einem Element der Mäßigung und des Gleichgewichts, das erstickt zu werden droht, wenn die Lasten, die ihm auferlegt werden, die tatsächliche Leistungsfähigkeit übersteigen. Durch die persönliche Verantwortung, die Sie gewöhnlich in Ihren Stellungen tragen, durch den fast durchwegs familienhaften Charakter Ihrer Unternehmen wird bei Ihnen der Sinn für Qualitätsarbeit, Sparsamkeit und Voraussicht erhalten und entwickelt als glückliche Früchte die relative Unabhängigkeit, die, wie Sie mit Recht urteilen, einen wesentlichen Zug Ihrer sozialen Schicht ausmacht. Man hat festgestellt, daß die Länder, wo der Mittelstand zu klein oder zu schwach war, den schwersten und gewalttätigsten politischen Auswüchsen ausgesetzt sind[2]." In diesen Worten hat der verstorbene Papst sowohl die wirtschaftliche wie die gesellschaftliche Bedeutung des Mittelstandes hervorgehoben. Wenden wir uns zunächst der wirtschaftlichen Bedeutung zu.

Wirtschaftliche Bedeutung der Klein- und Mittelbetriebe

In der modernen Volkswirtschaft kann der Mittelstand folgende wirtschaftliche Funktionen erfüllen:

---

[1] Wir beschränken uns in dieser Darstellung im wesentlichen auf die Probleme des selbständigen Mittelstandes - die Ausführungen über die selbständige Bedeutung des Mittelstandes gelten dagegen in gleicher Weise für die mittelständischen Bevölkerungsgruppen mit unselbständiger Tätigkeit.

[2] Vgl. Soziale Summe Pius' XII., Aufbau und Entfaltung des gesellschaftlichen Lebens, Herausgeber: A. F. Utz OP und J. F. Groner OP, Freiburg/Schweiz 1961 (U-G) 6187.

1. Der Mittelstand als Träger des Wettbewerbs

Die wirtschaftliche Bedeutung des Mittelstandes in einem Wirtschaftssystem, in dem der Wettbewerb als grundlegendes Prinzip der wirtschaftlichen Gestaltung gilt, liegt vor allem in der Tatsache, daß gerade die mittelständischen Unternehmen als eigentliche Träger der Wettbewerbswirtschaft anzusehen sind. Die Funktion der Klein- und Mittelbetriebe als "Hort des Wettbewerbs[3]" wird in dem Maße sichtbar, in dem im Zuge eines wirtschaftlichen Konzentrationsprozesses die "Exterritorialität" der Märkte dadurch größer wird, daß durch die Übernahme, Eingliederung und Fusion von mehreren oder allen Unternehmen einer Branche der Wettbewerb in dieser Branche verringert wird. Es bedarf an dieser Stelle keiner weiteren Begründung dafür, daß die Existenz einer breiten und wirtschaftlich gesunden Schicht selbständiger Unternehmer eine wesentliche Voraussetzung für die Funktionsfähigkeit der Wettbewerbswirtschaft ist.

In einer Überbewertung der Bedeutung industrieller Großbetriebe wird oft übersehen, daß gerade auch kleine und mittlere Unternehmen einen wesentlichen Beitrag für die Verwendung und Nutzbarmachung neuer Ideen des wirtschaftlichen und technischen Fortschritts geleistet haben und fortwährend leisten. Nach Auffassung des amerikanischen Nationalökonomen A.D.H. Kaplan ist die Auswertung der technischen Erfindungen und Verbesserungen, die im Gefolge der amerikanischen Rüstungsproduktion während des zweiten Weltkrieges entstanden, für die private Nutzung in der amerikanischen Friedenswirtschaft in erster Linie solchen Small-Business-Betrieben zu verdanken, die zu einem großen Teil erst nach dem Kriege gegründet worden waren[4].

Wie in den Vereinigten Staaten, so ist auch in der Bundesrepublik Deutschland die verbrauchsorientierte Auswertung neuer Erfindungen und Ideen nicht zuletzt in kleineren und mittleren Unternehmen erfolgt. Die Entwicklung von Motorrollern und Kleinwagen sowie von neuartigen Empfangsgeräten auf dem Radiosektor ist z.B. in Westdeutschland vor allem im Mittelbetrieben durchgeführt worden[5]. Wirtschaftsgeschichtliche und empirische Untersuchungen beweisen, daß die Feststellung des Amerikaners Garvy, der den Small- Business-

---

3 Vgl. C. A. Andreae, Steuer, Politik und Mittelstand, in: Der Mittelstand in der Wirtschaftsordnung heute. Die Akten des internationalen Mittelstandskongresses von Madrid, herausgegeben von A. F. Utz, Heidelberg 1959, S. 336 ff.

4 Vgl. A. D. H. Kaplan, Small-Business: Its Place and Problems, New York 1948, S. 53.

5 Vgl. H. D. Mundorf und G. Rinsche, Finanzwirtschaftliche Aspekte werbungsbedingter Konzentration, herausgegeben von der Finanzwirtschaftlichen Abteilung des Instituts für Mittelstandsforschung, Köln 1961, S. 25 ff.

Betrieb als "Saatbeet für den technologischen Fortschritt" ansieht, in mehr als einer Hinsicht gerechtfertigt ist.

2. Der mittelständische Unternehmer als Elastizitätsfaktor der Volkswirtschaft

Die Ansicht der Wirtschaftswissenschaftler und -praktiker, daß Form und Organisation der Großbetriebe und Konzerne eine gewisse Starrheit bedingen, hat gerade auch in neuerer Zeit die Bedeutung der Klein- und Mittelbetriebe als Elastizitätsfaktor der Volkswirtschaft hervortreten lassen. Die Tatsache, daß Klein- und Mittelbetriebe viel eher als die bürokratisch gelenkten Großbetriebe in der Lage sind, auf strukturelle und mengenmäßige Veränderungen der Nachfrage und des Marktes zu reagieren, gibt dem wendigen mittelständischen Unternehmer eine gewisse Überlegenheit gegenüber den Leitern von Großbetrieben, die aber nicht nur seinem Unternehmen, sondern darüber hinaus auch der Elastizität der gesamten Volkswirtschaft zugute kommt. Das Bestreben der Großindustrie, durch Inanspruchnahme von kleinen Zulieferbetrieben eine gewisse Elastizität zurückzugewinnen, geht nicht zuletzt auf die oben geschilderten Eigenschaften mittelständischer Unternehmen zurück.

Nach Ansicht von A.D.H. Kaplan ist z.B. die fast reibungslose Umstellung von der Kriegs- auf die Friedenswirtschaft in den Vereinigten Staaten ein Verdienst der amerikanischen Small-Business- Unternehmen. Schon dieses Beispiel zeigt, daß der volkswirtschaftliche Wert mittelständischer Unternehmer als Elastizitätsfaktor der Volkswirtschaft nicht hoch genug eingeschätzt werden kann.

3. Der Klein- und Mittelbetrieb als Konjunkturstabilisator

In einer Zeit andauernder Hochkonjunktur wird die Bedeutung des kleinen und mittleren Betriebes als Konjunkturstabilisator oft übersehen. Ein Rückblick auf die Wirtschaftskrise des Jahres 1931 lehrt aber, daß die mittelständischen Wirtschaftseinheiten eine weit größere Krisenfestigkeit aufweisen als Großbetriebe. Die Entwicklung hat damals bewiesen, daß kapital- und anlageintensive Großbetriebe nicht geneigt sind, größere Verluste auf längere Sicht aufzufangen. Andererseits zeigte sich dagegen, daß "der Inhaber eines Klein- oder Mittelbetriebes sich viel eher - wenn auch auf Kosten seiner Lebenshaltung - der sinkenden Ertragslage anpassen kann. Er ist häufig sogar bereit, von der Substanz zu zehren, wenn er dadurch seinen Betrieb erhalten kann; denn sein Handeln wird nicht allein von wirtschaftlichen Motiven und Rentabilitätsüberlegungen bestimmt, sondern vielfach geben die irrationalen Faktoren, so z.B. der Wunsch nach Selbständigkeit und deren Sicherung, den Ausschlag[6]".

Wenngleich die konjunkturstabilisierende Bedeutung der Klein- und Mittelbetriebe in Zeiten wirtschaftlichen Niedergangs zur Zeit nicht aktuell ist, so darf darüber hinaus nicht übersehen werden, daß die erwähnte Elastizität kleinerer Unternehmen gerade in Zeiten der Hochkonjunktur eine relative Ausgeglichenheit des Konjunkturverlaufs ermöglicht und damit von beachtlichem Wert für die wirtschaftliche Entwicklung eines Staates ist.

Gesellschaftliche Bedeutung des Mittelstandes

Diese ergibt sich schon aus den allgemeinen Kennzeichen der sog. mittelständischen Haltung. Hierzu rechnen führende Persönlichkeiten des Mittelstandes heute[7]:

Verantwortlichkeit (Verantwortungsbewußtsein, Selbstverantwortung, eigener Verantwortungsbereich); Selbständigkeit, Unabhängigkeit (Risikobereitschaft, Selbstbewußtsein, Streben nach selbständiger Tätigkeit usw.); Streben nach eigener Daseinsvorsorge und Daseinsfürsorge; Streben nach Eigentum; positive Staatsgesinnung.

Aus dieser mittelständischen Haltung, die natürlich nicht gleichermaßen auf die Verhaltensweisen aller zum Mittelstand zählenden Personen zutrifft, lassen sich folgende gesellschaftliche Funktionen des Mittelstandes ableiten:

1. Die gesellschaftliche Ausgleichsfunktion

Die politische Bedeutung des Mittelstandes als ausgleichendes Element, das zur Minderung der Spannung zwischen Ober- und Unterschicht einer Gesellschaft beiträgt, ist bereits in der sophistischen Literatur des 5. Jahrhunderts vor Christi Geburt ausgiebig diskutiert worden. Diese Thematik wurde von den großen griechischen Denkern aufgenommen, so in geradezu klassischer Weise bei Aristoteles. In seiner Schrift "Politik" heißt es u.a.:

"Es leuchtet also ein, daß die auf den Mittelstand sich gründende politische Gemeinschaft die beste ist und daß solche Staaten gut verwaltet werden können, in denen der Mittelstand stark und womöglich den beiden anderen Klassen, mindestens aber der einen, überlegen ist; denn je nachdem er auf eine Seite tritt, gibt

---

[6] K. Rössle, Mittelstand und Handwerk in Gefahr?, in: Der Volkswirt, Beilage Nr. 41 vom 13. 10. 1965, S. 21.

[7] Vgl. K. G. Specht, F. Rexhausen, G. Scherhorn, Zur Lage und Funktion des Mittelstandes, in: Soziale Welt, Bd. 8, Heft 4, Göttingen 1957, S. 289 ff.

er den Ausschlag und verhindert, daß eines der einander entgegengesetzten Extreme das Übergewicht erlangt. Daher ist es das größte Glück für einen Staat, wenn seine Bürger ein mittleres und ausreichendes Vermögen besitzen."

Die Funktion des Mittelstandes als Durchgangsstation im sozialen Kreislauf ist seit jeher von Gesellschaftswissenschaftlern und Soziologen hervorgehoben worden. Es bedarf an dieser Stelle keines weiteren Beweises dafür, daß die angegebenen Kennzeichen der mittelständischen Haltung charakteristisch und grundlegend für das soziale Aufstiegsstreben des überwiegenden Teiles mittelständischer Bevölkerungsgruppen sind. Nach Ansicht von H. Schelsky ist z.B. das Aufstiegsstreben der deutschen Angestellten als wesentlicher Faktor des wirtschaftlichen Aufbaus der Bundesrepublik in Rechnung zu stellen. Die gesellschaftliche Dynamik des mittelständischen Aufstiegsstrebens steht außer Frage. In umgekehrter Richtung verdient die Tatsache Beachtung, daß bei sozialen Abstiegsprozessen die bürgerliche Lebensweise sowie die in mittelständischen Bevölkerungsgruppen gültigen Verhaltensnormen Radikalisierungstendenzen einschränken; jedoch muß hierbei beachtet werden, daß die Eindämmung von Radikalisierungstendenzen als Folge von gesellschaftlichen Abstiegsprozessen nur dann gelingt, wenn nicht die Gesamtgruppe des Mittelstandes wirtschaftlich ruiniert ist.

2. Die kulturelle Funktion im weiteren Sinne

In enger Verbindung mit dem sozialen Aufstiegsstreben des Mittelstandes muß das starke geistige Interesse und Bildungsbedürfnis der Angehörigen mittelständischer Bevölkerungsgruppen gesehen werden. Nicht zuletzt hierauf ist es zurückzuführen, daß sich die kulturell tragende Schicht des deutschen Volkes gerade auch aus den Angehörigen des Mittelstandes rekrutiert. Kunst und Wissenschaft, Volksbildung und Politik haben von jeher die stärksten Impulse aus dem Mittelstand erhalten.

In Anbetracht der hier aufgezeigten wirtschaftlichen und gesellschaftlichen Bedeutung sowie des zahlenmäßigen Gewichts[8] mittelständischer Bevölkerungsgruppen für die Bundesrepublik Deutschland wird es verständlich, daß die verantwortlichen Träger der Politik in der Bundesrepublik seit langem eine aktive Mittelstandspolitik betreiben. Da eine rationale Mittelstandspolitik nicht Symptome zu heilen sucht, sondern die Hauptprobleme an ihrer Wurzel zu fassen

---

[8] Einen detaillierten Überblick über die zahlenmäßige Bedeutung des selbständigen Mittelstandes gibt der Bericht des Bundesministeriums für Wirtschaft vom 13. Juli 1960 über die Lage der Mittelschichten, Drucksache 2012 des 3. Deutschen Bundestages, S. 11 ff. Vgl. auch: G. Rinsche, Probleme der Mittelstandspolitik, in Ordo Socialis. 8. Jg., Münster (Westf.), 1960/61, Heft 3/4, S. 152 ff.

hat, sollen hier zunächst einige Hauptprobleme des selbständigen Mittelstandes aufgezeigt werden, bevor im folgenden Teil die Methoden und Maßnahmen einer konstruktiven Mittelstandspolitik untersucht werden.

Hauptprobleme des selbständigen Mittelstandes

Analysiert man die Sorgen mittelständischer Unternehmer, so sind die Probleme, die allen mittelständischen Unternehmen gemeinsam sind, von jenen zu unterscheiden, die nur für einzelne Berufsgruppen oder Wirtschaftszweige von Bedeutung sind.

Zu den Hauptproblemen der allgemeinen Mittelstandspolitik zählen:

1. Die Verwirklichung leitgebender Wettbewerbsneutralität

Das überkommene Wettbewerbs- und Steuersystem in der Bundesrepublik verstößt in mancherlei Hinsicht gegen die Grundsätze der Gleichmäßigkeit und Wettbewerbsneutralität; die Wirkung dieser z. T. unsichtbaren Benachteiligung kleinerer Unternehmen führte - langfristig gesehen - zu einer Veränderung der Wettbewerbswirtschaft in Richtung auf eine Vermachtung und Monopolisierung in einigen Wirtschaftsbereichen. In besonderer Weise schafft die schleichende Wettbewerbsverzerrung der deutschen kumulativen Allphasen-Bruttoumsatzsteuer Anreize für eine Unternehmenskonzentration, die für einzelne Großunternehmen vielleicht betriebswirtschaftliche Vorteile, im ganzen aber erhebliche volkswirtschaftliche Schäden mit sich bringt. Die im Effekt mittelstandsfeindliche Ausgestaltung einzelner Bereiche des überkommenen Wettbewerbs- und Steuerrechts behindert die wirtschaftliche Tätigkeit und die Wettbewerbsfähigkeit zahlreicher kleiner Unternehmer, ohne daß diese die eigentlichen Ursachen ihrer Benachteiligung zu erkennen vermögen. Für den Mittelstandspolitiker wie gleichermaßen für den Wirtschaftspolitiker, dessen Ziele in der Verwirklichung der Wettbewerbswirtschaft liegen, ergibt sich daraus die Forderung nach Schaffung und Sicherung der Wettbewerbsneutralität in allen Bereichen, die der politischen Gestaltung offenstehen.

2. Die Teilhabe des Mittelstandes am technischen und wirtschaftlichen Fortschritt

Abgesehen von den erwähnten Mängeln einer fehlenden Wettbewerbsneutralität muß als ein Hauptproblem der allgemeinen Mittelstandspolitik das Zurückbleiben vieler mittelständischer Betriebe hinter dem Stand des technischen und wirtschaftlichen Fortschritts in Rechnung gesetzt werden. Die Konzerne und Großbetriebe verfügen in der Regel über bessere Erkenntnisquellen und Möglichkeiten zur Inanspruchnahme des technischen und wirtschaftlichen Fortschritts als die Klein- und Mittelbetriebe.

Pius XII. hat die Sorgen, die aus diesem Tatbestand für viele kleine Unternehmer erwachsen, in folgenden Worten zum Ausdruck gebracht:

"Die Entwicklung der modernen Wirtschaft im Rhythmus ihrer zahllosen Erfindungen und der von diesen abgeleiteten Anwendungen verschärft das Unbehagen der kleinen und mittleren Betriebe gegenüber ihren Konkurrenten größeren Ausmaßes. Die Modernisierung der technischen Ausrüstung, die rationelleren Methoden der Massenproduktion und der Verteilung geben meist den Betrieben, die über beträchtliche Kapitalien verfügen, einen Vorsprung. Gelegentlich befürchten sie sogar, von den Riesen erdrückt zu werden, die mit ihrem ganzen Gewicht auf den schwächeren Unternehmen lasten. Aber auch Sie verfügen über Schutz- und Verteidigungsmittel sowohl nach außen wie im Innern Ihrer sozialen Gruppe. Der Staat, der in Ihnen einen wichtigen Gleichgewichtsfaktor besitzt, darf Ihnen seine Unterstützung, auf die Sie zumal im Bereich der Kredite und der Steuerlasten angewiesen sind, nicht vorenthalten[9]."

Die erforderliche Teilhabe der Klein- und Mittelbetriebe am technischen und wirtschaftlichen Fortschritt wird durch eine Reihe verschiedener Faktoren behindert. Außer den von Pius XII. erwähnten Vorteilen der Großbetriebe sind noch die teilweise mangelhaften Ausbildungen der kleineren Unternehmer sowie deren Überbeanspruchung in zeitlicher Hinsicht zu bedenken. Die Schwierigkeiten dieses Problems sind eng verknüpft mit den Fragen der Kapitalversorgung und der persönlichen Belastung mittelständischer Unternehmer, über die im folgenden noch zu sprechen sein wird.

Im Sozialrundschreiben "Mater et magistra" (n. 87) beschreibt Johannes XXIII. die Notwendigkeit des Anschlusses mittelständischer Handwerksbetriebe und Genossenschaften an den technischen und wirtschaftlichen Fortschritt:

"Zunächst sei die Bemerkung vorausgeschickt: Um lebensfähig sein zu können, müssen diese Betriebe und Genossenschaften sich ständig - in Ausstattung und Verfahren - den Ansprüchen der Gegenwart anpassen. Diese ergeben sich einmal aus dem wissenschaftlichen und technischen Fortschritt, dann aus den wechselnden Bedürfnissen und Ansprüchen der Menschen.Um diese Anpassung haben die Handwerker und die Mitglieder der Genossenschaften in erster Linie sich selbst zu bemühen."

---

[9] U-G 6194.

3. Die Kapitalversorgung der Klein- und Mittelbetriebe

Aus der Notwendigkeit einer Teilhabe der Klein- und Mittelbetriebe am technischen und wirtschaftlichen Fortschritt wächst der Kapitalbedarf vieler mittelständischer Unternehmen, die im Normalfall keinen Anschluß an den Kapitalmarkt haben.

Da die progressive Besteuerung des betrieblichen Gewinns die Eigenkapitalbildung in mittelständischen Einzelfirmen und Personengesellschaften schmälert, eine breite Eigenkapitalbasis aber die Grundlage der Kreditfähigkeit ist, mangelt es dadurch oft an den Voraussetzungen zum Erhalt von Krediten. Für viele Klein-und Mittelbetriebe verkleinert sich auf diese Weise die Möglichkeit zur Finanzierung von Investitionen, die im Zuge der technischen und wirtschaftlichen Entwicklung unbedingt erforderlich sind, um ihre Wettbewerbsfähigkeit gegenüber den großen Konkurrenten aufrechtzuerhalten bzw. zu steigern. Die Stärkung der Eigenkapitalbasis sowie die ausreichende Versorgung mittelständischer Unternehmen mit mittel- und langfristigen Krediten wird damit zu einem Kernproblem der Mittelstandspolitik.

4. Die persönliche Belastung des mittelständischen Unternehmers

Ein oft nicht beachtetes Problem des selbständigen Mittelstandes ist die zeitliche und nervliche Überbeanspruchung des mittelständischen Unternehmers, der - im Unterschied zur arbeitsteiligen Unternehmensführung der Großbetriebe - alle Aufgaben der Betriebsleitung persönlich wahrzunehmen hat. In seiner Ansprache an die Teilnehmer des ersten Nationalkongresses der italienischen Kleinindustrie am 20. Jänner 1956 analysierte Pius XII. dieses Problem der allgemeinen Mittelstandspolitik:

"In den großen Fabriken teilen sich die Aufgaben des Unternehmers in verschiedene Sektoren auf und werden von zahlreichen Angestellten und ausgewählten Hilfskräften wahrgenommen, in den kleinen Unternehmen hingegen kümmert er sich selbst darum, und zwar umso mehr in unmittelbarer Weise, je kleiner seine Belegschaft ist. Die technischen, wirtschaftlichen und sozialen Schwierigkeiten beruhen fast immer darauf, daß ein und dieselbe Persönlichkeit für alles verantwortlich ist und sich um alles kümmern muß, um jede Einzelheit, um die rein praktischen Fragen, wie auch um die menschlichen Probleme. Dies verlangt außer einer vielseitigen geistigen Begabung einen starken und wendigen Charakter und vor allem eine offene und großzügige innere Einstellung[10]."

---

[10] U-G 6177.

Die Auswirkung der persönlichen Überbeanspruchung des mittelständischen Unternehmers sind z.T. von erheblicher Bedeutung für seine psychische Einstellung wie für seine außerökonomischen Verhaltensweisen. Als Folge kann z.B. festgestellt werden, daß der überforderte Mittelständler die Wahrnehmung seiner Interessen und staatsbürgerlichen Rechte seinem Fachverband überläßt. Die Problematik dieser Ausgliederung staatsbürgerlicher Funktionen des mittelständischen Unternehmers wird in dem Maße aktuell, in dem die politische Betätigung zur Freizeitbeschäftigung anderer Bevölkerungsgruppen mit geringerer Arbeitszeit wird[11]. Darüber hinaus ist in unserem Zusammenhang zu beobachten, daß die zeitliche Überbeanspruchung des Leiters eines Klein- oder Mittelbetriebes zu einer erheblichen Behinderung seiner wirtschaftlichen und technischen Fortbildung wird.

Das Charakteristikum der allgemeinen Probleme des Mittelstandes ist die vielfältige Verflechtung und gegenseitige Bedingtheit, die, wie die vorstehenden Ausführungen zu zeigen suchten, nur durch Maßnahmen, die die Ursachen der Probleme beseitigen, zu lösen sein werden.

Im Unterschied zu den allgemeinen Problemen des Mittelstandes ergeben sich die *speziellen* Probleme aus der spezifischen Situation eines bestimmten Wirtschaftszweiges[12]. Naturgemäß muß eine Übersicht über spezielle Mittelstandsprobleme unvollständig bleiben, da die dynamische Entwicklung in einzelnen Branchen immer neue Probleme aufwerfen kann, während zur gleichen Zeit andere spezielle Probleme des Mittelstandes ihre Aktualität und Bedeutung verlieren.

Als Beispiele für derartige spezielle Mittelstandsprobleme seien hier genannt:

1. die anonyme Warenverteilung (der sog. graue Markt) als Problem des mittelständischen Einzelhandels;

2. die Schwarzarbeit in einer "Freizeitgesellschaft" als Problem des Handwerks;

---

[11] Über die durchschnittliche Arbeitszeit einzelner Berufsgruppen liegen statistische Angaben für das Jahr 1958 vor; danach betrugen die durchschnittlichen in der vorwiegenden Erwerbstätigkeit geleisteten wöchentlichen Arbeitsstunden für Selbständige 58,8, für Beamte 45,5, für Angestellte 46,4 und für Arbeiter 45,4. - Vgl. Der Umfang der Erwerbstätigkeit im Oktober 1958, in: Wirtschaft und Statistik. 12. Jg., N. F., Heft 1, Wiesbaden 1960, S. 27.

[12] Über die Wandlung des Konsumentenverhaltens und ihren Einfluß auf die Situation einzelner Wirtschaftszweige vgl. G. Rinsche, Der aufwendige Verbrauch, in: Kreikebaum-Rinsche, Das Prestigemotiv in Konsum und Investition, Berlin 1961.

3. die Ausweitung der Märkte (der Gemeinsame Markt in Europa) als Problem der Kleinindustrie.

Die Ursachen dieser und ähnlicher spezieller Mittelstandsprobleme sind in der Regel sehr komplex; im wesentlichen beruhen sie aber auf wirtschaftlichen, gesellschaftlichen und politischen Entwicklungen, die bestimmte Auswirkungen auf die betroffenen Wirtschaftszweige haben und hier vor allem die kleineren Unternehmen in ihrer wirtschaftlichen Tätigkeit beeinträchtigen.

Es leuchtet ein, daß die Lösung dieser Probleme zunächst eine genaue Ursachenanalyse voraussetzt. Wichtig ist hierbei vor allem die Unterscheidung von "normalen" Ursachen, d.h. Faktoren, die sich aus der Entwicklung selbst ergeben, und den "unechten" Nachteilen der betroffenen Kleinbetriebe, d.h. solcher Störungsfaktoren, die z.B. auf eine staatliche Wettbewerbsverzerrung in irgendeiner Form zurückgehen.

Maßnahmen und Methoden der Mittelstandspolitik

Die Erkenntnis, daß die Existenz einer breiten und wirtschaftlich gesunden Schicht selbständiger Unternehmer eine wesentliche Voraussetzung für die Funktionsfähigkeit der Marktwirtschaft ist, charakterisiert den Unterschied zwischen der Mittelstandspolitik im Deutschen Reich[13], die vorwiegend eine "Schutz- und Abschirmungspolitik" war, und der Mittelstandspolitik in der Sozialen Marktwirtschaft der Bundesrepublik, für die das mittelständische Unternehmen nur insoweit förderungswürdig ist, als es Funktionen für die Gesamtgesellschaft übernimmt, die - unter volkswirtschaftlichem und gesellschaftlichem Aspekt - nicht von anderen Institutionen besser erfüllt werden können. So heißt es in der Einleitung zu einem Bericht des Bundeswirtschaftsministeriums über "Maßnahmen der Bundesregierung zur Förderung der kleinen und mittleren Betriebe der gewerblichen Wirtschaft":

"In Erkenntnis der Bedeutung eines gesunden und leistungsfähigen Mittelstandes für die Gesellschaftsstruktur und die marktwirtschaftliche Ordnung fördert die Bundesregierung die kleinen und mittleren Betriebe der gewerblichen Wirtschaft seit langem durch wirksame Maßnahmen. Diese Förderungsmaßnahmen sind darauf abgestellt, die Leistungsfähigkeit der kleinen und mittleren Betriebe zu erhalten und zu steigern und ihre etwaige Benachteiligung, insbesondere auf den Gebieten der Wirtschaftspolitik, des Kreditwesens, des Steuerrechtes

---

[13] Der Artikel 164 der Weimarer Verfassung bestimmte: "Der selbständige Mittelstand in Landwirtschaft, Gewerbe und Handel ist in Gesetzgebung und Verwaltung zu fördern und gegen Überlastung und Aufsaugung zu schützen."

und der Sozialgesetzgebung, zu verhindern oder, soweit möglich und nötig, auszugleichen, damit sie auch weiterhin an der Entwicklung der Gesamtwirtschaft teilnehmen können."

Mittelstandspolitik im modernen Sinn ist also im wesentlichen die Herstellung der Startgleichheit sowie eine Hilfe zur Selbsthilfe der mittelständischen Existenzen. Als Mittelstandspolitik bezeichnen wir auch alle Maßnahmen zur Förderung jener typischen Eigenschaften des Mittelstandes (Streben nach Selbstverantwortung und eigener Daseinsvorsorge, Streben nach Eigentum usw.), deren Wirkungen der Stabilität und harmonischen Entwicklung von Staat und Gesellschaft dienlich sind.

1. Zu den Maßnahmen, die eine Lösung der Mittelstandsprobleme ermöglichen sollen, sind zunächst einmal alle *wirtschaftlichen und finanzpolitischen Bemühungen zur Herstellung und Sicherung der Wettbewerbsneutralität* im weitesten Sinne zu zählen.

Im einzelnen gehören hierzu:

a) Maßnahmen der Finanz und Steuerreform unter dem Aspekt der Wettbewerbsneutralität[14].

(Einführung einer Nettoumsatzsteuer mit Optionsrecht für Betriebe bis zu einer bestimmten Umsatzgröße; Reform der Gemeindefinanzen und Verhinderung der Möglichkeit einseitiger Belastung einer Minderheit der Gemeindebürger; Beseitigung steuerlicher Wettbewerbsvorteile der Großbetriebe und Konzerne usw.)

b) Die Berücksichtigung mittelständischer Unternehmen bei der Vergabe von staatlichen Aufträgen.

(Besondere Ausschreibungsverfahren mit Vereinbarungen über die Beteiligung mittelständischer Gewerbetreibender; gemeinsame Gespräche von Vertretern der Exekutive und Verwaltungsstellen auf der einen Seite und mittelständischen Unternehmern auf der anderen; Ausschaltung künstlicher Wettbewerbsvorteile der Großbetriebe.)

c) Modernisierung und Modifizierung des Gewerbe- und Wettbewerbsrechts.

(Neukodifikation der Gewerbeordnung, Abstimmung des Gesetzes gegen unlauteren Wettbewerb auf die neuere Entwicklung des Wettbewerbs; Modifizie-

---

[14] Vgl. C. A. Andreae, Steuerpolitik und Mittelstand, a.a.O., S. 337. Vgl. auch G. Rinsche, Die Steuerbelastung des Mittelstandes, als Manuskript veröffentlicht, Dortmund 1960.

rung des Gesetzes gegen Wettbewerbsbeschränkungen unter Wahrung berechtigter mittelständischer Belange.)

2. Die mittelstandspolitischen Maßnahmen zur Stärkung der Wettbewerbsposition kleinerer Unternehmen dienen vor allem dem Ziel, dem Mittelstand die Teilhabe am technischen und wirtschaftlichen Fortschritt zu ermöglichen. Der Zweck dieser Maßnahmen liegt in der Verbesserung der Produktivität und Rentabilität der Klein- und Mittelbetriebe Die Rationalisierung der mittelständischen Unternehmen umfaßt:

a) die Steigerung der menschlichen Leistungsfähigkeit (Probleme der Ausbildung und Fortbildung von Unternehmern und Beschäftigten);

b) die kaufmännisch-verwaltungsmäßige Rationalisierung der Unternehmen (Betriebsberatung, Produktivitätszentrale für Klein- und Mittelbetriebe, Kurse und Lehrgänge über Kostenrechnung, Büroautomaten usw.);

c) die technische Modernisierung der Betriebe (Einsatz neuer Maschinen, Werk- und Kunststoffe; Einführung neuer Verfahren usw.).

Die Durchführung dieser Maßnahmen zur Hebung der Wettbewerbsfähigkeit obliegt den einzelnen Fachorganisationen des Mittelstandes, den Kammern und Verbänden sowie den Stellen des Rationalisierungskuratoriums der deutschen Wirtschaft. Die mittelstandspolitischen Aufgaben des Staates auf diesem Gebiet bestehen einmal in der finanziellen Förderung der speziellen Programme der Unternehmerfortbildung und Gewerbeförderung; zum anderen besteht darüber hinaus die Möglichkeit, subsidiäre staatliche Maßnahmen in den angegebenen Bereichen der Rationalisierung durchzuführen.

Während Veranstaltungen der Gewerbeförderung schon seit längerer Zeit in größerem Umfang finanziell unterstützt wurden, sind die Möglichkeiten einer direkten Einflußnahme auf die Richtung des technischen Fortschritts bisher kaum ausgenutzt worden. Wenn man die Tatsache berücksichtigt, daß im Bereich der Naturwissenschaft und Technik nicht die meisten Entdeckungen und Neuentwicklungen rein zufällig sind, sondern planvolle und gerichtete Forschung voraussetzen, so könnte man daran denken, die Richtung des technischen Fortschritts derart zu beeinflussen, daß auch kleinere und mittelgroße Unternehmen die neuen Erfindungen in kürzester Frist zur Steigerung der Produktivität in Anspruch nehmen können. Zu prüfen wäre z.B., ob nicht staatliche Prämien für die Erfindung und Konstruktion solcher Maschinen, die für den Gebrauch in kleinen Betrieben konstruiert sind, den "timelag" der Klein- und Mittelbetriebe im technischen Fortschritt verkürzen können.

In einigen bestimmten Wirtschaftszweigen haben sich die Klein- und Mittelbetriebe bereits zur Durchführung gemeinsamer Forschungs- und Entwicklungsarbeiten zusammengeschlossen. Aufgabe dieser Forschungs- und Entwicklungsgemeinschaften ist es, Forschungsarbeit auf gemeinschaftlicher Grundlage durchzuführen, um mittelständischen Unternehmen die Ergebnisse dieser Forschungen zu vermitteln und damit ein Zurückbleiben der kleineren Unternehmen hinter dem Stand der technischen Entwicklung in Großbetrieben zu vermeiden. Im Bereich der Blechverarbeitung, der Werkzeugindustrie, der Kunststoffverarbeitung und der Schneidwarenindustrie arbeiten bereits industrielle Forschungsgemeinschaften mit großem Erfolg. In Nordrhein-Westfalen werden diese Selbsthilfeeinrichtungen mittelständischer Unternehmer durch finanzielle Zuschüsse des Landes gefördert und damit die Teilhabe kleinerer Unternehmen am technischen und wirtschaftlichen Fortschritt erleichtert.

3. Bei der Kapitalversorgung der Klein- und Mittelbetriebe lassen sich grundsätzlich die Maßnahmen zur Stärkung der Eigenkapitalbasis von den Maßnahmen staatlicher Kreditpolitik unterscheiden.

Der *Stärkung des Eigenkapitals* dient vor allem die steuerliche Entlastung mittelständischer Unternehmen, wie sie z.B. in Form von Senkungen des Einkommensteuertarifs in der Steuerreform des Jahres 1958 und durch Erhöhung des Unternehmerfreibetrages bei der Gewerbeertragsteuer im Steueränderungsgesetz 1961 erfolgt ist. Darüber hinaus ist hier an die steuerliche Schonung des nicht entnommenen Gewinns in mittelständischen Flüchtlingsbetrieben zu denken. Eine Förderung der Selbstfinanzierung in kleineren Unternehmen erfolgt auch durch bestimmte Erleichterungen in der steuerlichen Abschreibung. Jedoch macht P. Adenauer mit Recht darauf aufmerksam, daß die Möglichkeiten der Abschreibung und der Bildung bestimmter Rückstellungen als Wege der Selbstfinanzierung in größerem Maße den Großbetrieben als den kleineren Unternehmen zur Verfügung stehen[15]. Trotz der erwähnten steuerlichen und anderen Maßnahmen ist das Problem des ungedeckten Eigenkapitalbedarfs in vielen Klein- und Mittelbetrieben noch nicht gelöst. Die Finanzierung durch Anteilkapital im mittelständischen Unternehmen wird damit zu einer vorrangigen Aufgabe der Mittelstandspolitik. Als Methode wäre u.U. an die Schaffung eines Fonds zu denken, der - quasi als "Kapitalmarkt-Ersatz" - den rentablen, aber kapitalarmen kleineren Einzelfirmen und Personengesellschaften Anteilskapital zur Verbreiterung der Eigenkapitalbasis zur Verfügung stellen könnte. Damit wäre zugleich eine Erhöhung der Kreditfähigkeit des Mittelstandes verbunden, die umso notwendiger ist, je mehr der kleinere Unternehmer zur Modernisierung seines Betriebes auf Fremdkapital angewiesen ist.

---

[15] Vgl. P. Adenauer, Mittelständische Investitionsfinanzierung in der sozialen Marktwirtschaft, Münster (Westf.) 1961, S. 35 ff.

Die staatlichen *Maßnahmen der Kredithilfe* für den Mittelstand bedienen sich der Institutionen des Kreditgewerbes. Zu unterscheiden sind im einzelnen:

a) die Bereitstellung von Krediten aus Mitteln des ERP-Sondervermögens bzw. der Bundes- und Länderhaushalte,

b) die Sicherheitsleistungen und Gewährleistungen des Bundes und der Länder für Kredite an kleinere Unternehmen (Stützung der Garantiegemeinschaften einzelner Gewerbezweige und staatliche Bürgschaften),

c) staatliche Zuschüsse zur Zinsverbilligung bei bestimmten Krediten an mittelständische Unternehmer.

Wenngleich eine endgültige Beurteilung der Wirksamkeit staatlicher Kredithilfen für den Mittelstand verfrüht wäre, so kann schon heute festgestellt werden, daß die subsidiären Maßnahmen einer mittelstandsorientierten staatlichen Kreditpolitik in erheblichem Umfang zur Förderung der Wettbewerbsfähigkeit kleinerer Unternehmen beitragen. Nicht unbeachtet bleiben darf jedoch die Tatsache, daß das mittelständische Kreditproblem im Grunde genommen ein Problem unzureichender Eigenkapitalausstattung ist und daher nur dann zufriedenstellend gelöst werden kann, wenn es gelingt, den Eigenkapitalbedarf der Mittelstandsunternehmen in irgendeiner Weise zu befriedigen.

4. Maßnahmen zur persönlichen Entlastung mittelständischer Unternehmer.

Das Problem der persönlichen Belastung des mittelständischen Unternehmers entzieht sich mehr als die vorher genannten Probleme der allgemeinen Mittelstandspolitik einer konkreten Gestaltung durch staatliche Maßnahmen. Jedoch bestehen hier verschiedene Möglichkeiten zur Entlastung der Inhaber von Klein- und Mittelbetrieben, deren Wert sehr hoch zu veranschlagen ist.

An erster Stelle sind alle Maßnahmen anzuführen, die in irgendeiner Weise der Vereinfachung der Steuerbestimmungen und solcher staatlicher Erlasse dienen, die einen persönlichen Arbeitseinsatz des mittelständischen Unternehmers erforderlich machen. Die Inanspruchnahme des Unternehmers z.B. als Inkassostelle des Staates muß nicht zuletzt auch aus mittelstandspolitischen Gründen auf ein Minimum beschränkt bleiben. Darüber hinaus ist daran zu denken, daß die Inanspruchnahme selbständiger beratender Berufe durch mittelständische Unternehmer nicht, wie es zur Zeit geschieht, steuerlich höher belastet wird als die Beschäftigung von Experten in größeren Unternehmen. Die arbeitsmäßige und nervliche Entlastung mittelständischer Unternehmer wird damit zu einem besonderen Aspekt der Mittelstandspolitik, der bei der Durchführung einzelner Maßnahmen genau zu beachten ist.

Manager als staatstragende Elite

1941 erschien in New York James Burnhams "The Managerial Revolution". Dieses Buch nahm in wissenschaftlicher Darstellung etwa jene düstere Vision von der gesellschaftlichen Entwicklung vorweg, die George Orwell 1949 in dem Roman "Nineteen-Eighty-Four" grauenhaft ausmalte. Wie auch bei Orwell führt nach Burnham der Weg der modernen Massengesellschaft unentrinnbar über die Vernichtung der individuellen Freiheit in eine totalitäre Ordnung: "Die Basis der wirtschaftlichen Struktur der Managergesellschaft sind staatliches Eigentum und Kontrolle über die wichtigeren Produktionsmittel."

Burnham befürchtet, daß diese Entwicklung zu einer verantwortungslosen Klassenherrschaft und korporativen Ausbeutung führe: "Die Gruppe der Manager beutet vermittels ihres funktionellen Status die übrige Gesellschaft aus."

Die Entwicklung als solche beziehe ihre Gesetzmäßigkeit aus dem Managerbegriff; denn Stellung, Aufgabe und Funktion des Managers seien in keiner Weise davon abhängig, daß die kapitalistischen Eigentums- und Wirtschaftsverhältnisse erhalten blieben; sie beruhten vielmehr auf der technischen Natur des Produktionsvorganges. "Also ist die Erhaltung kapitalistischer Verhältnisse für die Manager nicht unbedingt entscheidend." Dabei versteht Burnham unter Managern "ganz einfach diejenigen Leute, die heute tatsächlich die Produktionsmittel managen".

So irrig die These von der Zwangsläufigkeit der von Burnham vorgezeichneten Entwicklung ist, so berechtigt ist die Warnung davor; denn die "Managerial Revolution" findet tatsächlich statt. Aber es steht noch nicht im Buch der Geschichte geschrieben, welchen Weg sie nimmt.

Ob daraus wirklich eine Tyrannei der Technokraten, Bürokraten und Funktionäre wird, die, wie Burnham 1941 als unvermeidlich prophezeite, in einem dritten Weltkrieg als Auseinandersetzung zwischen der Managerschicht des Westens und des Ostens einer furiosen Apokalypse zusteuert, oder ob die westliche Unternehmerschaft von morgen - seien es nun selbständige oder angestellte Firmenleiter - sich als staatsbürgerliche Elite nicht nur für das ökonomische Wachstum ihres Betriebes oder der Branche und Volkswirtschaft, sondern gleichermaßen für die Bewahrung der unsere Gesellschaft tragenden christlichen und abendländischen Kultur verantwortlich fühlen und also Freiheit, Menschenwürde und Nächstenliebe vor das Produktionsmaximum stellen - ob so oder anders, das hängt nur von uns selbst ab. Allerdings haben wir uns dabei mit einer Reihe problematischer Fakten auseinanderzusetzen.

Herrschaft des Managers?

An die Stelle der Eigentümer oder neben sie treten in der Unternehmensleitung - besonders bei Großunternehmen - immer häufiger angestellte Unternehmer. Bei diesen "General Managern" findet kraft Stellung verliehene Macht zudem kein Gegengewicht in dem mit Privateigentum verbundenen Risiko. Technik und Spezialisierung führen überdies auch im Westen zu Einflußverschiebungen in Richtung auf Ingenieure und Plankostenrechner in den Unternehmensleitungen. Da die heutige pluralistische Gesellschaft Gepräge und Kraft nicht wie in früheren Epochen der europäischen Geschichte aus der Erb-Aristokratie, aus dem Bauernstand und Landadel, aus der weltlich regierenden Elite der Kirchenfürsten und auch nicht aus einem in Kulturbewußtsein, Staatsverantwortung und Religion verwurzelten Bürgertum und Ständewesen erhält, und obendrein in dem allgemeinen Strudel der Materialisierung der sittliche Wert der Tradition untergeht und somit Beamtenschaft und Armee in der öffentlichen Meinung Bedeutung nur durch ihre Funktion erhalten, bleibt als Träger der Gesellschaft allein die Wirtschaft.

Mitunter hat es sogar den Anschein, als ob die Welt sich allein um Konjunktur und Krise, um die soziale Frage und den homo oeconomicus drehe, als ob Kriege zum Ausgleich der Zahlungsbilanz oder zur Durchsetzung ökonomischer Ideologien geführt würden und der Sinn des Menschen in der Hauptsache darin bestünde, als Faktor Arbeit in einer Minimalkostenkombination zu fungieren, und die Aufgabe des Managers darin, einerseits im Wohlfahrtsstaat zu Grenzkosten zu verkaufen und andererseits in einer Wirtschaft monopolistischen Wettbewerbs den Cournotschen Punkt zu finden.

Natürlich sehen Vielfalt und Wirklichkeit des Lebens anders aus. Aber es dürfte kaum bestritten werden, daß ökonomisches Denken und materielles Trachten im 20. Jahrhundert erhebliches Gewicht erhalten haben. Die Entwicklung zum Managerwesen folgte diesem Trend und braucht jedenfalls kaum noch ausdrücklich belegt zu werden.

Burnham selbst ging von der schon 1932 veröffentlichten Studie von Berle und Means über "The Modern Corporation and Private Property" aus. Danach stand schon damals die überwiegende Mehrheit der 200 größten US-Firmen unter einem Management, das weder Eigentum an den Unternehmen hatte, noch sich um die Eigentümer, die Aktionäre, ernsthaft zu kümmern brauchte. Diese Entwicklung zu wachsender Unabhängigkeit der Firmenleiter von dem Einfluß der und oft sogar von der Kontrolle durch die Eigentümer ist in den letzten Jahrzehnten zur Regel geworden. Unter Mitverantwortung des Eigentümers florierende Industrieimperien, wie beispielsweise Krupp, Demag (Reuter),

Feldmühle und Mercedes (Flick), Henschel (Goergen), Ford, Grundig, sind die Ausnahme.

Die unerbittliche Gültigkeit dieser Regel - Wirtschaftlichkeit und Eigentümerregime sind in Großunternehmen unvereinbar - erweisen die Zusammenbrüche Henschel, Borgward, Schlieker und Stinnes. Die Norm ist die Leitung von Großunternehmen durch angestellte Manager, seien die Unternehmen in Familienbesitz (Thyssen mit ATH, Niederrheinische Hütte, Deutsche Edelstahlwerke und Phoenix Rheinrohr) oder seien sie Publikumsgesellschaften, wie das Volkswagenwerk, Preußag, Mannesmann, AEG, Bayer, Farbwerke Höchst und BASF.

Überall regieren hier allein durch Persönlichkeit, Ausbildung und Leistung an die Spitze gekommene Manager. Der Trend zur Managerwirtschaft ist somit ein unbestreitbares und auch fürderhin unabwendbares Faktum. Seine Ursachen sind von einer wissenschaftlichen Literatur analysiert worden, die schon Legion ist.

Uns interessieren weniger die Ursachen und mehr die Folgen, also die alternativen Konsequenzen und die Möglichkeiten der Einflußnahme darauf. Wenn es richtig ist, daß, wie Wiegfried C. Cassier in der 1961 veröffentlichten Untersuchung "Wer bestimmt die Geschäftspolitik der Großunternehmen? Das Verhältnis zwischen Kapitaleigentum und Entscheidungsgewalt" behauptet, im typischen Großunternehmen das Kapitaleigentum als Entscheidungsquelle abstirbt und daß darüber hinaus die innere Logik des Großunternehmens in seiner volkswirtschaftlichen Unentbehrlichkeit bestehe, dann werden die Konzerne zum Staat im Staate, wenn sie nicht sogar mangels einer "countervailing power" selbst der Staat sind, selbst die faktischen Gesetze unseres Daseins bestimmen und die parlamentarische Gesetzgebung ihrem Einfluß unterziehen.

Dieser möglichen Entwicklung kann in vielfacher Hinsicht Rechnung getragen werden; durch Erzeugung von Gegenmacht in Richtung auf ein Gleichgewicht der Kräfte in möglichst vielen Sektoren und Ebenen unserer gesellschaftlichen Ordnung, durch ausdrückliche Unterordnung der ökonomischen unter die sittlichen Zielsetzungen des Staatswesens und durch die gezielte Heranbildung einer ökonomischen Führungsschicht, die künftige Macht nicht verantwortungslos oder wertfrei handhaben wird, weil ein umfassendes Bildungsstudium im Geiste der universitas magistrorum et scolarium und im Sinne der mittelalterlichen universitas litterarum dem Fachwissen die umfassende geistig-religiöse Wertskala beigibt und also die Macht dem Gewissen des Mächtigen unterwirft. Demokratie und Machtgleichgewicht sind gute öffentliche Einrichtungen. Ohne lebendiges Bewußtsein ethischer Normen bei den einzelnen Menschen, Bürgern, Abgeordneten, Unternehmern bleiben sie aber bloße Institution und vermögen keinesfalls ein Staatswesen zu ordnen. Was darum jede Gesellschaft - zu allen Zeiten und in allen Ausprägungen - braucht, ist ein Gegengewicht im Geiste, sind individuelles Verantwortungsbewußtsein und Gewissen. Beide erwachsen aus Gesinnung und Bildung. Elternhaus, Kirche und Schulen sind Mittler hierzu. Vor allem die Universitäten gaben den staatstragenden Kräften schon immer einen universellen Fundus der Anschauung und die geistige Ausrichtung.

Heranbildung der Führungsschicht

Das gilt auch heute für die kommenden Wirtschaftsführer. Sie sollten ihr Universitätsstudium der Fachbildung und der Allgemeinbildung zu gleichen Teilen widmen. Fachwissen allein ist zu wenig. Auch Unternehmerakademien, die zusätzlich organisatorische Fähigkeiten wecken, im gesellschaftlichen Umgang schulen und eine Auslese im Hinblick auf die menschliche Haltung ermöglichen sollen, können nur fähige Betriebsleiter hervorbringen. Solche Schulen sind in den USA die Harvard Business School, in England das Londoner Administrative Staff College, in Kanada die University of Western Ontario, in Frankreich das Institut européen de l'administration d'affaires in Fontainebleau. Insgesamt gibt es an je etwa 60 Hochschulen in Nordamerika und Europa Lehrstühle für Unternehmensführung. Der Typ der dort herangebildeten Manager ist aber doch nicht schon als Elite anzusehen. Nach Vance Packard's "Pyramid Climbers", veröffentlicht 1963, wird in den USA das Management als Wissenschaft etabliert; Manageraspiranten werden demzufolge - oft auch hinsichtlich der Ehefrau - nach psychiatrisch-psychologischen Methoden getestet und haben die größten Chancen, wenn sie in die Schablone des kühlen, langweilig wirkenden, nichtemotionellen, studierten, weißen anglosächsischen Protestanten passen. Diese Kriterien genügen jedoch nicht unserer Vorstellung von der Elite.

Zwar stimmt man in Deutschland und den USA darin überein, daß Unternehmensleiter heute eher über allgemeine Führungseigenschaften - Persönlichkeit, Bildung, Haltung - als über Spezialwissen verfügen müssen, aber über die Methoden der Auswahl gehen die Ansichten weit auseinander. Drüben setzt man fast allein auf die Betriebspsychologie (Formulare, Tests, Tiefeninterviews), in Deutschland vertraut der Unternehmer dagegen auf sein gesundes Urteil bei der Auswahl des Nachfolgers und auf dessen Bildung.

R. W. Stöhr, Leiter des Hochschulinstituts für Wirtschaftskunde in Berlin, gab der deutschen Auffassung 1962 Ausdruck auf einer internationalen Tagung für Top Management in Kronberg: Eine Management-Philosophie täte not.

Durch Vorbildung und Erziehung müsse sich ein neues Elite-Bewußtsein entwickeln, "das aristokratische Züge trägt mit allen Attributen eines solchen".

Unternehmensführung ist heute weniger denn je eine Rechenaufgabe, wenn uns dies auch angesichts der mathematischen Methoden der katallaktischen Wissenschaftsrichtung mitunter so erscheinen mag. Lineares Programmieren, Operations- und Marktanalyse werden immer nur Hilfsmittel sein können.

Bestanden noch nach Schumpeter die unternehmerischen Aufgaben in der Durchsetzung technischer Neuerungen, verbesserter Verfahren und neuer Produkte, so bildete sich später die Vorstellung vom Unternehmer als einem Mittler zwischen Eigentum, Arbeit und Markt heraus. Diese Entwicklung deutete sich bereits darin an, daß Max Weber in "Wirtschaft und Gesellschaft" den Unternehmer nicht von den ökonomischen Funktionen, sondern von der Position her definiert wissen wollte. Nach dieser Begriffsbestimmung ist derjenige ein Unternehmer, der die Firma tatsächlich leitet. Solcher Führer eines Wirtschaftsunternehmens hat Verpflichtungen und Verbindungen nach vielen Seiten. Produktion und Verkauf, Marktpflege und Unternehmensrentabilität, Ertragserzielung und Forschung sind wichtige Aufgaben - deren alltägliche Bearbeitung und Überwachung jedoch delegiert werden können. Persönlich bekümmern muß sich der Firmenchef dagegen um die organisatorischen, menschlichen und politischen Belange seines Unternehmens und der Gesellschaft und Umwelt, in die es gebettet ist.

Sozialität und Stabilität in Wechselwirkung

Peter F. Drucker ging 1946 in der Schrift "The Concept of the Corporation" von der These aus, daß die Prinzipien des Unternehmens und die Anschauungen der Gesellschaftsordnung letztlich in Harmonie miteinander stehen müssen. Eine industrielle Gesellschaft, die auf Großunternehmen basiere, könne nur funktionieren, wenn die Großunternehmen zur sozialen Stabilität beitrügen und zur Sicherung sozialer Ziele. Andererseits müsse die Gesellschaft so organisiert sein, daß keine Versuchung bestehe, im Namen sozialer Stabilität oder Anschauungen Maßnahmen zu ergreifen, die dem Überlebenden und der Stabilität ihrer repräsentativen Institution feindlich sind. Drucker vertritt wie Eucken die Notwendigkeit eines vom Staat gesetzten Ordnungsrahmens, innerhalb dessen eine Wettbewerbswirtschaft funktionieren müsse. Ohne hier zu der Diskussion über die Frage der Gültigkeit neoliberaler Dogmen beitragen zu wollen, muß die Grundanschauung Euckens den Gedankengängen Burnhams konfrontiert werden. Burnham hatte behauptet, daß in der kommenden Managerordnung Privateigentum ebenso wie freie Arbeitsplatzwahl in Fortfall kommen würden. Zuteilung und Wechsel des Arbeitsplatzes sowie die Festsetzung des Entgelts würden nicht mehr den Zufälligkeiten des freien Marktes überlassen bleiben, so daß mit Krisen kapitalistischen Typs nicht gerechnet zu werden brauchte. Vielmehr werde man die Schwierigkeiten von vornherein durch Abstimmung und Planung vermeiden. "Jetzt entstehen Kommissionen für einen Fünf-, Zwei-, Vier oder Zehnjahresplan für die Gesamtwirtschaft." Die staatliche Gewalt würde zudem aus dem Parlament in die Regierung verlagert, wo ebenfalls Manager die Geschäfte besorgen.

Eucken schiebt mit der Idee der ökonomischen Gewaltenteilung einen Riegel vor solche Entwicklung. Sache des Staates sei die Vorgabe des institutionellen Rahmenwerks. Er habe die Ordnung, in der gewirtschaftet wird, zu beeinflussen und die Bedingungen zu setzen, unter denen sich eine funktionsfähige und menschenwürdige Wirtschaftsordnung entwickeln könne.

Den Wirtschaftsprozeß selbst hätten aber allein die Haushalte und Betriebe zu führen, denen unterschiedslos die gleichen Chancen für Fortkommen und Daseinsgestaltung zu sichern seien.

Diese Gedanken bieten heute wie damals (1949) Ansatzpunkte zur Schaffung eines Gleichgewichts der Kräfte in der Industriewirtschaft. Daß wir dieses Gleichgewicht zu erneuern, bereits heute ständig bemüht sein müssen, behauptete im Oktober 1963 Peter Sweerts-Sporck im "Volkswirt" unter dem Titel "Entfesselte Funktionäre".

"Funktionäre manipulieren Wahlen und wählen sich selbst, häufen Funktionen und Ämter, bilden Abwehrkartelle gegen Außenseiter und Karrierevereine auf Gegenseitigkeit." Sweerts-Sporck schildert als aktuelles Beispiel verwirklichter Funktionärssouveränität den kürzlich vom Vorstand der Gewerkschaft Chemie, Papier, Keramik angeregten Beschluß des Kongresses, daß der Vorstand in Zukunft ohne Urabstimmung Streiks beschließen kann. Das Fazit: "Funktioniert die innere Demokratie in den Gruppen und Parteien nicht, beginnen ihre Funktionäre abseits der Mitglieder ein Eigenleben zu führen, werden sie also souverän, dann beginnt die politische Demokratie selbst zu verdorren."

Als Mittel gegen diesen Trend des Pluralismus empfiehlt der Journalist der Regierung, den Bürgern höhere Ziele zu setzen, als es ihre und der Bürger Tagesinteressen sind. Zwei Wochen später hieß es in der Regierungserklärung des neuen Bundeskanzlers vor dem deutschen Bundestag: "Vergessen wir nicht, daß eine moderne und freiheitliche Gesellschaftspolitik den Menschen in dem Bewußtsein des Wertes und der Würde seiner Persönlichkeit stärken will." Und dann: "So mancher Begüterte scheint in seiner äußeren persönlichen Lebensführung nur allzu leicht zu vergessen, daß der Wohlstand wohl eine Grundlage, nicht aber das Leitbild unserer Lebensgestaltung schlechthin ist."

Hier wird der Wirtschaft unmißverständlich der zweite Rang zugewiesen, und in den Mittelpunkt rückt der Mensch und seine von Gott verliehene Würde.

Leitbild der Wirtschaft

Ein im Elite-Bewußtsein gebildetes Unternehmertum hätte diese Rangordnung zu verwirklichen. Allerdings wird damit die Fiktion des homo oeconomicus fragwürdig. "Nationalökonomie - eine Wissenschaft vom Menschen?" fragte Willi Bongard im November 1963 in der "Zeit".

Also scheint dies eine offene Frage zu sein? Ehe nun jedoch die Theorie bis zum wahren Bild vom Menschen in der Wirtschaft vorgedrungen ist, sollte dies noch eine neue Nuance erhalten haben: Die Wirtschaft ist nicht nur in dem Sinne für den Menschen da, daß sie aufs beste seine Bedürfnisse befriedigt, sondern darüber hinaus innerhalb der Arbeitszeit seinem Leben Inhalt, Sinn und Freiheit gewährt. Konsumenten und Arbeiter - es sind die gleichen Menschen. Und morgen sind sie vielleicht sogar in Zahl und Struktur mit den Aktionären identisch. Die Sorge um Menschenwürde am Arbeitsplatz ist darum für den Manager von morgen, der vielleicht der Arbeitnehmer seiner mit Aktien ausgestatteten Angestellten und Kunden sein wird, Problem und Aufgabe gleichen Ranges wie die Erzielung eines Produktionsoptimums.

Ziel der Wirtschaftspolitik kann unter solchen Aspekten jedoch keinesfalls mehr, wie heute noch von der Wirtschaft unterstellt, die Maximierung des Wohlstandes, sondern müßte vordringlich die Sicherung eines Optimums ökonomischer Entscheidungsfreiheit und annähernd gleicher Möglichkeiten zur freien Teilnahme am Wirtschaftsprozeß sein.

Dazu gehört selbstverständlich eine diese Unabhängigkeit beim Unselbständigen erst konstituierende Sozial- und Eigentumspolitik.

Wie die aus solcher Politik resultierende Kombination von Wohlstand und Freiheit immer aussehen mag, sie ergibt sich für die Nation wie für den einzelnen Bürger aus dem persönlichen Wollen, dessen Freiheit Inbegriff der Menschenwürde ist. Das ökonomische Interesse als Machtprinzip und die Rationalität als Verhaltensnorm sind die bislang unkomplizierten Maximen der pluralistischen Gesellschaft für die Manager in Politik, Unternehmen, Verwaltung, Verbänden und Gewerkschaften. Für Unternehmer als staatstragende Elite sind es unzureichende und überbetonte Zielsetzungen. Für sie haben Mensch und Staat eingefügt in Geschichte und Religion als Leitbilder zu dienen. Voraussetzung hierfür sind allerdings Persönlichkeit und Bildung, die in der Auseinandersetzung mit den wesentlichen Fragen der Theologie, Anthropologie, Ethik, des Rechtes, der Philosophie, Soziologie, Naturwissenschaft, Literatur und Kunst zu einem befestigten Bild unserer Existenz beitragen.

DER VERBRAUCHER

Unternehmer im Dienste der Verbraucher

Wer sich zum Unternehmer berufen fühlt, wird sich nicht nur eine von fremden Weisungen freie Tätigkeit erhoffen, sondern wird auch davon überzeugt sein, daß seine Gewinne auf lange Sicht ein höheres Einkommen als etwa ein festes Gehalt in abhängiger Stellung abwerfen. Ob es wirklich so sein wird, ob die Lebensbilanz aufgeht, weiß der Unternehmer erst am Ende der Rechnung. Die vom Statistischen Bundesamt jährlich ausgewiesenen Konkurszahlen der deutschen Wirtschaft geben unmißverständlich Kunde von der "Vogel"-Freiheit des Unternehmers.

Diese Freiheit meint wohl kaum, wer die Unabhängigkeit des Unternehmerberufes preist. Tatsächlich ist es mit der unternehmerischen Selbständigkeit sehr viel anders bestellt, als es die landläufige Vorstellung wahrhaben will. Die Entscheidung muß der Unternehmer natürlich selbst treffen. Will er aber fortbestehen, Gewinne erzielen und das Einkommen ausweiten, dann hat er seine Entscheidungen nach den Wünschen, Launen, Modeanwandlungen, Geschmacksänderungen, nach der Großzügigkeit oder den Sparsamkeitsbestrebungen des Kunden auszurichten. Dessen Wahlakt beim Kauf entscheidet darüber, ob die meist schon vorgetane Arbeit ihren Preis erhält und ob das Risiko neuer Produktion tragbar ist.

Beim Schneider und beim Baumeister erscheint uns die Ausführung eines Werkvertrages nach Angaben des Kunden eine Selbstverständlichkeit. Hier ist der Kunde in jedem Sinne Arbeitgeber. Hat dies aber auch für die auf Vorrat und für den Markt arbeitende industrielle Massenfertigung Geltung? Kann man Herrn Müller als Arbeitgeber des Stahlindustriellen XY bezeichnen, weil er ein Päckchen XY-Nägel kauft? Überbewertet dies nicht die Stellung des Konsumenten am Markt? Haben nicht vielmehr umgekehrt die Unternehmer die Konsumenten in der Hand? Sind sie nicht die "geheimen Verführer", die kapitalistischen Ausbeuter, die immer höhere, willkürlich gesetzte Preise fordern? Bestimmt also nicht die Unternehmerschaft selbst ihren Verbrauch und den Wertzuwachs ihres in Produktionsstätten investierten Eigentums?

Nein, das kann die Unternehmerschaft nicht bestimmen, kann es nicht mehr bestimmen, seit der Arbeitslohn wesentlich über das zur Reproduktion der menschlichen Arbeitskraft erforderliche Minimum hinausgeht.

In Zeiten des Verkäufermarktes, der Knappheit, der Not mag der Unternehmer die Verbrauchermeinung ungestraft mißachten. Wo verteilt anstatt verkauft wird, wie z.B. auch in planwirtschaftlichen Systemen, gilt die Parole: "Vogel, friß oder stirb!" Die Meinung des Kunden steht hier und dort nicht hoch im Kurs; der Verbraucher ist demütiger, kritikloser Empfänger seines Anteils am Sozialprodukt. In einer "Wirtschaft des Überflusses" wandelt sich die Szene. Plötzlich sieht sich der kleine Mann mit dem schmalen Budget von Handel und Industrie umworben. Zahllose Verlockungen und Verheißungen werden ihm in konkurrierender, mannigfaltiger Ausführung vor Augen gestellt. Der Konsument hat die Wahl. Warentests stärken sein Urteilsvermögen. Firmenberatungen erleichtern ihm die Auswahl.

Kunde oder Konsument?

Unabhängig ist hier nicht der Unternehmer, sondern der Kunde. Er entscheidet über den Erfolg des Unternehmers XY und über den Konkurs des Konkurrenten AB. Aus dem demütigen Empfänger eines Anteils am Sozialprodukt in der geplanten Wirtschaft wird in der Wettbewerbswirtschaft der umworbene und teils auch gefürchtete König Kunde.

In freier Marktwirtschaft ist die Zusammensetzung der Produktion auf die Wünsche der Konsumenten abgestimmt. In der parlamentarischen Demokratie ist das Volk souverän, im liberalen Kapitalismus der Verbraucher. Man kann daher bei uns von einer Demokratisierung des Wirtschaftslebens sprechen. Unerläßliche Voraussetzung hierfür ist die Freiheit des Verbrauchers, nach eigenem Gutdünken zu wählen und auszuwählen. Das wiederum erfordert eine Vielfalt des Angebotes und die Aufrechterhaltung eines gut temperierten und nicht durch übergroße Heftigkeit sich selbst erstickenden Wettbewerbs zwischen den Unternehmern.

Wo der Wettbewerb wegfällt, ändert sich die Position des Verbrauchers. Sein Königtum ist nur noch Institution ohne Machtinhalt. Die Unabhängigkeit der Unternehmerschaft vom Markt wächst und das unternehmerische Risiko nimmt ab.

Es ist verständlich, daß sich die Unternehmerschaft um solche Unabhängigkeit bemüht, genauso wie die Arbeitnehmerschaft einen auf Dauer gesicherten Arbeitsplatz und Verdienst anstrebt. Doch kann die "Arbeitnehmer"-Position des

Selbständigen und des Unselbständigen nicht mit gleicher Elle gemessen werden. Dem Streben nach Sicherheit kann vom System her nämlich hier und dort nicht gleicher Erfolg beschieden sein. Die in der Bundesrepublik gesetzlich verankerte Wirtschaftsordnung garantiert sowohl den mit Risikoeinschränkungen unvereinbaren Wettbewerb zwischen den Unternehmern als auch die soziale Sicherheit der Unselbständigen.

Während der Arbeitnehmer von der Wirtschaftsordnung einen Freibrief zur Sicherung seines sozialen Status erhält und sorglos sein Einkommen in den Konsum leiten kann, ist der Unternehmer darauf angewiesen, durch Konsumverzicht den größten Teil seines Profits in das Unternehmen zu stecken, um seine Wettbewerbsfähigkeit zu erhalten und zu verteidigen, wodurch aber auch gleichzeitig durch verbesserte Produkte und verbilligte Leistungen der Kaufwert des Konsumentenbudgets angehoben wird. Sosehr sich also der Unternehmer im Wettbewerb zum vermeintlichen und teils auch tatsächlichen eigenen Vorteil anstrengt: den für den Konsum ausgeformten volkswirtschaftlichen Ertrag erhält der Verbraucher - der Arbeitgeber des Unternehmers.

In der Zeit des hochkapitalistischen 19. Jahrhunderts erhielt die zahlungskräftige Verbraucherschaft zwar wie heute den über das Existenzminimum der Gesamtbevölkerung hinausgehenden Nutzen, doch waren damals zahlungskräftige Verbraucher und Unternehmer identisch. Heute sind die Verbraucher in ihrer Gesamtzahl die Käufer der gesamten über das Existenzminimum der Bevölkerung hinausreichenden Erzeugung.

In dem Maß, in dem die Lohnquote über den Anteil der Konsumgüterproduktion einer Volkswirtschaft hinauswächst und somit in den Bereich der Kapitalgüterproduktion hineinreicht, enthält das Arbeitnehmereinkommen bereits Teile der zu Erweiterungs- und Reininvestitionen erforderlichen Kapitalbeträge, und es vollzieht sich jener Prozeß, den Marx - wenn auch unter ganz anderen Vorzeichen - als Expropriation der Expropriateure prophezeite.

Wirtschaftslenkung durch Konsumenten

Für den Konsumenten, vor allem für den Arbeitnehmer, sollten sich hieraus bestimmte Konsequenzen ergeben: seine Käufe hätten sowohl Verbrauchsgütern als auch Kapitalanlagen zu gelten. Auf solche Weise ließe sich die Identität von Konsument und Produktionsmitteleigentümer erreichen. In der Gründerzeit des vorigen Jahrhunderts bedeutete die Einkommensverteilung Eigentumsakkumulation bei der Unternehmerschaft und auf dem Existenzminimum beruhender Lebensstandard für die Verbraucherschaft. Der Konsumverzicht jener Generation ermöglichte die industrielle Expansion, als deren Ergebnis die geschilderte

Machtverschiebung zwischen Unternehmern und Verbrauchern zugunsten der letzteren gesehen werden kann. Den geänderten Machtverhältnissen sollte nun aber auch eine Änderung der Eigentumsverhältnisse folgen.

Nicht zuletzt sind es ökonomische Erfordernisse, die die Übernahme eines Eigentumsanteils am Industrieapparat und somit auch einen Teil des Risikos durch den Konsumenten geboten sein lassen. Seine Kaufentscheidungen bestimmen die Änderungen in der Produktionsstruktur, lassen bei entsprechendem Nachfragerückgang Industrieanlagen wertlos werden oder verlangen zusätzliche Investitionen - ohne beim gegenwärtigen Mangel an Identität zwischen Verbrauch und Produktionsmitteleigentümer auch nur mit im Risiko zu sein. Aus diesem Grunde gilt es, den Verbraucher an der Eigentumsbildung im Produktionssektor und damit am Risiko zu beteiligen. Es gilt, dem Volkskapitalismus eine Gasse zu bereiten.

Erst eine Volkswirtschaft, in der weitgehende personelle Übereinstimmung zwischen Verbrauchern und Kapitaleignern gegeben ist, besitzt jene harmonische Ausgewogenheit, die einen sich fast selbstregulierenden Wirtschaftsablauf und zugleich das optimale Maß an sozialer Gerechtigkeit verwirklicht.

Auch nach der Herbeiführung eines Volkskapitalismus wird die Ertragsfähigkeit der Wirtschaft wie eh und je von den Anstrengungen, der Ideenfülle, der Risikobereitschaft und der Qualität der Unternehmerschaft bestimmt sein. Der Verbraucher gibt zwar dem Unternehmer Arbeit. Der Kunde ist König. - Doch welch ein König wäre er ohne kluge, willensstarke, selbstbewußte Unternehmer. Denn deren Energie und Intuition bestimmen seinen Lebensstandard.

Gedanken zur Verbraucherpolitik

Das Ziel der sozialen Marktwirtschaft sei es, "auf der Basis der Wettbewerbswirtschaft die freie Initiative mit einem gerade durch die marktwirtschaftliche Leistung gesicherten sozialen Fortschritt zu verbinden". Ein derartiges System soll gewährleisten, daß die Wirtschaft von den "alle Schichten umfassenden, in ihrer Marktposition überdies schwach gesicherten Konsumenten" gelenkt wird. Die Abstimmung aller individuellen Wirtschaftspläne geschieht am Markt über den Preis.

So steht es im 9. Band des Handwörterbuches der Sozialwissenschaften unter dem Stichwort "Soziale Marktwirtschaft". Professor Alfred Müller-Armack bezeichnet es in dieser Abhandlung als besonderes Kennzeichen des westdeutschen Wirtschaftssystems, daß Handel und Wirtschaftspolitik sich an den Interessen des Verbrauchers orientieren. Selbstverständlich dient letztlich jede Wirtschaft dem Konsum, auch eine Zentralverwaltungswirtschaft sowjetischer Prägung. Aber nicht jedes Wirtschaftssystem überläßt die Entscheidung über Struktur, Qualität und Zeitpunkt des Konsums dem Konsumenten. Eine solche Entscheidung wiederum setzt die Möglichkeit der freien Wahl unter einem vielfältigen konkurrierenden Güterangebot voraus. Als Methode dient hier somit der Wettbewerb, dessen Pflege sich die westdeutsche Wirtschaftspolitik - durchaus folgerichtig, wie Fritz Hauenstein "Im Namen des Verbrauchers" (FAZ Nr. 45 vom 22.2.1964) meint - zu ihrer Hauptaufgabe machte.

"Wenn in Fällen monopolähnlicher Marktmacht der Erzeuger, der auch organisierte Käufer unterlegen sind, nicht die staatliche Wirtschaftspolitik hilft - zum Beispiel durch Verbot der Kartelle oder der Unternehmenskonzentration, des Mißbrauchs wirtschaftlicher Macht -, wenn nicht für freien Wettbewerb, offene Grenzen, weltwirtschaftlichen Austausch gesorgt wird, ist auch der organisierte Verbrauch mit seiner Macht schnell am Ende. In einer Wirtschaftsordnung des Wettbewerbs liegt der wirksamste Verbraucherschutz." Einschränkend muß allerdings gesagt werden, daß Wettbewerb als konstituierendes Grundprinzip der Wirtschaftspolitik nicht etwa vor allem dem Verbraucher zuliebe gewählt wurde. Die Entscheidung für eine Wirtschaftsordnung des Wettbewerbs ging von der - bislang unbewiesenen - Überzeugung aus, daß hierbei das Maximum an Effektivität des Wirtschaftens und also das Minimum an Reibungsverlusten und Fehldispositionen im Wirtschaftsprozeß erreicht werden.

Darüber hinaus handelt es sich bei diesem Votum für den Wettbewerb um ein Bekenntnis, das jüngst wieder der Präsident des Bundeskartellamtes, Dr. E. Günther, auf der 12. Internationalen Studientagung der Stiftung "Im Grüene" in Rüschlikon, Schweiz, im September 1963 dahingehend formulierte, Wettbewerb und Demokratie bedingten einander. Man könne keine kulturelle Freiheit ohne politische Freiheit haben. Letztere wiederum sei ohne freiheitliche Wettbewerbsordnung nicht zu realisieren.

Gedankenassoziationen zwischen Wettbewerb und Demokratie werden schon durch die Vorstellung von der Wahl mittels des Stimmzettels "Banknote" geweckt. Man spricht von Konsumwahl, und Herbert Giersch bezeichnet den Verbraucher als "Souverän der Wirtschaft", sofern seine Entscheidung bei vollkommener Konkurrenz das Marktgeschehen beherrscht (Allgemeine Wirtschaftspolitik, Wiesbaden 1960). Wie aber steht es nun um die Macht der Verbraucher, wenn die Bedingungen der vollkommenen Konkurrenz nicht gegeben sind? Und tatsächlich gibt es Sie auch nicht. Unsere Welt ist eine Welt von Monopolen, zwar nicht voller natürlicher und mächtiger Monopole, doch übersät von kleinen durch Lage, Marke oder sonstige Vorzüge beim Konsumenten mit Präferenzen versehenen Anbietern.

Trägt die geschilderte Konzeption der marktwirtschaftlichen Ordnung diesen Gegebenheiten Rechnung? Kann der Haushalt hier noch die ihm vom System zugewiesene Funktion erfüllen und in seiner Eigenschaft als Verbraucher den gesamten Wirtschaftsablauf im privaten Bereich steuern? In einer Besprechung der "Studien über Haushalt und Verbrauch" von Erich Egner (Berlin 1963) schreibt Artur Woll, es gehöre zu den bemerkenswerten Paradoxien, daß die Rolle des "autonomen Konsumenten" (L. Miksch) im System unserer Wirtschaftsordnung in Wissenschaft und Praxis nur wenig Beachtung gefunden hat; der Rückschluß, daß es mit der Konsumentensouveränität nicht weit her sein kann, dränge sich von selbst auf. Der Göttinger Ordinarius Erich Egner gehöre zu jener Gruppe, die die gegenwärtige Lehre des Haushalts als unbefriedigend empfinde.

Die geschwächte Souveränität

Aus objektiven und subjektiven Gründen sei die Stellung des Konsumenten stark geschwächt, eine wirkliche Souveränität - wenn man den Begriff nicht aushöhlen will - unerreichbar. Einmal ständen der vollkommenen Konkurrenz, die die lenkende Kraft des Verbrauchers sichern würde, schwere Hemmnisse entgegen. Praktisch alle modelltheoretischen Voraussetzungen ließen sich nicht hinreichend realisieren. Das Konkurrenzschema, so schließt Egner, werde dem Problem nicht gerecht. Es komme zum zweiten die Schwierigkeit hinzu, Preise, Qualitäten und die Vielzahl der Güter sachlich zu bewerten und auszuwählen, da es an Orientierungsmöglichkeiten fehle. Doch treffe den Konsumenten nicht zuletzt selbst ein Verschulden, wenn er mehr Objekt denn Zweck und Ziel der Wirtschaft sei. Die Auflösung der haushälterischen Vernunft - früher die Norm des Lebensstandards - führe zu einer Unentschlossenheit seines Willens; an ihre Stelle trete ein ungehemmtes Triebbegehren.

Man kann die Dinge gewiß auch anders sehen und deuten, als Egner es tut. Hat er aber nicht recht mit der Behauptung, der Konsument sei bislang Objekt der Wirtschaft? Also fehlt es ihm am nötigen Sebstbewußtsein, vielleicht auch an der Kenntnis der ökonomischen "Spielregeln", am rationalen Verhalten, der conditio sine qua non eines marktwirtschaftlichen Systems?

Die klassische Wirtschaftstheorie unterstellte Rationalität als Verhaltensnorm und hatte dabei vor allem den Anbieter im Sinn, der der Vorstellung vom homo oeconomicus auch annähernd entsprechen mag, wiewohl neuere Untersuchungen über das Unternehmerverhalten schon andere Ergebnisse brachten. Im übrigen betrachteten die zur klassischen Schule zählenden Theoretiker den Satz, wonach der Preis eines Gutes sich aus Angebot und Nachfrage ergebe, als Binsenweisheit. Für sie waren vornehmlich die Bedingungen des Angebots, der Produktion von Interesse. Die Nachfrage zählte nur als monetäre Größe und ergab sich, da Kosten und Einkommen identisch sind, von selbst. Der Haushalt schließlich und die Bedürfnisbefriedigung waren für jene Wissenschaftler überhaupt kein Gegenstand der Forschung. Ältere volkswirtschaftliche Lehrbücher sehen den Zweck der Wirtschaft wohl in der Befriedigung menschlicher Bedürfnisse, betrachten jedoch die Bedürfnisbefriedigung selbst nicht als wirtschaftliche Tätigkeit. Allerdings wurden schon in der zweiten Hälfte des vergangenen Jahrhunderts Beobachtungen über Bedürfnisbefriedigung und Haushaltsführung angestellt. Hermann Heinrich Gossen formulierte zwei Erfahrungssätze über die Bedürfnissättigung und über die dabei mögliche Methode der Maximierung des subjektiven Nutzens. Die Statistiker Engel und Schwabe ermittelten in empirischen Berechnungen, welche Beziehungen zwischen Einkommensänderungen und Änderungen der Ausgaben für Wohnung und Nahrung bestehen. Von solchen Anfängen her rückte der Verbrauch bis ins Zentrum der Wirtschaftstheorie. Lord Keynes machte die Konsumfunktion zu einem der Angelpunkte der "new economics". Wir wissen heute, daß der Umfang der Konsumausgaben über Inflation und Depression entscheidet, daß ein Mehr an Konsumation im Wege des Akzelerationsprozesses ein vielfaches Mehr an Produktionsgütererzeugung bei Vollbeschäftigung bewirken kann, daß die Höhe der prozentualen Konsumverausgabung eines Einkommenszuwachses über das Ausmaß der multiplikatorischen Fortwirkung einer autonomen Investition auf die Gesamtbeschäftigung bestimmen kann. Somit ist der Verbrauch im Bewußtsein von Wissenschaft und Wirtschaftspolitik in die zentrale Stellung gerückt worden, die er in einer Marktwirtschaft ex definitione einnimmt.

Schafherde im Überfluß?

"Der Verbrauch wurde als Anfang und Ende des wirtschaftlichen Kreislaufs Gegenstand volkswirtschaftlicher Berechnungen und Prognosen, privatwirtschaftlicher Kalkulation und Disposition. Der Verbrauch wurde ein Teil der volkswirtschaftlichen Gesamtrechnung. Zweck jeder Wirtschaft ist trotz der Komplikation in Theorie und Praxis die Befriedigung menschlicher Bedürfnisse. Wirtschaft ist Tätigkeit für die Verbraucher. Wer eine verbrauchsorientierte Wirtschaft fordert, wie es heutzutage oft geschieht, reitet auf einem weißen Schimmel, der ein Steckenpferd ist. Jede Wirtschaft ist verbrauchsorientiert."

Das behauptet Fritz Hauenstein "Im Namen der Verbraucher" (FAZ Nr. 45 vom 22. 2. 1964). Hauenstein hat unzweifelhaft recht. Aber sind sich die Verbraucher ihrer Stelle im System bewußt? Funktioniert die verbrauchsorientierte Wirtschaft auch ohne aktive Mitwirkung der Konsumenten? Besteht die Orientierung etwa darin, den Konsum zu manipulieren, oder darin, die Verbraucherwünsche und die Verhaltensnormen der Konsumenten auszuforschen? Werbung, Reklame, Marketing, demoskopische Untersuchungen, Meinungspflege, Public Relations - das sind zweifellos Möglichkeiten der Verbrauchsorientierung für Produzenten und Händler. Aus der Überbewertung dieser Methoden erwuchs ein kaum noch übersehbares Schrifttum, worin das Thema variiert wird, der Verbraucher sei ein Spielball der Wirtschaft, ohne eigene Meinung, Geschmack, Urteilsvermögen und Zivilcourage in der Preisdiskussion. Hauenstein widerspricht entschieden dieser Einstufung der Verbraucherschaft als "Schafherde im Überfluß" (Robert Millar, The affluent Sheep: A Profile of the British Consumer). Es mag vorkommen, daß Produzenten mit Hilfe der Werbung Verbraucher zum Kauf eines neuen Produktes überreden können. Die Werbung "ist auf die Verbraucherwünsche ausgerichtet - sie zielt darauf ab, sie zu entdecken, zu entwickeln, zu verfeinern, zu wecken. Dieser Vorgang ist endlos" (Walter Taplin, "Advertising - A New Approach", London 1960).

Solche Manipulation des Konsums ist jedoch nicht die Regel und keinesfalls ein verläßliches Erfolgsrezept, wie die mächtige Ford-Corporation Ende der fünziger Jahre bei der Einführung des mit umfangreichen Investitionen entwickelten und propagierten "Edsel" erfahren mußte. Vorab angestellte Meinungsforschung und ein überaus aufwendiger Reklamefeldzug konnten den Mißerfolg nicht verhindern: Der Wagen wurde nicht gekauft, obwohl die Automobilkonjunktur im Schwunge war. Das Beispiel zeigt, daß auch Großfirmen nicht selbstherrlich das Marktgeschehen bestimmen können. Wieviel weniger vermögen es die zahlreichen Unternehmen der in der Bundesrepublik gängigen Größenordnungen? In der marktwirtschaftlichen Praxis gibt es auf Dauer weder die "Selbstherrlichkeit" von Großunternehmen noch eine Souveränität der Verbraucher. Monopolistische Marktverhaltensweisen würden in einer auf Massenproduktion und Masseneinkommen ausgerichteten Industriegesellschaft dem Monopolisten auf längere Sicht mehr schaden als nützen. Eine Begründung dürfen wir uns in diesem Zusammenhang ersparen. Der Hinweis auf die Substitutionskonkurrenz, auf die Konkurrenz der Güter gehobenen Bedarfs untereinander (Pelzmantel oder Schiffsreise) mag genügen.

Kunde: nicht König, sondern Diva

Noch viel weniger kann davon die Rede sein, daß der Verbraucher oder die Verbraucherschaft eine Machtstellung besitzen. Der Kunde ist kein König, eher eine Diva mit Launen, wechselndem Geschmack und wechselnder Kaufkraft. Beherrschenden Einfluß kann der Verbraucher überhaupt nur dann auf die Wirtschaft ausüben, wenn er im Banne einer Massenpsychose handelt. Die diesbezüglichen Aspekte der Nachfrage wurden von W. A. Jöhr und von George Katona im Rahmen einer "psychologischen Konjunkturtheorie" berücksichtigt.

Wenn wir hier jedoch fragen, ob der Verbraucher seine Funktion im Wirtschaftsleben erfüllt, so handelt es sich dabei nicht um eine makroökonomische Betrachtung. Uns interessiert der Wirkungsgrad des Haushalts im ökonomischen Kräftespiel. Eine Verstetigung des Wirtschaftsprozesses, also von Wettbewerb und Wachstum, setzt die Möglichkeit der Bildung neuer Gleichgewichtsmarktlagen voraus. Bei ungleichen Machtpositionen zwischen Angebot und Nachfrage, vor allem aber bei einem indifferenten unsicheren Verhalten der Nachfrage oder bei der Annahme eines solchen Verhaltens durch die Anbieter und ihrer daraus hergeleiteten Überzeugung, die Nachfrage manipulieren zu können, werden kaum stabile Marktsituationen entstehen können. Eher wäre die Konstellation andauernder Labilität des jeweiligen Marktes zu erwarten.

Das richtige Verbraucherverhalten ist somit eine wesentliche Voraussetzung dafür, daß die soziale Marktwirtschaft ungestört arbeitet. Bisher unterstellte man einfach dies "richtige Verhalten" und ging mit solcher Prämisse wohl auch solange nicht fehl, als die Masse der Konsumenten nur Einkommen in Höhe des gesellschaftlichen Existenzminimums bezog. Die Annahme, diese Einkommen würden restlos für Nahrung, Kleidung und Wohnung ausgegeben, ist nicht nur folgerichtig, sondern ergibt sich wohl zwangsläufig.

Da im letzten Jahrzehnt in der Bundesrepublik die Einkommen breiter Bevölkerungsschichten stark zugenommen haben, verbleibt einer zunehmenden Zahl von Haushalten ein frei verfügbarer Teil der Nettoeinkommen für die Befriedigung von Bedürfnissen, die über den elementaren Bedarf hinausgehen. Der frei disponierbare Teil des Einkommens erlaubt es also dem Verbraucher, zwischen nicht existenznotwendigen zusätzlichen Gütern oder Dienstleistungen zu wählen und ebenso die Zeit der Kaufentscheidung frei zu bestimmen. Die Tatsache, daß er über frei disponierbare Einkommensteile verfügt, gibt ihm somit die Möglichkeit, sich als Nachfrager von Gütern oder Dienstleistungen elastisch zu verhalten; ist es doch eine Vielzahl von alternativen Verwendungsmöglichkeiten, unter denen er nach seinem Belieben wählen kann. Hierin liegt seine Chance, das Wirtschaftssystem effektiver zu machen. Er nimmt sie wahr, wenn er die Konsumwahl preis- und qualitätsbewußt im günstigsten Zeitpunkt am geeignetsten Ort zu den vorteilhaftesten Nebenbedingungen trifft. Jedoch nicht nur von den Reklame-Fetischisten wird bestritten, daß der Konsument sich dieser Chance bewußt ist, geschweige denn über das erforderliche Verhalten orientiert wäre. Auch der schwedische Nationalökonom Gunnar Myrdal ging 1961 auf diese Probleme in der Schrift "Jenseits des Wohlfahrtstaates" ein.

Verbraucherorganisationen

Myrdal stellte fest, daß die meisten Menschen als Einkommensbezieher organisiert sind und nicht als Konsumenten. Die Unternehmer- und Einkommensinteressen seien stärker als die Konsumenteninteressen. Myrdal bestreitet, daß angesichts der Macht der Verbände ein Gleichgewicht der Volkswirtschaft durch allgemeine monetäre und finanzpolitische Maßnahmen möglich ist. Der stabile Geldwert könne nur durch bessere Erziehung der Bevölkerung gesichert werden. Hierdurch könnte man das gegenseitige Verständnis schaffen, welches die Voraussetzung für jede nationale Planung und Koordination der Märkte ist, und so ein einigermaßen stabiles Gleichgewicht zwischen Gesamtnachfrage und Gesamtangebot ohne Konjunkturrückschläge erhalten. Um dieses zu erreichen, müßte man also innerhalb der institutionellen Infrastruktur starke Verbraucherorganisationen als Gegengewicht zu bestehenden "Produzentenorganisationen" schaffen.

Präsident Kennedy unterbreitete im März 1962 dem Kongreß eine Botschaft unter dem Titel "Verbraucherschutz und -interessen-Plan", in welcher er hervorhob, daß erhöhte Anstrengungen zur best möglichen Verwendung des Einkommens mehr zum Wohlergehen der meisten Familien beitragen könnten als gleich große Anstrengungen zur Erhöhung ihres heutigen Einkommens. In diesem Zusammenhang wies der Präsident auf die dynamische Natur der Verbraucherprobleme hin. Der durchschnittliche Verbraucher könne nicht wissen, ob Medikamente den Mindestanforderungen hinsichtlich Gefahrlosigkeit, Qualität und Wirksamkeit entsprechen. Er wisse normalerweise nicht, wieviel er tatsächlich für einen Abzahlungskredit bezahlen müsse, ob ein Nahrungsmittel mehr Nährwert habe als ein anderes, ob ein Produkt seinen Anforderungen entspreche oder ob eine große Sparpackung tatsächlich eine Einsparung im Preis biete. In der Botschaft stellte der Präsident zusätzliche gesetzgeberische und verwaltungstechnische Maßnahmen in Aussicht, mit denen die US-Bundesregierung die Rechte der Verbraucher sichern will. Er nannte das Recht .auf Sicherheit (Schutz gegen den Vertrieb von Waren, die gesundheitsschädigend oder lebensgefährlich sind), das Recht auf Information (Schutz gegen betrügerische, falsche oder irreführende Angaben, Anpreisungen oder Warenanschriften sowie ein Anspruch auf Markttransparenz), das Recht auf freie Auswahl (Sicherung einer vielseitigen Auswahl an Waren und Dienstleistungen möglichst zu Wettbewerbspreisen), das Recht, angehört zu werden (Berücksichtigung der Verbraucherinteressen bei der Festlegung der Politik).

Bei diesen in den USA proklamierten "Rechten der Verbraucher" handelt es sich im Grunde genommen um Selbstverständlichkeiten: Bei völliger Ausschaltung dieser Rechte würde es nämlich keine Marktwirtschaft mehr geben. Diese Überlegung macht deutlich, daß Verbraucherpolitik ein integrierender Bestandteil der Wettbewerbspolitik ist. Die eine Hälfte der wettbewerbspolitischen Maßnahmen setzt Verhaltensnormen für Produzenten und Händler. Soweit ist uns die Wettbewerbspolitik geläufig und alltäglich. Vollständig ausgebildet wird das Wettbewerbssystem jedoch erst durch jene auf die Aktionen und Reaktionen der Verbraucher bezugnehmenden konstituierenden Prinzipien. Grundsätzlich handelt es sich dabei ohnehin um die uns schon seit langem aus der Geschäftssphäre geläufigen Regeln ökonomischen Verhaltens, so bei den in den USA postulierten Rechten auf Sicherheit und auf Information letztlich um Sicherstellung von Markttransparenz, die dann erst gegeben ist, wenn ein Überblick über die Struktur von Angebot und Nachfrage, über die wahre Beschaffenheit des Angebotes und über die Angebotspreise möglich ist.

Das "Recht auf freie Auswahl" dürfte weitgehend mit dem Gebot offener Märkte, der Tauschfreiheit und auch der Preisunabhängigkeit in Verbindung stehen. Bei der sogenannten Verbrauchspolitik handelt es sich also nur um einen Aspekt der Wettbewerbsordnung, um einen Aspekt allerdings, der mit der wachsenden Verfügungsmacht der Verbraucher an ökonomischem Gewicht gewinnt.

Im Hinblick auf ein erwünschtes systemgerechtes Verhalten der Verbraucherschaft sollten von der Wirtschaftspolitik Maßnahmen getroffen werden, die den Verbraucher befähigen, eine gegengewichtige Kraft im Wirtschaftsprozeß in die Waagschale zu werfen. Bisher wurden solche Maßnahmen als "Verbraucherschutz" bezeichnet. Sodann sollten dem Verbraucher diese ihm verliehenen Kräfte und die aus ihrem Gebrauch resultierenden Vorteile ins Bewußtsein gebracht werden. Hierbei handelt es sich um "Verbraucheraufklärung und -schulung". Schließlich wäre es Aufgabe der konjunkturell und infrastrukturell verantwortlichen Wirtschaftspolitik, die Verbraucherenergien in die erwünschte Entwicklungsrichtung zu lenken, wie es in bezug auf die Erzeugung mit Regional-, Zoll-, Preis-, Struktur- und Finanzpolitik - um nur einige Möglichkeiten der Einflußnahme auf die Produktion zu nennen - gang und gäbe ist.

Die drei Bereiche der verbraucherorientierten Wettbewerbspolitik kennen wir also unter den Bezeichnungen Verbraucher-Schutz, -Aufklärung, -Lenkung. Zur Festigung der Verbraucherdisposition im Marktgeschehen dient sein Schutz vor Übervorteilung (Probleme der Preisbindung, der Ratenkäufe, des Wuchers, der

Beziehungskäufe, Rabatte, Einführung von Maßen und Gewichten usw.), Schutz vor Irreführung (Unterscheidung zwischen informierender Werbung und suggestiver Reklame, Warentests, Firmierungsvorschriften des HGB, Betrugsparagraphen des StGB, Preiswahrheit, Auszeichnungspflicht usw.), Schutz vor physischen und psychischen Schäden im Marktgeschehen (Prinzip der Haftung, Nahrungsmittelgesetzgebung, Fleischbeschau, Weingesetze, Apothekenzulassungsvorschriften, Baupolizeiverordnungen, Filmbestimmungen, Arzneimittelgesetz, Lebensmittelhygiene, Genußmittelbesteuerung bei Zigaretten und Alkoholprohibition, Gesetze gegen literarischen Schund usw.), Schutz gegen Zudringlichkeit (Nötigungsvorbehalt bei Straßenverträgen, befristetes Rücktrittsrecht bei Haustürkäufen und Ratengeschäften), Schutz vor Fehldispositionen (staatliche Übernahme der Deckung individuell leicht zu vernachlässigender Nachfrage, wie etwa für die Vorratshaltung, für Erziehung, Schule und kulturelle Bildung, für die Altersversicherung und Krankheitsvorsorge usw.).

Die Verbraucheraufklärung könnte möglichst schon den Schüler über die anzustrebenden Voraussetzungen des vollkommenen Wettbewerbs unterrichten. Er sollte begreifen, daß im Wirtschaftsprozeß anders als sonst im "gesellschaftlichen Sein" rationales, auf eigenen Vorteil bedachtes Handeln auch der Gesamtheit zugute kommt und daß die Wirksamkeit solchen Erwerbsstrebens durch das Bemühen um möglichst vollständige Marktübersicht, durch die Möglichkeit, auf die Kaufvertragsgestaltung Einfluß zu nehmen und durch das Achten auf Preiswertigkeit beim Kauf, also auf die Beziehung zwischen Qualität und Preis, wesentlich erhöht werden kann.

Aufklärung der Verbraucher

Die Verbraucheraufklärung sollte den Bürger vor allem über seine Rechte im Marktgeschehen, über die zum Schutz und zur Stärkung seiner Marktposition getroffenen Maßnahmen unterrichten; denn erst dann wird dieser Schutz voll wirksam, wird dann teilweise überhaupt erst in Anspruch genommen. Die Aufklärung sollte das Qualitätsbewußtsein stärken und zugleich das Denken in "Status-Symbolen" bekämpfen. Teure Waren sind selten die besten. Gute Erzeugnisse wiederum gibt es nicht zu Ramschpreisen. Wo der Käufer aus eigener Kenntnis kein Urteil bilden kann, muß er den Mut zu bohrenden, inquisitorischen Fragen aufbringen. Er sollte in der Zivilcourage zum offenen persönlichen Protest gegen willkürlich erscheinende Ladenpreiserhöhungen von 20 Prozent und mehr und zum Geschäftsboykott oder vorübergehenden Konsumverzicht bestärkt werden. Ihm sollten überhaupt die Augen für das Prozentdenken geöffnet werden. Eine Preiserhöhung um fünf Pfennig, nämlich von zehn Pfennig auf fünfzehn Pfennig, muß ihm als beachtlicher ins Bewußtsein rücken als eine solche von zwei Deutschen Mark auf zwei Mark und zwanzig Pfennig. Im ersten Fall handelt es sich schließlich um einen 50prozentigen, im zweiten Fall nur um 10prozentigen Preisanstieg. Dem Verbraucher sollten darüber hinaus die Vorteile der Sofortzahlung, der Inanspruchnahme von Skonti und Mengenrabatten, die Einsparungen bei saisongemäßen Käufen, die Bequemlichkeit und Zeitersparnis der bargeldlosen Zahlung per Dauerauftrag geschildert werden. In diesem Zusammenhang wäre auch eine planvolle Vorratshaltung zu empfehlen. Der Konsument ist über die rechtlichen Möglichkeiten des Kauf-, Miet- und Kreditvertragsabschlusses zu orientieren. Er sollte über die Fälle des Rücktrittrechts, des Rechts auf Umtausch oder Preisminderung, die Möglichkeit des Kaufes auf Probe oder zur Ansicht Bescheid wissen.

Vor allem sollte den Verbrauchern eine übersichtliche Haushaltsführung, eine kurz und mittelfristige Budgetplanung und die zwischenzeitliche ertragsbringende Anlage der nicht sofort zur Zahlung benötigten Mittel nahegelegt werden. Schließlich wäre auch ein Kolleg über die beschränkte Aussagefähigkeit des Preisindex für die Lebenshaltung, über den darin zum Ausdruck kommenden jährlichen Kaufkraftverlust im Bereich des meist lohnintensiv gefertigten existenziellen Grundbedarfs an Gütern und Dienstleistungen und auch über den dort nicht sichtbar werdenden Kaufkraftgewinn bei den Gütern des gehobenen Bedarfs, dem Konsumenten von Vorteil. Manch einer weiß nicht, daß - mitunter gesunde - Beschränkung bei Nahrung, Vergnügungsreisen und einem übermäßigen Wohnkomfort eine wesentliche Kaufkrafterhöhung in anderen Güterbereichen ermöglicht, etwa bei Büchern und Sportgeräten; jedenfalls überall dort, wo Waren im Laufe der Jahre preiswerter wurden.

Insgesamt sollte diese Verbraucheraufklärung den Konsumenten zum ökonomisch verantwortlichen, systemgerechten Verhalten hinführen. Auf der bereits erwähnten Studientagung der Stiftung "Im Grüene" sprach die Präsidentin des US-Consumer Advisory Council H. G. Canoyer von ihrer Überzeugung, daß - neben allen Versuchen, die Verbraucherinteressen zu wahren - die Erziehung der Konsumenten unbedingt notwendig sei. Der durchschnittliche Verbraucher sei sich - ihrer Ansicht nach - seiner Rolle viel zu wenig bewußt; er sollte aber wissen, daß er, wenn er sein Einkommen ausgibt, nicht nur um die Wohlfahrt seiner Familie besorgt sein muß, sondern auch für das richtige Funktionieren der Wirtschaft eine gewisse Verantwortung mittragen soll. Das Geld, welches der Konsument ausgibt, habe nämlich nur einen Wert im Verhältnis zu den Waren und Dienstleistungen, die er dafür erhält. Wenn dieser Austausch nicht in angemessener Weise erfolgt, gehe ein Teil der Arbeit, mit welcher das Geld verdient worden ist, durch die Auswirkung falscher Impulse im Wirtschaftssystem wieder verloren.

Einfluß auf die Gesamtgrößen

Aber selbst nach Herstellung einer starken Verbraucherposition und der Erziehung der Konsumenten zu rationaler Aktion und Reaktion werden diese nicht von sich aus die dem erwünschten Wirtschaftswachstum angemessene makroökonomische Konsumglobalgröße bewirken und auch kaum einen rechten Einfluß auf die Einteilung in die Bereiche der privaten und öffentlichen Bedarfsdeckung nehmen können. Schließlich mag es dem Verbraucher bei gleicher Qualität uninteressant erscheinen, woher das begehrte Produkt stammt. Die Wirtschaftspolitik hat dagegen aus Gründen der Währungsstabilität und der regional-gleichmäßigen Erschließung des Staatsgebietes erhebliches Interesse an einer Einflußnahme auf die Richtung und Herkunft der Konsumgüterströme. Sie wird aus den genannten und weiteren Gründen also um eine Beeinflussung der Konsumgüterproduktion sowie -einfuhr und -ausfuhr, der Verbrauchsgewohnheiten, des Verbrauchszeitpunktes und der Verbrauchsmärkte bemüht sein. Solche indirekte Lenkung erfolgt bereits durch die geschilderten Maßnahmen zum Verbraucherschutz und zur Verbraucheraufklärung. Weitere Instrumente gewähren die Infrastrukturpolitik (Ausgaben für Schulen, Straßen, E-Werke, Sportplätze, Bahnen, Universitäten, Theater usw.), die Konjunkturpolitik (mittels Richt- und Festpreisen, Lohnstopp, Rediskontbestimmungen, wie z.B. Zurückweisung von Bauwechseln, öffentlichen Aufträgen usw.), die Finanzpolitik (Verbrauchsteuern, prohibitive Genußmittelsteuern, Einkommensredistribution, Zölle, Einkommenssteuerprogression, Milch- und Getreidesubventionen usw.), die Sozialpolitik (Mietpreisstopp, staatliche Krankenkasse, Fürsorgemaßnahmen usw.), die Wettbewerbspolitik (z.B. Ladenschlußgesetzgebung). Nicht zuletzt sind die Möglichkeiten der "moral suasion" hier zu nennen. Bundeskanzler Erhard hat seinerzeit als Wirtschaftsminister sowohl zum Verbrauch angespornt und jedem Haushalt einen Kühlschrank ans Herz gelegt, und er hat in Augenblicken konjunktureller Übersteigerung auch wieder gegen die Maßlosigkeit der Genußsucht gewettert und um Konsumverzicht und einer Besinnung auf die geistigen Werte des Seins aufgerufen. Dabei handelt es sich trotz allem Aufwand an staatsmännischem Pathos eindeutig um den nüchternen Versuch einer Verbrauchslenkung.

So unerläßlich uns im Rahmen eines wirtschaftspolitischen Gesamtkonzepts der Wettbewerbsordnung und der Konjunkturpolitik der Schutz, die Schulung und die Lenkung der Verbraucherschaft zu sein scheinen, so dubios mutet uns das von mancher Seite aus oberem gefolgerte Begehren nach einer Organisation der Verbraucher an. Handelt es sich bei den geschilderten Aufgaben doch eindeutig um solche der Wettbewerbs- und Wirtschaftspolitik. Und die Ausführung dieser Politik kann nur in den Händen der parlamentarisch gebildeten Organe liegen. Soweit sich Ausschüsse der Parteien und des Parlaments mit den verbraucherpolitischen Aspekten der Wettbewerbsordnung befassen, hat dies Sinn und Kompetenz.

Kompetenzen

Auch die Bildung eines der Regierung zur Verfügung stehenden Verbraucherbeirates mag den Zwecken der Wirtschaftspolitik noch objektiv dienen. So wurde am 19.7.1962 durch die beschriebene Botschaft des amerikanischen Präsidenten ein Consumer Advisory Council ins Leben gerufen, der im ersten Jahr seines Bestehens ein Zehn-Punkte-Programm ausgearbeitet hat, von denen die wichtigsten Punkte die Aufstellung von Verbrauchernormen in bezug auf Gleichheit, Qualität, Menge, Sicherheit und Ausführung eines Produktes, die Überprüfung der Bedingungen und der Auswirkungen des Abzahlungskredites sowie die Beschleunigung des wirtschaftlichen Wachstums sind. Die Durchführung dieser Aufgaben besteht vor allem in Empfehlungen an das Publikum und die Beratung der Verwaltung.

Auch in Deutschland gibt es eine Institution, die als Forum der offiziellen Verbrauchervertreter bezeichnet werden kann. Es ist der Verbraucherausschuß beim Bundeswirtschaftsministerium. Im März 1963 trat er, soviel bekannt ist, zum letzten Male zusammen, damals nach einjähriger Pause, obwohl gerade diese Zeit für den Verbraucher sehr ereignisreich war. In diesem Ausschuß sitzen fünfundzwanzig Organisationen als Verbrauchervertreter, die Hälfte davon sind Frauenverbände, ferner die Arbeitnehmervereinigungen, Geschädigtenorganisationen, Forschungsstellen, die Arbeitsgemeinschaft der Verbraucherverbände, die Konsumgenossenschaften und Frauengruppen der Parteien. "Wenn es auch verwunderlich ist, daß Verbraucher nur Frauen, Arme und Schwache zu sein scheinen, obwohl doch vor einem lebensgefährlichen Toaströster etwa oder gesundheitsschädlichen Lebensmitteln alle Einkommensklassen und Geschlechter gleich sind, so kann diese Zusammensetzung noch hin genommen werden. Verwirrend wird es erst, wenn man beginnt, sich für den Aufbau der einzelnen Organisationen zu interessieren. Dann stellt man nämlich fest, daß viele davon wieder aus anderen Verbänden und Vereinen bestehen, die teilweise selbst unmittelbar vertreten sind, oder Mitglieder von anderen dem Verbraucherausschuß angehörenden Körperschaften sind."

Diese Feststellung traf Christa von Braunschweig in Beantwortung der Frage "Wer berät den Konsumenten?" (FAZ Nr. 45 vom 22.2.1964). Die Autorin bemüht sich um eine Durchleuchtung dieses Geflechtes von teils vermeintlichem Wahren des Verbraucherinteresses und entdeckt als Motive solchen Eifers und so vielfältiger Verschachtelung und Einflußnahme zum einen eine gewisse ideologische Frontstellung unter Identifizierung von Verbrauchern und Arbeitern, zum anderen den nicht unbeträchtlichen finanziellen Anreiz öffentlicher Mittel von zumindest 1,5 Mill. DM im Jahr 1963. Zu der ideologischen Strömung im organisierten Verbraucherwesen stellt die Autorin fest:

"Konsumgenossenschaften und Deutscher Gewerkschaftsbund haben gemeinsam, daß sie von sich selbst sagen, sie seien die größte Verbraucherorganisation." Die Konsumgenossenschaften sind jedoch gleichzeitig Handelsunternehmen, die, wie die Tests der gewerkschaftlichen "Welt der Arbeit" und der Arbeitsgemeinschaft der Verbraucherverbände ergeben haben, durchaus nicht immer die beste und billigste, also verbraucherfreundlichste Ware vertreiben.

Gewerkschaften als Verbrauchervertreter?

Die Gewerkschaften sind in ihrer Tätigkeit als Verbrauchervertreter durch interne Konflikte gehandikapt. Es darf nicht übersehen werden, daß der Deutsche Gewerkschaftsbund sich aus den Fachgewerkschaften zusammensetzt, denen sich die einzelnen Mitglieder als Eigner des Produktionsfaktors Arbeit, nicht als Konsumenten, angeschlossen haben.

Das Urteil über die in Deutschland bestehenden Verbraucherorganisationen klingt wenig ermutigend: "Man sollte sich zunächst einmal an den Gedanken gewöhnen, den Verbraucher als Subjekt und nicht als Objekt zu betrachten. Vorläufig wird er nämlich kurzerhand vertreten und erzogen, ohne daß er weiß von wem. Seine Vertreter haben sogar eine gewisse Scheu davor, darüber Auskunft zu geben, wer sie sind, wie sie sich zusammensetzen und vor allem - das ist ein wichtiges Indiz für die tatsächlichen Einflüsse -, wie sie sich finanzieren."

In diesem Zusammenhang ist die Beobachtung nicht uninteressant, daß die vom Bild einer Arbeiterpartei mittlerweilen abgerückte SPD sich neuerdings das Image einer Verbraucherpartei geben möchte, während sie zugleich den seinerzeitigen Wirtschaftsminister Erhard als Minister der Arbeitgeber abzustempeln suchte.

Im Gewerkschaftslager wiederum ist in den Ansätzen eine Verlagerung von der Nominal- zur Reallohnpolitik zu beobachten. Im Zuge dieser Bestrebungen werden hier Preiserhöhungen nicht mehr nur als Lohnerhöhungsmotive registriert, sondern tatsächlich im Wege einer Verbraucherpolitik zu bekämpfen versucht. Wenn die Gewerkschaften nämlich den nächsten größeren Schritt von der Einkommens- zur Vermögenspolitik gehen wollen, müssen sie sich vorher aktiv um Geldwertstabilität, also um ein festes Preisniveau bemühen. Schon vor Jahren bezeichneten renommierte Fachkollegen als einzigen Ausweg aus dem Dilemma der Antinomie von Lohnquotenpolitik und Wachstumsverstetigung die Vermögensbildung der Arbeitnehmer. Erich Preiser proklamierte: "Sparen ist die Waffe des Arbeiters!" Bombach äußerte sich entsprechend: "Solange die Gewerkschaften sich nicht mehr einfallen lassen, als ständig höhere Löhne zu fordern und nichts für eine vermehrte Spartätigkeit tun, wird sich an der heutigen Verteilungssituation nicht viel ändern."

Kleine Liebesgaben

Nun ist den Gewerkschaften scheinbar etwas anderes eingefallen. Sie stellen sich in den Dienst der Verbraucherinteressen, spannen zugleich aber auch die mit ihnen auf diesem Felde verschachtelten Verbraucherorganisationen vor den eigenen Wagen. Auf solche Weise entartet die sogenannte Verbraucherpolitik zum Tummelfeld politischer Agitation. Fritz Hauenstein wendet sich in dem bereits im ersten Teil mehrfach zitierten Beitrag "Im Namen der Verbraucher" mit Verve gegen den Versuch, den Verbraucher vor das Wahlkarussell zu spannen und ihn mit "Liebesgaben" in die gewünschte Richtung in Trab zu bringen.

"Da alle erwachsenen Staatsbürger Verbraucher und Wähler sind, ist in der Demokratie die Versuchung groß, an sie Liebesgaben zu verteilen und für jedes Wehwehchen ein Heilmittel bereitzuhalten. außerdem wäre es einem Interessenverband nicht möglich, die vielseitigen Interessen der Individuen, ihre Neigung, ihren Geschmack, ihren Ehrgeiz und ihren Eigenwillen beim Verbrauch unter einem Dach zu vereinigen. Wer die Verbraucher umfassend organisieren wollte, müßte Erzeuger, Kaufleute und Konsumenten, Industrie, Landwirtschaft und Verkehr, Arbeitnehmer und Arbeitgeber vereinigen. Ein solcher Dachverband müßte an der Unmöglichkeit scheitern, die Interessengegensätze auszugleichen. Er ist überflüssig, weil es die Aufgabe der offiziellen Wirtschaftspolitik, ausgestattet mit der Autorität des Staates, ist, die Interessen möglichst gerecht auszugleichen. Ein allgemeiner Verbraucherschutz mit Hilfe eines Interessenverbandes ist ein Unding, die Marktwirtschaft ist allgemeiner Verbraucherschutz. In der Marktwirtschaft, die auf das Adjektiv sozial Wert legt, ist ein organisierter Verbraucherschutz so überflüssig wie Zügel und Peitsche für die Pferdekräfte eines Autos."

Wenn sich die im Deutschen Bundestag vertretenen Parteien zur sozialen Marktwirtschaft bekennen, so kann keine von ihnen dem Verbraucher guten Gewissens suggerieren, er sei ein Stiefkind des Wirtschaftswunders, das den Marktkräften hilflos ausgeliefert ist und von ihnen beherrscht wird. Tatsächlich steht der Verbraucher von der ganzen Anlage des Systems her im Zentrum der sozialen Marktwirtschaft. Ihr verdankt er seinen Wohlstand, seine Position im Marktgeschehen, seinen Schutz. Es mag jedoch stimmen, daß die Menschen in der Bundesrepublik hiervon ebensowenig wie von ihrer Funktion im Mechanismus der Wirtschaft wissen. Die Wirtschaftspolitik sollte es sich nun, da sie Schutz und Stellung des Verbrauchers bereits weitgehend konstituierte, angelegen sein lassen, die Haushalte über die Möglichkeiten der Kaufkrafterhöhung und des rationalen Wirtschaftens sowie über den Ursprung ihres Wohlstandes und den möglichen individuellen Beitrag zu seiner Verstetigung aufzuklären.

Der Mensch zwischen Not und Überfluß

Geldverwendungs- und Kaufmöglichkeiten, die dem einen interessant und wertvoll erscheinen, mögen dem anderen überflüssig dünken. Doch warum sollte er es sich nicht leisten, mit jenen Geldmitteln, die nach Begleichung von Miete, Ernährung und Versicherung übrig bleiben, Ausgaben für Spiel und Freude zu tätigen? Der homo oeconomicus verwandelt sich hier in einen homo ludens. Seine Ausgaben können allerdings von den Überlegungen der nationalökonomischen Grenznutzentheorie nicht erklärt werden. Das gilt für die Kaufentschlüsse, und bis zu einem gewissen Grad vollzieht sich auch die Preisbildung solcher Güter nicht nach den üblichen ökonomischen Regeln. Man möchte von "Luxus"-Gütern sprechen, schreckt jedoch vor diesem Ausdruck zurück, weil sich mit ihm die Vorstellung erheblichen Reichtums verbindet.

Jene Güter, die wir meinen, sind aber keineswegs nur in der Sphäre des Reichtums vorhanden. Vielmehr handelt es sich oft um Dinge, die man in den Bereich von Tand und Kitsch verweisen möchte. Doch wer sich derlei Firlefanz leisten kann, muß doch wohl im Überfluß leben?

Diese Folgerung ist falsch; denn die Produktion und der Erwerb von Überflüssigem legt noch lange nicht den Schluß nahe, daß die Wirtschaft voller Überfluß steckt.

Eine Wirtschaft im Überfluß ist darüber hinaus eine contradictio in se. Zu bewirtschaften braucht man nur knappe Güter. Ein Leben im Schlaraffenland erfordert keine Unternehmer, benötigt kein rationelles ökonomisches Wirtschaften, kein Planen, Verteilen, Einteilen, wie wir es in unserer Industriegesellschaft ständig aufs neue vollbringen müssen, um mit dem Vorrat an gegebenen Produktionsfaktoren und Gütern ein optimales Ergebnis erzielen zu können. Wie erklärt sich dann aber, wird man fragen, jene Hinwendung zur Produktion von objektiv überflüssigen und qualitativ minderwertigen, kurzlebigen Konsumgütern? Haben Wirtschaft und Werbeagenturen einen ökonomisch sinnvollen Grund, den Konsumenten glauben zu machen, er könne es sich leisten, aus dem Vollen zu schöpfen und verschwenderisch zu leben? Und warum wird von der Politik die "Demokratisierung des Verbrauches" propagiert? Handelt es sich hier um einen Beitrag der Wirtschaft zur demokratischen Durchdringung der Gesellschaft? Möchten die Unternehmer ihren Anteil zur Festigung der Staatsform beitragen? In Wirklichkeit ist es ganz anders. Es ist nicht einmal so, daß hierin ein gesellschaftspolitisches Wollen einzelner Unternehmer zum Ausdruck käme. Vielmehr liegt ein *unerbittlicher ökonomischer Zwang zur Werbung für das "Überflüssige" vor.*

Wirtschaft und Psychologie

In diesem Punkt nun berühren sich Psychologie, Soziologie und Ökonomie. Wenn ein Mensch meint, es sich leisten zu sollen, Dinge zu kaufen, die anderen überflüssig erscheinen, so läßt sich seine aus dem Spaß an der Sache getroffene Entscheidung von Psychologen motivieren und analysieren. Wo solches individuelles Wollen zu einem von der Lebensanschauung diktierten Muß und im Umkehrschluß daraus gar wieder begründet wird, wo wir also der herrschenden gesellschaftlichen Auffassung nach befähigt sein sollten, verschwenderisch zu leben und über erhebliche Mittel zu verfügen, wo der Erfolglose als minderwertig gebrandmarkt wird, wo die Statussymbole den Wert und die Hochschätzung eines Menschen bestimmen - da haben wir es mit soziologischen Tatbeständen zu tun.

Die tieferen Ursachen für eine solche Entwicklung liegen jedoch außerhalb von Soziologie und Psychologie. Sie liegen unmittelbar *im Ökonomischen.* Der technische Fortschritt und die in seinem Vollzug ermöglichte Rationalisierung und Automation setzen Arbeitskräfte frei, die für eine weitere zusätzliche Produktion Verwendung finden können. Hiebei kann es sich dann nur um nicht lebensnotwendige Erzeugnisse handeln, wenn der Bereich der lebensnotwendigen Bedarfsdeckung bereits voll befriedigt wurde.

Damit die nun hinzukommende Erzeugung einen Absatz findet, muß hierfür bis zu einem gewissen Grad beim Konsumenten überhaupt erst der notwendige Bedarf, der Wunsch, bestimmte Güter zu besitzen, *geweckt* werden.

Dieses Problem wäre nicht so schwer zu lösen, würde es sich nur darum handeln, die Menschen zum Kauf verführen zu sollen. Die Anschaffung von nicht lebensnotwendigen Gütern erfordert jedoch noch zweierlei: zum einen die nötigen *Mittel*, womit das Problem der Einkommensverteilung angesprochen wird, zum andern die *Zeit*, diese ja an sich unnützen Güter verwenden zu können. Für das der Massenproduktion adäquate Maß von Masseneinkommensverteilung sorgt ein komplizierter Mechanismus von Tarifverhandlungen, Einkommensredistribution über den Staat und Altersversorgung auf dem Wege über Versicherungsfonds. Schwieriger noch gestaltet sich das Problem der rechten Aufschlüsselung von Arbeitszeit und Freizeit. Je nachdem, wie dieser Balanceakt der Zeiteinteilung gelöst wird, funktioniert unsere Wirtschaft, bleibt die Produktion in Fluß, werden die Absatzwege vor der Verstopfung bewahrt.

Helmut Schelsky führte in einer Betrachtung des Wandels unserer Gesellschaft von der Klassen- zur Konsumgesellschaft aus, daß die Soziologen in der Nachfolge der modernen Wirtschaftstheorie eines John M. Keynes heute entdeckt hätten, das *Konsumpotential* einer modernen Industriegesellschaft sei für ihre Struktur vielleicht wichtiger als etwa das Rohstoff-, Bevölkerungs- oder Arbeitspotential.

Die Entwicklung der modernen Produktionstechnik drängt in der Tat zu einer ständigen Vergrößerung des Angebotes an Konsumgütern und gewährt - voll innerer Konsequenz damit - zugleich breiten Schichten eine vergrößerte Freizeit zur Erfüllung ihrer "Konsumpflichten".

Das innerste Gesetz der modernen industriellen Produktion besteht somit darin, immer neue Bedürfnisse zu erwecken, meist in Form der Sozialisierung ehemaliger Luxusgüter. Schelsky spricht hier von "einer sanften Gewalt der dauernden Wunscherzeugung", die zuweilen psychologisch bis zum *Konsumterror* gehen könne.

Wirtschaft im Überfluß?

Es gibt nun auch Autoren, die eine Bedarfssättigung in der hochindustrialisierten Wirtschaft für möglich halten. Dazu gehören die Kommunisten. Diese Weltanschauung ist überhaupt darauf abgestellt, daß eines Tages jeder nur noch nach seinen Bedürfnissen ausgestattet wird, nicht nach seiner Leistung, nicht nach seinem Einkommen.

Das setzt voraus, daß die Menschen tatsächlich aus dem *Vollen* schöpfen können, daß für jeden soviel da ist, wie er möchte. Natürlich könnte man auch anders herum argumentieren und meinen, jeder habe nur soviel zu wünschen, wie da ist. Das hieße jedoch das wahre Wesen des Menschen verbiegen oder negieren.

Der amerikanische Professor Alvin Hansen wiederum sprach schon vor über zwanzig Jahren von einer Entwicklung moderner Volkswirtschaften zur *Überreife*, die zur Bedarfssättigung und sodann zu verstopften Absatzwegen und zu einem Stillstand des technischen Fortschrittes führen müsse. Als Folge davon würde sich eine Stagnation des Wirtschaftswachstums und somit langsam, aber sicher, auch ein Absterben der Volkswirtschaften ergeben.

Ohne solche pessimistische Note, jedoch von dem Vorhandensein eines "Füllhornhausens" durchaus überzeugt, wurden die Bücher von John Kenneth Galbraith und von Vance Packard geschrieben. In seinem Buch "Gesellschaft im Überfluß" schildert Galbraith die Konsumgüterproduktion als eine Fülle überflüssiger Dinge. Vance Packard ergänzt mit Ironie und Kritik dieses Bild der "großen Verschwendung". So lautet der deutsche Titel seines Buches "The Wastemakers".

Als Gesellschaftskritiker hat er es leichter als der Ökonom; denn der Wirtschaftswissenschaftler kann nicht so ohne weiteres gegen die große Verschwendung zu Felde ziehen, weil, wie wir ausführten, er sich ja darüber im klaren ist, daß Verbraucher zugleich Produzenten sind und als solche ihr Einkommen und ihre Beschäftigung eben von der Produktion des Überflusses herleiten. Durchbricht man den Teufelskreis dieser Verschwendung, so wird mit der Plage des Unfugs auch der Wohlstand beseitigt.

Nun braucht uns jedwede Verschwendung nicht weiter zu kümmern, wenn es nicht überall in der Welt, wie auch im eigenen Land, ökonomische Engpässe und sogar drückende Not gäbe. Geplagt damit sind allerdings nur bestimmte Bevölkerungsgruppen, in Deutschland etwa die Alten, in Amerika die ungelernten Jugendlichen, die Arbeitsunfähigen und die Farbigen. Darüber hinaus gibt es volkswirtschaftliche Bereiche, die im allgemeinen der "Infrastruktur" zugerechnet werden, in denen auch die Industrieländer teilweise unterentwickelt sind.

Dies gilt für Bildung und Wissenschaft, für Krankenhäuser und Altersheime, für Straßenbau und Verkehr und für die Belange, die mit der Reinigung des Wassers und mit der Reinhaltung der Luft zusammenhängen, für die Sanierung mittelalterlicher und baufälliger Altstadtteile, für den Sport und auch für die Entwicklungshilfe an jene Länder, in denen jedes Jahr in der Welt 10 Millionen Menschen Hungers sterben.

Diese Darlegungen erweisen, daß es sich bei der Rede von einer "Wirtschaft im Überfluß" um eine Mär handelt. *Es gibt keine Überflußwirtschaft.* Und es wird sie auch in aller Zukunft nicht geben. Das schließt selbstverständlich nicht aus, daß es *übersättigte Märkte in der einen oder anderen Branche* geben kann. Wir erwähnten schon die Notwendigkeit einer volkswirtschaftlichen Verlagerung der Produktion von den Konsum- zu den Investitionsbelangen. Für die Deckung des Zukunftskonsums ist es bei zunehmender Automation notwendig, den Produktionsapparat stärker als bisher auszuweiten. Das hat eine höhere Finanzierung der Produktionsgüterherstellung und einen gewissen Konsumverzicht zur Folge.

Darüber hinaus wird es in Zukunft auch eine *ganz erhebliche Verschiebung von der Konsum- und Produktionsgütersphäre zu der sogenannten Infrastruktursphäre* geben müssen.

Aus all dem ergeben sich für den Unternehmer Konsequenz und Möglichkeit, seine zukünftigen Marktchancen im Hinblick auf die Einkommens- und Bedarfsentwicklung zu beurteilen. Allein mit Marktforschung und Prognosen über den Produktivitäts- und Einkommensanstieg ist es dabei nicht getan.

Jeder Unternehmer wird in Rechnung stellen müssen, daß die Konkurrenz sich etwas Neues einfallen läßt, etwas Neues in bezug auf Werkstoffe, auf Produktionsmethoden und auch auf Anwendungsmöglichkeiten. Die kapitalistische Welt von heute ist wohl keine des Monopolkapitalismus mehr. Vielmehr entwickelt sich im Westen ebenso sehr ein *Konkurrenzkapitalismus*, wie sich in Osteuropa eine Art *Konkurrenzsozialismus* herauszubilden scheint.

Dennoch könnte man davon sprechen, daß die westliche Welt eine Wettbewerbswirtschaft besitzt, die von Monopolen gekennzeichnet ist. Um Monopole handelt es sich nicht in jenem Sinne, daß die Unternehmer dem Verbraucher Preise und Qualitäten diktieren könnten, sondern in jenem anderen Sinne, daß die Waren sich so sehr unterscheiden, daß man von einem "atomistischen" Wettbewerb nicht mehr reden kann. Der Kunde hat die Möglichkeit zur qualitativen Auswahl. Der Wettbewerb findet *nicht mehr ausschließlich über den Preis statt.*

Eine fast größere Rolle als der Preis spielen heute die Anwendungsmöglichkeiten der konkurrierenden Güter, die Schönheit, die Formgebung, aber auch die Werbung, die Kreditkonditionen und nicht zuletzt die Qualität des Erzeugnisses.

Diese verschiedenen Faktoren lassen sich etwa in vier Aktionsparameter zusammenfassen, als da sind: der *Preis*wettbewerb durch gegenseitiges Unterbieten mit niedrigeren Preisen; zweitens der *Qualitäts*wettbewerb durch gegenseitiges Überbieten mit höheren Qualitäten sowohl der angebotenen Erzeugnisse als auch der Begleit- und Vermittlungsdienste, also der Betriebsleistungen; drittens der *Fortschritts*wettbewerb um bessere oder neuartige technische Lösungen und viertens der *Suggestions*wettbewerb durch gegenseitiges Überbieten in der gewerblichen Massenbeeinflussung. Auf längere Sicht gehört hierzu auch noch der *Substitutions*wettbewerb. Es ist jene Form des Wettbewerbs, die teilweise inbegriffen ist im Fortschrittswettbewerb und die dem Konkurrenten die größten Sorgen bereiten dürfte.

Man kann durch die Substitution von Werkstoffen billiger produzieren, haltbarer fertigen, formschöner gestalten. Die Skala der Möglichkeiten reicht weit.

In diesen Überlegungen spiegeln sich die eigentlichen Konsequenzen wider, die eine moderne Marktwirtschaft an den Unternehmer stellt. Jedoch gibt es keine Konsequenzen aus einer "Überflußwirtschaft im gesättigten Markt", weil es keine Überflußwirtschaft gibt.

Und auch die Bildung eines gesättigten Marktes dürfte in einer Wettbewerbswirtschaft eine Seltenheit sein; denn wenn es bis zur völligen Sättigung kommt, dann haben sich dies die Branchenteilnehmer doch wohl teilweise selbst zuzuschreiben.

Eine Marktsättigung setzt voraus, daß sich das Verbraucherinteresse entweder völlig von diesem Markt abwendet oder daß es doch nur in jenem Umfang bestehen bleibt, in dem die Wiederbeschaffung gleichartiger Erzeugnisse dies erforderlich macht. Bei einer völligen Bedarfsdeckung, beispielsweise bei der theoretischen Annahme, jeder Haushalt besäße einen Kühlschrank, ist die Marktsättigung schon lange vorher abzusehen; denn es ist ja nicht so, daß man die Kapazitäten in solcher Weise ausweitet, daß alle potentiellen Käufer ihre Wünsche sofort erfolgreich in den Kaufentschluß umsetzen könnten. Der ökonomisch handelnde Unternehmer wird seine Produktionskapazitäten nicht auf den Gesamt- und Spitzenbedarf, sondern auf die *Nachfrage in längerer Frist* ausrichten. Wenn er die Kapazität der langfristigen Nachfrage anpaßt, wird er wohl kaum bei Produkten, die nicht der Mode unterworfen sind, von heute auf morgen in ein Absatzdilemma kommen können.

Ausblick auf 1970

Anders liegen die Dinge, wenn er plötzlich einer starken ausländischen Konkurrenz ausgesetzt wird, wie es durch den Fortfall von Zöllen geschehen kann. Dieses Problem erwächst jedoch nicht aus einer Marktsättigung, sondern wird durch die Wirtschafts- und die Außenhandelspolitik verursacht.

Über die Rangskala der Verbraucher im Jahr 1970 liegen bereits heute umfangreiche Untersuchungen, Analysen und Vorausschätzungen vor. In dieser Hinsicht hat die Gesellschaft für Konsumforschung in Nürnberg für Deutschland nützliche Vorarbeiten geleistet. Danach wird es 1970 in der Bundesrepublik 17 Millionen Personenautos, 5,5 Millionen Einfamilienhäuser, ein Durchschnittseinkommen von über 1000 DM und eine Steigerung jener Einkommensbestandteile geben, die für die Verausgabung von nicht lebensnotwendigen Gütern Verwendung finden können. Man schätzt, daß im Jahr 1970 nur 30 Prozent des Haushaltseinkommens in den Ernährungsbereich fließen werden und 20 Prozent für die Miete und damit zusammenhängende Ausgaben anzusetzen sind. Demnach werden zirka 50 Prozent des Einkommens nach Deckung des lebensnotwendigen Bedarfes zur freien Verfügung verbleiben und für Bekleidung, Elektrogeräte, Urlaubsreisen und für Auto- und Bausparverträge verplant und ausgegeben werden können.

Um diese 50 Prozent wird naturgemäß ein harter Wettbewerb *nicht nur innerhalb der Branchen*, sondern vor allem auch *zwischen den Branchen* entbrennen. Ob jemand eine Schiffsreise macht oder ob er sich ein zusätzliches Haushaltsgerät kauft, wird ganz wesentlich davon abhängen, in welcher Weise ihm durch die Werbung die Preiswertigkeit und die Nutzenvorstellung des propagierten Gutes oder Dienstes von dem jeweiligen Anbieter nahegebracht werden. Unseres Erachtens dürften durch Qualitätsminderung ermöglichte Preissenkungen zu Zwecken der Absatzsteigerung angesichts eines solchen zwischen den Branchen ausgetragenen Wettbewerbs für den Unternehmer *nicht* empfehlenswert sein. Bei von der Natur her kurzlebigen Konsumgütern mag die Qualität von nicht so großer Bedeutung sein, zum Beispiel bei Feuerwerkskörpern oder aber bei anderen zum sofortigen Verbrauch bestimmten Gütern.

Hier genügt es, wenn die vom Käufer gewünschten *Funktionen* durch das Gut erfüllt werden können. Anders liegen die Dinge bei *dauerhaften Verbrauchsgütern*. Hier erwartet der Verbraucher neben dem *Primär*nutzen auch einen *Sekundär*nutzen. Dazu gehören neben den althergebrachten Qualitätsvorstellungen auch die Solidität, die Funktionstreue, die Haltbarkeit und eventuell auch der Wiederverkaufswert. Natürlich können alle diese Eigenschaften dazu führen, daß die Zeitspanne bis zur Wiederbeschaffung länger wird und daß somit auch das Produktionsvolumen in der Zeiteinheit geschmälert werden könnte. Dies braucht dem Unternehmer jedoch dann keine Sorgen zu bereiten, wenn er sich um die Planung neuer Produkte bemüht, wenn er neue Konsumentenwünsche ausforscht und eventuell mit den hergebrachten Produkten an neue Märkte kommt.

Außerdem kann er auch *höheren Absatz über andere Wege, andere Vertriebsmethoden und eventuell durch ein anderes Rabattsystem* bewirken. Generelle Empfehlungen lassen sich insofern allerdings nicht geben. In jedem Fall liegen die Dinge anders, immer wieder wird die unternehmerische Intelligenz, der Einfallsreichtum des Produzenten neue Leistungen vollbringen müssen. Ein Unternehmer von "altem Schrot und Korn" wird neben allem Expansionsdrang und aller Risikofreudigkeit die für den Selbständigen gebotene Vorsicht und Skepsis nie außer acht lassen. *Er wird das Wort "Konsolidierung" größer schreiben als das Wort "Expansion"*. Und er wird sich in höherem Maße als bisher um niedrigere Preise bemühen mit Werkstoffsubstitution, durch Rationalisierung und durch Verfahrensänderungen.

Das sind die Maßnahmen, die ihn vor einem übersättigten Markt bewahren oder schützen können. Der Unternehmer darf dabei nie vergessen, daß er in einer Konsumgesellschaft für den Verbraucher produziert und daß *allein die Interessen des Verbrauchers* die Struktur des Marktes bestimmen. Dort, wo die Preise in freiem Spiel zustandekommen, wird die Entwicklung und die Höhe des Mehrjahresgewinns dem Unternehmer einen Hinweis auf seine zukünftigen Marktchancen gewähren. Eine freie Preisbildung, die von Absprachen und von branchenmäßigen Vereinbarungen unberührt bleibt, liegt somit auf lange Sicht im Interesse des Unternehmers.

Anders liegen die Dinge natürlich, wenn "das Kind in den Brunnen gefallen ist." Eine Branche, die mit einem übersättigten Markt fertig werden muß, braucht selbstverständlich ein gewisses Maß von Abstimmung und von Kartellbildung. Wenn unsere Wirtschaft sich die heute vorhandene lebendige, dynamische und einfallsreiche Unternehmerschaft bewahrt und fördert, besteht wohl kaum Grund zu der Annahme, daß wir jenes von Alvin Hansen beschworene Schicksal der Überreife erleben könnten. Und es besteht auch kein Grund zu der Befürchtung, daß man völlig unnütze und überflüssige Dinge im großen Stil produzieren wird; Dinge, die nur hergestellt werden, damit die Produktion in Gang bleibt, damit Einkommen zur Verteilung gelangen. Hinzu kommt, daß unsere Exportquote sehr hoch ist. Wir haben dadurch die Möglichkeit, Waren, für die der Absatz im Inland in absehbarer Zeit stocken könnte, in die Entwicklungsländer zu liefern, und wir haben die Möglichkeit, uns dort neue Märkte für neue Produkte zu erschließen. Solange wir die "weißen Flecken" auf der Wohlstandskarte der Welt noch nicht mit Werkzeugen, mit Landmaschinen, mit einfachen Kraftfahrzeugen, mit elektrischen Anlagen versorgt haben, so lange werden für unsere Wirtschaft die Vollbeschäftigung und die Produktion sinnvoller Güter nicht in Frage gestellt sein.

Damit ist eine Antwort auf die ökonomischen Fragen, die von der "Überflußwirtschaft" herrühren, gegeben.

Zum hier inbegriffenen soziologischen Problem läßt sich sagen, daß die besten Dinge im Leben gratis sind, wie kluge Leute seit eh und je feststellten. Die besten Dinge im Leben - das sind eben die Muße, die Ruhe, das Wasser, die Luft, die Sonne, die Freude an der Familie und den Kindern. Es mag sein, daß die moderne Lebensart samt ihrer Freizeit jener jungen Dame vom Niger gleicht, die nach einem englischen Scherzgedicht auf dem Rücken eines Tigers reitet.

Aber stimmt es wirklich, daß das Fräulein keine Ruhe findet, solange es auf der Bestie sitzt, die in der Parabel unserem Industrieapparat entspricht? Die Soziologen behaupten, die junge Dame werde gefressen, wenn sie absteigt. Gewiß würde die Volkswirtschaft durcheinander kommen, wenn der moderne Mensch von heute auf morgen den Konsumstil änderte. Doch warum sollte man nicht allmählich einen *Kompromiß* erzielen können zwischen dem Wohlstand durch Automation und dem Wohlleben durch eine vernünftige Einteilung der Zeit in Arbeit und Muße?

Quellenverzeichnis

Sozialpsychologische Aspekte der ökonomischen Politik, in: Tijdschrift voor Sociale Wetenschappen, Nr. 1 - 2, 1958 (mit Dr. G. Scherhorn).

Freiheit und Eigentum, in: Die Aussprache, Juni 1961, S. 145 ff.

Anmerkung zum Thema "Eigentum und Eigentumspolitik", in: Eigentum und Eigentümer in unserer Gesellschaftsordnung, Köln und Opladen 1960, S. 234 ff.

Soziale Eigentumsbildung, in: Zeitschrift für Ganzheitsforschung, Neue Folge, 5. Jahrgang, Wien 1961, S. 144 ff.

Freiwilliges Zwangssparen, in: Capital, 2. Jahrgang, Nr. 1, S. 68 ff.

Partnerschaft in der Tarifautonomie, in: Monatsblätter für freiheitliche Wirtschaftspolitik, Frankfurt am Main, 11. Jahrgang, Nr. 3, 1965, S. 149 ff.

Sozialer Betrieb und Wirtschaftlichkeitsprinzip, in: Unternehmerinformationen, Linz 1964, Nr 1.

Marktmacht zwischen Dogma und Praxis, in: Der Volkswirt, Wirtschafts- und Finanzzeitung, Wochenausgabe Nr. 32 vom 9. August 1963, S. 1806 ff.

Mittelstandspolitik als Aufgabe, in: Die neue Ordnung, 16. Jahrgang 1962, S. 34 ff. (mit Dr. G. Rinsche).

Sind die Manager von morgen eine staatstragende Elite?, in: Bulletin des Wirtschaftsringes e.V., Bonn 1964/I.

Der Verbraucher - Arbeitgeber des Unternehmers, in: Festschrift für Ferdinand Ulmer (Tiroler Wirtschaftsstudien, 17. Folge), Innsbruck 1963. S. 9 ff.

Was heißt Verbraucherpolitik?, in: Monatsblätter für freiheitliche Wirtschaftspolitik, Frankfurt am Main, 10. Jahrgang, Nr. 7 - 1964, S. 410 ff. (Teil I), Nr. 8 - 1964 (Teil II), S. 474 ff.

Der Unternehmer in der Überflußwirtschaft, in: Die Industrie Nr. 45 vom 6. November 1964, S. 12 ff.

II. Wirtschaftsverfassung und Wirtschaftsordnung

Machtkonflikt und Machtkonkurrenz in der Marktwirtschaft*

ERSTER TEIL

Macht und wirtschaftliche Macht

I. Bemerkungen zum Phänomen der Macht im allgemeinen

1. Das Wesen der Macht

Das Wort Macht hat im deutschen Sprachgebrauch meist einen negativen Beigeschmack. Im allgemeinen nimmt man an, daß derjenige, der Macht innehat, versucht sei, diese zu seinem Vorteil auf Kosten anderer auszunützen. Dabei wird übersehen, daß das Wesen der Macht in erster Linie nicht in einer Bedrohung nach außen, sondern zunächst in der Selbstbehauptung gegen innere und äußere Gefährdung liegt. So gesehen gehört sie dem »personalen und sozialen Bereich« an[1].

Ortega y Gasset weist darauf hin, daß das Wort Macht ethymologisch auf das gotische »magan« zurückzuführen ist, das soviel wie können, vermögen heißt[2]. Im Englischen gehen die Worte »may«, »might« offensichtlich auf die selbe Wurzel zurück. Im lateinischen »magis«, im spanischen »más« und im deutschen »mehr« taucht diese Wurzel in anderer Form wieder auf. So muß Macht demjenigen zugesprochen werden, der mehr kann, der mehr vermag als der andere. Es handelt sich also um etwas Relatives, um die Frage, wieviel mehr Macht dem einzelnen zukommt. M. Weber[3] definiert, Macht sei die Chance,

---

* Erschienen in: Das Gegengewichtsprinzip in der Wirtschaftsordnung (I), Band I: Wirtschaftliche Macht und Wettbewerb, FIW-Schriftenreihe, Heft 33, Köln 1966, S. 31-68.

[1] Hauser, R.: Macht, in: Herders Staatslexikon, S. 499 ff.

[2] Ortega y Gasset, J.: Der Mensch und die Leute, Stuttgart 1957, S. 353 ff.

[3] Weber, M.: Wirtschaft und Gesellschaft, Tübingen 1956, S. 28.

seinen Willen auch gegen Widerstreben durchzusetzen. Damit deutet er die Frage an, wie groß die Chance der Durchsetzung im Einzelfall sein kann.

Macht gehört dem personellen und sozialen Bereich an. F. Wieser unterscheidet dementsprechend innere und äußere Macht[4]. Die innere Macht beinhaltet ein an bestimmten Zielsetzungen ausgerichtetes Wollen, eine Wertvorstellung, durch die die Machtausübenden zu den ihnen Unterworfenen in ein inneres Verhältnis treten[5]. Die äußere Macht ist durch die Verfügung über Machtmittel gekennzeichnet. Diese können ihren Ursprung in nahezu allen Erscheinungen des Lebens haben. Glaube, Liebe, Schönheit, Güte können ebenso Quelle der Macht sein wie Gewalt, Reichtum, Prestige, Beziehungen. Die Aussprüche Hobbes' »Reichtum ist Macht« und Bacons »Wissen ist Macht« zeigen, wie unterschiedlich sie sich äußern kann und wie gefährlich es ist, jeweils nur eine Seite zu sehen. Streng genommen kann selbst Verzicht auf Macht Macht begründen, wie das Beispiel Gandhis zeigt[6]. Eine Systematisierung sämtlicher Machtquellen ist nicht möglich. M. Weber nennt den Machtbegriff daher amorph[7]: »Alle denkbaren Qualitäten eines Menschen und alle denkbaren Konstellationen können jemand in die Lage versetzen, seinen Willen in einer gegebenen Situation durchzusetzen.«

Eine Untersuchung des Machtphänomens schlechthin oder bestimmter Arten von Macht kann daher nur empirisch erfolgen, indem reale Machtverhältnisse in der Gesellschaft untersucht und beurteilt werden. Eine Wertung der Macht kann nur von Fall zu Fall erfolgen. Wo es menschliche Beziehungen gibt, gibt es reale Machtverhältnisse; sie sind der Gesellschaft sozusagen immanent. B. Russel[8] meint, dem Begriff der Macht in der Gesellschaft entspreche der Begriff der Energie in der Physik. Im Dienst staatlicher Autorität, sittlicher Tugend und Ordnung kann sie unentbehrlich sein für die Gesellschaft, während sie als Selbstzweck auf die Gesellschaft zersetzend und zerstörend wirkt. Diese positive und negative Seite der Macht beschäftigte schon Perikles in einer seiner Reden, wenn er sagt: ». . . dabei scheint es ebenso ungerecht, sie an sich zu reißen, als es gefährlich ist, sich ihrer zu begeben . . .[9]« Denn, könnte man mit Gehlen hinzufügen, bis jetzt ist noch kein Vakuum unbesetzt geblieben[10].

---

4 Wieser, F.: Das Gesetz der Macht, Wien 1926, S. 3 ff.

5 Hauser, R.: a.a.O.

6 Gehlen, A.: Macht I, in: HdSW, 7. Bd., 1961.

7 Weber, M.: a.a.O., S. 29.

8 Russel, B.: Macht, Zürich 1947.

9 Vgl. Schneider, R.: Erbe und Freiheit, Köln 1955, S. 66.

10 Gehlen, A.: a.a.O.

So schwierig es auch erscheinen mag, das Wesen der Macht in einer endgültigen Definition zusammenzufassen, so lassen sich doch einige Kriterien festlegen, die das Verständnis des Machtproblems im allgemeinen und für diese Untersuchung im besonderen erleichtern:

a) Macht hat immer personalen Charakter: Da sie, um wirksam zu werden, ein Wollen voraussetzt, können ihre Träger nur Personen sein. Selbst wenn wir größere Gruppen, den Staat oder andere Verbände als Machtträger bezeichnen, können diese doch nur durch Personen tätig werden. Institutionen und Organisationen können zwar Machtpositionen darstellen, ihre Begründung haben sie aber immer in den Zielvorstellungen jener Personen, die sich diese Positionen zur Zieldurchsetzung schaffen oder sich ihrer bedienen. Inwieweit solche Machtpositionen legitim sind, hängt vom Verhältnis zu den Machtunterlegenen ab. Sind Personen kraft geltender Ordnung Herrschaftsbeziehungen unterworfen, so spricht M. Weber von einem Herrschaftsverband[11]. Macht, die entpersönlicht und Selbstzweck wird zu roher Gewalt, die sich schließlich selbst zerstört und, indem sie ihre Untergebenen vernichtet, zerfällt[12].

b) Macht ist ein soziales Phänomen: Macht hat nur derjenige, der sie ausüben, erfüllen oder auch bedrohen kann. Dem Begriff des Macht-Ausübenden steht logisch der des Macht-Unterworfenen gegenüber. Letzterer kann das Machtverhältnis entweder anerkennen, sich ihm unterwerfen oder Widerstand entgegensetzen. Das Bestreben nach Erhaltung auf der einen und nach Erwerb bzw. nach Bekämpfung von Macht auf der anderen Seite bildet den unmittelbaren Anlaß für soziale Auseinandersetzungen (z.B. Klassenkämpfe)[13]. Allerdings geht es zu weit, Klassenkämpfe als unvermeidbar und gesetzmäßig - wie Marx - annehmen zu wollen. Gerade mit Hilfe staatlicher autoritärer Macht ist es möglich und notwendig, Machtkämpfe in der Gesellschaft abzuschwächen oder zu vermeiden. Macht beinhaltet nicht nur die Möglichkeit zum Mißbrauch, sondern in erster Linie zur Ordnung. Eine Gesellschaft ohne Macht, eine ohnmächtige Gesellschaft, ist dem Mißbrauch zumindest ebenso ausgesetzt[14].

c) Macht hat universalen Charakter: Wie bereits erwähnt, kann sie in allen denkbaren Formen auftreten. Sie kann ebenso sichtbar zutage treten wie sie unsichtbar sich bilden und erst allmählich wirksam werden kann. Eine gewisse Unmerklichkeit ist allen Machtbildungen gemeinsam. In der Regel suchen die

---

11 Weber, M.: a.a.O., S. 29 ff.

12 Hauser, R.: a.a.O.

13 Dahrendorf, R.: Soziale Klassen und Klassenkonflikt in der industriellen Gesellschaft, Stuttgart 1957, S. 219 ff.

14 Gehlen, A.: a.a.O.

nach Macht Strebenden mit verschiedenen Argumenten uneigennützige Interessen vorzugeben, um von ihren wahren Interessen abzulenken. So ergibt sich regelmäßig eine Diskrepanz zwischen dem Versprechen einer politischen Partei vor der Wahl und ihren Handlungen nach der Wahl. Da Machtausübung stets Beeinflussung in irgendeiner Form beinhaltet, hängt die Mittelwahl natürlich auch von den zu Beeinflussenden ab[15]. Mit zunehmender Intelligenz und Bildung einer Bevölkerung werden die Machtmittel von der direkten Methode der Gewalt immer mehr zu den indirekten Methoden der psychologischen Beeinflussung variiert werden müssen.

d) Macht stellt ein qualitatives Phänomen dar: Die besondere Schwierigkeit bei der Untersuchung von Machtverhältnissen liegt darin, daß Macht nicht meßbar ist. Indem man früher geneigt war, alle Macht einer kleinen Elite, die über die Masse herrscht[16], zuzuschreiben, tritt heute immer mehr der Gedanke der Herrschaft der Masse in den Vordergrund. Diese Ansichten, wie auch die Ansicht, daß Macht mit Größe, Reichtum, Besitz usw. identisch sei, verkennen das Problem, da eine einfache Quantifizierung den vielfachen Erscheinungen der zwischenmenschlichen Beziehungen nicht gerecht wird. Ihre letzte Ursache hat Macht im personalen, psychologischen Bereich, als dessen Ausfluß sie sich in jede denkbare Form kleiden kann.

e) Macht ist ein relativer Begriff: Absolute Macht, etwa im Sinne des absolutistischen Staates, gibt es nicht. Absolut ist sie nur als Allmacht bei Gott vorstellbar[17]. Im soziologischen Sinn gibt es nur Machtverhältnisse aus dem Gegenübertreten von Machtausübenden und Machtunterlegenen. Theorien, die das Vorhandensein von Grund- und Kapitalbesitz, von Produktionsmitteln usw. als Ursache von Macht ansehen, sind oberflächlich, da sie im Laufe geschichtlicher Epochen ausgeprägte Erscheinungen verallgemeinern[18]. Diesen Fehler hat Marx in seiner Klassenkampftheorie begangen, indem er vorübergehende geschichtliche Erscheinungen als Gesetzmäßigkeit erkannt zu haben glaubte. Machtprobleme ergeben sich stets aus der jeweiligen Sozialstruktur eines Landes[19], eines

---

15 Vgl. Giersch, H.: ,.Allgemeine Wirtschaftspolitik - Grundlagen, Wiesbaden 1960, S. 78 ff.

16 Wiesner, F.: a.a.O., S. 1 ff.: . . . das sog. Gesetz der kleinen Zahl; vgl. auch Pareto, V.: Allgemeine Soziologie, Tübingen 1955; . . . die Geschichte ist ein Friedhof von Aristokratien, zit. nach Dahrendorf, R.: a.a.O., S. 195.

17 Hauser, R.: a. a .O.

18 Dahrendorf, R.: a.a.O., S. 195 ff.

19 Mills, C. W.: Kritik der soziologischen Denkweise, Neuwied am Rhein, 1963, S. 90.

Volkes oder einer Epoche und können die verschiedensten äußeren Erscheinungsbilder zur Folge haben.

f) Macht ist neutral: Sie ist in sich selbst nichts Schlechtes. Sie ist das, was diejenigen, die hinter ihr stehen, aus ihr machen. Sowohl Burckhardt, der in der Macht grundsätzlich etwas Böses, eine Gier, »in sich unglücklich« und andere, »unglücklich machend«, sieht[20], als auch Nietzsche, für den sie einen höchsten positiven Wert darstellt, sehen jeweils nur eine Seite des Machtphänomens. Ähnlich der Atomenergie, die zum Segen der Menschheit, aber auch zu deren Vernichtung eingesetzt werden kann, kann die Macht positiven oder auch negativen Zwecken dienstbar gemacht werden oder zum Selbstzweck entarten. So ist sie »nur eine Seite oder vielleicht nur ein anderer Name für Leben, Freiheit, Vitalität und ebenso zweideutig zwischen Gut und Böse, wie sie alle sind. ... Nichts Gutes kann ohne die Macht, es zu vollbringen, getan werden; genauso wie nichts Schlechtes[21].«

2. *Machtauseinandersetzungen*

Da es in der Gesellschaft keine absolute Macht, sondern nur Machtverhältnisse gibt, ist ihr Hauptproblem die Verteilung von Macht. Erwerb bzw. Erhaltung von Macht auf der einen sowie Anteil bzw. Ausschluß von der Macht auf der anderen Seite führen oft unmittelbar zu Auseinandersetzungen in der Gesellschaft[22]. »Ihr Ziel ist eine Bewahrung bzw. Veränderung des status quo durch Bewahrung bzw. Veränderung bestehender Herrschaftsverhältnisse[23].«

Dadurch sind Machtverhältnisse ständigen Änderungen und Anpassungen unterworfen[24], die ein anhaltendes Gleichgewicht nicht zustande kommen lassen. Grundsätzlich gehen von ihnen positive und negative Wirkungen aus. Positive, weil sie Ausdruck der Demokratie in einer pluralistischen Gesellschaft sind und negative, weil sie soziale Spannungen schaffen. Länder, die durch den Anspruch auf die Allmacht des Staates eine konfliktfreie klassenlose Gesellschaft verwirklichen wollen, benötigen dazu ein unverhältnismäßig hohes Ausmaß an Staatsmacht und können soziale Spannungen bestenfalls unterdrücken, nicht aber

---

20 Burckardt, J.: Weltgeschichtliche Betrachtungen, Stuttgart 1941, S. 97 ff.

21 Heimann, E.: Soziale Theorie der Wirtschaftssysteme, Tübingen 1963, S. 99.

22 Dahrendorf, R.: a.a.O., S. 219 ff.

23 Dahrendorf, R.: a.a.O., S. 220.

24 Spranger, P. H.: Die Theorie von der Countervailing Power, in: Hambg. Jb. f. Wirtschafts- und Gesellschaftspolitik, 1. Jahr, S. 167.

gänzlich beseitigen[25]. In der pluralistischen Gesellschaft hingegen werden die Konfliktstoffe durch Parteien und Verbände zum Ausgleich gebracht, die zu stabilen Organisationen der Gesellschaft geworden sind[26].

Nach Ossowski[27] können Machtverhältnisse entstehen aus unterschiedlichen Funktionen und Interessen, die einzelne Personen oder Gruppen verfolgen, sowie aus unterschiedlichen Gradationen innerhalb einer Funktionsstufe. Klassische Beispiele für Auseinandersetzungen auf Grund funktioneller Differenzierung bilden jene zwischen Gläubigern und Schuldnern, zwischen Anbietenden und Nachfragenden usw. Kennzeichen dieser Auseinandersetzungen ist, daß sowohl gegenseitige als auch einseitige Abhängigkeit der rivalisierenden Gruppen vorliegt:

1. die Gruppen brauchen sich gegenseitig und 2. die Erfolge der einen Gruppe bedeuten gleichzeitig Mißerfolge der anderen Gruppe[28]. Die Geschichte kennt solche Machtkonflikte vor allem in Form von Befreiungskämpfen (Bauernbefreiung).

Gänzlich anders liegt der Sachverhalt bei Auseinandersetzungen, die auf Grund unterschiedlicher Abstufungen, d.h. Gradationen, zwischen Personen oder Gruppen innerhalb einer Funktionsstufe entstehen[29]. Hierbei kann es sich um Abstufungen des Vermögens, des Anteils am Sozialprodukt usw. handeln. All diesen Fällen liegt nicht so sehr ein Machtkonflikt als vielmehr eine Machtkonkurrenz zugrunde. Ein typisches Beispiel bildet die Auseinandersetzung zwischen Warenhäusern und Einzelhandel. Um für beide Unternehmensformen gleiche Startbedingungen zu schaffen, wurde zum Schutz des Einzelhandels eine Warenhaussteuer erlassen[30].

---

25 Raupach, H.: Utopia und Sowjetoikos, in: Jb. f. Soz.-Wiss. 1963, Bd. 14, Heft 3, S. 128 ff.

26 Gehlen, A.: Studien zur Anthropologie und Soziologie, Neuwied am Rhein, 1963, S. 242.

27 Ossowski, St.: Klassenstruktur im sozialen Bewußtsein, Neuwied am Rhein und Berlin 1962, S. 80.

28 Ossowski, St.: a.a.O., S. 184 ff.

29 Ossowski, St.: a.a.O., S. 55 ff.

30 Vgl. Schmölders, G.: Allgemeine Steuerlehre, 3. A, Berlin 1958, S. 56.

II. Begriff und Wesen der wirtschaftlichen Macht

1. Dogmengeschichtliche Definition

Das Phänomen der Macht in der Wirtschaft wurde lange Zeit vernachlässigt. Solange man glaubte, die Einkommensbildung in der Volkswirtschaft vollziehe sich auf Grund genauer nicht beeinflußbarer ökonomischer Gesetzmäßigkeiten, erübrigte sich eine Untersuchung der Macht in der Theorie. Die realen Machtverhältnisse, die in der Zeit des klassischen Liberalismus durch die Anhäufung von Grund- und Kapitalbesitz auf der einen und durch die Armut der Arbeiterschicht auf der anderen Seite gekennzeichnet waren, wurden mit dem Bevölkerungsgesetz und mit dem Gesetz vom abnehmenden Ertragszuwachs des Bodens erklärt[31]. Das Bevölkerungsgesetz wirke dahin, daß die Löhne auf die Dauer das Existenzminimum nicht übersteigen können, da hoher Lohn die Bevölkerung vermehre. Nach dem Bodenertragsgesetz müssen im Laufe der Entwicklung immer ungünstigere Böden zur Produktion herangezogen werden, so daß die Renten steigen und das Einkommen der Grundbesitzer sich ständig erhöht.

Auch Marx ist als ein Kind der Klassik zu bezeichnen. Die Besitzer von Produktionsmitteln haben im kapitalistischen Wirtschaftssystem die Möglichkeit, fremde Lohnarbeit benützen zu können. Indem sie den Arbeitern nicht den tatsächlichen Wert ihrer Arbeit, sondern nur den zur Reproduktion der Arbeitskraft erforderlichen Lohn bezahlen, sind sie in der Lage, sich einen Mehrwert in Höhe der unbezahlten Arbeit anzueignen. Die Konkurrenz zwingt nun die Kapitalisten, diesen Mehrwert ständig zu akkumulieren. Die so bewirkte Akkumulation und Konzentration des Kapitals übt einen zunehmenden Druck auf die Arbeitsbevölkerung aus und führt letzten Endes zu deren Freisetzung, zur industriellen Reservearmee. So ist der Mehrwert (Profit) Ausdruck der gesellschaftlichen Machtverhältnisse im kapitalistischen System. In ihm produziert der Arbeiter ständig den »objektiven Reichtum als Kapital, ihm fremde, ihn beherrschende und ausbeutende Macht . . .[32]«

Im Gegensatz zu Marx, der das einseitige Abhängigkeitsverhältnis der Arbeiter von den Kapitalisten geschichtlich bedingt sah und den Zusammenbruch des kapitalistischen Systems als Folge gesellschaftlicher Gesetzmäßigkeiten prophezeite, sah eine andere Gruppe, die sog. Machttheoretiker, die Ursache für die ungleiche Einkommensverteilung in der unterschiedlichen sozialen Machtstel-

---

31 Krelle, W.: Verteilungstheorie, Tübingen 1962, S. 23 ff.

32 Marx, K.: Das Kapital, Hamburg 1890, S. 533.

lung der an der Wirtschaft teilnehmenden Gruppen begründet[33]. Ihre Absicht ging dahin, durch eine Änderung der Machtverhältnisse eine gerechtere Einkommensverteilung zu gewährleisten. So fordert z.B. Sismondi, daß der Staat seine Macht zugunsten der Arbeiter einsetze, um deren Ausbeutung durch die besitzenden Klassen zu verhindern[34]. Lasalle sieht die Ungerechtigkeit des Systems darin, daß der Produktionsüberschuß nicht nach Maßgabe der Leistung derer, die dazu beigetragen haben, verteilt wird. Zur Abhilfe verlangt er die Gründung von Produktivassoziationen mit staatlicher Hilfe, durch die die Arbeiter sozusagen Unternehmer würden[35].

Auch Rodbertus ruft den Staat zur Hilfe. Bei freier Konkurrenz drücke das Grund- und Kapitaleigentum immerfort auf den Lohn. Wenn schon nicht gänzliche Aufhebung des Grund- und Kapitaleigentums, so wird »mindestens eine Einmischung der Gesellschaft erforderlich, um die schreiendste Verletzung ... abzuwehren[36].« Den gesellschaftlichen Willen setzt Rodbertus mit dem Staat gleich[37].

Die geschlossenste Machttheorie bietet Tugan-Baranowsky in seiner Verteilungstheorie[38]. Das kapitalistische System schaffe Abhängigkeitsverhältnisse zwischen den Einkommen derjenigen Klassen, die durch die Bedingungen der kapitalistischen Produktion und des Austauschs miteinander verbunden sind[39]. Daraus entstehen Machtkämpfe um den Anteil am Sozialprodukt. So ist der Lohn und der Profit eine soziale, keine ökonomische Kategorie. Sie werden »nicht gebildet, sondern beansprucht[40]«. Für die Lohnhöhe ist daher - neben der Arbeitsproduktivität- in erster Linie die soziale Macht der arbeitenden Klasse bestimmend.

Im Hinblick auf diese einseitig auf politische und soziologische Gesichtspunkte aufbauenden Machttheorien stellt Böhm-Bawerk[41] die Frage, ob sich

---

33 Vgl. Seraphim, H.-J.: Theorie der allgemeinen Wirtschaftspolitik, Göttingen 1963, S. 66.

34 Sismondi, S. de: Neue Grundsätze der politischen Ökonomie, Berlin 1901.

35 Lasalle, F.: Herr Bastiat - Schulze von Delitzsch, in: F. Lasalles Gesamtwerke, Bd. 3, Leipzig, S. 200 ff.

36 Rodbertus-Jagetzow, C.: Das Kapital, Berlin 1884, S. 219.

37 Rodbertus-Jagetzow, C.: a.a.O., S. 216.

38 Tugan-Baranowsky, M.: Soziale Theorie der Verteilung, Berlin 1913.

39 Tugan-Baranowsky, M.: a.a.O., S. 10.

40 Tugan-Baranowsky, M.: a.a.O., S. 53 ff.

41 Böhm-Bawerk, E. v.: Macht oder ökonomisches Gesetz, in: Gesammelte Schriften, Wien-Leipzig 1924.

wirtschaftliche Macht auf die Dauer der Gleichgewichtstendenz des Systems entgegenstemmen könne. Denn Eingriffe in den Wirtschaftsprozeß hätten nur dann einen Sinn, wenn geklärt sei, ob Macht gegenüber den ökonomischen Gesetzen überhaupt etwas vermag. Er kommt dabei zu dem Schluß, daß Macht nur innerhalb der Preisgesetze wirksam werden könne, da die subjektive Wertschätzung eines bedürftigen Bewerbers die Obergrenze für den Preis bilde und von Machteinflüssen unabhängig sei. Böhm-Bawerk vertritt damit die Meinung, daß wohl die Bewertung die Knappheit, nicht aber die Knappheit die Bewertung beeinflusse[42].

Den scheinbaren Gegensatz zwischen Macht und ökonomischem Gesetz versucht Landauer aufzulösen. Er unterscheidet zwischen außenwirtschaftlicher und wirtschaftlicher Macht. Wirtschaftliche Macht sei abgestellt auf die Ausnutzung der freiwilligen wirtschaftlichen Tätigkeit des Betroffenen, was nur bei einem wirtschaftlichen Tauschakt möglich sei. So gesehen ist die Macht eine unmittelbare Erscheinung und Folge der Verkehrswirtschaft[43]. Die besondere Bedeutung Landauers liegt darin, daß er als erster die wirtschaftliche Macht als der Wirtschaft und im besonderen der Verkehrswirtschaft immanent auffaßt. Das Ergebnis der funktionellen Verteilung in der Verkehrswirtschaft drückt nach ihm gleichzeitig die Verteilung der wirtschaftlichen Macht aus[44].

Auf Grund der neueren Entwicklung der modernen Industriegesellschaft hat das Problem wirtschaftlicher Macht von der Praxis her erneut überragende Bedeutung erlangt. »Macht einzelner Firmen, Macht von Konzernen, Kartellen, zentralen Planstellen oder auch Arbeitgeberverbänden und Gewerkschaften«[45] sind Kennzeichen dieser Entwicklung. Wohl vorwiegend historisch bedingt, da in der Zeit des klassischen Kapitalismus ökonomische Machtpositionen alle zwischenmenschlichen Beziehungen beherrschten[46] und die soziale Struktur nur durch das Verhältnis zu den Produktionsmitteln ausgedrückt schien, sehen auch heute noch die Vertreter der neoliberalen Theorie in wirtschaftlichen Machtpositionen einen Fremdkörper in der Marktwirtschaft. Mit Hilfe der sehr weit entwickelten Monopoltheorie glauben sie beweisen zu können, daß mit zunehmender Monopolisierung ein Absinken der Produktion, ein Steigen der Preise und

---

[42] Vgl. Arndt, H.: Macht und Verteilung, in: Fin. Archiv, NF Bd. 23, Heft 3 (Okt. 1964), S. 480 ff.

[43] Landauer, C.: Grundprobleme einer funktionellen Verteilung des wirtschaftlichen Wertes, Jena 1923, S. 11.

[44] Landauer, C.: a.a.O., S. 24 ff.

[45] Eucken, W.: Grundsätze der Wirtschaftspolitik, Tübingen-Zürich 1960, S. 175.

[46] Ossowski, St.: a.a.O., S. 159.

Gewinne und damit verbunden eine Verschlechterung der Verteilung für den Konsumenten Hand in Hand gehe[47]. Abgesehen davon, daß dabei gänzlich der technische Fortschritt und dadurch eventuell bedingte Kosteneinsparungen unberücksichtigt bleiben[48], übersieht dieses Modell, daß in einer morphologischen Marktform mit zunehmender Oligopolisierung bzw. Monopolisierung mehrere Verhaltensweisen denkbar werden[49]. Es ist vor allem das Verdienst Schneiders, in der Theorie eine strenge Unterscheidung zwischen »Marktform im morphologischen Sinne und im Sinne von Verhaltensweisen[50]« vorgenommen zu haben. Der Unbestimmbarkeitsbereich dieser Verhaltensweisen wird mit zunehmendem Monopolisierungsgrad immer größer und bei einem bilateralen Monopol praktisch unendlich. Nur mit Hilfe der empirischen Forschung, ausgehend von der Realität, wird es hier möglich sein, Verhaltensmodelle zu entwickeln, die in der Wirklichkeit verifizierbar sind und die Grundlage für eine wirtschaftspolitische Konzeption darstellen können. »Dieses Verfahren ist nicht mit jener empirischen Induktion gleichzusetzen, die der historischen Schule mit einigem Recht zum Vorwurf gemacht worden ist; die Methodologie der Verhaltensforschung kann man demgegenüber vielleicht als »empirische Deduktion» bezeichnen, das ist die fortschreitende Deduktion von Hypothesen, die so lange an den Tatsachen geprüft und auf Grund dieser Prüfung modifiziert werden, bis sie der Erfahrung standhalten[51]«

2. Operationale Definition

Der Schritt von der Marktform im morphologischen Sinne zur Marktform im Sinne von Verhaltensweisen, mit dem die Theorie der »Verhaltensweise als dem für das Marktgeschehen relevanten Faktor die zentrale Stellung[52]« zuweist, zeigt, daß die Ursachen ökonomischer Macht in erster Linie im subjektiven Bereich begründet liegen.

Vom reinen Machtstreben bis hin zu dem auf bloßem Selbstbehauptungswillen beruhenden Streben nach Unabhängigkeit und Sicherheit können unzählige Motive für ein bestimmtes Verhalten bestimmend sein. Die lange Zeit und auch

---

47 Krelle, W.: Preistheorie, Tübingen-Zürich 1961, S. 196 ff.

48 Krelle, W.: Verteilungstheorie, a.a.O., S. 121.

49 Schneider, E.: Einführung in die Wirtschaftstheorie, IV. Teil, Tübingen 1962, S. 377 und II. Teil, 5. A., Tübingen 1958, S. 59 ff.

50 Schneider, E.: a.a.O., IV. Teil, S. 375.

51 Schmölders, G.: Zehn Jahre sozialökonomische Verhaltensforschung in Köln, in: Ordo Bd. XIV, 1963, S. 261.

52 Schneider, E.: a.a.O., Bd. IV, S. 375.

heute noch weitverbreitete Meinung, daß das Unternehmerverhalten ausschließlich durch Gewinnstreben gekennzeichnet sei, verkennt, daß der Gewinn zwar unerläßliche Voraussetzung und manchmal auch Ausdruck dieser Motive ist, nicht aber deren Ursache. Das geht auch daraus hervor, daß für die Verhaltensweise eines Unternehmers regelmäßig nicht ein Motiv, sondern ein komplexes Motivbündel maßgebend ist. In Notzeiten kann sich dieses Motivbündel auf ein einziges Motiv des Überlebens reduzieren, mit zunehmender Besserstellung gewinnt der Unternehmer immer mehr Spielraum für subjektives Verlangen nach Geltung und Macht. Im Modell der atomistischen Konkurrenz, in dem langfristig die Grenzkosten gleich den Grenzerlösen sind, gibt es keinen Platz für die Bildung wirtschaftlicher Macht. Die Verhaltensweisen der Unternehmer sind für die Vielzahl der Anbieter und Nachfrager irrelevant, da ihr Einfluß auf das Wirtschaftsgeschehen nicht spürbar ist. Insofern ist die vollkommene Konkurrenz machtfrei. In dem Maße aber, in dem sich die Wirklichkeit vom Modell der Konkurrenz zu mehr monopolistischen Marktformen verschiebt, gewinnt der Unternehmer einen mehr oder weniger großen Spielraum für die Verwirklichung subjektiver Zielsetzungen.

Die moderne Entwicklung zu organisatorischen Zusammenschlüssen als allein durch das Macht- und Herrschaftsstreben der Beteiligten verursacht anzusehen, ist ebenso einseitig wie falsch. Viel eher muß der Hang zum Monopol als ein Versuch gewertet werden, »eine gewaltige Kapitalinvestition für eine begrenzte Zeitspanne mit einem Mindestmaß von ökonomischer Sicherheit zu versorgen[53]«. Dieses Sicherheitsstreben hat zunächst mit Machtstreben nichts zu tun. Die Alternative zum Monopol ist aus dieser Sicht nicht die Konkurrenz, sondern die Nicht-Investition und damit das Ausscheiden aus der Konkurrenz[54].

Neben subjektiven gibt es eine Reihe weiterer Kriterien im objektiven Bereich, die die Entstehung von Machtpositionen in der Wirtschaft erleichtert, fördert und somit mitverursacht. Die Gründe hierfür können gegeben sein:

a) in der Unvollkommenheit des Marktes: Der unterschiedliche Knappheitsgrad der Güter, die unterschiedliche Dringlichkeit von Bedürfnissen, die unterschiedlichen Substitutionsmöglichkeiten von Gütern, Erscheinungen, die die Theorie durch die Einführung von Begriffen wie Angebots- und Nachfrageelastizitäten zu quantifizieren versucht hat, führen zu unterschiedlichen ökonomischen

---

53 Heimann, E.: a.a.O., S. 133.

54 Vgl. Andreae, W. u. Andreae, C. A.: Beiträge zur Wettbewerbsordnung, Köln-Berlin-Bonn-München 1963, S. 99 und Greulich, K.: Kooperation zum Zwecke der wirtschaftlichen Existenzsicherung im industriellen Mittelstand, Diss. Innsbruck, 1964, S. 80 f.

Freiheitsgraden. Die Änderung des ökonomischen Freiheitsgrades muß nach außen nicht mit einer Änderung der Marktform Hand in Hand gehen. Auch bei Konkurrenz kann eine Marktpartei ihre ökonomische Unabhängigkeit verlieren[55].

b) im technischen Fortschritt: Während ursprünglich unterstellt wurde, daß sich Monopole hemmend auf den technischen Fortschritt auswirken, zeigt sich heute, daß das Großunternehmen zum Träger des technischen Fortschritts geworden ist[56]. Die Aufwendungen für die Forschung, die Investitionen für ständige Rationalisierung können von kleinen Unternehmen nur in beschränktem Ausmaß aufgebracht werden. Zwischen den Großunternehmen ist der technische Fortschritt zu einer neuen Form des Wettbewerbs geworden[57], die sich neben der Kapitalausstattung hauptsächlich in einem verstärkten Qualitäts- und Werbungswettbewerb ausdrückt. Da der Zwang zu steigender Kapitalausstattung für die Außenseiterkonkurrenz den Zugang zum Markt erschwert, fällt hier eine besondere Bedeutung dem Gruppenwettbewerb, dem Wettbewerb durch Kooperation zu[58].

c) in der staatlichen Wirtschaftspolitik: Jede Wirtschaftspolitik, die - beabsichtigt oder unbeabsichtigt - nicht ausschließlich am Gemeinwohl orientiert ist, schafft Privilegien und damit einseitige Machtpositionen[59]. Die Hauptgefahrenquelle liegt hier in der staatlichen Steuer- und Finanzpolitik, die das Postulat einer gleichmäßigen und gerechten Belastung nur sehr bedingt erfüllen kann. So fördern z.B. Teile des Umsatzsteuergesetzes, des Körperschaftssteuergesetzes (Schachtelprivileg) und des Gewerbesteuergesetzes die wirtschaftliche Konzentration. Neben den Steuergesetzen ist es vor allem das Kartellgesetz (GWB), das gewisse Wirtschaftszweige von seinen Bestimmungen ausschließt und dadurch indirekt die Bildung von Machtpositionen begünstigt[60].

d) in politischen und gesellschaftlichen Normen: Das verfassungsrechtlich verankerte Recht auf Eigentum, der besondere Schutz des Eigentums, die Unan-

---

[55] Arndt, H.: Ausbeutung und Marktform, in: ZfdgSt., 115. Bd., 1959, S. 194 ff.

[56] Heimann, E.: a.a.O., S. 127.

[57] Vgl. Günther, E. und Pohle, W.: Konzentration in entwickelten Volkswirtschaften, Schmollers Jb., 2. Heft 1964, S. 175 ff.

[58] Andreae, C. A.: Marktmacht zwischen Dogma und Praxis, in: Der Volkswirt Nr. 32/63 und: Deutsche Ges. f Betriebswirtschaft: Gruppenwettbewerb und Wettbewerbsordnung, in: Steigerung der Wettbewerbsfähigkeit, Berlin 1962, S. 257 ff.

[59] Rittig, G.: Macht II, in: HdSW, 7. Bd., 1961, S. 82.

[60] Vgl. u. a. Lenel, H. O.: Ursachen der Konzentration, Tübingen 1962.

tastbarkeit des Erbrechts können Machtpositionen kraft Besitz und Eigentum fördern.

e) im Kreislaufzusammenhang: Im Zusammenhang der bestehenden Einnahmen- und Ausgabenströme nehmen Unternehmer und Gewerkschaftsfunktionäre Schlüsselpositionen ein, indem sie mit den Einkommen aus Gewinnen und Lohnzahlungen die Grundlagen der Investitions- und Konsumausgaben schaffen, die ihrerseits wiederum die Grundlage für Gewinne und Löhne darstellen[61]. Diese Zusammenhänge, die sozusagen eine Zusammenfassung der obigen Punkte beinhalten, werden im Volksmund meist ganz lapidar mit dem Sprichwort »Geld kommt zu Geld« ausgedrückt.

Aus der Aufzählung der obigen Punkte, die sich gewiß noch vervollständigen ließe, geht hervor, wie vielfältig die Möglichkeiten in der Wirtschaft sind, Machtpositionen zu schaffen und auszunützen. Es erscheint daher müßig, einen genauen Katalog zusammenzustellen, mit welchen Mitteln Macht in der Wirtschaft ausgeübt werden kann. Seraphim[62] hat sehr klar, aber auch sehr vereinfachend in Persönlichkeits-, Besitz- und Organisationsmacht unterschieden. Obwohl diese Einteilung Mängel hat, - denn sowohl Besitz- als auch Organisationsmacht bedürfen auf die Dauer der Persönlichkeitsmacht - hat sie sich sehr rasch eingebürgert. Allerdings sollte nicht übersehen werden, daß es in der Wirklichkeit noch durchaus andere Faktoren gibt, die zu ökonomischer Macht führen, als die drei genannten. Im Mittelalter hätte Seraphim sicher eine andere Einteilung getroffen; geistliche oder religiöse Macht hätte nicht fehlen dürfen. Mirgeler weist darauf hin, daß Pippin, nachdem er als alleiniger Hausmeier des Frankenreiches bereits die faktische Macht innehatte, erst an den Papst mit der Frage herantrat, ob der Königsthron dem gebühre, der die Macht, oder dem, der nur den Königstitel besitze. Die Antwort des Papstes im Sinne Pippins begründete das Mitspracherecht des Papstes in allen politischen Vorgängen als Repräsentant der geistlichen Macht[63]. In der modernen Zeit gelingt es den Parteien häufig, politische in wirtschaftliche Macht zu transformieren, indem sie öffentliche Wirtschaftsunternehmen zu parteipolitischen Machtpositionen ausbauen. Dies zeigt aber nur, wie relativ Machtverhältnisse sind und wie sehr sie im Laufe der Zeit Änderungen unterworfen sein können.

Will man zu einer Definition der wirtschaftlichen Macht kommen, so wird man sagen müssen, daß sie - unabhängig von der Verwendung bestimmter Mittel - die Fähigkeit eines Wirtschaftssubjektes beinhaltet, den eigenen Willen

---

61 Krelle, W.: Verteilungstheorie, a.a.O., S. 110.

62 Seraphim, H. J.: a.a.O., S. 80 ff.

63 Mirgeler, A.: Geschichte Europas, 3. A., Freiburg 1958, S. 17.

zum Nachteil anderer Marktteilnehmer durchzusetzen. Ihre Ausübung stellt also eine Beeinflussung, Einengung oder gar Aufhebung der Dispositionsfreiheit bzw. Dispositionsmöglichkeit eines grundsätzlich gleichberechtigten Partners dar, durch die der Anteil des Machtausübenden am Sozialprodukt auf Kosten des Machtunterlegenen erhöht wird.

ZWEITER TEIL

Das Konzept der gegengewichtigen Marktmacht

I. Das Konzept Galbraith'

Die modernen Konzentrationserscheinungen in Form von Zusammenschlüssen oder Kooperationen haben jeweils zwei Seiten. Im positiven Sinn ermöglichen sie wirtschaftliche Expansion, Wachstum und technischen Fortschritt, im negativen Sinn stellen sie Machtpositionen dar, die ihre Träger in die Lage versetzen, die Entscheidungsfähigkeit anderer Wirtschaftssubjekte zu beeinträchtigen. In diesem Fall werden solche Machtpositionen zu gesellschaftlich und wirtschaftlich abträglicher Übermacht. Aufgabe der Gesellschafts- und Wirtschaftspolitik ist es, nach Wegen zu suchen, wie die Wirkungen dieser Übermacht beseitigt werden können. Grundsätzlich bieten sich zwei Möglichkeiten an, die Machtzerschlagung und die Machtkompensierung. Die erste Möglichkeit hat den Nachteil, daß natürliche Antriebskräfte der Wirtschaft und des technischen Fortschritts abgetötet werden müssen. Darüber hinaus besteht die Gefahr, daß zerschlagene Macht sich in anderer, legaler oder illegaler Form wieder neu bildet[64], die dann wesentlich schwieriger zu erfassen und unschädlich zu machen ist. Viel realistischer muß daher die Möglichkeit angesehen werden, die Wirkungen wirtschaftlicher Macht durch Bildung geeigneter Gegenmacht zu kompensieren. »Heute, wo die meisten Märkte monopolistisch organisiert sind, muß man mit dem Monopol leben, d.h. man muß versuchen, es zu zähmen anstatt es totzuschlagen[65].«

Den Gedanken, die einseitige Anhäufung und Ausübung von Macht durch entsprechende Gegenmacht zu beschränken und zu kontrollieren, hat bereits Montesquieu für den politisch-soziologischen Bereich formuliert: »Damit kein

---

64 Krusche, O.: Marktverhalten und Wettbewerb, Berlin 1961.

65 Heimann, E.: a.a.O., S. 204.

Mißbrauch der Macht vorkommt, muß, wie die Dinge schon liegen, der Macht durch Macht Einhalt geboten werden[66].« Wo dies nicht der Fall ist, herrscht absolute Macht, die aus einer Demokratie eine Volksdemokratie werden läßt[67]. Im wirtschaftlichen Bereich forderten die Vertreter der politischen Machttheorien die Beschränkung und Bekämpfung wirtschaftlicher Machtpositionen durch den Einsatz staatlicher Macht[68]. Galbraith[69] kann das Verdienst in Anspruch nehmen, als erster ein Konzept des Machtausgleichs innerhalb einer durcholigopolisierten Wirtschaft vorgelegt zu haben.

Galbraith weist darauf hin, daß sich die Erkenntnisse der Theorie, wonach eine Verringerung des Wettbewerbs eine Verschlechterung der Produktivität und Verteilung zur Folge habe, in der Wirklichkeit nicht bewahrheitet haben. Vielmehr zeige sich, daß trotz Verschwinden des klassischen Wettbewerbs in weiten Bereichen der amerikanischen Wirtschaft deren Effizienz einen nie gekannten Hochstand erreicht hat. Für diese Entwicklung sind nach Galbraith verschiedene Ursachen verantwortlich:

a) Die Tendenz zur Konzentration in der Wirtschaft ist notwendig und stellt den wichtigsten Antriebsmotor des technisch-wirtschaftlichen Fortschritts dar. »In fact the causes are deeply organic[70].«

b) Dadurch wird der Wettbewerb auf der gleichen Marktseite, z.B. zwischen Anbietern, eingeschränkt. Auf der entgegengesetzten Marktseite bilden sich nun ebenfalls Beschränkungen: die »countervailing power« der Käufer oder Händler. »Private power is held in check by the countervailing power of those who are subject to it[71].«

c) Die Bildung gegengewichtiger Macht erfolgt zwangsläufig. »The first begets the second . . .« »The two develop together, not in precise step but in such manner that there can be no doubt that the one is in response to the other[72].«

---

66 Montesquieu, Ch. de: Gesetze und Prinzipien der Politik, in: Lux et Humanitas - eine Schriftenreihe zur Pflege geisteswissenschaftlicher Werke, Band VI, Freiburg, Frankfurt a. M., Wien, 1949, S. 89.

67 Vgl. Mills C. W: a.a.O., S. 89.

68 Siehe erster Teil, II, 1.

69 Galbraith, J. K.: American Capitalism; the concept of countervailing power, Boston 1952.

70 Galbraith, J. K.: a.a.O., S. 36/37.

71 Galbraith, J. K.: a.a.O., S. 118.

72 Galbraith, J. K.: a.a.O., S. 118 f.

d) Da der »countervailing power« eine regulierende Funktion in der modernen Wirtschaft zukommt, ist es Aufgabe des Staates, ihre Entwicklung bzw. Bildung nicht zu behindern und gegebenenfalls sogar zu fördern. »It will be convenient to look first at the negative role of the government in allowing the development of countervailing power and then to consider its affirmative role in promoting it[73].«

e) Bilaterale Oligopole und Monopole sind soziologisch wünschenswert und führen zu annehmbaren Ergebnissen.

Das Gegengewichtskonzept Galbraith' hat sofort heftige Diskussionen, z.T. heftige Kritik ausgelöst. Während es im Osten als ein Konzept zur Rettung des Kapitalismus angesichts der sich verschärfenden Krise der bürgerlichen Ökonomie gedeutet wurde[74], entfaltete sich im Westen eine rege Diskussion, die heute noch nicht beendet ist. In einer von der American Economic Association veranstalteten Diskussion übte vor allem Stigler scharfe Kritik am Konzept Galbraith'[75]. Nach ihm ist Galbraith' Gegengewichtsprinzip keine Theorie, sondern ein Dogma. Es lasse sich auch geschichtlich nicht nachweisen. Die vorgebrachten Beispiele stellen eher Ausnahmen als die Regel dar. Der theoretische Hintergrund reduziere sich somit auf das bilaterale Monopol als Mittel der Einkommensverteilung, das theoretisch schon längst fundiert ist, und auf den genossenschaftlichen Gedanken der Wirtschaft. Auch die Auffassung, daß die Entstehung wirtschaftlicher Macht eine Funktion des technischen Fortschritts sei, kritisiert Stigler. Machtbildung sei von einer Reihe weiterer Faktoren abhängig, wie z.B. vom politischen Gewicht, der geographischen Konzentration und von den Gruppen, mit denen man handelt.

Lehnt Stigler das Gegengewichtskonzept in theoretischer wie auch in praktischer Hinsicht als Ansatzpunkt für eine wirtschaftspolitische Orientierung ab, so sieht Miller trotz erheblicher Einwände doch auch positive Seiten an den Gedanken Galbraith'[76]. In erster Linie richtet sich seine Kritik auf die seiner Ansicht nach unzulässige Verallgemeinerung einiger struktureller Vorgänge in der modernen Wirtschaft. Galbraith suche Zuflucht im »land of simplifications«.

---

[73] Galbraith, J. K.: a.a.O., S. 143.

[74] Bönisch, A.: Die theoretischen Anschauungen von J. K. Galbraith, in: Die Wirtschaftswissenschaft, 10. Jg. 1692, S. 434 ff.; Bönisch schreibt zum Schluß: »Nicht zuletzt aus diesem Grunde wurde Galbraith als USA-Botschafter nach Indien geschickt, einem Zentrum neokolonialistischer Umtriebe.«

[75] Stigler, G. J.: The economist plays with blocs, in: The Am. Econ. Review, Pap. and Proc., May 1954, S. 7 ff.

[76] Miller, J. P.: Competition and countervailing power, in: The Am. Econ. Review, Pap. and Proc., May 1954, S. 15 ff.

Wenn auch die Modelle der statischen Konkurrenzwirtschaft die gegenwärtigen Strukturänderungen nicht mehr zu erklären vermögen, so gibt auch die Theorie der countervailing power keine hinreichende Erklärung für die Konzentrationstendenzen in der Wirtschaft. Die Marktstruktur könne Ursache und Folge von wirtschaftlicher Macht sein, so daß jeweils im Einzelfall entschieden werden müsse, ob Sicherung des Wettbewerbes oder Bildung von Gegenmacht das geeignete Mittel der Wirtschaftspolitik sei.

Miller kritisiert auch die Behauptung Galbraith', daß bilaterale Monopole soziale Spannungen beseitigen. Dies stimme nur, wenn es gelingt, ein genaues Gleichgewicht herzustellen. Ansonsten komme es zu weiteren Spannungen, wie die Beispiele der Gewerkschaften, der Agrarmärkte usw. zeigen. Auch Werner[77] bezweifelt, daß »countervailing power« zu einer Verminderung sozialer Spannungen führe. Gut organisierte Interessengruppen können sowohl untereinander als auch gegenüber dem Staat in scharfe Konfliktsituationen geraten.

Zusammenfassend läßt sich sagen, daß in folgenden Punkten am Konzept Galbraith' berechtigte Kritik zu üben ist:

a) Das Gegengewichtsprinzip läßt sich in der von ihm vorgetragenen Verallgemeinerung in der Wirklichkeit nicht verifizieren;

b) Zur Erhärtung seiner Thesen zieht Galbraith hauptsächlich den Arbeitsmarkt, die Konzentration im Handel und die Genossenschaftsbildung in der Landwirtschaft heran. Diese Beispiele können nicht verallgemeinert werden. Gerade die staatlichen Agrarmarktordnungen zeigen, daß in diesem Bereich das Gegengewichtsprinzip in nur sehr beschränktem Ausmaß funktioniert hat.

c) Die These, daß sich Gegenmacht zwangsläufig bilde, übersieht, daß dafür gewisse Voraussetzungen gegeben sein müssen, die nicht auf allen Märkten vorhanden sind. Für unorganisierbare Interessen kommt nur politische, nicht wirtschaftliche Gegenmacht in Frage. Von einer »self-generating-force« kann daher nicht die Rede sein.

Trotz dieser Einwendungen und notwendigen Einschränkungen liegt das Verdienst Galbraith' darin, ökonomische Macht in der Wirtschaft und in der Wirtschaftspolitik sozusagen gesellschaftsfähig gemacht zu haben. Er zeigt auf, daß unter gewissen Voraussetzungen und innerhalb gewisser Grenzen die Wirkungskraft gegengewichtiger Macht nicht abzuleugnen ist.

---

[77] Werner, J.: Die Wirtschaftsverbände in der Marktwirtschaft, Zürich-St. Gallen 1957, S. 170 ff.

II. Voraussetzungen und Grenzen eines wirklichkeitsnahen Gegengewichtskonzeptes

Gegengewichtige Macht kompensiert originäre Macht, indem sie den ursprünglichen Machtsaldo teilweise, ganz oder übermäßig »ausgleicht«, d.h. von der Gegenseite des Marktes das Monopol verallgemeinert[78].

Falls der ursprüngliche Machtsaldo nicht ganz ausgeglichen wird, verbleibt bzw. entsteht ein »abgeleiteter« Machtsaldo, der Problem der Wirtschaftspolitik bleibt bzw. wird. Damit ist der Ausgleich des Machtsaldos das Hauptproblem des Gegengewichtsprinzips. Dies setzt zunächst die mehr oder weniger genaue Messung der Machtdifferenz und sodann die Ermittlung bzw. Schaffung geeigneter Ausgleichsmöglichkeiten voraus. Mit diesem Hinweis sind in aller Kürze die wesentlichsten Voraussetzungen, aber auch bereits die Grenzen der Anwendung gegengewichtiger Macht aufgezeigt. Eine Fehleinschätzung wirtschaftlicher Macht, eine beabsichtigte oder unbeabsichtigte Fehlmessung führen natürlich nicht zu einer Verringerung, sondern umgekehrt zu einer Erhöhung gesellschaftlicher Spannungen. Angesichts des qualitativen und relativen Charakters der Macht liegen hier besondere, nicht in allen Fällen lösbare Schwierigkeiten. Da wo wirtschaftliche Machtpositionen quantifizierbar sind, ist zu berücksichtigen, daß es sich dabei stets nur um einen Ausdruck, nicht um eine Ursache der Machtbildung handelt.

Selbst wenn es gelingt, den Machtsaldo annähernd zu messen, ist nicht in allen Fällen eine Möglichkeit des Ausgleichs gegeben. Die latenten Interessen der Machtunterlegenen können nicht immer mit eigener Initiative, mit eigenen Mitteln manifest gemacht werden. Andererseits kann Gegenmacht unter günstigen Voraussetzungen ihrerseits wieder zu abträglicher Übermacht führen. Es liegt auf der Hand, daß hier dem Staate eine bedeutende Aufgabe zufällt, die über jene ihm von Galbraith zugedachte noch wesentlich hinausgeht.

---

78 Heimann, E.: a.a.O., S. 134.

DRITTER TEIL

Die Messung des Machtsaldos

I. Schwierigkeiten der Messung

Die Schwierigkeiten der Machtmessung ergeben sich in erster Linie aus dem Phänomen der Macht selbst. Indem ihre Bestimmungsgründe im sozialpsychologischen[79] Bereich liegen, kann eine Machtmessung bestenfalls an im Laufe der geschichtlichen, gesellschaftlichen oder technischen Entwicklung sich ständig verändernden äußeren Erscheinungsformen erfolgen. Allgemeingültige Faktoren, die auf das Vorhandensein eines bestimmten Ausmaßes an Macht schließen ließen, gibt es nicht. Vielmehr ist umgekehrt zu beobachten, daß die Machtaneignung die Tendenz hat, sich möglichst unmerklich und geräuschlos zu vollziehen. Dies kann ebenso durch Vorgabe allgemeiner am Gesamtwohl orientierter Ziele wie durch stillschweigende vor den Augen der Öffentlichkeit unbemerkte Interessenorganisation erreicht werden. Da wo versucht wird, bestehende oder neu sich bildende Machtverhältnisse vor der Öffentlichkeit zu begründen, sind nach Ossowski in erster Linie drei Gründe maßgebend[80]: Zunächst versucht man, die Empfindlichkeit der benachteiligten Gruppen abzustumpfen, dann das Gewissen der privilegierten Schichten zu beruhigen, um zuletzt den Zustand oder den Vorgang mit der Ideologie, zu der man sich bekennt, in Einklang zu bringen[81].

Weitere mehr im objektiven Bereich liegende Schwierigkeiten der Machtmessung ergeben sich aus der äußerst unübersichtlichen Machtstruktur der modernen Industriegesellschaft. Während früher die Träger wirtschaftlicher Macht, die Kapitalisten oder Monopolisten, weithin sichtbar waren und ihre Stellung auf Grund einer gewissen patriarchalistischen Einstellung gar nicht zu verheimlichen trachteten, ist heute äußerlich kaum mehr zu unterscheiden, wer Herrscher und wer Beherrschter ist. In einer Welt von Monopolen fallen Monopole nicht mehr auf[82]. Die zunehmende Monopolisierung hat nun ihrerseits zu zunehmen-

---

[79] Vgl. Heintz, P.: Einführung in die soziologische Theorie, Stuttgart 1952, Besprechung von Bergmann, J., in: Schmollers Jb., 2. Heft 1964, S. 227.

[80] Ossowski, St.: a.a.O., S. 115.

[81] Vgl. Heimann, E: a.a.O., S. 99 ff.; Heimann weist darauf hin, daß Machtbildung sich häufig im Schatten des Nationalismus (3. Reich) oder des Messianismus (Kommunismus) vollzieht. Beide Erscheinungen sind z. T. Deckmantel eines besonderen industriellen Machttriebes.

[82] Heimann, E.: a.a.O., S. 205.

der gegenseitiger Abhängigkeit der Monopolorganisationen untereinander geführt. Dadurch sind komplizierte, technisch verbundene, unübersichtliche Märkte entstanden. Die vorherrschende Organisationsform der anonymen Kapitalgesellschaft erlaubt nur Eingeweihten eine abschätzende Beurteilung der realen Machtverhältnisse.

II. Methode und Voraussetzungen der Messung

Da die Existenz der Machtunterlegenen logisch auf bestimmte Machtträger, Einzelpersonen oder Gruppen, bezogen ist, muß der Machtmessung die empirische Erfassung der Existenzlage der Unterdrückten und der Bedingungen der Machtausübenden vorausgehen[83], d.h. es muß ein Konflikt, eine Gegensatzbeziehung zwischen Machtausübenden und Machtunterlegenen vorhanden sein. Dieser Gegensatz stellt sich dar als Gegensatz zwischen Interessen, die zunächst latent sein mögen, dann aber zu bewußten Zielsetzungen, d.h. manifest werden können[84]. Auf der Seite der Machtunterlegenen beinhalten diese Interessen natürlich den Zweifel an der Rechtmäßigkeit der Bedingungen der Machtausübenden, während auf Seiten der Machtausübenden die Verteidigung der Machtposition im Vordergrund steht.

Wie oben erwähnt, können Machtauseinandersetzungen aus unterschiedlichen funktionalen Interessen und aus unterschiedlichen Gradationen entstehen[85]. Im ersten Fall, haben wir gesagt, liegt ein echter Machtkonflikt, im zweiten Fall eine Machtkonkurrenz vor. In ökonomischer Hinsicht entsprechen dem Machtkonflikt eine Auseinandersetzung zwischen Marktmacht und Marktgegenmacht und der Machtkonkurrenz eine Auseinandersetzung zwischen Markthauptmacht und Marktnebenmacht. Im ersteren Fall erstrecken sich die Auseinandersetzungen über verschiedene Märkte, die durch ein gegenseitiges Abhängigkeitsverhältnis gekennzeichnet sind, weshalb man auch von vertikalen Machtverhältnissen spricht. Im zweiten Fall gebraucht man den Begriff der horizontalen Machtauseinandersetzung.

---

83 Dahrendorf, R.: a.a.O., S. 163.

84 Dahrendorf, R.: a.a.O., S. 169.

85 Siehe oben: erster Teil, I, 2.

Nach obiger Unterscheidung lassen sich rein schematisch etwa folgende Einteilungen ökonomischer Machtauseinandersetzungen, die keineswegs den Anspruch auf Vollständigkeit erheben, treffen[86]:

a) Machtverhältnisse auf Grund funktioneller Differenzierung; vertikale Machtverhältnisse zwischen verschiedenen Märkten

Generell: Anbieter - Nachfrager
Speziell: Arbeitnehmer- Arbeitgeber
Produzenten - Konsumenten
Produzenten - Anbieter von Produktionsfaktoren
Produzenten - Händler
Händler - Konsumenten
Investoren - Sparer
Aktive - Rentner
Gläubiger - Schuldner
Staat - Verbände

Die jeweils gegenübergestellten Begriffspaare sollen besonders augenscheinlich die Interessengegensätze darstellen. Ihr Kennzeichen liegt in der gegenseitigen Abhängigkeit, die keiner der beiden Gruppen einen totalen Sieg erlaubt. Sieg der einen Gruppe wäre notgedrungen der Untergang der anderen Gruppe. Natürlich gibt es innerhalb der aufgezählten Gruppen auch Überschneidungen, da z.B. jeder Produzent auch Konsument ist, wie auch die Arbeitnehmerinteressen weitgehend mit denen der Konsumenten identisch sind. Das Kriterium für die Gegenüberstellung der Begriffspaare war der Gesichtspunkt, welche Interessen unmittelbar im Vordergrund stehen.

b) Machtverhältnisse auf Grund unterschiedlicher Gradationen

Ihnen liegt die Verfolgung unterschiedlicher Interessen und Ziele innerhalb einer Funktionsstufe zugrunde. Im ökonomischen Sinn sind dies horizontale Machtverhältnisse innerhalb eines Marktes, ausgedrückt durch Markthauptmacht und Marktnebenmacht. Die unterschiedlichen Gradationen lassen sich an Hand mehr oder weniger objektiver Kriterien feststellen, wie z.B. Besitz, Finanzkraft, Kapital, Marktanteil, Umsatz usw. Schematisch können etwa folgende Gruppen gegenübergestellt werden:

---

[86] Das vorliegende Schema wurde in Anlehnung und Analogie zu Ossowskis Interpretation der Klassenstruktur entworfen. Vgl. Ossowski, St.: a.a.O., S. 190.

Generell:

Ein oder wenige große Anbieter- viele kleine Anbieter

Ein oder wenige große Nachfrager - viele kleine Nachfrager

Speziell:

Großunternehmen - Mittelstandsunternehmen

Waren-Versandhäuser - Klein-Detailhandel

III. Möglichkeiten der Messung

Die Messung wirtschaftlicher Macht setzt eine umfassende Motivations- und Situationsanalyse voraus[87]. Macht, ihre Ausübung und ihr Mißbrauch, sind nicht eine Frage der Quantität, der Ballung bestimmter meßbarer Faktoren, sondern der Intensität. Wie sich ein Armer reich und ein Reicher arm geben kann, muß ein mehr oder weniger exakt ermittelter Konzentrationsgrad nicht Ausdruck einer volkswirtschaftlich abträglichen Übermacht sein. Die Bestimmung im Kartellgesetz § 22 GWB (marktbeherrschende Unternehmen; Befugnisse der Kartellbehörde), daß »bei der Beurteilung, ob die Marktstellung mißbräuchlich ausgenutzt ist; alle Umstände zu berücksichtigen« sind, zeigt, daß dieser Gesichtspunkt nicht übersehen wurde. Zu hoffen ist nur, daß der Gesetzgeber den Begriff »alle Umstände« im weitesten Sinne auslegt, im Sinne einer exakten, empirischen Tatsachenforschung, die nicht von ideologischen Leitbildern ausgeht[88].

Die im Auftrage der deutschen Bundesregierung angestellte Untersuchung der Konzentration in der Wirtschaft hat diesem Gedanken nicht Rechnung getragen, da sie von falschen Voraussetzungen ausging. Indem sie der Untersuchung die großen Gruppen Industrie, Handel, Banken, Versicherungen und Wohnungswirtschaft und innerhalb dieser eine genaue Einteilung der einzelnen Branchenzweige zugrunde legte, hat sie zwar den dem Deutschen eigenen Hang zur Schematisierung und Gliederung bewiesen, ist aber über eine statische Aussage bezüglich Größenordnung und Verflechtung der Unternehmen in der deutschen Wirtschaft nicht hinausgekommen. In ihrer Stellungnahme ist sich die Bundesregierung dieser Mängel durchaus bewußt: »Aus der Stellung der Großunternehmen innerhalb der Industriegruppen kann im allgemeinen nicht auf ihre Marktstellung geschlossen werden, da die meisten Industriegruppen mehrere Branchen mit ver-

---

87 Fürstenberg, F.: Wirtschaftssoziologie, Berlin 1961, S. 30.

88 Lieberknecht, O.: Grundsätzliche Überlegungen zur Frage der Novellierung des GWB im gegenwärtigen Zeitpunkt, Kartellrundschau, Heft 5, Köln-Berlin 1964, S. 27.

schiedenen Warenmärkten umfassen[89]«. Eine solche Untersuchung muß, will sie brauchbare Ergebnisse zeitigen, nicht von einzelnen Wirtschaftszweigen, sondern von den Warenmärkten ausgehen. Jeder Markt stellt aber über rein statistische Produktions- und Umsatzzahlen hinaus eine Institution dar, deren Aufgabe es ist, Produzenten- und Konsumenteninteressen zum Ausgleich zu bringen. Die Untersuchung eines Marktes setzt daher notwendig die Erfassung von Einstellung und Verhaltensweisen der Unternehmer und Konsumenten voraus[90]. Daß sich wirtschaftliche Verhaltensweisen nicht nur im Rahmen juristischer Begriffe und Organisationen bewegen, sondern vielfältige, juristisch oft nicht erfaßbare Gestaltungsmöglichkeiten erfinden, geht den mit der Gesetzgebung befaßten Juristen meist nicht ein. Eine wirtschaftliche Einheit muß nach außen hin keineswegs als solche hervortreten[91]. Durch Verschachtelungen, Scheinfirmen, Scheinkonkurrenz, ja sogar durch Scheinprozesse kann eine Rechtslage vorgetäuscht werden, die den Tatsachen konträr zuwiderläuft.

Wenn im folgenden einige Möglichkeiten der Messung wirtschaftlicher Macht erläutert werden, so sei vorausgeschickt, daß sie weder vollständig, noch ein allgemeingültiges Rezept für die Untersuchung sämtlicher Machtverhältnisse sein können. In dem Maße wie die äußere Form wirtschaftlicher Machtgebilde im Laufe der Entwicklung Änderungen unterworfen ist, werden sich auch die Methoden zur Erfassung solcher Machtgebilde ändern müssen. Welche Kriterien immer zugrunde gelegt werden, einige sind relativ leicht und exakt quantifizierbar, andere schwieriger und wieder andere überhaupt nicht. Bei der Abwägung aller erfaßten Faktoren zusammen wird daher nicht mit einer genauen Zahl, die etwa den Monopolisierungsgrad abgibt, zu rechnen sein. Vielmehr wird das Ergebnis eher einer Schätzung mit einem mehr oder weniger großen Wahrscheinlichkeitsgrad entsprechen[92].

a) ideologische Macht: Darunter verstehe ich die Möglichkeit bestimmter Machtträger, seien es Einzelpersonen oder Gruppen, ihre Bedeutung und Stellung in der Gesellschaft zu Recht oder zu Unrecht glaubwürdig zu machen. Dies

---

89 Bericht über das Ergebnis einer Untersuchung der Konzentration in der Wirtschaft, v. 29. 2. 1964, erstellt vom Bundesamt für gewerbliche Wirtschaft in Frankfurt/M., S. 93.

90 Vgl. Andreae, C. A.: Was heißt Verbraucherpolitik, Monatsblätter für freiheitl. Wirtschaftspolitik, Nr. 7/1964, S. 411 und Nr. 8/1964, S. 474; und Der Verbraucher - Arbeitgeber des Unternehmers, in: Tiroler Wirtschaftsstudien, Innsbruck 1963, S. 9.

91 Vogel, O.: Entwurf zur Frage der Konzentrationsmessung, hrsg. v. Deutschen Industrie-Institut, Köln 1961, S. 11 ff.

92 Vgl. Gehlen, A.: a.a.O., S. 248 ff.

geschieht meist dadurch, daß es gelingt, entweder das eigene Verhalten als im Interesse der Allgemeinheit liegend oder ein anderes der Wirklichkeit nicht entsprechendes Interesse der Allgemeinheit vorzutäuschen. In beiden Fällen ist die Machtstellung um so größer, je stärker der ideologische Konsensus zwischen den Machtträgern und der Allgemeinheit ist. Die Wirtschaftsgeschichte bietet genügend Beispiele dafür, daß im Laufe der Zeit verschiedenen Wirtschaftszweigen oder -gruppen unterschiedliche Bedeutung beigemessen wurde. Der Stärkung des Gewerbes und des Handels im Merkantilismus folgte eine Bevorzugung der Landwirtschaft und im Zeitalter des Liberalismus der Industrie. Heute hat es den Anschein, daß im Dienstleistungssektor die Banken und Versicherungen eine besonders starke Stellung innehaben, während die Industrie noch immer im Geruch der Ausbeutung steht und in der Öffentlichkeit einen sog. »schlechten Ruf« genießt. Die Gründe, warum in einer Demokratie dennoch die Produzenteninteressen relativ stärker Berücksichtigung finden als die Kosumenteninteressen, sind nach Giersch[93] organisatorischer und finanzieller Natur. Im Gegensatz zur Großindustrie gelingt es heute der sog. mittelständischen Industrie, in der öffentlichen Meinungsbildung mehr und mehr einen vorrangigen Platz einzunehmen.

b) organisatorische Macht: Sie tritt in der Wirtschaft in Form von Verbands-, Konzern- und Kartellmacht auf[94]. In diesen Formen ist sie weitgehend an die Stelle der individuellen Konkurrenz getreten und zu einem Kennzeichen unserer Gesellschafts- und Wirtschaftsordnung geworden. Grundsätzlich bedeutet Organisation Bereitschaft zur Gruppendisziplin[95], also allgemeine Verhaltensregelung. Die Koordinierung der Verhaltensweisen kann mitunter auch durch inneren und äußeren Zwang erfolgen, in der Regel beruht sie aber auf Freiwilligkeit, indem sie auf dem Wege des Kompromisses eine einheitliche Gruppenhaltung der Mitglieder erreicht (Fürstenberg). Die Möglichkeit, die Vorteile einer Organisation zu mißbrauchen, darf nicht darüber hinwegtäuschen, daß diese in erster Linie eine positive ordnende Funktion zu erfüllen hat. Dahrendorf[96] weist darauf hin, daß jede Organisation eine Institutionalisierung, damit einen Schutz vor Extremisierung von Interessen und schließlich eine Tendenz zur Demokratisierung darstelle.

Die Macht einer Organisation hängt von äußeren und inneren Faktoren ab. Nach außen stellt sie eine Verschmelzung verschiedener Interessen dar, nach

---

93 Giersch, H.: Allgemeine Wirtschaftspolitik - Grundlagen., Wiesbaden 1960, S. 246.

94 Fürstenberg, F.: a.a.O., S. 84 ff.

95 Gehlen, A.: a.a.O., S. 206.

96 Dahrendorf, R.: a.a.O., S. 227.

innen ein Geflecht von Konflikten, die zum Ausgleich zu bringen sind[97]. Eine Machtmessung muß daher das Spannungsverhältnis zu anderen Organisationen oder Gruppen berücksichtigen.

Äußere Faktoren sind in erster Linie der Organisationsgrad bzw. der Organisationsstand der Gruppen oder Personen, auf die ein Einfluß ausgeübt werden soll. Ferner spielt eine besondere Rolle die sog. gesellschaftliche Kontrolldichte[98]. Darunter versteht Gehlen Verhaltensweisen, die die Gesellschaft von Mitgliedern bestimmter Organisationen verlangt (z.B. Diplom. Corps). Der wohl wichtigste Faktor, durch den die Macht einer Organisation ausgedrückt werden kann, ist die soziologische Zusammensetzung der organisierten Mitglieder. Je breiter die Mitglieder einer Gruppe in der gesamten Bevölkerung gestreut sind, desto schwieriger wird zwar die Organisation an sich, um so stabiler ist sie aber hinterher, da sie von außen nicht so anfechtbar ist[99] . So ist die Kirche, da sie Kreise aus allen Bevölkerungsschichten umfaßt, als äußerst stabile Organisation anzusehen. Die Bestrebungen, den Gegensatz von Kapital und Arbeit dadurch zu beseitigen, daß Arbeiter zu Kapitalisten, zu Volkskapitalisten, gemacht werden, tragen in diesem Sinne zu einer wichtigen Stabilisierung der Gesellschaft bei[100]. Umgekehrt, je homogener eine Gruppe zusammengesetzt ist, desto größer und leichter ist zwar die Kommunikations- und Organisationsmöglichkeit, da kollektive Aktionen erleichtert werden; ihre Stellung nach außen ist aber anfechtbar, da sie dazu neigt, das eigene Gruppeninteresse überzubetonen und so Gefahr läuft, in eine Isolation von anderen Gruppen zu geraten[101]. Aus dieser Sicht muß das Bemühen der westlichen sozialistischen Parteien, von reinen Arbeiterparteien zu Volksparteien zu werden, gesehen werden. Umgekehrt benützen auch ausgesprochene Rechtsparteien gern den Titel »Volkspartei«.

Die Ableitung der Stärke einer Organisation von ihrer soziologischen Zusammensetzung hat offensichtlich auch Gehlen im Sinn, wenn er ihre Macht an der »Deformations- und Zerreißfestigkeit unter Belastungen[102]« schätzt. Nach ihm würde heute keine Regierungsform auf der Welt eine Niederlage im Krieg überleben.

---

[97] Wittmann, W.: Über Vorurteile in der Organisationstheorie, Kyklos 63, Vol. XVI, S. 141 ff.

[98] Gehlen, A.: a.a.O., S. 248.

[99] Vgl. Lipset, S. M.: Soziologie der Demokratie, Neuwied am Rhein, Berlin, 1963, S. 22.

[100] Vgl. Andreae, C. A.: Soziale Eigentumsbildung, Zeitschrift für Ganzheitsforschung, Wien IV/1961, S. 157.

[101] Lipset, S. M.: a.a.O., S. 274.

[102] Gehlen, A.: a.a.O., S. 248.

Die einfachste Messung der Macht einer Organisation kann an Hand der Mitgliederzahl vorgenommen werden. Je nach soziologischer Zusammensetzung und Zweck der Organisation wird das Verhältnis der Organisierten einer Gruppe zu den Nichtorganisierten wie auch die Mitgliederzahl der organisierten Gruppe zu berücksichtigen sein, gegen die sich die Organisation richtet. Die Macht einer Gewerkschaft hängt z.B. davon ab, wieviel Mitglieder sie zu organisieren vermag aber auch, in welchem Ausmaß die Arbeitgeber organisiert sind (Gegenmacht). Ein bedeutende Rolle kommt in diesem Zusammenhang den Außenseitern zu, die aus welchen Gründen immer sie einer Organisation fernbleiben, einen erheblicher Druck auf diese auszuüben vermögen und dabei trotzdem in den Genuß ihrer Vorteile kommen. Außenseiter von Kartellen profitieren in der Regel ebenso von den preisstützenden oder -stabilisierenden Maßnahmen der Kartellmitglieder wie die nichtorganisierten Arbeitnehmer von den Errungenschaften der Gewerkschaften profitieren (Trittbrettfahrer).

Der Mitgliederdruck bzw. die Gefahr des Mitgliederschwundes kann eine Gewerkschaft veranlassen, ihrem Sozialpartner ständig Zugeständnisse abzuringen, wodurch die Auseinandersetzung verschärft wird. Umgekehrt wird eine Gewerkschaft mit hohem Organisationsgrad der Mitglieder gegenüber ihrem Sozialpartner eine wesentlich konziliantere Haltung einnehmen können. Ein Beispiel dafür gibt Österreich, das auf Grund des hohen Organisationsgrades, z.T. durch Mitgliedszwang, (de jure in Arbeiterkammern und de facto in Gewerkschaften), von sozialen Kämpfen, längeren Streiks usw. in der Nachkriegszeit weitgehend verschont blieb[103].

c) Persönlichkeitsmacht: Machtpositionen, die auf »persönlichen, individuellen Qualifikationen« beruhen[104], sind wohl am schwierigsten zu messen. Die Fähigkeiten, Menschen richtig zu führen, einzusetzen, die Produktionsfaktoren optimal zu kombinieren, Märkte zu übersehen und zu organisieren, im betrieblichen Bereich ökonomische und soziale Spannungen zu vermeiden, sind Eigenschaften, die in unserer Gesellschaft den Unternehmer im weitesten Sinne charakterisieren. Schumpeters dynamischer Unternehmerbegriff muß ausgeweitet werden: Die Unternehmerpersönlichkeit drückt sich nicht nur in ökonomischer, sondern im gleichen Ausmaß in sozialer Dynamik aus. Die zunehmende Organisation im wirtschaftlichen und sozialen Bereich durch Konzentrations- und Verbandsbildung verlangt von Unternehmern und Funktionären in erhöhtem Maße persönliche Qualifikationen.

---

[103] Vgl. auch Andreae, C. A.: Unternehmer - schafft starke Gewerkschaften, in: Capital Nr. 2, 1962.

[104] Seraphim, H. J.: a.a.O., S. 82 ff.

d) Macht auf Grund von Beziehungen: Seien sie persönlicher oder politischer Art, stellen sie in der modernen Gesellschaft einen nicht zu unterschätzenden Machtfaktor dar. Sie können auf Gemeinsamkeit irgendwelcher Interessen persönlicher Art oder auf politischer Übereinstimmung begründet sein. Immer ist ihr Zweck, Querverbindungen zu anderen Machtträgern zu schaffen oder auszunützen. Die Entstehung solcher Beziehungen umfaßt die ganze Skala von bloßen Zufallsbekanntschaften bis hin zur bewußten Entsendung oder Förderung von Vertrauensleuten in bestimmte Organisationen. Neben dem Kampf um Einfluß in der Wirtschaft (Verflechtung von Vorstandsmitgliedern und Aufsichtsräten, Personalunion) tritt vor allem der Kampf um Staatseinfluß, um das Recht, Recht zu setzen, in den Vordergrund[105]. Während der Staat seinen Einfluß in der Wirtschaft durch Entsendung von Beamten in die Aufsichtsräte sichert, versuchen wirtschaftliche Organisationen und Verbände direkt durch eigene Vertreter oder indirekt durch Vertrauensleute in Parlament und Regierung, Einfluß auf den Staat zu erhalten.

Wenn auch der Einfluß der einzelnen Gruppen auf den Staat in einer Demokratie im wesentlichen durch das Wahlergebnis abgegrenzt scheint, so versuchen doch manche Gruppen, ihre Machtpositionen so auszubauen, daß sie auch im Falle eines für sie negativen Wahlergebnisses aus dem politischen Leben nicht mehr wegzudenken sind. Als typisches Beispiel dafür darf die verstaatlichte Industrie in Österreich gelten, die zu Machtpositionen der Koalitions-Parteien ÖVP und SPÖ außerhalb des Parlamentes geworden ist[106].

e) Besitzmacht: Sie stellt eine Kategorie dar, die am leichtesten zu messen ist. Sie tritt als Einkommens-, Vermögens- bzw. als Kapitalmacht auf. Der besondere Schutz, der in unserer Rechtsordnung dem Eigentum, dem Eigentumserwerb und dem Eigentumszuwachs zukommt, ist eine ständige Quelle für die Entstehung dieser Machtpositionen. Bei wirtschaftlichen Unternehmen findet der finanzielle Rückhalt seinen Ausdruck in der Kapitalstruktur, wobei die Höhe des Kapitals und dessen Zusammensetzung von Bedeutung ist, und in den Möglichkeiten der Kapitalbeschaffung. Die Höhe des Gewinnes ist insofern bedeutsam, als sie Kapitalmacht und Verfügungsmacht begründen und erhöhen kann. Bei Organisationen und Verbänden besteht der finanzielle Rückhalt in Mitgliedsbeiträgen, deren Höhe bzw. deren Erhöhungsmöglichkeit, in Barreserven und in Vermögensanlagen.Von letzterer Möglichkeit haben vor allem die Gewerkschaften durch Gründung eigener Unternehmen und durch Bildung von Streik-

---

[105] Gehlen, A.: a.a.O., S. 249.

[106] Vgl. Smekal, C.: Die verstaatlichte Industrie in der Marktwirtschaft - das österreichische Beispiel, Köln 1963.

fonds Gebrauch gemacht. Eine fast unbegrenzte Finanzkraft hat der Staat, da er seine Mitgliedsbeiträge via Steuern bis zur Grenze des Sozialprodukts erhöhen, ja durch Geldverschlechterung bis zur Grenze des Volksvermögens ausdehnen kann[107].

f) Marktmacht: Sie stellt wirtschaftliche Macht im engsten Sinn dar. Im wissenschaftlichen Sprachgebrauch hat sich dafür eine Reihe mehr oder weniger genau definierbarer Begriffe eingebürgert. Dabei wird Marktmacht meist mit Marktbeherrschung gleichgesetzt, die ihrerseits wiederum durch den sog. Marktanteil bzw. durch den sog. Monopolisierungsgrad ausgedrückt wird. Ein genaues Kriterium zur Bestimmung des Marktanteils bzw. des Monopolisierungsgrades soll dann als Monopolmaß bezeichnet werden.

Die Messung von Marktmacht setzt natürlich voraus, daß man sich über den Begriff des relevanten Marktes im klaren ist. Der Begriff Markt kann sich immer nur auf ein bestimmtes Gut, das sich von anderen Gütern hinsichtlich technischer und formaler Merkmale, aber auch hinsichtlich der Substitutionsmöglichkeiten unterscheidet, beziehen. Da ein Unternehmen gewöhnlich mehrere Artikel herstellt, können Unternehmensgröße, Konzentrationsgrad, Absatz- bzw. Umsatzvolumen allein nur sehr beschränkt Ausdruck von Marktbeherrschung sein. Aus diesem Grunde sind auch die Ergebnisse der Konzentrationsenquete kaum aussagefähig, da unterlassen wurde, die ermittelten Bestimmungsgrößen zu den Märkten der jeweiligen Güter in Beziehung zu setzen.

Bezieht man den Begriff der Marktbeherrschung auf den Anteil eines Unternehmens am Markt eines bestimmten Gutes, so wird eine genaue Marktabgrenzung notwendig. Wie wir weiter oben festgestellt haben, stellt der Markt das Zusammentreffen von Angebot und Nachfrage in bezug auf gleichartige Güter dar, wobei Gleichartigkeit nicht nur in technischer, sondern in erster Linie in ökonomischer Hinsicht vorliegen muß. Ökonomische Gleichartigkeit bedeutet, daß die Güter bezüglich ihrer Verwendung und Verwendungsmöglichkeit gleichartig sein müssen[108]. So kann man z.B. von einem einheitlichen Energiemarkt sprechen, da die Energieträger Kohle, Holz und Öl untereinander austauschbar und somit gleichartig verwendbar sind. Diese Austauschbarkeit im objektiven Sinn wird allerdings dadurch eingeschränkt, daß subjektive Verbrauchergewohnheiten und Verbrauchereinstellungen die Austauschbarkeit an sich gleichartiger

---

[107] Vgl. Schmölders, G.: Allgemeine Steuerlehre, Berlin 1955, S. 80 ff.

[108] Vgl. Spengler, A.: Das marktbeherrschende Unternehmen im EWG-Vertrag, in: WuW 1961, S. 513.

Güter erheblich beeinträchtigen[109]. Die ökonomische Verwendbarkeit eines Gutes besteht also in zweierlei, in objektiver und in subjektiver Hinsicht: objektiv je nach funktioneller Austauschbarkeit und subjektiv je nach Gewohnheiten und Einstellungen der Verbraucher.

Der Begriff der ökonomischen Verwendbarkeit gleichartiger Güter stellt ein positives Abgrenzungskriterium dar. Die Wirtschaftstheorie bietet daneben noch als zweite Möglichkeit die Abgrenzung mittels sogenannter Substitutionslücken an, mit denen - als negativem Abgrenzungskriterium - die Ungleichartigkeit von Gütern bestimmt werden soll. Der Begriff Substitutionslücke geht auf J. Robinson zurück[110], die grundsätzlich alle Güter für austauschbar hält, wobei jedoch hinsichtlich der Substituierbarkeit mehr oder weniger große Lücken bestehen. Diese Lücken können sachlicher, räumlicher, zeitlicher und vor allem persönlicher Natur sein[111].

Legt man die obigen Begriffsbestimmungen für das Gut zugrunde, so wird deutlich, daß der Markt keine statische, sondern eine dynamische Institution darstellt, durch die die wirtschaftlichen Interessen von unabhängig entscheidenden Anbietern und Nachfragern zum Ausgleich gebracht werden[112]. Technischer Fortschritt, Vergrößerung der Absatzmärkte, Intensivierung des Wettbewerbs, schnellere Kommunikations- und Transportmöglichkeiten sowie sich ständig verändernde Verbrauchergewohnheiten können den Markt eines bestimmten Gutes von heute auf morgen ändern. Jede Veränderung bringt notwendigerweise eine Verschiebung der Machtverhältnisse mit sich. Die Einflußgrößen für Marktmacht bedürfen daher zur Messung einer laufenden Überprüfung. Sie sind z.T. quantifizierbar, z.T. nur schätzbar; alles in allem wird das Ergebnis eher den Charakter einer Schätzung als den einer Messung annehmen.

Als wichtigste Einflußgrößen kommen etwa folgende in Frage: Die Intensität des Wettbewerbes, die Anzahl der Marktteilnehmer, die räumliche Abgrenzung des Marktes, die Größe des Marktanteils, die konjunkturelle Lage, Angebots- und Nachfrageüberhang, die Möglichkeit des Marktzuganges, die Elastizitäten des Angebotes und der Nachfrage, das Verhalten der Wettbewerber, die Stärke der gegengewichtigen Marktmacht. Diese Einflußgrößen werden in jedem Einzelfall in unterschiedlicher Intensität auftreten. In einem Fall können sich ihre Wirkun-

---

109 Vgl. Kartte, W.: Zum Begriff marktbeherrschendes Unternehmen, in § 22 Abs. 1 GWB, Der Betrieb, 1962, S. 1134 ff.

110 Robinson, J.: The Economics of Imperfect Competition, Cambridge 1947, S. 5 ff

111 Ott, A.: Marktform und Verhaltensweise, Stuttgart 1959, S. 36.

112 Vgl. Heimann, E.: a.a.O., S. 114 ff.

gen kumulieren, im anderen wieder sich gegenseitig aufheben. So stärkt z.B. ein Nachfrageüberhang die Produzenten, da die Nachfrage unelastisch wird. Umgekehrt stärkt ein Angebotsüberhang die Konsumenten, da die Angebotselastizität abnimmt.

VIERTER TEIL

Der Ausgleich des Machtsaldos

I. Voraussetzungen

Wie die bisherigen Ausführungen gezeigt haben, drängen Machtverhältnisse, denen ein Konflikt zugrunde liegt, zum Ausgleich. Ziel jeden Konflikts ist also ein Wandel, eine Veränderung bzw. eine Verschiebung der Machtstruktur. Dies ist allerdings nur dann möglich, wenn die Bedingungen des Konflikts eine Organisation der unterdrückten Interessen zulassen[113]. Nach Dahrendorf können diese Bedingungen technischer, sozialer und politischer Natur sein[114]. Je nach ihrem Vorhandensein liegt eine größere oder geringere Organisationsfähigkeit vor. Die technischen Bedingungen bestehen vor allem im Bildungsgrad der Gruppen, im Vorhandensein von Führern, die sozialen in der Zusammensetzung von Gruppen und die politischen in der Erlaubnis und Ermöglichung der Organisation. Negativ ausgedrückt beinhalten die politischen Bedingungen die Verhinderung oder das Verbot von Organisationen (Koalitionsverbot). Neben der Organisationsfähigkeit ist noch die Organisationswilligkeit von Bedeutung. Im Anfangsstadium ist die Formierung von Interessen häufig heftigen Anfeindungen von seiten der Überlegenen ausgesetzt, was für die Betroffenen Opfer und Ausdauer verlangt. Damit der Organisationswille nicht erlahmt, ist ständige Information und Aufklärung notwendig. So ruft K. Marx im Kommunistischen Manifest die Proletarier zur Organisation zu Klassen auf: »Die Proletarier haben nichts . . . zu verlieren, als ihre Ketten. Sie haben eine Welt zu gewinnen. Proletarier aller Länder vereinigt Euch[115]!« Aus neuester Zeit kann als Beispiel die Koopera-

---

[113] Vgl. Dahrendorf, R.: a.a.O., S. 205.

[114] Dahrendorf, R.: a.a.O., S. 208.

[115] Marx, K.: Das Kommunistische Manifest, Berlin 1918, S. 56.

tionsfibel dienen, die eine Empfehlung der Regierung an mittelständische Unternehmer zur zwischenbetrieblichen Zusammenarbeit darstellt[116].

II. Möglichkeiten des Machtausgleichs

1. Behinderung und Beschränkung wirtschaftlicher Macht

Darunter sind die Maßnahmen zu verstehen, die sich nicht gegen einzelne konkrete Machtpositionen richten, sondern ganz allgemein die Entstehung von Machtpositionen verhindern oder den Mißbrauch bestehender Machtpositionen unmöglich machen sollen. Die wichtigsten werden im folgenden aufgezählt:

a) Die Schaffung eines gemeinsamen Wertsystems: Dies ist in einer freiheitlichen Wirtschaftsordnung in der Verwirklichung der demokratischen Grundrechte gegeben. Haller[117] spricht von der freiheitlichen, der Wohlstands- und der Gerechtigkeitszielsetzung. Die Erkenntnis, daß diese Grundrechte nicht nur eine Berechtigung, sondern auch eine Verpflichtung gegenüber anderen beinhalten, trägt zu einer wesentlichen Verbesserung der wirtschaftlichen Moral bei. Anzeichen dafür sind in der zunehmenden, sich aber immer noch sehr langsam vollziehenden Demokratisierung der Wirtschaft zu finden. Dieser Prozeß stellt im Grunde nichts anderes als die Durchdringung der »Herrschaftsklasse« mit Vertretern der »beherrschten Klasse« dar und führt zu einer Aufspaltung bzw. Entmachtung von Herrschaftspositionen[118]. Während im politischen Bereich die Demokratisierung schon weitgehend vollzogen ist, herrschen in der Wirtschaft noch Reste einer feudalistischen Gesellschaftsordnung.

b) Verfassung und Recht: Die Rechtsordnung soll den wirtschaftlich Handelnden den Rahmen und die Grenzen ihres Handelns vorzeichnen, indem sie sie auch mit Verantwortlichkeiten belastet, die »gegenüber dem wirtschaftlichen Eigeninteresse ... andere spezifische Rechtswerte zur Geltung bringen[119]«. In erster Linie sind hier Normen der Wirtschaftsverfassung zu nennen, die ordnungspolitischen Charakter aufweisen. Ihr Ziel ist der reibungslose Ablauf des Wirtschafts-

---

[116] Kooperationsfibel - zwischenbetriebliche Zusammenarbeit im Rahmen des Gesetzes gegen Wettbewerbsbeschränkungen, Bergisch-Gladbach 1963.

[117] Haller, H.: Finanzpolitik, Tübingen-Zürich, 1961, S. 124 ff.

[118] Dahrendorf, R.: a.a.O., S. 211 ff.

[119] Raiser, L.: Die Konzernbildung als Gegenstand rechts- und wirtschaftswissenschaftlicher Untersuchung, Diskussionsbeitrag auf der Tagung des Vereins für Socialpolitik, Würzburg 1964, S. 3.

prozesses, wobei die wichtigsten Bestimmungen das Institut des Privateigentums und die Sicherung des Wettbewerbs (GWB) beinhalten.

Neben den Normen der Wirtschaftsverfassung sind es noch privatrechtliche Normen zur Regelung und zum Schutz von Individualinteressen, durch die der Wirtschaftsablauf geordnet wird. Der Komplex des Handelsrechts, Gesetze gegen unlauteren Wettbewerb, die Boykottgesetzgebung usw. verhindern Auswüchse und Mißbrauch wirtschaftlicher Macht.

Verfolgt der Gesetzgeber mit den genannten Normen des öffentlichen und privaten Rechtes nur ordnende Zwecke, so kann er in bestimmten Fällen auch durch kurzfristige, punktuelle Gesetze in den Wirtschaftsablauf eingreifen. Die interventionistische Gesetzgebung bezieht sich hauptsächlich auf Maßnahmen der Finanz-und Steuerpolitik, der Kapitalmarkt-, Spar- und Investitionspolitik sowie der Währungs- und Geldpolitik. Ihr Ziel kann die Steuerung einer Konjunktur im allgemeinen, aber auch die Hilfeleistung an einem in Schwierigkeiten geratenen Wirtschaftszweig sein. Die Interventionskriterien des Staates sind dabei nicht nur wirtschaftspolitischer, sondern in besonderem Maß gesellschaftspolitischer Natur. Bei der Entscheidung zu einer Intervention steht heute sehr häufig das Kriterium der Existenzgefährdung einer gesellschaftlich wichtigen Bevölkerungsgruppe vor dem der Existenzgefährdung eines volkswirtschaftlich wichtigen Wirtschaftszweiges im Vordergrund. Fallen beide Kriterien zusammen, so wird eine entsprechende Maßnahme selten umstritten sein (Mittelstandspolitik). Andernfalls geben solche Maßnahmen häufig Anlaß zu gesellschaftlichen Spannungen (Landwirtschaftspolitik).

Die überragende Bedeutung der Rechtsordnung in der Wirtschaft liegt nicht nur darin, daß sie den Wirtschaftsablauf ordnet und gestaltet, sondern, daß sie die Durchführung gesetzlicher Maßnahmen sowie die Erfüllung auf Grund solcher Gesetze eingegangener Verpflichtungen sichert (Rechtsschutz)[120]. Voraussetzung dafür ist die Unabhängigkeit der Rechtspflege, die allen Staatsbürgern unabhängig von ihrer politischen, sozialen oder finanziellen Stellung gleiche Behandlung vor dem Gesetz garantiert.

c) Am Gesamtwohl orientierte, widerspruchfreie Wirtschaftspolitik: Jede Wirtschaftspolitik, die sich nicht am Gesamtwohl orientiert, schafft Machtpositionen, indem sie eine Gruppe bevorzugt und die andere benachteiligt. Dieser Gefahr kann durch die Erstellung eines gesamtwirtschaftlichen Konzeptes, das als Richtschnur der Wirtschaftspolitik zu dienen hat, begegnet werden. Darüber-

---

120 Pohmer, D.: Das Verhältnis der Wirtschaftswissenschaft zur Rechtswissenschaft- dargestellt am Beispiel der Konzerngestaltung, Diskussionsbeitrag auf der Tagung des Vereins für Socialpolitik, Würzburg 1964.

hinaus wäre nach Möglichkeiten zu suchen, wie der Einfluß von Wirtschafts- und Interessenverbänden auf Beamte, Regierung und Parlament in den Grenzen gehalten werden kann, die für das Funktionieren einer demokratischen Willensbildung notwendig sind[121]. Um die Anfälligkeit gegen die Einflüsse des Lobbyismus herabzusetzen, schlägt Tuchtfeldt[122] u.a. Besserbezahlung der Parlamentarier und der Ministerialbürokratie vor.

d) Verwissenschaftlichung der Wirtschaftspolitik: Diese Möglichkeit hängt eng mit dem obigen Punkt zusammen. Bei der Verfolgung einer möglichst widerspruchsfreien Wirtschaftspolitik kann die Regierung heute nicht mehr auf die Hilfe der Wissenschaft verzichten. Die Ursachen wirtschaftlicher Entwicklung und die Vielfalt möglicher Wirkungen wirtschaftspolitischer Maßnahmen können vom Politiker allein nicht mehr übersehen werden. Eine Verwissenschaftlichung sollte hier sozusagen von innen, durch Verbesserung der Bildung von Politikern und Fachbeamten, und von außen, durch Heranziehung wissenschaftlicher Beiräte und Expertenkommissionen, erfolgen. Im letzteren Fall haben die wissenschaftlichen Beiräte neben der Beratung der Regierung eine ebenso wichtige Funktion in der Aufklärung der Öffentlichkeit mit sachlicher Argumentation. Nach Tuchtfeldt[123] kommt ihnen die Aufgabe eines »ideologischen Nebelspalters« zu.

e) Kontrolle durch die öffentliche Meinung: In der öffentlichen Meinung drückt sich die »bewußte Teilnahme der großen Menge der Bevölkerung an den gesellschaftlichen Vorgängen« aus[124]. Vielfach als vierte Gewalt im Staate bezeichnet ist sie ein wirksames Mittel der Machtkontrolle. Durch ihre Meinungsträger, vor allem die Presse, zeigt sie den Inhabern von Machtpositionen auf, wo deren Grenzen gezogen sind. In einer Demokratie müßte es daher ein Gebot sein, der Pflege der öffentlichen Meinung ein besonderes Augenmerk zuzuwenden. Die eine oder andere (Interessen-)Gruppe wird immer wieder versuchen, die öffentliche Meinung zu beeinflussen und auf ihre Seite zu ziehen, so daß aus der öffentlichen eine veröffentliche Meinung wird. Durch Hebung des allgemeinen

---

[121] Vgl. Schmölders, G.: Finanzpolitik, Berlin-Göttingen-Heidelberg, 1955, S. 89 ff.

[122] Tuchtfeldt, E.: Wirtschaftspolitik und Verbände, in: Hambg. Jb. f. Wirtsch. u. Gesellschaftspolitik, 1. Jahr, 1956, S. 80.

[123] Tuchtfeldt, E.: a.a.O., S. 81.

[124] Golomb, E.: Öffentliche Meinung, Kath. Soziallexikon, Innsbruck-Wien-München, 1964.

Bildungsniveaus und durch Garantie einer unabhängigen und fairen Berichterstattung kann dies am ehesten verhindert werden[125].

f) Verbesserung der Information: Eine wesentliche Entschärfung sozialer Konflikte wird durch gegenseitige Information und Aufklärung erreicht. Die Offenlegung der Gebarung von Parteien, Verbänden und Wirtschaftskonzernen trägt in der Regel zur Versachlichung der Debatte bei. Nach dem Ende des 1. Weltkrieges forderte bereits Rathenau, daß die Industrie »durchsichtig« gemacht werde[126], da sonst als Alternative die Nationalisierung befürchtet werden müsse. Tatsächlich definiert Heimann auch den Sozialismus als »Öffentlichkeit der Wirtschaftsbeziehungen[127]«. In den Vereinigten Staaten ist zwar nicht die Nationalisierung eingetroffen, doch übt eine ähnliche Funktion die Antitrust-Gesetzgebung aus, die ständig die Wirtschaft nach geheimen und verborgenen Machenschaften untersucht, um vor Machtmißbrauch abzuschrecken bzw. ihn zu verhindern.

Die gegenseitige Information und Aufklärung kann formlos in einfachem Meinungs- und Verfahrensaustausch und auf vertraglicher Basis erfolgen. Besondere Bedeutung hat das aus dem angelsächsischen Raum kommende »open-price-system« erlangt. Diese Preismeldestellen stellen Informationsgemeinschaften in der Wirtschaft dar, in denen sich die Unternehmer einer Branche zur Bekanntgabe in der Vergangenheit liegender Geschäftsdaten verpflichten[128]. Dadurch wird das Informationsprinzip, das in der Politik schon längst Eingang gefunden hat, auch in die Wirtschaft eingeführt und eine wesentlich bessere Marktübersicht und damit bessere Marktordnung erreicht[129].

g) Selbstbeschränkung der Macht: Diese ist immer dann gegeben, wenn sich Verhandlungs- oder Marktpartner freiwillig irgendwelchen Schiedsgerichts- oder Schlichtungseinrichtungen unterwerfen und deren Schiedssprüche anerkennen. Solche Einrichtungen stellen den ersten Schritt von einer Kampfsituation zur Partnerschaft dar, da die Parteien bestrebt sind, sich auf gütliche Lösungen zu einigen. Zwischen den Sozialpartnern wurden hier bereits erfreuliche Ansätze gemacht. Wie wir bereits weiter oben ausgeführt haben, bedeutet letzten Endes

---

125 Vgl. Pressekommentare zur Tarifauseinandersetzung 1963, hrsg. v. d. Dtschen. IG-Metall, Vorstand, Pressestelle.

126 Zit. nach Heimann, E.: a.a.O., S. 135.

127 Heimann, E.: a.a.O., S. 211 und Seytter, J.: Wirtschaftliche Macht und Sozialdemokratie, Diss., Innsbruck 1961.

128 Vgl. Zur Diskussion um das Open-Price-System, Sonderdruck aus den Heften 10/16/22/23 v. 1964 des Volkswirt.

129 Vgl. Sölter, A.: Vom Modellwettbewerb zum Geheimwettbewerb?, Industriekurier, Sonderdruck aus Nr. 80 v. 23. 5. 1964 und Nr. 84 v. 30. 5.1964.

jede Organisation Verhaltensregelung, d.h. Unterwerfung unter gemeinsame Normen, und damit einen Schritt zur Demokratisierung[130].

2. *Bildung von Gegenmacht*

Die Punkte a)-g) des vorangegangenen Kapitels sollten allgemeine, unterstützende oder ergänzende Möglichkeiten zeigen, durch die wirtschaftliche Machtpositionen entschärft werden können. Im konkreten Einzelfall wird an die Wirtschaftspolitiker und die Betroffenen aber trotzdem noch die Frage herantreten, wie mit gesellschaftlich und volkswirtschaftlich abträglicher Übermacht zu verfahren sei. Will man nicht gleich den Staat mit dieser Aufgabe bemühen, so bietet sich als naheliegendste Lösung die Organisation des Widerstandes der Machtunterworfenen, d.h. die Bildung gegengewichtiger Macht an.

Die Bildung gegengewichtiger Macht muß sich unter drei wesentlichen Bedingungen vollziehen:

a) Sie muß sich im Rahmen des Rechts vollziehen: Diese Verpflichtung richtet sich an die Interessenten der Gegenmachtbildung ebenso wie an den Staat. Während erstere sich nicht außerhalb der Rechtsordnung, sozusagen extra legem, begeben dürfen, ist es Aufgabe des Staates, geeignete Rechts- und Organisationsformen zu schaffen, die eine reibungslose Gegenmachtbildung ermöglichen. D.h. also, die Rechtsformen müssen nicht nur den rechtlichen, sondern - in erster Linie - den wirtschaftlichen Anforderungen genügen. Daher hat der Staat ständig die wirtschaftliche Entwicklung auf Strukturänderungen hin zu prüfen und die Rechtsform den geänderten Verhältnissen anzupassen, da sonst die Gefahr besteht, daß die Rechtsnormen hinter der wirtschaftlichen Entwicklung einherlaufen. So wäre heute zu überlegen, ob die Genossenschaft noch die geeignete Form der Selbsthilfe und Zusammenarbeit in der Landwirtschaft sein kann, da hier die Probleme doch struktureller Natur sind und in erster Linie Hebung des Bildungsniveaus auf breitester Ebene und verstärkten Kapitaleinsatz erfordern. Im Bereich der Industrie hat das Bundeskartellamt zwar den Gedanken von Gegengewichtskartellen zum Ausgleich ungleicher Wettbewerbsbedingungen gegenüber dem Ausland und bei den Mittelstandsempfehlungen angenommen, nicht aber die Konsequenz gezogen, daß der Gegengewichtsgedanke ganz allgemein auf den Ausgleich sämtlicher wettbewerblicher Ungleichheiten zu richten wäre[131].

---

[130] Vgl. Fürstenberg, F.: a.a.O., S. 84 und Dahrendorf, R.: a.a.O., S. 227.

[131] Sölter, A.: Abwehrkartelle und Gegengewichtsprinzip, in: Der Betrieb, Nr. 36/1964, S. 1253; vgl. auch Die Industrie braucht Abwehrkartelle, Bericht über einen Vortrag von Dr. Günther, im Industriekurier, 12. 11. 1964. Vgl. auch

Das Fehlen geeigneter Organisationsformen führt in der Regel zu Ausweichreaktionen[132], die sich informell oder in verbotener Form bilden. Informelle Gruppenbildung, die den Augen des Gesetzes und der Öffentlichkeit verborgen zu bleiben trachtet, hat ihrerseits wiederum Unübersichtlichkeit des Marktes und Verschleierung von Machtpositionen zur Folge. Werden Gegengewichtsinteressen gar mit Gewalt unterdrückt, so entsteht die Gefahr sozialer Spannungen in Form von Untergrundbewegungen und im Extremfall von Revolutionen.

b) Die zweite Bedingung der Gegenmachtbildung besteht darin, daß sie zunächst auf Selbsthilfe beruhen muß. Dies ergibt sich daraus, daß die Interessen der Machtunterlegenen nur dann manifest werden können, wenn ein Ausgleichswille vorhanden ist. Das Prinzip der Selbsthilfe muß streng beachtet werden, da sonst die Interessengruppen unter Vortäuschung einer Notlage geneigt sind, auf Kosten anderer Staatshilfen zu fordern. Die Möglichkeiten der Selbsthilfe liegen vorwiegend im bildungsmäßigen, organisatorischen und/oder finanziellen Bereich. Dem Staat fällt die Aufgabe zu, zu überprüfen, ob und welche Selbsthilfemöglichkeiten vorhanden sind, wobei die Betroffenen gegebenenfalls darauf hinzuweisen wären.

c) Reicht die Selbsthilfe auf Grund genauer empirischer Prüfung nicht aus, so muß sie vom Staat gefördert, ergänzt oder ersetzt werden. Tritt eine Gruppe von sich aus an den Staat heran, so wird sie die Beweislast treffen, daß ungenügende Möglichkeiten der Selbsthilfe vorliegen. Auf Seiten des Staates werden die Interventionskriterien darin liegen, daß die Existenz einer Gruppe oder eines Wirtschaftszweiges auf dem Spiel steht, denen in volkswirtschaftlicher oder gesellschaftlicher Hinsicht besondere Bedeutung zukommt.

3. Die Aufgaben des Staates im Gegengewichtskonzept

Wie schon angedeutet, liegen die Aufgaben des Staates darin, darauf zu achten, daß sich Macht und Gegenmacht stets die Waage halten. Gegebenenfalls hat er die Machtsalden auszugleichen. Damit ist seine Tätigkeit auf eine ausgleichende Funktion beschränkt, die gleichzeitig eine weitestmögliche Entfaltung privater Initiative erlaubt.

Im Vergleich dazu ist der Staat im neoliberalen und im sozialistischen Konzept wesentlich mehr beansprucht, ja sogar überfordert. Im neoliberalen Konzept

---

Kantzenbach, E.: Die Fuktionsfähigkeit des Wettbewerbs, Göttingen 1966, S. 149 ff.

132 Vgl. Andreae/Seidenfus/Passern/Meier: Der industrielle Mittelstand in der Wettbewerbsordnung, Köln-Berlin-Bonn-München 1962, S. 74 f.

muß der Staat zunächst die originäre Macht, deren Entstehung nicht verhindert werden konnte, zerschlagen. Darüberhinaus hat er ständig bemüht zu sein, die Neuentstehung von Machtpositionen zu verhindern. Bei verfassungsrechtlich garantierten Machtpositionen, wie sie durch das Grundrecht der Tarifautonomie gegeben sind, fällt ihm zusätzlich noch die Aufgabe zu, den Machtsaldo auszugleichen. Im sozialistischen Konzept wird dem Staat durch Nationalisierung die gesamte Verantwortlichkeit für die Wirtschaft aufgebürdet. Heute sind allerdings viele westliche sozialistische Parteien vom Grundsatz der Nationalisierung abgekommen, da dadurch nicht die Beherrschung der Wirtschaft durch die Arbeiter, sondern durch die Regierung und Beamte erreicht wird[133]. Das englische und das österreichische Beispiel zeigen aber, daß der Nationalisierungsgedanke noch durchaus lebendig ist.

Im Gegengewichtskonzept muß der Staat seine politische Macht nur in zwei Fällen ins Gewicht werfen. Erstens, wenn die private, auf Selbsthilfe beruhende Gegenmacht nicht ausreicht. Die staatliche Funktion ist hier der Reihe nach eine fördernde, ergänzende und ersetzende (Subsidiaritätsprinzip). Zweitens, wenn Gegenmacht zur Übermacht wird. Dies erfordert natürlich eine ständige Überprüfung der Machtkonstellationen. In beiden Fällen hat der Staat nur Machtsalden auszugleichen: er greift nur subsidiär ein.

FÜNFTER TEIL

Das Problem des Wettbewerbs und der Machtspirale

I. Gegengewichtsprinzip und Wettbewerb

Die Gegenmachtbildung schafft monopolistische Marktformen. In der Regel entstehen bilaterale Oligopole, in selteneren Fällen bilaterale Monopole. Diese Marktformen bezeichnet man nach der herkömmlichen Theorie als ungleichgewichtig und in der ideologischen Diskussion als ausbeuterisch. Der Grund hierfür wird im Fehlen des Wettbewerbs gesehen, der nur dann möglich sei, »wenn sowohl auf der Angebots- wie auf der Nachfrageseite die Zahl der Marktteilnehmer sehr groß ist[134].« Je mehr Teilnehmer auf beiden Marktseiten vorhanden sind, desto eher gelingt es, einen Wettbewerb zu realisieren, der »nicht im Über-

---

133 Vgl. Heimann, E.: a.a.O., S. 199 ff.

134 Miksch, L.: Wettbewerb als Aufgabe, Stuttgart und Berlin 1937, S. 12.

wältigen, sondern nur im Überflügeln des Gegners[135]« besteht. Umgekehrt steigt mit abnehmender Zahl der Marktteilnehmer die Möglichkeit, einem der Konkurrenten ein bestimmtes Verhalten aufzuzwingen und im Extremfall sogar, seine Existenz in Frage zu stellen. An die Stelle der Zielsetzung, seinen Gegner im friedlichen Wettstreit zu überflügeln, treten nun kämpferische Zielsetzungen. Krelle[136] versteht darunter Zielsetzungen, die die Ausschaltung des Gegners, sei es aus Machttrieb oder sei es aus Angst, sonst selbst ausgeschaltet zu werden, beinhalten.

In der Praxis zeigt sich nun, daß die Oligopolisierung bzw. die Monopolisierung der modernen Wirtschaft keineswegs von jenen kämpferischen Akzenten begleitet ist, die auf Grund der theoretischen Erkenntnisse zu erwarten wären. Offensichtlich sind hier Faktoren wirksam, die das Verhalten der sogenannten Monopolisten beeinflussen und unter Kontrolle halten. Bei der Analyse dieser Faktoren ist zunächst zu berücksichtigen, daß für das Verhalten eines Wirtschaftssubjektes neben dem ökonomischen vor allem der soziale Erwartungshorizont maßgebend ist. So kann eine Marktform, die wir im ökonomisch-theoretischen Sinn ungleichgewichtig nennen, soziologisch gleichgewichtig sein, wenn die soziale Situation es erfordert. Diese Zusammenhänge im einzelnen kann allerdings nur eine umfassende Situations- und Motivationsanalyse klären, eine Aufgabe, die die Wirtschaftstheorie der Wirtschaftssoziologie zuweisen muß[137].

Im Gegengewichtskonzept wird deutlich, daß das Vorhandensein und Funktionieren des Wettbewerbs nicht von einer möglichst großen Anzahl von Unternehmen, sondern vom Leistungswillen[138] und der Leistungsfähigkeit der Unternehmer abhängt. Einige wenige gleich starke Unternehmer oder Unternehmergruppen können mehr Wettbewerbsbereitschaft zeigen als eine Vielzahl von Unternehmen, die wettbewerbsmüde sind[139]. Einige wenige Unternehmer, die über die gleichen Startbedingungen verfügen, werden einen faireren Wettbewerb austragen, als eine Vielzahl von Unternehmen, die sich infolge ungleicher Ausgangspositionen in Abhängigkeiten verstricken. Treten gar viele kleinere Unternehmen einem Großunternehmen gegenüber, so verwandelt sich ebenfalls das Wettbewerbs- in ein Abhängigkeitsverhältnis; und dieses Abhängigkeitsverhält-

---

[135] Böhm, F.: Wettbewerb und Monopolkampf, Berlin 1933, S. 121.

[136] Krelle, W.: Preistheorie, a.a.O., S. 308 f.

[137] Fürstenberg, F.: a.a.O., S. 30.

[138] Arndt, H.: Die Politik muß Weichen stellen, Der Volkswirt, Nr. 26/1964, S. 1293.

[139] Arndt, H.: Die Politik muß Weichen stellen, a.a.O., S. 1292.

nis wird um so größer sein, je zersplitterter die kleineren dem großen gegenüber stehen.

Man darf nicht übersehen, daß der Wettbewerb jeweils zwei Seiten hat: zum einen ist er Mittel zum Zweck, z.B. Verwirklichung einer entsprechenden Wirtschaftsordnung oder Anreizmittel für den technischen Fortschritt; zum anderen ist er aber Selbst-Zweck als Teil der Freiheit, nicht Anreizmittel, nicht Mittel zur Freiheit, sondern Freiheit selbst. Ähnlich dem Sport, der sowohl Mittel zum Zweck, als auch Selbstzweck sein kann, bedarf der Wettbewerb gewisser Spielregeln, die ihn erst ermöglichen. Werden im ersteren Fall die Teilnehmer nach Alters- und Gewichtsklassen getrennt, so dürfen auch in der Wirtschaft nur gleich große und gleich starke gegenübergestellt werden. Die Idee des Wettbewerbs muß sein gleiche gegen gleiche und nicht jeder gegen jeden.

Wettbewerb als Teil der Freiheit ist ein Bestandteil der menschlichen Natur. Es dürfte sehr schwer sein, Beispiele aufzuzeigen, wo Wettbewerb vollständig fehlt. Selbst im strengsten Kartell gibt es Ausbruchmöglichkeiten und Ausbruchversuche. So kann man beobachten, daß z.B. im Internationalen Luftfahrtkartell (JATA) ein reger Wettbewerb auf dem Gebiet der Qualität des Service usw. ausgetragen wird.

Mit dem Scheinargument, daß im Gegengewichtskonzept jeglicher Wettbewerb fehle, hängt ein weiterer Einwand zusammen: Da zwischen zwei Monopolisten kein Wettbewerb mehr möglich sei, könnten sich beide auf Kosten Dritter einigen. »Ein zweiseitiges Monopol erlaubt keinem von beiden einen Profit auf Kosten des anderen. Einzige Chance ist, den Profit auf Kosten Dritter zu teilen - ohne einen gewissen Grad von Inflation ist das nicht möglich«[140]. Diesem Argument liegen zwei wesentliche, nicht von der Hand zu weisende Gedanken zugrunde. Zum ersten: die Unterlegenheit all jener Gruppen oder Unternehmen, deren Organisationsfähigkeit geringer als bei anderen oder überhaupt nicht vorhanden ist. Diese Schwäche kann sich sowohl bei horizontalen Machtverhältnissen, d.h. bei Machtkonkurrenz, als auch bei vertikalen, bei Machtkonflikten bemerkbar machen. Zum zweiten: die grundsätzliche Benachteiligung der Nachfrageseite bei Inflation, die sich natürlich nur auf vertikale Machtauseinandersetzungen beziehen kann. Beide Argumente, das Organisationsargument und das Inflationsargument, treffen nun im besonderen Maße auf eine Gruppe zu, die auf Grund ihrer individualistischen, heterogenen Struktur eine straffe Organisation ausschließt und jede Kaufkraftminderung am wirksamsten spürt: die Konsumenten. Auf Grund dieser strukturellen Schwäche sind sie seit jeher auf fremde Hilfe an-

140 Heimann, E.: a.a.O., S. 204.

gewiesen, auf staatliche Schutzmaßnahmen und »derivatif« auf die Gewerkschaften, die ihren Kaufkraftschwund durch Lohnerhöhungen kompensieren können.

Sieht man einmal von dem speziellen Fall der Konsumenten ab, so verlieren beide Argumente an Härte. Je mehr das Gegengewichtsprinzip vom Staat- erlaubt, unterstützt oder gefördert - anerkannt und in der Wirtschaft durchgesetzt wird, desto leichter wird die Organisation und desto schwieriger die Ausnützung und der Mißbrauch von Machtpositionen. Je heimlicher sich Gruppenbildungen vollziehen, desto unheimlicher werden sie. Das Problem liegt nicht darin, zu viel an Gegengewichtsbildungen zu haben, sondern zu wenig. Je weniger »Pluralismus« in der Wirtschaft, desto größer wird die Gefahr der Wettbewerbsarmut, der Machtspirale und des Machtmißbrauchs. Als vor ca. 10 Jahren die sogenannte »Handelsrevolution« ausbrach und Groß- und Einzelhändler sich in den verschiedensten Gruppen zusammenschlossen, galt die Sorge zunächst jenen kleinen und kleinsten Einzelhändlern, die in diese Gruppen keinen Eingang gefunden hatten. Würden sie rücksichtslos an die Wand gespielt? Bald bildeten sich in Deutschland Selbstbedienungsgroßhandlungen, die sogenannten C & C-Lager (Cash and Carry), die den nicht-organisierten Einzelhändlern günstige Bezugsmöglichkeiten eröffneten. Bestanden 1962 noch nicht 200 solcher Betriebe, so gab es 1964 bereits mehr als 400 C & C-Lager[141]. Diese Entwicklung zeigt, daß die Gruppenbildungen keineswegs eine Erstarrung, sondern eine sich ständig erneuernde Dynamik für die Schaffung neuer Organisationsformen hervorrufen.

Im Hinblick auf das Gegengewichtskonzept sind es vor allem drei Faktoren, die die bilateralen Monopolformen unter Kontrolle halten:

a) Im Gruppen- bzw. monopolistischen Wettbewerb haben sich neue Elemente der Konkurrenz herausgebildet. Eine besondere Bedeutung erhält der *Außenseiterwettbewerb*, der vom Ausland oder vom Inland wirksam werden kann. In beiden Fällen kann der Staat durch entsprechende Zoll- und Liberalisierungspolitik bzw. durch Schaffung freien Zuganges zu allen Märkten fördernd eingreifen. Da sich dieser Wettbewerb vorwiegend als *Kapitalwettbewerb* abspielt, werden von Fall zu Fall Kapitalhilfen notwendig sein. Darüberhinaus hat sich heute der Wettbewerb in zunehmenden Maße auf das Gebiet des *technischen Fortschritts* verlagert. Technischer Fortschritt erlaubt Verbesserung und Verbilligung von Waren und wird so zum neuen Antriebsmotor des Wettbewerbs. Er fördert die Spezialisierung und Verbreiterung des Warenangebotes und führt damit zu einem weiteren wichtigen Element des Wettbewerbs, zum *Substitutionswettbewerb*.

---

[141] Nieschlag, R.: Cash-and-Carry-Großhandel oder Verbrauchermarkt, in: FAZ, Nr. 62/1965.

b) Darüberhinaus wird der Druck der öffentlichen Meinung wirksam. Heimann[142] bezeichnet sie als wirksamstes Organ der Demokratie. Das Verhalten der großen Oligopole und Monopole, dem anonymen Preismechanismus entzogen, vollzieht sich nun im Lichte der Öffentlichkeit[143] und ist ihrer Kontrolle unterworfen. Im Kampf zweier Monopolisten, in dem jeder die Strategie des anderen erraten und die Reaktion der öffentlichen Meinung berücksichtigen muß, gibt es unter Umständen zwar noch einen Profit, keinesfalls aber einen Monopolprofit[144].

c) Das letzte und stärkste Mittel gegen Mißbrauch und Ausartung monopolistischer Stellungen stellt die Aufsicht der Regierung dar. Es ist dies ihre eigentliche Aufgabe im Gegengewichtsprinzip. Dabei übt meist schon die Präsenz des Staates eine abschreckende Wirkung aus, da die Machtträger mit gesetzlichen Eingriffen in ihren Wirkungsbereich rechnen müssen. Eine besondere Bedeutung kommt solchen Gesetzen zu, die dem Staat im Falle einer zu lange andauernden, volkswirtschaftlich mit Schaden verbundenen Auseinandersetzung das Eingriffsrecht sichern.

II. Das Problem der Machtspirale

Die Gegner des Gegengewichtsprinzips wenden als Hauptargument ein, daß seine Verwirklichung »den Teufel mit dem Beelzebub austreiben« hieße[145]. Dieser Vergleich hinkt allerdings. Er hätte nur dann seine Richtigkeit, wenn Macht etwas grundsätzlich Schlechtes wäre. Dafür dürften sich aber auch in der Bibel keine Hinweise finden lassen. So impliziert dieser Vergleich von vorneherein ein Werturteil, da ihm die Vorstellung zugrunde liegt, daß Macht an sich böse sei.

In wirtschaftlicher Hinsicht soll der Vergleich (mit dem Beelzebub) ausdrücken, daß die Gegenmachtbildung den Monopolisierungsgrad erhöhe und die ständige gegenseitige Angleichung der Machtpositionen zum Phänomen der Machtspirale führe. Theoretisch würde diese Entwicklung dann in einer starren Vermachtung enden.

Diese Schlußfolgerung, die zunächst logisch erscheint, übersieht gänzlich den soziologischen Aspekt des Machtphänomens. In der Gesellschaft sind ständig

---

142 Heimann, E.: a.a.O., S. 209.

143 Heimann, E.: a.a.O., S. 134.

144 Heimann, E.: a.a.O., S. 204.

145 Fack, U.: Gegenmacht wäre auch Macht, FAZ vom 12. 12. 1961.

Faktoren wirksam, die einer starren Vermachtung entgegenwirken. Die Vorstellung einer starren Vermachtung stellt ähnlich dem Modell der atomistischen Konkurrenz eine statische und daher unrealistische Annahme dar. In der gesellschaftlichen Wirklichkeit sind es drei Erscheinungen, die dieser Entwicklung entgegenwirken: Machtverschleiß, Machtverlagerungen und Machtverschiebungen.

a) Machtverschleiß: Innerhalb jeder Organisation, in Verbänden, in Kartellen und in Konzernen sind zentripetale und zentrifugale Kräfte wirksam. Nach außen durch gemeinsame Interessen gekennzeichnet, stellen sie nach innen ein Geflecht von Konflikten dar[146]. Bei einer bestimmten Größe und Stellung läßt der zentripetal wirkende Außendruck nach und der Innendruck tritt in den Vordergrund. Dies führt im allgemeinen zu Machtminderungen und im speziellen zu Machtspaltungen. Es fördert das Konkurrenzstreben und erleichtert die Außenseiterkonkurrenz. In der Kartellpraxis wird immer wieder die Erfahrung gemacht, daß es sehr schwierig ist, eine lückenlose Durchführung der Vereinbarungen zu erreichen, da von irgendeiner Seite stets das Bestreben gegeben ist, auszubrechen. Solche Kartell- und Preisbrecher sind ein Beweis dafür, daß im Menschen ein ebenso starkes Gefühl für Konkurrenz wie für Kooperation vorhanden ist. Ökonomische Konkurrenz und Kooperation sind einander ergänzende Ordnungsprinzipien. Ohne Kooperation entartet die Konkurrenz in einen Kampf aller gegen alle, ohne Konkurrenz führt die Kooperation zu einer Versteinerung der Gesellschaftsordnung[147].

Wenn es bisher den Anschein hatte und mit statistischen Zahlen auch leicht belegt werden konnte, daß die Unternehmungskonzentration »unaufhaltsam« vorwärtsschreite und eine negative Machtspirale dabei nicht sichtbar werde, so hat dies tiefere Gründe: Die nationalen Märkte haben nach dem Krieg eine enorme Ausweitung erfahren. Kaum daß es den Unternehmern möglich war, sich diesen geänderten Absatzverhältnissen anzupassen, sehen sie sich heute einer zunehmenden Internationalisierung der Märkte gegenüber. Die deutschen Unternehmen treten zu ausländischen Firmen in Konkurrenz, deren Größenordnung die ihre weit übersteigt. In der nach den Umsätzen ermittelten Reihenfolge der hundert größten Industrieunternehmen der westlichen Welt liegen die vier größten deutschen Unternehmen an 35. (VW), 38. (Siemens), 49. (Daimler) und

---

[146] Wittmann, W.: a.a.O., S. 141 f.

[147] Seidenfus, H. St.: Konkurrenz und Kooperation in der Marktwirtschaft, Volksw. Korrespondenz der Adolf-Weber-Stiftung, Nr. 14, August 1963.

59. (Krupp) Stelle[148]. Diese Zahlen erwecken den Eindruck, daß die deutschen Unternehmensgrößen ständig hinter den internationalen Marktverhältnissen einherlaufen. Wie Pohle[149] berichtet, haben amerikanische Wissenschaftler errechnet, daß z.B. in der Automobilindustrie die wirtschaftlich und technisch optimale Produktion erst bei einer Ausbringung von 600 000 Einheiten pro Jahr gegeben sei. Liegen diesen Untersuchungen auch amerikanische Verhältnisse zugrunde, so gibt doch zu denken daß diese Ausbringung in Europa nur von einem einzigen Unternehmen erreicht würde.

Während also die Konzentration auf der Unternehmerseite noch im Zunehmen begriffen ist und ihren Antriebsmotor im technisch-funktionellen Bereich und im Wachstum der Märkte hat, so werden auf der Gewerkschaftseite bereits Anzeichen des Marktverschleißes deutlich[150]. Am Höhepunkt ihrer Macht, den sie zweifellos erreicht haben, treten innere Schwierigkeiten, die sich in einem allgemeinen Desinteressement der Mitglieder, in inneren Zwistigkeiten der Gewerkschaftsfunktionäre und in einem verminderten Solidaritätsbewußtsein zwischen den Mitgliedern auf der einen und zwischen Mitgliedern und Funktionären auf der anderen Seite ausdrücken, in den Vordergrund. Auch von außen, von seiten der öffentlichen Meinung, werden immer mehr Stimmen laut, die nicht nur für die Wirtschaft, sondern auch für die Gewerkschaft öffentliche Aufsicht und Kontrolle fordern.

b) Machtverlagerungen: Im konjunkturellen Auf und Ab finden Verlagerungen zwischen Angebot und Nachfrage statt, die auf der jeweiligen Marktseite die entsprechenden Branchen begünstigen oder benachteiligen. So begünstigt eine Inflation grundsätzlich die Angebotsseite, da die Nachfrage unelastisch wird. Umgekehrt begünstigt eine Deflation die Nachfrageseite, da das Angebot unelastisch wird. Ein gutes Beispiel dafür bietet der internationale Eisen- und Stahlmarkt, auf dem der Nachholbedarf nach dem Kriege zum Wiederaufbau und Ausbau der mächtigen Konzerne führte, die ihrerseits nach erfolgter Deckung des Bedarfs erhebliche Preis- und Gewinneinbußen zugunsten der Nachfrageseite hinnehmen mußten. Der staatlichen Konjunktur- und Strukturpolitik steht hier natürlich eine aktive Eingriffsmöglichkeit offen, insbesondere vermag sich die staatliche Währungspolitik schützend vor die Konsumenten zu stellen. Es sei nochmals betont, daß das Gegengewichtsprinzip nur instrumentalen Charakter

[148] Pohle, W.: Konzentration in entwickelten Volkswirtschaften, Schmollers Jahrbuch, Heft 2, 1962, S. 182 ff.

[149] Pohle, W.: a.a.O., S 185.

[150] Küng, G.: Gewerkschaftsmacht am Höhepunkt, in: Wirtschaftspolitische Blätter, Nr. 4/5, 1964, S. 245.

trägt, und daß sein Einsatz nur im Gesamtzusammenhang der staatlichen Wirtschaftspolitik erfolgen darf.

c) Machtverschiebungen: Sie können einerseits stattfinden durch staatliche Maßnahmen der Gesellschafts-, Wirtschafts- und Finanzpolitik, die bestimmten Bevölkerungsschichten eine vorrangige Bedeutung beimessen und dadurch Vorzugsstellungen begründen. Andererseits sind Machtverschiebungen auch Folge langfristiger, struktureller Änderungen auf der Nachfragerseite. Es sei nur an die sonst so mächtigen Eisenbahnkonzerne in der Pionierzeit der USA bzw. an die Auseinandersetzung Schiene-Straße in den heutigen Industriestaaten erinnert. Das gleiche gilt von der Auseinandersetzung zwischen den verschiedenen Energieträgern, die die abnehmende Bedeutung des Kohlensektors offenkundig machen.

Die Erscheinungen des Machtverschleißes, der Machtverlagerungen und -verschiebungen zeigen, daß Macht und im besonderen wirtschaftliche Macht nur unter dem Gesichtspunkt der Dynamik der gesellschaftlichen und wirtschaftlichen Entwicklung beurteilt werden können.

Das Gegengewichtsprinzip trägt diesen dynamischen Verhältnissen Rechnung. Es stellt keineswegs die Alternative zum Wettbewerb dar, sondern bildet in vielen Fällen, wie zu zeigen war, die Voraussetzung dazu. Nur wenn Macht und Gegenmacht ausgeglichen oder zumindest weitgehend ausgeglichen werden, ist ein gesunder Wettbewerb möglich. Im Falle von Markthauptmacht und Marktnebenmacht führt das Gegengewichtsprinzip zu annähernd gleichen Startbedingungen und wird damit auch hier zur Voraussetzung des Wettbewerbs. So ist das Gegengewichtsprinzip eine wichtige Ordnungsform neben anderen, die den Wettbewerb ermöglichen, ergänzen und, wenn es notwendig ist, ersetzen kann. Es stellt somit ein wichtiges Instrument der Wettbewerbs- und Ordnungspolitik dar.

Literaturverzeichnis

Andreae, C. A., Unternehmer - schafft starke Gewerkschaften, in: Capital, Nr. 2, 1962.

- Marktmacht zwischen Dogma und Praxis, Der Volkswirt Nr. 32/1963.

- Was heißt Verbraucherpolitik, Monatsblätter für freiheitl. Wirtschaftspolitik, Nr. 7 und 8/1964.

- Der Verbraucher - Arbeitgeber des Unternehmers, in: Tiroler Wirtschaftsstudien. Aus Wirtschaft und Gesellschaft, Ferdinand-Ulmer-Festschrift, Innsbruck 1963.

- Soziale Eigentumsbildung, Zeitschrift f. Ganzheitsforschung, Wien IV/1961.

Andreae, W. und Andreae, C. A., Beiträge zur Wettbewerbsordnung, Köln-Berlin-Bonn-München 1963.

Andreae/Seidenfus-Passern/Meier, Der industrielle Mittelstand in der Wettbewerbsordnung, Köln-Berlin-Bonn-München 1962.

Arndt, H., Die Konzentration in der Wirtschaft, Schriften des Vereins f. Socialpolitik, Bd. I und II, Berlin 1960.

Böhm, F., Wettbewerb und Monopolkampf, Berlin 1933.

Böhm-Bawerk, E. v., Macht oder ökonomisches Gesetz, in: Gesammelte Schriften, Wien-Leipzig 1924.

Bönisch, A., Die theoretischen Anschauungen von J. K. Galbraith, die Wirtschaftswissenschaft, 10. Jg. 1962.

Burckardt, J., Weltgeschichtliche Betrachtungen, Stuttgart 1941.

Dahrendorf, R., Soziale Klassen und Klassenkonflikt in der industriellen Gesellschaft, Stuttgart 1957.

Eucken, W., Grundsätze der Wirtschaftspolitik, Tübingen-Zürich 1960.

Fürstenberg, F., Wirtschaftssoziologie, Berlin 1961.

Fack, U., Gegenmacht wäre auch Macht, FAZ v. 12. 12. 1961.

Golomb, E., Öffentliche Meinung, Kath. Soziallexikon, Innsbruck-Wien-München 1964.

Galbraith, J. K., American Capitalism - the concept of countervailing power, Boston 1952.

Gehlen, A., Macht I, HdSW, 7. Band, 1961.

Giersch, H., Allgemeine Wirtschaftspolitik - Grundlagen, Wiesbaden 1960.

Greulich, K., Kooperation zum Zwecke der wirtschaftlichen Existenzsicherung im industriellen Mittelstand, Diss., Innsbruck 1964.

Günther, E. und Pohle, W., Konzentration in entwickelten Volkswirtschaften, in: Schmollers Jb., 2. Heft, 1964.

Haller, H., Finanzpolitik, Tübingen-Zürich 1961.

Hauser, R., Macht, Herders Staatslexikon, 5. Band, 1960.

Heimann, E., Soziale Theorie der Wirtschaftssysteme, Tübingen 1963.

Heintz, P., Einführung in die soziologische Theorie, Stuttgart 1962, Besprechung v. Bergmann, J., Schmollers Jahrbuch, Heft 2, 1964.

Katzenbach, E., Die Funktionsfähigkeit des Wettbewerbs, Göttingen 1966

Krelle, W., Verteilungstheorie, Tübingen 1962.

- Preistheorie, Tübingen-Zürich 1961.

Krusche, W., Marktverhalten und Wettbewerb, Berlin 1961.

Küng, E., Gewerkschaftsmacht am Höhepunkt, Wirtschaftspol. Blätter, Nr. 4/5, 1964.

Landauer, C., Grundprobleme einer funktionellen Verteilung des wirtschaftlichen Wertes, Jena 1923.

Lasalle, F., Herr Bastiat - Schulze v. Delitzsch, Gesamtwerk Band 3, Leipzig.

Lenel, H. O., Ursachen der Konzentration, Tübingen 1962.

Lieberknecht, O., Grundsätzliche Überlegungen zur Frage der Novellierung des GWB im gegenwärtigen Zeitpunkt, in: Kartellrundschau, Heft 5/1964.

Lipset, S. M., Soziologie der Demokratie, Neuwied am Rhein 1962.

Marbach, F., Die Wirtschaftskonzentration, Düsseldorf-Wien 1964.

Marx, K., Das Kapital, Hamburg 1890.

- Das kommunistische Manifest, Berlin 1918.

Miksch, L., Wettbewerb als Aufgabe, Berlin und Stuttgart 1937.

Miller, J. P., Competition and countervailing power, Am. Ec. Rev., Pap. and Proc., May 1954.

Mirgeler, A., Geschichte Europas, 3. Aufl., Freiburg 1958.

Mills, C. W., Kritik der soziologischen Denkweise, Neuwied am Rhein 1963.

Montesquieu, Ch. de, Gesetze und Prinzipien der Politik, in: Lux et Humanitas, eine Schriftenreihe zur Pflege geisteswissenschaftlicher Werke, Band VI, Freiburg-Frankfurt-Wien 1949.

Ortega y Gasset, Der Mensch und die Leute, Stuttgart 1957.

Ossowski, St., Klassenstruktur und soziales Bewußtsein, Neuwied am Rhein und Berlin 1962.

Ott, A., Marktform und Verhaltensweise, Stuttgart 1959.

Pareto, V., Allgemeine Soziologie, Tübingen 1955.

Pohmer, D., Das Verhältnis der Wirtschaftswissenschaft zur Rechtswissenschaft, dargestellt am Beispiel der Konzerngestaltungen, Diskussionsbeitrag auf der Tagung des Vereins für Socialpolitik, Würzburg 1964.

Raiser, L., Die Konzernbildung als Gegenstand rechts- und wirtschaftswissenschaftlicher Untersuchung, Diskussionsbeitrag auf der Tagung des Vereins für Socialpolitik, Würzburg 1964.

Raupach, H., Utopia und Sowjetiokos, Jb. f. Sozialwiss., Band 14, 1963.

Rittig, G., Macht II, in: HdWS, 7. Band, 1961.

Robinson, J., The Economics of imperfect competition, Cambridge 1947.

Rodbertus-Jagetzow, Das Kapital, Berlin 1884.

Seraphim, H. J., Theorie der allgemeinen Wirtschaftspolitik, Göttingen 1963.

Seidenfus, H J., Konkurrenz und Kooperation in der Marktwirtschaft, Volksw. Korrespondenz der A.-Weber-Stiftung, August 1963.

Smekal, Ch., Die verstaatlichte Industrie in der Marktwirtschaft - das österr Beispiel, Köln-Berlin-Bonn-München 1963.

Sölter, A., Vom Modellwettbewerb zum Geheimwettbewerb, Industriekurier Nr. 80, 84, 1964.

Spengler, A., Das marktbeherrschende Unternehmen im EWG-Vertraga, WuW 1961.

Spranger, P. H., Die Theorie von der countervailing power, Hambg. Jb. f. Wirt. und Ges.-Politik, 1. Jahr, Tübingen 1956.

Schmölders, G., Finanzpolitik, Berlin-Göttingen-Heidelberg 1955.

- 10 Jahre ökonomische Verhaltensforschung in Köln, Ordo Band XIV, 1963.

- Allgemeine Steuerlehre, Berlin 1958.

Schneider, E., Einführung in die Wirtschaftstheorie, II. Teil, Tübingen 1958 und IV. Teil, Tübingen 1962.

Schneider, R., Erbe und Freiheit, Köln 1955.

Tuchtfeldt, E., Wirtschaftspolitik der Verbände, Hambg. Jb. f. Wirt. und Ges.-Politik, 1956.

Tugan-Baranowski, M., Soziale Theorie der Verteilung, Berlin 1913.

Stigler, G., The Economist plays with blocs, Am. Ec. Rev., Pap. and Poc., May 1954.

Vogel, O., Entwurf zur Frage der Konzentrationsmessung, hrsg. vom Dt. Industrieinstitut, Köln 1961.

Ulmer, J. M., Some reflections on economic power and economic theory, De Economist, Haarlem, Mei 1959.

Weber, M., Wirtschaft und Gesellschaft, Tübingen 1956.

Werner, J., Die Wirtschaftsverbände in der Marktwirtschaft, Zürich-St. Gallen 1957.

Wieser, F., Das Gesetz der Macht, Wien 1926.

Wittmann, W., Über Vorurteile in der Organisationstheorie, Kyklos 1963, Vol. XVI.

Zwiedineck-Südenhorst, O. v., Macht oder ökonomisches Gesetz, Schmollers Jahrbuch, 49. Jg., 1925.

Bericht über das Ergebnis einer Untersuchung der Konzentration in der Wirtschaft, erstellt vom Bundesamt f. gewerbliche Wirtschaft in Frankfurt (vom 29. 2. 1964).

Kooperationsfibel - Zwischenbetriebliche Zusammenarbeit im Rahmen des GWB, Bergisch-Gladbach 1963.

Zur Diskussion um das Open-Price-System, Sonderdruck aus den Heften Nr. 10, 16, 22, 23 v. 1964 des Volkswirt.

Pressekommentare zur Tarifauseinandersetzung 1963, hrsg. v. Ind.-Gewerkschaft Metall f. d. BRD, Vorstand, Presse-Stelle.

Die Industrie braucht Abwehrkartelle, Bericht über einen Vortrag von Dr. Günther, in: Ind.-Kurier v. 12. 11. 1964.

Gruppenwettbewerb und Wettbewerbsordnung, in: Steigerung der Wettbewerbsfähigkeit, hrsg. Deutsche Gesellschaft f. Betriebswirtschaft, Berlin 1962.

Wettbewerb und Wirtschaftsverfassung*

Am 11. Juni 1971 erschien im "Handelsblatt" eine Zeichnung von Bruns, die das gestellte Thema graphisch-humoristisch umreißt. Man sieht eine Reinmachefrau mit den typischen Requisiten ihres Berufs: Kopftuch, Schürze, Eimer und Schrubber offenbar zu später Stunde die Tür eines Zimmers öffnen. Das Zimmer selbst ist dunkel. Auf dem Türschild steht: "Marktwirtschaft 1997"; und die biedere Frau ruft ins Dunkle: "Ist da noch jemand?"

Noch aber schreiben wir das Jahr 1971 und die Bundesregierung ist damit befaßt, ihren Gesetzentwurf zur Änderung des Gesetzes gegen Wettbewerbsbeschränkungen durch die Legislative zu bringen. Eine Novelle also, die das geltende Kartellgesetz verbessern soll, weil dieses - so das Vorblatt zum Entwurf - keine ausreichende Handhabe gibt, "um die Voraussetzungen für einen funktionsfähigen Wettbewerb in allen Bereichen der gewerblichen Wirtschaft zu sichern."

Im einzelnen empfiehlt die Bundesregierung deshalb:

- Kooperationserleichterungen für kleine und mittlere Unternehmen zu schaffen,
- die Mißbrauchsaufsicht über Ausschließlichkeitsverträge zu verschärfen,
- die Mißbrauchsaufsicht über marktbeherrschende Unternehmen zu verbessern,

und schließlich

- eine vorbeugende Fusionskontrolle für Umsatzmilliardäre neu einzuführen .

Kurz, die Bundesregierung schickt sich an, eine gewichtige Änderung der Wirtschaftsverfassung der BRD vorzunehmen.

I.

Definiert man "Wirtschaftsverfassung" als den Inbegriff der Normen, die das Verhalten einer bestimmten Gruppe von Menschen bei der Befriedigung ihrer materiellen Bedürfnisse unter der Bedingung der Knappheit regeln, so komme

---

Dieser Aufsatz entstand in Anlehnung an einen Vortrag, den der Verfasser vor dem Forschungsinstitut für Wirtschaftsverfassung und Wettbewerb in Köln gehalten hat.

* Erschienen in: Zeitschrift für Ganzheitsforschung, N. F. 16, Wien 1971, S. 135-140.

ich zu meiner ersten These, daß wir im Augenblick in der Bundesrepublik Deutschland über mehrere - zumindest über zwei - Wirtschaftsverfassungen gebieten: eine legal-normative und eine (noch?) illegal-revolutionäre.

Das Grundgesetz - und oft auch so apostrophiert - der legal-normativen Wirtschaftsverfassung ist das Gesetz gegen Wettbewerbsbeschränkungen. Ihm steht seit 1967 ein weiteres Gesetz zur Seite - fraglich zur rechten oder linken - nämlich das "Gesetz zur Förderung der Stabilität und des Wachstums der Wirtschaft". Um diese beiden Gesetze ranken sich nun eine Unzahl von Normen unterschiedlicher rechtlicher Qualität, die die Gesamtstruktur der legal-normativen Wirtschaftsverfassung determinieren.

Dieser steht gegenüber die Wirtschaftsverfassung der Neomarxisten. Man kann nun einwenden, die Konzeption der Neomarxisten sei eine Utopie, keineswegs eine Verfassung, ja noch nicht einmal eine Realität. Nun, sie stellen zweifellos den Menschen in den Mittelpunkt ihrer sozioökonomischen Betrachtungen und gewinnen allein dadurch an Realitätsnähe. Die Grundüberzeugungen ihrer Lehre gehen aber - im Sinne meiner obigen Definition - bereits heute für zahlreiche Menschen in der Bundesrepublik Deutschland über die Qualität von Verhaltensmaximen hinaus und erreichen durch die innere Konsistenz ihres Systems Verfassungscharakter. Natürlich ist diese Wirtschaftsverfassung bis jetzt nur von latenter Qualität. Ein Umstand von untergeordneter Bedeutung ist es, daß sie noch nicht als formelles Gesetz in Kraft getreten ist, soweit und solange ihre normative Struktur materiellen Gehalt aufweist. Vergleichen wir in diesem Zusammenhang zum Beispiel die ständige Fortentwicklung des Völkerrechts oder des Staatsrechts im Sinne einer Realisation. Bedenkt man ferner, daß formelle und materielle Verfassungswirklichkeit nur im Idealfall identisch sind, so ergibt sich daraus mithin auch eine materielle Verfassungswirklichkeit nicht nur bei mangelnder Identifikation, sondern auch beim völligen Fehlen der formalen Verfassung. Mit anderen Worten: Die Wirtschaftsverfassung der Neomarxisten ist "in mundo" und beansprucht universalen Gehorsam.

Wer nun - wie ich - der Meinung ist, die bis jetzt noch manifestante liberal-konservative Wirtschaftsverfassung der BRD verdiene - aus welchen Gründen auch immer - unseren Schutz, der muß mit großem Interesse das Unterfangen der Bundesregierung verfolgen, das Wirtschaftsgrundgesetz zu verbessern, es funktionsfähiger zu machen. Ich spreche damit die eingangs erwähnte Kartellnovelle an. Ein erster Blick jedoch läßt schon eine gewisse Enttäuschung aufkommen.

Man analysiere nur einmal die schon fast klassisch gewordenen Sätze der Neomarxisten über das Bewußtsein. Dieses, von den materiellen Bedingungen des Seins gelöst - das ist im übrigen die große heroische Abstraktion der Neomarxisten - ist ein falsches Bewußtsein, weil es ein nichtrevolutionäres ist. Die Menschen leben in einer industriellen Leistungsgesellschaft, die als "repressiv" gesehen werden muß, denn sie unterdrückt in Form eines ausgeklügelten Systems die schöpferische Freiheit des Menschen. Er wird zum verwalteten Objekt. Er wird manipuliert und totalitär beherrscht durch Arbeitsteilung, Werbung und steigende Leistungsanforderungen. Mit einem Wort, ihm fehlt das rechte Bewußtsein. Dieses - nach Meinung der Neomarxisten - reflektiert sich in den neuen Bedürfnissen, die sich etwa charakterisieren lassen als die Negation der das heutige Herrschaftssystem tragenden Bedürfnisse, Negation des Leistungsprinzips, der Konkurrenz, der Produktivität. Diese Bedürfnisse werden negiert in dem Bedürfnis nach Frieden, nach Ruhe, nach Glück.

Diesen Sätzen vom manipulierten, total verwalteten, unter ständigem Leistungsdruck stehenden, frustrierten Menschen seien folgende Ausführungen gegenübergestellt: "Für die Erhaltung und Weiterentwicklung einer freiheitlichen und sozialen Wirtschafts- und Gesellschaftsordnung hat die Wettbewerbspolitik zentrale Bedeutung. Die marktwirtschaftliche Ordnung verspricht nicht nur ein möglichst gutes ökonomisches Ergebnis und eine preisgünstige Versorgung der Verbraucher, sie verschafft darüber hinaus allen Bürgern (sic!) ein Höchstmaß an wirtschaftlicher Bewegungsfreiheit. " Geschrieben im August 1971 in der Begründung zum Gesetzentwurf für die Kartellnovelle. So richtig diese Sätze sind, in der Form repräsentieren sie die Rekonstruktion des wirtschaftspolitischen Rokoko durch die Bundesregierung. Hier haben wir den Bürger, den Kapitalisten, den Reaktionär, den satten Spießer, der - soweit er nicht selbst Kapitalist ist - vom Kapital abhängig oder durch Konsumwohlstand korrumpiert ist. Hier haben wir - so würde die APO sagen - die reine Konsumentenideologie mit all ihren falschen Prätentionen. Dies mag polemisch klingen, doch es sollte damit demonstriert werden, wie hart im Raume sich die Dinge stoßen, wie stark der revolutionäre Elan der Neomarxisten ist und wie wenig man ihn unterschätzen darf. Bei aller Ablehnung muß man doch die Kraft der revolutionären Worte bewundern.

II.

Die zweite These könnte etwa wie folgt gefaßt werden: der Versuch, mit der Kartellnovelle - insbesondere mit der Fusionskontrolle - unsere legalnormative Wirtschaftsverfassung zu stärken und zu verbessern und sie dadurch gegenüber der neomarxistischen schlagkräftiger oder zumindest verteidigungsbereiter zu machen, muß als ein untauglicher angesehen werden.

Der Schlagabtausch zwischen "rechter" und "linker" Verfassung findet hauptsächlich in vier Arenen statt:

1. bei der Findung eines rationalen sozioökonomischen Zielsystems,
2. bei der Regelung der Eigentumsverhältnisse,
3. bei der Gestaltung eines ökonomischen Lenkungs- und Steuerungssystems und
4. bei der Konstitution der erforderlichen staatlichen Administrations- und Exekutivorgane, kurz, der inneren Struktur des Staates.

Den Terminus "Schlagabtausch" habe ich bewußt gewählt, weil ich im Gegensatz zu Jan Tinbergen, Walt W. Rostow, John Kenneth Galbraith einerseits und Andrej Sacharow andererseits die sogenannte Konvergenztheorie ablehne. Aber anders als die Vertreter der marxistischen Lehre, die aus systemimmanenten Bezügen heraus die Konvergenz verdammen, bin ich der Meinung, daß die Entwicklung beider Systeme viel zu komplex ist, d.h. sehr vereinfachend ausgedrückt: die Entwicklung ist nicht zweidimensional, sondern drei- oder gar vierdimensional. Eine Konvergenz erscheint deshalb wenig wahrscheinlich.

Im folgenden sei auf die beiden Punkte "Lenkungs- und Steuerungssysteme" und "Staat" näher eingegangen. Damit hoffe ich, eine für mein Thema förderliche Abgrenzung vorgenommen zu haben.

Wenden wir uns nun zuerst dem zentralen Begriff "Wettbewerb" zu. Hier möchte ich an den Anfang die alte Schiller-Formel "So viel Wettbewerb wie möglich, so viel Planung wie nötig" stellen. Mit diesem - in seiner Abstraktheit unübertroffenen - Satz wird die volle Bandbreite der sozioökonomischen Lenkungs- und Steuerungsproblematik eingefangen:

1. Diese Formulierung zeigt den Gegensatz zwischen Wettbewerb und Planung auf, mithin die Antinomie zwischen den Grundelementen einer "kapitalistischen" und "sozialistischen" Wirtschaftsverfassung.
2. Durch den Gebrauch der Worte: "so viel wie" wird aber andererseits dieser Gegensatz quasi dialektisch aufgehoben und dargelegt, daß in einer Wirtschaftsverfassung beide Steuerungselemente vorkommen können, also Wettbewerb und Globalsteuerung z.B.
3. Der lehrformelartige Charakter wird durch die Worte "möglich" und "nötig" akzentuiert und damit die fließende Grenze, der verschwimmende Übergang des Wettbewerbsbereichs in den planerischen aufgezeigt.

Und in der Tat wird der Wettbewerbsbereich in mehrfacher Weise bedrängt:

- einmal durch den Angriff der Neomarxisten,
- in einem kapitalistischen System durch das Überhandnehmen der planerischen Instrumente (man erkennt hier die Konvergenztheorie wieder) und

- letztlich aus dem Wettbewerbsbereich heraus, weil - wie die Erfahrung der Klassik gezeigt hat - der Wettbewerb die Tendenz hat, sich selbst außer Kraft zu setzen.

Bildlich gesprochen hat die Angriffsmaschine der Linken einen ökonomischen Ansporn und rollt auf unterschwellig geführten Rädern.

Aus Raumgründen kann nun nicht im einzelnen der Weg nachgezeichnet werden wie er z.B. von Kantzenbach[1] und Huffschmid[2] über die von ihnen aufgezeigten Widersprüche und deren Lösungen - Theorie des Kollektivkapitalismus und "der Liquidation des Wettbewerbs als Manifestation von individueller unternehmerischer Freiheit, da es das unternehmerische Individuum nicht mehr gibt, das hiervon Gebrauch machen könnte"[3],- führt. Ich zitiere weiter Huffschmid: "Das Wort 'Wettbewerb' wird nun für den Bereich der autonomen Großunternehmen instrumentalistisch uminterpretiert und bezeichnet jetzt ein staatlich zu überwachendes, je nach den Umständen zu förderndes oder zu beschränkendes Mittel zur Erreichung volkswirtschaftlich wünschenswerter Ziele, die Funktionen des Wettbewerbs genannt werden. Der Wettbewerb, einst koordinierender Freiheitsmechanismus, wird jetzt zum geplanten politischen Parameter der angeblich nicht mehr durch die Priorität unternehmerischer Gewinnmaximierung bestimmten Wirtschaftspolitik"[4].

Welches ist nun die Antwort der Kartellnovelle auf diese Behauptung? Zu ihren Gunsten wird man sagen können, sie trage einen Januskopf. Mit Akribie und Finesse werden die neuen Tatbestände der Marktbeherrschung, der überragenden Marktstellung und der Fusionskontrolle in unser Rechtssystem eingeführt. Es fehlt nicht an Kriterien jeder Art, wie z.B. eine marktbeherrschende Stellung zu quantifizieren wäre etc. Damit erscheint also der liberale Ansatz "Freiheit des Wettbewerbs" gewahrt; der Angriff der Linken geht offenbar ins Leere.

Nun ist es aber eine Binsenweisheit, daß derjenige, der über die Abgrenzung des relevanten Marktes entscheidet, damit auch über Marktbeherrschung, überragende Marktstellung und über die Konzentrationsvorgänge bestimmt. Mithin kommt der Marktabgrenzung eine hervorragende Bedeutung zu. Dies insoweit auch deswegen, weil es bisher an einer eindeutigen Interpretation dieses Begriffes gefehlt hat und die Ausführungen in Theorie und Praxis noch reichlich kontro-

---

[1] Erhard Kantzenbach, Gedanken zur wirtschaftspolitischen Grundentscheidung, Jahrbuch für Sozialwissenschaften, Bd. XIX, 1968, Göttingen, S. 171 ff.

[2] Joerg Huffschmid, Die Politik des Kapitals, Konzentration und Wirtschaftspolitik in der Bundesrepublik, Frankfurt 1969.

[3] Huffschmid, a.a.O., S. 133.

[4] ib.

vers sind. Ein Tatbestand übrigens, der in allen Staaten beobachtet werden kann, die sich eine marktwirtschaftliche Verfassung gegeben haben. Mit einem Wort, wenn schon die Vorschriften über Marktbeherrschung etc. verbessert werden sollen, dann wäre es auch erforderlich gewesen, den Begriff des relevanten Marktes legaliter zu definieren. Das Strafmaß zu erhöhen, den Strafbestand unklar halten, heißt Willkür walten zu lassen.

Der Gesetzentwurf schweigt sich jedoch völlig über Marktabgrenzungskriterien aus, überläßt es allein den staatlichen Stellen, eine - wohl ihnen gemäße - Abgrenzung des relevanten Marktes vorzunehmen Der Staat hat es also völlig in seiner Hand, wann und wo er das Gesetz anwenden will. Haben die Linken schon gesiegt?

Aber kehren wir zurück zum psychoanalytischen Ansatz der von linker Seite kommenden Wettbewerbskritik. So etwa schreibt Kantzenbach: "So scheue ich mich . . . nicht, den Kollektivkapitalismus als einen 'humaneren' Kapitalismus zu bezeichnen. Der Wettbewerb 'Mann gegen Mann' und die sich in ihm entfaltende persönliche Wettbewerbsfreiheit wird vor allem von jenen idealisiert, die als Hochschullehrer selbst Beamte auf Lebenszeit sind "[5] (angesprochen ist damit der wissenschaftliche Disput Hoppmann - Kantzenbach). In diesen Sätzen wird das tiefe Mißtrauen, die ausweglose Frustration, wie sie bei den Neomarxisten gegenüber einer Wettbewerbsverfassung bestehen, manifestant. Das ist die existenzielle Angst vor dem Marktmechanismus, dem anonymen Walten wirtschaftlicher Kräfte und Mächte, Angst vor der Rivalität, dem Unterpflügen und dem Einsatz eines politischen Parameters, der von Staats wegen Wettbewerb genannt wird. Auf die Frage, wie die dämonische, die sozial-darwinistische Seite des Wettbewerbs gebannt werden kann, schweigt die Novelle. Sie kann die existenzielle Angst nicht bannen. Wir, die wir ständig die positiven Seiten des Wettbewerbs sehen und zu Recht bejahen, dürfen niemals übersehen, daß Wettbewerb auch "Vernichtung von Sicherheit" bedeutet. Und wer gibt gern in einer Welt, die von Unsicherheit beherrscht wird, freiwillig Sicherheit auf?

Wir sollten darüber hinaus nie vergessen, daß der kapitalistische Antrieb - der incentiv des Wettbewerbs - zwar außerordentlich effizient aber doch auch sehr inhuman sein kann. Der Neomarxismus dagegen bietet offenbar die humanere Lösung, wenn auch mit augenscheinlicher Ineffizienz mangels einer dem menschlichen Eigennutz korrespondierenden negativen Motivation, an.

---

[5] Kantzenbach, a.a.O., S. 171.

III.

Ernst Forsthoff publizierte eine Schrift mit dem Titel: "Der Staat der Industriegesellschaft". Während der Rezensent dieser Monographie - eine Darstellung mit unbestreitbar geistigem Rang - Kurt Sontheimer - nur zum Ergebnis kommt "Das Ende der konservativen Staatslehre", geht der Verfasser noch einen Schritt weiter und behauptet: "Opas Staat ist tot!"[6]

Unter Beachtung der Ergebnisse dieser Analyse unserer staatlichen Wesenheit und nach einem intensiven Studium der Kartellnovelle werde ich verführt - bei allem Respekt und jeglicher Referenz gegenüber der von den Verfassern geleisteten Arbeit zu sagen: "Opas Fusionskontrolle ist tot!"

Ich bin mir bewußt, damit eine folgenschwere Aussage gemacht zu haben und möchte versuchen, dafür den Beweis zu führen:

Fassen wir den Tatbestand der Kartellnovelle zusammen, so stellt er sich im Wesentlichen wie folgt dar: Die Bundesregierung fordert von der Legislative ein Gesetz, das ihr - unter der Behauptung, den Wettbewerb her- oder wiederherstellen zu wollen - die Erlaubnis einräumen soll:
1. ohne gesetzliche Bindungen feststellen zu können, wann und wo Marktmacht besteht und
2. nach eigenem Ermessen diese von ihr selbst festgestellte Marktmacht gegebenenfalls zu vernichten.

D.h. die Bundesregierung will in schöner Willkür feststellen können, und zwar in völlig autonomer Weise, wo und wann Wettbewerb oder Nichtwettbewerb herrschen soll. Oder noch schärfer: Die Bundesregierung kann in souveräner Weise die Bereiche Wettbewerb und Nichtwettbewerb (was in der Natur der Sache staatlichen oder privaten Dirigismus bedeuten kann) gegeneinander verschieben.

Mit dieser Konzeption verkennt der Gesetzentwurf die politischen, soziologischen und ökonomischen Gegebenheiten unserer Zeit:
1. dem Gesetzentwurf liegt ein veralteter Staatsbegriff zugrunde,
2. wird das moderne Verhältnis von Staat und Gesellschaft falsch bewertet und
3. geht der Entwurf von einem antiquiert sozioökonomischen Leitbild aus.

Zu 1: Der Staat der Novelle ist der Polizeistaat alter Prägung. Ein Staat, der verbietet, gewährt, anordnet, kurz, ein Staat der vordemokratischen Epoche. Es wird mithin völlig übersehen, daß die Entwicklung bereits über die demokrati-

---

[6] Ernst Forsthoff, Der Staat der Industriegesellschaft, München 1971, S. 25.

sche Phase hinausgegangen und in die Phase der Industriegesellschaft eingemündet ist. D.h., "daß sich die überkommenen Vorstellungen von Demokratie der modernen Industriegesellschaft an den Staat nicht mehr ohne weiteres herantragen lassen. Damit soll nicht gesagt sein, daß die Demokratie durch die moderne Industriegesellschaft überholt sei. Vielmehr soll damit auf die Notwendigkeit hingewiesen werden, die Demokratie von den Bedingungen aus zu verstehen, die mit der modernen Industriegesellschaft gesetzt sind"[7].

Der Staat soll und muß regelnd eingreifen, aber nicht mehr in einer "repressiv-autoritären Art", sondern im Wege des Konsensualprinzips, denn der Staat der Industriegesellschaft muß lernen, daß er nunmehr die Macht mit der Gesellschaft und den gesellschaftlichen Gruppen teilen muß.

Wenn der Entwurf z.B. Bestimmungen über die Errichtung einer Monopolkommission vorsieht (§§ 24b), so scheint prima vista die Monopolkommission ein unabhängiges Gutachtergremium zu sein. Es drängt sich aber sofort der Verdacht auf, daß in praxi diese Kommission keine andere Funktion hat, als der Monopolbekämpfungspolitik der Regierung die nötigen Alibis zu liefern, denn von wem werden die Mitglieder dieser Monopolkommission vorgeschlagen? Die Bundesregierung schlägt die Mitglieder der Monopolkommission vor und läßt sie durch den Bundespräsidenten berufen. Warum konnte - um die faktische Unabhängigkeit dieser Kommission auch nach außen hin zu dokumentieren - nicht ein anderer Auswahl- und Berufungsmodus gefunden werden?

Zu 2: Es liegt auf der Hand, daß moderne Wirtschaftspolitik nicht mehr ohne die Mitwirkung der Verbände denkbar ist (konzertierte Aktion!). Es ist ja bereits so, daß die verfassungsmäßig berufenen Organisationen und Organe "ohne die Mitwirkung oder zumindest die Loyalität der Verbände nicht imstande sind, die ihnen von der Verfassung zugewiesenen Funktionen zu erfüllen. Mit anderen Worten: Der Staat ist genötigt, seine Macht mit den organisierten gesellschaftlichen Kräften zu teilen. Damit ist eine Verfassungslage entstanden, die an die konstitutionelle Monarchie erinnert, in welcher der Monarch seine Macht mit dem Parlament teilte, nur mit dem wesentlichen Unterschied, daß diese Machtteilung in der konstitutionellen Monarchie in der Verfassung vorgesehen war, während sie nunmehr parakonstitutionelle Realität ist"[8].

Zu 3: Die Novelle geht meines Erachtens von der Vorstellung aus, der Staat müsse die wirtschaftliche Macht so behandeln, wie etwa ein Dorfgendarm durch-

---

[7] ib., S. 26.

[8] ib., S. 123 f.

ziehende Zigeuner behandelt (Meldung beim Bürgermeister zwingend vorgeschrieben; Pfeife rauchen zwischen 22.00 und 4.00 Uhr streng verboten ...).

Hinter der Konzeption der Novelle verbirgt sich nichts anderes als die Furcht der Uraltliberalen, die wirtschaftliche Macht könne in politische umschlagen. Dabei ist es heute doch so, daß der kleinste Entwicklungsstaat mit einem Federstrich größte Weltunternehmen sozialisieren kann.

Der Staat der Industriegesellschaft - das beweist ein Blick auf Struktur und Höhe unseres Budgets - hat weitgehend nicht mehr die Entscheidung darüber, was im Gemeininteresse als notwendig oder wünschenswert anzusehen ist. "Die im ständigen, von dem technischen Prozeß ausgelösten Fortschreiten befindliche Gesellschaft setzt die Tatbestände, denen der Staat entsprechen muß, dem allenfalls die Möglichkeit verbleibt, über die Präferenzen zu entscheiden"[9].

In diesem Zusammenhang darf auf den weit verbreiteten Irrtum hingewiesen werden, "daß die Ausdehnung der staatlichen Verwaltung notwendig auch die Vermehrung der staatlichen Macht bedeuten müsse"[10]. Vergleiche dazu die in der Kartellnovelle geforderte Erhöhung des Personalbestandes von Bundeskartellamt und Bundesministerium für Wirtschaft und Finanzen mit einem Kostenaufwand von mehreren Millionen Mark pro Jahr, was allerdings bis jetzt nur eine überschlägige Berechnung sein soll.

Daher meine ich: Eine Fusionskontrolle durch einen Staat, der von einem veralteten Herrschafts- und Machtbegriff ausgeht, entspricht weder den politischen noch den ökonomischen Gegebenheiten. Politisch deshalb nicht, weil das Staatsverständnis der Industriegesellschaft ein anderes ist als in der Zeit vor etwa zwei Jahrzehnten. Ökonomisch haben wir ein Stadium erreicht, wo die Industriegesellschaft an die Grenzen der technischen Realisationen stößt. Denken wir an die Luftfahrt und das Problem des Überschallflugzeuges; Verkehrssanierungen in den Städten; Verlängerung von Leben, von menschlichem Leben zu volkswirtschaftlich nicht mehr vertretbaren Kosten und dergleichen. Es geht um die Frage, die industriell-technische Entwicklung, die zur Gefährdung der Menschheit geführt hat, zu kontrollieren. *Es geht nunmehr um Expansionskontrolle und nicht mehr um Fusionskontrolle.* Die letzte Bewährungsprobe des Staates im überkommenen Sinne muß es sein, konkrete Vorstellungen von den unabdingbaren Notwendigkeiten des Menschen und seiner Existenz zu entwickeln und durchzusetzen.

---

9 ib., S. 109.

10 ib.

Diese meine bisher sehr kritischen Ausführungen sollen in einen konstruktiven Beitrag einmünden: Ich sehe die Lösung der in der Kartellnovelle angeschnittenen Probleme in der Eröffnung einer neuen sozioökonomischen Kategorie. Auf eine Formel gebracht: Fusionskontrolle durch Raumordnungspolitik.

Dabei ist unter Raumordnung zu verstehen: Die Planung und Koordinierung der Siedlungsstruktur, der Arbeitsplätze, der Bildungs-, Verkehrs- und Versorgungsinstitutionen und der Umweltverhältnisse.

Meine Gedanken möchte ich thesenartig ausführen: Fusionskontrolle durch Raumordnungspolitik bedeutet

1. Bund, Länder und Gemeinden - denn nur in diesem Dreiklang kann Raumordnungspolitik funktionsfähig sein - mit allen darin lebenden Menschen sind aufgerufen, über die oben erwähnten Probleme aktiv zu entscheiden, Prioritäten und Präferenzen zu setzen und damit die Gestaltung ihrer eigenen Umwelt in autonomer Weise vorzunehmen. Es ist dies eine echte Gemeinschaftsaufgabe, eine echte Demokratisierung. Es ist eine unmittelbare Demokratie, denn über die Gestaltung ihrer engeren und weiteren Region entscheiden die Direktbetroffenen. Sie entscheiden, ob ein größerer Flugplatz, ein die Umwelt verseuchendes Werk in ihrer unmittelbaren Nachbarschaft entstehen soll oder nicht.
2. Sie entscheiden damit implizite über den Konsum an der Umwelt, der Verschmutzung, der Verpestung. Die unmittelbaren Anlieger müssen darüber entscheiden, ob sie im gegebenen Fall mehr Industrie und damit im Zweifel höhere Einkommen haben wollen oder ob sie zugunsten einer reineren Luft vielleicht auf Industrie und höheres oder differenzierteres Einkommen verzichten wollen. Am Rande sei auf die interregionale Mobilität, die aus den raumordnungspolitischen Entscheidungen resultieren kann, hingewiesen.
3. Der raumordnungspolitische Aspekt wird in zweifacher Hinsicht marktwirtschaftlich und wettbewerbspolitisch relevant:
   a) die Regionen entscheiden über den Grad der Industrialisierung und des Wettbewerbs. Es werden also die größeren und kleineren Regionen miteinander konkurrieren. Das läßt eine neue Wettbewerbsform entstehen, eine Form, die man als sozioregionale Konkurrenz bezeichnen könnte. Milton Friedman hat bereits auf die letzte Konsequenz hingewiesen, die sich daraus ergibt, daß der Wettbewerb in und unter den Kommunen ernsthaft im marktwirtschaftlichen Sinne aktiviert wird.
   b) Im Rahmen des Umweltschutzes, des ökologischen Konsums also, wird ebenfalls das marktwirtschaftliche Prinzip zum Tragen kommen. Die Möglichkeit, die Umwelt zu konsumieren, genau so wie die Umwelt anzu-

bieten, d.h. im ersteren Fall zu verschmutzen, im letzteren sie zu reinigen, wird ein Vorgang sein, der nach Marktpreismechanismen seine Regelung findet.

c) Der Begriff des Wettbewerbs erfährt dadurch einen neuen Begriffsinhalt. War er bei der Konzeption des GWB noch ordnungspolitisch determiniert, so erfuhr er durch die Prägung "funktionsfähiger Wettbewerb" seine instrumentale Qualität. In raumordnungspolitischer Abhängigkeit verwandelt er sich erneut. Er wird einen Wert sui generis darstellen.

Kurz, das Ausmaß der technischen Entwicklung und die Kontrolle der technischen Expansion - immanent damit ein Problem der wirtschaftlichen Macht - kann nur als Gemeinschaftsaufgabe angepackt und gemeistert werden. Die Novelle wird und kann meines Erachtens diese Aufgabe nicht lösen. Sie wird unsere legal-normative Wirtschaftsverfassung nicht verstärken, sondern eher schwächen, weil sie zu viele Ansatzpunkte zur Kritik liefert. Bliebe es nur bei einer revolutionären Kritik, wäre die Situation erfreulich; ich befürchte aber, wir werden in einer kritischen Revolution enden.

Versicherung und Staat

Zusammenhänge zwischen Wirtschaftsordnung und Daseinsvorsorge*

I.

Ein auf das marktwirtschaftliche Rentabilitätsprinzip ausgerichtetes und sich ausschließlich aus kostendeckenden Versicherungsprämien und Kapitalzinsen finanzierendes Versicherungswesen ist eine der unabdingbaren Voraussetzungen für Bestand und Funktion des durch parlamentarische Demokratie und Soziale Marktwirtschaft geprägten Staates. Die soziale Komponente der Marktwirtschaft erfordert zwar umfassende Sicherung aller einzelnen Staatsbürger gegenüber den vielfältigen Lebensrisiken: Krankheit, Schwangerschaft, Altersversorgung, Tod, Arbeitslosigkeit, Unfall, Arbeitsunfähigkeit, Tod des Ernährers und Ansprüche Dritter aus persönlicher Haftung. Bei einer derartigen Vorsorge für teils ungewisse Risiken und für teils mit hohem Grad an Wahrscheinlichkeit ausgestattete Versicherungsfälle (Altersversorgung) handelt es sich aber um eine ausschließlich wirtschaftliche Veranstaltung: Wer zu einem späteren Zeitpunkt im Falle eines eigenen Ernteschadens eine ausreichende Menge von Futtergetreide für sein Vieh erhalten möchte im Wege einer Versicherung, der wird einen naturwissenschaftlich exakt berechenbaren Arbeits- bzw. Kostenbeitrag für anderweitigen Anbau von Futtergetreide und daraus resultierende Vorratshaltung leisten müssen.

Wird nun demnach mit diesem rein wirtschaftlichen Vorgang ein gesellschaftspolitisch motiviertes Verfahren der Einkommensverteilung vermengt, dann wird die für die erforderliche Vorsorge per Kapitalansammlung notwendige Ausgeglichenheit von Leistung und Gegenleistung zum Nachteil der Versicherten beeinträchtigt. Während somit aus wirtschaftlicher Sicht die Aufgabe des Versicherungswesens in der Kapitalbildung, also "im Anpflanzen von Obstbäu-

---

Herrn Professor Dr. Reimer Schmidt zum 60. Geburtstag in Freundschaft und Dankbarkeit gewidmet.

* Erschienen in: Zeitschrift für die gesamte Versicherungswissenschaft, Heft 1/2, 1976, S. 1-25.

men" besteht, damit beim Eintritt eines Versicherungsfalles die vom Versicherten erwarteten "Früchte" verfügbar sind, ist ein von der Einkommensumverteilung bestimmtes Vorsorgesystem des Staates allein auf die Verteilung der Früchte einer Wirtschaft bedacht, die mit Steuern und Sozialabgaben in steil wachsender Höhe zur Kasse gebeten wird, ohne daß man sich Gedanken über ihre ausreichende Investitionsfinanzierung im marktwirtschaftlichen System macht.

Diese Überforderung findet auch ihren Niederschlag in den abnehmenden Quoten jahresdurchschnittlicher Veränderung der realen Bruttoanlageinvestition in der Bundesrepublik seit 1950. Die Bruttoanlageinvestitionen nahmen im Zeitraum 1955/1950 um 13 %, 1960/55 noch um 7,4 %, 1965/60 immerhin um 6,8 %, 1970/65 nur mehr um 4,1 % zu, da gegen aber im Zeitraum 1974/70 bereits um 0,1 % ab. Der Investitionsrückgang wäre noch viel ausgeprägter, wenn man in diesen Zeitraum das Jahr 1975 mit einbeziehen würde. Nach einer Untersuchung des Instituts der Deutschen Wirtschaft läßt sich die Investitionslücke für die Zeit von 1970 bis 1974 in Preisen von 1962 mit über 100 Milliarden DM berechnen, wenn man die durchschnittliche Entwicklung der Investitionstätigkeit der Jahre 1960 bis 1970 als Soll zugrunde legen würde. Für das Jahr 1974 ergibt sich daraus ein theoretischer Ausfall an realem Sozialprodukt von 375 Milliarden DM.

Das in den zurückliegenden Jahren theoretisch dennoch errechnete volkswirtschaftliche Wachstum fand vorwiegend beim Konsum statt. Anschaulich kennzeichnet das Handelsblatt vom 8. Juli 1975 die Situation:

"Die Kuh ist systematisch geschlachtet und verzehrt worden, und vor dem in der Sonne gebleichten Skelett stehen nun die Melkmeister und rufen... 'Investitionsstreik'. Man kann nicht beides zugleich haben, das Steak und das Kalb. Entweder nutzt man die Kuh oder man schlachtet sie."

Jedem Staat in jedem System obliegen drei wirtschaftliche Hauptaufgaben: Stetigkeit des Wachstums, Kapitalallokation oder Wirtschaftssteuerung, Distribution oder Einkommensverteilung.

Das Problem beruht darin, daß diese drei Aufgaben gemeinsam dergestalt jeweils bewältigt werden müssen, daß ein wirtschaftliches und gesellschaftliches Optimum daraus resultiert; denn Wachstum, Kapitalsteuerung und Einkommensverteilung sind so eng miteinander verflochten, daß jeweils Rückkoppelungswirkungen bei auf eine dieser Aufgaben gezielten Maßnahmen in Rechnung gestellt werden müssen - und dies nicht nur in materieller, sondern auch in psychologisch -politischer Hinsicht. Eben daraus folgt, daß bei einseitiger Ausrichtung auf das Wachstum Fehlinvestitionen resultieren können, die letztlich ein geringeres Wirtschaftsergebnis bei maximalem Wachstum - mangels Abstimmung mit Allokation und Distribution - zur Folge haben, etwa weil Produkte nicht abgesetzt werden können (Fehlinvestitionen), oder weil es an der für die Verstetigung des Wachstums erforderlichen Harmonie der Investitionen in den verschiedenen Teilen der Volkswirtschaft (Überinvestitionen, Investitionslücken, Social costs) mangelt.

Andererseits würde eine einseitig auf Kapitalsteuerung ausgerichtete Wirtschaftspolitik, die die Wachstumschancen des höchst ungleichmäßig in den verschiedenen Branchen auftretenden "Technischen Fortschritts" mangels Privatinitiative außer acht lassen müßte, sich vielfältiger Wachstumsmöglichkeiten begeben und weit unter dem erreichbaren Optimum bleiben, damit auch weniger verteilen und weniger Risiken der sozial Bedürftigen absichern können. Dies wiederum trifft vor allem auf zentralwirtschaftlich gelenkte Systeme zu, die vornehmlich die Kapitalsteuerung besorgen und dann infolge wirtschaftlicher Ineffizienz mangels Privatinitiative zur möglichst gleichmäßigen Verteilung der Armut gezwungen sind. Der Initiative zur Durchsetzung des Technischen Fortschritts ist in solchen Systemen kein Raum gegeben, weil weder die meist mit Risiken und beträchtlichen Investitionen verbundenen Maßnahmen zur Kostensenkung dort aus eigenem Antrieb heraus statthaft sind, noch im Erfolgsfalle dem verantwortlichen Manager einen Vorteil bringen würden. Während der Manchester-Kapitalismus der Gründerjahre durch die Betonung des in privates Belieben gestellten Wachstums einerseits und andererseits die zentralwirtschaftliche Lenkung in den sozialistischen Staaten durch Hervorhebung der Kapitalsteuerung charakterisiert werden, ist der Wohlfahrtsstaat westlicher Prägung gekennzeichnet durch die einseitige Ausrichtung auf die Einkommensumverteilung. Das bedeutet eine Gefahr nicht nur für das Wirtschaftssystem, sondern für die Lebensgrundlagen überhaupt. Wer seine Politik einseitig auf die Einkommensverteilung ausrichtet, zerstört mit Gewißheit die Wirtschaftssubstanz. Allein schon unter diesem Gesichtspunkt ist die Forderung nach Verstaatlichung des Kredit- und Versicherungswesens wegen des mit ihr verbundenen Einflusses des Staates auf die Wirtschaftslenkung problematisch.

Ein solcher Entwicklungsprozeß würde zur qualitativen Veränderung der Staatsform, zur Aushöhlung des parlamentarischen Systems und der bürgerlichen Freiheiten führen. Diese Freiheiten aber sind Voraussetzung für den Rechtsstaat schlechthin. Somit würden die umfassende Verstaatlichung des Versicherungswesens und die zentralwirtschaftliche Lenkung unmittelbar die Zerstörung des Rechtsstaates bewirken.

II.

Hier soll als "Staat" im weiteren Sinne "eine verhältnismäßig vollkommene (societas perfecta), mit Merkmalen der Ausschließlichkeit bestückte Form der politischen Gemeinschaft" verstanden werden, bei der es sich im einzelnen entweder um eine "ganz bestimmte, zeit- und raumgebundene Erscheinungsform der politischen Gemeinschaft" (moderner Nationalstaat der Neuzeit) oder um die "je unter einem bestimmten Gesichtspunkt (verhältnismäßig, relativ) höchste Erscheinungsform des politischen Gemeinwesens als Ordnung des menschlichen Zusammenlebens im Alltag, dem ein Mindestmaß an Merkmalen der Unabhängigkeit eignet", handeln kann.

Schon nach Aristoteles hat der Staat die Voraussetzungen zu schaffen und in einem fort die Bedingungen zu erfüllen, worunter Ordnung menschlichen Zusammenlebens und Vollendung des Menschen möglich sind.

Das wiederum erfordert als Inbegriff für die genannten Voraussetzungen und Bedingungen die politische Freiheit. Im Regelfall ist daher der Staat als eine "Rechtsgemeinschaft von Freien" zu verstehen, und jedes Sozialgebilde anderer Art muß als "Scheinstaat" davon unterschieden werden. Freiheit beinhaltet das Recht zur politischen Mitwirkung an der Herstellung, dem Fortbestand und Fortgang der Ordnung des menschlichen Zusammenlebens und begründet so den Rechtsstaat. Daraus folgt, daß ohne ein Mindestmaß an demokratischen Elementen ein Rechtsstaat weder denkbar noch funktionsfähig ist. Nach Aristoteles ist ein Staat nur als "Rechtsstaat" auf Dauer lebensfähig.

In diesem Sinne argumentierte auch in unserer Zeit Karl Jaspers in seiner Rede anläßlich der Verleihung des Friedenspreises des Deutschen Buchhandels im Jahre 1958:

"Was aber ist Freiheit? Äußere Freiheit eines Staates und innere Freiheit durch seine Regierungsart haben Bestand durch die existenzielle Freiheit der einzelnen Menschen. Daher die Vieldeutigkeiten im Worte 'Freiheit': äußere politische Freiheit kann auch ein despotischer Staat haben. Eine freie demokratische Verfassung kann auch ein Volk innerlich unfreier Menschen haben. Freiheit beginnt als Freiheit des einzelnen, gewinnt gemeinschaftliche Gestalt in der republikanischen Regierungsart, behauptet sich gegen Unterdrückung durch fremde Staaten. Im Ganzen dieser drei Momente ist Freiheit wirklich. Erst die Freiheit, dann der Friede in der Welt ! Die umgekehrte Forderung ‚Erst der Friede, dann die Freiheit täuscht; denn ein durch Zufall oder Despotie oder geschickte Operation oder durch Angst aller Beteiligten für den Augenblick bestehender äußerer Friede ist nicht ein im Grunde des Menschen selbst gesicherter Friede. Er würde aus dem faktischen Unfrieden der einzelnen bald wieder zum Krieg führen."

Und hieraus kann man folgern: Unfreiheit trägt den Keim zur Zerstörung des Staates von innen oder außen in sich. Ein auf Dauer gesicherter Staat kann daher nur als demokratischer Rechtsstaat konstituiert sein. Indem der Rechtsstaat als organisierte Herrschaft viele Bereiche des öffentlichen und privaten Lebens umfaßt, das Staatsgebiet schützt, das Staatsvolk in der Gegenwart und in die Zukunft hinein materiell, gesellschaftlich und außenpolitisch sichert, muß er die Staatsgewalt durch das Volk und für das Volk im Hinblick auf die Erzielung von Freiheit und Frieden, Sicherheit, Gerechtigkeit und Wohlstand ausrichten.

Dies wird nur im Wege der Gewaltenteilung, also der auch personell unabhängig voneinander und getrennt zu handhabenden Gesetzgebung, Verwaltung und Rechtsprechung möglich sein. Darüber hinaus müßte im modernen Staat zur Sicherung des freiheitlichen gesellschaftlichen Systems die Gewaltenteilung über jene klassische Gewaltenteilung zwischen Politikern und Abgeordneten einerseits sowie Beamten und Rechtsprechung andererseits ausgedehnt werden auf Wirtschaft, Gewerkschaft, Presse und Kirche. Wer in einem der genannten sieben Sektoren (drei klassische und vier moderne Bereiche der Staatsgewalt) das Sagen hat, sollte von Gesetzes wegen keine Machtbefugnisse durch Wahl oder Besitz in den anderen sechs Bereichen der Staatsgewalt ausüben dürfen.

Jeder Verstoß gegen das Prinzip der Gewaltenteilung trägt zur Zerstörung des Wohlfahrtsstaates und damit zur Sozialisierung bei. Aufhebung der Gewaltenteilung und Verstaatlichung bewirken in einem noch demokratischen System politische Schwäche, aber geben totalitärer Herrschaft in einem sozialistischen System überhaupt erst politische Stärke.

Unverblümt beschreibt dies Milovan Djilas in "Die neue Klasse":

"Der Besitz von Privateigentum hat sich aus vielen Gründen als ungünstig für die Autorität der neuen Klasse erwiesen. Überdies war die Zerstörung des Privateigentums für die wirtschaftliche Umgestaltung des betreffenden Staates vonnöten. Die neue Klasse bezieht ihre Macht, ihre Vorrechte, ihre Ideologie und ihre Gewohnheiten aus einer speziellen Form des Eigentums - aus dem Kollektiveigentum, das die neue Klasse im Namen des Volkes und der Gesellschaft verwaltet und verteilt."

Allerdings begnügt sich die "neue Klasse" - repräsentiert durch eine "politische Bürokratie" - in der Phase des Übergangs zum Sozialismus auch mit der Verstaatlichung vorerst nur der Funktionen privatwirtschaftlicher Unternehmungen. Daher unterscheidet man auch zwischen Strukturverstaatlichung und Funktionsverstaatlichung. Da die Funktionsverstaatlichung die Verantwortlichkeiten verwischt und zudem die Öffentlichkeit über die wahren Absichten der Initiatoren der Funktionsverstaatlichung lange Zeit hinwegzutäuschen vermag, muß sie als weit gefährlicher erachtet werden.

Die Funktionsverstaatlichung ist eine auf Dauer nicht lebensfähige Erscheinung des Versorgungsstaates. Ihr wohnt die Psychologie der "Macht ohne Verantwortung" inne, wie sie allerorten im unachtsamen Umgang mit sogenanntem öffentlichen Eigentum zum Ausdruck kommt. Nur wer persönlich für Produktionsmittel als Eigentümer haften muß und einen Nachteil aus der Verschwendung erleidet, wird auch sorgsam mit den knappen Mitteln umgehen und so erst die ausreichende investive Zukunftssicherung ermöglichen.

Im zentralwirtschaftlichen Sozialismus ist die Psychologie wirtschaftlich-rentablen Umgangs mit den Ressourcen zumindest bei den leitenden Kräften nur vorhanden, weil sie vom Staat erzwungen wird. Entarteter Demokratismus und zur Anarchie tendierender Liberalismus bewirken hierzulande jedoch in dem immer größeren Bereich sogenannten Gemeineigentums nicht nur nachlässigen Umgang und Verschwendung, sondern auch schon sinnlose Zerstörungslust. Dem kann nur durch Rückbesinnung auf das marktwirtschaftliche Prinzip der privaten Haftung, damit des Privateigentums und der Privatinitiative in möglichst weiten Bereichen der existenziellen Vorsorge oder durch Einführung einer den wirtschaftlichen Umgang mit den knappen Mitteln erzwingenden totalitären Herrschaft begegnet werden.

Während Freiheit in sozialer Marktwirtschaft und demokratischer Gesellschaftsordnung "verpflichtend" verstanden wird (Freiheit wofür?), sucht dafür in dem andersartigen "demokratischen" Selbstverständnis der Verfechter des Wohlfahrtsstaates die Freiheit durch Gleichheit (Freiheit wovon?) zu ersetzen. So verstandene Gleichheit aber schließt sowohl Gerechtigkeit als auch Freiheit individueller Entfaltung, Wohlstand und Sicherheit aus und führt letztlich zu Unfrieden. Wohin das anarchistische Freiheitsverständnis umfassender Gleichheit im Materiellen wie in gesellschaftlicher Ordnung jederzeit und unabwendbar führen muß, beschrieb vor 2500 Jahren Platon in seinem Buch vom "Staat":

"Und die Demokratie, löst nicht auch diese sich auf durch die Unersättlichkeit, in dem, was sie als ihr Gut bestimmt? ... Ist es nun etwa nicht, was ich eben sagen wollte, die Unersättlichkeit mit Vernachlässigung alles übrigen, was auch diese Verfassung umgestaltet und sie dahin bringt, der Tyrannis zu bedürfen? ... Ich meine, wenn einer demokratischen, nach Freiheit durstigen Stadt schlechte Mundschenken vorstehen und sie sich über die Gebühr an ihrem starken Wein berauscht, so wird sie ihre Obrigkeiten, wenn diese nicht ganz zahm sind und alle Freiheit gewähren, zur Strafe ziehen.... Und zuletzt weißt Du ja, daß sie sich auch um die Gesetze gar nicht kümmern, mögen es nun geschriebene sein oder ungeschriebene, damit nur ja niemand ihr Herr sei. ... Das, mein Freund, ... ist der schöne und jugendfrische Ursprung, aus dem die Tyrannis erwächst."

III.

Die aus wohlfahrtsstaatlicher Gleichheitsideologie erwachsende Maßlosigkeit der Ansprüche und die daraus resultierende Umkehrung aller hergebrachten Werte (wie Sparsamkeit, Bescheidenheit, Solidarität, Anstand, Ehrlichkeit, Loyalität) sowie die aus beiden Erscheinungen resultierende Zerstörung von Lebensgrundlage und freiheitlicher gesetzlicher Ordnung ist in keinem Lebens- und Wirtschaftsbereich so ausgeprägt wie in dem der Risikovorsorge, also im Versicherungssektor. Das mag die Ursache darin haben, daß einerseits Sicherungen gegen Existenzrisiken ein wirksamer politischer Anreiz für eine möglichst große Zahl von Menschen ist und daß zudem politische Beeinflussung sich am leichtesten unter dem Mantel barmherziger und sozialer Vorsorge verstecken läßt.

Während jedoch ein rentabilitätsorientiertes und nach dem Prinzip der gegenseitigen Deckung aufgebautes Versicherungswesen darauf bedacht sein muß, daß die zukünftigen Versicherungsleistungen erbracht werden können, kann verstaatlichte Existenzabsicherung über die volkswirtschaftlichen Mittel auch nach wahlpolitischem Opportunismus verfügen.

Erkannt werden diese Gefahren aber wohl nur von einem kleinen Teil der Bevölkerung. Die von so vielen Gruppen in unterschiedlichem Maße errungenen Besitzstände haben eine psychologische Sperrklinkenwirkung gegenüber der notwendigen Neuordnung der sozialen Sicherung. Ohne eine derartige Neuordnung muß aber das gesamte staatliche Sicherungswerk über kurz oder lang zusammenbrechen.

Ursächlich hierfür ist nicht allein die materielle Überforderung, sondern auch der Geburtenrückgang. Wenn dieser Rückgang in der beobachteten Weise anhält oder sich gar verschärft, werden in etwa 15 Jahren drei Beschäftigte bereits zwei Rentner zu unterstützen haben. Es besteht die Gefahr, daß die arbeitende Bevölkerung schon viel früher den Generationenvertrag aufkündigt, wenn sie befürchten muß, daß für ihre eigene Altersversorgung keine ausreichenden Investitionen gebildet werden können. Die für den Beitritt und die Nachzahlung in die Sozialversicherung dargebotenen Argumente preisen als vorteilhaft an, was zur Substanzzerstörung führen würde, die Verdoppelung des Rentenanspruchs aufgrund der Geldentwertung.

Aber dieses Prinzip wird auch dadurch praktiziert, daß derzeit die Möglichkeiten der Erhöhung des Rentenanspruchs durch Nachzahlungen mit dem Argument angeboten werden: Um einen Rentenanspruch von 500,-- DM zu erhalten, brauche man dazu nur etwas mehr als 38 000,-- DM nachzuzahlen, während bei einer heute beginnenden Zahlung in die Zukunft hinein zur Erlangung eines Rentenanspruchs von 500,-- DM insgesamt ca. 84 000,-- DM notwendig wären. Auf der anderen Seite werden durch die Inflation Vermögenswerte genommen. Allein 1975 verlieren die Eigentümer des auf 800 Milliarden DM bezifferten privaten Geldvermögens in der Bundesrepublik ca. 50 Milliarden DM an Kaufkraft. Das hat die Arbeitsgemeinschaft der Verbraucher (AGV) unter Zugrundelegung eines erwarteten Preisanstiegs von 6 % errechnet. Je Einwohner entspreche das bei einem durchschnittlichen Vermögensbestand von etwa 13 500,-- DM einem Kaufkraftverlust von rund 800,-- DM!

IV.

Während die private Versicherung nach der Terminologie von Alfred Manes als "gegenseitige Deckung zufälligen und schätzbaren Geldbedarfs zahlreicher gleichartig bedrohter Wirtschaften" definiert werden kann, verzichtet die Sozialversicherung in allen Zweigen bewußt auf die volle Durchsetzung des reinen Versicherungsprinzips zugunsten eines weitgespannten sozialen Ausgleichs zwischen sozial starken und schwächeren Versicherten. In den wissenschaftlichen Darstellungen des Sozialversicherungswesens fehlt allerdings bislang ein Hinweis darauf, inwieweit diese Bereicherung der Sozialversicherten zu Lasten der privaten Versicherungsnehmer geht. Dem privaten Versicherungswesen widerspricht elementar eine über den Rahmen des Bedarfs hinausgehende Deckung (Bereicherungsverbot, Abgrenzung gegenüber Spiel und Wette). Für das privatwirtschaftliche Versicherungswesen ist die Zusammenfassung der scheinbar gegensätzlichen Merkmale "Zufälligkeit und Schätzbarkeit" wesentlich. Angesprochen wird hier das Gesetz der großen Zahl. Tatbestände und Ereignisse, die in jedem Einzelfalle zufällig vom Wollen und Vermögen der betroffenen Einzelwirtschaft unbeeinflußt eintreten, werden durch kollektive Zusammenfassung in regelmäßige und kalkulierbare Massenerscheinungen verwandelt.

Demgegenüber behandelt die Sozialversicherung sämtliche Risiken grundsätzlich gleich und stellt der Sache nach nicht auf das Prinzip der Zufälligkeit ab. Die Entstehungsgeschichte der Sozialversicherung zeigt, daß sie ebenso wie die

Individualversicherung ursprünglich das Äquivalenz-Prinzip als reine Basis hatte, sich dann aber allmählich durch immer fortschreitende Restributionsmaßnahmen zum Opferprinzip hin entwickelt hat.

Der Vollständigkeit halber sollte hier auch die Unterscheidung in Zwangs- und Vertragsversicherung gemacht werden, wobei auf gelegentliche Überschneidungen dieser Grundeinteilungen hinzuweisen ist. Im allgemeinen handelt es sich bei der Sozialversicherung um eine Zwangsversicherung, bei der Individualversicherung um eine Vertragsversicherung. Kombinationen findet man beispielsweise bei der Haftpflichtversicherung, wo Zwangs- und Individualprinzip kombiniert werden, oder bei jenen Sozialversicherten, die gern die Vorteile der freiwilligen Versicherung wahrnehmen. Schließlich muß man unterscheiden zwischen privatrechtlichen und öffentlich-rechtlichen Trägern von Versicherungen, wobei auch öffentlich-rechtliche Versicherungsträger Individualversicherungen anbieten.

Vielfältige Wechselwirkungen zwischen privatrechtlichem und staatlichem Versicherungswesen gibt es aber nicht nur im Hinblick auf mögliche Kombinationen von Zwangsversicherung und Vertragsversicherung, von Individual- und Sozialversicherung, sondern auch im Hinblick auf die Wirkungen unterschiedlicher staatlicher Maßnahmen auf das private Versicherungswesen insgesamt. Angesprochen sind hier vor allen Dingen die Stabilitätspolitik von Staat und Notenbank, Kredit- und Wirtschaftspolitik, Steuerpolitik, Sozialpolitik, Ordnungspolitik und Gesellschaftspolitik.

Eine die Stabilität des Geldwertes geringer als die Vollbeschäftigung wertende Politik geht grundsätzlich zu Lasten der auf dem Nominalwertprinzip beruhenden Zweige der Individualversicherung und begünstigt regelmäßig die Mitglieder der dynamischen Sozialversicherung. Obendrein bewirkt eine derartige Politik die beständige Ausweitung des öffentlichen Sektors, wenn man die über parafiskalische Kassen laufenden Geldströme hierbei mitrechnet.

Kredit- und Wirtschaftspolitik nehmen unmittelbar Einfluß auf die Konditionen der Kapitalansammlung durch die Träger von Individualversicherung und auf die Verwendung dieser Kapitalien, damit auch auf ihre Real-Rendite.

Steuerpolitisch sind Versicherungswesen und Staat über die Versicherungssteuer verbunden, die von Anbeginn umstritten war. So ist der Gegenstand der Versicherungssteuer, nämlich das Versicherungsverhältnis, weder steuerrechtlich noch durch das allgemeine Versicherungsrecht einheitlich determiniert. Die Rechtfertigung dieser Steuer hat den vordergründigen Ansatz, daß sich aus der Fähigkeit zur Zahlung des Versicherungsentgelts auf eine besondere Steuerfähigkeit schließen lasse. Es wird also eine besonders hohe Leistungsfähigkeit des Versicherungsnehmers unterstellt, wiewohl zur Genüge hier bereits nachgewiesen wurde, daß die privaten Versicherungsnehmer derjenigen Versicherungszweige, die der Versicherungssteuer unterliegen, durch den Staat, die Sozialversicherungen und sonstige organisierte Gruppen der Gesellschaft benachteiligt werden. Es mag gegen Ende des vorigen Jahrhunderts so gewesen sein, daß private Versicherungsnehmer leistungsfähiger als die große Masse derjenigen waren, die sich damals noch nicht einmal eine Versicherung leisten konnten. Aber zumindest seit 25 Jahren liegen die Dinge genau umgekehrt.

Volkswirtschaftlich viel richtiger wäre es, die Steuern aus den ohnehin zum Konsum vorgesehenen Mitteln abzuzweigen und die Sparkapitalbildung steuerlich zu fördern. Nur wenn in hohem Umfang Kapital gebildet wird, kann zu einem späteren Zeitpunkt das Maß der dann gegebenen existenziellen Risiken drastisch verringert werden, und es können an die von Risiken Betroffenen Ausgleichszahlungen nur bei ausreichender Sparkapitalbildung in früheren Zeiten geleistet werden. Nicht nur aus der Versicherungsperspektive, sondern auch aus den einfachen volkswirtschaftlichen Zusammenhängen zwischen Investition und erst daraus folgendem Konsum erscheint die durch die Versicherungssteuer gegebene Beeinträchtigung der anderenfalls höher möglichen Kapitalansammlung sinnwidrig und volkswirtschaftlich schädlich.

Die sozialpolitische Einwirkung auf das privatwirtschaftliche Versicherungswesen und auf die Versicherungsnehmer von Individualversicherungen wurde bereits ausführlich dargestellt. Hier steht die Einkommensumverteilung, also die großzügige finanzielle Dotierung der Sozialversicherten unmittelbar zu Lasten der sozialen Sicherheit Individualversicherter im Mittelpunkt der sozialpolitischen Maßnahmen des Staates. Diese Sozialpolitik kann im Grunde zu einer Beeinträchtigung der sozialen Sicherheit beitragen. Wer den sozialen Staat dagegen erhalten will, muß die dargelegten Mängel des Sozialstaates beheben.

Das System der sozialen Absicherung wird zudem zusehends schwerfälliger, bürokratischer und teurer und kann die Gesellschaft in planwirtschaftlichen Sozialismus bringen, weil die soziale Sicherheit der Menschen, die Währung und die private Leistungsbereitschaft immer stärker beeinträchtigt werden. Die von bestimmten Gruppen erhobene Forderung auf Verstaatlichung des Versicherungswesens bedient sich dabei des ordnungspolitischen Arguments unzureichenden Wettbewerbs. Nun ist aus Gründen der weitestgehenden Sicherung von Versicherungsansprüchen das Versicherungswesen ganz bewußt aus dem Kartellgesetz ausgeklammert, zumal es bereits der staatlichen Fachaufsicht untersteht. Gewiß sind dadurch zahlreiche Probleme und Konflikte mit den Prinzipien der Marktwirtschaft erwachsen, die hier näher zu behandeln nicht der Platz ist. Sollte es berechtigte Einwände gegen Wettbewerbsmängel im Versicherungswesen geben, so wäre doch wohl die staatliche Ordnungspolitik auf die Wiederherstellung ausreichenden Wettbewerbs auszurichten. Im Godesberger Programm der sozialdemokratischen Partei aus dem Jahre 1959 heißt es denn auch: "So viel Wettbewerb wie möglich, so viel Planung wie nötig." Aber - so wurde etwa in dem SPD-Langzeitentwurf von 1972 angedeutet - die Relation von Wettbewerb und Planung verschiebe sich nun im Zuge der "Veränderung gesellschaftlicher Verhältnisse". Solche Veränderung gesellschaftlicher Verhältnisse ergebe sich aus dem steigenden Wohlstand und der eben daraus resultierenden überproportionalen Nachfrage nach "öffentlichen Gütern und Diensten".

Doch diese Annahme erscheint vom Ansatz her falsch. Es stimmt nicht, daß mit steigendem Wohlstand die Nachfrage der Bürger nach der Befriedigung ihrer Bedürfnisse durch den Staat überproportional zunimmt. Richtig ist, daß die Zunahme des Wohlstandes sich gerade dort ausprägen sollte, wo bislang in einer ärmeren Gesellschaft der Staat im Interesse des sozialen Ausgleichs die Bedarfsbefriedigung per Zuteilung regelte oder durch Subventionen ermöglichte. Aber eben der steigende Wohlstand macht doch logischerweise die Subventionierung zahlreicher Lebensbedürfnisse der Mitbürger überflüssig.

Es ist ja nicht so, daß die staatliche Übernahme eines Teiles der Kosten des dem Mitbürger zugestandenen Lebensniveaus volkswirtschaftlich billiger kommt. Vielmehr muß in einer veränderten gesellschaftlichen Situation, in der die Mehrzahl der Mitbürger ein beträchtlich über dem Existenzminimum liegendes Einkommen erzielt und zudem bei der überwiegenden Mehrzahl aller Familien die Familieneinkommen sich annähernd in der Höhe gleichen, das, was staatlicherseits subventioniert wird, von genau den gleichen Begünstigten über die Steuern wiederum abgeführt werden. Auf diese Weise hat der Bürger auch noch die Kosten staatlicher Umverteilung zusätzlich zu tragen und zudem in vielen Fällen dort, wo die Subventionierung im Wege der Zuteilung erfolgt, keine freie Konsumwahl. Was aber noch viel schlimmer ist, die Subventionierung verfälscht die Prioritätenfolge in der individuellen Nachfrage, und das wiederum kann zu einer Strukturveränderung der Wirtschaft führen.

Der Wettbewerb ist auch dazu bestimmt, immer wieder die relativ unrentabelsten Unternehmen und die jeweils am wenigsten wirtschaftlich eingesetzten Produktionsfaktoren auszusondern und über den Markt einer rentableren Verwendung zuzuführen. Diese volkswirtschaftlich wichtige Funktion fehlt grundsätzlich bei allen gemeinwirtschaftlichen Unternehmen.

V.

Seit drei Jahren erlebte die Staatsverschuldung in der Bundesrepublik jeweils Verdoppelungen, 1975 wahrscheinlich auf 85 Milliarden DM gegenüber 35 Milliarden DM 1974. Die staatliche Neuverschuldung 1974 und 1975 ist weit höher als die gesamte Neuverschuldung der zwanzig Jahre 1949 bis 1969. Die Nettokreditaufnahme des Bundes wird 1975 beim Dreieinhalbfachen des Vorjahres liegen; denn 1974 wurden netto 9,5 Milliarden DM an Krediten aufgenommen, 1975 werden es 34 Milliarden DM sein. Der Anteil der Schulden am gesamten Ausgabevolumen steigt somit von 7,1 % 1974 auf das Dreifache, nämlich auf etwa 22 % 1975 an. Insgesamt wird das Schuldenkonto von Bund, Ländern und Gemeinden bis zum Jahresende 1975 auf voraussichtlich 275 Milliarden DM geschätzt. Das bedeutet: die Schulden der Gebietskörperschaften haben sich innerhalb von fünf Jahren weit mehr als verdoppelt. Zuvor dauerte die Verdoppelung immerhin zehn Jahre von 1960 bis 1970. Zugleich gehen die Steuereinnahmen beständig zurück, und zwar erstmals auch die Einnahmen aus der Lohnsteuer im ersten Halbjahr 1975 um 0,5 % gegenüber dem Vorjahr. Veranlagte Einkommen- und Körperschaftsteuern waren ohnehin schon seit geraumer Zeit rückläufig, und die Umsatzsteuererträge bleiben ebenfalls hinter den Erwartungen zurück.

Verursacht werden die depressiven Entwicklungen in der Wirtschaft und die finanzielle Überforderung des Staates u. a. durch ungedeckte Mehrausgaben der Bundesanstalt für Arbeit in Höhe von ca. 10 Milliarden DM 1975, durch eine Deckungslücke der Angestellten-, Knappschafts- und Rentenversicherung von aussichtlich ca. 12 Milliarden DM sowie durch Deckungslücken bei Bahn, Post und im Nahverkehr von ca. 15 bis 17 Milliarden DM und in Höhe mehrerer Milliarden DM im Bereich der medizinischen Versorgung. Offensichtlich überfordert der Wohlfahrtsstaat die Leistungsfähigkeit der Wirtschaft.

Erst langsam beginnt man auch in der Bundesrepublik zu erkennen, daß dem Wohlfahrtsstaat der Keim der Selbstzerstörung innewohnt. Obwohl neuerdings die Einsicht zunimmt, Gewinne und Investitionen seien zur Begründung von Wirtschafts- und Steuerkraft notwendig, ging man doch bislang in den Anforderungen an Finanz- und Sozialpolitik unbeirrt weiter - auf allerdings verschiedenen Wegen! - zum Wohlfahrtsstaat. Dabei erscheint es bereits fraglich, ob die erreichte soziale Sicherheit in der gegebenen Form beibehalten werden kann oder ob das Übermaß an sozialer Sicherheit den Leistungswillen vieler Bürger beeinträchtigt und zudem die Investitionsfähigkeit der Wirtschaft weiter zerstört.

Der verhängnisvollen Entwicklung lag ein Auffassungswandel über das Staatsverständnis zugrunde. Solche neue Auffassung vom Staat als bürgerverbindendem "Sozialkontrakt" manifestierte sich in einer Gesetzgebung, die weniger oder überhaupt nicht mehr auf die Bewahrung der Wirtschaftseffizienz, dafür um so ausdrücklicher auf die Erzielung materieller Verteilungsgerechtigkeit ausgerichtet ist. Verteilungsgerechtigkeit wollte man nämlich nicht mehr nur durch personell gezielte Umverteilung bewirken, sondern unter Mißachtung des Grundprinzips sozialer Marktwirtschaft - Identität von Kostenträger und Nutznießer - wurden in zunehmendem Maße staatliche Leistungen im Interesse breitester Abdeckung sozialen Bedarfs zu unter den betriebswirtschaftlichen Kosten liegenden Gebühren offeriert. Das Defizit mußte aus dem Steueraufkommen getragen werden, das im Wege von Steuerreformen vornehmlich von begüterten Personenkreisen - also von Investoren! - und von der Wirtschaft abgefordert wurde. Dieses System der Bedarfsdeckung zum Nulltarif oder zum Quasi-Nulltarif schuf auch durch die hervorgerufene Übernachfrage in konsumtiven Sektoren ein verhängnisvolle Fehllenkung von Produktionsfaktoren in beträchtlichem Ausmaß. Wo das marktwirtschaftliche Grundprinzip der Identität von Kostenträger und Nutznießer aufgehoben ist, dort ist auch die in der Verbindung von marktwirtschaftlichem und parlamentarischem System inbegriffene harmonische Allokation der Produktionsfaktoren aufgehoben. Fehlinvestitionen großen Ausmaßes in Konsumgüterbereichen und entsprechende Investitionslücken in den Bereichen von Infrastruktur und Grundstoffindustrie sind die Folge. Einher damit gehen zunehmende Ineffizienz des Wirtschaftens in immer größeren Bereichen der Volkswirtschaft, betriebswirtschaftliche Verluste, Unternehmerzusammenbrüche, Arbeitslosigkeit und Versiegen der Steuerquellen.

Statt sich jedoch auf die unserer Wirtschaftsordnung zugrunde liegende Subsidiaritätsidee rechtzeitig zurückzubesinnen und die Gesetzgebung entsprechend zu reformieren, wollten zu lange viele politische Kräfte sämtlicher Parteien die Verstaatlichung immer weiterer Bereiche materieller Bedarfsdeckung und Daseinsvorsorge erreichen. Das hatte dreierlei zur Folge:

1. die beständige Erhöhung der Zahl der Staatsbediensteten,

2. die Erhöhung der Begehrlichkeit der ohnehin zur Prämienpflicht gezwungenen und sich nun per Nulltarif bedenkenlos bedienenden Mitbürger (zum Beispiel im medizinischen Sektor, bei der Berufsförderung und - soweit es sich um jüngere Arbeitnehmer handelt - auch im Hinblick auf die Wahrnehmung der sozialen Leistungen bei Arbeitslosigkeit, die teilweise über das Arbeitsnettoeinkommen hinausreichen);

3. die Zerstörung der Spar- und Investitionskraft infolge sozial motivierter überproportionaler Besteuerung leistungsfähiger Mitbürger, Unternehmer und Investoren.

Alle drei Erscheinungen bewirkten die Umverteilung von den Investitionen zum Konsum, bewirkten weiteren Substanzverzehr und hatten die Ausweitung von Arbeitslosigkeit und Güterknappheit unausweichlich zur Folge. Ausdruck fand dies in den oben genannten progressiv steigenden Staatsdefiziten.

Wohl ist die allgemeine Krisenverschärfung die unausweichliche Folge wohlfahrtsstaatlicher Entwicklung. Sie ist gewissermaßen systemimmanent einem auf Bedarfsdeckung zum Quasi-Nulltarif ausgerichteten Wohlfahrtsstaat. Aber gleichzeitig kommt in diesem Prozeß eine Schwäche zum Ausdruck. Vielfach entstehen nämlich Defizite nicht mehr nur aus dem wohlfahrtsstaatlichen Geist sozialer Versorgung aller Bürger, sondern sie sind Ausdruck einer Funktionsunfähigkeit, etwa wenn nicht dem Sozialsektor zuzurechnende öffentliche Dienstleistungsunternehmen jährlich in immer höherem Umfang aus Steuern subventioniert werden müssen.

VI.

Die unzureichende Kostenkontrolle öffentlicher Einrichtungen und ihre Defizite sind das Ergebnis struktureller Schwäche. Ursache hierfür ist die Aufhebung der Gewaltenteilung in immer weiteren Bereichen in Staat und Verwaltung, insbesondere durch die im Laufe der Legislaturperioden beständige Erhöhung des Anteils der Beamten und öffentlichen Bediensteten an der Gesamtzahl der Abgeordneten in Bund und Ländern bis auf nahezu 50 % seit 1973.

Defizitwirtschaft - das heißt: über die Verhältnisse leben. Defizitwirtschaft bedeutet daher Substanzverzehr; denn Defizite sind Ausdruck über die materiellen Leistungen hinausgehenden Anspruchs und Konsums. Es kann nicht einmal mehr mit wohlfahrtsstaatlichem Selbstverständnis motiviert werden, wenn beispielsweise die Ausgaben der Hamburger Hochbahn 1974 nur noch zu 68 % durch Fahrkartenverkauf abgedeckt werden konnten und die Hannoverschen Verkehrsbetriebe nicht einmal mehr ihre Personalkosten durch Gebührenerhöhung erlösen konnten.

Als Folge dieser Entwicklung zur Ausweitung der staatlichen Defizitwirtschaft ergibt sich eine beträchtliche Ausdehnung des "staatlichen Korridors": der Staatsanteil am Sozialprodukt erstreckt sich bereits auf 45,4 % nach erst

37 % 1970. In nur sechs Jahren beschleunigt ansteigender Staatsverschuldung konnten die durch die Kassen des Staates laufenden Mittel des Volkseinkommens also um 20 % aufgestockt werden. Im Zuge dieser Entwicklung wurden aber immer weitere Bereiche der Wirtschaft derart überbeansprucht und notleidend, daß ihre Sanierung und die Sicherung der wirtschaftlichen Funktionen dieser Sektoren nur noch durch ein höheres Maß von Staatseingriffen und mit Hilfe von Staatssubventionen möglich erscheint.

Das aber begründet nachhaltige Forderungen nach Sozialisierung, Vergesellschaftung oder Verstaatlichung. Hier kommt es auf die rechtlichen Unterschiede zwischen den genannten Möglichkeiten der Beseitigung privaten Eigentums und privater Verfügungsmacht nicht an, so daß auf entsprechende Erörterungen und Darlegungen verzichtet werden kann. Gemeinsam ist jedenfalls allen drei Maßnahmen die Herauslösung der davon betroffenen Wirtschaftsunternehmen und Wirtschaftssektoren aus dem Gefüge sozialer Marktwirtschaft und die so bewirkte qualitative Veränderung des Wirtschaftssystems überhaupt.

Auch wenn man annehmen darf, daß solche Entwicklung nicht in der Absicht jener gelegen hat, die durch ihre Gesetzgebung den Wohlfahrtsstaat ausgestalteten, so sind doch unzweifelhaft die Forderungen nach Vergesellschaftung oder Verstaatlichung des Bank- und Versicherungswesens von der Absicht einer strukturellen Veränderung getragen.

Allerdings gab es schon seit Jahren eine von Politikern aller Parteien durchaus gewollte Verstaatlichung von immer größeren Aufgabenbereichen der Versicherungswirtschaft, indem Zwangsversicherungen zur Existenzvorsorge gesetzlich eingerichtet wurden. Hierfür wurden vom Staat parafiskalische Einrichtungen geschaffen, mit denen die private Versicherungswirtschaft anfänglich um so weniger konkurrieren konnte, je weniger das Prinzip der Gegenseitigkeit, der Ausgewogenheit von Leistung und Gegenleistung für eine besonders große Zahl von staatlich Versorgten zur Geltung kam. Zudem konnte es insoweit keine Konkurrenz geben, als bestimmte Personengruppen nicht die Wahl zwischen staatlicher Vorsorge und privater Versicherung hatten. Angesichts der durch das Prinzip des Nulltarifs im Versorgungssystem des Staates hervorgerufenen Kosten- und Prämienexplosion könnten die privaten Versicherungen heute zweifellos großen Personenkreisen sehr viel preiswerter zur Absicherung der Lebensrisiken verhelfen, wenn entsprechende Möglichkeiten alternativer Versicherung privat oder staatlich eingeräumt würden.

In dieser Feststellung ist auch schon eine später zu behandelnde Variante der Problemlösung zu finden: die vom bayerischen Staatsminister Heubl im Bayern-Kurier vom 3. Mai 1975 geforderte Entstaatlichung der sozialen Vorsorge zumindest für jene Bevölkerungskreise, die dies wünschen. Das würde nicht bedeuten, daß man die private Vorsorge völlig ins Ermessen des einzelnen stellt. Der staatliche Zwang zur Vorsorge könnte unverändert bestehen bleiben, aber durch den Wettbewerb zwischen privaten und staatlichen Vorsorgeträgern würde dem Prinzip der Wirtschaftlichkeit endlich Geltung verschafft, und das müßte zur Stabilisierung oder sogar zur Absenkung des in den letzten Jahren beständig angestiegenen Anteils der Vorsorgeaufwendungen am Sozialprodukt führen. Eben dieser Anstieg des Anteils der Sozialaufwendungen auf inzwischen gut 30 % und auf vorerst noch unabwendbar 33 % im Jahre 1978 geht zu Lasten der Investitionen und damit auch zu Lasten der existenziellen und sozialen Zukunftsvorsorge. Und genau hierin beruht das Kernproblem wohlfahrtsstaatlicher Entwicklung.

Diese Überlegungen zeigten bereits vielfältige Einwirkungen und Wechselwirkungen zwischen Versicherung und Staat auf und gaben Einblick in den Dualismus zwischen Staat und Versicherung, der mit zunehmender Verstaatlichung sozialer Vorsorge zur Beeinträchtigung der materiellen Basis und damit der sozialen Sicherheit führt.

Bundeswirtschaftsminister Friderichs rechnet in dem 1974 erschienenen Buch "Mut zum Markt" vor, daß bereits im Jahre 1973 ein Vier-Personen-Haushalt mit einem Brutto-Arbeitseinkommen von 26 000,-- DM jährlich letztlich ein niedrigeres verfügbares Gesamteinkommen haben konnte - nämlich rund 20 000,-- DM - als ein vergleichbarer Haushalt mit einem Bruttoarbeitseinkommen von nur 14 000,-- DM, weil der beispielhaft angenommene Haushalt mit höherem Bruttoarbeitseinkommen einerseits progressiv besteuert, andererseits aber von den Vergünstigungen für niedrig Verdienende (Sozialwohnung, Zweit-Kindergeld, Zusatzprämie bei der Vermögensbildung und Ausbildungsförderung) ausgeschlossen wird. Der Haushalt mit dem nahezu nur halb so hohen Brutto- Arbeitseinkommen gelangt dagegen mit den staatlichen Sozialzuwendungen auf ein verfügbares Gesamteinkommen von 21 000,-- DM im Jahr. Minister Friderichs räumte ein, daß dadurch die ursprüngliche Verteilungs- und Leistungsrelation auf den Kopf gestellt würde und daß so ein tragendes Grundprinzip der marktwirtschaftlichen Ordnung - nämlich der Leistungsanreiz - in der Substanz getroffen werde. Friderichs nennt weitere Beispiele hierfür. So ist die Leistungssteigerung unvorteilhaft für ein verheiratetes Ehepaar mit zwei Kindern und einem bisherigen Einkommen von 51 600,-- DM, wenn infolge des um 1000,-- DM brutto höheren Einkommens eine zusätzliche Steuerbelastung von 378,-- DM und ein Verlust an staatlichem Einkommen von 1142,-- DM daraus resultieren, weil mit diesen 1000,-- DM höherem Leistungsentgelt die Vergünstigungsgrenze für das 624,-- DM-Gesetz und für das Sparprämien bzw.

Wohnungsbauprämiengesetz überschritten wird. Eine sich in Höhe von 1000,-- DM ausdrückende Leistungssteigerung führt hier also zu einer Höherbelastung von 1520,-- DM.

Völlig uninteressant wird der eigene Leistungsbeitrag bei einem arbeitslosen Bauarbeiter, der aufgrund des zuletzt verdienten 2800,--DM Brutto-Einkommens im Akkord nun mit einem Arbeitslosengeld von 319,80 DM wöchentlich nahezu 75,-- DM mehr erhält als sein arbeitender Kollege in der Wirtschaftskrise zu Tariflohnbedingungen ohne Überstunden. Berücksichtigt man zudem hier die Wirkung des Lohnsteuerjahresausgleichs, so erhält, wer von Juli bis Juni, also zwölf Monate lang innerhalb von zwei Zeitjahren arbeitslos ist, 90 % des ursprünglichen Akkord-Nettolohnes, damit nahezu doppelt so viel, wie er bei Wiederaufnahme der Arbeit zum Tariflohn bekommen würde.

Der in den Berufsförderungsbestimmungen jedem Facharbeiter mit nur einjähriger Berufstätigkeit eingeräumte Rechtsanspruch zu zweijährigem Besuch einer berufsfortbildenden Akademie unter 90%iger Finanzierung des zuletzt verdienten Nettolohnes bewirkt bei so vielfach zusätzlich erlangtem Anspruch auf Wohngeld ein (zumal unter Berücksichtigung des Lohnsteuerjahresausgleichs) höheres Nettoeinkommen als im Arbeitsprozeß. Inzwischen nutzen Hunderttausende solche "Mehrung sozialer Chancen" und steigerten die hierfür benötigten Aufwendungen der Bundesanstalt für Arbeit auf 10 Milliarden DM 1974.

Aufgrund derartiger staatlicher Vorsorge-Leistungen setzte sich 1973 bereits das Durchschnittseinkommen der deutschen Arbeitnehmer gemäß Berechnungen des Bielefelder Soziologen Christian von Ferber nur noch zu zwei Dritteln aus Arbeitseinkommen und zu einem Drittel aus Transfereinkommen zusammen.

Man könnte auch sagen, daß jeweils zwei Werktätige einen Erwachsenen sozial subventionieren. Das ist das Ergebnis der Verstaatlichung der Vorsorgeleistungen. Wirkliche Vorsorge kann aber nur dadurch bewirkt werden, daß rechtzeitig der Ofen gebaut wird, in dem das Brot des Alters gebacken werden soll.

In der Tat ist es Sache des Staates, alle wirtschaftlichen Kräfte auf eine solche Zukunftsvorsorge hin zu koordinieren und durch eine entsprechende Gesetzgebung sicherzustellen, daß auch individuell jedermann in allen Lebensrisiken und im Alter sein Auskommen hat und nach dem Gegenseitigkeits-Prinzip hierfür Vorleistungen trifft, sofern er dazu persönlich imstande ist. Auf dem Kostendeckungsprinzip beruht - direkt oder weniger wirkungsvoll indirekt - jede Wirtschaftsordnung. Selbstverständlich muß auch in den sozialistischen Staaten des Ostblocks erst persönlich erarbeitet werden, was hernach verteilt werden soll.

Eine Verstaatlichung der Vorsorge würde auch zur Verstaatlichung des privaten Bank- und Versicherungswesens führen, um die hier gesammelten Kapitalien einer zentralwirtschaftlichen Lenkung und sozialistischen Umverteilung zugänglich zu machen und um diese Organe des Kreditwesens in den Dienst zentraler Wirtschaftslenkung stellen zu können oder stellen zu müssen, damit ein möglicher Zusammenbruch des gesamten Wirtschaftsgefüges verhindert würde. Es sollte also nicht allein Anliegen der Versicherungswirtschaft sein, privates Terrain der Risikoabsicherung zu verteidigen - ohne eine vom Gegenseitigkeitsprinzip bestimmte Daseinsvorsorge ist der Weg in eine sozialistisch geprägte Gesellschaftsordnung vorgezeichnet.

VII.

Da die gesellschaftspolitische Ausgestaltung des gesamten Bereichs der Existenzvorsorge und im Zusammenhang damit die staatliche Einflußnahme auf die Kapitalbildung den Versicherungssektor unmittelbar betreffen, sollten vor allem hier die Weichen im Interesse der sozialen Marktwirtschaft, sozialen Solidarität über die Generationen hinweg per Kapitalbildung zur Rechtsstaatlichkeit gestellt werden. Die jedermann gesetzlich einzuräumende Berechtigung der Inanspruchnahme von der privaten Versicherungswirtschaft anzubietender Alternativen zur individuellen und kapitalmäßigen Zukunftssicherung ist für das Schicksal des Rechtsstaates Bundesrepublik Deutschland mit entscheidend.

Die Einsicht in dieses dringende Erfordernis bricht sich glücklicherweise - wenn auch erst bei wenigen Politikern - Bahn. Hinzuweisen ist auf die Haushaltsrede des bayerischen Staatsministers für Bundesangelegenheiten, Dr. Franz Heubl, am 19. März 1975 vor dem Bayerischen Landtag sowie die Ausführungen des CDU-Generalsekretärs, Professor Dr. Kurt Biedenkopf, in einem Vortrag vor dem Arbeitgeberverband der Versicherungsunternehmen in Baden-Baden am 3. Juli 1975, in dem er davor warnte, daß das Netz der sozialen Sicherung gewissermaßen wegen des eigenen Übergewichtes reißt. In Verbindung von struktureller Arbeitslosigkeit mit der defizitären Entwicklung öffentlicher Haushalte, der Kostenexplosion der sozialen Krankenversicherung und der Überforderung der Arbeitslosenversicherung und der Gefährdung der Rentenversicherung durch Geburtenrückgänge könne der Zusammenbruch des gesamten Systems der sozialen Sicherheit erwachsen. Vor allem müsse die Sozialversicherung vor Mißbräuchen geschützt werden, die dem Solidaritätsprinzip widersprechen, führte Biedenkopf aus. Es gewinnt allerorts die Einsicht Raum von der Notwendigkeit eines Strukturwandels hin zu den Investitionen, und es wächst die Erkenntnis, daß der Lebensstandard allenfalls langsamer zukünftig steigen könne.

Gewiß muß man den Menschen wohl bewußt machen, daß Steigerungen des Lebensstandards zukünftig kaum noch beim Tageskonsum, sondern eher durch Verbesserung der Umwelt, durch kapitalmäßige Sicherung der Zukunft per Ausbau der Infrastruktur, durch Stärkung der Gewerbekraft und vielleicht auch durch besseres Wohnen und qualitative Verbesserung der Arbeitsbedingungen im Zuge des technologischen Wandels erwartet werden dürfen. Dahingehend sprach sich auch der Präsident der Europäischen Gemeinschaft, W.Haferkamp, am 19. Februar 1975 vor dem Europäischen Parlament in Straßburg aus:

"Die Zeiten großer Wohlstandssteigerungen sind unwiderruflich vorbei. Die Zuwachsrate des privaten Verbrauchs muß zukünftig unter derjenigen des gesamten Sozialprodukts liegen. Unseren Bürgern wird damit eine hohe Opfer- und Anpassungsbereitschaft abverlangt. Es muß sichergestellt werden, daß diese Anpassungslasten gleichmäßig und gerecht verteilt werden."

Umschichtungen vom Sozialkonsum zu den Zukunftsinvestitionen forderte bei verschiedenen Gelegenheiten auch der Vorsitzende der Grundsatz-Kommission der CDU, Richard von Weizsäcker:

"Wir müssen entweder mehr leisten oder weniger beanspruchen. In einer Welt des Wandels dürfen soziale Besitzstände nicht einfach tabuisiert wer den. Die Bürger müssen wieder lernen, für sich selbst zu sorgen."

Das bedeutet dann doch aber wohl, daß der von den Mitbürgern erwartete Verzicht an Sozial- und Tageskonsum durch entsprechende Eigentumsteilhabe aus den durch solche Ersparnisse finanzierten Infrastruktur- und Gewerbeinvestitionen kompensiert wird. Im Umfang des Konsumverzichts müssen also Arbeitnehmer und Mitbürger auch höhere Eigentumsbildung zuerkannt bekommen, so daß der erreichte Einkommensanteil am Sozialprodukt durch die Rückbesinnung auf Prinzipien der Marktwirtschaft und der Kostendeckung durchaus nicht beeinträchtigt, sondern allein in der funktionalen Verwendung anders zusammengesetzt ist. Nur auf diese Weise sind die zum Ausbau von Infrastruktur und Zukunftssicherung notwendigen Ersparnisse und Investitionen ohne politische Beunruhigung und ohne Schaffung neuer Ungerechtigkeiten verfügbar.

Im Bereich der Krankenversicherung wäre es gewiß problematisch, private Institute durch Einführung der Selbstbeteiligung in die gesetzliche Sozialversicherung zu fördern. Wenn durch solche Selbstbeteiligung die Einführung wirtschaftlicher Prinzipien beabsichtigt ist, so setzt dies doch das Unterscheidungsvermögen des Versicherten voraus, ob die Inanspruchnahme medizinischer Dienstleistungen nun notwendig ist oder nicht. Das aber kann der medizinische Laie nicht entscheiden. Wenn er sich unwohl befindet, müßte er den Arzt über den Behandlungsumfang entscheiden lassen.

Die Mittelverschwendung wird auch weniger durch den Patienten als vielmehr durch die Organisation des Gesundheitswesens verursacht so wie durch die relativ höhere Bewertung und Verrechnung von medizinisch-technischen als von ärztlichen Leistungen und durch eine Erhabenheit der Mediziner über die wirtschaftlichen Aspekte ihres Tuns, die sich kein Wirtschaftssystem auf Dauer leisten kann. Ein Wandel wird somit nur durch die Änderung des medizinischen Systems, vor allem durch die Änderung des Leistungsbewertungs- und Kostenverrechnungssystems und durch die Einführung wirtschaftlicher Denkweise bei den beruflich mit Problemen der Medizin befaßten Personen zu erreichen sein, am besten durch Wiederherstellung der unmittelbaren Rechnungsbeziehung zwischen Arzt und Patient. Man sollte daher den Bürgern wieder die bislang gesetzlich verwehrte Alternative des Vertragsabschlusses entweder bei Individualversicherungsunternehmen oder bei der Sozialversicherung einräumen und so dem (in jedem Fall zum Abschluß einer Versicherung auch zukünftig staatlich zu verpflichtenden) Mitbürger die Möglichkeit zur Versicherung nur des Spitzenrisikos geben. In diesem Falle würde ein Sockelbetrag stets vom Versicherten selbst zu tragen sein, aber entsprechend geringer wäre die Prämie für die Versicherung des gesamten Spitzenrisikos. Der solchermaßen an möglichst niedrigen medizinischen Kosten interessierte Mitbürger würde dieses Interesse gewiß in gesünderer Lebensweise zum Ausdruck bringen und wahrscheinlich auch auf Ärzte und Krankenhäuser übertragen und dort - zumal angesichts der überhöhten Bettenkapazitäten - einen heilsamen Wettbewerb auslösen. Selbstverständlich müßten "Vorsorgemaßnahmen" ebenso wie die medizinische Behandlung von Minderjährigen unter 15 Jahren von derartigen Selbstbeteiligungsregelungen ausgenommen bleiben.

Während die finanzielle Überforderung der Mitglieder gesetzlicher Krankenversicherungen, insbesondere der Arbeitnehmer, allenfalls zu wachstumsbeeinträchtigenden Strukturverschiebungen in der Wirtschaft und zu gesellschaftspolitischen Auseinandersetzungen und Zusammenstößen führen kann, bedroht die jährlich ansteigende Überschuldung der Sozialversicherung (Angestellten-, Renten- und Knappschaftsversicherung) die materielle Existenz kommender Generationen und die Alterssicherung der jetzigen Beitragszahler.

Das Problem liegt darin, daß im Gegensatz zu den auch wachsenden Zahlungen im Krankheitswesen bei der Altersvorsorge kein zeitlicher Zusammenhang zwischen Zahlung und Gegenleistung für den Beitragszahler gegeben ist. Als Folge höherer Inanspruchnahme der gesetzlichen Krankenversicherung wird man im darauffolgenden Jahr auch mit höheren Prämien zur Kasse gebeten.

Demgegenüber dienen die über mehrere zurückliegende Jahre hinweg sowohl prozentual (von 14 % auf 18 %) als auch weiterhin jährlich mit dem eigenen Einkommen ansteigenden Zwangsabgaben zur sozialen Rentenversicherung der Umlage zwecks Auszahlung an die derzeit empfangsberechtigten Sozialversicherten.

In diesem Umstand ist ein in seinem ganzen Ausmaß offensichtlich noch nicht erkanntes ökonomisches und gesellschaftspolitisches Problem enthalten. Während die rechtzeitige Sicherung der Versorgung in 10 bis 30 Jahren zumindest die Erhaltung der Wirtschaftskraft, möglichst aber die regelmäßige Steigerung der produktiven Investitionen in die Zukunft hinein voraussetzt, geht die dem System dynamischer Sozialversicherung zugrundeliegende Gesetzgebung entgegengesetzt von der regelmäßigen Steigerung der auszuzahlenden Beträge an die empfangsberechtigten Sozialversicherten aus - und dies auch noch pro Kopf - also unabhängig von der Zahl der Empfangsberechtigten und unabhängig vom Umfang des Sozialprodukts. Im Grunde sind die Zusammenhänge sehr einfach: das Volkseinkommen bedarf zu seiner Verstetigung oder zum stetigen Wachstum einer von den Konjunkturschwankungen weitgehend unabhängig zu haltenden gleichmäßig ansteigenden Investitionsrate. Wenn ein Bauer infolge Hagelschlag eine schlechtere Ernte hat, muß er dennoch die zur Aussaat auf allen seinen Feldern im nächsten Jahr benötigte und vom letzten Ernteumfang somit völlig unabhängige Menge an Saatgetreide zurücklegen und sich eben eventuell den Gürtel entsprechend enger schnallen. Würde er auch bei schlechter Ernte seinen Konsum nicht mindern und entsprechend weniger zur Aussaat übrigbehalten, so müßte das katastrophale Folgen für den Umfang der darauffolgenden Ernte haben.

VIII.

Funktional ist das Volkseinkommen in drei Teilbeträge aufzuteilen: in die nicht prozentual, sondern im Hinblick auf die Verstetigung des Wachstums zu errechnende Investitionsrate, in die Gegenleistung für erbrachte Arbeit an die arbeitende Bevölkerung und in das der nicht arbeitenden Bevölkerung per sozialer Gesetzgebung zugedachte Sozialeinkommen. Hierzu gehört also auch das Einkommen der derzeit 13 Millionen Rentner. Bei infolge Geburtenrückgang schrumpfender Arbeitnehmerschaft muß jeder von ihnen logischerweise einen im

Laufe der Jahre anwachsenden Anteil seines Einkommens zur sozialen Absicherung der gleichzeitig in der Sozialversicherung größeren Anzahl von Empfangsberechtigten abzweigen. Da nun der gesetzliche Anspruch auf Sozialversicherungsleistungen mit den Einkommenssteigerungen der in Arbeit befindlichen ebenfalls, wenn auch mit zeitlicher Verzögerung, anwächst, führt das zwangsläufig bei relativer Abnahme der Zahl der Beitragszahler zu ihrer überproportionalen Inanspruchnahme. Was aber weit schlimmer ist: auf diese Weise werden die für die Sicherung der Altersversorgung der jetzt Beitragspflichtigen benötigten Investitionsmittel von den aus der Sozialversicherung derzeit Berechtigten verbraucht.

Bei der Konstruktion des Systems sozialer Marktwirtschaft ist man wohl davon ausgegangen, daß es keine spürbaren inflationären Entwicklungen geben werde, daß die Geburtenrate weitgehend unverändert bleibt und daß das wirtschaftliche Wachstum zumindest über längere Zeiträume hinweg ebenfalls in dem zur Zeit der Gesetzgebung erfreulichen Umfang erhalten bliebe. Inzwischen ging aber die Zahlungspflicht nicht nur der Arbeitnehmer, sondern vor allen Dingen auch der Unternehmer zu Zwecken sozialer Umverteilung in immer höherem Maße zu Lasten der Investitionen, wie oben gezeigt wurde. Solche Entwicklung mußte dazu führen, daß nicht nur die jetzt zahlende junge Generation um ihre Alterssicherheit, daß vielmehr auch deren Kinder um die existenzielle Basis und ausreichende Arbeitsplätze gebracht werden. Schuld an solcher Entwicklung ist die weit verbreitete Auffassung von der Existenz eines eigenständigen Vermögens der Sozialversicherungspflichtigen. So berichtete schon Rudolf Herlt in der "Welt" vom 20. September 1969 über den Versuch der Ermittlung des Kapitalwertes der Ansprüche aus der Sozialversicherung. Er bezog sich dabei auf eine Schrift der "Studiengesellschaft für angewandte Sozial- und Wirtschaftswissenschaften", die ihre Berechnungen auf Ausführungen des Versicherungsmathematikers Heubeck stützt:

"Bei Annahme einer jährlichen Steigerung der Bezugsgrößen um 3 % berechnete Heubeck für 1968 Rentensummen von 48,3 Milliarden DM; der entsprechende Kapitalwert wird mit 773 Milliarden DM angegeben. Zum Vergleich: der Vermögenswert der gesamten Industrie betrug nach einer Berechnung des Deutschen Instituts für Wirtschaftsforschung 1965 rund 250 Milliarden DM."

Aus diesem Zitat geht bereits der Widersinn solcher Kapitalisierung von Anspruchsrechten gegen die Sozialversicherung hervor. In welchen Vermögensbestandteilen sollten denn diese Vermögensrechte ausgeprägt sein, wenn die Summe der in der deutschen Industrie repräsentierten produktiven Kapitalien sich - in nahem zeitlichen Zusammenhang - nur auf ein Drittel des hier vorgerechneten Anspruchs aus Altersversicherung stellt? Obendrein dürften die Anspruchsberechtigten gegenüber der Sozialversicherung nur zu einem Bruchteil identisch sein mit den Eigentümern jenes Industrievermögens. Tatsächlich fließen aber doch alle Werte in der Volkswirtschaft aus der Kombination von Sachvermögen und Arbeitsleistung. Es gibt nur ein einziges Sachvermögen in der Volkswirtschaft - das Wirtschaftsvermögen! Nur insoweit aus diesem Wirtschaftsvermögen ein Volkseinkommen erarbeitet und der für die Verstetigung des wirtschaftlichen Wachstums notwendige Investitionsanteil sowie die für die Sicherung des Lebensunterhalts der arbeitenden Bevölkerung benötigten Einkommensteile daraus abgezweigt werden konnten, verbleibt ein Rest an Kaufkraft - und an dem entsprechenden Gütern und Dienstleistungen - zugunsten der Sozialversicherten. Soll dieses Residuum sozialer Zahlungen an die nicht arbeitsfähige Bevölkerung relativ hoch sein, so nur aufgrund von in Jahren und Jahrzehnten zuvor umfangreichen Investierens.

Soll die Alterssicherung der Menschen in 10 bis 50 Jahren ebenfalls ausreichend und in einem angemessenen Verhältnis zu ihren eigenen Beitragszahlungen und Arbeitsleistungen im zurückliegenden 50jährigen Arbeitsleben stehen, so muß entsprechend investiert werden.

Angesichts dieses naturgesetzlichen Zusammenhangs zwischen Investitionsumfang und Jahre bis Jahrzehnte später gegebenem Umfang und verbliebener Kaufkraft der Alterssicherung ist es dringend notwendig, daß ein entsprechender Zusammenhang auch in die Konstruktion der dynamischen Sozialversicherung eingefügt wird. Beispielsweise könnte als Bezugsgröße für die Dynamisierung der Sozialversicherung, also für den Umfang der derzeit auszuzahlenden Renten die zum gleichen Zeitpunkt erzielte Summe produktiver Investitionen genommen werden. Die Realisierung einer derartigen Konstruktion dürfte allerdings beträchtliche Schwierigkeiten bereiten. Weit einfacher und weit sinnvoller wäre es, den unmittelbaren Zusammenhang zwischen Rentenanspruch und jenem Vermögen herzustellen, aus dem letztlich solcher Rentenanspruch nur hergeleitet werden kann. Schließlich setzt auch die dem Rentner als Sozialversicherungsleistung gewährte Kaufkraft die entsprechende Produktion eines dafür erforderlichen Bestandteils des Wirtschaftsvermögens voraus. Wem man aber aufgrund seiner lebenslangen Arbeitsleistung das Anrecht auf einen Teil der "Ernte" zuerkennt, dem sollte man auch von vornherein vererbbares Eigentum am "Bauernhof" einräumen. Mit Gewißheit würde er dann weit rentabilitätsbewußter handeln und mit einem seiner Leistung angemessenen freieren gesellschaftlichen Bewußtsein während des gesamten Arbeitslebens und im Alter auftreten können. Um welche Beträge es sich übrigens dabei handelt, machte 1968 der Syndikus der Berliner Industrie- und Handelskammer, Dr. Bernhard Skrodzki, in seinem

"Vorschlag zur Vermögensbildung in Arbeitnehmerhand" deutlich. Würde der Arbeitnehmer die von ihm und dem Arbeitgeber jeweils hälftig abverlangte Prämie zur Sozialversicherung bei 6 % Zinseszins über 40 Jahre hinweg ansparen dürfen, so ergebe das unter Zugrundelegung eines 17 %igen Beitragssatzes der Sozialversicherung (derzeit sind es schon 18 %) nach 40 Jahren ein Vermögen von 494 000,--DM und nach 45 Jahren von 714 000,-- DM. In diese Berechnung ist also bereits die längere Ausbildungszeit, im Durchschnitt bis zum 20. Lebensjahr, und eine eventuelle inflationäre Entwicklung dadurch berücksichtigt, daß das Durchschnittseinkommen des Jahres 1968 der Berechnung zugrunde gelegt wurde. Ein entsprechend inflationär ansteigendes Durchschnittseinkommen - etwa das doppelt so hohe Einkommen von 1975 - würde somit auch weit höhere Beträge bis zu 2 oder gar 3 Millionen DM innerhalb von 40 bis 45 Jahren erbringen. Obendrein ist das Wachstum der wirtschaftlichen Produktivität und damit das mögliche Reallohnwachstum in dieser Rechnung noch nicht einmal mit berücksichtigt.

Auf alle Fälle würde sich bei entsprechender Berücksichtigung von Reallohnsteigerungen auf der Basis von Preisen des Jahres 1968 und bei nur 6 % Zinseszins (derzeit sind es 8 % bis 10 %) ein über 1 Million DM hinausreichendes Vermögen ergeben, aus dem allein die Zinsen einen weit höheren Rentenanspruch gewähren würden, als es aufgrund der Sozialversicherung jemals vorstellbar wäre. Zudem könnte dieses Vermögen vererbt werden, wie es in einer auf Privateigentum beruhenden Wirtschaftsordnung eine Selbstverständlichkeit sein sollte. Der hiergegen stets vorgebrachte Einwand, die Mittel könnten eben nicht angespart und verzinst, sondern müßten umverteilt werden, läßt in der Tat nicht ausschließen, daß heute Gesetze zu Lasten zukünftiger Generationen gemacht werden. Wenn nämlich nicht mindestens im Umfang der heutigen Beitragszahlungen produktives Wirtschaftsvermögen - dann notwendigerweise im Eigentum anderer Personen - gebildet wird, kann es zum Zeitpunkt der Anspruchsberechtigung in 10 bis 20 Jahren auch keine entsprechenden Leistungen an die Sozialversicherten geben. Daß im Wege der Umlage von den Sozialversicherten auch Teile des Investitionskapitals verzehrt wurden, geht bereits daraus hervor, daß im Laufe der zurückliegenden 20 Jahre die Lohnquote am Volkseinkommen von seinerzeit etwa 55 % auf derzeit 71 % geklettert ist - zu Lasten der Residualeinkommen (Gewinne) und damit der Investitionen.

Mit der ansteigenden Lohnquote wuchs aber auch aufgrund der Dynamisierungsformel das Alten-Einkommen. Die Sozialversicherung beanspruchte daher nicht nur immer größere Anteile der Arbeitnehmereinkommen zur Finanzierung, obendrein gingen ihre Zahlungen auch zu Lasten der Investitionen und damit zu Lasten der Altersversorgung der jetzt noch jungen Arbeitnehmer.

Wie gesagt, kann dieses Problem wohl letztlich nur durch Herstellung der Identität von Beitragszahler, Eigentümer des Industrievermögens und späterem Empfangsberechtigten aus einem Industrievermögensanteil gelöst werden.

Es sollte ein System der mit gesetzlich vorzuschreibender individueller Vermögensbildung gekoppelten Altersversorgung entwickelt werden (vererbbare Sperrkonten mit staatlicher Sozialbürgschaft), das auf gesetzlichem Wege gleichzeitig die ausreichende Finanzierung von gewerblichen und infrastrukturellen Investitionen und die Eigentumsteilhabe der vom Staat auch weiterhin zur Altersvorsorge gesetzlich anzuhaltenden Mitbürger kombiniert. Eine dauerhafte reale Dynamik der Alterssicherung kann es ohnehin nur im Umfang der Dynamik volkswirtschaftlicher Produktivkräfte geben. Dieser Zusammenhang wäre aber bei einer eigentumsmäßigen Beteiligung des für sein Alter vorsorgenden Bürgers an einem auf den stimmrechtslosen Vorzugsaktien der gesamten Wirtschaftsunternehmen beruhenden Fonds automatisch gegeben. Hier wäre ein Betätigungsfeld für die private Versicherungswirtschaft im Rahmen eines vom Gesetzgeber zu erteilenden und genau zu umreißenden Auftrags gegeben. Wie solche gesetzliche Konstruktion auszusehen hätte, wurde bereits an anderer Stelle entwickelt.

Damit ließe sich auch das Problem lösen, zuerkannte Besitzstände weitgehend zu erhalten und dennoch ausreichende Investitionsmittel in die Wirtschaft lenken zu können. Schließlich kommt es allein darauf an, die für ein stetiges Wachstum erforderliche funktionale Aufteilung des Volkseinkommens in Investitionen, Arbeitseinkommen und Transferzahlungen einerseits zu bewirken und andererseits die den gesellschaftspolitischen Veränderungen gemäße neue personelle Aufteilung des Volks einkommens - bislang durch Transferzahlungen geprägt - weitgehend unangetastet zu lassen. Man braucht also den Mitbürgern nicht zuzumuten, auf Teile ihres Einkommens völlig zu verzichten - man muß ihnen aber in ihrem eigenen Interesse und aus Verantwortung gegenüber den kommenden Generationen zumuten können, bestimmte Einkommensteile investiv zu verwenden und so zu Eigentumsteilhabern am Volksvermögen in einer auf Privateigentum beruhenden sozialen Marktwirtschaft zu werden. In freiheitlicher Gesellschafts- und Wirtschaftsordnung vermag allein dieser vom Rentabilitäts- und Äquivalenzprinzip privater Versicherungswirtschaft gekennzeichnete Weg in die Zukunft die materielle Basis für die nächsten Generationen und damit auch die Altersversorgung der heute Arbeitenden zu sichern und die Mitbürger ohne revolutionäre Unruhen zurück zu den Werten der Solidarität und der für lange Zeit nötigen Bescheidenheit im Tageskonsum zu bringen. Nur bei entsprechender Substitution von Konsumverzicht mit neuer Eigentumsteilhabe werden die Mitbürger auch erkennen, daß persönlicher Leistungsbeitrag und erwartete Gegenleistung der Gemeinschaft übereinstimmen müssen. Nur dann wird man die Forderung an die Mitbürger stellen können: niemand darf zukünftig mehr von der Gesellschaft verlangen, als er ihr zu geben bereit ist, es sei denn, er befinde sich in Not.

Nur ein Volk, das nach solchem Grundsatz handelt, wird ausreichende Substanz zur Zukunftssicherung anreichern können.

III. Marktwirtschaft

Die Zukunft der »Sozialen Marktwirtschaft«*

Die ordnungspolitischen Vorstellungen der Wirtschaftspolitik in der Bundesrepublik Deutschland fanden und finden Ausdruck in dem Begriff »Soziale Marktwirtschaft«. Offiziell stellten die Düsseldorfer Leitsätze der Christlich-Demokratischen Union 1949 diesen Begriff in der Öffentlichkeit heraus. Er wurde inzwischen Grundlage des wirtschaftspolitischen Programms sämtlicher freigewählten deutschen Regierungen. Als wissenschaftlicher Begründer der Grundsätze »Sozialer Marktwirtschaft« gilt Professor Alfred Müller-Armack, als wettbewerbspolitischer Theoretiker Professor Walter Eucken und als wirtschaftspolitischer Wegbereiter Professor Ludwig Erhard. Nach ihrer Interpretation beruht der Sinn sozialer Marktwirtschaft darin, das Prinzip der Freiheit auf dem Markte mit dem des sozialen Ausgleichs zu verbinden.

Nach Müller-Armack erstrebt die soziale Marktwirtschaft im Gegensatz zum Liberalismus keine Wiederherstellung einer Laissez-faire-Wirtschaft, sondern vielmehr eine neuartige Synthese. Der Gedanke der sozialen Marktwirtschaft grenze sich aber auch nicht weniger scharf von einer interventionistischen Wirtschaftspolitik ab, die Elemente der zentralen Lenkung mit solchen der Marktwirtschaft mische, bis sich die widersprüchlichen Elemente gegenseitig blokkieren und die wirtschaftliche Leistung hemmen: »Soziale Marktwirtschaft ist eine bewußt gestaltete marktwirtschaftliche Gesamtordnung. Ihr primäres Koordinationsprinzip soll der Wettbewerb sein. Sie beruht auf der Einsicht, daß eine Wettbewerbswirtschaft historisch sehr verschiedene Gestalten haben kann, und daß es möglich ist, die sozialen Aufgaben der modernen Gesellschaft in einem System freien Wettbewerbs besser als bisher zu erfüllen. Der Begriff der sozialen Marktwirtschaft kann so als eine ordnungspolitische Idee definiert werden, deren Ziel es ist, auf der Basis der Wettbewerbswirtschaft die freie Initiative mit einem gerade durch die marktwirtschaftliche Leistung gesicherten sozialen Fortschritt zu verbinden.«[1] Die »Soziale Marktwirtschaft« unterscheidet sich von liberalen

---

* Erschienen in: Dietrich Rollmann (Hrsg.), Die Zukunft der CDU. Christlich-Demokratische Konzeption für die Zukunft, Christian Wegner Verlag, Hamburg 1968, S. 73-94.

[1] Vgl. Alfred Müller-Armack, Soziale Marktwirtschaft, HdSW, Band 9, Göttingen 1956, S. 390 ff.

und sozialistischen Wirtschaftsordnungen grundlegend in dreierlei Hinsicht: 1.) Sie erhält ihre Ausrichtung durch eine eigene neue Wirtschaftsphilosophie. 2.) Sie schreibt einen sich selbst stabilisierenden und nicht etwa verzehrenden, in Intensität und Umfang somit gleichbleibenden Wettbewerb a!s Instrument der Koordination von Markthandlungen vor und möchte 3.) als bestimmend für die wirtschaftsrelevanten Handlungen des Staates und seiner parafiskalischen Institutionen im Bereich von Sozialkonsum und Sozialinvestitionen anstelle des Rationalprinzips das Sozialprinzip angewendet wissen.

Zu 1.) Von den verschiedenen Formen liberaler Wirtschaftsauffassung unterscheidet sich die Richtung der sozialen Marktwirtschaft vor allen Dingen durch die neue *Betonung des Humanen* im Wirtschaftsprozeß. Als Wirtschaftserfolg werden nun nicht mehr allein Produktion und Absatz von Gütern und Dienstleistungen, nicht nur die Stillung des existenznotwendigen materiellen Bedarfs der Menschen verstanden, vielmehr ist jetzt auch das Erleben des Menschen im Wirtschaftsprozeß zum Bestandteil des Wirtschaftserfolges geworden.

Zweifellos war es das schon immer, ohne daß Wissenschaft und Politik hierauf Rücksicht nahmen oder Rücksicht nehmen konnten. Solange der materielle Wirtschaftserfolg nicht über die Sicherstellung des Existenzminimums einer Volkswirtschaft hinausreicht, kann auf die seelische Komponente des Wirtschaftserfolges ohnehin nicht Rücksicht genommen werden.

Seitdem jedoch technischer Fortschritt und von früheren Generationen mit vollbrachte Kapitalakkumulation in optimaler Kombination ein weit über die Existenzerfordernisse hinausreichendes Maß an Gütern und Dienstleistungen hervorzubringen geeignet sind, kann nicht nur in der Struktur des Produktions- und Marktangebotes auf die Befriedigung individueller Bedarfs- und Nachfragewünsche eingegangen werden, nun stellt sich sogar die Vermehrung eigener Disposition überlassener Freizeit als Wirtschaftserfolg dar. Doch mehr noch als in der Einteilung des individuellen Zeitpotentials in Arbeitszeit und Freizeit spiegelt sich in der Beschaffenheit des Erlebens während Arbeitszeit und Freizeit der Wirtschaftserfolg wider. Der Mensch möchte sich zum Individuum bilden und dabei eine klar erkennbare Stellung in der Gesellschaft einnehmen. Dies sind ihm ureigene von dem Schöpfer verliehene Triebe und Gaben. Sache der Wirtschaft, also des optimalen Disponierens über die der menschlichen Gesellschaft zur Existenz unentbehrlichen und zu der Befolgung vorgenannter Ziele nützlichen aber insgesamt knappen und beschränkten Ressourcen (Güter und individuelle Arbeitsfähigkeiten), ist es, die Voraussetzung für ein befriedigendes Erleben des Menschen zu schaffen.

Die geistigen Väter der sozialen Marktwirtschaft haben erkannt, daß die Wirtschaft hierzu nicht nur durch den materiellen Ertrag beitragen kann, daß mindestens ebenso große Möglichkeiten in der sozialen Gestaltung der Arbeitswelt und in der Ausgestaltung der gesellschaftlichen Beziehungen zwischen Arbeitspartnern gegeben sind. Im Gegensatz zu sozialistischen Wirtschaftsauffassungen gelten die humanen Bestrebungen der sozialen Marktwirtschaft jedoch nicht dem Kollektiv sondern dem Individuum. Dies kann nicht anders sein, wenn als Inhalt befriedigenden Erlebens die Werte Selbstachtung, individuelle Würde, Persönlichkeitsausbildung und Anerkennung der durch eigene Leistung und Persönlichkeit begründeten Position in der Gesellschaft unterstellt werden. Die soziale Marktwirtschaft will dazu beitragen, die den einzelnen Menschen innewohnenden Qualitäten und Wünsche zu entwickeln und erlebnismäßig zu befriedigen, indem sie die Rollenidentität des Menschen als Wirtschaftssubjekt (Arbeitnehmer, Konsument, Unternehmer) Staatsbürger und Gottesschöpfung berücksichtigt. Dies ist die - sehr knapp gefaßte - sozialphilosophische Interpretation der »Sozialen Marktwirtschaft.«

Zu 2.) Die *Wettbewerbsvorstellung* der sozialen Marktwirtschaft unterscheidet sich grundsätzlich von derjenigen liberaler Prägung. Während zuvor unter Wettbewerb jegliches Kräftemessen der Marktpartner in den Grenzen der Rechtsstaatlichkeit verstanden wurde, soll es nach den Vorstellungen der Repräsentanten sozialer Marktwirtschaft nur einen wirtschaftlichen Wettbewerb mit gleichen Ausgangschancen geben. Nach dieser Wettbewerbsidee soll aus der Konkurrenz erfolgreich nicht der Stärkste und Mächtigste sondern der Tüchtigste hervorgehen. Ökonomische Produktivität und Rentabilität hätten demnach als Maßstäbe für den Erfolg im Wirtschaftsprozeß zu gelten.

Diese Auffassung bedingt die Konstitution einer Wettbewerbsordnung, rechtfertigt Maßnahmen der Sozial-, Einkommens- und Beschäftigungspolitik Chancengleichheit an den Märkten herstellend und sie begründet administrative und finanzielle Förderungsmaßnahmen zugunsten der Erhaltung einer mittelständischen Wirtschaftsstruktur sowie Maßnahmen zur Kontrolle der Machtentwicklung in der Wirtschaft, wie sie etwa im »Gesetz gegen Wettbewerbsbeschränkungen« vorgesehen sind. Im Gegensatz zu sozialistischen Wirtschaftsordnungen bejaht die »Soziale Marktwirtschaft« den Wettbewerb nicht nur, sie stellt ihn sogar in den Mittelpunkt der Gesamtkonzeption, vertritt dabei aber eine andere Auffassung von Wettbewerb, als es die Vorgänger in der liberalen Tradition wirtschaftswissenschaftlichen Denkens taten. Dank einer in sich ausgewogenen Wettbewerbsordnung ist der dem Zweck der optimalen Allokation von Arbeit und Kapital gewidmete Wettbewerb in der Sozialen Marktwirtschaft nicht in Gefahr, durch Konzentration und Kartellierung sich selbst zu ersticken, vielmehr nun in der Lage, sich zu verstetigen.

Hier handelt es sich um Wettbewerb unter gleich Großen, somit also um die institutionelle Begründung einer *konkurrenz-kapitalistischen Wirtschaftsordnung*. Der im Gegensatz dazu sich selbst überlassene Wettbewerb ohne Spielregeln und ohne Schutzmaßnahmen für von vornherein unterlegene Marktpartner tendiert zur Herausbildung monopolkapitalistischer Wirtschaftsstrukturen, jener Erscheinungsform der westlichen Welt also, der die Kritik von Marx und Anhängern galt.

Die »Soziale Marktwirtschaft« möchte monopolkapitalistischen Auswüchsen durch die besondere Art der von ihr vorgesehenen Wettbewerbsordnung vorbeugen und zugleich auch die politische Qualifikation auch im Konkurrenzkapitalismus möglicher ökonomischer Macht determinieren und so den Mißbrauch der Wirtschaftskraft für politische Zwecke verhindern.

Zu 3.) Im Zuge fortschreitenden Wirtschaftswachstums, technischen Fortschritts und höherer Wirtschaftsergiebigkeit nahm auch jener kollektive Bedarf nach Art und Umfang zu, der sinnvoll und rationell am ehesten *im Wege zentraler Planung* und oft obendrein auch nur *bedarfswirtschaftlich* gedeckt werden kann.

Wo Kosten-Ertragsrechnungen nicht oder nicht exakt durchgeführt werden können und wo Konkurrenz wegen der Besonderheit des Angebots nicht praktiziert werden kann, dort wird als Leitmotiv für Investitionen und Wirtschaftsentscheidungen anstelle des Rationalprinzips im Rahmen der gegebenen wirtschaftlichen Möglichkeiten das Sozialprinzip treten können und müssen, sofern und soweit dadurch nicht die als Voraussetzung für jede soziale Ausgabengebarung des Staates oder parafiskalischer Institutionen unabdingbare Ertragskraft der Wirtschaft beeinträchtigt wird. Das System der sozialen Marktwirtschaft ist nicht aus sich heraus, sondern allein in bezug auf die gesamtwirtschaftlichen Daten, als in bezug auf den Entwicklungsstand und die materiellen Gegebenheiten der Marktwirtschaft in der Bundesrepublik (Verfassung, technisches Wissen, Bevölkerungsstruktur, Kapitalfonds, Berufsstruktur und Arbeitspotential, Bodenschätze und -ertrag) das ökonomisch und gesellschaftlich optimale System. Wahrscheinlich sind die uns bekannten, in Organisation und Mittelanwendung teilweise geradezu entgegengesetzten Wirtschaftssysteme in den verschiedenen Teilen der Welt und in den unterschiedlichen Stadien historischer Entwicklung jeweils einer bestimmten materiellen und gesellschaftlichen Situation einer Volkswirtschaft angemessen und dafür optimal.

Daraus folgt, daß mit dem Wandel der Wirtschaftsstruktur und im Zuge der gesellschaftlichen Entwicklung auch eine Änderung im Wirtschaftssystem Platz greifen muß.

Die Notwendigkeit solcher *Systemanpassung* wurde in der Bundesrepublik den Menschen, Gruppen und Parteien etwa zur Jahrzehntwende bewußt. Zu dieser Zeit wurde deutlich, daß das theoretische Konzept der »Sozialen Marktwirtschaft« den veränderten wirtschaftlichen und gesellschaftlichen Entwicklungen angepaßt werden müßte. Da sich Deutschland nach dem verlorenen Krieg in materieller und staatlicher Hinsicht als Torso erwies und zugleich in geistig-ethischer Beziehung ein moralisches Vakuum darbot, war die erste freigewählte deutsche Regierung berufen, nicht nur den materiellen Wiederaufbau einzuleiten, sondern auch für die Menschen einen neuen moralischen und staatsbürgerlichen Standort zu schaffen. Der materielle Aufbau erwies sich als wesentlich leichter. Aus diesem Grund mögen sich Gedanken, Wünsche und Selbstbestätigungen der Deutschen auf den nationalen und privaten wirtschaftlichen Erfolg konzentriert haben. Das Ergebnis war eine in der Wertskala von Prestige und Pragmatik definierte Gesellschaftsstruktur wirtschaftlich abgrenzbarer Gruppen. Die soziale Marktwirtschaft fand also soziologischen Ausdruck in der »pluralistischen Gesellschaft«. Inbegriffen darin ist aber auch eine Ausrichtung der Gruppeninteressen auf den vordergründigen, kurzfristigen, gegenüber anderen Gruppen relativen Erfolg. Solche Ausrichtung impliziert die Vernachlässigung von Maßnahmen und Investitionen, die nicht speziell nur einzelnen Gruppen, aber der Gesamtheit nützen und die in ihrer positiven Auswirkung oft nicht schon kurzfristig, sondern erst innerhalb längerer Zeiträume sichtbar werden.

Ebenso wie der einzelne Bürger Verantwortung für das Wohlergehen und die Zukunftssicherung seiner Familie trägt, ist es die vordringliche und wesentliche Aufgabe der Regierung, sich dem Wohle und der Zukunft des Volkes und des Staates zu widmen, seinen Nutzen zu mehren, Schaden von ihm zu wenden, die Gesetze zu wahren und zu verteidigen und gegenüber jedermann in der Gesellschaft Gerechtigkeit zu üben. Hierin ist zugleich die oberste Maxime jeden Regierungsprogramms einer auf Grundlage der Verfassung berufenen Regierung enthalten. Die soziale Marktwirtschaft kann zur Erhaltung der Wohlfahrt, zur Sicherung der Gerechtigkeit und Erhöhung der Sicherheit in Gegenwart und Zukunft beitragen. Darin erschöpfen sich aber nicht schon staatliches Leben, Wohlfahrt, Gerechtigkeit und Sicherheit.

Die in der Politik der letzten Jahre ausgeprägte Wirklichkeit sozialer Marktwirtschaft stimmt nun nicht mehr mit den vorgezeichneten, der Wirtschaft übergeordneten staatsbürgerlichen Erfordernissen der Erzielung von Wohlfahrt, Sicherheit und Gerechtigkeit in Gegenwart *und Zukunft* völlig überein.

An die Stelle einer Marktwirtschaft, die die humanen Aspekte betont und von einem funktionsfähig erhaltenen Wettbewerb reguliert ist, ist - zu mindest in Teilbereichen - ein Konglomerat von sozialpolitischen Maßnahmen für Unternehmer und Arbeitnehmer getreten, das die Ergebnisse des Leistungswettbewerbes bewußt korrigiert.

Einher damit geht die Ausdehnung des Sozialsektors weit über jene Bereiche hinaus, in denen eine eigenverantwortliche und privatwirtschaftliche Bedarfsdeckung nicht möglich ist. Als Ergebnis so verstandener sozialer Marktwirtschaft präsentiert sich nun eine in weiten Bereichen unwirtschaftliche Branchen- und Infrastruktur, erhöhte Knappheit der Ressourcen Arbeit (in benötigter berufsfachlicher Ausprägung) und Kapital und als Konsequenz die Verminderung der Wachstumskräfte.

Ergab sich ursprünglich weitgehende Identität der christlichen Soziallehre mit der »Sozialen Marktwirtschaft«, weil hier das soziale und das wirtschaftspolitische Element des Begriffes »Soziale Marktwirtschaft« als gleichwertig verstanden wird und weil die soziale Marktwirtschaft mit wesentlichen Prinzipien den Anforderungen einer in sittlicher Verantwortung des Einzelnen geordneten Gesellschaft entgegenkommt, so führte doch nun die Praxis sozialer Marktwirtschaft innerhalb der letzten Jahre eher zu einer Sozialisierung wirtschaftlicher Verhältnisse und zu einer Kollektivierung menschlicher Bedürfnisbefriedigung, schließlich zu einer gesellschaftlichen Egalisierung in Bildung, Leistungsanerkennung und Ausdrucksmöglichkeiten des Einzelnen. Das läuft den Vorstellungen christlicher Soziallehre zuwider, die die individuelle Entwicklung des Christen auch wirtschaftspolitisch gefördert wissen möchte.

Zu einem Ausgleich der gegensätzlichen Argumente wird wohl nur die Überzeugung führen können, daß innerhalb eines Spielraums eine Abstimmung zwischen der Höhe sozialer Leistungen und der Erhaltung der individuellen Anreize für ökonomisches Tätigwerden gesucht werden muß, weil die Höhe der sozialen Leistungen schließlich von der Effizienz der Wirtschaft abhängt. Angesprochen sind in diesem Zusammenhang Fragen der Eigentumstheorie, die auch innerhalb der christlichen Soziallehre heftig diskutiert werden und umstritten sind, zumindest soweit Sozialansprüchen Eigentumscharakter zugeschrieben wird.

Wirtschaftspolitische Folgerungen

Forderung nach Privateigentum

Eigentum erhält seine ökonomische Rechtfertigung aus der Funktion im Wirtschaftsprozeß. Weil der Eigentümer an Erhaltung und Mehrung des Kapitalbestandes interessiert ist, wird er diesen der produktivsten Verwendung zuführen, andererseits jedoch durch das ihm je nach Art und Dauer des Geschäftsengagements unterschiedlich hoch erwachsende Risiko zur höheren Vorsicht bei Investitionen und Sparsamkeit im privaten Verbrauch zwecks höherer Selbstfinanzierung angehalten sein.

Privateigentum erhöht somit Einsatzbereitschaft, Wagemut bei den Versuchen zur Durchsetzung technischen Fortschritts, Interesse an rationeller Wirtschaftsführung, Selbstbescheidung, aber auch Verantwortungsbewußtsein für die disponiblen Ressourcen. Allein die Institution des Privateigentums erzielt beim Unternehmer den Effekt der Balance zwischen Investitionsbereitschaft und Investitionsvorsicht (Vermeidung von Mittelvergeudung). Somit steht und fällt die Rationalität einer freien, von zahllosen individuellen Entscheidungen in ihrer Entwicklung bestimmten Marktwirtschaft mit der Integrität der Institution des Privateigentums. Bereits staatliche Eingriffe in Form von Subventionen oder administrativen Interventionen (Höchst- oder Festpreise) vermögen durch Beseitigung der Wirkungen des Leistungswettbewerbs ökonomische Bedeutung und materiellen Wert sowie die Ertragsfähigkeit der dem Privateigentum unterliegenden individuellen Vermögen zu beeinträchtigen. Je größer nun der öffentliche Sektor in Relation zum Bruttosozialprodukt wird, desto stärker geht der wachstumsfördernde Einfluß des Privateigentums verloren. Zukünftig müßte es daher aus ökonomischen wie sozial-ethischen Motiven ein besonderes Anliegen »Sozialer Marktwirtschaft« sein, den Sektor der von Privatinitiative und Privateigentum bestimmten Wirtschaftshandlungen so groß wie möglich zu halten.

Die Ausgestaltung von Sozialleistungen

Auch in jenen Wirtschaftssektoren, in denen aus der Natur der Sache eine privatwirtschaftliche Betätigung nicht möglich oder nicht sinnvoll ist und wo staatliche oder parafiskalische Institutionen Bedürfnisbefriedigung und Versorgung ausschließlich oder besser gewährleisten können, sollten Möglichkeiten individueller Konsumentenentscheidungen eingeräumt werden, um das Maß der Fehlleistung von Mitteln so gering wie möglich zu halten. Die wirtschaftlichen Handlungen des Einzelnen werden entsprechend seiner eigenen Leistungen unterschiedlich beschaffen sein. Er kann einerseits nach eigenem Urteil und eigenen wechselbaren Kaufvorstellungen und mit eigenen Mitteln bestimmte Güter und Leistungen wahlweise erwerben. Die andere Möglichkeit besteht darin, daß aus einem vorhandenen Fond von Leistungen und Gütern der Volkswirtschaft zu dessen Finanzierung der Einzelne ohnehin beitragen muß, er per Antrag einen Teil für sich in Anspruch nehmen kann. Diese Alternative bedeutet, daß das Ausmaß der Inanspruchnahme des Fonds durch den Einzelnen unabhängig von der Höhe seines Beitrages zu diesem Fond ist.

Wo immer die wirtschaftliche Situation eines Mitbürgers Hilfen des Staates erforderlich sein läßt, sollte unter systematischer Würdigung der individuellen Bedürfnissituation und des Umfanges subjektiver Verschuldung dieser Situation entweder ein finanzieller Zuschuß oder Kredit *mit Maßgabe eigener Verfügung darüber* gewährt werden.

In vielen Fällen wird jedoch nicht eine finanzielle Zuwendung sondern unmittelbar eine Sachleistung als soziale Zugabe oder aber als Wirtschaftsleistung des Staates angeboten werden müssen. Hier könnte dennoch hinsichtlich einer rationellen Inanspruchnahme die Möglichkeit individueller Entscheidung durch die Herstellung der Identität von Kostenträger und Nutznießer eingeführt werden. Dies gilt etwa für die Kostenerstattung in den verschiedenen Teilbereichen des Verkehrs, hinsichtlich der Leistungen von Ärzten und Krankenhäusern und der Vorsorge für den Lebensunterhalt im Alter, soweit es sich nicht um die Kostenerstattung durch sozial besonders schlecht gestellte und finanziell (unverschuldet!) schwache Mitbürger handelt. Wer die Kosten der von ihm in Anspruch genommenen öffentlichen Leistungen kennt, wird bei der Inanspruchnahme der Leistungen rationeller und bescheidener vorgehen, wenn dadurch der auf ihn entfallende Kostensatz gemindert werden kann.

Das Problem der sogenannten Gemeinschaftsaufgaben wird in der Tat immer dringlicher und es kann durchaus sein, daß in absehbarer Zeit der Staatsanteil am Sozialprodukt erhöht werden muß. Um diese Gemeinschaftsaufgaben ohne Gefährdung der Preisstabilität finanzieren zu können, gibt es allerdings keinen anderen Weg als den der Steuererhöhungen. Ehe man diesen Weg beschreitet, sollte man jedoch alle vermeidbaren Ausgaben »durchforsten« und den Ausgabekürzungen den Vorrang vor Steuererhöhungen eingeräumt haben. Auf längere Sicht sollten aber die Gemeinschaftsaufgaben so weit wie möglich nach dem Prinzip der Identität von Kostenträger und Nutznießer finanziert werden. Nur dieses Prinzip garantiert ein nachfragegerechtes und kostengünstiges Verhalten des Staates. Unter Umständen würde dies eine Renaissance der Gebührenpolitik nach sich ziehen.

Beeinflussung des Verbraucherverhaltens

Besonders stark wird die Rationalität des Verbraucherverhaltens und somit die Effizienz der sozialen Marktwirtschaft durch staatlich subventionierte Kostenverfälschungen beeinträchtigt. Solche Kostenverfälschungen können sich durch Subventionierung nachgefragter Produkte und Dienstleistungen oder durch auf ihr Kosten- und Preisgefüge Einfluß nehmende Intervention des Staates ergeben, sie können aber auch durch eine Voll- oder Zinssubventionierung des Verbrauchers bei Vornahme von seiten des Staates erwünschter Investitionen oder Käufe zustande kommen. Als erwünscht galt der Bundesregierung im Rahmen der Vermögenspolitik etwa die Bildung privaten Hausbesitzes. Nur übersah man, daß infolge der Zinssubventionierung hierfür ein größerer Anteil der knappen Sparmittel Verwendung fand, als es gemäß den Erfordernissen gleichgewichtigen Wachstums zulässig gewesen wäre.

Ohne Auswirkungen auf das Wirtschaftswachstum würde eine Änderung der Eigentumsstruktur zugunsten Bildung kleinerer Eigentumsfonds bei Arbeitnehmern somit nur bleiben, wenn die neuen Eigentümer über die erworbenen Geldvermögenswerte genau so disponieren würden, wie es diejenigen Sachwalter getan hätten, denen bei unveränderter Eigentumsstruktur das neu zur Verteilung gelangende Vermögen zugefallen wäre. Da es aber - psychologisch leicht erklärbar - in der Regel so sein wird, daß neu erworbene kleine Vermögen eher konsumtiven Zwecken (Auto und Hauskauf) als einer produktiven Verwendung (Erwerb von Aktien und Industrieanleihen sowie Staatsanleihen) gewidmet werden, besteht bei allen Bestrebungen zur breiteren Streuung des Eigentums in der Gesellschaft die Gefahr von Wachstumsverlusten und Geldentwertung. Auf keinen Fall dürfte die konsumtive Kapitalverwendung aber auch noch durch Zinssubventionen gefördert werden. Die Gefahr von Wachstumsverlusten könnte von einer Regierung, die aus ideologischen und soziologischen Motiven an der Ausstattung der gesamten Bürgerschaft mit individuellen Eigentumstiteln interessiert ist, durch *Beschränkung gezielter Förderungsmaßnahmen auf die wachstumspolitisch erwünschten Anlageformen* gebannt werden. Wohnungsbau dürfe nur dann zu den wachstumspolitisch nützlichen Anlageformen gehören, wenn er Voraussetzungen zur Industrieansiedlung und zur Produktionsaufnahme bietet. Darüber hinaus könnte seine Förderung sinnvoll sein, wo echte Wohnungsnot herrscht. Innerhalb der Eigentumspolitik wäre es vielmehr Aufgabe des Staates, die Sparfähigkeit des Bürgers durch Wachstumspolitik, seinen Sparwillen durch eine Politik der Geldwertstabilität und schließlich Geldwertstabilität und Wachstum ihrerseits wiederum durch Kanalisation der Vielzahl bei zuvor vermögenslosen Bürgern angesammelter Neuersparnisse in eine produktive Verwendung bei Wirtschaft und Infrastruktur zu bewirken.

Eigentums- und wachstumspolitische Maßnahmen bedingen sich gegenseitig. Das hat die Politik der »Sozialen Marktwirtschaft« zu berücksichtigen. Eigentumspolitik ist nur sinnvoll bei einer auf optimale Wirtschaftsentfaltung und Geldwertstabilität eingerichteten Wirtschaftspolitik. Bislang war im Konzept der »Sozialen Marktwirtschaft« nicht berücksichtigt, daß Veränderungen der Eigentumsstruktur innerhalb der Gesellschaft nicht nur Veränderungen in der personellen Einkommensverteilung, sondern auch solche in der funktionellen Einkommensaufteilung auf produktive Investitionen und auch Konsum nach sich ziehen können. Somit leitet sich aus der Erkenntnis der Zusammenhänge für die »Soziale Marktwirtschaft« zukünftig als neue Aufgabe ab, gezielt die produktive Kapitalbildung zu fördern und Umfang, Zusammensetzung und Beschaffenheit des Konsums sowie die Bildung der Verbrauchsvermögen ausschließlich der Initiative und der privaten Entscheidung und Kostentragung des Bürgers und Verbrauchers zu überlassen.

Beeinflussung der Unternehmerentscheidungen

Zur Erhaltung der Effizienz »Sozialer Marktwirtschaft« müßte es die Regierung aber nicht nur vermeiden, die Rationalität der Verbraucherentscheidungen durch Kostenverfälschungen zu beeinträchtigen, ebenso wichtig ist es, Unternehmerentscheidungen über Investitionen und Produktion unbeeinflußt zu lassen. Tatsächlich wurden jedoch im Laufe der zurückliegenden Jahre in steigendem Umfang aus Gründen konjunktureller Manipulationen und aus sozialpolitischen Motiven Investitionen und Produktionen gefördert, die ohne solche Förderung mangels Wirtschaftlichkeit und Rentabilität nicht mehr konkurrenz- und lebensfähig wären. Zweifellos ist es in gewissem Umfang zur Sicherung der Versorgung in Notfällen, zur Aufrechterhaltung der Verkehrsbereitschaft, sowie vorübergehend zur Vermeidung sozialer Konflikte und Härten im Zuge von strukturellen Anpassungsprozessen notwendig, dirigistisch in den Wirtschaftsablauf einzugreifen und Subventionen zu gewähren.

Dabei dürfte das Maß der Eingriffe und der finanziellen Begünstigung jedoch nie so hoch sein, daß bei dem Fortfall von Intervention oder Subvention gesamtwirtschaftliche Weiterungen zu fürchten wären.

Im Verlauf der Jahrzehnte und dann immer stärker in den letzten Jahren brachten es aber Sozial- und Gefälligkeitspolitik, die zweifellos in engem parteipolitischem Zusammenhang stehen, zu lawinenmäßigem Anwachsen des über öffentliche Kassen laufenden Anteils des Volkseinkommens. Der Anteil der offenen und verdeckten Subventionen und Einkommensredistributionen am Etat des Bundes belief sich 1965 mit 29 Mrd. DM auf etwa 45 % und stieg 1966 auf ca.

36 Mrd. DM an. Ein solches Volumen von, in der Mehrzahl gesetzlich gebundener, Zuwendungen und Einkommenskorrekturen beeinträchtigt nicht nur die finanzpolitische Manövrierfähigkeit und die politische Handlungsfähigkeit des Parlaments, sondern verändert auch langfristig die volkswirtschaftlichen Globaldaten und mindert den Leistungswillen der zur Subventionierung ertragsschwacher Konkurrenten stärker steuerlich herangezogenen erfolgreicheren Unternehmen und Wachstumsbranchen. Das Subventionsvolumen unterliegt von seiner Höhe her inzwischen schon einer deutlichen Eigengesetzlichkeit. Es könnte kurzfristig in größerem Umfange nicht einmal abgebaut werden, sondern allenfalls nur in dem Tempo, in dem es entstand, will man ein konjunkturelles Chaos vermeiden. Bemerkenswert ist nun vor allen Dingen, daß diese lawinenartige Entwicklung im Bereich staatlicher Interventionen und Subventionen von den Verantwortlichen aus dem Erfordernis erklärt wird, die Zielsetzung der »Sozialen Marktwirtschaft« verwirklichen zu müssen. Hier herrscht ein Mißverständnis über die Adäquanz von Mitteln und Zielen vor.

Sache der Wissenschaft ist es, dieses Mißverständnis aufzuklären, nicht aber Entscheidungen über die Zielsetzungen zu treffen. So ist es etwa Sache der Wissenschaft zu sagen, daß eine vermögenspolitisch motivierte übermäßige Förderung des Wohnungs- und Eigenheimbaues das Wachstum der Volkswirtschaft beeinträchtigen und somit die Vermögensbildung selbst gefährden muß. Sache der Wissenschaft ist es auch, den Politikern zu zeigen, bis zu welchem Umfang Interventionen nützliche Wirkungen haben, von welchen Dimensionen ab jedoch die Nebenwirkungen die eigentlich beabsichtigten Wirtschaftsbeeinflussungen im negativen Sinne überkompensieren.

Die Modifizierung und Ergänzung des Konzeptes in der Praxis

Rückblickend kann kaum noch gesagt werden, wann die Politik punktueller, den Wirtschaftsablauf regulierender Interventionen die Verwandlung in eine eher zwangsläufig vorgeschriebene verstetigte Einkommenspolitik für immer größere Gruppen der Wirtschaft erlebte. Weil die Wirtschaftspolitik es rechtzeitig versäumt hatte, gemäß dem Wandel der Notsituation im Energie- und Agrarbereich eher einen Kapazitätsabbau denn die Erweiterung der Kapazitäten in diesen Sektoren zu unterstützen, sah sie sich - scheinbar plötzlich - vor die Notwendigkeit gestellt, zwischen dem völligen Preisverfall und Marktzusammenbruch in den genannten Sektoren oder einer umfassenden, Rationalitätsmomente außer Acht lassenden Einkommenspolitik zu wählen. Die Interdependenz der Wirtschaftsbereiche ließ nun aber mit der Höhe der öffentlichen

Einkommenskorrekturen für Kohle, Nahrungsmittel, Bundesbahn, Werften und Sozialsektor auch immer größere strukturelle Fehlentwicklungen in anderen Wirtschaftsbereichen entstehen. Dies gilt etwa für die Kunstdüngererzeugung, für die Produktion von landwirtschaftlichen Maschinen, von Baumaschinen, Wohnungen, für die Entwicklung im Verkehrswegebau, für den Gerätebau im medizinischen Sektor sowie für zahlreiche andere in wirtschaftlichem Zusammenhang mit den genannten Sektoren stehenden Bereiche. Im Zuge eines Strukturwandels ist jedoch die vorübergehende Freistellung von Arbeitskräften und Kapital und somit also eine befristete Arbeitslosigkeit und ein gewissen Maß von Konkursen und Liquidationen unerläßlich, wovor die verantwortlichen Politiker zurückscheuen.

Auf diese Weise wurde trotz schon seit Jahren erkennbarer Stabilisierungsnotwendigkeit unbeirrt ein die Erneuerungskraft, Selbstregulierungsfähigkeit und Effizienz der Wirtschaft beständig weiter mindernder Kurs gesteuert. Nach Gesichtspunkten der Gefälligkeitspolitik wurden einerseits Wirtschaftszweige mit starker Parlamentsvertretung auch dann konserviert, wenn der Verbraucher sie im Stich gelassen hatte, andererseits an die Arbeitnehmerschaft ein den Leistungswillen, Mobilität und Umschulungsbereitschaft beständig herabsetzender wohltätiger Sozialkonsum und obendrein Lohnsubventionen gewährt.

So lange jedoch der Anteil der durch die Kassen des Staates laufenden Mittel am gesamten Volkseinkommen vergleichsweise gering war, konnte aus solchen - ökonomische Belange prinzipiell schädigenden - sozialpolitischen Maßnahmen sowie aus der sich weder um Ökonomie noch um Gerechtigkeit scherenden Gefälligkeitspolitik kein gesamtwirtschaftliches Desaster erwachsen.

Inzwischen verursacht jedoch das Übermaß an Interventionen und Subventionen Fehlleitungen des Kapitals und vor allen Dingen die Bindung der dringend benötigten Arbeitskräfte an falschen Arbeitsplätzen und ihre Einschulung in falsche Berufe und Tätigkeiten, die für das zukünftige wirtschaftliche Wachstum der Bundesrepublik Deutschland teilweise überhaupt nicht mehr benötigt werden. In gewissem Sinne stellt Wachstumspolitik aber auch Konjunkturpolitik dar. In diesem Zusammenhang muß die Frage gestellt werden, wie sich eine Politik der Globalsteuerung mit den Prinzipien der »Sozialen Marktwirtschaft« verträgt. Abgesehen davon, daß aus sozialen Gründen (Vollbeschäftigung) die Globalsteuerung Fehlentwicklungen der Marktwirtschaft verhindern muß, ist die Globalsteuerung auch erforderlich, um konjunkturelle Prozesse nach oben oder unten, die durch die Marktkräfte allein nicht rechtzeitig abgefangen werden können, aufzuhalten. Eine solche Politik darf freilich niemals den Markt als soziales Steuerungssystem ausschalten. Die Grenzlinie liegt hier beim Übergang von den indirekten zu den direkten Kontrollen.

Bei der Konjunkturpolitik mit fiskalpolitischen Mitteln erhebt sich das Problem einer Vergrößerung des Staatsanteils am Sozialprodukt. Daher ist zu fordern, daß dieser Anteil politisch im vorhinein und unabhängig von der Konjunktursituation fixiert wird und die notwendigen Variationen des privaten Anteils auf dem Steuerwege durchgesetzt werden. Die tiefste Wurzel dürfte diese Entwicklung darin haben, daß es sich die verantwortlichen Männer nicht klarmachten, daß jede der von ihnen getroffenen Maßnahmen auch Auswirkungen auf andere, gar nicht ins Auge gefaßte wirtschaftspolitische Ziele hat. So mangelt es weitgehend an dem Bewußtsein, daß ein hohes Wirtschaftswachstum verbunden mit der Ausrichtung der Produktion auf wachstumsfördernde Proportionen zwischen Wirtschaftskapazitäten, Infrastruktur und Massenkonsum bereits soziale Gerechtigkeit, Frieden im Inneren und Äußeren und soziale Sicherheit mit sich bringt und beinhaltet.

Andererseits könnten spezielle zur Erzielung der Gerechtigkeit und der Sicherheit vorgenommene Maßnahmen, Wachstum und Wohlstand beeinträchtigen und somit auch das Maß der angestrebten Gerechtigkeit und Sicherheit durch die hierfür ergriffenen Maßnahmen wiederum mindern. Den geistigen Vätern der sozialen Marktwirtschaft dürfte im übrigen eine partikulare Politik der Verfolgung einzelner wirtschaftspolitischer Ziele gar nicht vorgeschwebt haben, denn die isolierende Verfolgung einzelner der sozialen Marktwirtschaft innewohnender Ziele von Wohlstand, Freiheit, Gerechtigkeit, Frieden und Sicherheit behindert eher ein allen diesen Zielen Rechnung tragendes Wirtschaftsoptimum.

Die von Walter Eucken formulierten Wettbewerbsprinzipien werden wegen ihrer Verabsolutierung heute oft kritisiert und als unrealistisch, ja, sogar als wachstumshinderlich abgetan. Es gäbe keine vollständige Konkurrenz, die Öffnung sämtlicher Märkte könnte ruinöse Folgen haben, Privateigentum müsse der sozialen Gerechtigkeit halber eingeschränkt werden, eine umfassende Haftung des Eigentümers für seinen Besitz und für seine Handlungen verstoße gegen das Prinzip der Sicherheit, das insbesondere dem mittelständischen Unternehmer zugute kommen sollte, und eine vollständige Vertragsfreiheit behindere schließlich die interventionistischen Möglichkeiten des Staates. Gewiß kann man gegen alle einzelnen Prinzipien zu Recht oder zu Unrecht Einwendungen vorbringen. Richtig verstanden gewährt jedoch das vorgetragene Instrumentarium einschließlich der beiden weiteren die Vertrauensgrundlage stabilisierenden Prinzipien [Prinzip der Währungspolitik (Geldwertstabilität) und Konstanz der Wirtschaftspolitik (Vertrauen in die Regierungsstabilität)] eine weitgehend aus sich selbst heraus regulierte und auf ein optimales Wachstum abzielende Wirtschaft. In Zukunft sollte die Politik der »Sozialen Marktwirtschaft« ihre Grundprinzipien wiederum *insgesamt* befolgen, allerdings in einer den inzwischen erreichten Wirtschaftsverhältnissen gemäßeren Form. So käme es heute nicht auf *»vollständige Konkurrenz«* sondern auf *»funktionsfähige Konkurrenz«* an.

Die soziale Marktwirtschaft sollte sich auch nicht auf den Schutz des Privateigentums beschränken, sondern um die Herstellung gleicher Chancen zum Erwerb von Privateigentum an Produktionsmitteln zwecks ausreichender Kapitalfinanzierung der Produktionsbasis sich bemühen. Die Haftung für unternehmerische Fehldispositionen sollte mindestens ebenso konsequent beschaffen sein, wie der Schutz des aus Unternehmensgewinnen resultierenden Privateigentums. Die Vertragsfreiheit schließlich hätte ihre Grenzen erst dort zu finden, wo durch Verträge zur Zusammenarbeit die Selbstregulierung der Wettbewerbswirtschaft in Frage gestellt würde.

Dies können nur Hinweise auf mögliche Modifizierungen des Instrumentariums der sozialen Marktwirtschaft sein. Unerläßlich erscheint es jedoch, die *psychologischen Voraussetzungen* unternehmerischen Handelns genau so konsequent herzustellen, wie dies seinerzeit von Walter Eucken gefordert wurde. Auch heute ist die Gewißheit bleibender Geldwertstabilität und die Gewißheit langwährender Konstanz wirtschaftspolitischer Maßnahmen und Grundlinien eine unerläßliche Voraussetzung für die Festlegung privater Mittel in risikobedrohten Produktionsanlagen.

Erweiterung des Instrumentariums der Marktregulierung

Wirtschaft und Politik werden zukünftig allgemein davon Kenntnis nehmen müssen, daß inzwischen ein erweitertes Instrumentarium der Marktregulierung herausgebildet wurde und notwendig ist.

Wahl und Gruppenverhandlung

Das in der Praxis entwickelte Gefüge von Steuerungssystemen in der Wirtschaft kennt, neben der nach der Wettbewerbsordnung erfolgenden Selbstregulierung des Marktes, das Prinzip der Wahl und die Einrichtung der Gruppenverhandlungen. Als Beispiel kann die Organisation der Krankenversicherung dienen. Da gibt es Wahlen zu den Organen und die Gruppenverhandlungen mit den Ärztekammern. Diese beiden sozialen Steuerungssysteme ermöglichen - wohl nur recht und schlecht bisher, weil sie noch nicht richtig funktionieren - die Anpassung der Produktion an die soziale Sicherheit und an die damit in Zusammenhang stehenden Bedürfnisse der Menschen. Markt und Wettbewerb können die hier gegebenen Probleme nicht von sich aus lösen. Ahnlich liegen die Dinge am Arbeitsmarkt. Bei Selbstregulierung über den Wettbewerb befände er sich im Chaos. Am Arbeitsmarkt gibt es ein zweiseitiges Monopol, das nach der nationalökonomischen Theorie kein Gleichgewicht finden kann. Der Arbeitsmarkt wird daher nur funktionieren, wenn auf beiden Seiten Wahlen dem Marktausgleich vorangehen und Daten setzen, und zwar freie, demokratische und geheime Wahlen. Allerdings - daß muß konzediert werden - liegt bei diesen Verbandswahlen noch manches im Argen. Bei Konzipierung einer zukünftigen Gesellschaftspolitik wäre somit zu prüfen, in welchen Bereichen des Marktgeschehens der Wettbewerb als Ordnungselement nicht ausreicht und durch jene beiden zusätzlichen Steuerungssysteme ergänzt werden müßte.

Vor allen Dingen hätte die Wirtschaftspolitik jedoch sich bewußt zu machen, daß ihr eigentliches Betätigungsfeld notwendigerweise nicht unbedingt im Bereich administrativer, monetärer und fiskalischer Interventionen liegt. Zweifellos wird auch in Zukunft ein steuernd auf die Wirtschaftsentwicklung einwirkendes, die sektor-strukturelle Anpassung und sektor-konjunkturelle Stabilisierung förderndes Eingreifen des Staates mittels marktkonformen oder dirigistischen administrativen Interventionen, mittels monetärer Interventionen in Form von Subventionen und Steuern, Krediten und Darlehensaufnahmen, sowie mittels fiskalischer Interventionen durch öffentliche Nachfrage und öffentliches Angebot unerläßlich sein. Als Ansatzpunkte oder Aktionsparameter werden Qualitätsfestlegungen, Preisbeeinflussungen, Mengenbeschränkungen und schließlich Regelungen über den Marktzugang vorzusehen sein.

Solche Eingriffe dürfen aber nicht ein sich gegenseitig bedingendes und schließlich die Wirtschaft in Abhängigkeit verstrickendes Gebilde des Dirigismus entwickeln. Genau das hat aber die Wirtschaftspolitik der letzten Jahre zuwege gebracht.

Langfristige Planung

Man hat sich nicht bewußt gemacht, daß auf längere Zeit gesehen strukturpolitische Maßnahmen weiterreichende positive oder negative konjunkturpolitische Auswirkungen haben, als sie durch jeweils aktuelle Konjunkturmaßnahmen kompensiert werden könnten. Daher müßten strukturpolitischen Erwägungen stets Vorrang vor konjunkturpolitischen xeingeräumt werden, dies auch dann, wenn konjunkturelle Schwierigkeiten in der Gegenwart erwachsen. Die zwischen strukturpolitischen und konjunkturpolitischen Erfordernissen oft gegebenen Konflikte lassen sich wohl nur im Wege einer langfristigen Abstimmung lösen.

Somit hätte zu dem Instrumentarium der wirtschaftspolitischen Maßnahmen der sozialen Marktwirtschaft auch eine seinerzeit 1949 nicht vorgesehene langfristige Planung zu treten. Bestimmt wird deren Maß durch die Erfordernisse der Abstimmung öffentlicher Investitionen und Konsumausgaben, langfristiger Planung im Verkehrssektor und im Bereich der Landesentwicklung, sowie in dem der auf langfristige Entwicklungen abgestimmten Bildungspolitik und der schon vorhersehbaren Umschulungserfordernisse für Millionen von Arbeitskräften im Zuge der Automatisierung und Branchenumstellung in den nächsten Jahrzehnten. In diesem Sektor können Anpassungsaufgaben rechtzeitig und ausreichend nur vom Staat angeregt oder vorgenommen werden. Doch sollte auch hier der Staat sich davor hüten, seinen Einflußbereich übermäßig auszudehnen und alle in diesem Zusammenhang notwendigen Vorkehrungen nicht nur anzuregen, sondern selbst zu treffen.

Eine moderne Wirtschaftspolitik sollte, wenn sie nach dem System der sozialen Marktwirtschaft verfahren will, sich der privaten Initiative und des privaten im Wettbewerb stehenden Angebots von Produktionskapazitäten bedienen.

Die genannten, sinnvoll nur vom Staat vorzunehmenden und zu bewältigenden Aufgaben für die nächsten Jahrzehnte erfordern langfristige Planung. Die bereits eingeleitete mehrjährige Finanzplanung könnte als ein Anfang auf dem Wege zur Einführung der Planung in das wirtschaftspolitische Instrumentarium verstanden werden. Sie bedeutet einen wesentlichen Fortschritt zur Festigung der sozialen Marktwirtschaft. Es handelt sich bei der Planung öffentlicher Mittel keineswegs um Planwirtschaft. Das soll hier herausgestellt und betont werden. Erst Planungen, die unmittelbar in die Investitionsentscheidungen von Branchen und Unternehmen eingreifen, gehören zum Bereich der Befehls- und Planwirtschaft. Die Freiheit der Wirtschaft wird nicht durch die mittelfristige Disposition solcher Finanzmittel gefährdet, die ohnehin durch öffentliche Hände gehen, sondern eher durch ihre planlose Verausgabung und die infolge davon notwendige Adjustierung des Wirtschaftsprozesses durch dirigistische administrative oder monetäre Maßnahmen. Gefährlich ist die beständige Ausweitung des öffentlichen Sektors, nicht aber die Planung von nur von der öffentlichen Hand zu bewältigenden Aufgaben, für deren Durchführung wiederum private Wirtschaftssubjekte sinnvollerweise herangezogen werden können. Freies Marktgeschehen erfordert sogar eine mittel- und längerfristige, auf Vermeidung von Wachstumsstörungen gerichtete Finanzplanung des Staates, ebenso wie es eine Vielzahl mittel- und längerfristiger Unternehmensplanungen in der Privatwirtschaft nötig sein läßt.

Wirtschaftliche Globalsteuerung

Die »Soziale Marktwirtschaft« ist ebenso wie alle anderen Wirtschaftssysteme und wie alle vorangegangenen Wirtschaftsepochen zur Lösung der Kardinalprobleme des wirtschaftlichen Tätigwerdens angehalten, nämlich 1) zur Bewältigung des Problems der Steuerung und Integration der Wirtschaftsprozesse in der arbeitsteiligen Volkswirtschaft, 2) zur Lösung der damit in engem Zusammenhang stehenden Problematik der Einkommensverteilung und Vermögensbildung und 3) zur Schaffung der Voraussetzungen für ein auf längere Sicht optimales Wirtschaftswachstum.

Dabei sollten sich die Wirtschaftspolitiker vor Augen halten, daß es nicht nur einen kurzfristigen Erfolg zu erzielen gibt, sondern daß es ihre Aufgabe ist, bei allen Maßnahmen auch die zukünftigen Auswirkungen zu bedenken und auf eine weit in die Zukunft reichende Sicherung der Produktionsressourcen und der Bevölkerungsentwicklung zu achten. Bei solcher Ausrichtung der Politik kann es sehr wohl nötig sein, den gegenwärtigen Verbrauch zu begrenzen und höhere Investitionen vorzunehmen oder aber einen Teil des dank optimalen Wirtschaftens erzielten Mehrertrags in Entwicklungsländer zu leiten, um die aus dem Wohlstandsgefälle erwachsenden Gefahren für die eigene Volkswirtschaft in wirtschaftlicher und existenzieller Hinsicht durch Entwicklungshilfe zu vermindern. Die langfristig vorgegebene Zielsetzung der Sicherung von Existenz und Wohlfahrt der Bevölkerung erfordert zum einen die Anpassung des Systems sozialer Marktwirtschaft an die veränderten Umweltbedingungen und Wirtschaftsgegebenheiten und zum anderen die Erweiterung des Instrumentariums in dem den neuen Gegebenheiten erforderlichen Umfang.

Optimaler Wohlstand, Gerechtigkeit, Sicherheit wird nur durch die Wiederherstellung der Selbstregulierungsfunktion der Wettbewerbsordnung erzielt werden können. Somit gilt es zum einen, die Institutionen des Privateigentums, der Haftung, der Vertragsfreiheit und offener Märkte von den verschiedenartigen administrativen und kostenverfälschenden Interventionen des Staates zu befreien, um ein Höchstmaß wirkungsvoller (nicht aber »vollständiger«) Konkurrenz zu erzielen, solcher Konkurrenz, die nach Beschaffenheit und Intensität in der Lage ist, sich zu verstetigen. Zum anderen geht es darum, das Vertrauen der Bevölkerung und der Unternehmerschaft in die Konstanz des Geldwertes und der Wirtschaftspolitik wieder herzustellen. So lange diese Erkenntnis nicht Grundlage der Wirtschaftspolitik ist, bleiben alle sonstigen monetären und administrativen Maßnahmen Stückwerk und wirkungslos und könnten bei Anwendung im Übermaß sogar direkte Wachstumshemmungen verursachen.

Zu 1). Aktuell wird die Lösung des stets gegenwärtigen *»Steuerungsproblems«* in der »Sozialen Marktwirtschaft« im Wege der Verkleinerung des Staatsanteils am Sozialprodukt, der Planung der Staatsinvestitionen sowie der vom Staat zu beeinflussenden Bereiche der Regional-, Verkehrs-, Verteidigungs- und Energiepolitik, sowie durch die (wo immer nur mögliche) Einführung des Leistungsprinzips in das marktwirtschaftliche und das bedarfswirtschaftliche Geschehen erfolgen müssen.

Zu 2). Die Lösung der *»Problematik der Einkommensverteilung«* wird von der »Sozialen Marktwirtschaft« heute nicht vorrangig nach Gesichtspunkten der Gerechtigkeit, sondern nach auch Gerechtigkeitsaspekte implizierenden Überlegungen des Wirtschaftswachstums erfolgen müssen. Ohnehin wird bei der Höhe der inzwischen erreichten Lohnquote am gesamten Volkseinkommen die ausreichende Finanzierung der Produktivinvestitionen (bei zunehmendem Anstieg der Kapitalintensität des Wirtschaftsprozesses) nur durch die Heranziehung von Arbeitnehmereinkommen zur Kapitalbildung möglich sein. Daher dürfte in Zukunft die Sparfähigkeit der Arbeitnehmerschaft nicht durch Erhöhung der Beiträge an soziale Kassen absorbiert werden. Vielmehr gilt es soziale Leistungen von der Bedürftigkeit abhängig zu machen, statt sie der Gesamtheit obligatorisch und ungefragt zufließen zu lassen, wo sie obendrein noch den Leistungswillen des Einzelnen beeinträchtigt. An die Stelle umfassender kollektiver sozialer Sicherungen sollte die dem Wirtschaftswachstum förderliche Kapitalbildung aus Arbeitnehmereinkommen treten, die zugleich eine (auf Sperrkonten erzwungene) individuelle Vorsorge für Alter und Krankheit gewährt. Hinzutreten sollte der solidarische Schutz des Volkes für die bei solchem Verfahren dennoch in Not geratenen Mitbürger. Dadurch würde jedenfalls der Kapitalverschwendung, der Erhöhung des Konsumanteils am Bruttosozialprodukt und der darin inbegriffenen Verminderung der Wachstumskräfte begegnet und die individuellen Leistungsanreize und Sparinteressen würden stark gefördert werden. Dies wäre der Ansatz für die Bewältigung des »Einkommensverteilungsproblems« in der »Sozialen Marktwirtschaft«.

Inbegriffen in diese Bewältigung der Verteilungsproblematik ist bereits auch der Ansatz für die Finanzierung des *Wirtschaftswachstums.* Wirtschaftswachstum erfordert Konsumverzicht und Kapitalakkumulation, erfordert darüber hinaus aber auch wissenschaftliche Grundlagenforschung auf breiter Ebene und Vermittlung des erzielten technischen Wissens an die Arbeitnehmer, sowie technische und akademische Fachleute.

Zu 3). Vertrauensstabilität ist in dem System dieser Sozialen Marktwirtschaft Grundlage des Wirtschaftswachstums. Unter Wirtschaftswachstum versteht man nach den Vorstellungen der »Sozialen Marktwirtschaft« nicht bereits eine Erhöhung des in Konsumgütern ausgeprägten Bruttosozialproduktes. Vielmehr kann wachsende Wirtschafts*ergiebigkeit* mit Wachstumsverlusten im Konsum und im Volkseinkommen der Gegenwartsperiode einhergehen. Aus dem Blickwinkel der Sozialen Marktwirtschaft interessiert nicht das heutige Wachstum des Konsums im Vergleich zu gestern (es könnte schließlich der Substanz entstammen!), sondern das Wachstum der Ergiebigkeit der Ressourcen, das Niederschag im Index erst im Jahr darauf oder noch später findet. Daher gilt hier der Umfang der Produktions- und Infrastrukturinvestitionen als Maßstab. Doch wird nicht Wachstum schlechthin angestrebt, sondern nur das optimale Wirtschaften ermöglichende Wachstum aller dafür relevanten Strukturteile und Wirtschaftsfaktoren. Somit kommt es nicht auf das Wachstum allein, sondern auch auf die Proportionen im Wachstum der Sektoren innerhalb der Gesamtwirtschaft an. Um diese Aufgabe bewältigen zu können, muß die Wirtschaftspolitik in längeren Zeiträumen denken und planen und ein strukturpolitisches Konzept entwerfen und verfolgen. Im Rahmen solchen strukturpolitischen Konzeptes wären dann auch konjunkturpolitische Regelungen möglich.

Aufgaben der Wirtschaftspolitik im größeren Rahmen der Gesellschaftspolitik

Somit obliegt es den Wirtschaftspolitikern in der »Sozialen Marktwirtschaft« zur Bewältigung der Wachstumsproblematik eine sinnvolle Eigentums- und Vermögenspolitik zu betreiben, wobei nur die Bildung von Produktivvermögen und der Erwerb von Wissen und Fähigkeiten staatlicherseits gefördert werden sollte, und es obliegt ihnen, für die Entwicklung des technischen Fortschrittes durch staatliche Hilfen und administrative Maßnahmen Sorge zu tragen, die Umschulung von Arbeitskräften gemäß der erwarteten Umstrukturierung der Wirtschaft nach den Erkenntnissen technischen Fortschrittes in die Wege zu leiten und bei der jungen Generation eine umfassende Bildungsvorsorge zu treffen, die sie in den Stand versetzt, Probleme der auf höherem Niveau angesiedelten Wirtschaft und Technik von übermorgen aus Eigenem zu bewältigen. Hinzu kommt die abseits des marktwirtschaftlichen Geschehens erforderliche Sicherung der Bevölkerung und des Staates für zukünftige denkbare Notsituationen und Katastrophenfälle. Insoweit gilt es, ein Mindestmaß an Rohstoff-, Agrar-, Energie- und Verkehrsautarkie zu bewirken, auch wenn die diesbezüglichen Maßnahmen gegen das Rationalitätsprinzip verstoßen.

Ein weiteres wäre schließlich die Sicherung der Zukunftsentwicklung von Staat und Wirtschaft durch Förderung der technischen Entwicklungen in den Unternehmen, was etwa eine in das Inland gerichtete Vergabe von Aufträgen für hochentwickelte Rüstungsprodukte bewirken könnte. Selbstverständlich ist es auch Aufgabe der Regierung, die politische und wirtschaftliche Unabhängigkeit von jeweils einzelnen anderen Ländern, sowie die politische und wirtschaftliche Nützlichkeit der Bundesrepublik für die anderen Welthandelspartner gleichen und gegensätzlichen Wirtschaftssystems zu begründen. Die Regierung kann darauf Einfluß nehmen durch Kanalisation des Außenhandels in die verschiedenen Himmelsrichtungen nach dem Gesichtspunkt der Risikostreuung, durch Regelung für den Antransport von Rohstoffen in die Bundesrepublik und für die Investition von Auslandskapital in der Bundesrepublik, sowie durch Risikoabsicherung deutscher Investitionen in bestimmten Regionen der Welt. Schließlich obliegt es auch der Wirtschaftspolitik, für das reibungslose Funktionieren der neben dem Marktwettbewerb gegebenen Instrumente der sozialen Steuerung Sorge zu tragen, also funktionstüchtige und verbindliche Richtlinien für *Verbandswahlen* und *Gruppenverhandlungen* vorzuschreiben und auf ihre Einhaltung und Durchführung zu achten.

Die vorgenannten Forderungen an eine Wirtschaftspolitik der »Sozialen Marktwirtschaft« sind auf die Herstellung der Konditionen für den materiellen und seelischen Wirtschaftserfolg und seine Verstetigung in die Zukunft hinein gerichtet. Dazu bedarf es - um noch einmal die verschiedenen Aufgaben und Ausrichtungen zusammenzufassen - 1) der Beeinflussung der gesellschaftlichen Entwicklung in Politik und Wirtschaft, 2) der Schaffung der Voraussetzungen für optimales schwankungsfreies Wirtschaftswachstum und 3) der politischen Entscheidung über die auf lange Sicht optimale Verwendung des materiellen Wirtschaftsergebnisses für den heimischen Konsum, für Notfallvorsorge, für Investitionen im Produktionssektor und in der Infrastruktur und für die Minderung der Not und der Wohlstandsunterschiede in der Welt.

Diese globale Präsentation der Gegenwarts- und Zukunftsaufgaben läßt erkennen, daß die Wirtschaftspolitik nur als Teil der Gesellschafts- und Staatspolitik verstanden werden kann und darf. Doch genügt es nicht, dieses Bewußtsein innerhalb des Kreises der politisch Verantwortlichen zu pflegen. Vielmehr sollte sich das Primat der Politik, wie es einer Demokratie ansteht, aus dem Fundament der Bürgerschaft bis in die Spitze der politischen Repräsentanz hinein aufbauen. Die Reform der Politik der Sozialen Marktwirtschaft sollte daher aus einem neuen politischen Selbstverständnis der deutschen Bürgerschaft erwachsen.

Hierum bemühten sich CDU-Politiker insbesondere seit dem Anfang der sechziger Jahre. Die CDU forderte seither die Herausbildung einer gesellschaftlichen Entwicklung in Deutschland, in deren Rahmen sich der Bürger den freiheitlichen Idealen in allen Lebensbereichen verpflichtet fühlt. In dieser Vorstellung vom gesellschaftlichen Sein in der Bundesrepublik sind Elemente enthalten, die in wirtschaftspolitischen Manifestationen und in Definitionen der parlamentarischen Demokratie stets Bedeutung hatten. Wir meinen die bereits weiter oben angeführten Ziele der Freiheit, Gerechtigkeit, Sicherheit, Frieden und Wohlstand für die Bürger heute und morgen. Die genannten gemeinsamen Zielsetzungen sollten in Zukunft nicht mehr vorwiegend ökonomisch sondern staatsbürgerlich verstanden und daher auch anders interpretiert werden. In solcher neuer Auffassung ist inbegriffen, daß die verschiedenen Gruppen in der Gesellschaft sich ihrer Zusammengehörigkeit bewußt werden, daß partielle Interessen als Bündel gesehen werden und daß das Ganze über seine Teile gestellt wird. Hier handelt es sich um das Streben nach einer Gesellschaftsordnung, die unter Wahrung der vorrangigen Gemeinwohlziele den gesellschaftlichen Gruppen und ihren Mitgliedern Freiheit zum Wesensvollzug, gerechten Anteil am Sozialprodukt, soziale Sicherheit, Frieden untereinander und mit den das Land umgebenden Nachbarn, sowie wachsenden Wohlstand gewährleistet.

Die eingangs genannten Einzelziele werden dadurch zu Postulaten der Gesellschaftspolitik und gelten also in einer freiheitlichen Demokratie für jedermann, und nicht etwa vereinzelt und aufgeschlüsselt für bestimmte Gruppen, wie es teilweise zuvor verstanden wurde. Soziale Sicherheit und wachsender Wohlstand wären dann nicht allein ein Postulat der Arbeitnehmer, Freiheit nicht allein eine Verpflichtung und Berechtigung für Unternehmer, Gerechtigkeit nicht allein eine Empfehlung an Judikative und Legislative, und der Frieden könnte schließlich nicht als Domäne von Gewerkschaft, Kirche und Philosophen gepachtet werden.

Wir müssen uns darüber im Klaren sein, daß es das Leben unter Menschen eines Staates zu ordnen gilt. Menschen werden ihrem Wesen nach verschiedene Auffassungen, mannigfache Interessen und unterschiedliche individuelle Zielsetzungen haben. Aus dieser Tatsache ergeben sich Konfliktsituationen. Wo der eine Gerechtigkeit für sich fordert, mag dem anderen aus der erwünschten Maßnahme Verdruß erwachsen. Frieden untereinander wird bei Fehlen sozialer Sicherheit, gerechten Ausgleichs und verbürgter Freiheit kaum möglich sein. Somit stehen wir vor dem Problem der Kongruenz der Ziele sowie ihrer gleichzeitigen teilweisen Gegensätzlichkeit. Zum sozialen Leben gehören in jeder Gesellschaftsordnung Konflikte zwischen Zielen, Personen und Gruppen.

In jedem Bereich der Politik, vor allem aber in dem der Gesellschaftspolitik, gilt es eingedenk zu bleiben, daß im Mittelpunkt allen politischen Bemühens der Mensch steht und daß staatliche und wirtschaftliche Einrichtungen auf ihn zugeschnitten, ihm auf den Leib geschneidert werden sollten, nicht aber der Bürger, Unternehmer und Konsument in ein Korsett von Reglements gezwängt werden darf.

Wir müssen uns der Grenzen rationaler Gesellschaftspolitik bewußt werden. Eine klar umrissene, gegen Utopien abgesicherte vernünftige Gesellschaftspolitik kann nur »in Kenntnis jener Tatsachen erfolgen, die für die Konstruktion oder Abänderung gesellschaftlicher Institutionen im Lichte der sozial-moralischen Leitideen notwendig sind.« Der Philosoph Popper stellte dies und außerdem hierzu fest: Änderungen einer Gesellschaft können nur in Kenntnis der Gesamtumstände erfolgen.

Nun besitzen wir vielfach diese Kenntnis von den Gesamtumständen nicht und eine kaum absehbare Zahl von parteipolitischen und wissenschaftlichen Ideologen lebt davon, nicht vorhandene Kenntnisse durch Spekulationen zu ersetzen und die Politik der Gegenwart wie der Zukunft durch Hypothesen zu verwirren und irrezuleiten. Um sich vor derartigen ideologischen Fehlleitungen und Verzerrungen sowie den daraus folgenden Schäden für die Gesamtheit zu schützen, bietet sich uns die Möglichkeit, die Technik des schrittweisen Umbaues der Gesellschaft zu wählen und dabei auf ökonomischem Gebiet innerhalb des hier vorgezeichneten Systems »Sozialer Marktwirtschaft« zu bleiben.

Marktwirtschaft ist nur ein Instrument, aber das beste*

Die Frage, ob es uns bewußt sei, daß im Ringen um das beste Wirtschafts- und Gesellschaftssystem gerade jetzt ein säkularer Umbruch abrollt, widerspiegelt ein weitverbreitetes Mißverständnis. Gewiß, diese Frage ist berechtigt; denn um die Systeme wird gerungen, und derzeit vollzieht sich hier auch ein grundlegender Auffassungswandel. Aber gleicht dieses Ringen nicht dem Kampf des Don Quichote mit den Windmühlenflügeln?

Ursachen und Ziele des "säkularen Umbruchs"

Aufgabe der Menschen und Völker war und wird es stets sein, ihr Zusammenleben optimal im Hinblick auf Existenzsicherung für die lebenden und für die zukünftigen Generationen, darüber hinaus im Hinblick auf befriedigendes geistiges und materielles Erleben im Rahmen einer freiheitlich, gerecht, friedlich, sozial-sicher und materiell-effektiv auszugestaltenden Gesellschaft zu organisieren. Diese Organisation des menschlichen Zusammenlebens bezeichnet man als "Politik". Die Grundziele der Politik ergeben sich aus den allen Menschen gleichermaßen eingeborenen Urbedürfnissen: Lebens- und Fortpflanzungswille, Respektierung der individuellen Persönlichkeit und Menschenwürde und Sehnsucht nach dem Höheren, das "die Menschen durch Entdeckung des moralischen Gesetzes in sich und in irrationaler Bewunderung des unendlichen bestirnten Himmels über sich" (in Analogie zum kategorischen Imperativ von Kant) als existent vermuten müssen, weil es keine rationale Erklärung hiefür gibt. Diese Sehnsucht ist allen Menschen gemeinsam, ob sie an Gott glauben oder an das Wunder der Naturgesetze oder ob es sich um Positivisten handelt. Zu allen Zeiten wurden Gesellschaftssysteme und staatliche Ordnungen von denen in Frage gestellt, die sich durch bestehende Ordnungen und Systeme auf ihrer Suche nach dem "Höheren" behindert fühlten. Max Horkheimer spricht in einem Interview[1] von "Sehnsucht danach, daß es bei dem Unrecht, durch das die Welt

---

* Erschienen in: Wirtschaftspolitische Blätter, hrsg. von der Bundeswirtschaftskammer - Wien, Nr. 5/6, 1971, S. 406-413.

[1] Der Spiegel, Nr. 1/2, 1970, S. 79 ff.

gekennzeichnet ist, nicht bleiben soll. Daß das Unrecht nicht das letzte Wort sein möge. Diese Sehnsucht gehört zum wirklich denkenden Menschen."

Solche Sehnsucht veranlaßt zu Aufständen in totalitären Systemen, heute im kommunistischen Machtbereich, in allen früheren Jahrhunderten anderswo. Solche Sehnsucht veranlaßt aber auch junge Menschen dazu, ihnen personell betoniert erscheinende Gesellschaftssysteme der nichtkommunistischen Welt und hierzulande zu bekämpfen, weil hier in ebenfalls grober Weise die Sehnsüchte der Menschen nach dem Höheren mißachtet werden.

Diesen Vorwurf machen uns zu Recht sämtliche päpstlichen Sozialenzykliken von "rerum novarum" über "quadragesimo anno", bis hin zu "populorum progressio". In seiner Osterbotschaft 1971 beklagte Papst Paul VI. den fortschreitenden moralischen Verfall der Menschheit. Er prangerte die offenkundige Treulosigkeit des modernen Menschen gegenüber den Prinzipien der Gerechtigkeit und des Friedens an, und er verglich die heutige Welt mit "einem aufgewühlten Meer, das von schwersten Stürmen bedroht ist". Bereits im November 1970 schlug Kardinal Roy im Auftrag des Heiligen Vaters ein weltweites Steuersystem unter UN-Aufsicht zur Unterstützung der armen Länder vor. Er proklamierte eine Verpflichtung zur Teilung des Reichtums der Welt:

"Weder Gerechtigkeit, noch Befreiung, noch Zusammenarbeit sind erreichbar, solange die Nationen nur in ihren Begierden und in ihren Ängsten einig sind, wobei sie 300 Milliarden Dollar zur Verteidigung ihrer sogenannten Sicherheit ausgeben und dreißigmal weniger zur Ausrottung der grundsätzlichen Ursachen der Unsicherheit."

Hierin dokumentiert sich in der Tat cin "säkularer Umbruch" - dies jedoch nicht im Hinblick auf Wirtschaftssysteme, sondern darauf, ob und wie die Menschen durch Organisation ihres Zusammenlebens ihr Fortleben nach erfolgter Bevölkerungsverdopplung im Jahr 2000, ihre individuelle Menschenwürde sichern und auch noch den Durst ihrer Seele nach dem unbegreiflich Höheren, nach Gerechtigkeit und Freiheit stillen können.

Wirtschaftssysteme sind nur ein Mittel unter mehreren - wenn auch ein wichtiges Mittel -, um diese Aufgabe optimaler Organisation des Zusammenlebens zu erfüllen. Wo immer Wirtschaftssysteme als Selbstzweck begriffen und dann von den Verantwortlichen Zweckmäßigkeitsentscheidungen im Hinblick auf materielle Produktivität oder auf ökonomische Rentabilität getroffen werden, ohne daß zuvor die Prüfung der moralischen Zulässigkeit erfolgt, müssen Systeme entarten, unterliegt Politik der Wirtschaft und Moral dem Materiellen. Das gilt für die Marktwirtschaft ebenso wie für die Planwirtschaft oder die vielfältigen Mischsysteme.

Nicht ein Ziel, sondern Mittel zur Erreichung des Zieles

Das Grundmißverständnis besteht in der Annahme, im Gegensatz zu Planwirtschaft vermöge Marktwirtschaft die politischen Grundzielsetzungen Freiheit, Gerechtigkeit, Frieden, Sicherheit und Wohlstand gewissermaßen aus sich selbst heraus wie eine Beglückungsmaschine zu bewirken. Wäre es so, dann hätte in der Tat das Ringen um Systeme einen Sinn. Dann würde man damit nämlich zugleich um Freiheit, Gerechtigkeit, Frieden, Sicherheit und Wohlstand ringen. Die Marktwirtschaft ist aber ebenso wie die Planwirtschaft nur ein Instrument, ein Mittel, das zur Durchsetzung dieser Ziele geeignet ist. Wann Marktwirtschaft oder Planwirtschaft die richtigen Instrumente sind, hängt davon ab, ob die Voraussetzungen eher für die Anwendung des einen oder des anderen Instrumentes vorliegen.

Marktwirtschaft setzt die Existenz konkurrierender Produktionsmitteldisponenten voraus. Ohne Konkurrenzverhältnisse auf dem Markt könnte es somit auch keine Marktwirtschaft geben. Damit entfiele der ökonomische Sinn privaten Eigentums, das den Verfügungsberechtigten gleichermaßen zur Privatinitiative bei Durchsetzung des technischen Fortschrittes wie auch zur Vermeidung übermäßiger Risiken veranlassen soll. Wo es keinen Wettbewerb gibt, dort gibt es keine Risiken und dort gibt es auch keine Notwendigkeit für Kostenrisiken bei Durchsetzung technischen Fortschritts. Wettbewerb kann es aber nur dort geben, wo es einen durch Wahlmöglichkeiten der Nachfrage gekennzeichneten Markt gibt. In Völkern, deren Sozialprodukt sich nur in der Höhe des Existenzminimums oder gar darunter bewegt, kann von solchen Wahlmöglichkeiten keine Rede sein; dort vollzieht sich der Ausgleich von Angebot und Nachfrage als Zuteilung der als Existenzminimum exakt berechenbaren Güter. Wie sollte unter solchen Bedingungen die Marktwirtschaft so funktionieren, daß auch Bedarfsgerechtigkeit herrscht? Auch marktwirtschaftliche Länder setzen an die Stelle eines freien Auswahlsystems das Zuteilungssystem in Kriegszeiten, um so für Bedarfsgerechtigkeit zu sorgen.

Die Bewirtschaftung der existenziellen Knappheit, die Sicherstellung der Versorgung in extremen volkswirtschaftlichen Mangelsituationen mag ein zentralverwaltungswirtschaftliches System im Hinblick auf die Postulate von Bedarfsgerechtigkeit und sozialer Sicherheit, aber auch im Hinblick auf die Sicherung des individuellen Freiheitsspielraumes notwendig sein lassen, es sei denn, man verstehe als "Freiheit" zynisch jene staatliche Ordnung, die Anatole France in seinem bekannten Ausspruch ironisierte: "Das Gesetz in seiner majestätischen Gleichheit verbietet Reichen wie Armen unter Brücken zu schlafen und Brot zu stehlen."

Existenzsicherung, Menschenwürde und Nahrung für die Seele dürfen nicht nur als globale Größen verstanden werden, die von der Politik und Wirtschaft zu verschaffen sind. Die Aufgabe ist diffiziler: Jeder einzelne hat hierauf Anspruch! Sieht man die Dinge so, dann wird in Entwicklungsstufen, Regionen und Perioden extremer, existenzbedrohender Mittelknappheit und Armut breiter Massen das Postulat der Bedarfsgerechtigkeit nur durch eine Zuteilungswirtschaft befriedigt werden können. Die Planwirtschaft mag auch noch Chancen haben, so lange die über das Existenzminimum hinausreichende Gütererzeugung nach dem Willen der Politik ausschließlich oder vornehmlich dem Aufbau der Schwergüterindustrie dienen soll. Die Bewältigung der Investitionsproblematik im Bereich des Produktionsgütersektors ist in der Zentralverwaltungswirtschaft prinzipiell ebenso möglich wie in einer Marktwirtschaft. Hier handelt es sich noch um Grundsatzentscheidungen und um die Verteilung einer relativ kleinen Anzahl unterschiedlicher Warenpositionen.

Mißverständnisse über Möglichkeiten und Voraussetzungen für die Wirksamkeit des Systems

Die Fülle im Konsumgütersektor und seine strukturelle Kapazitätsgestaltung läßt sich aber nicht mehr planen, läßt sich nicht zentral lenken ohne unangemessene Reibungsverluste. Die Ursache hiefür beruht darin; daß von vielen Menschen sehr unterschiedliche Wertmaßstäbe an nicht existenznotwendige Güter gelegt werden; Wertmaßstäbe, die mit den in diesen Gütern enthaltenen Arbeitskosten unmittelbar nichts mehr zu tun haben. Die Zentralverwaltungswirtschaft kann nur so lange annähernd funktionieren, als die subjektive Wertschätzung mit dem objektiven Kostenaufwand eines Gutes bei der überwiegenden Mehrheit der Bevölkerung ungefähr übereinstimmen. Das ist der Fall, solange es nur um die Sicherung der Grundbedürfnisse geht. Je größer der Anteil der nicht existenznotwendigen Güter am Durchschnittseinkommen der Bürger ist, desto unverzichtbarer wird der Übergang in die Marktwirtschaft; denn nur der Markt vermittelt durch Auswahl zwischen verschiedenen Gütern, die sämtlich nicht unbedingt notwendig sind, die nachfragegemäßen Investitionsimpulse und verhindert so Fehlinvestitionen.

Somit wächst die ökonomische Effizienz der Marktwirtschaft - verglichen mit jener der Planwirtschaft - mit der Zunahme frei verfügbarer Einkommensanteile. Diese Feststellung besagt nur, daß die Marktwirtschaft unter bestimmten Bedingungen, wie sie bislang nur in dem kleineren hochindustriellen nördlichen Teil der Welt gegeben sind, effizienter arbeitet, nicht aber, daß sie damit zugleich auch ein höheres Maß an Freiheit, Gerechtigkeit, Frieden, Sicherheit und Wohlstand automatisch verwirklichen muß. Ob in der Marktwirtschaft diese Ziele verwirklicht werden oder nicht, das hängt letztlich von den politischen Entscheidungen der Menschen ab, ebenso wie etwa die Frage, ob Atomkraft segensreich ist oder zerstört. Wer die Marktwirtschaft als Selbstzweck ausgibt, der gibt sie berechtigten Angriffen von Systemgegnern preis. Ebenso im Unrecht sind aber auch jene, die ungleiche Einkommens- und Vermögensverteilung, Konsumterror der Reklame, Verfremdung der menschlichen Arbeit unter dem Druck des Profitstrebens und die "ökologische Zeitbombe" als systemimmanente Erscheinungen der Marktwirtschaft deuten und daraus die Berechtigung für ihre Bemühungen um Beseitigung dieses Systems zu ziehen meinen.

Die Entrüstung über solche wirtschaftlichen Mißstände, über Strukturdisproportionalitäten in der "Überflußwirtschaft" mit Überflüssigem hier und entsprechend tieferer Not dort, über konjunkturelle Schwankungen mit allen daraus sich ergebenden negativen Konsequenzen für die Einzelmenschen - diese Entrüstung besteht zu Recht! Sie sollte sich jedoch gegen die Politiker und Parteien richten, die es nicht verstehen, das wirtschaftliche Instrument zu handhaben, ob es sich nun um "Marktwirtschaft" oder "Planwirtschaft" handelt.

Gefahren eines unsachgemäßen Gebrauchs des Instruments "Marktwirtschaft"

Die weitverbreiteten Mißverständnisse über die Möglichkeiten und über die Erfordernisse in der Anwendung des Marktwirtschaftssystems beruhen letztlich in einem Bildungsproblem: Einerseits haben wir jahrelang - fixiert in militärisch-politischer Distanz zur sozialistischen Welthälfte - an den Universitäten und in den Publikationsorganen primär das "Wie" des Wirtschaftens innerhalb der Marktwirtschaft erörtert, das "Warum" jedoch nach der einmal getroffenen Entscheidung für die Marktwirtschaft und angesichts der Kontrastellung zu sozialistischen Staaten so sehr vernachlässigt, daß selbst Wirtschaftsfachleute solche "Selbstverständlichkeit" nicht mehr zu diskutieren vermögen, weil ihnen die nicht nur vordergründigen Argumente nicht bekannt sind. Die Jugend aber will ebenso wie die Intellektuellen anderer Fakultäten eine Antwort auf das "Warum", weil dieses Fragen dem Menschen wesenseigen ist und weil die Ergebnisse des Wirtschaftens in der freien Welt mit dem Überfluß hier und der Not dort, mit den verkehrsverstopften Städten, den in Deutschland neuerdings 30prozentigen Verkehrsopferzuwachsraten und nahezu 20.000 Verkehrstoten im Jahr, weil trotz Güterwachstum Berufshetze zu- und befriedigendes Erleben abnehmen, weil die Umwelt zerstört wird und die Existenzchancen späterer Generationen durch Substanzverluste in der Natur gefährdet werden, weil alle diese Mißstände wahrlich nicht davon überzeugen, daß mit Hilfe der Marktwirtschaft bei uns hier besser gewirtschaftet wird.

Gewiß wird im Westen mit Hilfe der Marktwirtschaft mehr produziert - aber ist es auch das Richtige? Geradestehen für diese Frage müßten die Politiker; denn sie müssen bei Anwendung des Instrumentes "Marktwirtschaft" ebenso wie bei Anwendung der Planwirtschaft Prioritäten für die Güterstruktur vorgeben, müssen auf die Mittelaufteilung durch Beeinflussung der Produktions- und Marktrentabilitäten einwirken, müssen durch Vorkehrungen der Steuer- und Vermögenspolitik über entsprechende Investitionsstimulierung das Wachstum bestimmen und müssen schließlich über einkommens- und sozialpolitische sowie wiederum vermögenpolitische Maßnahmen auf die Verteilung der Konsumgüter und auch der Produktionsgüter einwirken.

Eine dieser drei Kardinalaufgaben des Wirtschaftens - Wachstum, Kapitalallokation und Distribution - kann selbsttätig aus dem System herausgelöst werden. Überläßt man das System sich selbst, so tendiert es zur Selbstzerstörung im Wege von Wettbewerbsminderung, Konzentration, Minderung technischen Fortschritts, Umwandlung ökonomischer in politische Macht, Wirtschaftsentwicklung als Selbstzweck unter Vernachlässigung der nicht privatwirtschaftlich zu befriedigenden Güter- und Dienstleistung dargeboten.

Daß dies so ist, kann man gerade dort beobachten, wo bei systembedingter Identität von Wirtschaftsmacht und politischer Macht in sozialistischen Ländern das wirtschaftliche Ergebnis von vornherein als Selbstzweck unterstellt wird.

Die Marktwirtschaft ist demgegenüber ein Instrument der Politik, das sich weit besser und effizienter bedienen läßt als die Planwirtschaft - jedenfalls angewandt auf die Probleme der westeuropäischen und wohl auch der osteuropäischen Länder.

Bei konsequenter und vollständiger Berücksichtigung der von Eucken aufgezählten sieben konstituierenden Prinzipien (Vorrang der Währungsstabilität, offene Märkte, Privateigentum, Vertragsfreiheit, Haftung, Konstanz der Wirtschaftspolitik, Zusammengehörigkeit dieser Prinzipien) der marktwirtschaftlichen Wettbewerbsordnung und bei einer auf die politisch ermittelten Prioritäten hinsichtlich Wachstum, Produktionsstruktur und Verteilung durch Anwendung der "regulierenden Prinzipien" (also durch Verstetigung des Wettbewerbs, durch an dem Primat der Währungsstabilität orientierte Konjunkturpolitik, durch eine Wirtschafts- und Rentabilitätsrechnungen in erwünschter Weise beeinflussende Finanzpolitik und durch eine die soziale Ordnung gestaltende Arbeits-, Sozial- und Bildungspolitik) wird das Instrument "Marktwirtschaft" einen weit höheren Grad an Rationalität (Minimum von Reibungsverlusten), an Produktivität

(Durchsetzung des technischen Fortschritts), an Lenkbarkeit (Produktion gemäß staatlich vorgegebener Prioritäten), an Dienstbarkeit (Gewaltenteilung zwischen Wirtschaft und Politik) und an Freiheitsspielraum auch für Nichteigentümer (Balance und Neutralisierung der Macht der Verfügungsberechtigten in der Wirtschaft durch Wettbewerb) ermöglichen, als das Instrument "Planwirtschaft", das regelmäßig auch als Funktionärswirtschaft organisiert ist.

Voraussetzung ist allerdings, daß es sich wirklich um jenes aus allen von Eucken genannten konstituierenden Prinzipien konstruierte System handelt:

"Die Zusammengehörigkeit der Prinzipien geht so weit, daß einzelne von ihnen bei isolierter Anwendung ihren Zweck völlig verfehlen. Wir sahen dies bei der Eigentumsfrage. Privateigentum an Produktionsmitteln zu verlangen, wenn der Staat zugleich durch sein Vertragsrecht, durch Beschränkungen der Haftung, durch seine Handelspolitik, durch Investitionsverbote, durch sein Markenschutz- und Patentrecht usw. die Konkurrenz zurückdrängt, ist problematisch. Aber in Verbindung mit der Anwendung der übrigen Prinzipien hat das Privateigentum einen wesentlichen, positiven Sinn."[2] Eigentum hat seinen Sinn auch in der Bewahrung der Eigentumssubstanz und ihrer investiven Mehrung für die Zukunft und sei es aus egoistischen Motiven. Funktionäre begünstigen zwecks Wiederwahl opportunistisch den Gegenwartskonsum und berechnen - etwa beim Wasser - nur die Anschaffungs- statt der Wiederbeschaffungskosten. So verwirtschaften sie die Substanz zu Lasten der Existenzchancen zukünftiger Generationen. Privateigentümer sind dagegen auf Eigentumssicherung und Vererbung bedacht. Nur Privateigentum schützt soweit gegen Verwirtschaftung von Produktionsmitteln, Rohstoffen und Boden und dient damit auch dem Gemeinwohl zukünftiger Generationen - sofern der Staat auf die harmonische Strukturierung der Privatkapazitäten einwirkt!

Zu den stereotypen Einwänden gegen die Marktwirtschaft

Die drei stereotypen Einwendungen gegen das Marktwirtschaftssystem verfehlen alle das Ziel, weil sie Beschaffenheit und Funktion des Systems mißverstehen.

1. Ob Waffen gekauft werden und kriegerische Entwicklungen stattfinden, sind politische Entscheidungen und können somit von der Wirtschaft nur insoweit beeinflußt werden, als ökonomische Macht sich zur politischen Macht qua-

---

[2] Vergleiche Walter Eucken, Grundsätze der Wirtschaftspolitik, 2. unveränderte Auflage, Tübingen 1955, S. 291.

lifiziert. Ist dies der Fall, so handelt es sich nicht mehr um ein Marktwirtschaftssystem. Ändern kann man diese unerwünschte Verquickung politischer und wirtschaftlicher Interessen aber gewiß nicht dadurch, daß man durch Übergang zum sozialistischen Planwirtschaftssystem von vornherein die Identität politischer und ökonomischer Macht institutionalisiert. Zielsetzungen der Politik sind das Verschaffen von Freiheit, Gerechtigkeit, Frieden, Sicherheit und Wohlstand für möglichst jeden Mitbürger gemäß Leistung und Bedarf. Die Wirtschaft muß das Instrument sein. Sie kann es nur sein, wenn Gewaltenteilung zwischen politischer und wirtschaftlicher Macht gegeben ist und die wirtschaftliche Macht durch Konkurrenz balanciert und neutralisiert wird. Das wiederum ist Aufgabe der Politik. Der Einwand trifft somit nicht das System.

Die aus der Deeskalation einer kriegerischen Auseinandersetzung abgeleitete Rezession wiederum ist nichts anderes als der Ausdruck der Umstrukturierung der zuvor für Militärzwecke gebundenen Ressourcen und Arbeitskräfte in Richtung auf zukünftig eher schöpferische Tätigkeiten. Ohne solche Umstrukturierung würde der kriegerische Substanzverkehr fortdauern und die Armut zunehmen. Natürlich bereitet die Vermittlung von Arbeitskräften und Kapitalien zu rentableren und produktiveren Verwendungen Umstellungsschwierigkeiten. Die dabei entstehenden Lasten können jedoch über entsprechende Sozial- und Steuerpolitik angesichts der höheren Wirtschaftseffizienz infolge dieser Umstellung leicht verteilt und somit von den Schultern der unmittelbar Betroffenen genommen werden.

Ohne solchen mit dem Etikett "Rezession" beklebten Strukturwandel würde demgegenüber die Substanz weiter vermindert und die Armut zunehmen. Somit ist die "Rezession" stets die Wende zum Besseren. Dabei mag dahingestellt bleiben, ob die eine Rezession auslösende Fehlstrukturierung der Wirtschaft infolge der Verteidigungsnotwendigkeit gegenüber einem Angreifer unvermeidlich oder infolge dilettantischer Wirtschaftspolitik vermeidlich war. Letztes dürfte zutreffen auf die durch Reduktion des Raumfahrtprogramms in den USA ausgelösten Umstrukturierungsschwierigkeiten rezessiver Natur.

2. Der Konsument kann in einer Marktwirtschaft ebensowenig wie in einem anderen Wirtschaftssystem bestimmen, was produziert wird. Dazu gibt es zu viele Wünsche, zu viele Konsumenten und zu wenige Mittel. Könnte der Konsument bestimmen, was produziert wird, dann brauchten wir keine Wirtschaft, dann würden wir im Schlaraffenland leben. Richtig dagegen ist, daß der Konsument, sofern per Wettbewerbsordnung für erforderliche Markttransparenz gesorgt wird, im Rahmen des ihm einkommensmäßig gegebenen Spielraumes bestimmen kann, welche der direkt oder substitutiv konkurrierenden Angebote

mehr oder weniger zum Zuge kommen. Sache der Politik ist es jedoch, durch Einwirkung auf die Volkseinkommensaufteilung in verfügbare Einkommen und in Steuern sowie durch unterschiedliche Gestaltung der Rentabilitäten verschiedener Produktionen, schließlich durch Einwirkung auf bestimmte Nachfragegruppen und ihre Kaufkraft jene Güterstruktur zu bewirken, die gemäß den politisch ermittelten Prioritäten eine harmonische Entwicklung und ein Optimum der materiellen und geistigen Bedarfsbefriedigung der Bevölkerung ermöglicht. Dazu gehören auch Finanzierung und Bereitstellung der nur staatlich optimal vermittelbaren Dienste. So ist es ganz gewiß ein Mißverständnis, wenn Systemkritiker, so etwa Egbert Kossak in einem Kurzreferat zur Deubau 1971 über "Rollenprobleme des Stadtplaners", behauptet: "Freie Marktwirtschaft ist kein Mechanismus, der erträgliche Umweltzustände gewährleisten kann."

Ob erträgliche Umweltzustände, ob Kostendeckung für die Abstellung von infrastrukturellen Notständen erzielt werden, ob Kindergärten statt Parkhochhäusern gebaut werden - diese Entscheidungen trifft nicht das marktwirtschaftliche System, sondern die vom Staat durch Besteuerung beeinflußbare Rentabilitätsrelation zwischen Produktionen und Branchen. Unternehmern sollte es gleichgültig sein, ob sie Ausstattungen für Kindergärten oder für Parkhochhäuser bauen. Sie haben günstigsten Gebrauch von dem vorhandenen Kapital zu machen, weil sie sonst das Eigentum daran verlieren und Bankzinsen nicht mehr zahlen können. Ursächlich für falsche Produktionen sind wahlopportunistische Massensubventionierung und mangelnder politischer Mut zu scheinbar unpopulären Entscheidungen im Bereich von Steuern und Einkommenspolitik zugunsten des Infrastrukturausbaues und Umweltschutzes und zu Lasten des Tageskonsums.

Die viel geschmähte Reklame und Werbung hat nicht nur die Aufgabe, Markttransparenz zu verschaffen, sie hat zudem eine unmittelbar freiheits- und fortschrittssichernde Wirkung. Die Werbeausgaben der Wirtschaft finanzieren sowohl eine vielfältig aufgegliederte politische Tagespresse als auch die für den Informations- und Erfahrungsaustausch über den technischen Fortschritt völlig unverzichtbare Fachpresse.

Tages- wie Fachpresse sind in ihrem gegebenen Umfang für demokratische Freiheit und für die per Information zu bewirkende Rückkoppelung in Entwicklung und Anwendung von technischem Fortschritt nicht zu entbehren. Daraus folgt, daß bei Werbeeinschränkungen von der Volkswirtschaft genauso zu tragende Aufwendungen in genau gleicher Höhe per Zuteilung, damit aber auch verbunden mit freiheitseinschränkenden politischen oder machtökonomischen Auflagen für die Finanzierung der Presse zur Verfügung gestellt werden müßten.

Werbung finanziert Meinungsfreiheit, Demokratie und technischen Fortschritt. Wer aber sagt das der Bevölkerung?

3. Konsumentenschutz. Natürlich gehört Konsumentenschutz in die Wettbewerbsordnung. Damit beantwortet sich auch die Frage nach der Grenze für die Freiheit unternehmerischer Initiative und für die freie Verfügung über privates Eigentum. Hier gilt der gleiche Grundsatz wie für den außerökonomischen Bereich: Die Freiheit reicht bis an die Grenze der ebenso großen Freiheit des Nachbarn, des anderen. Darum kommt es auch stets darauf an, "die Freiheit des anderen zu verteidigen" und somit erst indirekt die eigene.

Unternehmerische Initiative findet ihre Grenze also auch in Wettbewerbsordnung und staatlichen Gesetzen und in dem durch das Eigenkapital genau definierten finanziellen Risikospielraum.

Die Verfügung über in Produktionsmitteln ausgeprägtes privates Eigentum ist in der freien Marktwirtschaft definitionsbedingt begrenzt auf Maßnahmen zu seiner rentabelsten Nutzung, soweit dadurch nicht die Gesetze des Staates verletzt und nicht das befriedigende Erleben der für den Produktionsprozeß unentbehrlichen "Gesellschaftspartner ohne Privateigentum" unangemessen beeinträchtigt wird. Dies ist im Sinne der von mir in einem früheren Aufsatz formulierten "Wirtschaftsphilosophie sozialer Marktwirtschaft" zu verstehen:

"Von den verschiedenen Formen liberaler Wirtschaftsauffassung unterscheidet sich die Richtung der sozialen Marktwirtschaft vor allen Dingen durch die neue Betonung des Humanen im Wirtschaftsprozeß. Als Wirtschaftserfolg werden nun nicht mehr allein Produktion und Absatz von Gütern und Dienstleistungen, nicht nur die Stillung des existenznotwendigen materiellen Bedarfs der Menschen verstanden, vielmehr ist jetzt auch das Erleben des Menschen im Wirtschaftsprozeß zum Bestandteil des Wirtschaftserfolges geworden."[3]

Privateigentum an Produktionsmitteln soll den Verfügungsberechtigten zu jener mit höchster Rentabilität ausgestatteten Balance zwischen Fortschrittinitiative und Risikovorsicht befähigen. Es räumt ihm aber kein Herrschaftsrecht über die im Produktionsprozeß mit den Sachwerten zu kombinierenden Gesellschaftspartner ein.

Die soziale Marktwirtschaft erfordert "Partnerschaft" als Wesensmerkmal, jedoch nicht nur aus der Humanitätszielsetzung der Wirtschaft. Vielmehr machen die Zunahme der frei verfügbaren Einkommensbestandteile sowie die im Interesse der Durchsetzung des technischen Fortschrittes gegebene Tendenz zu

---

[3] C. A. Andreae, Die Zukunft der sozialen Marktwirtschaft; in: Die Zukunft der CDU, hrsg. von Dietrich Rollmann, Hamburg 1968, S. 73 ff.

höherer Kapitalintensität die Hinzuziehung der Arbeitnehmer zur Kapitalbildung in Wirtschaft und Infrastuktur notwendig, wenn nicht die wirtschaftliche Entwicklung Schaden leiden soll. Aus dem "Gesellschafter ohne Kapitalanteil" wird damit - wenn auch im Wege indirekter Finanzierung - zukünftig der mitarbeitende stille Teilhaber.

Auch aus Gründen der Verteilungspolitik ist solche Teilhaberschaft notwendig: Die im Zuge der Industrialisierung zu beobachtende Substitution von Lohneinkommen durch Zinseinkommen macht es notwendig, daß die Gruppe der Lohneinkommensempfänger möglichst gleichmäßig zumindest im Umfang dieser Substitution zum Zinseinkommensempfänger wird, weil es sonst zu Verstopfungen der Absatzwege kommen würde.

Ein System der Herausforderung zur Leistung und der leistungsgemäßen Entlohnung

Als Alternative bliebe nur die Umverteilung der zur Sicherung einer der Produktion gemäßen Nachfrage benötigten Einkommen. Das aber ist bei dann bedingter ständiger Ausweitung des über Staatskassen laufenden Volkseinkommensanteils ein Weg in die Sackgasse des Sozialismus.

In den Sozialismus führt aber auch eine Anwendung der freien Marktwirtschaft, die aus Furcht vor dem Verlust von Wählerstimmen inkonsequent verfährt, indem sie die Geldwertstabilität in der Einkommenspolitik mißachtet und nicht in Produktion und im Markt auf "Identität von Kostenträger und Nutznießer" besteht. Die planwirtschaftlichen Methoden des Sozialismus kennen keine Wirtschaftsrechnung. Sie zielen auf die Vergesellschaftung von Kapital, Boden und Arbeit, um so die materiellen Erträge des Wirtschaftens nach den Bedürfnissen verteilen zu können. Vorsätzlich möchte man die personelle Verbindung von Leistung und Ertrag aufheben, um den Menschen von ihm wesensfremden Sachzwängen zu befreien. Dieses Ziel ist so übel nicht, wie es hier bei uns oft dargestellt wird. Die Befreiung des Menschen von Not, Elend, Unwissenheit, Existenzangst und Unterdrückung ist mit Gewißheit auch das Ziel westlicher Politik. Da die Mittel in der Welt extrem knapp sind, sieht man sich im Westen jedoch nach einer Methode um, das obige humane Ziel mit der rationellsten Mittelnutzung zu vereinbaren - und das ist ohne Belohnung und Herausforderung persönlicher Leistung nicht möglich. Hinzu kommt, daß gerade die differenzierte Anerkennung persönlicher Leistung für die Selbstbestätigung des Menschen notwendig ist - und das ist noch wichtiger als der materielle Ertrag. Somit will die soziale Marktwirtschaft über Eigentum und Wettbewerb gleichermaßen persönliche Haftung, Leistungszwang und optimale strukturelle Zuordnung knapper Mittel und Arbeitskräfte bewirken - dies zum Wohl der Gesamtheit.

Mitte des vorigen Jahrhundert kennzeichnete Ferdinand Lasalle den Kapitalismus als "Die Religion des eigenen Vorteils". Dagegen wollte er den Sozialismus als "sittlich geordnetes Gemeinwesen, in dem die Solidarität, die Gemeinsamkeit und Gegenseitigkeit der Entwicklung auch im wirtschaftlichen Raum zu gelten habe", verwirklichen. Das war seine "sittliche Idee des Arbeiterstandes".

Mit dieser "sittlichen Idee" stimmt die "Soziale Marktwirtschaft" heute durchaus überein. Wenn man eine bereits verbal mögliche Symbiose von Kapitalismus und Sozialismus versucht, dann muß die Solidarität, die Gemeinsamkeit und Gegenseitigkeit der Entwicklung auch im wirtschaftlichen Raum gelten, indem die Religion des eigenen Vorteils in den Dienst dieses Gemeinwesens gestellt wird."

Voraussetzungen für das Funktionieren des Systems

Dazu gehört dann aber auch, daß man die Leistungsgerechtigkeit vor die Bedarfsgerechtigkeit stellt, dem Subsidiaritätsprinzip Vorrang einräumt und erst danach die soziale Sicherheitsgarantie als Fallnetz aufspannt. Dazu gehört ebenfalls, daß Privateigentum an Produktionsmitteln allen Bürgern eingeräumt wird - und sei es auf Sozialversicherungs-Privat-Sperrkonten zur Absicherung sozialer Risiken - ausgestattet mit der Rückversicherungsgarantie des Staates. Über den Firmenertrag kann man Privateigentum an Produktionsmitteln ebensowenig verteilen, wie man auch nicht einen Obstgarten durch die freizügige Ausgabe von Äpfeln an Arme zum Gemeinschaftsbesitz machen kann. Was aber hindert den Staat und die Unternehmer daran, die Bürgerschaft insgesamt - auf dem Umweg über die Sozialversicherungskonten, die zu Privateigentums-Sperrkonten umgestaltet werden könnten - im Laufe zweier Jahrzehnte bis zur Hälfte des in den nächsten 20 Jahren mit jährlich 5 Prozent Gratisaktienausgabe an die Gesamtheit der Sozialversicherten zu verdoppelnden Kapitals zu Teilhabern zu machen? Das kostet keinen Schilling, beeinträchtigt nicht die Wettbewerbsfähigkeit, bewirkt keine Liquiditätsprobleme, da es sich um Gratisaktienabgabe an einen mit der Sozialversicherung identischen Investmentfonds handeln würde, und er erlaubt sowohl praktisch als auch juristisch bei Ausgabe von "Vorzugsaktien ohne Stimmrecht" kein Hineinreden in die Verfügungsmacht der Unternehmer durch die neuen stillen Teilhaber. Auf diese Weise würde man aber Teilhaber gewinnen, die nun ein finanzielles Interesse an der Wahrnehmung neuer Bezugsrechte haben und also zur Mitfinanzierung von Wirtschaft und Infrastruktur sowie von Entwicklungshilfeanleihen veranlaßt werden könnten. Eine solche Aktion liefe letztlich auf die amerikanische Methode "Öl für die Lampen Chinas" hinaus, wobei man im vorigen Jahrhundert die Lampen verschenkte und erst dann Nachfrage nach Öl erlebte und nutzen konnte. Die Wirtschaft braucht die Masseneinkommensempfänger unbedingt als Kapitalgeber. Die Arbeitnehmer wird man zum Konsumverzicht und zu höheren Spareinlagen in Kapitalinvestitionen aber nur veranlassen können, wenn man sie zu Teilhabern macht.

Dann haben die Arbeitnehmer sogar ein Interesse daran, daß der Eigentümerunternehmer Herr im eigenen Haus bleibt, im Wettbewerb seinen Vorteil sucht, jedoch aus dem Wettbewerb ausscheidet und die Produktionsmittel anderen Disponenten überlassen muß, wenn er untüchtig ist. Mit dem ökonomischen Profit der Gesamtunternehmerschaft wächst dann der Profit der Arbeiterschaft.

Marx hat sehr richtig definiert: "Kapital ist vorgetane Arbeit!" Alle Probleme unserer Tage und der kommenden Jahrzehnte - Überbevölkerung, Unterernährung, Umweltzerstörung, Wasser- und Rohstoffverluste - ergeben sich aus überhöhtem Tageskonsum und unzureichender Kapitalbildung. Begegnet werden kann diesem Kapitalproblem nur durch Mehrarbeit unter Verzicht auf den Konsum der Erträge dieser Mehrarbeit. Wie aber will man eine Wohlstandsbevölkerung dazu veranlassen, wenn man ihr völlige soziale Sicherheit einräumt und sie nicht unmittelbar an den Kapitalinvestitionen interessiert, ja sogar ihr einredet, die Investitionen gehen zu Lasten ihres Konsums?

Das ist mittelfristig richtig, aber zynisch. Denn der Konsum der Kinder dieser Leute und der Alterskonsum der heute jungen Arbeitnehmer wird erst durch die heutigen Investitionen und den damit verbundenen Konsumverzicht ermöglicht.

In einer Zeit extremer Kapitalnot bedeutet Rentabilität Ausrichtung der Produktivität auf die mit gesellschaftlicher Priorität ausgestatteten Bedürfnisse der Menschen. Rentabilität sichert den sparsamsten Umfang mit den knappen Mitteln. Profit ist der Ausdruck der Rentabilität und ermöglicht erst den erfolgreichen Zuwachs des Bruttosozialproduktes. Ohne Profit gibt es kein Wachstum und keine Kapitalbildung und keine Realeinkommenserhöhung. Und ohne Profit gibt es auch keinen technischen Fortschritt; denn Profit stellt sich in einem Wettbewerbssystem stets als Verbilligung der eigenen Produktion gegenüber den Kosten der Konkurrenz bei für alle Wettbewerber gleichen Preisen dar - verstetigter Wettbewerb vorausgesetzt.

Profit erzielt dann nur, wer den technischen Fortschritt zur billigeren Herstellung eines vergleicbaren Produktes nutzen kann. Über den Profit als solchen dürfte es somit vernünftigerweise keine ideologischen Auseinandersetzungen geben. Einsetzen könnte und sollte man sich jedoch für steuerliche Maßnahmen, die sicherstellen, daß der Profit nicht für höheren Luxuskonsum, sondern für Reinvestitionen und somit für ein kräftigeres Wachstum in der Wirtschaft verwendet wird und daß auch die Arbeitnehmer in das Eigentum an den aus solchem Profit gebildeten neuen Investitionen gelangen. Die Entscheidungen hierüber haben mit dem Marktwirtschaftssystem als solchem gar nichts zu tun, sondern es sind die politischen Entscheidungen derjenigen, die das Marktwirtschaftssystem in den Dienst der Sicherung unserer Existenz und unserer Freiheit und Menschenwürde zu stellen haben.

Ohne eine zukünftig vielfache Dotierung der Forschung, des technischen Fortschritts, der Energieerzeugung in den industrialisierten Ländern, der Infrastruktur und Bildungsinvestitionen in den Entwicklungsländern, die zur Verdoppelung der Weltbevölkerung innerhalb von nur 30 Jahren beitragen werden, wird die Zivilisation der Industrieländer über die Jahrtausendwende hinaus kaum bestehen können. Die Kapitalpartnerschaft der Masseneinkommensempfänger - Sparen, Mehrarbeit und Konsumverzicht - ist somit die Voraussetzung zur Existenzsicherung der nächsten Generationen, wenn wir zugleich die individuelle Freiheit erhalten wollen. Mit planwirtschaftlichen Systemen ließe sich Konsumverzicht und Kapitalbildung gewiß auch erzwingen - aber auf Kosten der Freiheit des einzelnen.

Prof. Max Horkheimer hat in einem Interview[4] mit zwingender Logik geschildert, wie er den Weg zurück zum freiheitlichen System sozialer Marktwirtschaft gefunden hat:

"Meiner Ansicht nach wird noch heute soziologisch zuwenig beachtet, daß die Entfaltung des Menschen mit der Konkurrenz, also dem wichtigsten Element der liberalistischen Wirtschaft, zusammenhängt. Durch den Wettbewerb im Gebiet des Wirtschaftlichen ist auch der Geist gefördert worden . . .

Der Gedanke, es fördere den freien Menschen, wenn es in der Gesellschaft keine Konkurrenz mehr gäbe, scheint mir ein optimistischer Irrtum zu sein . . .

Marx ist nicht darauf eingegangen, daß Gerechtigkeit und Freiheit dialektische Begriffe sind. Je mehr Gerechtigkeit, desto weniger Freiheit; je mehr Freiheit, desto weniger Gerechtigkeit. Freiheit, Gleichheit, Brüderlichkeit - wunderbar! Aber wenn sie die Gleichheit erhalten wollen, dann müssen sie die Freiheit ein-

---

[4] Der Spiegel, Nr. 1/2, 1970.

schränken, und wenn sie den Menschen die Freiheit lassen wollen, dann gibt es keine Gleichheit."

Neue Aufgaben

Die Marktwirtschaft der Zukunft wird vom System her genauso konstruiert sein wie jene der Gegenwart und der Vergangenheit. Sie wird sich jedoch auf neue Aufgaben, nämlich auf Umweltschutz, auf Schutz von Rohstoff- und Wassersubstanz und auf Entwicklung der dritten Welt, Industrialisierung und Bildung von insgesamt sechs Milliarden Menschen im Jahr 2000 einzurichten haben. Um die Menschen zum Konsumverzicht zu bewegen, muß man - will man Zwang vermeiden - ihnen einen ökonomischen Anreiz geben. Nur Eigentumsanteile an Produktionsmitteln und Entwicklungsanleihen, die aus Konsumverzicht finanziert werden, sind ausreichender Anreiz. Will man zudem eine Verwirtschaftung der Substanz und eine Fehlstrukturierung der Wirtschaft, wie sie jetzt sowohl im Inland als auch auf Weltebene zu beobachten ist, korrigieren und zukünftig vermeiden, so wird man konsequent dem marktwirtschaftlichen Prinzip der "Identität von Kostenträger und Nutznießer" Raum geben müssen. Das aber erfordert dann die Belastung der Produzenten jeglicher Güter mit allen direkt und indirekt mit der Produktion zusammenhängenden "social costs", also die Umwandlung von "social costs" in "private costs".

Außerdem wird man das Sparen und die Kapitalbildung durch entsprechende steuerliche Maßnahmen anzuregen haben. Und hier kommt man nicht an der auch von Kenneth Galbraith, den gewiß niemand verdächtigen wird, konservativ oder reaktionär zu sein, schon 1958 in seinem Buch "Gesellschaft im Überfluß" herausgestellten Erkenntnis vorbei, wonach es eine Illusion sei, zu glauben, man könne die Armut der Öffentlichen Hand anders finanzieren als durch eine höhere Besteuerung des Verbrauchs. Nur durch höhere Verbrauchsbesteuerung, vornehmlich jener Güter, deren Produktion man für weniger dringlich hält, können die Rentabilitäten zwischen Produktionen und Branchen im Hinblick auf die Herausbildung einer von der Wirtschaftspolitik erwünschten Güterstruktur, von Maßnahmen für Umweltschutz und Infrastrukturausbau, geändert werden. Zugleich wird so ein sozialer Effekt bewirkt; denn wird bei der Einkommensentstehung besteuert, so muß - gemäß der Steuerprogression - ein jeder dran glauben und obendrein werden die Finanzierungsmöglichkeiten für jegliche Investition beeinträchtigt.

Wird dagegen bei der Einkommensverausgabung besteuert, so erhält gerade der kleine Mann eine Chance zur Steuervermeidung und somit eine Belohnung im Falle des volkswirtschaftlich erwünschten Sparens und Kapitalbildens; dagegen werden die Finanzierungsmöglichkeiten nun gerade in jenen Konsumgüterbranchen beeinträchtigt, die volkswirtschaftlich für weniger vordringlich erachtet werden.

Im Zuge solcher Umstrukturierung ergeben sich Arbeitsfreisetzungen, die von der bisherigen Konjunkturpolitik ängstlich vermieden werden, weil man sie als unsoziale Erscheinung deutet. Solche Wirtschaftspolitik verwechselt Vollbeschäftigung mit Wachstum. Es kommt doch nicht nur darauf an, daß jeder beschäftigt ist, sondern womit ein jeder und in welchem Maße er rentabel beschäftigt ist. Die Qualität des Wachstums ist wichtiger als die Quantität, wenn man ihre Effizienz beurteilen will.

Somit wäre die regelmäßige Freisetzung von Arbeitskräften im Interesse ihrer Umgruppierung zu rentablerem Einsatz hin nicht negativ, sondern positiv zu deuten, zumal wenn diese Freisetzung genutzt werden kann zur Fortbildung der Arbeitskräfte, zur qualitativen Angleichung des menschlichen Wissens an den in Organisation und Geräten ausgeprägten technischen Fortschritt. An die Stelle der Vollbeschäftigungspolitik sollte daher zukünftig eine "Vollintegrationspolitik" treten, die nicht nur auf ständige Beschäftigung aller Personen, sondern auch auf ihre nutzbringendste Beschäftigung und Weiterbildung gerichtet ist. Wer arbeitslos wird, erhält sein Gehalt weitergezahlt, sofern er in der Zeit der Arbeitslosigkeit zum Weiterlernen bereit ist. Nur wer dies nicht will, unterliegt den bisher schon gegebenen Konditionen der Arbeitslosenunterstützung.

Wichtigste Voraussetzung: Geldwertstabilität

Nur wenn die mit inflationären Auswirkungen und einer durch Masseneinkommenssteigerungen begünstigten Ausdehnung der Konsumgüterkapazitäten und damit des Gegenwartskonsums einhergehende Vollbeschäftigungspolitik durch solche auf systematische Fortbildung vom Arbeitsplatz freigestellter Personen abzielende "Vollintegrationspolitik" ersetzt wird, entfällt die konjunkturelle Notwendigkeit zur beständigen Nachfragesubventionierung und zur damit verbundenen Geldentwertung. Damit schließt sich der Kreis der Betrachtungen: Erst die so erzielte Geldwertstabilität ist die Voraussetzung für eine exakt den politischen Prioritäten gemäße Lenkung der Wirtschaft über das Instrument der sozialen Markt- und Wettbewerbsordnung. Ohne Geldwertstabilität tendiert freie Marktwirtschaft zur Selbstzerstörung, materiell wie psychologisch. Preis- und Einkommensteigerungen bedingen sich und verursachen Begehrlichkeit, Unzufriedenheit, Neid, Mißgunst und inflationsbedingte Krisenfurcht.

Die Menschen wollen aber in erster Linie während der Arbeit und dank der Früchte der Arbeit "befriedigendes Erleben". Die psychologischen Voraussetzungen hiefür schaffen nur stabile Wirtschafts- und Wirkungsverhältnisse, eine freiheitliche Ordnung und die Vereinigung der Wünsche und Sehnsüchte der Menschen in der großen sozialen Idee der Befriedigung der dritten Welt. Somit wird es primäre Aufgabe der Wirtschafts- und Gesellschaftspolitik der kommenden Jahrzehnte sein, die jungen Menschen unserer Länder im Westen und Osten Europas in den Dienst der gemeinsamen Idee einer wirtschaftlichen und politischen Befriedigung der Welt zu stellen und ihnen ins Bewußtsein zu bringen, daß die freie Marktwirtschaft das geeignete Instrument hiefür ist - aber auch nicht mehr als nur ein Instrument!

Demokratie und Marktwirtschaft - ein Kuppelprodukt?*

A. Einleitung

Die Frage, ob Demokratie und Marktwirtschaft notwendigerweise zusammengehören, wurde in den fünfziger Jahren vor allem von Walter Eucken diskutiert und mit dem von ihm geprägten Schlagwort "die Interdependenz der Ordnungen"[1] positiv beantwortet. Heute, in einer Zeit, in der nahezu die gesamte östliche Welt versucht, durch das Einführen marktwirtschaftlicher Elemente die Effizienz ihrer Volkswirtschaften zu erhöhen, ist die Fragestellung wieder hochaktuell. Denn wenn Eucken recht hatte, wären diese Reformbemühungen entweder zum Scheitern verurteilt oder führten zu einer Auflösung des Machtmonopols der sozialistischen Parteien. Beides würde die internationale politische Situation stark beeinflussen. Anlaß genug also, der Frage nochmals auf den Grund zu gehen.

Das Thema umfaßt zwei Problemstellungen. Die eine setzt sich damit auseinander, inwiefern die Marktwirtschaft das wirtschaftliche Komplement zur Staatsform der Demokratie bildet; die andere untersucht die umgekehrte Frage, inwiefern eine Marktwirtschaft auf politischer Ebene eine Demokratie erfordert.

Zur Bearbeitung des Themas wird zuerst auf die charakteristischen Merkmale von Demokratie und Marktwirtschaft eingegangen. Dadurch soll für beide ein geeignetes Kriterium entwickelt werden, anhand dessen der jeweilige Grad der Zusammengehörigkeit gemessen werden kann. In den daran anschließenden Schlußfolgerungen wird das Kriterium auf beide Erscheinungen angewandt werden, um so zu empirisch überprüfbaren Aussagen zu gelangen.

---

* Erschienen in: Demokratie und Marktwirtschaft - ein Kuppelprodukt?, informedia-Stiftung, Köln 1989, S. 11-27.

[1] Walter Eucken, Grundsätze der Wirtschaftspolitik, 2. Auflage, Tübigen/Zürich 1955, S. 183 und 332 ff.

B. Charakterisierung der Demokratie

Das Prinzip der politischen Willensbildung

Zu den wesensbestimmenden Merkmalen einer Demokratie gehört zweifellos die Form der politischen Willensbildung. In einer Demokratie sind die Bürger berechtigt, an der Gestaltung des öffentlichen Lebens mitzuwirken. Ihr Wille soll letztlich verwirklicht werden. Dazu bedient sich die Demokratie der "spezifischen Technik der Abstimmung nach dem Mehrheitsprinzip",[2] deren demokratischer Charakter darin besteht, daß alle Bürger die gleiche Möglichkeit haben, an dem Prozeß der politischen Willensbildung teilzunehmen.[3]

Undemokratisch ist die Technik der Abstimmung nach dem Mehrheitsprinzip insofern, als die Willensäußerung der Minderheit unberücksichtigt bleibt. Abgesehen von dem unrealistischen Fall der Einstimmigkeit ist daher "der Wille des Staates nie der Wille seiner sämtlichen Angehörigen".[4] Um die überstimmte Minderheit vor einer totalitären Herrschaft der Mehrheit zu bewahren, bedarf es der Beschränkung des Mehrheitsprinzips durch das Rechtsstaatsprinzip.[5]

Das Rechtsstaatsprinzip

Damit das Rechtsstaatsprinzip diese Funktion erfüllen kann, muß es sowohl im formellen als auch im materiellen Sinne verwirklicht sein.[6] Es erfordert, daß staatliche Eingriffe berechenbar und vorhersehbar für den einzelnen sind.[7] Zu diesem Zweck muß sich jegliches staatliche Handeln auf eine rechtmäßig zu-

---

2 Max U. Rapold, Demokratie und Wirtschaftsordnung - ein Beitrag zur sozialwissenschaftlichen Grundlagenforschung, Dissertation, Zürich 1957, S. 63.

3 Dagegen könnte argumentiert werden, daß einzelne Interessengruppen unterschiedlich viel Macht und somit unterschiedlich viel Teilhabe an der politischen Willensbildung haben. Dieses Lobbying könnte jedoch durch die strikte Gewaltenteilung mit unabhängiger Legislative unterbunden werden. Vgl. Friedrich A. von Hayek, Der Wettbewerb als Entdeckungsverfahren, Kiel 1968, S. 5 ff.

4 D. Schindler, Über die Bildung des Staatswillens in der Demokratie, Zürich 1921, S. 31.

5 Vgl. Friedrich A. von Hayek, Die Herrschaft der Mehrheit, in: derselbe, Die Verfassung der Freiheit, Tübingen 1983, S. 129.

6 Im Grundgesetz der Bundesrepublik Deutschland findet sich der Begriff Rechtsstaat lediglich in Art. 28, I: er wird aber abgeleitet, vor allem aus dem im Art. 20, III GG verankerten "Vorbehalt des Gesetzes".

7 Vgl. Hans W. Arndt und Walter Rudolf, Öffentliches Recht, 5. Auflage, München 1985, S. 37.

standegekommene, gesetzliche Grundlage stützen. Rechtmäßig zustande gekommen heißt, daß sie in einer von Exekutive und Judikative unabhängigen gesetzgebenden Versammlung mit Mehrheitsbeschluß verabschiedet worden ist.[8] Das organisatorische Prinzip der Gewaltentrennung muß also verwirklicht sein.

Der materielle Rechtsstaat erhebt darüber hinaus noch weitere Forderungen. Er möchte verhindern, daß kraft Mehrheitsbeschlusses die Demokratie und die ihr zugrundeliegenden Werte beseitigt werden können.[9] Folglich benötigte er eigentlich ein "meta-gesetzliches Prinzip",[10] das der Gesetzgebung Grenzen auferlegt.[11] Da die Gesetzgebung aber niemals durch ein Gesetz beschränkt werden kann, weil es gleichzeitig in ihrer Macht liegt, Gesetze zu erlassen und zu ändern, kann der materielle Rechtsstaat nur realisiert werden, solange der Gesetzgeber sich an ihn aus ideellen Gründen gebunden fühlt.

Wenn aber der materielle Rechtsstaat, der notwendiges Charakteristikum einer Demokratie ist, nur Bestand hat, solange der Gesetzgeber und die Gemeinschaft seinen Wert befürworten, dann hängt von dieser Zustimmung auch die Existenz der Demokratie ab. Anders ausgedrückt: Die Demokratie stellt lediglich ein Mittel dar zur Verwirklichung bestimmter Wertvorstellungen der Gemeinschaft. Folglich erscheint ein Vergleich der Werte von Demokratie und Marktwirtschaft als ein geeignetes Kriterium, den Grad ihrer Zusammenhängigkeit zu untersuchen. Zu diesem Zweck wird zunächst auf die Werteordnung einer Demokratie eingegangen.

Die Werteordnung der Demokratie

Wir haben gesehen, daß das Mehrheitsprinzip als Form der politischen Willensbildung einen wesensbestimmenden Bestandteil der Demokratie ausmacht. Folglich steht im Mittelpunkt des Gemeinschaftsideals der mündige Bürger, der die Verantwortung für das Erreichen seiner Ziele übernimmt.[12] Voraussetzung dafür ist, daß er die Freiheit hat, seine Ziele selbst zu setzen, und sie mit den ihm geeignet erscheinenden Mitteln zu verfolgen. Freiheit ist also

---

[8] Vgl. ebenda, S. 31.

[9] Vgl. Friedrich A. von Hayek, Die Sicherung der persönlichen Freiheit, in: derselbe (siehe Anm. 5), S. 266.

[10] Ebenda, S. 266.

[11] Die materielle Komponente des Rechtsstaates soll im GG in Art. I, I (Schutz der Menschenwürde) festgehalten sein; vgl. H. W. Arndt (siehe Anm. 7), S. 44.

[12] Vgl. M. U. Rapold (siehe Anm. 2), S. 75 f.

ein zentraler Grundwert jeder Demokratie, "denn erst die Freiheit macht aus dem vereinzelten Individuum den verantwortlichen Menschen und Staatsbürger".[13]

Aus dem Mehrheitsprinzip läßt sich auch der zweite Grundwert der Demokratie zumindest teilweise ableiten: die Gleichheit. Sie existiert in zwei Ausprägungen: einmal in der Gleichbehandlung der Bürger durch den Staat, zum anderen in der Nivellierung der Menschen. Erste meint die Gleichheit der Bürger vor dem Gesetz, die Gerechtigkeit. Sie ist im Mehrheitsprinzip insofern schon enthalten, als alle den gleichen Anteil an der politischen Willensbildung haben. Folglich ist es logisch konsequent, alle den Gesetzen gleichermaßen zu unterwerfen, da die Gesetze ja lediglich die mehrheitliche Willensäußerung des Volkes in abstrakte Regelungen fassen. Diese Art der Gleichheit, die Gleichheit vor dem Gesetz, ist notwendige Voraussetzung zur Verwirklichung der Freiheit.[14]

Die zweite Form der Gleichheit, die Nivellierung der Menschen, ist eine "Übersteigerung"[15] der ersten. Sie versucht, gleich zu machen, was ungleich ist. Sie steht im direkten Gegensatz zur Freiheit, und es ist offensichtlich, daß die konkrete Gestalt einer Demokratie wesentlich davon abhängt, wie dieser Wertekonflikt gelöst ist.

Als weitere Grundwerte einer Demokratie werden Brüderlichkeit,[16] Frieden und Sicherheit"[17] genannt. Die Brüderlichkeit, verstanden als das Verantwortlichsein für den anderen, scheint für die Demokratie erforderlich, weil jeder Stimmberechtigte auch "zur Willensbildung über Dinge aufgerufen ist, welche seinen egoistischen Horizont übersteigen".[18] Deswegen sollte er immer auch das allgemeine Beste im Auge haben.[19] Dagegen muß eingewandt werden, daß es oft unmöglich ist, ein allgemeines Bestes zu bestimmen, weil die Auswirkungen zu treffender Entscheidungen nicht vorhersehbar sind. Außerdem hat jeder egoistisch nicht Betroffene keinen Anreiz, sich an der Wahl zu beteiligen. Er wird sich daher im Regelfall der Stimmabgabe enthalten. Somit ist es fraglich, inwiefern

---

[13] Ebenda, S. 87.

[14] Gesetze beschränken nur vordergründig die Freiheit des einzelnen. Gesamtheitlich betrachtet ermöglichen sie erst ein möglichst hohes Maß an Freiheit für jeden. Vgl. F. A. von Hayek, Gesetz, Befehl und Ordnung, in: derselbe (siehe Anm. 5), S. 187.

[15] W. Kaegi, Demokratie zwischen falscher und wahrer Gleichheit, in: Neue Zürcher Zeitung vom 16. Mai 1953.

[16] Vgl. M. U. Rapold (siehe Anm. 2), S. 92.

[17] Vgl. Clemens-August Andreae, Kommunismus in Reinkultur - Augenschein in Albanien, in: Neue Zürcher Zeitung vom 9. Februar 1988.

[18] M. U. Rapold (siehe Anm. 2), S. 94.

[19] Ebenda, S. 95.

die Brüderlichkeit tatsächlich einen notwendigen Grundwert der Demokratie darstellt.

Der Begriff Sicherheit kann so interpretiert werden, daß er mit dem Begriff Frieden im Inneren und nach außen identisch ist. Er kann sich aber auch auf die absolute und relative soziale Stellung des Individuums in der Gemeinschaft beziehen. Bei dieser Interpretation ergibt sich eine weitere Werteantinomie zur Freiheit und Gleichheit (vor dem Gesetz).

An dieser Stelle kann festgehalten werden, daß je nach Gewichtung der möglichen Grundwerte die Gestalt einer Demokratie sich ändert und daß folglich, abhängig von dieser Gewichtung, unterschiedliche Antworten auf unsere eingangs gestellte Frage zu erwarten sind.

C. Die Charakterisierung der Marktwirtschaft

Funktionsweise

Die Marktwirtschaft ist ein Koordinierungssystem, in dem die Pläne und die daraus resultierenden Entscheidungen und Handlungen der Individuen in Übereinstimmung gebracht werden.[20] Die Notwendigkeit zur Koordination der Pläne besteht, seitdem die sich selbst versorgende Einzelwirtschaft aufgegeben und das Prinzip der Arbeitsteilung eingeführt wurde. Seit diesem Zeitpunkt hängt der Erfolg des Wirtschaftens eines Menschen auch von den Handlungen anderer ab.[21] Ein Individuum kann dann seine Pläne verwirklichen, wenn seine Erwartungen bezüglich der Handlungen anderer richtig sind, das heißt, wenn es die Pläne der anderen richtig antizipiert hat.[22]

Da aber keine vollkommene Information, kein vollständiges Wissen existiert,[23] wäre es reiner Zufall, wenn die ex ante aufgestellten Pläne auch ex post miteinander vereinbar wären. Daher entstehen Enttäuschungen und Überraschungen. Auf diese Weise werden die Beteiligten darüber informiert, daß ihre erwarteten (konjekturalen) Daten, auf denen sie ihre Pläne aufgebaut hatten, nicht der

---

20 Vgl. Erich Hoppmann, Markt und Wettbewerb, Tübingen 1977, S. 7 f.

21 Das ist übrigens die typische Situation, auf die die Spieltheorie Anwendung findet.

22 Vgl. Friedrich A. von Hayek, Wirtschaftstheorie und Wissen, in: derselbe, Individualismus und wirtschaftliche Ordnung, Zürich 1952, S. 55.

23 Vgl. Friedrich A. von Hayek, Die Verwertung des Wissens in der Gesellschaft, in: derselbe, Individualismus und wirtschaftliche Ordnung, Zürich 1952, S. 104.

Wirklichkeit entsprochen haben.[24] Die Enttäuschungen, die dann eine Planrevision zur Folge haben, sind also begründet in einem mangelnden Wissen über wechselseitig vorteilhafte Möglichkeiten zur Koordination oder, auf die wirtschaftliche Ebene bezogen, zum Tausch.

In der Marktwirtschaft werden nun diese Möglichkeiten für wechselseitig vorteilhaften Tausch aufgrund der unternehmerischen Findigkeit[25] entdeckt und beseitigt; denn die Gewinnchancen des Unternehmers liegen in der Fehlkoordination der Pläne der anderen Marktteilnehmer.[26] Sie kommen zum Ausdruck in Preisdifferenzen zwischen der Preissumme der für die Produktion eines Gutes benötigten Produktionsfaktoren und der Preissumme, die man auf dem Absatzmarkt für das erzeugte Gut erzielt.[27] Der Unternehmer koordiniert also durch den Kauf von Produktionsfaktoren und den Verkauf von Gütern Fehlkoordinationen zwischen Faktor- und Produktmärkten.

Die verhaltenstheoretische Annahme, die dem unternehmerischen Handeln (Element/Findigkeit) zugrunde liegt, ist die, daß jeder Mensch bestrebt ist, seine Situation zu verbessern, so daß jeder die sich ihm ergebenden Gewinnchancen auch nutzt.

Funktionsbedingungen

1. Privateigentum

Damit das unternehmerische Element wirksam wird, bedarf es der Institution des Privateigentums. Denn der Unternehmer muß einerseits über die Produktionsmittel verfügen können, um sie dort einzusetzen, wo er glaubt, daß sie am erfolgreichsten arbeiten.[28] Andererseits muß er den Ertrag der eingesetzten

---

[24] Vgl. Erich Hoppmann, Gleichgewicht und Evolution, in: Erich Carell, Ansprachen und Vorträge auf der Festveranstaltung der wirtschaftswissenschaftlichen Fakultät der Julius-Maximilians-Universität Würzburg zum 75. Geburtstag von Erich Carell am 23. Mai 1980. Baden-Baden 1980, S. 25.

[25] Die unternehmerische Findigkeit wird oft auch als unternehmerisches Element bezeichnet. Vgl. Clemens-A. Andreae und Hubert Büchel, Die Wiederentdeckung des Unternehmers in der Marktwirtschaft, in: derselbe und Werner Bensch (Hrsg.), Wettbewerbsordnung und Wettbewerbsrealität, Festschrift für Arno Sölter, Köln 1981, S. 4.

[26] Vgl. E. Hoppmann (siehe Anm. 24), S. 29.

[27] Ebenda, S. 29.

[28] Vgl. Otmar Issing und Walter Leisner, Kleineres Eigentum - Grundlage unserer Staats- und Wirtschaftsordnung, Göttingen 1976, S. 27.

Produktionsmittel erhalten, denn sonst verliert er den Anreiz, überhaupt tätig zu werden.[29] Da er auch bei nicht rentablem Einsatz der Produktionsfaktoren den Verlust hinnehmen muß, der im Extremfall die Existenzbedrohung bedeuten kann, besteht für ihn ein hoher Ansporn, mit den knappen Ressourcen ökonomisch zu haushalten.[30]

Dem Privateigentum kommt somit eine entscheidende Motivationsfunktion zu, ohne die der Marktwirtschaft ihr Herz, das unternehmerische Element, genommen würde. Darüber hinaus stellen klar abgegrenzte Eigentumsrechte eine Voraussetzung für die optimale Allokation der Ressourcen dar.[31] Unsere heutigen Umweltprobleme, beispielsweise, resultieren letztlich aus der mangelnden Fähigkeit, eindeutig definierte und handelbare Eigentumsrechte für diese Güter zu erstellen.[32]

2. Vertragsfreiheit

Eng mit der Funktion des Privateigentums verknüpft ist die Voraussetzung der Vertragsfreiheit. Sie gewährleistet, daß Tauschakte von Eigentumsrechten überhaupt zustande kommen. Dabei ist der Begriff "Vertragsfreiheit" unglücklich gewählt. Denn entscheidend ist weniger, daß alle nur denkbaren Vertragsformen ausgehandelt werden können, sondern vielmehr, daß die Gültigkeit von Verträgen erzwungen werden kann und nur von allgemeinen und bekannten Gesetzen abhängt und nicht von der Gutheißung des besonderen Inhalts durch eine staatliche Behörde.[33]

---

29 Vgl. Werner E. Engelhardt, Motivationsaktivierung und -steuerung bei Managern, in: Christian Watrin (Hrsg.), Information, Motivation und Entscheidung, Berlin 1973, S. 181.

30 W. Mansfeld, Über die Beziehung zwischen Eigentum, Koordination und Effizienz von Wirtschaftsordnungen, Dissertation Gießen 1980, S. 84.

31 Lothar Wegehenkel, Gleichgewicht, Transaktionskosten und Evolution, Tübigen 1981, S. 35.

32 Diese Erkenntnis geht auf das nach Coase benannte Theorem zurück; vgl. R. H. Coase, The Problem of Social Cost, in: Journal of Law & Economics, 3, 1960, S. 1 bis 44; vgl. zum Umweltschutz auch Clemens-A. Andreae, Umweltschutz und Marktwirtschaft, in: Wirtschaft und Wettbewerb, 21, 1971, S. 753 ff.

33 Vgl. Friedrich A. von Hayek, Wirtschaftspolitik im Rechtsstaat, in: derselbe, Verfassung der Freiheit, Tübingen 1983, S. 296.

3. Wettbewerbsfreiheit

Neben Privateigentum und Vertragsfreiheit ist die Wettbewerbsfreiheit die dritte notwendige Funktionsbedingung einer Marktwirtschaft.[34] Sie garantiert die Abwesenheit jeglicher Schranken, die den Eintritt in den Wettbewerb um die Gewinnmöglichkeiten verhindern. Das heißt, jeder hat die Möglichkeit, unternehmerisch tätig zu werden und Gewinne zu machen.

Ein derartiger "freier Wettbewerb" bedeutet Wettbewerb zwischen tatsächlichen und potentiellen Anbietern.[35] Er führt dazu, daß eine Tendenz zur Koordination der Pläne besteht und die Verbraucher die Produkte möglichst günstig erhalten. Wettbewerb wird daher auch als "Entdeckungsverfahren"[36] oder "Problemlösungsverfahren"[37] bezeichnet.

4. Ungehinderte Preisbildung

Ungehinderte Preisbildung stellt die vierte notwendige Bedingung einer Marktwirtschaft dar.[38] Denn nur Preise, die aufgrund des freien Zusammenwirkens von Angebot und Nachfrage zustande kommen, können ihre Signal- und Informationsfunktion erfüllen.

Bei ungehinderter Preisbildung werden veränderte Knappheitsverhältnisse in veränderten Preisrelationen sofort angezeigt und führen augenblicklich zu entsprechend geänderten unternehmerischen Reaktionen. Ein hoher Absatzpreis beispielsweise signalisiert dem Unternehmer, daß ein Gut relativ knapp ist und daß eine Ausweitung des Angebots bei Konstanz der Preise der für die Erzeugung dieses Guts notwendigen Produktionsfaktoren relativ hohe Gewinne erwirtschaftet. Auf diese Weise lenken die Preise die Produktion und bringen gleich einer "invisible hand"[39] Einzel- und Gesamtinteresse in Übereinstimmung.[40]

---

34 Vgl. Erich Hoppmann, Über Funktionsprinzipien und Funktionsbedingungen des Marktsystems, in: Lothar Wegehenkel, Marktwirtschaft und Umwelt, Tübingen 1981, S. 228 ff.

35 Vgl. Erich Hoppmann, Fusionskontrolle, Tübingen 1972.

36 Vgl. F. A. von Hayek (siehe Anm. 3), Titel des Aufsatzes.

37 Jochen Röpke, Wettbewerb als Problemlösungsverfahren, in: Wirtschaftspolitische Blätter, 23. Jahrgang, Nr. 5, S. 38 bis 46, Titel des Aufsatzes.

38 Vgl. F. A. von Hayek (siehe Anm. 3).

39 Adam Smith, An Inquiry into the Nature and Causes of the Wealth of Nations, Chicago 1952.

40 "By pursuing his own interest he frequently promotes that of the society more effectually than when he really intends to promote it." A. Smith (siehe Anm. 39), S. 194.

Der Preismechanismus offenbart sich dadurch als Mechanismus der Informationsentstehung, -verarbeitung und -verbreitung. Durch ihn wird im Marktsystem mehr von dem nur zerstreut existierenden Wissen genutzt als in irgendeinem anderen, uns heute bekannten System.[41]

Wenn nun die Erfolge der Marktwirtschaft darauf zurückgeführt werden können, daß sie die bisher beste Methode der Wissensnutzung darstellt, dann erscheint das Kriterium der Wissensnutzung und der Informationseffizienz neben einem Vergleich der Werteordnungen geeignet, zu untersuchen, welche politische Ordnung mit der Marktwirtschaft optimal kompatibel ist. Es kann nur eine politische Ordnung sein, die die dezentrale Wissensverarbeitung der Marktwirtschaft unterstützt.

5. Rechtsstaatlichkeit

Die fünfte Bedingung für ein optimales Funktionieren der Marktwirtschaft ist die Rechtsstaatlichkeit. Ihr Ziel ist, wie oben gezeigt, dem Bürger Rechtssicherheit und Vertrauensschutz zu garantieren. Dadurch kann er einerseits das für unternehmerisches Handeln notwendige Vertrauen in die gesamtwirtschaftlichen Rahmenbedingungen aufbauen, andererseits wird die allgemeine Unsicherheit verringert und die Wahrscheinlichkeit, daß sich seine Erwartungen, auf denen er seine Pläne aufbaut, als richtig erweisen, vergrößert. Rechtssicherheit stärkt somit die Informations- und Koordinationseffizienz einer Marktwirtschaft.

Sie verlangt, daß der Staat nicht willkürlich handelt, sondern nur auf der Grundlage von rechtmäßig zustandegekommenen Gesetzen. Außerdem muß sichergestellt sein, daß die Gesetze dem Staat nicht erlauben, interventionistisch in das Marktgeschehen einzugreifen. Interventionen nämlich, allein schon die Möglichkeit zu Interventionen, erhöhen die Unsicherheit über das Handeln des Staates, mit der Folge, daß weniger Pläne koordiniert werden als in einer Ordnung ohne staatliche Interventionen.

Die Legislative sollte daher von der Exekutive strikt getrennt sein, um alle Versuche der Exekutive zu unterbinden, einzelne Gruppen per Gesetz zu bevormunden. Darüber hinaus sollten die Gesetze so sein, daß sie zu einer dezentralen Wissensnutzung und Übereinstimmung der Erwartungen beitragen.[42]

---

41 Vgl. Friedrich A. von Hayek, Die Anmaßung von Wissen, in: Ordo Band 26, 1975, S. 15.

42 Vgl. Wegehenkel (siehe Anm. 31), S. 8.

Gesetze, die diesen Anforderungen genügen, werden in der Literatur "Regeln des gerechten Verhaltens"[43] oder "allgemeine Regeln"[44] genannt.

Sie weisen folgende Eigenschaften auf:
- Um eine optimale Allokation der Ressourcen zu gewährleisten, dürfen sie nicht einzelne benachteiligen oder bevorteilen; das heißt, "sie müssen auf alle Individuen gleich anwendbar sein".[45]
- "Sie müssen abstrakt sein; das heißt, es dürfen keine speziellen Ziele des Handelns in ihnen aufgenommen sein".[46] Denn wenn der Wettbewerb ein Entdeckungsverfahren ist, können seine konkreten Ergebnisse nicht vorhergesagt werden. Die Aufnahme von konkreten Zielen in Gesetze nähme eine Beschränkung des Wettbewerbs in Kauf, sofern er nicht die gewünschten Ergebnisse lieferte.
- Sie müssen im wesentlichen negativ formuliert sein, das heißt, "nur Verbote aussprechen und damit einen Bereich abstecken, innerhalb dessen der handelnde Mensch nach seinem Wissen im Dienste seiner Zwecke entscheidet".[47]
- "Sie müssen gewiß sein",[48] das heißt, ihr Wirkungsbereich muß klar definiert sein, und es muß erwartet werden können, daß sie allen bekannt sind.[49]

Natürlich hängt die tatsächliche Entfaltungsmöglichkeit einer Marktwirtschaft noch von den konkreten Inhalten der Gesetze ab. Derartige Anforderungen an die Gestaltung der Gesetze stellen jedoch eine notwendige Voraussetzung für ein bestmögliches Funktionieren der Marktwirtschaft dar.[50] Sie erlauben den Individuen, ihr Wissen für die Verfolgung ihrer Ziele zu nutzen, und erhöhen dadurch, daß sie allen bekannt sind, die Wahrscheinlichkeit, daß ihre Erwartungen sich als richtig erweisen. Somit kommt die hohe Informationseffizienz zustande, die die große Anpassungsfähigkeit des Systems an veränderte Umstände bewirkt.

Die konkreten Inhalte der Gesetze zeigen dem Unternehmer, inwiefern die Gesellschaft die Werteordnung der Marktwirtschaft befürwortet. Je größer die Übereinstimmung der Gesellschaft mit den Werten der Marktwirtschaft ist, desto tiefer wird das Vertrauen des Unternehmers in die Rahmenbedingungen sein, de-

---

[43] Friedrich A. von Hayek, Rechtsordnung und Handelsordnung, in: F. A. von Hayek, Freiburger Studien, gesammelte Aufsätze, Tübingen 1969, S. 171.

[44] E. Hoppmann (siehe Anm. 35), S. 68.

[45] Ebenda.

[46] Ebenda, S. 69.

[47] F. A. von Hayek (siehe Anm. 43), S. 178.

[48] E. Hoppmann (siehe Anm. 35), S. 69.

[49] Vgl. L. Wegehenkel (siehe Anm. 31), S. 10.

[50] F. A. von Hayek (siehe Anm. 33), S. 287.

sto größer wird seine langfristige Risikobereitschaft sein und desto schneller wird sich der materielle Wohlstand einer Nation vermehren.

Die Werteordnung der Marktwirtschaft

Die bisherigen Ausführungen haben gezeigt, daß die Effizienz einer Marktwirtschaft in ihrer Informationsnutzung besteht. Dadurch, daß jeder die Freiheit hat, sich seine eigenen Ziele zu setzen und sie mit den ihm geeignet erscheinenden Mitteln zu verfolgen, wird das nur verstreut existierende Wissen aller Individuen genutzt. Zwischen Wissensnutzung und Freiheit existiert also ein positiver funktionaler Zusammenhang. Freiheit ist daher der zentrale Wert einer jeden Marktwirtschaft.

Da Freiheit Gleichheit vor dem Gesetz erfordert,[51] kommt dem so interpretierten Gleichheitsbegriff ein ebenso hoher Stellenwert in der marktwirtschaftlichen Werteordnung zu.

Gleichheit dagegen, verstanden als Nivellierung der Menschen, die vor allem in der Forderung nach gleicher Einkommens- und Vermögensverteilung ihren Ausdruck findet,[52] kann nicht als ein mit dem Marktsystem kompatibler Wert angesehen werden, da sie den Anreiz jeder unternehmerischen Tätigkeit erstickt.

Zwar könnte argumentiert werden, daß zur Erhaltung des inneren sozialen Friedens ein gewisser Umfang an Umverteilung notwendig erscheint, jedoch wäre es marktsystemkonformer, diese Umverteilung über freiwillige Handlungen, beispielsweise über Spenden, zu vollziehen.

Auch die Brüderlichkeit ist in der Werteordnung der Marktwirtschaft nicht enthalten. Die Marktwirtschaft baut auf dem egoistischen Gewinnstreben des einzelnen auf, das über den Preismechanismus gelenkt wird und so zur Befriedigung der Bedürfnisse aller beiträgt.[53] Brüderliches Verhalten wäre widersinnig und würde seinen Zweck verfehlen.[54]

---

[51] Christian Watrin, Freiheit und Gleichheit, in: Friedrich A. von Hayek, Vorträge und Ansprachen auf der Festveranstaltung der Freiburger Wirtschaftswissenschaftlichen Fakultät zum 80. Geburtstag von Friedrich A. von Hayek, Baden-Baden 1980, S. 21.

[52] Ebenda, S. 30.

[53] Vgl. Erich Hoppmann, Zwei Arten der Moral, Freiburg i. Br. 1982, S. 7.

[54] Es bleibt dabei eine offene Frage, ob es Brüderlichkeit überhaupt gibt oder ob sie auch nur zur Erhöhung des eigenen Nutzenniveaus, und somit egoistisch, ausgeübt wird.

Ebensowenig wie Gleichheit (Nivellierung) und Brüderlichkeit ist Sicherheit im Sinne der Erhaltung einer bestimmten sozialen Stellung ein Bestandteil marktwirtschaftlicher Werteordnung. Nichtinnovative Unternehmer müssen unter Verlust ihrer sozialen Stellung aus dem Markt gedrängt werden können, während innovative die Möglichkeit haben müssen, sich am Markt durchzusetzen und so sozial aufzusteigen.

Die zentralen Werte der Marktwirtschaft sind daher lediglich Freiheit und Gleichheit vor dem Gesetz sowie Frieden im Inneren und nach außen, ohne den effizientes Wirtschaften nicht möglich ist.

D. Schlußfolgerungen

Für die Demokratie

Aus dem Vergleich beider Werteordnungen kann der Schluß gezogen werden, daß Demokratie Marktwirtschaft als die sie ergänzende Wirtschaftsordnung benötigt. Denn mag, je nach den Wertvorstellungen der Gemeinschaft, der Freiheit und Gleichheit vor dem Gesetz auch nicht der oberste Rang in der Werteskala einer Demokratie beigemessen werden, bleiben sie doch zentraler Bestandteil der demokratischen Werteordnung. Und da auf wirtschaftlicher Ebene Freiheit nur in einer auf Privateigentum basierenden Marktwirtschaft verwirklicht werden kann, braucht eine Demokratie eine Marktwirtschaft. Von daher erscheint die Erwartung berechtigt, daß bei Einführung einer Demokratie in eine Gesellschaft sich zwangsläufig eine Marktwirtschaft bilden wird.

Die konkrete Effizienz der Marktwirtschaft hängt dann von der Gewichtung der verschiedenen demokratischen Grundwerte ab. Je mehr andere, der Freiheit und Gleichheit vor dem Gesetz entgegengerichtete Werte betont werden, desto weniger effizient wird die Marktwirtschaft funktionieren. Ein Mehr an derartigen Werten wird also mit weniger Wohlstand erkauft, wobei nicht vorhergesagt werden kann, wie der zusätzliche Wohlstand sich auf die einzelnen Individuen verteilt hätte.

Für die Marktwirtschaft

Wie wir gesehen haben, erfordert ein optimales Funktionieren der Marktwirtschaft eine politische Ordnung, die ihre Informationseffizienz unterstützt. Dafür müssen die fünf genannten Funktionsbedingungen erfüllt sein, und die Gemeinschaft muß Freiheit und Gleichheit vor dem Gesetz als ihre obersten Werte akzeptieren. Da bisher keine andere Staatsform als die rechtsstaatliche

Demokratie bekannt ist, in der diesen Werten der höchste Stellenwert beigemessen wird, muß der Schluß gezogen werden, daß die Marktwirtschaft zum bestmöglichen Funktionieren einer Demokratie bedarf, die die unter dem Kapitel Rechtsstaatlichkeit angeführten Forderungen erfüllt. Hier seien noch einmal die Forderungen nach strikter Gewaltenteilung und der besonderen Gestalt der Gesetze hervorgehoben - sie sollen, negativ formuliert, allgemein, abstrakt und gewiß sein[55] -, weil dadurch für die Politiker noch am ehesten ein Anreizsystem geschaffen wird, in dem die Verfolgung ihrer eigenen Interessen dazu führt, den Interessen aller zu dienen.[56]

Die Tatsache, daß zur Zeit kein Land in der Welt diese Funktionsbedingungen vollständig erfüllt,[57] wirft zwei weitere Fragen auf. Die erste ist die Frage nach den Mindesterfordernissen für das Funktionieren einer Marktwirtschaft. Sie kann von der Theorie nicht eindeutig beantwortet werden. Geklärt ist lediglich, daß der Grad der Effizienz einer Marktwirtschaft von dem Grad der Verwirklichung der Funktionsbedingungen abhängt und daß die Funktionsbedingungen interdependent verknüpft sind, das heißt, daß sie gemeinsam wirken müssen.[58]

Darin besteht auch das Problem der östlichen Reformbemühungen, denn das Einführen marktwirtschaftlicher Elemente impliziert die Zulassung von Privateigentum an Produktionsmitteln, was auf ideologische Widerstände stößt.

Die zweite Frage ist die Frage nach der Entwicklung des politischen Systems nach Einführung einer Marktwirtschaft oder marktwirtschaftlicher Elemente. Wird sich zwangsläufig eine Demokratie bilden?

Diese Frage ist schwierig zu beantworten. Zwar besteht einerseits in einer Marktwirtschaft grundsätzlich eine Tendenz zur Demokratie, andererseits macht eine Marktwirtschaft aus den Individuen nicht zwangsläufig Revolutionäre, so daß der Demokratisierungsprozeß durchaus an machttheoretische Grenzen stoßen kann. Unterstützung erhält er allerdings in jüngster Zeit durch die Erkenntnis, daß die internationale Bedeutung eines Staates immer mehr von seiner wirtschaftlichen Stärke bestimmt wird. Die zunehmende Globalisierung der Märkte

---

[55] Diese Forderungen sind teilweise auch im Grundgesetz verwirklicht. Vgl. Art. 19, I GG.

[56] Vgl. Erich Hoppmann, Ökonomische Theorie der Verfassung, Sonderdruck aus Ordo Band 38, 1987, S. 41.

[57] In der Bundesrepublik existiert keine strikte Gewaltenteilung, und Preise werden durch Subventionen verzerrt.

[58] Vgl. W. Eucken (siehe Anm. 1), S. 291 sowie Clemens-A. Andreae, Marktwirtschaft ist nur ein Instrument, aber das beste, in: Wirtschaftspolitische Blätter, 18. Jahrgang, Nr. 5/6, 1971, S. 408 f.

zwingt die einzelnen Staaten zu einer immer wichtiger werdenden internationalen Wettbewerbsfähigkeit. Dies löst nicht nur auf die Unternehmer einen Druck aus, zu rationalisieren, sondern auch auf die Politiker, möglichst günstige Rahmenbedingungen herzustellen. Folglich werden die Erfolgsaussichten der Demokratisierungsbewegungen in Zukunft steigen.

IV. Der Unternehmer

Unternehmerverhalten und Wettbewerb* [1,2]

1. Die Kartelle in einer freien Wirtschaftsordnung

Die Fragen nach dem »Was, Wie und Warum« des Wettbewerbs sind so alt wie die kapitalistische Wirtschaftsordnung. Wettbewerb - das heißt werben um die kostbare, die teure Angebetete, um die Kundschaft. Es kommt nämlich nicht nur darauf an, gute Produkte zu erfinden, sie kostengünstig herzustellen; die Erzeugnisse müssen vor allen Dingen auch abgesetzt, verkauft werden können. Habe ich die Freiheit zu diesem Tun, so hat sie auch jeder andere. Daraus entsteht der Wettbewerb.

Es wäre irrig, wollte man ihm vor allem oder gar nur die Aufgabe zuschreiben, dämpfend auf Preise und Erträge zu wirken. Das ist gewissermaßen ein - zweifellos ökonomisch sinnvolles - Nebenergebnis der Konkurrenz. Auch in der Wirtschaft gelten die Grundprinzipien jedes Wettkampfes - also wie beim Sport, in der Kunst und in der Wissenschaft -, jene Prinzipien, die dem Besten die Chance zu höherer Leistung und zu ihrer Anerkennung geben möchten. Nur kommt diese Leistung, der Erfolg in der Wirtschaft, hier nicht dem Tüchtigen allein zugute, er bereichert zugleich die Gemeinschaft.

Der freie, marktwirtschaftliche Westen verdankt seine industrielle Potenz, die soziale Gesundheit, den Wohlstand seiner Bürger nicht etwa nur dem genialen Einfallsreichtum von Erfindern und Politikern oder der patriarchalischen Großmut von Wirtschaftskapitänen, sondern auch der Folgerichtigkeit und Rationalität seines Systems.

---

* Erschienen in: Wilhelm Andreae/Clemens-August Andreae, Beiträge zur Wettbewerbsordnung, FIW-Schriftenreihe, Heft 9, Köln 1963, S. 89-102.

1 Abdruck aus der Zeitschrift »Die Industrie« Nr. 28 vom 13.7.1962, mit freundlicher Genehmigung des Verlages "Die Industrie", Wien.

2 Der folgende Beitrag ist eine für die Drucklegung erweiterte und umgearbeitete Fassung eines Vortrages, den Professor Andreae am 6.10.1961 vor dem »Forschungsinstitut für Wirtschaftsverfassung und Wettbewerb e.V.« in Köln gehalten hat. Der Verfasser hat seine Gedanken, wie er selbst sagt, »bewußt provozierend« formuliert. Sie beziehen sich zwar auf die deutsche Situation, haben jedoch in ihrer Grundlegung und ihren Folgerungen auch für Österreich Geltung.

Nur der Wettbewerb kann das optimale Maß der Nachfrage nach einem Gut, seine Qualität und seine kostengünstige Herstellung bewirken. Er verhindert Fehlproduktionen, Fehlinvestitionen und personelle Fehlbesetzungen auf längere Sicht. Er sorgt dafür, daß auch ererbtes Vermögen gewissermaßen neu erworben werden muß. Und er macht das Prinzip der Freiheit in der Wirtschaft, wonach jeder Beliebige den Versuch des »Hans im Glück« wagen darf und soll, von der bloßen Phrase zur echten Chance für den Tüchtigen; denn wo Wettbewerb herrscht, kommt es auf einen Unternehmer mehr oder weniger nicht an. Der »Newcomer« hat die gleichen Chancen. Im Wettbewerb zählen nur seine Leistungen. Die Kundschaft fällt das Urteil darüber.

Das etwa sind die Antworten auf die Fragen nach dem »Was« und dem »Warum« des Wettbewerbes. Und insoweit sollte ohne Schwierigkeit Einigung erzielt werden können. Aber über das »Wie« wachsen sich die Auseinandersetzungen schon fast zu ideologischen Gegensätzen aus. Dabei dürfte es doch zuerst einmal und vor allem wichtig sein, den allseits als nützlich, ja als systementscheidend erkannten Wettbewerb zu erhalten. Man kann ein Kind verhungern lassen und man kann es zu Tode päppeln. Der Erfolg ist der gleiche. Hier wie in fast jedem Lebensbereich kommt es auf das richtige Maß an. Das richtige Maß- das ist keinesfalls ein Kompromiß. Nein, es ist das »Optimum«. Ein Optimum an Wettbewerb - so hätte das Programm für eine staatliche Wettbewerbsordung zu lauten.

In Deutschland wählte man aber ein anderes Leitmotiv - das Maximum. Jeder soll gegen jeden kämpfen, und zwar nach dem K.o.-System. Nun hat zwar die biblische Legende von David und Goliath Berühmtheit und volkstümliche Verbreitung erhalten. Sie ist aber trotzdem keine Lebensregel. Sie ist ein Einzelfall, eben die berühmte Ausnahme, die die Regel bestätigt, daß nur zwischen annähernd Gleichstarken Wettbewerb einen Sinn hat und überhaupt stattfindet.

Aber auch dann, wenn die Partner ebenbürtig sind, verstieße es nicht nur gegen Moral und Menschenwürde, sondern in gleichem Maß auch gegen die wirtschaftliche Vernunft, gegen dieses beherrschende und einzige Prinzip des so wenig menschlichen Heiligen der Neoliberalen, des »homo oeconomicus«, den Wettbewerb als Gladiatorenkampf aufzuziehen, als Duell, als allgemeines Massaker, das nur der Stärkste überlebt.

Das westdeutsche Kartellgesetz ist so beschaffen, daß es entweder keinen Wettbewerb geben kann, weil innerhalb einer Branche keine wettbewerbsfähigen Gruppen durch Koordinierung bestimmter Unternehmensfunktionen (Werbung, Investitionsplanung, Forschung, Rationalisierung) zusammengefaßt, kartelliert werden dürfen, oder daß gleich kräftige Wettbewerber in einen Gladiatorenkampf geschickt werden.

2. »Homo oeconomicus« existiert nicht

Diese Grundkonzeption des Gesetzes schadet der Idee und dem Bestand des Wettbewerbs. Aber sie basiert darüber hinaus auf einem wirklichkeitsfremden Modell. Es gibt ihn nämlich nicht und gab ihn nie, den homo oeconomicus. Gewiß - ein Kaufmann weiß Bilanz zu machen, rationell zu disponieren und sein Handeln auf Gewinnerzielung auszurichten, doch nicht allein um des »goldenen Kalbes« halber. Macht, Ehrgeiz, Liebe, Stolz beherrschen ihn wie jeden Menschen. Geld ist sein Schlüssel zum Leben, wie es die Karriere für den Diplomaten, der Wahlerfolg für den Politiker, die Unsterblichkeit für den Künstler und der Schlachtenruhm für den Offizier sind. Der geschäftliche Erfolg selbst ist fast nie das »non plus ultra« des Denkens, Planens und Hoffens eines Unternehmers. Daher können auch seine Motive und Handlungen nicht allein und noch nicht einmal immer maßgeblich diesem Ziel der Gewinnmaximierung gelten.

Es kann sowohl vom Psychologischen, von der Verhaltensforschung her, als auch unter rein ökonomischen Gesichtspunkten bewiesen werden, daß ein der Industriegesellschaft angehörender Unternehmer sein Handeln nicht unmittelbar und allein nach dem Leitmotiv der Gewinn- oder Ertragsmaximierung ausrichten wird, wenn wir einmal davon absehen wollen, daß in Westdeutschland aus Gründen überhöhter Gewinnbesteuerung selbst nach neoliberalem Gedankengang höchstens eine Ertrags- und Umsatzmaximierung, auf keinen Fall aber die Gewinnmaximierung ökonomisch rationales Verhalten bedeutet.

Hinzu kommt die schon angedeutete Paradoxie der gültigen Wettbewerbsgesetzgebung. Sie ist so eingerichtet, daß sich der Wettbewerb selbst zu Tode hetzen muß; denn wenn wir unterstellen, die Annahme der neoliberalen Theorie, der Unternehmer strebe nur nach einem Maximum an Gewinn, sei richtig, so folgt daraus die Konsequenz, der Unternehmer müsse solange nach der Vergrößerung des Marktanteils trachten, bis er entweder als Monopolist oder doch als Preisführer den Produktpreis der Wettbewerbsregulierung entzogen hat und ihn nun nach den Gesetzen monopolistischer Preisdiktatur und optimaler Gewinngestaltung festsetzen kann.

Der »Ehrenpflicht des Unternehmers zum Wettbewerb« (Böhm) steht jedoch der allgemeine Vorwurf gegenüber, der im Wettbewerb erfolgreiche sei ein böser, ausbeuterischer Monopolist.

Monopole sind mit der Wettbewerbswirtschaft tatsächlich nicht vereinbar. Daraus folgt, daß die Wettbewerbsordnung so zu konstruieren wäre, daß der Wettbewerb stets gut temperiert bleibt, nicht einfriert und nicht verdampft. Eine darauf abgestimmte Gesetzeskonstruktion benötigt keine Paragraphenurwälder und keine abstrakten homines oeconomici; sie könnte und sollte sich statt dessen an dem Durchschnittsunternehmer unserer Tage und an der technisch-organisatorischen Wirklichkeit orientieren.

3. Heute kann niemand mehr »ausgebeutet« werden

Vor allem muß man sich von der völlig irrigen Vorstellung frei machen, daß es ohne vollkommenen Wettbewerb zur Ausbeutung des Verbrauchers kommen könnte. Eine »Ausbeutung« im klassenkämpferischen Sinne ist sogar nach Marx' eigener Definition heute in der Industriegesellschaft unmöglich. Sie war möglich - nach Marx, und er hatte insofern recht -, solange die Unternehmerschaft ihr Einkommen und das der Arbeiterschaft ebenfalls durch den Umfang des eigenen Verbrauchs selbst bestimmen konnte.

Die Beeinflussung der Größe der Gesamtheit der Unternehmereinkommen ist zwar durch ein solidarisches Verhalten bei der Festsetzung der die Kosten erheblich übersteigenden Preise und bei der Investition der so erzielten »Zwangsspar«-Erträge, also durch Solidarität bei der sogenannten Selbstfinanzierung, im ökonomischen Sinne auch heute noch bis zu einem gewisse Grade möglich.

Aber was nützt das schon dem Unternehmer und was schadet es der Gesamtwirtschaft? Es schadet ihr überhaupt nicht; denn der Unternehmer steigt auf solche Weise bestenfalls vom »Verwalter« eines kleineren Produktionsapparates zum Manager eines größeren Kombinates auf. Er handelt sich für die kleinen Sorgen die großen Risiken, für die Schlaflosigkeit den Herzinfarkt ein.

Früher war es anders, weil sich die ökonomischen Voraussetzungen im Grundsätzlichen von der gegenwärtigen Situation unterschieden. Damals wanderten die Erträgnisse, die solidarisch von der »Kapitalistenklasse« über Lohn und Preisdiktate erzielt wurden, in den Luxusverbrauch. Natürlich flossen nicht alle Gewinne und wohl noch nicht einmal der größere Teil der Gewinne in den Unternehmerkonsum -, aber es war eine beträchtliche, volkswirtschaftlich relevante Menge. Das Verhältnis Unternehmerkonsum zu Unternehmerinvestition hat sich seitdem nicht eben ins Gegenteil verkehrt, aber es hat sich grundlegend geändert. Paläste, Segelkreuzer, Renommiergüter, Schlösser an fernen Küsten, Mäzenatentum und Kapitalexport in gigantischem Ausmaß boten Möglichkeiten, den »Ausbeutungsertrag« in kapitalistische Lebensform, in echten Verbrauch umzumünzen.

Die Eigengesetzlichkeit des investierten Kapitals, die Technik der Massenproduktion, nimmt solch unproduktiver Verwendung der Erträge heutzutage jede Chance, sofern die Existenz des Unternehmens nicht gefährdet werden soll.

Die begonnene Industrialisierung ist jenes fortzeugende, unheimliche Geschehen, das der Zauberlehrling »Kapitalist« zwar erfinden und in Gang setzen, nicht aber beherrschen konnte. Er ist heute ein Knecht seines Werkes, der Industrialisierung. Er muß in großen Serien, in Massen zu produzieren trachten, um kosten- und preismäßig konkurrenzfähig zu bleiben. Massengüter aber erfordern Massenverbrauch, und dieser wiederum benötigt Massenkaufkraft als Voraussetzung. Mit der sogenannten Ausbeutung würde daher der Unternehmer seinen eigenen Absatz beeinträchtigen; denn die Mitglieder seiner »Klasse« kommen wegen der »Masseneigenschaft« der produzierten Güter nicht in wirtschaftlich relevantem Umfang als Abnehmer in Frage, wie es noch vor hundert Jahren der Fall war. Der Unternehmer von heute produziert vorwiegend Güter, die er selbst nicht in viel größerem Umfang als seine Arbeitnehmer oder als unselbständiger Verbraucher konsumieren könnte.

Zwängen ihn nicht Wettbewerb und Steuerprogression dazu, müßte der Kapitalist trotzdem seinen Ertrag investieren - weil nichts produziert wird, was ein halbes Vermögen kostet und eines Kapitalisten von altem Schrot und Korn würdig gewesen wäre. Sie sind nun an zehn Fingern fast abzuzählen, die Rennstallbesitzer, Hochseejachtsegler und Schloßherren, und meist machen sie aus diesen ehemaligen Feudalneigungen heute noch gute Ertragsquellen.

Ein System, in dem die nicht dem Massenkonsum zufließenden Erträge der Volkswirtschaft in die Investitionen wandern, hat mit Ausbeutung überhaupt nichts zu tun. Daher ist es auch barer Unsinn, heutzutage Kartelle deshalb zu verbieten, weil sie der Ausbeutung des Verbrauchers dienen könnten. Kartelle sind schlecht, wenn sie zum völligen Verlust des Wettbewerbes führen. Sie sind notwendig, wenn ohne Zusammenschlüsse von Wettbewerbsgruppen keine wirksame Konkurrenz entsteht.

4. Es gibt keinen »typischen« Unternehmer

Die Wirkung einer Sache ist ihr Kriterium, nicht die Sache schlechthin. Das gilt für Kartelle. Es gilt auch für den Begriff des Unternehmers. Es gibt keinen typischen Unternehmer und kein genormtes Unternehmerverhalten, was nicht ausschließt, daß Unternehmer in bestimmten Eigenschaften und Verhaltensweisen einander ähneln.

In der charakterlichen und seelischen Grundkonstellation unterscheiden sich Unternehmer voneinander wie andere Menschen auch. Es gibt dynamische Typen und einfallslose, apathische Tröpfe. Es gab tyrannische Fabrikherren vor hundert Jahren und es gibt dem Werk dienende Manager heute. Diese zeitliche Wandlung der Unternehmergesinnung dürfte allerdings kaum ein Ergebnis menschlicher Charakterveredelung sein, sondern sie ist die Folge der veränderten Umwelt- und Industriebedingungen. Gleichgeblieben sind über alle Zeiten hinweg jedoch die Motive, Sorgen, Wünsche und Ängste des Menschen, der das unsichere, stolze, chancenreiche Los des freien Unternehmerstandes wählte. Sein Verhalten, sein Hoffen und Bangen, Optimismus und Pessimismus, Investieren oder Flüssigwerden bestimmen den Hitzegrad von Konjunktur und Wettbewerb, von unser aller Wohlergehen. Ist dies Verhalten wirklich nur von dem kalten, unerschütterlichen Kalkül höchsten Gewinnes determiniert?

Ursprünglich war die Wirtschaftstheorie begreiflicherweise fasziniert vom rationalen, gewinnorientierten Verhalten, das den Erfolg des Unternehmers ausmacht. Daß es schon immer daneben weniger rationale Verhaltenskomponenten gegeben hat, ist wohl niemals ganz übersehen, doch leichthin vernachlässigt worden. Ihre Berücksichtigung hätte nicht in die deduktive herrschende Methode des wirtschaftstheoretischen Denkens gepaßt.

Inzwischen gewann jedoch ein neuer induktiver Weg der Forschung, die ökonomische Verhaltensforschung, die empirische Sozialökonomik, immer mehr an Gewicht. Sie will das tatsächliche Verhalten des Unternehmers in ganzer Breite untersucht wissen und gelangt dabei zu anderen, bemerkenswerten Ergebnissen.

Zwar wurden empirische Untersuchungen über das Unternehmerverhalten bisher leider nur im anglo-amerikanischen Raum angestellt und ihre Ergebnisse lassen sich nicht ohne weiteres auf andere Länder übertragen. Aber ihre Aussagen, gelten sie auch nur für eine bestimmte Region und Zeit, verdienen trotzdem unser besonderes Interesse.

Besonders bekannt wurde die Arbeit von Spencer Klaw »The Entrepreneurial Ego«[3].

Klaw untersuchte 600 selbständige Unternehmer amerikanischer Klein- und Mittelbetriebe und kam zu dem Ergebnis, Unternehmer seien in besonderem Maß durch Optimismus und Egoismus gekennzeichnet. 90 % der Befragten er-

---

[3] Spencer Klaw, The Entrepreneurial Ego, in: Fortune, August 1956, S. 100 ff.

klärten, daß sie im Vorjahr (1955) Gewinne gemacht hätten, und 80 % hatten die Absicht, im folgenden Jahr den Umsatz zu steigern und das Geschäft auszudehnen, und sie hegten auch keine Zweifel, daß ihnen dies gelingen werde. Der Optimismus wird in schlechten Zeiten allerdings von einem nicht minder ausgeprägten Pessimismus abgelöst. Unternehmer werden also von stärkeren Gefühlsschwankungen beherrscht, sie sind stimmungsabhängiger als Gehaltsempfänger. Aber erfahrungsgemäß neigen sie doch eher zu optimistischem als zu pessimistischem Überschwang. Sie überwinden den Pessimismus leichter und geben den Optimismus schwerer auf, was einleuchtet, da unternehmerischer Wagemut zum Risiko ohne Erfolgshoffnung absolut sinnlos, eine »contradictio in se« wäre. Gegebenenfalls muß man aber als Unternehmer auch bereit sein, das Glück, den Erfolg zu erzwingen. Und tatsächlich ergaben die Untersuchungen, daß Unternehmer dazu neigen, sich rücksichtslos durchzusetzen, daß sie keine Hemmungen haben, Konkurrenten aus dem Feld zu schlagen. Der Egoismus des Unternehmers drückt sich in Aggression, Streben nach Prestige, nach Macht und nach Erfolg aus.

»Meine Beobachtungen in mehreren gutgeleiteten Unternehmen überzeugen mich«, sagt Chester J. Barnard, ehemaliger Präsident der New Jersey Bell Telephone Company und der Rockefeller Foundation, »daß ständig geschäftliche Entscheidungen getroffen werden, die nicht auf wirtschaftlichen Motiven beruhen. Das wird von Geschäftsleuten selten zugegeben. Sie sind sich dessen auch häufig nicht bewußt. Prestige, Ruf der Firma im Wettbewerbsprozeß, soziale Anschauungen, soziale Stellung, philantropische Interessen, Kampflust, Neigung zur Intrige, Abneigung gegen Reibungen, technisches Interesse, napoleonische Träume, Vorliebe für eine nützliche und wirksame Tätigkeit, Wunsch nach Hochachtung bei den Arbeitnehmern, Vorliebe für das Licht der Öffentlichkeit oder Furcht davor - eine lange Reihe nicht ökonomischer Motive bedingt die Leitung eines Unternehmens, und nur die Bilanz hält diese nichtökonomischen Motive im Zaun.«[4]

Es kann daher gesagt werden, daß die Persönlichkeit des Unternehmers durch die Merkmale: zyklisches Temperament mit überwiegend optimistischer Grundhaltung, aggressiver Egoismus, Streben nach Macht, Prestige und materiellem Erfolg gekennzeichnet ist. Zu diesem Bild passen auch die Risikofreude, die Entschlußkraft, das Spielen mit der Unsicherheit der Zukunft. Das alles sind allgemeine »menschliche« Eigenschaften - die Unternehmer sind also keine besondere Kategorie von homines oeconomici -, aber es sind Eigenschaften, die

---

[4] Barnard, Organization and Management, 1949, S. 14 f.

bei Unternehmern häufiger auftreten als bei Angehörigen anderer Berufe, sie sind für den Unternehmer spezifisch.

In den USA wurde auch festgestellt, daß diese Eigenschaften des Unternehmers zugleich Antrieb für sein Verhalten und Handeln sind. Solange das Funktionieren der Wirtschaft auf dem Prinzip der Konkurrenz beruht, werden Leute in den Unternehmerberuf streben, die aggressiver veranlagt sind als andere. Diese Aggressivität zeigt sich vor allem bei scheinbarer oder wirklicher Beeinträchtigung der eigenen Machtstellung, also dann, wenn das Wettbewerbsprinzip die Richtschnur wirtschaftspolitischen Handelns ist, und steigert sich bis zu pathologischem Selbstbehauptungswillen. Der Hintergrund für dieses Verhalten ist maßgeblich der Wille, den eigenen Betrieb zu sichern.

Geld zu besitzen, ist nur für Geizhälse Selbstzweck. Geiz gehört aber mit Sicherheit nicht zu den typischen Eigenschaften des Unternehmers. Wenn Unternehmer nach Geld streben, dann deshalb, weil Geld für sie Macht und Erfolg symbolisiert und bedeutet und soziales Prestige verbürgt. Die Unternehmer treffen also auch Entscheidungen, die nicht von wirtschaftlichen Überlegungen gelenkt werden.

Allerdings muß man hierbei Unterscheidungen treffen. In Notsituationen handeln die Menschen meist rational, weil die Umstände es diktieren. Dagegen bestimmen in guten Zeiten auch zahlreiche andere Motive ihr Verhalten. Die »Gesellschaft im Überfluß« (Galbraith) ist charakterisiert durch das Streben nach demonstrativem Effekt, durch demonstrativen Konsum und demonstrative Investition.

»Die meisten Gesellschaften haben eine dualistische Wirtschaft: eine für die Befriedigung materieller Bedürfnisse, eine andere für die Befriedigung des Wunsches nach Sozialprestige. Die Prestigewirtschaft kann nur dort funktionieren, wo die Produktionsmechanismen mehr leisten, als für die Erfüllung der Lebensbedürfnisse notwendig ist.«[5]

Für die theoretische Grundlegung einer Wettbewerbsordnung ist es somit von entscheidender Bedeutung, ob sie für eine Mangel- oder für eine Überflußwirtschaft bestimmt ist. Beide benötigen eine jeweils andere Wettbewerbsordnung.

In der Diskussion leider fast völlig vernachlässigt wurde die These, daß nur in der Mangelwirtschaft die Gewinnmaximierung das dominante Motiv sei. Gerade hier liegt nämlich ein Vergleich mit dem Verbraucherverhalten nahe, das ebenfalls nur in einer Mangelsituation streng ökonomisch determiniert ist, in einer -

---

[5] Herskovits, Man and His Works, 1948, S. 284.

partiellen oder generellen - Überflußwirtschaft, aber einem ganzen Komplex von Motiven folgt (was sich im Vordringen von »Impulskäufen«, im »demonstrativen Konsum«, in der geringen - oder sogar negativen - Preiselastizität der Nachfrage usw. zeigt). Sollte man nicht vermuten, daß auch der Unternehmer nur solange der »homo oeconomicus« des Modells ist, wie er streng kalkulieren muß (ähnlich wie die Hausfrau aufhört, den Modellerwartungen zu entsprechen, sobald sie nicht mehr jeden Schilling zweimal umdrehen muß, ehe sie ihn ausgibt)? Vielleicht müßte man sogar einen Schritt weitergehen und im ökonomischen Modell der unternehmerischen Verhaltensweisen die Maxime der Gewinnmaximierung durch die der Verlustvermeidung ersetzen. Wenn und solange es darum geht, drohende Verluste abzuwenden, verhält sich jeder Unternehmer streng rational, und die »Mangelwirtschaft« beziehungsweise die vollständige Konkurrenz ist eben durch die Verlustgefahr gekennzeichnet, so daß die Verhaltensweisen der Unternehmer in diesen Fällen durchwegs »modellgerecht« sind. In dem Maß aber, wie - sei es durch Mangel an einer wirksamen Konkurrenz, sei es durch eine allgemein hohe kaufkräftige Nachfrage - die wirkliche Alternative des Unternehmers nicht »Gewinn oder Verlust«, sondern nur »weniger Gewinn oder mehr Gewinn« lautet, entsteht ein Entscheidungsspielraum, in dessen Bereich die Handlungen des Unternehmers nicht mehr streng ökonomisch determiniert sind.

Hier muß daher auch zwangsläufig jedes rein deduktiv abgeleitete ökonomische Modell versagen, und wenn man die Entscheidungen der Unternehmer innerhalb dieses - an Breite eher gewinnenden - Spielraumes kennenlernen will, bleibt wohl wirklich nur der Weg der empirischen Forschung.[6]

In einer Überflußwirtschaft ist es jedenfalls begreiflich, daß das soziale Prestige am materiellen Erfolg, an materiellen Gütern gemessen wird. Das gilt heute, wie man weiß, auch für viele Konsumentengruppen. Aber für Unternehmer war es schon immer kennzeichnend. Allerdings vermittelt diese Charakteristik keine allgemeine Aussage. Es gibt wesentliche Unterschiede zwischen dem selbständigen Unternehmer und dem angestellten Firmenleiter.

Heilbronner berichtet in dem Buch »Die Jagd nach Reichtum / Aus der Chronik der Habgier«, Köln 1962, über eine interessante Untersuchung. Er hatte junge angestellte Unternehmer danach gefragt, was sie in ihrem Beruf erstrebten, und dabei folgende Antworten erhalten: Anerkennung der Leistung, Ansehen im Betrieb, Selbständigkeit in der Geschäftsführung und Belohnung durch Freizeit. Das Überraschende der Umfrage war, daß von Geld nicht geredet wurde, und zwar

---

[6] Horst Knapp, Investitionsanreiz Geltungsbedürfnis?, Finanznachrichten Nr. 4, vom 26. Jänner 1962.

vielleicht deshalb nicht, weil diese angestellten Unternehmer meinten, für Bedürfnisse und Prestige genug zu verdienen.

Für den selbständigen Unternehmer gelten jedoch andere Regeln, sein Risiko ist größer. Der angestellte Unternehmer riskiert Position und guten Ruf. Der Selbständige trägt außerdem das Kapitalrisiko.

Diese Untersuchungen und Überlegungen besagen keinesfalls, daß der Unternehmer nicht nach Gewinn strebe. Ohne Gewinnerzielung ist eine Unternehmung auf die Dauer gar nicht lebensfähig. Das Gewinnstreben ist also im kapitalistischen Wirtschaftssystem conditio sine qua non, doch es ist nicht die einzige und letzte Triebfeder für unternehmerisches Handeln. Gewinn zu erzielen, rentabel zu arbeiten, ist die Rahmenbedingung für die Existenz der Unternehmung; wird diese Bedingung nicht erfüllt, hört das Unternehmen auf zu existieren - falls es nicht vom Staat subventioniert wird, was wir hier nicht behandeln wollen.

5. Gewinn - Bedingung des Überlebens

Man stelle sich diese Rahmenbedingung vor als die beiden parallelen Linien, die eine Straße begrenzen. Überschreitet man die Begrenzung, wird man in einen Graben fallen oder gegen einen Baum stoßen. Gewinnerzielung ist also kein Motiv unternehmerischen Handelns, sondern dessen Rahmenbedingung. Profit ist eine Bedingung des Überlebens und ein Maß des Handlungserfolges. Allgemein formuliert, strebt der Unternehmer nach Gewinnmaximierung unter Realisierung von Nebenbedingungen. Er strebt nach Maximierung der Summe von ökonomischem und metaökonomischem Nutzen.

Fritz Redlich faßt seine Studien über das Unternehmerverhalten folgendermaßen zusammen: Als Triebfeder des Unternehmers kommen »Lust am Schaffen und Bauen, am Befehlen und an der Macht, Familiensinn, Streben nach gesellschaftlichem Prestige und andere Motive in Betracht. Es gibt Unternehmer, bei denen Gewinnstreben als Triebfeder höher steht als bei anderen, und zudem zeitliche und nationale Unterschiede. Gänzlich irrig aber ist es, wenn man dem Unternehmer der Wirklichkeit,das Streben nach Maximalprofit (profit maximization) zuschreibt, denn der reale Unternehmer denkt gar nicht an Gewinnmaximierung - auch nicht innerhalb bestimmter Zeitabschnitte -, sondern an »maximization of a total situation«, in der Profit nur eine Komponente ist.[7]

---

[7] HdSW, 10. Bd., 1959, S. 491.

Die Ergebnisse empirischer Untersuchungen über das Unternehmerverhalten in unserer Zeit beinhalten nun die Erfahrung, daß die Unternehmerschaft weniger risikofreudig ist als früher. An diese Sachverhaltsfeststellung läßt sich die Befürchtung knüpfen, mangelnde Risikoabsicherung könne die Unternehmerschaft veranlassen, die risikoreichen, den technischen Fortschritt gerade am stärksten fördernden Investitionen zu unterlassen. Einen Hinweis dafür, daß solche Folgerung nicht geradewegs aus der Luft gegriffen, ja, daß sie sehr aktuell ist, gewähren die 1962 bekanntgemachten Berichte des Bundeswirtschaftsministeriums in Deutschland über die wirtschaftliche Lage. Diese Berichte kritisieren alle die übermäßige Bevorzugung der - risikolosen - Selbstfinanzierung durch die Unternehmerschaft und weisen besorgt auf die darausfolgende Einschränkung der Investitionsvorhaben wegen neuerdings geringerer Selbstfinanzierungsmöglichkeiten hin.

Daher sollte das gesamtwirtschaftliche Produktivitätswachstum durch Minderung unternehmerischer Risiken gefördert werden. Eng mit dem Streben des Unternehmers nach anderen als rein ökonomischen Zielen ist eine andere Tatsache verbunden. Die öffentliche Meinung (Verbände, Presse, Parlament) übt auf den Unternehmer einen moralischen Druck aus, entwirft ein soziales Leitbild, das zur Norm des Unternehmerverhaltens gemacht wird und auch der Begrenzung der Gewinne dient. Das mag vor 50 Jahren anders gewesen sein. Änderungen, die sich seither vollzogen haben, beeinflussen aber seitdem unsere theoretischen Vorstellungen. Dies geschieht langsam. Die geänderten Verhältnisse wurden daher noch kaum in unsere wirtschaftswissenschaftlichen Theorien als Fakten hineingenommen. Eine theoretische Fundierung des wirtschaftlichen Handelns kann aber nicht mehr ausklammern, daß das Gewinnstreben umsomehr begrenzt wird, je mehr die sozialkulturellen Normen dahin tendieren, nicht den »Gewinnmaximierer« als die »höchste Stufe des Unternehmers« anzusehen, sondern den Unternehmer, der gemäß der öffentlichen Meinung handelt, also sein Gewinnstreben nur in Übereinstimmung mit der öffentlichen Meinung zu realisieren versucht.

Unternehmerzusammenschlüsse - oder sagen wir genauer, Kartelle- können heute nicht mehr darauf gerichtet sein, die Konsumenten auszubeuten und Monopolgewinne anzustreben. Wie groß ihr Gewinn sein wird, hängt von verschiedenen Faktoren ab. Die Unterstellung jedoch, daß ein Kartell »ausbeuterisch« tätig werden könnte, ist - wie bereits dargestellt - unsinnig. Es lassen sich außerdem zahlreiche Beispiele anführen, wonach Unternehmer trotz langer Lieferfristen die Preise nicht erhöhten, also nicht nach dem Prinzip der Gewinnmaximierung handelten. Das Motiv für dieses der Theorie widersprechende Verhalten ist teils in der Rücksicht auf die öffentliche Meinung, teils in dem

Wunsch zu suchen, gute Beziehungen zu den Abnehmern zu pflegen, damit auch bei Nachlassen der Konjunktur der Absatz gesichert ist. Dies gilt ebenso für Unternehmenszusammenschlüsse wie für den einzelnen Unternehmer. Die »social control« funktioniert beim Kartell sogar noch sorgfältiger als beim Einzelunternehmer. Ein Akt der Ausbeutung würde hier eher beachtet und schärfer kritisiert werden, so daß es auch und in besonderem Maße für das Kartell gilt, den Gewinn nur unter Berücksichtigung von Nebenbedingungen und bei Beachtung der öffentlichen Meinung zu maximieren. Die öffentliche Meinung stellt eine Kraft dar, die den Einzelunternehmer und das Kartell dazu bringt, sich in bestimmter Weise zu verhalten.

Das heißt natürlich nicht, daß es Kartellen an ökonomischer Zielsetzung ermangle, daß also die Mitglieder sich etwa keine finanziellen Vorteile erhofften. Jedoch werden Kartelle heutzutage nicht der sogenannten Gewinnmaximierung halber gegründet. Vielmehr wird die Unternehmerschaft, ob kartelliert oder nicht dann die Gewinnspanne sogar bewußt begrenzen, wenn sie in guten Verhältnissen lebt und in Zeiten der sogenannten Überflußwirtschaft den Durchbruch in die Mengenkonjunktur anstrebt. Darüber hinaus sollte man auch heute an die fortwährende Existenz einer verantwortungsbewußten »königlichen« Kaufmannschaft glauben, deren Handeln von sittlich-ethischen Prinzipien geprägt ist. Dem moralischen Motiv des Unternehmerverhaltens ist eine vielleicht noch höhere Bedeutung beizumessen als der Ordnungskraft von Institutionen und Ämtern.

Aber nicht nur gegen Moral und Verantwortung, auch gegen seine eigenen Interessen würde heutzutage ein auf klassische Gewinnmaximierung bedachter Unternehmer verstoßen.

Die Wirtschaftstheorie kennt für einen Markt einen höchsten Gewinn. Bei angenommener kostengünstigster Produktion wird er dann realisiert, wenn der Preis jenen Stand erreicht, bei dem das Produkt aus Gewinnspanne mal Umsatz am höchsten ist. Jeder höhere und jeder niedrigere Preis würde einen geringeren Gewinn bewirken. In der Praxis wird jedoch der gewinnmaximale Preis nur von Monopolen oder Syndikaten erreicht werden können, wenn es diesen Wirtschaftsmächten gelingt, ihr Angebot künstlich zu verknappen. Unterstellt man, solche Marktoperationen ließen sich heute gegen die staatliche Wirtschaftspolitik und gegen die öffentliche Meinung durchsetzen, so würde auf lange Sicht in der modernen, auf Masseneinkommen und Massenkonsum eingespielten Gesellschaftsform die betreffende Branche durch klassisches Monopolverhalten gegenüber anderen, das Sozialprestige befriedigenden und durch Werbung den Bedarf weckenden Industriezweigen an Umsatz einbüßen und rettungslos veralten.

Monopolpreise waren vor hundert Jahren, als zehn Menschen in einem Kellerraum hausten, als das Einkommen der Bevölkerungsmehrheit knapp für das Existenzminimum reichte, für bestimmte Güter eine volkswirtschaftliche Notwendigkeit. Durch diese von den Kosten her unrealistischen Preise konnte eine hohe Investitionen erfordernde Industrie auch über kleine Serien aufgebaut werden, denn die »Kostenpreise« gestattenden Masseneinkommen gab es noch nicht. Damals mußten die Investitionsmittel dem Portefeuille einer Minorität entlockt werden. Heute holt man sie aus dem Portemonnaie des Mannes auf der Straße.

Die neuerdings weite Einkommensstreuung hat außerdem zur Folge, daß sich der Wettbewerb auf eine neue Ebene verlagert hat. Er wird jetzt bereits zwischen den Industriezweigen ausgetragen, und der Konsument hat die Wahl zwischen Auto oder Segelboot oder Auslandsreise. Die Entscheidung - welches Auto, welche Reise - kommt erst an zweiter Stelle. Wer daher zur Realisierung des theoretischen Gewinnmaximums das Angebot beschränkt, wird feststellen müssen, daß die Verbraucherschaft ihr Sozialprestige durch ein anderes Erzeugnis stillt.

Verlangte früher die ökonomische Ratio Drosselung des Angebotes, so ist heute Massenproduktion das Gebot dynamischer Unternehmerschaft. Hierzu zwingen bereits die technischen Verfahren und die vom Kostenoptimum bedingten Größenordnungen neuer Investitionen. Der Unternehmer ist nicht mehr unbeschränkter Herrscher über die Technik; er ist - will er Profit machen - ihren Größenordnungen, ihren Gesetzen unterworfen. Deshalb gilt es, das ständig steigende Investitionsrisiko abzulasten. Und darum strebt der moderne Unternehmer nach der Konsolidierung eines guten Gewinns, nicht aber nach dem theoretischen Gewinnmaximum, das er über einen längeren Zeitraum hinweg doch nicht realisieren könnte.

Es sollte hier keiner Diskussion bedürfen, festzustellen, daß der Gegensatz zum planwirtschaftlichen System eine Farce wäre, wenn durch Kartellbildungen aus Unternehmern Funktionäre und aus dem in Produktionsmitteln investierten Privateigentum die risikolose Erbpacht einer »geschlossenen« Unternehmerschaft würden. Privateigentum an Produktionsmitteln verliert den volkswirtschaftlichen Sinn, wenn es nicht auf dem Umweg über persönliche Sorge um das Risiko und über dem von den verschiedensten Motiven (Sozialprestige, Zukunftsangst, Machtstreben, Verantwortungsgefühl, Ehrgeiz) angestachelten Begehr nach Gewinn die Fülle individueller Fähigkeiten und Kräfte zutage förderte.

Doch um Unternehmertalente dem Gemeinwohl im Wirtschaftsablauf nutzbar machen zu können, benötigt man immerhin eine von kleinen, mittleren und größeren Firmen gekennzeichnete Branchenstruktur.

Während vor achtzig Jahren Kartelle der Bildung eines industriellen Mittelstandes abträglich waren, bieten heutzutage in manchen Zweigen besonders diese schützenden Branchenzusammenschlüsse Aussicht auf Erhaltung mittelgroßer Unternehmen. Solange man in den zuständigen Kreisen nicht konzediert, daß die Wirkungsweise der Kartelle der Gründerzeit mit der heutigen Aufgabenstellung und Schutzfunktion von Branchenübereinkommen aber auch nichts mehr gemein hat, solange agiert das Berliner Kartellamt an der Wirklichkeit vorbei.

6. Kartelle stärken den mittelständischen Unternehmer

Zwar haben wir in manchen Branchen noch die bunte Palette mittelständischer Unternehmer mit weithin bekannten Namen und Marken. Doch ein gelegentliches Studium der verdienstvollen Zusammenstellung der Commerzbank AG. von 3200 deutschen Firmen[8] belehrt darüber, daß viele dieser Unternehmen, die scheinbar im Wettbewerb stehen, miteinander verflochten und oft Töchter marktbeherrschender Konzerne sind. Die deutsche Wettbewerbspolitik ist diesen Konzentrationstendenzen gegenüber bisher nicht nur hilflos, sie fördert sogar eine solche Entwicklung durch das Verbot der wirksamen Gegenmaßnahme: des mittelständischen Kartellzusammenschlusses. Es kommt darauf an, den von Konzentration bedrohten Wirtschaftskreisen eine so gestaltete Möglichkeit der Kartellbildung zu gewähren, daß das mittelständische Unternehmertum dem liberalen Kapitalismus als Hefe dynamischer Entwicklungen erhalten bleibt, ohne daß die Kartellregelung wettbewerbspolitisch bedenklich wäre.

Dies könnte einerseits durch die branchenmäßige Zusammenfassung jener Aufgaben, die auch bei Großunternehmen konzentriert werden (Forschung, Rationalisierung, Investitionsabstimmung) erreicht werden. Anderseits könnte für den Wettbewerb innerhalb der Branche durch Außenseiter gesorgt werden, und dies noch nicht einmal durch staatlich gehegte »Hechte«. Subventionen verzerren den Wettbewerb. Sie sind hier unnötig. Außenseiter sollten jene Firmen sein, die den größten Marktanteil (20 %, 30 % oder mehr) besitzen. Sie benötigen kein Kartell. Vor ihnen muß man »Karpfen« schützen. Ihr Beitritt wäre vom Kartellamt zu verhindern. Dann behalten wir Wettbewerb und Unternehmerdynamik und gewinnen trotzdem Sicherheit vor dem Moloch Technik, vor den Gefahren der Über- und Fehlinvestitionen und der Konzentration.

---

[8] Wer gehört zu wem?, 5. Auflage, 1961.

Die westdeutsche Wettbewerbsordnung ist jedoch vom Kartellverbotsprinzip beherrscht. Der Wettbewerb soll um jeden Preis und in jeder Situation, auch wenn neue Bedingungen eingetreten sind, bis zur Selbstzerfleischung beibehalten werden. Dieses Denken wird besonders deutlich, wenn man das Zustandekommen des deutschen »Gesetz gegen Wettbewerbsbeschränkungen« (GWB) vom 27. Juli 1957 betrachtet. Man kann bei diesem Gesetz den Weg des Gesetzgebers nicht zurückgehen bis zu den empirischen Grundlagen, die den Gesetzgeber bestimmt haben, das Gesetz zu schaffen: denn es gibt keine empirischen Grundlagen. Das Unternehmerverhalten wurde nicht erst in ganzer Breite erforscht, sondern von vornherein auf das Streben nach Gewinnmaximierung eingeschränkt. Damit steht das GWB im Gegensatz zu der von Privatautonomie gekennzeichneten Privatsrechtsordnung.

Die industrielle Arbeitsteilung und die Langfristigkeit der Investitionen stellen Unsicherheitsfaktoren dar, die durch Zusammenarbeit ausgeschaltet werden können und ausgeschaltet werden sollen. Dies gilt vor allem für kapitalintensive Betriebe, die langfristige Investitionen oft nur veranworten können, wenn ihnen die Möglichkeit gegeben wird, das Marktrisiko durch horizontale Vereinbarungen abzuschwächen.

Wenn dies durch Gesetz verboten wird, werden Auswege durch Konzentration und Bildung von »informalen Gruppen« gesucht. In Konzernen kann langfristig geplant werden. Die Reservenbildung wird erleichtert. Konzerne können für bestimmte Aufgaben Spezialisten einstellen. Das ist dem Einzelunternehmer aus Kostengründen meist verwehrt. Mit einem Wort, ein kapitalmäßiger Zusammenschluß gewährt größere Sicherheit. Diese dem Wettbewerb abträgliche Art der Machtzusammenballung wird sogar von neoliberalen Vertretern, beispielsweise von Franz Böhm, gebilligt, obwohl doch die Kartellierung von Funktionen das entschieden kleinere Übel wäre.

Wenn schließlich durch die strenge Regelung des Antikartellgesetzes in Depressionssituationen ein Kampf auf Leben und Tod zu entbrennen droht, dann kann es dazu kommen, daß sich die Unternehmer gleichförmig verhalten, ohne daß dies auf geheimen Absprachen beruhen muß. Jeder weiß, wie er sich verhalten muß, um den Existenzkampf nicht auszulösen und dabei womöglich selbst aus dem Wettbewerb ausscheiden zu müssen. Die Bildung von informalen Gruppen ist fast nicht greifbar, darum sogar ein für die Gesamtwirtschaft gefährlicher Ausweg. In der Schrift »Marktverhalten und Wettbewerb. Eine Untersuchung zum Gesetz gegen Wettbewerbsbeschränkungen«[9] hat Krusche diese Bildung von informalen Gruppen untersucht. Es ist wahrscheinlich die erste

---

[9] Beiträge zur Verhaltensforschung, Heft 3, Berlin 1961.

empirische Untersuchung über dieses Gebiet in Deutschland. Leider mußte sie noch unvollständig bleiben, weil bereits die kleinste Umfrage mindestens DM 50 000,- kostet. Krusche kommt zu dem Ergebnis, daß durch Gruppenverhalten, das auch ohne Absprachen zustande kommt, eine gemeinsame Marktbeherrschung möglich ist, und dies desto eher, je mehr »Gruppenbewußtsein« unter den Unternehmern herrscht. Die Bildung des Gruppenbewußtseins wird durch folgende Komponenten gefördert: durch die gemeinsame Marktlage, durch Zielkonformität, durch Marktkontinuität, also durch Märkte mit althergebrachten Wirtschaftsgütern, und schließlich durch die Tatsache der Kommunikation, die nicht identisch ist mit Kartellabsprachen, sondern nur die Einstellung beinhaltet »Man fällt nicht übereinander her«.

Die Auffassung, Wettbewerbsbeschränkungen seien fortschrittshemmend und deshalb zu verbieten, konnte schon widerlegt werden. Teilweise ist der technische Fortschritt sogar institutionalisiert und nicht mehr von Wettbewerbsbedingungen getragen. Es gibt Beispiele dafür, daß die Ergebnisse, die von Kartellforschungsstellen erzielt wurden, kleineren Firmen zur Anwendung mitgeteilt worden sind. Außerdem verhindern der potentielle Wettbewerb und die Möglichkeit des Auftretens von Außenseitern, der Qualitätswettbewerb und schließlich die Substitutionskonkurrenz ein Einschlafen des Kartells in Sicherheit, Ruhe und Bequemlichkeit.

Kann die derzeitige Wettbewerbsordnung- dieser Zweifel sei abschließend erlaubt - tatsächlich die Rolle der Wirtschaftsregulierung erfüllen? Und was ist die konkurrenzfähige Wettbewerbseinheit? Irgend ein beliebig großes Unternehmen? Oder muß man für den Wettbewerb von vergleichbar Starken sorgen? Diese Fragen legen die Überlegung nahe, ob die Annahmen unserer Wettbewerbsordnung nicht doch einer Korrektur bedürfen, und ob wirklichkeitsnahe Grundlagen der Wirtschaftsordnung nicht dadurch gefunden werden können, daß das Unternehmer- und Verbraucherverhalten empirisch erforscht und die Wirtschaftsordnung auf den Forschungsergebnissen aufgebaut wird.

Diese Gedanken wurden bewußt provozierend formuliert. Sie sollen anregen und Widerspruch herausfordern, neue Vorschläge und Ideen wecken. Wenn zu solcher Diskussion beigetragen werden kann, ist zugleich dem zentralen Anliegen der Marktwirtschaft, nämlich der Festigung eines ökonomisch gesunden Wettbewerbs, gedient.

Das Unternehmerbild im Spiegel des modernen Wirtschafts- und Gesellschaftssystems*

Die Frage nach Unabhängigkeit und Selbstverständnis des Unternehmers beinhaltet zugleich die Frage nach dem Wirtschafts- und Gesellschaftssystem.

Betriebsdirektoren und Unternehmensleiter benötigt jedes im Zustand der Arbeitsteilung organisierte Wirtschaftssystem. Immer wird es zu den Aufgaben solcher Direktoren gehören, qualifizierte Arbeitskräfte,geeignete Geräte und Maschinen mit dem Ziel ständiger Produktivitätserhöhung und Qualitätsverbesserung zu kombinieren und so den technischen Fortschritt durch richtige Investitions- und Ausbildungspolitik in den Produktionsprozeß einzuführen. Die diesbezüglichen Erfordernisse kennzeichnen den Manager, der mehr oder minder in jedem Unternehmer enthalten sein muß.

Der Unternehmer unterscheidet sich vom Manager aber noch dadurch, daß er in seinen Dispositionen über Art und Umfang der Unternehmensfinanzierung, der Beschaffung von Material, Arbeitskräften und Anlagegütern, der Produktion und des Absatzes unabhängig ist sowie sich sowohl als integrierender Bestandteil der vom Betrieb definierten sozialen Gruppen als auch für die Erhaltung einer auf freiem Unternehmertum basierenden Gesellschaftsordnung verantwortlicher Bürger versteht.

Kriterien des Unternehmers

Unabhängigkeit und Engagement für die allein das Unternehmertum auf Dauer verstetigende freie Wettbewerbswirtschaft in demokratischer Staatsordnung machen das innerste Wesen des Unternehmers aus.

Gewiß haben verschiedene Generationen unterschiedliche Auffassungen über den Unternehmerbegriff und das Unternehmerselbstverständnis gehabt.

Um die Mitte des vorigen Jahrhunderts war der Unternehmer mit dem "Kapitalisten" identisch.

---

* Erschienen in: Wirtschaftspolitische Blätter, hrsg. von der Bundeswirtschaftskammer - Wien, Nr. 1/2, 1968, S. 31-35.

Karl Marx war der Begriff "Unternehmer" offenbar unbekannt. Man sucht vergeblich im ersten Band des "Kapital" nach dem "Unternehmer". Für ihn gibt es nur den "Kapitalisten", dessen Handeln durch Eigennutz bestimmt wird und der nicht einmal seine Handlungen nach dem Vorteil der ihn überlebenden Erben richten würde, wenn dies mit Gegenwartseinbußen verbunden wäre.

Ferdinand Lassalle spricht wohl vom "Unternehmer" versteht ihn aber ebenfalls nur als "Kapitalisten".

Der Gedanke an eine mögliche Arbeits- und Rollenteilung zwischen Finanzier und Unternehmensleiter gewinnt erst nach erfolgreicher Etablierung der Aktiengesellschaften an Boden. Erstmals gegen Ende des vorigen Jahrhunderts kann beobachtet werden, daß befähigte Fachleute ohne eigenen Kapitalbesitz als Unternehmensleiter auftreten.

1899 tritt Bernstein in seinem Buch "Die Voraussetzungen des Sozialismus" den Beweis dafür an, daß die Form der Aktiengesellschaften der Tendenz zur "Zentralisierung der Vermögen durch Zentralisation der Betriebe in sehr bedeutendem Umfang entgegentritt". Diese Einsicht beinhaltet aber noch keine Zustimmung zur Erzielung von Unternehmergewinnen als notwendiger Voraussetzung zur Mehrung des Wohlstandes für alle, also auch für die Arbeitnehmer.

Um die Vermittlung solcher Einsicht in diese Zusammenhänge hat sich besonders Adolf Weber große Verdienste erworben. Kurz vor Ausbruch der Wirtschaftskrise warnte Weber 1929 vor den Folgen eines Kampfes gegen die Unternehmergewinne. Das Gewinnstreben der Unternehmer ebene der Gütererzeugung immer wieder neue, zweckmäßigere Wege. Die Mittel selbst, die der Unternehmer erziele, würden zum weitaus überwiegenden Teil der Volkswirtschaft als Produktivkapital zugeführt. Nicht die verhältnismäßig hohen Einkommen der Unternehmer müßten Gegenstand der volkswirtschaftlichen Sorge sein, sondern allenfalls die Art deren Verwendung.[1] Weber weist hier zweifellos auf die volkswirtschaftliche Funktion unterschiedlich hoher Gewinne hin; erst die Gewinnhöhe gibt den Hinweis auf optimale, der Bedarfs- und Nachfragestruktur gemäße Kapitalallokation und vermittelt zugleich die erforderliche Finanzierungskraft.

Die wiedergegebenen Gedanken Webers lassen außerdem noch zweierlei erkennen:

Nicht die der Unternehmensinvestition, sondern nur die dem persönlichen Unternehmerverbrauch zugeleiteten Mittel könnten Gegenstand berechtigter Kri-

---

[1] Vgl. hiezu die im Jänner 1963 herausgegebene "Volkswirtschaftliche Korrespondenz" der Adolf-Weber-Stiftung, Nr. 8, mit dem Beitrag von Adolf Weber, Interessenharmonie zwischen Unternehmern und Gewerkschaften.

tik sein. Investitionen dienen der Schaffung von Arbeitsplätzen und der Vorsorge für den Wohlstand und das politische Gewicht des Staates in der Zukunft. Diese Wirkungen sind unabhängig davon spürbar, ob die Investitionen nun von Unternehmern in einem wettbewerbswirtschaftlichen System oder aber von Betriebsdirektoren in einer Planwirtschaft vorgenommen werden. Unterschiede mögen allerdings in der Effizienz der Investitionen hier und dort beobachtet werden können.

Webers Gedanken machen darüber hinaus deutlich, daß die Unternehmensfinanzierung keine Angelegenheit vorrangig des Eigentümers des Unternehmenskapitals ist, sondern in die Kompetenz des Unternehmers fällt, auch wenn dieser nicht mit dem Kapitaleigentümer identisch ist. Weber plädierte für die Erzielung von Unternehmergewinnen zwecks Reinvestition im Unternehmen. Dabei handelt es sich also um Selbstfinanzierung über den Preis, die nach Art und Ausmaß entscheidend vom Unternehmer beeinflußt wird. Seine Dispositionen über Investitionen, Preisforderung, Reservenbildung, Unternehmensausbau und sein Vorschlag über Dividendenausschüttung in einer Kapitalgesellschaft wird so lange den Ausschlag geben, als seine Stellung unbestritten und seine Unabhängigkeit weder von der Arbeitnehmerschaft noch von den Kapitaleigentümern in Frage gestellt wird. Hiebei ist zu beachten, daß diese Unabhängigkeit in einer Wettbewerbswirtschaft prinzipiell nie in Frage gestellt werden kann, wenn ein Unternehmen bestehen will. Allenfalls kann die Unabhängigkeit einer bestimmten Person durch Abwahl von der Unternehmerposition beeinträchtigt werden, nicht aber die Unabhängigkeit der Unternehmerposition schlechthin, weil dies gegen das Interesse der Marktbehauptung des Unternehmens verstoßen würde.

Unabhängigkeit - nicht schrankenlose Macht

Unabhängigkeit bedeutet allerdings nicht schrankenlose Machtbefugnis. Wir verstehen Unabhängigkeit als die innerhalb der für alle Bürger erforderlichen Bindungen optimale Freiheit. Erst die Bindung der Person und ihrer Unabhängigkeit ermöglicht den Schutz des Privateigentums und ermöglicht die Behauptung freien Unternehmertums, weil solche Bindung vor ruinöser Konkurrenz und vor Rechtsunsicherheit bewahrt.

Eine gesellschaftliche Ordnung, die nicht allen ihren Bürgern in gleichem Maße Beschränkungen und Verpflichtungen füreinander und gegenüber dem Staat auferlegt, die also nicht dem Unabhängigkeitsbereich jedes Einzelnen Respekt durch Gesetze verschafft, führt über kurz oder lang zu ökonomischer Konzentration, zum Verlust eines breiten Fundaments freien Unternehmertums, zur Vermassung, zur politischen Bevormundung der Mehrheit, zur Entrechtung des Bürgers, kurzum zum Totalitarismus in all seinen ökonomischen und gesellschaftlichen Spielarten und dadurch zum Verlust der Menschenwürde, deren Sicherung stets das höchste Ziel staatlicher und ökonomischer Politik aus christlicher Sicht zu sein hat.

Optimale Kombination zwischen größtmöglicher Freiheit und notwendiger Bindung

In Österreich kann ebenso wie in zahlreichen anderen westeuropäischen Ländern die von sozialen Wertvorstellungen begrenzte und bestimmte Marktwirtschaft als das Ergebnis des Bemühens um eine optimale Kombination zwischen größtmöglicher Freiheit und notwendiger Bindung für den Einzelnen bezeichnet werden. Offen ist allerdings die Frage, ob der jetzt erreichte Zustand den Anforderungen einer "optimalen Kombination" entspricht. Danach dürfte nämlich die freie Privatinitiative nur dort eingeschränkt werden, wo sie entweder zu gesamt-wirtschaftlich oder politisch unerwünschten Entwicklungen führt. Eine zutreffende Vorstellung über das Maß notwendiger Einschränkung der Freiheit vermittelte 1964 der Präsident des Deutschen Industrie- und Handelstages Alwin Münchmeyer:

"Die entscheidende Frage in unserer Wirtschaftsordnung ist nun, wer bestimmt die notwendigen Einschränkungen der Freiheit? Zunächst haben wir die Gesetze. Die Verpflichtung gegenüber den Gesetzen ist klar. Wir haben dann die Verpflichtung, die uns die Wirtschaftspolitik auferlegt und letzten Endes die Verpflichtung, die der Einzelne selbst täglich in seinen Entscheidungen hat. Die letztgenannte Problematik wird den Kern meiner Ausführungen bilden. Welche Verpflichtungen haben wir gegenüber der von der Regierung gesetzten Wirtschaftspolitik? Die Wirtschaftspolitik muß eindeutig die Richtung weisen, und zwar nicht durch Eingriffe in das Marktgeschehen selbst, sondern mit marktkonformen Mitteln. Die Verpflichtung gegenüber den eigenen Maßstäben und gegenüber der Wirtschaftspolitik gilt selbstverständlich für alle Gruppen, also für Konsumenten, Unternehmer, Arbeitnehmer. Der Unternehmer hat in seinem Verhältnis zur staatlichen Wirtschaftspolitik eine zweifache Verpflichtung. Er hat die ihm durch die Wirtschaftspolitik gesteckten Grenzen anzuerkennen und einzuhalten. Er muß aber auch - und das entspricht einem Grundprinzip unserer demokratischen Ordnung - selbst am Ordnungsrahmen unser Wirtschaft im weitesten Sinne aktiv mitwirken."[2]

Münchmeyer fordert, der Unternehmer solle in unserer Wirtschaftsordnung die wirtschaftspolitischen Maßnahmen nicht nur buchstabengetreu, sondern dem Geist der damit beabsichtigten Ziele entsprechend befolgen. Ebenso wichtig erscheint ihm die Mitwirkung des Unternehmers an der Gestaltung der Wirtschaftspolitik und damit auch an der Wahrung der Gesellschaftsordnung. Hier hätte sich der Unternehmer aber nicht als Interessenvertreter, sondern als Bürger zu verstehen, dem die Freiheit des anderen, also die Freiheit ebenso des Arbeitnehmers wie des Unternehmers, ein Anliegen ist.

Funktionen des Unternehmens in der modernen Industriegesellschaft

So wie hier von einem großen Unternehmer skizziert, kann sich der Unternehmer nicht nur heute, sondern grundsätzlich selbst verstehen. Jedes andere Selbstverständnis würde den Unternehmer nicht als unerläßliches Funktionsglied einer für alle Bürger, freiheitlichen und zudem ökonomisch optimalen Gesellschaftsordnung empfinden, sondern in ihm ein Einzelwesen im Dschungelkampf, einen modernen Raubritter auf wirtschaftlicher Ebene erachten, dessen Existenz weder für den Freiheitsgrad in der Gesellschaft noch für die Effizienz in der Wirtschaft irgendwelche Bedeutung hätte.

In der Tat ist ein Unternehmertum im Monopolkapitalismus, also Unternehmertum ohne Wettbewerb, Kapitalbesitz ohne Risiko, der ökonomischen und sozialen Funktion entblößt und beeinträchtigt eher die wirtschaftliche Entwicklung eines Landes und dessen freiheitlichen Status.

Diese Feststellungen erscheinen uns notwendig, um das in der Einleitung zur Frage nach der "Unternehmerfunktion gestern - heute - morgen" vorgestellte "klassische" Unternehmerbild kritisch zu beleuchten. Hier wird uns der Monopolkapitalismus des vorigen Jahrhunderts als "Lehrbuch-Unternehmer" offeriert. Dabei muß es sich denn doch um sehr alte Lehrbücher handeln. Wir versuchten zu zeigen, daß *nur ein Unternehmer, der seine Bestätigung aus dem System heraus bei entsprechender Anpassung an Umwelt und Gesetz erhält, als Unternehmer bezeichnet werden kann.*

---

[2] Alwin Münchmeyer, Freiheit und Verpflichtung in der sozialen Marktwirtschaft, Westdeutscher Verlag Köln und Opladen, 1964, Sonderdruck aus "Veröffentlichungen der Walter-Raymond-Stiftung", Band 4.

Wir selbst haben eine Definition des Unternehmers als Beitrag im Katholischen Soziallexikon versucht[3]. Nach unserer Auffassung ist der

Unternehmer keineswegs zwangsläufig Eigentümer der Produktionsmittel. Ihn kennzeichnet nicht ein unbeschränktes Weisungsrecht. Seine Dispositionsfreudigkeit wird überhaupt erst definiert durch die gegebenen gesetzlichen und wirtschaftspolitischen Bindungen. Dabei wird unterstellt, daß der Unternehmer Gelegenheit hat als Bürger und Mitglied seiner Standesvertretung auf die Richtlinien und Maßnahmen der Wirtschaftspolitik einzuwirken.

Nach unserer Auffassung vom Unternehmer muß seine Definition von der Unternehmung herkommen. Im weitesten Sinne ist es die Aufgabe des Unternehmers, das Unternehmen zu führen, im engeren Sinne gehören dazu die zur Verwirklichung der Unternehmensaufgaben notwendigen Entscheidungen.

In der modernen Industriegesellschaft übt der Unternehmer *drei wesentliche Funktionen* aus: Zunächst ist er Leiter einer Unternehmung vom ökonomisch-technischen Standpunkt aus. Ihm obliegt die Kombination der betrieblichen Elementarfaktoren (Gutenberg). Während im vorigen Jahrhundert und noch in der ersten Hälfte dieses Jahrhunderts Kapitalhergabe und das Kapitalrisiko für die Unternehmerfunktion maßgebend waren und später von Schumpeter das Durchsetzen neuer Kombinationen, die Verwirklichung des technischen Fortschritts, die Einführung von Innovationen als hervorstechende Aufgaben des Unternehmers erachtet wurden, können heute diese beiden möglichen Teilfunktionen des Unternehmers nicht mehr als conditio sine qua non unternehmerischer Tätigkeit verstanden werden. Vielmehr kann der Unternehmer nur vom Gesamtbetrieb her, dessen Spitze er darstellt, definiert werden. Somit ist also ein *Manager* auch ohne Kapitaleigentum am Unternehmen *dann ein Unternehmer,* wenn er das Unternehmen führt und in seinen Entscheidungen für die Zeit seiner Unternehmensführung gegenüber allen anderen Wirtschaftspartnern und politischen Instanzen im Rahmen der gesetzlichen Bindungen unabhängig ist.

Zur Unternehmerfunktion gehört aber nicht nur die Leitung des Unternehmens im ökonomischen Sinne, sondern auch die eher *humanitär-soziale Aufgabe der Führung* der aus den Angehörigen des Unternehmens bestehenden sozialen Gruppe. Er hat für die Herstellung eines organisatorisch-psychologischen Gleichgewichts im Betrieb zu sorgen.

Drittens gehört die *Verantwortung und Mitwirkung des Unternehmers als Bürger innerhalb der für ihn maßgebenden sozialen Gruppe,* der Unternehmer-

---

[3] Katholisches Soziallexikon, Tyrolia-Verlag, Innsbruck, Spalte 1235.

schicht, zur unerläßlichen Funktion in einer pluralistischen und freiheitlichen Gesellschaft.

Kapitalbildung statt Eigentumsstreuung

Wir halten es für eine schiefe Sicht, von einer "Eigentumsstreuung" statt von einer "weitgestreuten Kapitalbildung" zu reden. Eigentumsstreuung unterstellt eine Verteilung des Eigentums als milde Gabe, weitgestreut über viele Menschen in der Volkswirtschaft. Tatsächlich kann davon nirgendwo die Rede sein. In kommunistischen Systemen gibt es überhaupt kein Privateigentum an Produktionsmitteln. In Ländern mit privatkapitalistischer Wirtschaftsordnung sind die Unternehmen und die Unternehmer aus dem Zwang zur Erhöhung der Kapitalinvestitionen je Arbeitskraft und aus dem Wettbewerbszwang zur Behauptung der Existenz des Unternehmens auf die Hinzuziehung neuer Miteigentümer dringend angewiesen. Das Problem, das sich der modernen Industriegesellschaft stellt, ist somit nicht die "Vermögensbildung in Arbeitnehmerhand", sondern die *"Kapitalbildung aus Arbeitnehmereinkommen"*. Dieses Problem gewinnt an Dringlichkeit mit der Zunahme der Lohnquote am Bruttosozialprodukt. In dem Umfang, in dem die Arbeitnehmer einen größeren Teil vom Kuchen erhalten und auch die Altersversorgung dank Verbesserung sozialer Leistungen einen größeren Anteil vom Bruttosozialprodukt beansprucht, wächst die Gefahr der Verwendung von Einkommen statt für Investitionszwecke für Konsumzwecke, wächst somit die Gefahr der Substanzaushöhlung.

Dies ist das Problem der modernen Industriegesellschaft, ob sie nun die individuellen, von Gewinnerwartungen geleiteten Investitionsentscheidungen der Unternehmer zur Grundlage hat oder aber ob staatliche Planungszentren über Ort und Zeitpunkt sowie Beschaffenheit der Investition entscheiden. Wenn man schon den alten Leuten und den Arbeitnehmern einen größeren Teil vom Bruttosozialprodukt einräumt, dann sollte man auch dafür Sorge tragen, daß die neuen Empfänger zusätzlicher Mittel diese wenigstens teilweise ebenso disponieren, wie diese Mittel von denjenigen disponiert worden wären, die zuvor in ihren Besitz gelangten.

Der Trend zur Einkommensstreuung kann sehr wohl ein Todesurteil für die Volkswirtschaft im Weltwettbewerb beinhalten.

Der Trend zur weitgestreuten Produktivkapitalbildung aber dürfte demgegenüber als einzig erkennbares Mittel der Erhaltung einer freien Unternehmerschaft zu erachten sein.

Auch der *Eigentümer-Unternehmer* wird in Zukunft auf "stille Teilhaber" angewiesen sein, wenn er angesichts der ständig steigenden Erfordernisse zur Kapitalinvestition seine Selbständigkeit behaupten will. Im *Großunternehmen* wird allerdings dem *Managerunternehmer* die Zukunft gehören, weil er dank besonderer Ausbildung und einer unerbittlichen Auslese die personellen Qualifikationen für diese Führungsrolle mitbringt.

Die *Problematik des Eigentums an den Produktionsmitteln* sollte jedoch grundsätzlich losgelöst von der Unternehmerrolle analysiert werden. Ohne Privateigentum an den Produktionsmitteln und ohne ein entsprechendes Risiko dieses Privateigentums beim Einsatz im Wirtschaftsprozeß kann in einer Wettbewerbswirtschaft kein optimales Wirtschaftsergebnis erzielt werden. Das Privateigentum an den Produktionsmitteln bewirkt erst die rationelle Verfügung darüber. Weil der Eigentümer an Mehrung und Erhaltung des Kapitalbestandes interessiert ist, wird er diesen der produktivsten Verwendung und also dem fähigsten Unternehmer zuführen und durch das ihm bei jeglicher Wirtschaftstätigkeit erwachsende Risiko anderseits zur äußersten Vorsicht bei Investitionen und zur Sparsamkeit und Enthaltsamkeit im privaten Verbrauch zwecks weitestgehender Ermöglichung der Selbstfinanzierung beziehungsweise der Wahrnehmung des Aktienbezugsrechtes angehalten sein. Somit bewirkt das Privateigentum erst eine dem Interesse der gesamten Bevölkerung am ehesten dienliche optimale Verfügung über das erwirtschaftete Kapital. Wir möchten auch der Auffassung widersprechen, daß durch die Inanspruchnahme von Fremdkapital das Eigentum an den Produktionsmitteln eingeschränkt wird.

Schließlich nimmt der Unternehmer doch eben deshalb und möglichst nur dann *Fremdkapital* auf, wenn dieses "billiger" ist als das *Eigenkapital* oder aber - andersherum betrachtet -, wenn die Kapitalrendite höher ist als die Zinsverpflichtung und somit ein zusätzlicher Gewinn durch die Inanspruchnahme von Fremdkapital möglich ist. Es ist selbstverständlich, daß sich Gläubiger und Banken als Sachwalter über das Fremdkapital vor Spekulanten schützen wollen und ein Auge auf die Sicherung ihrer Darlehen haben. Hierin eine Einschränkung der unternehmerischen Selbständigkeit zu erblicken, hieße die Funktionen der modernen Industriegesellschaft mißverstehen. Der gleiche Einwand muß auch in bezug auf das "Leasing" geltend gemacht werden: Ob Geräte gekauft oder gemietet werden, ist allein eine Kostenfrage, die der Unternehmer kalkuliert.

Als Inbegriff des unternehmerischen Eigentums kann ohnehin nicht die Summe der Sachwerte im Unternehmen, sondern muß der Zustand der Unternehmensorganisation und des Kundenstammes, also der "Goodwill" des Unternehmens verstanden werden.

Die Eigentumsrechte am Vermögen verschaffen ihm die Möglichkeit zur Ausübung unabhängiger unternehmerischer Entscheidungen oder zu ihrer Delegation an einen von ihm bestellten Unternehmer. Darin liegt der Wert des Privateigentums an der Mehrheit der zu Entscheidungen berechtigenden Kapitalanteile eines Unternehmens.

Das Ausmaß der *Weisungsbefugnis des Unternehmers* wird durch Gesetz und durch Arbeitsvertrag geregelt. Anders kann es in einer freiheitlichen Gesellschaft nicht sein. Geht die Einengung der Weisungsbefugnisse des Unternehmers so weit, daß seine Unabhängigkeit und die Ausübung seiner volkswirtschaftlichen Funktion beeinträchtigt werden, so hat der Unternehmer irgenwann zuvor in seiner gesellschaftlichen Funktion als Bürger versagt und auf der politischen Ebene zuwenig Einfluß auf die gesetzliche Ausgestaltung der ökonomischen Sphäre genommen. Es ist seine *Pflicht*, auf die *Erhaltung der volkswirtschaftlich unerläßlichen Unternehmerfunktionen* zu achten und die Öffentlichkeit sowie die Politiker darauf hinzuweisen, wo die Grenze der unternehmerischen Unabhängigkeit liegt, wo also bei weiterer Einschränkung unternehmerischer Dispositionsfreiheit und Weisungsbefugnis zugleich ein Übergang von freier Marktwirtschaft in zentrale Planwirtschaft stattfinden würde und müßte.

Macht man den Unternehmer funktionsunfähig, ohne seine Funktionen gleichwertig von anderen Institutionen ausüben zu lassen, so zerstört man die Effizienz der Wirtschaft und begeht ökonomischen Selbstmord.

Dieselben Antworten sind auf die Frage nach der Beeinträchtigung unternehmerischer Dispositionsfreiheit durch *Eingriffe des Staates* zu erteilen. Die Unternehmerschaft hat die Pflicht, den Staat darauf hinzuweisen, wo ihres Erachtens die Grenze für die Funktionstüchtigkeit des Unternehmers als unerläßlicher Bestandteil ökonomischer Regulation gegeben ist. Doch vergessen wir nicht, daß sich ohne Wettbewerbsrecht, ohne wirtschaftspolitische Eingriffe ein übermäßiger Konzentrationsprozeß selbsttätig anbahnen würde, der nicht nur die unternehmerische Dispositionsfreiheit einschränkt, sondern das selbständige Unternehmertum von der Wurzel her zerstört. Großunternehmen können regelmäßig nur aus einer Vielzahl mittlerer Firmen durch den im Bereich des Mittelstandes gegebenen scharfen Wettbewerb als Beste erwachsen. Wo der Mittelstand zerstört wird, fehlt es hernach an der Voraussetzung zur Heranbildung fortschrittlicher Großunternehmer, die im Wettbewerb auf dem Weltmarkt von übermorgen bestehen könnten.

Die *Freiheit des Unternehmertums* wird in Österreich heute weniger durch Gesetze und durch gesellschaftliche Entwicklungen gefährdet, vielmehr werden die *Selbstbehauptungskraft und der Fortschrittswille*, damit auch die

Unabhängigkeit des österreichischen Unternehmers, durch sein zu großes *Streben nach sozialer Sicherung des Eigentums,* das im Unternehmen repräsentiert wird, und durch eine die Selbstfinanzierungskraft einschränkende Konsumfreudigkeit *bedroht.* Unternehmern, die auf den materiellen und vererbbaren Wert der in ihrer Firma investierten Geräte mehr achten als auf die Ertrags- und Wettbewerbskraft und den "Goodwill" des Unternehmens im österreichischen und europäischen Markt, ermangelt es zwangsläufig an Wagemut, Risikobereitschaft und Investitionsfreudigkeit. Sie können dann womöglich eines Tages überraschend schnell erleben, daß der Ertragswert des Unternehmens nicht mehr feststellbar ist oder doch weit unter dem Teilwert der darin versammelten Geräte liegt.

In dieser Analyse ist zugleich die Antwort auf die *Frage nach dem in Zukunft notwendigen Verhalten des österreichischen Unternehmers* gegeben. Bestehen kann als Unternehmer nur, wer seine Funktion als nützlich empfindet, seine Rolle selbstbewußt ausübt und durch Rationalität in Betrieb und Privatleben Kapitalkraft erhält.

Sollte die *Öffentlichkeit* nicht die rechte Auffassung von den Unternehmerfunktionen und von der Notwendigkeit unternehmerischen Tuns haben, so wäre es auch Sache der Unternehmer, hier über die Menschen in Österreich *aufzuklären.* Die *beste Aufklärung* vermittelt aber ein im Interesse der Allgemeinheit und der eigenen Familie *wagemutiges und sachverständiges Auftreten und Tätigwerden.*

Wo der Unternehmer ein von der Persönlichkeit her respektierter und in seiner Sachkunde unbestrittener Chef ist, dort bedarf es keiner weiteren Überzeugung der Arbeitnehmer und Betriebsräte. *Leistung und kalkuliertes Risiko* sind die Anforderungen an den auf Erhaltung seiner Unabhängigkeit und der dieser Freiheit zugrundeliegenden gesellschaftlichen Ordnung bedachten Unternehmer.

Der Unternehmer hat sich als Verantwortlicher für die ihm verbundenen Wirtschaftspartner im eigenen Betrieb und der ihn umgebenden Marktwirtschaft zu verstehen, hat die ihm übertragenen Rechte und die damit aufgegebenen Pflichten zu übernehmen und seine Tätigkeit der *volkswirtschaftlichen Funktion,* nämlich der Bedarfsdeckung des Konsumenten, unterzuordnen.

Vor allem hat er aber die auch ihm durch den Ausfall der früheren Eliten zufallenden *staatstragenden Funktionen* bewußt zu übernehmen und mit persönlichem Engagement und privatem Eigentum für die *Erhaltung der freiheitlichen Gesellschaftsordnung* einzutreten, um so auch der Unternehmerposition Berechtigung in der Gesellschaft zu verschaffen.

Anläßlich seines Ausscheidens aus der "International Finance Corporation" hat der Präsident dieser Organisation, Robert Garner, 1962 in Wien festgestellt:

Wir leben in einer Zeit, in der die Unternehmer es sich nicht mehr leisten können, sich ausschließlich auf ihre Unternehmungen zu konzentrieren und die Rolle zu ignorieren, die ihnen bei der Forderung der größeren Ziele ihrer Länder zukommt. Sie sollten diese Frage vom Standpunkt ihrer eigenen Interessen betrachten; denn auf die Dauer gesehen, steht und fällt der Erfolg der Privatunternehmer mit dem Fortschritt und der Stabilität des Landes, in dem sie leben und arbeiten. Wenn der Unternehmer nicht aufwacht, die Gefahr wahrnimmt, sich entschließt, den Preis zu zahlen und um seine Existenz und die Weiterentwicklung seines Systems zu kämpfen, kann sein produktiver Beitrag der Welt verlorengehen und zu einem totalen Wandel unserer Gesellschaft führen.

Das Unternehmertum braucht neues Selbstverständnis*

Unternehmerisches Investieren und staatliche Politik haben eines gemeinsam: sie gelten beide der Vorbereitung der Zukunft. Wohl hat es, was die Politik angeht, seit eh und je Skepsis gegeben. So formulierte recht sarkastisch der Soziologe Arnold Gehlen:

"Noch niemals hat sich die Politik mit dem Schicksal der nachfolgenden Generationen befaßt. Davon kenne ich nur eine Ausnahme: Bismarck lagerte ein Faß mit Cognak ein, damit seine Enkel etwas Anständiges zu trinken hatten."

Gewiß ist dieses Urteil überspitzt. Für die Leistungen der Vorfahren in der zweiten Hälfte des vorigen Jahrhunderts ist es sogar schlicht falsch. Aber ebenso gewiß kann man diesen Vorwurf unzureichender Zukunftsvorsorge der gegenwärtigen Wirtschafts- und Finanzpolitik hierzulande und bei den westlichen wie östlichen Nachbarn nicht ersparen. Ihre Finanz- und Währungspolitik ist auf die Fortsetzung des über unsere Verhältnisse reichenden Gegenwartswohlstandes gerichtet, auch wenn die Notenbanken sich abmühen, durch Kapitalmarktrestriktionen der Inflation zu begegnen.

Die Politik der Regierungen in Ost und West verursacht jedoch weiterhin nicht nur unzureichende Zukunftsvorbereitungen, sondern bringt die Menschen dazu, die Zukunft regelrecht zu "verfrühstücken".

Anders sind die auf Drosselung unternehmerischer Investitionen, nicht aber auf Beschneidung der Konsumausgaben der Arbeitnehmer gerichteten Steuerungsmaßnahmen nicht zu erklären. Gewiß müßte man bei der notwendigen höheren Besteuerung des Arbeitnehmerkonsums den Arbeitnehmern als Äquivalent für dieses Steueropfer Vermögenstitel an die Hand geben, über die sie in anderen konjunkturellen Zeiten auf dem Markt auch verfügen könnten. Aber man kann nun einmal nur dann mehr für Zukunftsinvestitionen tun, wenn man den Gürtel beim Gegenwartskonsum enger schnallt. Den Politikern erscheint es aber inopportun, von den Bürgern insgesamt solches Maßhalten zu verlangen -

---

* Erschienen in: Wirtschaftspolitische Blätter, hrsg. von der Bundeswirtschaftskammer - Wien, Nr. 2/1974, S. 127-133.

und außerdem paßt dieses Rezept auch nicht in jene sozialistische Dialektik, die durch Störung der Wirtschaftsfunktionen die Systemveränderung bewirken will.

Doch weder soziallliberale Politiker noch Unternehmer prangern persönlich solchen Opportunismus an.

Professorale Zivilcourage

Es gibt jedoch eine Reihe von Professoren, sogar solche, die früher der Linken nahestanden, die sich gerade jetzt - im Grunde unverändert! - zu ihren Idealen der Demokratie und der sozialen Freiheit bekennen und gegen links-totalitäre Tendenzen sowie gegen opportunistische Linkspolitik Front machen. Drei Namen stehen hier für viele. So gehört Prof. Steinbuch, TH Karlsruhe, BRD, heute zu den engagierten Gegnern der Systemumwandler und der Demokratisierer. Dabei war er noch vor wenigen Jahren einer der begeisterten Befürworter soziallliberaler Erneuerung.

Heute wendet er sich entschieden gegen die "Demokratisierung", die scheinbar im Interesse von mehr Gleichheit gefordert wird. Steinbuch hält entgegen, daß durch solche Demokratisierung die Gleichheit eher vermindert wird, weil in den kleineren pluralistischen Gruppen Wortführer die Macht an sich reißen und schüchterne Kritikversuche von ihnen stets im Keim erstickt werden. Deswegen warnt er vor denen, "die Veränderung schlechthin wollen, uns aber nicht sagen, wie es danach sein soll. Diese Leute wollen die Macht schlechthin, gleichgültig was aus uns dabei wird."

Der Freiburger Politologe und Staatsrechtler Prof Dr. Wilhelm Hennis war während der sechziger Jahre einer der schärfsten Kritiker des Establishments und Wegbereiter für liberale und soziale Entwicklungen. Frühzeitig erkannte er aber, daß der parteipolitisch sozial-liberale Kurs keineswegs in die von ihm gewünschte Richtung geht. Und er trennte sich daher von dieser parteipolitischen Linie. Erst kürzlich wieder warnte Prof. Hennis vor Entwicklungen, die zur Schwächung der politischen Parteien als Interessenvertretungen des Volkes führen könnten und die er als gefährlich für die demokratische parlamentarische Demokratie erachtet. In diesem Zusammenhang nannte er Gruppierungen, die den Anspruch erheben, die wahren Interessen der Mehrheit der Bevölkerung zu vertreten, ohne jedoch diese Mehrheit zu repräsentieren.

Ein dritter prominenter Wegbereiter für eine liberalere und sozialere Zukunft, Prof. Fürstenau schrieb kürzlich in einem Leserbrief an die Frankfurter Allgemeine Zeitung:

"Um die Grundlagen unserer Demokratie zu erhalten, sollte sich jeder angesprochen fühlen, mit Zivilcourage, auch unter einer anders denkenden Umwelt, aktiv zu wirken. Es gibt hiefür überall Beispiele, man denke nur an Schelsky oder Steinbuch. Politiker werden unter dem Eindruck der Macht, die sie haben oder anstreben, überwiegend opportunistisch oder praktisch handeln. Ihre entsprechenden Angriffe werden kaum zur Kenntnis genommen und sind daher praktisch wirkungslos. Zeigen wir Zivilcourage, dann wird es vielleicht besser."

Wo steht der Unternehmer?

Solche Zivilcourage wird vor allem Dingen aber jetzt vom Unternehmer erwartet. Ohne Zivilcourage nämlich müßte der Unternehmer so stark entmutigt werden, daß bereits dadurch die Wirtschaft ins Chaos gelangen und das System ausgehebelt werden könnte. Pessimismus und Optimismus bestimmen den Lauf der Wirtschaft, nicht - wie manche meinen - Rechnungen, Zahlen und Rohstoffvorräte. Technischer Fortschritt kann nur durch unternehmerisches Wagnis angeregt und durchgesetzt werden, und ohne technischen Fortschritt, ohne vom Optimismus geleitete Kapitalbildung muß die Welt in einem Meer der Verzweiflung versinken. Dann sind nämlich bald nicht mehr genügend Mittel zur Ernährung der sich in 25 Jahren verdoppelnden Menschen, für ihre Bekleidung und ihre Unterbringung vorhanden.

Der Unternehmer kann sich heute ohne Zivilcourage, ohne Einsatz für seine Existenz und für unser aller Freiheit nicht richtig orientieren. Nahezu drei Jahrzehnte lang hat die Unternehmerschaft hierzulande und bei den westlichen Nachbarn geglaubt, allein schon durch erfolgreiche Unternehmensführung die vom System "Sozialer Marktwirtschaft" auferlegten Pflichten erfüllen zu können. Heute nun müssen die Unternehmer mit Bestürzung erkennen, daß Geschäftserfolg bei den Systemkritikern nicht zählt und daß auch bei den Befürwortern "Sozialer Marktwirtschaft" neuerdings eine anspruchsvollere Elle an die Unternehmerschaft angelegt wird. Natürlich wird man sich auch morgen wie gestern darum bemühen müssen, Kunden zufriedenzustellen, den Marktanteil des Unternehmens zu halten, gute soziale Bedingungen für eine vollbeschäftigte Belegschaft zu bewirken, Bankzinsen rechtzeitig zu zahlen und aus zu erwirtschaftenden Gewinnen die Vergrößerung der Kapazitäten zu finanzieren. Darüber hinaus wird die Unternehmerschaft in Zukunft aber auch gesellschaftspolitisch tätig werden müssen, und dies um so intensiver, je stärker der einzelne Unternehmer diese Pflichten bisher vernachlässigte.

Gewiß ist es heute weit schwieriger als früher, "Soziale Marktwirtschaft" als überlegenes Wirtschafts- und Gesellschaftssystem durch eigenes Handeln zu beweisen; denn seit 1969 muß dieser Beweis unter Bedingungen erbracht werden, die in Westeuropa von eher schon opportunistisch als systemkonform handelnden Regierungen bestimmt werden.

Einheitlich kreiden die Kritiker jedenfalls diesem Ordnungssystem alle jene Mängel an, die letztlich auf wirtschafts- und finanzpolitisch mißbräuchliche Anwendung des Marktwirtschaftssystems, nicht aber auf Widersprüchlichkeiten im System selbst beruhen. So sprechen sie von den Systementartungen im Bereich von Landwirtschaft, Energiewesen, Währungssystem, Wohnungsbau und Bodenrecht. Dort überall hat es jedoch in den 25 Jahren "Sozialer Marktwirtschaft" entweder überhaupt nicht oder nur für begrenzte Zeit freie Preisbildung gegeben. Dort war also die "Soziale Marktwirtschaft" nie oder nur unzureichend installiert. Gerade diese Bereiche sind eher ein Beweis dafür, daß es mit dem Dirigismus nicht klappt, daß er soziale Ungerechtigkeiten in Hülle und Fülle beschert. Durch solche dirigistischen und in vielen Fällen willkürlichen Eingriffe des Staates und seiner Diener haben sich Fehlstrukturen herausgebildet, die nun den meist jungen Systemkritikern ausgerechnet jener Parteien Anlaß zur Forderung nach Systemüberwindung geben, deren ältere Semester selbst diese Dirigismen in der Regierungsverantwortung verordneten oder zumindest verschärften.

Ein Gutteil Schuld an den Strukturverzerrungen infolge *Ausschaltung* marktwirtschaftlicher Selbstregulierung durch funktionierenden Wettbewerb hat die Unternehmerschaft jedoch überall dort, wo sie Vorkehrungen zur Milderung des Wettbewerbs traf und politische Erfolge bei der Beschaffung von Subventionen erwirkte.

Man braucht sich im Unternehmerlager daher nicht allzusehr darüber zu wundern, daß man nach 25 Jahren der eigenen Obstruktion gegen die bindenden Bestandteile der "Sozialen Marktwirtschaft" in eine feindliche Umwelt versetzt ist.

Es gibt eine noch heute bekannte Karikatur über den böhmischen Winterkönig, jenen unglücklichen jungen Mann, der als Friedrich V. bereits mit 14 Jahren Kurfürst der Pfalz wurde und schon mit 23 Jahren im Jahr 1619 nur einen Winter lang bis in das Frühjahr 1620 ein Gastspiel als König von Böhmen geben konnte. 12 Jahre später starb er 36jährig als Geächteter. Jene mittelalterliche Karikatur zeigt ihn auf ein Glücksrad gebunden, das ihn auf die Höhe des Ruhms trägt und dann hinunterstürzt. Die Überlieferung dieser Karikatur über so viele Jahrhunderte hinweg mag darin begründet sein, daß die Menschen schon bald das Schicksal dieses jungen Königs als symbolhaft, vielleicht gar als Allegorie empfanden: Da dreht sich das Glücksrad langsam nach rechts und mit ihm steigt eine gesellschaftliche Gruppe und versinkt auch wieder - in diesem Jahrhundert die Unternehmerschaft, die die gesellschaftlich führenden Schichten des vorigen Jahrhunderts, personell und funktionell beerbte?

Doch jeder hat sein Schicksal in der Hand

Versteht sich die Unternehmerschaft dem Wandel der Zeit anzupassen, ohne die als richtig erkannten zeitlosen Prinzipien gesellschaftlicher Ordnung, Gerechtigkeit und Freiheit preiszugeben, dann wird sie sich auf dem nach rechts drehenden Rad schön langsam nach links bewegen, dies nicht im wahlopportunistischen Sinne, sondern im Sinne der Herstellung einer umfassenden Partnerschaft zwischen Eigentümern und Arbeitnehmern, im Sinne einer nun endlich zu konzipierenden, auf gemeinsame Verantwortung hinzielenden Mitbestimmung, die allerdings Syndikalismus und Gewerkschaftseinfluß vermeidet und auf langjährige Mitarbeiter (mit mindestens siebenjähriger Unternehmenszugehörigkeit) beschränkt bleibt.

Die erforderliche unternehmerische Neuorientierung wird allerdings nicht auf Reaktionen gegenüber den Reformansätzen der Systemveränderer beschränkt bleiben dürfen.

Im Bereich von Wirtschaft, Wissenschaft und Politik gibt es zahlreiche gegenseitige Beeinflussungen und Rückwirkungen. Daher wird sich die Neuorientierung auf viele Gebiete und Sachfragen erstrecken müssen. Sie wird Wechselwirkungen in Rechnung zu stellen haben. Auf alle Fälle gehört zu solcher Neuorientierung die Beschäftigung mit Fragen des Wirtschaftssystems, mit den Problemen der Wiedererlangung der Geldwertstabilität, mit den Fragen des regional zulässigen und von Art und Beschaffenheit her notwendigen Wachstums der Wirtschaftskraft, mit den Problemen der Verteilung des Wirtschaftsertrages, mit den Erfordernissen der Strukturentwicklung, insbesondere der Konzentration, mit den Wechselwirkungen internationaler Wirtschaftsbeziehungen, und hier besonders mit der als Sicherheitspolitik aufzufassenden Entwicklungshilfe an überseeische Länder.

Utopische, aber nützliche Kritik der neuen Linken

Die neue Linke wirft unserem System Konsumterror, Monopolmacht, Umweltverschmutzung, Rohstoffverschwendung und Leistungsdruck vor. Aber sie zeigt uns kein attraktives, besseres System, das es uns gestatten würde, das alte über Bord zu werfen. Schließlich hat der große Gott der neuen Linken, Mao Tse Tung, selbst gewarnt:

"Wer das Alte wegwirft, wird das Neue auch nicht lange behalten." Ein neues, gut funktionierendes System ist nicht sichtbar - aber wollen denn die revolutionären Systemveränderer überhaupt ein besseres System, wollen sie nicht vielmehr nur selbst die Macht nach dem Motto: "Neue Schweine an die alten Tröge"? Die Zentralverwaltungswirtschaften in den Ostblockländern sind übrigens für die neue Linke selbst nicht attraktiv, wie sie ständig beteuert. Jedoch wurde lange Zeit von ihnen auf die sozialistischen Errungenschaften in China und Kuba hingewiesen - solange niemand dort durch eigenen Augenschein diese Lobpreisungen überprüfen durfte. Seitdem man das kann, wissen wir, daß die dort entwickelten sozialistischen Modelle ebensowenig dem Menschen und seiner Freiheit dienen wie jene in Osteuropa. Auf Griechisch heißt das, was es "nirgendwo" gibt, "utopos". Daher kommt das Wort "utopia" oder Utopie in unsere Sprache. Wir haben es also mit Utopisten zu tun, die nur negative Kritik äußern.

Konstruktive Beiträge vermögen sie zu den zahlreichen, heute gegebenen Problemen nicht zu leisten.

Dennoch sollte man die Kritik der neuen Linken nicht schlechthin abtun, ohne sie zu analysieren. Immerhin ist ihre Kritik auf vorhandene wunde Punkte der gesellschaftlichen Wirklichkeit gerichtet, allerdings auf Mißstände und Fehler, die vielfach sozialistischer Politik oder nur halbherzig marktwirtschaftlicher Politik zuzuschreiben sind.

Vor allem trifft dies auf die bereits im Westen galoppierende Inflation zu: unzweifelhaft das Ergebnis der Kumpaneien von Regierungen und Gewerkschaften, das Ergebnis der sozialen Ausschüttung im Zuge von Reformen, die beständig mit finanziellen Zuwendungen Sicherheit erhöhen wollen, ohne für entsprechende Abdeckung dieser Zuwendungen durch zusätzliche Leistung Sorge zu tragen.

Man sollte daher die Vorwürfe der neuen Linken als Denk- und Orientierungshilfe für mögliche Rückbesinnung auf marktwirtschaftliche Prinzipien nehmen.

Das Dilemma zwischen Vollbeschäftigung und Inflationsbekämpfung

So zielt der Vorwurf des Konsumterrors keineswegs in luftleeren Raum. Wohl kann man das Wort "Terror" dabei streichen, denn wer fühlt sich schon terrorisiert, wenn er mehr konsumiert. Daß anderseits der Vorwurf eines weit überzogenen Konsums zutrifft, erkennen wir einmal an dem Phänomen der Inflation und zum zweiten an der - allerdings recht wirkungslosen - Anstrengung nahezu aller westlichen Regierungen, die Bürger vom Tageskonsum eher zurückzuhalten und stattdessen die Infrastrukturinvestitionen zu fördern. Anderseits birgt diese Politik die Gefahr der Rezession und der Arbeitslosigkeit in sich - und das wiederum steht in direktem Gegensatz zu dem erklärten Hauptziel sozialliberaler Regierungen: Sicherung der Arbeitsplätze und Vollbeschäftigung. In diesem Dilemma zwischen politischer Zielsetzung der Vollbeschäftigung und wirtschaftspolitischer Notwendigkeit der Umstrukturierung zwecks Inflationsbekämpfung und zwecks Konsumbeschneidung zugunsten des Wachstums der Infrastrukturinvestitionen befinden sich nicht nur die westeuropäischen Länder, sondern auch die USA, Japan, Kanada und Südamerika.

Wohl hat man auch dort das Ruder auf Kontraktion der Ausgaben, auf Stabilität herumgeworfen, und unsere Wirtschaft wird das über kurz oder lang in Westeuropa auch bei den Exporten zu spüren bekommen, aber die Erfolgsaussichten auf Wiedererlangung der Stabilität sind gering. Die Situation wird mit treffendem Galgenhumor von dem belgischen Finanzexperten Marcel Lesueur ironisiert:

"Der Kampf gegen die Inflation in den Ländern der EG gleicht einer Operation, bei der man sich ständig narkotisiert, aber niemals schneidet."

In der Tat - auf eine wirksame Stabilitätspolitik ist kaum zu hoffen, wiewohl nur die Wiederherstellung dieser Stabilität Chancen für einen den Zukunftserfordernissen gemäßen Ausbau der Infrastruktur gewähren würde. Erkannt wurde dies von den verantwortlichen Politikern in den meisten westlichen Ländern durchaus. Dies erweist die bemerkenswerte Rede des Bundesvorstandsmitgliedes der Freien Demokratischen Partei und deutschen Bundeswirtschaftsministers, Dr. Hans Fridrichs, zum Dreikönigstreffen der FDP in Stuttgart am 6. Jänner 1974. Unter anderem sagte Fridrichs bei dieser Gelegenheit:

"Auf den öffentlichen Sektor entfielen (unter Einschluß der hinzuzurechnenden Unternehmen) von 1950 bis 1970 zirka 50 Prozent der inländischen Vermögensbildung. Neben Schweden liegen wir mit unserem Anteil an der öffentlichen Vermögensbildung an der Spitze aller westlichen Staaten. Dies auch als Antwort auf die These von der öffentlichen Armut und dem privaten Reichtum. Mir kommen eigentlich die Zweifel an der richtigen Verteilung der öffentlichen Einnahmen und Ausgaben zum Beispiel dann, wenn ich etwa an das Zeltdach im Olympia Stadion mit seinen 188 Millionen DM denke. Ein mittlerweile notorisches Beispiel war die Verteilung öffentlicher Gelder zum Bau von Zwergschulen. Ob man auch angesichts zahlreicher öffentlicher Repräsentativbauten von öffentlicher Armut sprechen darf, wage ich zu bezweifeln. In jedem Fall setzt eine Vergrößerung des Angebots öffentlicher Güter Investitionen voraus. Öffentliche Sachinvestitionen haben sich in den sechziger Jahren verdreifacht. Aber Ihr Anteil an den Staatsausgaben ist zurückgegangen. Wer mehr öffentliche Güter haben will, muß bereit sein, auf Sozialkonsum zugunsten der Investitionen - zumindest befristet - zu verzichten."

Fridrichs nennt die Erfordernisse der Politik beim Namen, und zwischen seinen Worten ist unüberhörbar der Vorwurf gegen eine sozialistische Ausschüttungspolitik, gegen eine Politik der Vergrößerung leistungsloser Sozialeinkommen enthalten. Tatsächlich ist für den Rückgang der öffentlichen Sachinvestitionen die durch opportunistische Einkommenspolitik ausgelöste Inflation ursächlich.

Ernstzunehmende Vorwürfe gegen die Wirtschaft

Zur Zukunftssicherung benötigen die Menschen höhere Infrastrukturinvestitionen. Auch ohne weiteren Rückgang der Investitionen in die Einrichtungen für Wasserversorgung, Energiebereitstellung, Schulbildung, Krankenhauswesen und Verkehr würde Westeuropa verarmen, und die Chancen der nach uns kommenden Generationen würden heute schon vertan. Das wäre gewiß eine unmoralische und schlechte Politik, und *insofern* hat die neue Linke mit ihrem Vorwurf des Konsumterrors durchaus recht. Auch die Vertreter der Marktwirtschaft, die konservativen Politiker, können nicht einer Politik zustimmen, die die Erfordernisse der Zukunft ebensowenig wie die sozialen Notwendigkeiten zur Sicherung des Lebensabends der heute jungen Generation berücksichtigt. Es kommt darauf an, die politischen Entscheidungen über die Aufteilung des Brutto-Sozialprodukts in Konsumgüter und Kapitalgüter zu beeinflussen. Es kommt darauf an, den Menschen ins Bewußtsein zu rufen, daß Wohlstand nicht mit Wegwerfprodukten des täglichen Konsums, sondern mit vorausschauenden Investitionen in die Infrastruktur, in das Energiewesen, in Schulen und Universitäten, in den Transportsektor, in Sozialbauten, wie Kindergärten, Krankenhäuser und Altersheime, in bauliche Vorkehrungen für eine gute Wasserversorgung und die Reinhaltung von Seen und Flüssen vom Abfallwasser begründet werden kann.

Das Übel unserer Zeit ist eine unangemessene Ausdehnung des nur scheinbar billigen Massenluxus, der sich ausprägt in Kosmetika, Nylons und Menüs für den Hund, um nur einige Gattungen von Produkten zu nennen, die den Irrweg einer Gesellschaft in gleichermaßen Überflüssiges und die Not kennzeichnen;

denn jedem Überfluß entsprechen existentielle Notstände dieser Gesellschaft bei den Infrastrukturinvestitionen.

Der Vorwurf des Konsumterrors mag sich vielleicht auch gegen die Werbung richten. Ohnehin ist das Wort von der Werbemanipulation ständig im Wortschatz der neuen Linken zu vernehmen. Und hier kann man die Vorwürfe auch nicht einfach vom Tisch wischen. Es wäre zu überlegen, ob nicht der Werbung die Auflage gemacht werden sollte, in jedem einzelnen Fall auf Antrag Beweispflicht für die Werbeaussage antreten zu müssen. Wir leben in einer verwissenschaftlichten Zeit. Die Behauptungen sind überprüfbar, und Lügen haben kurze Beine. Daher sollte man in der Werbung etwa von der Behauptung abgehen, daß Creme die Haut zu nähren vermag. Dermatologen sagen uns, daß die Haut nur von innen und nie von außen ernährt werden kann. Warum also solcher Unsinn in der Werbung, warum durch objektiv falsche Werbebehauptungen den Systemänderern Vorwände für radikale Zersetzung liefern? Die Werbung sollte zukünftig informieren. Sie kann dennoch reizvoll und interessant sein, kann unterschwellige Elemente enthalten und dazu beitragen, unser Leben attraktiver zu machen. Vor allen Dingen benötigen wir aber die Werbeeinnahmen zur Finanzierung einer freien Presse. Ein kleiner Bruchteil der Aufwendungen für Werbung dient der Finanzierung der Werbetreibenden. Der größte Teil der Werbung dient aber zur Bezahlung der Werbeträger, also für Bestreitung der Ausgaben von Zeitungen, Rundfunk und Fernsehen. Und jedem überzeugten Demokraten dürfte es lieber sein, eine freie Presse durch Waschmittelhersteller als durch den Staat finanzieren zu lassen, der dann auch eine Auswahl treffen und die Subventionen nach dem eigenen politischen Wohlwollen verteilen könnte.

Den Vorwurf der Monopolmacht sollte man in der Wirtschaft besonders ernst nehmen. Wohl kann man darüber streiten, ob in bestimmten Wirtschaftssparten der Konzentrationsgrad nun schon sehr hoch ist und Monopolmacht verleiht, oder aber ob dies nur böse Agitation der neuen Linken sei. Aber richtig ist, daß jegliche Monopolmacht das System "Sozialer Marktwirtschaft" von innen heraus zerstört. Sicher wirkt die Substitutionskonkurrenz der Monopolmachtbildung entgegen und fördert zugleich den Fortschritt. Zudem wird der Quantitätswettbewerb immer mehr vom Qualitätswettbewerb abgelöst. Durch beide Erscheinungen geraten Monopole zu Kolossen auf tönernen Füßen. Längst hat es sich herausgestellt, daß nicht immer die größten Wirtschaftseinheiten auch die besten sind, und daß Fusionen vielfach als Ausdruck der Schwäche zu deuten sind.

Dennoch sollte gerade die Unternehmerschaft an einem wirksamen Kartellrecht, an der wirksamen Konzentrations- und Fusionskontrolle interessiert sein, um so den geregelten Marktwettbewerb zu verstetigen.

Ein weiterer Vorwurf richtet sich auf Umweltverschmutzung als Konsequenz des unternehmerischen Profitstrebens. Tatsächlich würde der Unternehmer keineswegs freiwillig die Umwelt verschmutzen, wenn dadurch seine Kostenrechnung belastet und die Position im Wettbewerb entsprechend verschlechtert werden würde. Wenn dennoch derzeit umweltverschmutzende Produktionen zu beobachten sind, so liegt dies zweifellos an der Schwäche der Regierung, die sich nicht rechtzeitig zu entsprechenden steuerlichen Kostenbelastungen der Umweltverschmutzer entschließen konnte. Nicht die Marktwirtschaft, sondern der Staat hat hier versagt. Würde der Staat für alle Unternehmen gleichermaßen steuerliche Daten setzen, dann wäre die zusätzliche Kostenbelastung für die unternehmerische Wettbewerbsposition insoweit unerheblich, als Unternehmer sich nach der Erhöhung des Gewinns orientieren würden. Sie müßten dann nämlich entweder diese zusätzlichen Umweltschutzsteuern über die Preise hereinholen können oder aber ihre Produktion auf Gebiete verlagern, in denen keine Umweltsteuern anfallen. Das aber würde zur Zurückdrängung des umweltverschmutzenden Konsums beitragen, und zwar unmittelbar aus dem richtigen Funktionieren des Marktwirtschaftssystems heraus.

Natürlich kann dieses Marktwirtschaftssystem nur funktionieren, wenn der Staat es auch richtig handhabt. Diese Handhabung über Umweltschutzsteuern etwa bezeichnet man als Internalisierung externer Effekte. Diese Internalisierung kann nur erfolgen durch den Staat und nicht durch den einzelnen Unternehmer, es sei denn, man würde den Unternehmern eine neue Form des Kartells genehmigen: ein Kartell, in dem die Branche insgesamt Abgaben für den Umweltschutz beschließt und ihre Aufnahme in die Kostenrechnungen erzwingt. Man könnte das auch als Humanisierungskartell bezeichnen in Analogie zum Rationalisierungskartell. Allerdings müßte insofern das nationale Kartellrecht erweitert werden.

Wenn dies nicht geschieht, so deshalb, weil der Staat versagt. Ohne einen starken Staat gibt es aber auch keine funktionierende "Soziale Marktwirtschaft".

Schon der Neoliberalismus wünschte den starken Staat, und konservative Parteigänger haben auch stets für gefestigte Rechtsstaatlichkeit und für starke politische Führung plädiert. Eben das unterscheidet Konservative von jenen Liberalen, die am liebsten den Staat abschaffen möchten, oder von Marxisten, die an die Aufhebung des Staates von innen her glauben - übrigens ganz im Gegenteil zur sozialistischen Praxis in den Ostblockländern.

Nicht von der Hand zu weisen ist auch der Vorwurf der Rohstoffverschwendung, aber er kann nicht gegen das marktwirtschaftliche System erhoben werden. Auch hier liegt wieder ein Verschulden der Staaten vor. Tatsächlich sind doch die meisten Rohstoffe nicht auf dem freien Markt gehandelt worden, sondern ihre Preise wurden in Angebots- und Nachfragekartellen gebildet. Außerdem wird der Rohstoffpreis nach oben hin determiniert durch Rohstoffsubstitute. Sobald der Rohstoffpreis eine bestimmte Grenze überschreitet, lohnt es sich, Rohstoffsubstitute herzustellen - und das wiederum bringt die Rohstoffländer in arge Bedrängnis. So kann es sehr wohl dazu kommen, daß sich natürliche Rohstoffe verbrauchen, aber durch Investition von Erfindergeist und Kapital kann in der Regel eine solche Rohstoffenge überwunden werden. Somit kennen wir - abgesehen von Luft und Wasser - keine Rohstoffe, die nicht durch entsprechende Kapitalbildung substituiert werden könnten. Aber ein Engpaß ist dennoch gegeben: das Kapital. Inflation zerstört Kapital, und Rohstoffmangel wird somit zum Problem des Kapitalmangels und die Inflation auf diese Weise zu einem Problem des Rohstoffmangels.

Ernstzunehmen ist auch der Vorwurf des Leistungsdrucks

Die Unternehmerschaft hat allen Anlaß, sich mit den Problemen der Leistungsgesellschaft auseinanderzusetzen und diese Diskussion nicht von vornherein als ideologiebeladen abzutun. Ebenso falsch wie die Forderung nach Abschaffung der Leistung seitens der Linken ist es gewiß auch, die Leistung zum Fetisch zu machen. Solange es in der Welt Hunger und Not gibt, wird man hierzulande das Leistungsvolumen nicht reduzieren können. Nur durch Leistung kann Kapital gebildet werden, und nur durch Kapitalhilfe kann der Not und der Armut in Übersee begegnet werden. Der qualitative Aspekt der Leistung wiederum ist bedingt durch die Arbeitsteilung. Wer möchte schon von einem schlecht ausgebildeten Chirurgen operiert werden? Wer möchte von miserablen Flugzeugkapitänen pilotiert werden? Und wer wagt es, den Fuß in ein Flugzeug zu setzen, von dessen Qualität, Leistung und Wartung er nicht überzeugt ist? Ohne qualitativ hervorragende Leistung passen die Teile des Baukastens im Automobilbau wie im modernen Fertigteilbau nicht zusammen. Gegen die qualitative und quantitative Leistung heutzutage Stellung nehmen, heißt, die Probleme dieser Welt nicht zu durchschauen und seine eigene Dummheit zu präsentieren.

Dumm ist es aber auch, das Ansehen eines Menschen am Umfang seines Einkommens zu messen, indem man vom Umfang des Einkommens auf die individuelle Leistung schließt. Tatsächlich ist der Zusammenhang zwischen

Einkommen und Leistung nicht zwingend, und er kann es in einer freien Marktwirtschaft auch nicht sein. Daher sollte man die Leistung als soziales und industrielles Erfordernis wohl jederzeit betonen und fordern, sie aber nicht zum Maßstab der gesellschaftlichen Rangordnung werden lassen. Wohl verdient jener unsere Achtung, der seine Arbeit ordentlich macht. Aber das dabei erzielte Einkommen sollte ihn nicht niedriger oder höher stellen als das Einkommen für eine andere, ordentlich und tüchtig verrichtete Leistung.

Darüber hinaus sollte man einen höheren Lebensstandard in Industrieländern zunehmend auch in höherer Freizeit ausprägen und so zur Reduzierung des unmittelbaren Leistungsdrucks auf die Menschen beitragen, jedenfalls soweit man sich das angesichts der Erfordernisse von Entwicklungshilfe und Kapitalbildung überhaupt leisten kann. Selbstverständlich trägt zur Minderung des Leistungsdrucks auch die humane Ausgestaltung des Arbeitsplätzes bei. In Chefbüros ist es die Regel, daß sich der Unternehmer dort zu Hause fühlen kann.

Dort gibt es Klimaanlage, Teppiche, Alkoholika und hübsche Sekretärinnen. Die Qualität des Arbeitsplatzes der Unternehmer ist in den letzten Jahren beträchtlich gestiegen. Daher sollten Unternehmer das Entsprechende auch für ihre Arbeitnehmer gelten lassen, zumal in der Regel dadurch höhere Leistungen erzielt werden. So sollte man sich ernsthaft überlegen, warum ein Kranführer in seinem öden, ratternden Gehäuse nicht auch einen Polstersitz erhalten sollte - im Verhältnis zu einem 200.000-DM-Kran spielt das finanziell gar keine Rolle. Humanisierung im Betrieb sollte nach dem Vorbild des Chefbüros erfolgen, weil das den Leistungsdruck abbaut, die Leistungsqualität und vielleicht sogar das Leistungsquantum erhöht und zudem Ausdruck der Partnerschaft ist, ohne die eine moderne Industriegesellschaft überhaupt nicht mehr funktionsfähig sein kann.

Hiezu noch eine psychologische Bemerkung

Das Problem des Leistungsdrucks - so meinen Psychologen - bestehe gar nicht darin, daß man hart arbeiten muß, es bestehe vielmehr in der Art der Arbeit und in ihren restriktiven Bedingungen. Die Menschen haben bestimmte Bewegungen auszuführen, haben dabei in einem festgelegten Zeitrhythmus zu arbeiten und kommen im Zuge der Rationalisierung immer weniger zu davon abweichenden, der menschlichen Natur gemäßen Betätigungen und Bewegungen. In Erkenntnis dieser Mängel und Beeinträchtigungen der Lebensentfaltung hat beispielsweise die "Deutsche Krankenversicherung" in Köln Großraumbüros und flexible Arbeitszeit eingeführt und die hiefür erforderliche Stechuhr so angeordnet, daß man vom Großraumbüro jederzeit in die Kantine und zurück wechseln kann, ohne die Uhr bedienen zu müssen. Wohl wurde diese Einrichtung anfänglich mißbraucht, aber im Laufe der Zeit spielte sich der Wechsel von Arbeit und Ruhepausen so ein, daß die Arbeit darunter nicht litt, aber das Freiheitsempfinden des Menschen erweitert und der auf ihm lastende Druck stark vermindert wurde. Hier zogen Unternehmer Erkenntnisse aus der eigenen Arbeitspsychologie.

Denn die unternehmerische Tätigkeit ist nicht zuletzt auch deswegen attraktiv, weil sie der eigenen Zeiteinteilung unterliegt. Man kann nicht nur die Arbeit einteilen, sondern den Wechsel zwischen verschiedenen Arten von Arbeit, zwischen Büro und Besprechungen an anderen Orten dem Lebensrhythmus anpassen. Nur aus diesem Grund vermögen Unternehmer zeitlich sehr viel länger angespannt zu sein als ihre Mitarbeiter - oft 12 bis 14 Stunden. Leistungsdruck ist somit insbesondere auf die Einschränkung der Bewegungsfreiheit des Menschen zurückzuführen bzw. auf den Mangel an Entscheidungsfreiheit. Es kann nur im Interesse der Wirtschaft liegen, die Bewegungs- und Entscheidungsfreiheit auch der Mitarbeiter an der Werkbank im Hinblick auf ihre Gesundheit und auf ihre andauernde qualitative und quantitative Leistung zu erhöhen.

Zur Mitbestimmung

Daraus sollte man aber nicht den Schluß ziehen, daß Leistungsdruck durch Mitbestimmung in dem von den Gewerkschaften geforderten Sinn vermindert werden kann. Natürlich vermag Mitbestimmung Leistungsdruck herabzusetzen - vorausgesetzt, es bestimmen jene mit, die unter Leistungsdruck stehen. Daher darf die Wirtschaft nur für Modelle der Mitbestimmung von unten her eintreten, muß aber auf die Einschränkung der Mitbestimmungsmacht von Gewerkschaftsfunktionären hindrängen und in diesem Sinn auch ihre Arbeiterschaft motivieren.

Den eher reaktionär gesonnenen Unternehmern sei in diesem Zusammenhang gesagt, daß man nicht 25 Jahre lang ein Volk und die Arbeitnehmerschaft emanzipieren, freiheitlich motivieren und zu selbständigerem Arbeiten ausbilden, dann aber die daraus resultierenden Möglichkeiten der Mitbestimmung verweigern kann. Nachdem die Menschen in allen Lebensbereichen zu mehr Selbständigkeit und zu eigener Entschlußfreudigkeit hingeführt wurden, muß man ihnen auch die Möglichkeit der Selbstentwicklung in der Wirtschaft in abhängiger Stellung bieten. Das gilt für die Mitbestimmung ebenso wie für den Bildungsurlaub, der zur Orientierung der Mitarbeiter über Bilanzen, über das Funktionieren der Wirtschaft und über das Verständnis unseres Systems genutzt werden müßte.

Nur aus solchem Verständnis heraus kann man ein auf die Zukunft gerichtetes Verhalten der Menschen, also mehr Konsumverzicht, heute zugunsten von zukunftsvorbereitenden Investitionen erwarten und fordern. Und nur aus solchem Verhalten heraus kann heute noch den inflationären Wogen in allen westlichen Ländern begegnet werden. Die Stabilitätspolitik muß stets zu Hause beginnen, und sie muß ausgehen von der Verhaltensweise breiter Bevölkerungsschichten. Sonst ist Stabilitätspolitik zum Mißerfolg bestimmt:

"Die Inflation bedroht immer mehr die moderne Gesellschaft, läßt die wirtschaftlichen und monetären Steuerungsmechanismen außer Kraft, verteilt die Ressourcen falsch, veranlaßt zur Flucht in die Sachwerte, verfälscht die Einkommens- und Vermögensverteilung zum Nachteil der Schwächsten und belastet die sozialen Beziehungen mit Ungewißheit und Spannungen."

So heißt es in einer offiziellen Aussage der Europäischen Kommission über die Entwicklung in Europa. Die Politiker aber machen den Unternehmer zum Sündenbock für die Preisentwicklung. Das erscheint einleuchtend und unkompliziert, zumal die Unternehmer eine zu vernachlässigende Minderheit in der Wahlkalkulation sämtlicher großen Parteien darstellen. Damit leugnen die Politiker zwar die Tatsache, daß erst ihre Politik jene inflationäre Situation geschaffen hat, in der die Unternehmer Preise erhöhen müssen - aber der politischen Demagogie tut das keinen Abbruch. So setzen Politiker zunächst das System außer Kraft und sagen nachher, es funktioniere nicht. Hier wird die mißbräuchliche Anwendung der Marktwirtschaft geradezu zum Argument der Systemüberwindung.

Im Alten Testament hatte schon der "Sündenbock" die Funktion, die Sünden des Volkes auf sich zu nehmen und nachher aus dem Tempel vertrieben zu werden. Ehe man sich in eine solche Rolle drängen läßt, sollte man Öffentlichkeitsarbeit betreiben und klarstellen, wo die Ursachen für die inflationäre Entwicklung liegen, wer hiefür die Schuld trägt und wie man wieder zu stabilen Verhältnissen zurückgelangen kann.

Das allerdings erfordert von Unternehmern Solidarität und Einsicht in notwendige Strukturveränderungen, also in Umschichtung von der Konsumgüterindustrie zum Infrastrukturausbau.

Aus solcher Umschichtung ergibt sich damit auch eine Schwerpunktverlagerung künftigen Wachstums. Gemäß den Erfordernissen von Wiederherstellung von Stabilität und der Zukunftsvorbereitung durch Investitionen wird nicht mehr der Tageskonsum wachsen dürfen, sondern Vorrang haben nun die Infrastrukturinvestitionen, die Investitionen in Wasser, Energie, Volksschulbildung und Verkehrseinrichtungen. Vor allen Dingen wird jedoch die Entwicklungshilfe beansprucht werden müssen und steuerliche Vorkehrungen werden zur Verlagerung einfacher Produktionen in jene Länder beizutragen haben, aus denen derzeit Gastarbeiter in die westlichen Industriestaaten kommen. Produktionsstätten müssen zu den Arbeitern gehen, schon wegen der billigeren Löhne, wegen der dort nicht gegebenen Gefahr der Umweltverschmutzung sowie zwecks Minderung der Konjunkturabhängigkeit vom Weltmarkt. Es kommt also zukünftig auf die sektorale Ausprägung und auf die regionale Verschiebung des Wachstums an.

Aber sicherlich ist es auch falsch, den Warnungen vor den Grenzen des Wachstums zu bereitwillig Gehör zu schenken, wie sie jüngst in der wissenschaftlichen Untersuchung von Meadows für den Club of Rom formuliert wurden. Die Grenzen des Wachstums werden nicht nur zu pessimistisch interpretiert, sie werden vielfach falsch dargelegt. Hiefür wurden mathematische Modelle entwickelt, die in ihrer Struktur bereits die "Explosion" tragen, also zwangsläufig zu Grenzen des Wachstums und zur Erschöpfung der Ressourcen hinführen müssen. Tatsächlich ist aber jedem Wachstum die Bremse der Kapitalbildung eingefügt. Die Welt kann nur in dem Umfang wachsen, in dem wir durch Leistung Kapital zu bilden imstande sind. Da diese Kapitalbildung begrenzt ist, ist entsprechend auch die Nutzung der Rohstoffe begrenzt. Es ist einfach falsch, die bisherige Entwicklung der Rohstoffausbeute auch für die kommenden Jahre als Datum zugrunde zu legen, ohne die Möglichkeiten der entsprechenden komplementären Kapitalbildung mit in Ansatz zu bringen. Diese Möglichkeiten aber sind beschränkt, und die Inflation beschränkt sie zusätzlich. Wir werden somit noch Jahrzehnte und Jahrhunderte nicht an die Grenzen der Ressourcen, sondern allenfalls an die Grenzen der Unzulänglichkeit der menschlichen Einsicht zur Kapitalbildung stoßen. Das Problem besteht somit für die kommenden Jahrzehnte und Jahrhunderte nicht in zu großem Wachstum, sondern allenfalls in zu geringem und vielleicht auch in falsch ausgeprägtem Wachstum am falschen Ort. Heute müßte die industrielle Welt eher das Wachstum beschleunigen, damit sie aus der gefährlichen Phase, aus der rohstoffintensiven Phase des Wachstums in die hirnintensive Phase gelangt, also in jenes Wachstum, wo die Wertschöpfung durch Einsatz von Geist und nicht von natürlichen Rohstoffen erfolgt. Rohstoffarmes Wachstum ist in der Dienstleistungsgesellschaft gegeben, die im wesentlichen eine immaterielle Kultur produziert. So bringt etwa eine Theateraufführung geistigen Gewinn und beträchtliche Wertschöpfung, ohne daß Rohstoffe dabei in wesentlichem Umfang verwendet werden müssen. Allgemeiner gesagt, ist die Forderung nach höherem qualitativen Wachstum im Unterschied zu quantitativem Wachstum zu stellen, zumal nur qualitatives Wachstum in den Industrieländern die internationale Wettbewerbsfähigkeit erhält und die geistigen Voraussetzungen durch Vermittlung technischen Fortschritts für die materielle Basislegung in den Entwicklungsländern schafft.

Daraus wiederum leitet sich die Forderung an die Unternehmer in den Industrieländern ab, an die Stelle eines internationalen Verteilungskampfes, wie er derzeit in den Auseinandersetzungen um den Rohölpreis zum Ausdruck kommt, ein Modell des gegenseitigen Handels und der Entwicklungshilfe zu setzen, das die zurückgebliebenen Länder aus Übersee begünstigt und aus ihnen vollwertige Wirtschaftspartner macht, die zum Wohlstand und zur Sicherung unserer Kinder und Enkel in den Industrieländern beitragen. Die eigentliche Gefahr für die Wirtschaft in den Industrieländern besteht in der Frontstellung zu den Entwicklungsländern und sie besteht in der Selbstzerstörung durch Konzentration; denn "Soziale Marktwirtschaft" funktioniert nur auf der breiten Basis selbständigen Unternehmertums.

Selbstbehauptung des Unternehmertums in einer kritischen Umwelt*

Das Unternehmer-Verhalten im psychosozialen Streß

Die angesehene Zeitschrift "Fortune" hat vor einiger Zeit das Ergebnis einer Untersuchung veröffentlicht, wonach festgestellt wurde, daß Unternehmer, wenn sie geisteskrank werden, meistens manisch-depressiv werden, Wissenschaftler hingegen meistens schizophren. Diese Feststellung soll im Grunde zeigen, daß Unternehmer auf die Beschimpfungen, denen sie eine Zeitlang ausgesetzt waren, überverhältnismäßig, d. h. mit einer regelrechten Depression reagiert haben. Wenn hingegen Sätze geäußert werden wie: "Unternehmer sind wieder in Mode", neigen sie sofort dazu, zu optimistisch zu werden. Wie häufig publiziert wurde, reagierte auch der Außenminister Kissinger extrem, indem er sagte, in zehn Jahren sei Europa marxistisch. Eine ebensolche Übertreibung wäre die Behauptung, daß Europa in zehn Jahren vom Marxismus gesäubert ist. Ich glaube, die Frage der Kritik am Unternehmer und die notwendige Selbstbehauptung des Unternehmertums sollte möglichst abseits von zyklischen Schwankungen gelöst werden. Man sollte versuchen, gewissermaßen den langfristigen Trend herauszuarbeiten. Bereits Schumpeter hat einmal gesagt, der Kapitalismus stirbt nicht, wie die Marxisten annehmen, an Kreislaufstörungen, sondern am Nervenzusammenbruch der Unternehmer. Wenn man ihn vermeiden kann, dann braucht der Kapitalismus auch nicht zu sterben. Einen Nervenzusammenbruch zu vermeiden, ist aber nicht so leicht, wenn man unter einem sehr starken psychosozialen Streß steht. Aus den neuesten Ergebnissen der internen Medizin wissen wir heute, daß gerade psychosozialer Streß die sogenannten Hochdruck-Krankheiten erzeugt. Dabei ist festzustellen, daß das Bild des Unternehmers in der Bevölkerung der Bundesrepublik besser ist als es in der Presse dargestellt wird. Da die Unternehmer aber mit der Presse mehr Kontakt haben als mit der Bevölkerung, beurteilen sie dieses Bild mehr nach der veröffentlichten Meinung als nach der öffentlichen. Der alte patriarchalische Unternehmer hatte viel mehr

---

* Erschienen in: Andreae-Freudenfeld-Mohr, Standort und Perspektive der deutschen Wirtschaft. Unternehmerische Leistung und Verantwortung, Köln 1976, S. 9-37.

Direktkontakt mit der Bevölkerung, so mit den Leuten in seiner Fabrik. Man könnte sagen, er hatte den Mut, sein Haus neben dem Werk zu bauen. Heute setzt der Unternehmer seine Villa ganz weit weg, in der Hoffnung, daß die anderen nicht erfahren, wie sie aussieht. Sie erfahren es natürlich dennoch. Sie spüren nur, daß er sich nicht mehr traut, sein Haus vorzuzeigen und zu sagen: das habe ich mir geleistet, das bin ich - nehmt dies bitte zur Kenntnis. Hier ist die Frage, wie behauptet man sich selbst, wenn man unter einen gesellschaftspolitischen Druck kommt. Man kann Rücksichten nehmen auf die von der Umwelt geäußerte Kritik und sich darauf einstellen. Wenn keine Reaktion erfolgt, verstärkt sich der Druck aus der Öffentlichkeit und es kommt zur "countervailing power", zur Gegenmachtbildung. Es bildet sich so eine organisierte Gegenmacht, die im Extremfall wiederum die andere Klasse abzuschaffen versucht. Bekanntlich entsteht die klassenlose Gesellschaft dadurch, daß die eine Klasse beseitigt wird und nur eine übrigbleibt.

Die Aufgaben und Leistungen des Unternehmers in Wirtschaft und Gesellschaft

Man spricht viel vom sogenannten "Theoriedefizit". Wir Professoren sind ja wohl die Anbieter von Theorien. Ich möchte meinen, daß auch unsere ganze Gruppe unter starken Druck kommt, allein durch die anfallenden hohen Kosten, die im Staatshaushalt entstehen. Aber trotzdem, man braucht Theorien - und was ist nun theoretisch ein Unternehmer? Er ist zunächst einmal der Leiter eines Unternehmens. Es spielt dabei keine Rolle, ob er Eigentümer oder ob er nur Manager ist. Diese, "Nur-Worte" verabscheue ich. Ich gebrauche auch nicht das Wort "Nur-Hausfrau", denn ich schätze die hausfrauliche Leistung außerordentlich hoch ein.

Die Aufgabe eines Unternehmensleiters ist es, in einer Marktwirtschaft nachfragegerecht und kostengünstig zu produzieren.

Wird der Konsument manipuliert?

Neben dem Wort "nachfragegerecht" steht das Wort Manipulation. Man meint, die Unternehmer manipulieren die Konsumenten so lange, bis sie Produkte kaufen, die sie gar nicht kaufen wollen. Ich halte dies für eine ungeheure Verleumdung des Konsumenten! Aus Gesprächen mit Konsumenten habe ich den Eindruck gewonnen, daß sie sehr gerne kaufen, wenn sie nur Geld haben. Das ist sicherlich eine angenehme Perspektive. Es bedarf also gar nicht der Manipulation. Wenn auch die Unternehmer dieses Wort also nicht aufgreifen, so werden sie doch überlegen, ob das, was sie produzieren, sinnvoll ist und dem Konsumenten nützt. Der Unternehmer muß sich eben in die Rolle des Abnehmers versetzen und sich fragen, ob er als Konsument dieses oder jenes Produkt akzeptieren würde. Wenn diese Rücksichtnahme nicht erfolgt, dann kommt es zum sogenannten "Konsumerismus". Die Gefahr ist, daß er nicht richtig funktioniert. Die Verbraucher sind im allgemeinen nicht organisierbar, weil sie nämlich zugleich auch Produzenten sind. Unternehmer wie Arbeitnehmer zählen letztlich beide zu den Produzenten. Da nun aber in der Seele des Menschen das Produzenteninteresse immer überwiegt, können die Konsumentenorganisationen eben nicht funktionieren! Auch die Gewerkschaften werden unglaubwürdig, wenn sie als Konsumentenvertretung auftreten. So kommt es, daß nun der Staat die Rolle der Gegenmacht übernimmt, effektiven Zwang ausübt und diesen ganz konkret an kritischen Stellen einsetzt, wobei er ihn dann möglicherweise überzieht.

Werbung informiert

In diesem Zusammenhang einige Gedanken zur Werbung. Mit Recht ist gesagt worden, daß die Werbung nicht antizyklisch eingesetzt wird. Mir ist immer wieder aufgefallen, daß die Werbung es am wenigsten verstanden hat, für sich selbst zu werben. Sie hat der Bevölkerung nie klar gemacht, warum sie für den Verbraucher von Nutzen ist, d. h. Informationskosten senkt. Man muß es vielleicht weniger abstrakt darstellen als ich es ausdrücken kann. Was würde es konkret bedeuten, wenn man keine Werbung hätte? Die Leser, die eine Zeitung durchblättern, fragen sich, was der ganze Werbeteil soll. Sie pflegen alles zu überschlagen, was sie nicht interessiert. Suchen sie aber z. B. eine Wohnung, so wissen sie sehr wohl den Wert der Anzeigenwerbung einzuschätzen. Dann wird ihnen klar, was es kosten würde, wenn es diese Möglichkeit der Informationsbeschaffung über das Wohnungsangebot nicht gäbe.

Kostengünstige Produktion auch ohne maximalen Leistungsdruck?

Der Unternehmer soll kostengünstig produzieren. Dies ist eine weitere ihm gestellte Aufgabe. Es fragt sich, ob dies unter einem maximalen Leistungsdruck auf alle Beteiligten erfolgen muß. Ich darf diesen Ausdruck der Linken interpretieren und möchte zeigen, wie man mit ihm fertig wird. Zunächst muß man sich klarmachen, was unter Leistungsdruck eigentlich zu verstehen ist.

Es ist heute erwiesen, daß ein gewisses Maß von Leistungsdruck für den Menschen gut und heilsam ist. Man könnte eine Streßkurve verfolgen. Sie steigt bis zu einem gewissen Grad an, den man als optimalen Streß bezeichnen wird. Was darüber hinausgeht, führt zu einer Leistungsminderung. Eine Leistungsschwäche ist andererseits auch unterhalb des optimalen Leistungsdrucks festzustellen, wenn von einem Mitarbeiter zu wenig verlangt wird. In allen Handbüchern über den kooperativen Führungsstil wird darauf hingewiesen, daß Mitarbeiter von ihrem Leistungsvermögen im allgemeinen eine zu geringe Meinung haben. Sie glauben, bestimmte Aufgaben nicht erfüllen zu können. Verlangt man diese von ihnen ernsthaft und nachhaltig, dann leisten sie sie und freuen sich, daß sie sie bewältigt haben. Sie haben so eine Selbstbestätigung durch Leistung erfahren.

Die Leitbildwirkung der politischen Demokratie und die Unternehmerschaft

Der Unternehmer ist aber nicht nur Leiter eines Betriebes, sondern Führer eines sozialen Verbandes im Unternehmensbereich analog einer politischen Gemeinde, nur mit dem Unterschied, daß die Leute in einer Gemeinde häufig schlafen, im Unternehmen aber hellwach sind. Es ist daher viel gefährlicher, Unternehmer zu sein als Bürgermeister.

Da in unserer demokratischen Gesellschaft die Bürgermeister gewählt werden, können die Unternehmer nicht hintenan bleiben. Sie müssen sich im Grunde genommen also so verhalten, als ob sie von ihrem Betrieb - wie von einer politischen Gemeinde - wiedergewählt werden müßten. Sicher ist dies eine schwerwiegende Forderung. Die Unternehmer sind in der Gesellschaft diejenigen, die von allen anderen Leistung verlangen müssen. Es wird ihnen beispielsweise - u. a. von der Bundesbank - vorgeworfen, daß sie zu wenig hart waren. Gleichzeitig sollen sie sich in einer demokratischen Gesellschaft ständig zur Wiederwahl stellen. Wir wissen doch, daß dieses System zu einem irrationalen Verhalten führt, denn es läßt eben diese geforderte Härte, besonders in den Vorwahlperioden, vermissen. Wie kommt man nun aus diesem Dilemma heraus?

Die Unternehmer und die Gewerkschaften

Bevor ich auf diese Frage eine Antwort zu geben versuche, darf ich einige grundsätzliche Bemerkungen machen. Die Beziehung zwischen Unternehmer und Gewerkschaft ist u. a. dadurch geprägt, daß in betrieblicher Beziehung die Unternehmer immer regieren und die Gewerkschaften immer die Oppositionspartei darstellen. Die Leitbildwirkung der politischen Demokratie kennt den Machtwechsel und hat eine ungeheure Attraktionskraft auf die Gewerkschaftsfunktionäre. So verlangen sie die paritätische Mitbestimmung in der Hoffnung, daß sich daraus allmählich eine Alleinbestimmung durch die Gewerkschaftsfunktionäre entwickeln könnte und auch im unternehmerischen Bereich ein Machtwechsel möglich würde.

Hier sehen wir sehr gut die Fehlinterpretation. Gelänge es nämlich tatsächlich, daß die Gewerkschaftsfunktionäre die Macht in den Betrieben ergreifen, so müßte man eine neue Interessenvertretung der Arbeiter erfinden - vielleicht nur unter anderem Namen. Die Funktion der Vertretung der ausführenden Arbeit gegenüber der leitenden Arbeit ist nämlich nach wie vor vorhanden. Wachsen die Gewerkschaften also zu sehr in die Unternehmerrolle hinein, dann machen sie sich als Gewerkschaft überflüssig. Man müßte neue Gewerkschaften bilden. Der Begriff von der staatlichen Demokratisierung läßt sich also nicht ohne weiteres auf die betrieblichen Verhältnisse übertragen. Das heißt aber, daß wir uns fragen, wo die Spannungen im Betrieb liegen und wie wir diese ausräumen.

Beim Militär gab es oft Koalitionen zwischen den gemeinen Soldaten und den Offizieren gegen die Unteroffiziere. Analog wäre vielleicht auch eine Koalition zwischen Betriebsleitung und der Basis zu finden. So könnte man die Basisdemokratisierung im Unternehmen konkret werden lassen durch Mitbestimmung am Arbeitsplatz, durch Zulassung von Arbeitsgruppen-Sprechern und dergleichen. Dies wäre dann auch eine Koalition zwischen Leitung und Basis gegen das Interessenvertretungs-Establishment.

Der Unternehmer als Mitglied der "Oberschicht"

Der Unternehmer ist weiterhin auch Mitglied einer Sozialgruppe: "die Oberschicht". Vor 70 Jahren wurde die Hochzeit der Tochter eines Unternehmers mit einem Leutnant als ein gesellschaftlicher Aufstieg gewertet, heute würde sie für eine mittlere Familienkatastrophe gehalten werden. Die soziale Schichtung hat sich verändert. Das Militär ist ab- und das Unternehmertum ist aufgestiegen. Hierbei hat es die anderen Schichten personell und funktionell beerbt. Sie finden heute in den Spitzenpositionen der Betriebe und der Wirtschaft Stabsoffiziere, die auf ihre militärische Vergangenheit großen Wert legen, aber nicht daran denken, etwa wieder Stabsoffizier zu werden. Hierin sehe ich die personelle Beerbung. Auch funktionell haben die Unternehmer die Oberschicht beerbt, indem sie z. B. die Funktion des Mäzenatentums übernahmen. Es wird vom Unternehmer heute erwartet, daß er Gemälde sammelt, sich um Museen kümmert. Er übernimmt also Funktionen, die früher exklusiv der Aristokratie zustanden. Nichtsdestoweniger haben die Unternehmer die ganze Entwicklung vielfach nicht so richtig nachvollzogen. Sie sind das geblieben, was die neue Linke als "Fachidioten" bezeichnet. Unter einem Fachidioten versteht sie jemanden, der sich im wesentlichen nur auf seine Aufgabe konzentriert. Die Unternehmer leisten also sehr viel in ihren Betrieben und am Markt. Sie erwarten, daß die Gesellschaft dies auch anerkennt. Dies tut sie aber immer weniger, je länger sie sich daran gewöhnt hat, daß Unternehmer eben tüchtig sind.

Wir wissen aus der Sozialpsychologie, daß die Tüchtigkeitsrolle diametral der Beliebtheitsrolle entgegensteht. Nehmen wir einmal an, einige Leute machen eine Bergtour. Sie kommen in eine schwierige Situation. Da wird nun der Tüchtigste spontan ganz selbstverständlich der Anführer. Dieselbe Gruppe wird nach glücklicher Heimkehr dann abends in der Hütte beim Umtrunk diesen Tüchtigsten nicht mehr als Anführer akzeptieren, sondern einen ganz anderen, so eine Art Betriebsnudel. Tüchtigkeits- und Beliebtheitsrolle widersprechen einander. Die Unternehmer haben sich vollkommen in die eine Rolle, in die des Tüchtigen, hineingesteigert. Sie wundern sich nun, daß sie nicht so beliebt sind wie sie es gern sein möchten. Meine Damen und Herren, werten Sie diese Ausführungen nicht als einen Aufruf, etwa von der Tüchtigkeitsrolle auf die Beliebtheitsrolle umzusteigen. Zum einen würde Ihnen das kein Mensch glauben und zum anderen würden Sie dann sehr bald in Konkurs gehen. Man muß das sehen. Man muß sich aber auch nicht überflüssigerweise unbeliebt machen, indem man mit seiner Tüchtigkeit den anderen zu sehr auf die Nerven geht.

Der Unternehmer als Mitglied der Mehrleistungsschicht

In der Gesellschaft gibt es eine Art Klassenkampf, nicht zwischen dem Kapitalisten und dem Arbeiter, sondern zwischen der Mehrleistungsschicht und der Durchschnittsleistungsschicht. Man muß wissen, daß derjenige, der aus welchen Gründen auch immer, Durchschnittliches leistet, keine besondere Vorliebe für denjenigen hat, der mehr leistet und ihm auch noch mehr Leistung abverlangt. Man sollte also die Leute nicht unnötig reizen und seine eigene Tüchtigkeit nicht zu sehr auf den Präsentierteller stellen. Gewisse menschliche

Schwächen sollen durchaus zum Tragen kommen und etwas Nachsicht geübt werden.

Bei der Unternehmerschaft tritt in ihrer Funktion als Oberschicht ein quantitatives Problem auf. Wenn wir alle Personen, die ihr angehören, zusammenzählen, den Mittelstand, die Familie usw., so ist dieser Kreis gar nicht so klein, aber für eine Mehrheit reicht er auf keinen Fall aus. Wenn man aber eine Mehrheit haben will - und die braucht man nach unseren Spielregeln in einer Demokratie - so muß man versuchen, die Gruppe zu erweitern, sich Bundesgenossen zu verschaffen.

Leitende Angestellte, freie Berufe - die Bundesgenossen der Unternehmer

Wer kommt nun als Bundesgenosse für die Unternehmer in Frage? Zunächst einmal diejenigen, die ähnliche Aufgaben erfüllen. Das sind vor allem die leitenden Angestellten. Ich halte es zur Zeit für die ernsteste, schwierigste und wichtigste Aufgabe des Unternehmerlagers, die leitenden Angestellten für sich zu gewinnen und sie nicht zu politischen und gesellschaftlichen Gegnern abgleiten zu lassen. Das gleiche gilt für die freien Berufe. Kürzlich fand in Österreich eine große Ärztedemonstration statt. Ich habe damals maßgebliche Vertreter des Unternehmertums gefragt, warum sie diese Demonstration nicht unterstützten. Die Ärzte gingen ja nicht auf die Straße, um Ärzte zu bleiben. Das will ihnen niemand nehmen. Sie gingen auf die Straße, um Unternehmer zu bleiben, nämlich frei berufstätige, selbständige Ärzte - also Unternehmer. Sie kämpften um ihren Autonomiespielraum, genau um das, worum auch die Unternehmer kämpfen müssen. Hier zeigt sich eine Bundesgenossenschaft zu dem ganzen Bereich der freien Berufe, so die hohen Beamten und auch die Professoren. Was uns mit der Hochschulreform im Grunde zugedacht ist, ist nichts anderes als die Beschneidung unserer Autonomiespielräume unter dem Vorwurf der Ordinarienherrschaft. Und so ist es auch hier eine Beschneidung unternehmerischer Spielräume. Es finden sich also überall potentielle Verbündete. Man muß nur die Verbindungslinie sehen.

Das Unternehmen in der demokratischen Ordnung

Das unternehmerische Eigentum- eine Begriffsdefinition

Den Standpunkt der Unternehmer hinsichtlich der Deutung und der Wertung des Eigentums an den Produktionsmitteln teile ich voll und ganz. Ich möchte die Begriffe aber nicht ungeprüft übernehmen. Was versteht man unter dem Begriff "Eigentum an den Produktionsmitteln"? Stellen wir uns eine Fabrik mit einer neuen, nach allen technischen Erkenntnissen ausgestatteten Papiermaschine vor. Diese wird eingemottet und nach zehn Jahren wieder entmottet. Die ganze Anlage ist dann ziemlich wertlos, weil die Entwicklung inzwischen darüber hinweggegangen ist. Es kommt also nicht auf das bloß materielle Eigentum an den Produktionsmitteln an, sondern darauf, daß man die richtige Investitionspolitik, sowohl zeitlich als auch sachlich, nach der Marktlage betreibt. Ich würde daher viel lieber vom "Urheberrecht am Unternehmen als Ganzem" sprechen, denn es ist zugleich auch ein geistiges Eigentum. Die Freiverfügbarkeit über das Eigentum muß garantiert bleiben.

Das Eigentum ist weiterhin eine Voraussetzung für den Wettbewerb. Eine dezentrale Steuerung der Wirtschaft ohne Eigentum ist nicht denkbar.

Der Arbeitgeber und der Arbeitnehmer - eine philologische Ausdeutung

Die Worte "Arbeitgeber", "Arbeitnehmer" scheinen mir begrifflich nicht verständlich. Der Arbeitgeber ist jemand, der von anderen Arbeit nimmt und der Arbeitnehmer jemand, der anderen Arbeit gibt. Hier sind die Verhältnisse von Angebot und Nachfrage völlig umgedreht. Die Unternehmer werden als Leute dargestellt, die großzügigerweise Arbeitsplätze zur Verfügung stellen. Das mag im 15. Jahrhundert der Fall gewesen sein. Ob heute ein Unternehmer einen Arbeitsplatz zur Verfügung stellen kann, hängt weitgehend vom Verhalten der Arbeitnehmer ab. Die Kostendruckinflation ist eine Inflationsform, auf die der Unternehmer gar keinen Einfluß hat. Arbeitsplätze sind nicht durch das Verhalten der Unternehmer gefährdet, sondern durch das der Arbeitnehmer. Ich will Ihnen damit zeigen, wie dialektisch man mit solchen Begriffen umgehen muß, wenn man die neuen Machtverhältnisse philologisch ausdrücken will. Sie sind eben nicht mehr so, daß ein Feudalherr wie in einem Patriarchat Arbeitsplätze zur Verfügung stellt.

Arbeitgeber und Arbeitnehmer sind Partner, nicht Gegner

Die Arbeiter in der Bundesrepublik sind nicht die Gegner des Unternehmertums; sie sind viel konservativer als man glaubt. Die Gegner sind vielmehr andere Machteliten. Kämpfe um die Macht werden nie zwischen der Masse und den Herrschenden ausgeführt. Das ist eine der Verzerrungen des Marxismus. Kämpfe um die Macht werden vielmehr immer von der einen Elite gegen die andere Elite geführt. Die Masse wird immer beherrscht. Die Masse kann sich eine aufgeklärte, entgegenkommende oder brutale Herrschaftsform aussuchen; von der Herrschaft freikommen wird sie jedoch nie. Es wäre ein falsches Freund/Feindbild, wenn man die Arbeitnehmer oder die Gewerkschaften pauschal als Feinde betrachten würde. Man muß sehr sorgfältig differenzieren und es so ausdrücken: In den Gewerkschaften gibt es ein paar Leute, die außerordentlich gefährlich sind, weil sie sich ein sehr viel weitergehendes Ziel gesteckt haben als es einem Gewerkschaftler allgemein vorschwebt. Die Gewerkschaft hat normalerweise das Ziel, sich mit den Unternehmern über Löhne zu streiten, nie aber den Unternehmer zu vernichten. Es gibt heute in den Gewerkschaften einzelne Leute, die den Konfliktpartner jedoch zu vernichten suchen. Man darf dabei die große Bedeutung von einzelnen nie unterschätzen. Dies ist keine quantitative Frage, sondern eine der Intelligenz, des Fanatismus und der Energie. Man muß sie ausfindig machen, sie isolieren und versuchen, sich mit ihnen auseinanderzusetzen. Ich möchte den Personenkreis, der den Unternehmern ihren Platz an der Sonne streitig machen will, in drei Gruppen einteilen: Die erste Gruppe ist die mit dem Heimweh nach dem Klassenkampf, die zweite stellt die Gleichheitsfanatiker und die dritte die Anarchisten.

Der Klassenkampf ist abgeschlossen

Unter dem Heimweh nach dem Klassenkampf leiden solche, die nicht begreifen wollen, daß der Klassenkampf eine historisch abgeschlossene Phase ist. Man kann die Geschichte nicht wieder neu aufspulen. Der Kapitalismus war viel zu flexibel, um sich auf dieses Angebot eines Kampfes auf Tod und Leben einzulassen. Er hat in einer historisch geschickten Weise das Problem im wesentlichen bewältigt durch viele Reformen, so die Sozialversicherung, welche die Konservativen eingeführt haben. Denken Sie daran, daß es die heute verpönte konservative CDU/CSU war, die die dynamische Rente erfunden hat. Es waren also nicht die heutigen Reformer, die in ihren Vorhaben völlig festgefahren sind, von denen nichts anderes übriggeblieben ist als eine Erhöhung der Personalausgaben. Unter den konservativen Regimes sind echte Reformen durchgeführt worden - und da lassen sich die Konservativen nachsagen, sie wären reformfeindlich. Sie sollten der Öffentlichkeit zeigen, was sie alles effektiv erreichten. Der Klassenkampf ist also doch im Grunde eine abgeschlossene Angelegenheit. Er wird jetzt künstlich wieder belebt mit dem Ziel, den Gegner zu vernichten, um eine klassenlose Gesellschaft zu schaffen. Sie wiederum bedingt die Beseitigung der Kapitalistenklasse. Wir alle wissen, wie das auszugehen pflegt: am Ende gibt es dann nur eine Klasse.

Die Gleichheitsfanatiker als Gegner der Leistungsgerechtigkeit

Die zweite Gruppe stellen die Gleichheitsfanatiker. Sie übersehen, daß es eine natürliche Ungleichheit der Menschen gibt. Soweit Menschen eigensüchtig sind, streben sie nach drei Zielen: nach Macht, Einkommen und Prestige, aber in einem höchst unterschiedlichen Mischverhältnis. Den einen ist das Einkommen das wichtigste und Prestige und Macht im Grunde gleichgültig. Andere opfern viel Geld, um Prestige zu erlangen, z. B. durch Einkauf eines Ehrendoktors. Wieder andere opfern Prestige und Einkommen, um Macht zu erlangen. Jede Gleichheitsmethode ist deshalb absurd, weil die Menschen dies gar nicht wollen. Sie wollen, soweit sie überhaupt eigensüchtig argumentieren, ganz unterschiedliche Mischungsverhältnisse dieser drei Elemente. Auch in der Literatur nähert sich der herrschende Gerechtigkeitsbegriff immer mehr dem Gleichheitsprinzip an. Jeder Arbeiter, mit dem Sie vernünftig reden, wird sehr schnell begreifen, daß es noch einen anderen Gerechtigkeitsbegriff gibt, nämlich den der Leistungsgerechtigkeit und hierauf bestehen sie auch in der Lohndifferenzierung. Nichts ist schwieriger, als einen leistungsgerechten Lohn in einem Betrieb zu verwirklichen und die Konflikte, die aus seiner Festsetzung entstehen, zu vermeiden. Überall sind die Menschen für Ungleichheit, so auch in ihren Interessen. Jede Gleichheitspolitik kann daher nur mit Macht verwirklicht werden und genau das suchen die Gleichheitsfanatiker, nämlich die Macht für sich, Abbau der Macht, die die Unternehmer haben, Abbau der Macht, die der demokratische Staat hat und Ersetzung dieser Macht durch ihre eigene.

Die Anarchisten als Gegner jeglicher ordnenden Herrschaft

Die dritte Gruppe bilden die Anarchisten, die die Notwendigkeit jeder Herrschaft bestreiten. Die Geschichte zeigt jedoch, daß Herrschaft immer notwendig gewesen ist und von den Beherrschten verlangt wird, da sie ein Bedürfnis nach Führung haben. Es gibt so in jeder menschlichen Gemeinschaft nicht nur Führer, sondern auch Geführte, also solche, die geführt werden wollen. Inklusive der Ehe, wobei nur unklar ist, wer jeweils der Führende und der Geführte ist. Die Anarchisten wollen im Grunde die Arbeitsteilung zwischen Führen und Geführtwerden aufgeben. Dies ist utopisch. Es geht allenfalls nur mit Gewalt. Daher wenden sie auch Gewalt an, zuerst gegen Sachen, dann gegen Personen. Man kann ihnen wahrscheinlich nur mit Gegengewalt begegnen.

Die Gefährlichkeit von Minderheiten darf nicht unterschätzt werden

Das sind also die Gegnergruppen, die man allenthalben in verhältnismäßig sehr geringen Konzentrationen findet. Das führt dazu - Stichwort Tendenzwende - daß Unternehmer sich gerne wieder zur Ruhe setzen. Sie meinen, das ist alles ja nicht so gefährlich - es sind nur ein paar Außenseiter. Umgekehrt ist es richtig, an einem Beispiel aus der Chemie darf ich es erläutern: Schon eine ganz geringe Konzentration eines bestimmten Duftstoffes erzeugt einen erheblichen Gestank. Das heißt, es kommt nicht auf das Zählen der Atome oder Moleküle an, sondern auf die Effizienz.

Reformen: Ja - aber mit Augenmaß

Mit wem können sich die Unternehmer eigentlich verbünden? Ich würde sagen mit allen, die finanzierbare, durchdachte und in ihrer Zielsetzung klar umrissene Reformen mit Augenmaß anstreben. Die Vorhaben müssen einen Fortschritt bringen. Stellen Sie sich einen lawinengefährdeten Hang in den Alpen vor. Skifahrer können in diesen Hang hineinschießen mit vollem Tempo, in der Hoffnung, daß sie durch sind, ehe die Lawine kommt. Das sind die Eil-Reformer - alles mit Elan und alles sofort. Dann gibt es den Konservativen, der mit Seil, Lawinenschnur und Pieps in der Tasche unter Vorwarnung des Hüttenwirts vorsichtig den Hang ansteuert und die Festigkeit ausprobiert. Wenn es schief geht, wird er dann allenfalls ausgegraben. Es gibt letztlich aber auch Leute, die reden in den Gasthäusern nur darüber, wie man lawinengefährdete Hänge anfährt. Selbst auf die Piste begeben sie sich aber nicht.

Man muß eine Integration von Gewinnmaximierung und gesellschaftspolitischer Verantwortung in einer Art und Weise finden, die weder das Unternehmen in den Konkurs treibt noch umgekehrt die Arbeiter auf die Barrikaden. So wird man also Reformen mit Augenmaß begrüßen und unterstützen, aber mit ihnen nicht so umgehen wie mit dem Boom, scharf rauf und dann unter Null fahren. Reformen sind ferner etwas, was mit Maß und Ziel in langfristiger Planung betrieben werden muß. Man muß gewisse Geduld aufbringen und benötigt dazu den

Rechenstift. Es muß einfach wieder erlaubt sein, über die Kosten von Reformen wenigstens zu diskutieren. Auch darüber, wieviel Belastung eine Wirtschaft verträgt.

Minoritätenschutz muß verfassungsrechtlich gewährleistet bleiben

Die Unternehmer kämpfen mit anderen Minoritäten um Machtpositionen. Die Zuweisung dieser Machtposition erfolgt im demokratischen Rechtsstaat einmal durch die Verfassung und zum anderen durch die Gesetzgebung. Beide hängen vom Wähler ab. Das heißt, die bloße Feststellung, daß Eigentum seit jeher im Grundgesetz garantiert ist, genügt nicht, denn es gibt eine verfassungsändernde Mehrheit in der Bevölkerung, die nicht Eigentümer ist. Es ist durchaus denkbar, daß das Eigentum durch diese Mehrheit ganz legal abgeschafft wird. Will man dies nicht, dann muß man versuchen, gerade die Nichteigentümer davon zu überzeugen, daß es Eigentum geben muß, weil das gleichermaßen für Besitzende und Nichtbesitzende gut ist. Die Unternehmer müssen in einem demokratischen Staatswesen sich als eine unentbehrliche Minorität profilieren. Daß sie eine unentbehrliche Schicht sind, sehen auch die derzeitigen Staatslenker ein, indem sie jetzt dem Unternehmer gut zureden, den Karren aus dem Dreck zu fahren. Dies ist eine sehr gute Gelegenheit, jetzt nicht eine Trotzstellung einzunehmen, sondern klar zu machen, warum es Unternehmer geben muß und warum es darauf ankommt, in Bereichen, in denen wir in eine Sättigung hineingekommen sind, neue Wege zu suchen.

Die Unternehmer als offene Gesellschaftsgruppe

Die Unternehmer sollten sich als eine offene Schicht verstehen und sich nicht abschließen. Sie sollten sich ähnlich wie in einer Fußball-Liga verhalten, wo man aufsteigen, aber auch absteigen kann. Nicht Zetermordio anstimmen, wenn einzelne ihrer Mitglieder absteigen müssen, vielmehr darauf bedacht sein, andere aufsteigen zu lassen. Auch den englischen Adel gibt es heute noch deswegen, weil auch die Beatles adelig werden konnten. So komisch es im Einzelfall klingen mag, so richtig ist es, daß die Unternehmer eine offene Gesellschaft sind, eine Gesellschaft, in der jeder Unternehmer sein kann, wenn er es will. Es gibt bereits einige Organisationen im Unternehmerlager, die finanzielle, organisatorische und andere Hilfsmaßnahmen vorbereiten, wenn fähige Arbeitnehmer sich selbständig machen wollen. So muß man denn eine Menge tun: Sich selbst an

Haupt und Gliedern reformieren, sich auf die Gesellschaft einstellen und seine Minderheitsrolle überdenken.

Wenn man das alles getan hat, dann sollte man nach dem Motto handeln: Tue Gutes und rede darüber, wie jener amerikanische Boxer, der gesagt hat: "Die Hälfte meiner Zeit verwende ich, um zu trainieren und die andere, um den Leuten zu sagen, wie gut ich bin."

Das Unternehmerbild in der modernen Literatur*

Erich Kästner, der in Kindlers Literaturgeschichte als heiterer Humanist und Moralist bezeichnet wird, hat seinem Buch "Drei Männer im Schnee" die Fragen vorangestellt:

Aus welchem Grunde sind die Millionäre aus der Mode gekommen? Weshalb ist man dagegen, daß sie und ihre kostspielige Umgebung sich auf der Leinwand und im Roman widerspiegeln? Sind sie verboten? Oder sind sie gar gefährlich? Weit gefehlt! Sie zahlen Steuern. Sie beschaffen Arbeit. Sie treiben Luxus. Sie sind wesentliche Bestandteile von Staat und Gesellschaft. Sollten sie der Abglanz einer Zeit sein, die schon untergegangen ist? Sollten sie deshalb aus der Mode gekommen sein? (1947)

Kästners Millionär, Herr Geheimrat Tobler, der Mann, dem Banken, Warenhäuser, Fabriken, Bergwerke, Hochöfen und Schiffahrtslinien gehören, hat sich, seit er vor fünfzehn Jahren den Herrn Onkel beerbte, um nichts mehr gekümmert. Seine Person ist in der Unternehmung und in der Wirtschaft ganz allgemein nicht von Bedeutung, da durch die vielschichtige und enge Verflechtung der Unternehmungen mit der Gesamtwirtschaft und durch den fortschreitenden Konzentrationsprozeß das Geschehen nach unsichtbaren Gesetzen, vergleichbar mit denen einer Naturgewalt, abläuft.

Konzerne gleichen Lawinen. Sie werden größer und größer: Soll man ihnen dabei helfen? Sie enden im Tal: Kann man's verhindern?

Erich Kästner nimmt hiermit einen der Standpunkte der gegenwärtigen Autoren vorweg, indem sie immer wieder auf die Eigendynamik und Verselbständigung der Unternehmungen hinweisen.

Der Lauf der Unternehmung wird mit dem einer Lawine verglichen, unaufhaltsam, alles mit sich reißend, dem man sich besser fernhält, wenn man kann, um Mensch bleiben zu können. Die Motivationen, Wertvorstellungen und Verhaltensnormen des individuellen Unternehmers scheinen in den Hintergrund zu treten. Die Umwelt mit ihren Einflüssen und Anforderungen wie auch die ei-

---

* Erschienen in: Komparatistik, Festschrift für Zoran Konstantinovic, Innsbruck 1980, S. 501-507.

gene Struktur der Unternehmung beschränken im großen Ausmaß die Entscheidungsfreiheit in der Unternehmungsführung.

Vorerst soll ein kurzer Rückblick auf jene Darstellungen der Literatur gegeben werden, auf die das derzeitige Bild des Unternehmers problemgeschichtlich aufbaut.

Vielleicht ist es der Dialog "Equality as consistent with the British Constitution" (1792) von William Paley, in dem uns der Vorläufer des Unternehmertyps der sich industrialisierenden Gesellschaft erstmals gegenübertritt. In seiner Grundhaltung gegenüber dem Arbeiter ist der hier beschriebene Master-Manufacturer noch ganz der gedanklichen Welt des Feudalismus verhaftet, in der der "Herr" in wohlwollender Verantwortung seinen "Gefolgsleuten« den Lebensunterhalt zuerst in Form von Land und nun in Form von Arbeit gibt und sie wie Kinder väterlich-vertrauensvoll vom falschen Weg der Unvernunft abhält. In seiner Funktion als Arbeitgeber, Produzent und.Kapitalgeber deutet er in die Zukunft des modernen Unternehmertums, aber in seiner geistigen Einstellung dazu, als Patron, ist er ein Relikt aus der feudalen Welt des Großgrundbesitzers. Ein ähnliches Bild gibt uns Hannah More in "Village politics, addressed to all the Mechanics, Journeyman, and Labourers in Great Britain. By Will Chip, a Country Tom Hod" (1793).

In Frankreich beschreibt Honore de Balzac in seinem Werk "Le Père Goriot" (1835) einen Unternehmer, der nach Beendigung seiner geschäftlichen Tätigkeiten in völlige Apathie und Uninteressiertheit verfällt. Alle seine Fähigkeiten verbrauchen sich im Betrieb. Goriot ist:

geduldig, fleißig, energisch, ausdauernd, rasch entschlossen in seinen Unternehmungen; er hat einen Adlerblick, war allem überlegen, sah alles voraus, wußte alles, verbarg alles, war Diplomat im Fassen, Soldat in der Ausübung seiner Pläne. Aber außerhalb seines Spezialgebietes und seines schlichten, dunklen Ladens, gegen dessen Tür gelehnt er seine Mußestunden zubrachte, war er wieder der dumme, plumpe Arbeiter, der Mann, der unfähig war, einem Gespräch zu folgen, der gegenüber allen geistigen Genüssen stumpf blieb, der im Theater schlief ...

Das Kunstbanausentum ist ein in der Literatur gern gebrauchtes Merkmal für den Unternehmer der frühen Phase. Auch der Master-Manufacturer von William Paley macht seinem Arbeiter klar, daß er mit dem Studium der Bibel und dem seines Geschäftsjournals als geistige Anregung das Auslangen findet.

In der industriellen Pionierzeit erlangte der Unternehmer einen hohen sozialen Status, seine Gestalt und seine Welt wurden zu einem Hauptsujet literarischer

Werke erhoben. In Deutschland erschien 1855 Gustav Freytags Roman "Soll und Haben", der eine programmatische literarische Verteidigung des wirtschaftlichen Liberalismus und des freien Unternehmertums darstellt. Mit viel Sympathie zeichnet Theodor Fontane die Figur des Kommerzienrat Treibel in "Frau Jenny Treibel" (1892). Zur Jahrhundertwende schreibt John Galsworthy die drei Bände der "Forsyte-Saga". Der Unternehmer Soames Forsyte wird in seinen privaten Beziehungen gezeigt. Er häuft mit gewissen typischen Eigenschaften wie Sinn für "property" und "value" den Familienreichtum an. Das grundlegende Gesetz ist für ihn das Gesetz des Besitzes. Eigentum wird zum Fetisch und er fühlt sich zum demonstrativen Konsum verpflichtet.

Die unmenschlichen Auswirkungen des Industrialisierungsprozesses auf die ausgebeuteten Arbeiter, die im klassischen Liberalismus dem Unternehmer auf Gedeih und Verderb ausgeliefert waren, ließen in dieser neu entstandenen Konfliktsituation das Bild des Unternehmers vom geachteten industriellen Pionier, der dynamischen Persönlichkeit, schnell zum Typ des lächerlichen, selbstgefälligen Bösewichts schrumpfen. In dieser Kampfsituation entsteht das karikaturhaft überzeichnete Negativimage des bösen Unternehmers, womit die Autoren das gesellschaftspolitische Bewußtsein der Arbeiterschicht beeinflussen.

Charles Dickens kennt und beschreibt die grausame Welt der Fabriks- und Kinderarbeit. Im Jahre 1854 erscheint sein satirisches Portrait des reichen Industriellen Bounderby im Roman "Hard Times". Vom Erscheinungsbild her ist er ein grober ungehobelter Klotz, der gar nicht genug von sich als self-made-man, seiner früheren Armut und seinem Aufstieg aus der Gosse erzählen kann. Dickens Romane, die meist in Fortsetzungen erschienen, hatten große Breitenwirkung.

Der Bergwerksleiter Hennebeau in Emile Zolas "Germinal" (1885) nützt zwar die Entscheidungsbefugnis, nach Belieben Arbeitern zu kündigen und ihnen somit deren Lebensunterhalt zu entziehen, in prekären Situationen gibt er sich aber lieber als Durchführungsorgan der Company in Paris. Ungeduldig wartet er auf Weisungen aus Paris, um selbstverantwortlichen Entschlüssen entgehen zu können. Die Kapitalgeber leben fernab von der mühsamen, verschmutzten und verrauchten Betriebswelt. Nur ein Aktienbesitzer, Gregoire, genießt sein geruhsames, naives Dasein in der Nähe der Kohlengruben. Er erfreut sich seiner guten Küche, seiner Tochter und des Fleißes der "guten, ehrlichen Leute" in den Gruben. Ein wegen chronischer Krankheiten, verursacht von den überaus harten Arbeitsbedingungen, stellenloser Grubenarbeiter setzt dieser wohlwollenden Gelassenheit ein jähes Ende. An Deneulin zeigt Zola das typische Schicksal der kleinen Einzelunternehmer, die von dem gefräßigen Werwolf des Großkapitals verschlungen werden.

Klar erkennt Gerhart Hauptmann die Ursachen des Problemkreises Unternehmer - Arbeiter, dem denkbar ungünstigen Verhältnis zwischen Kapitalbesitzern und besitzlosen Nurarbeitern im Frühkapitalismus. Dreißiger in den "Webern" (1893) ist sehr negativ gezeichnet. In um Verständnis heischender Selbstdarstellung klagt dieser:

Auf wem bleibt's denn schließlich sitzen? Natürlich doch auf uns Fabrikanten. Wir sind an allem schuld. Wenn so'n armes Kerlchen zur Winterszeit im Schnee stecken bleibt und einschläft, dann kommt so'n hergelaufener Skribent und in zwei Tagen, da haben wir die Schauergeschichte in allen Zeitungen ...

Der Fabrikant muß ran, der Fabrikant ist der Sündenbock. Der Weber wird immer gestreichelt, aber der Fabrikant wird immer geprügelt: Das is'n Mensch ohne Herz, 'n Stein, 'n gefährlicher Kerl, den jeder Preßhund in die Waden beißen darf. Der lebt herrlich und in Freuden und gibt den armen Webern Hungerlöhne. Daß so'n Mann auch Sorgen hat und schlaflose Nächte, daß er sein großes Risiko läuft, wovon der Arbeiter sich nichts träumen läßt, daß er manchmal vor lauter Addieren und Multiplizieren, Berechnen und Wiederberechnen nicht weiß, wo ihm der Kopf steht, daß er Hunderterlei bedenken und überlegen muß und immerfort sozusagen auf Tod und Leben kämpft und konkurriert, daß kein Tag vergeht ohne Ärger und Verlust; darüber macht er sich keine Gedanken.

Bertolt Brecht kam allerdings nicht zum selben Bild des Unternehmers. In seinem Stück "Heilige Johanna der Schlachthöfe« (1929/30) bedient er sich des Instruments der negativen Überzeichnung und der diametral entgegengesetzten Charakterisierung. Beschrieben wird der Unternehmer Piermot Mauler, Schlachthofbesitzer in Chicago, in Form von Selbstaussagen, Aussagen des Kompagnons, der Konkurrenten, der Arbeiter, ...:

- er ist der hinterhältige Spekulant, der erstaunlich ehrliche Selbsterkenntnis besitzt
- er ist der sadistische Hautabzieher, kann aber keine Kreatur leiden sehen
- ihm ist eine geldgierige Unnatur eigen, aber er liebt das Geld nicht
- er ist der skrupellos verräterische Nestbeschmutzer, dem jedoch sehr an einem guten öffentlichen Image liegt.

Eine solche Schwarzweiß-Zeichnung läßt an plakativer Deutlichkeit nichts zu wünschen übrig. Brecht will eine Änderung der gesellschaftlichen Verhältnisse. Seine Bühnenstücke treiben »soziale Pädagogik« mit den Mitteln des Kontrasts, des Schocks und der Exzesse. Im "Aufstand und Fall der Stadt Mahagonny"

(1928/29) beschreibt er gerissene Unternehmer, die im Wirtschaftsgefüge der freien Marktwirtschaft die Befriedigung elementarer menschlicher Bedürfnisse zu eigenen profitablen Industriezweigen ausbauen können.

Das Unternehmerbild wandelt sich also vom feudalherrschaftlichen Erscheinen über eine Periode des geachteten, charaktervollen Pioniers zum Bösewicht und Sündenbock. Wie zeigt nun die moderne Literatur den Unternehmer, der wie eingangs von Erich Kästner formuliert als Gestalt aus der Mode gekommen ist, ein Abglanz einer Zeit sein soll, die schon untergegangen ist?

Wer ist heute der Unternehmer? Was ist der qualitative Inhalt des Wortes Unternehmer? Das Berufsbild des Unternehmers im traditionellen Sinne, verbunden mit den Funktionen Kapitalgeber und Unternehmensleiter unter den Bedingungen einer marktwirtschaftlichen Wirtschaftsordnung müßte ergänzt werden. Als Konsequenz der weiteren wirtschaftlichen Entwicklung zur fortschreitenden Konzentration der Unternehmungen sollte gelten, daß auch angestellte Unternehmer, wie das Top- und Mittelmanagement, denen heute die Leitung großer Betriebe anvertraut ist sowie die Leiter verstaatlichter Unternehmungen, die unter marktwirtschaftlichen Bedingungen arbeiten, in die Betrachtungen miteinbezogen werden.

Die traditionelle Ressort-Organisation, *bei der die primäre Verantwortung zentral bei der Generaldirektion liegt,* wird mehr und mehr durch die multidivisionale Struktur der Unternehmung abgelöst. Diese Führungsmethode soll zu größerer Flexibilität einer Unternehmung auf die Anforderungen der Umwelt führen. Durch die weitgehende Dezentralisation und Selbständigkeit der Abteilungen und die verstärkte Abhängigkeit von der sich rasch wandelnden Umwelt verändert sich die Stellung des Unternehmers. Sie geben Teile ihres Entscheidungsspielraums ab, um sich besser den dynamischen Umweltveränderungen anpassen zu können.

Mit der Erweiterung des Führungsspektrums und des anonymen Kapitals verlagerte sich das Interesse der Literatur von der Unternehmerpersönlichkeit zur Unternehmerfunktion. In den Mittelpunkt rücken die Mechanismen der Arbeitswelt und der verwalteten Gesellschaft.

Günter Grass schickt in "Hundejahre" (1963) "begabte unwissende" Jungunternehmer zu den Mehlwürmern des Müllers Matern, die ihnen ihre Entscheidungen abnehmen. Sie verhalten sich gemäß der ihnen durch einen Mittelsmann diktierten Weisungen. Maulendes oder verzagtes Anmelden persönlicher Bestrebungen und Ängste prallt an der Allwissenheit der Mehlwürmer ab.

Eigentlich ist nun die Sprechstunde beendet, aber der Springer mault und hadert mit den Mehlwurmprognosen, weil er, vom Herzen her, keine Rundfunkzeitung für breite Masse, eher ein extrem pazifistisches Wochenblatt gründen will. »Aufrütteln will ich, aufrütteln!« Da trösten ihn die Mehlwürmer via Müller Matern und sagen ihm für den Juni des Jahres zweiundfünfzig die Geburtsstunde einer gemeinnützigen Wohltat voraus: "Drei Millionen lesende Analphabeten werden täglich mit der Bildzeitung frühstücken."

Schnell bevor der Müller seine Taschenuhr zum zweitenmal aufklappen läßt, gibt sich jener eben noch senatorenhaft aufgeräumte Herr, dem Axel Springer und der kleine Augstein die Manieren abgucken, hilfeschreiend ratlos und beinahe verzweifelt. Nachts, so beichtet er auf die Schiefertafel, habe er sozialdemokratische Träume, tagsüber speise er mit christlicher Schwerindustrie, sein Herz aber gehöre avantgardistischer Literatur, kurzum, er könne sich nicht entscheiden. Da läßt ihn der Mehlwurm wissen, diese Mischung- nachts links, am Tage rechts und im Herzen avantgardistisch - sei eine wahre Zeit-Mischung: bekömmlich, ehrenwert, liberal, maßvoll mutig, pädagogisch und lukrativ.

Nur wenig Raum gibt Joseph Heller in "Was geschah mit Slocum?" (1975) der Darstellung der Großunternehmer, obwohl das Thema des Buches der mit viel Akribie dargestellte Alltag eines Angestellten ist. Nach einem erfolgreichen Aufstieg vom Bürolehrling zum Mittelmanagement erschöpfen sich seine Hinweise auf die Persönlichkeit der Unternehmer darin, daß sie "freundlich, gesetzt und zufrieden wirken" oder daß einer der Eigentümer und Unternehmensleiter ein kleinlicher, vergeßlicher Knilch, ein selbstgefälliger Einfaltspinsel ist; er kauft Geduldspiele, Mobiles und ähnlichen Quark, die er den Angestellten voller Stolz vorführt. Seinem kindlichen Gemüt scheinen sämtliche Führungsqualitäten wie z.B. Entscheidungsfähigkeit, Risikofähigkeit, Flexibilität, Koordinationsfähigkeit, Initiative abhanden gekommen zu sein. Seine Person ist in der Unternehmung nicht von Bedeutung, er wird zur Randfigur, denn wer die Firma wirklich leitet, weiß niemand genau (nicht einmal jene Leute, die es angeblich tun), die Firma läuft aber.

Mehr Vorgesetztenarbeit meint Herbert Heckmann in seinem Roman "Der große Knock-out in sieben Runden" (1972) dem amerikanischen Geschäftsmann Bill, dem Besitzer einer Spielzeugfabrik in Chicago, zubilligen zu können. In seinem Werk strahlte er optimistische Tüchtigkeit aus, "stellte Fragen, hörte Erklärungen geduldig an und gab präzise Anweisungen". Dennoch bleibt als Schlußfolgerung der Vergleich des Unternehmensleiters mit dem eines großen Kindes. Der Betrieb funktioniert. Die Arbeiter und Angestellten funktionieren wie Puppen.

Einfach nur den Knopf drücken und schon grinsten sie, hoben die Arme, setzten das Bein vor, marschierten.

Der soziale Aufsteiger Georg Klein ist tief enttäuscht, als der "Irgendwer" im Hintergrund, der seit Jahren die Arbeitsanordnungen getroffen hat, nicht dem Klischee des Unternehmers, einer "schlagkräftigen Persönlichkeit" in weißem Kragen entspricht. Gernot Wolfgruber schreibt in "Niemandsland" (1978):

Der sollte verantwortlich sein dafür, daß sie plötzlich auch bei der ärgsten Schinderei höchstens noch auf die Hälfte der früheren Akkordprämie gekommen waren? Sie hatten ja draußen nie erfahren, wer ihnen das eingebrockt hatte. Die Änderungen waren einfach anonym dahergekommen. Irgendwer hatte ihnen die Vorgabezeiten gekürzt. Sie waren einfach gekürzt worden. Irgendwer hatte sich andere Arbeitsabläufe ausgedacht, Abläufe von einer Art, daß sie zu Beginn gemeint hatten, kein Mensch könne sich so bewegen. ... Wenn Klein sich schon einen Mann im Hintergrund vorzustellen versucht hatte, dann hatte er sich immer eine nicht nur im übertragenen Sinn schlagkräftige Persönlichkeit ausgedacht. Auf keinen Fall wäre er auf eine Figur wie den Niggisch gekommen. Auf einen zerknitterten Hemdkragen mit aufgebogenen Spitzen. Auf ein nicht einmal mehr richtig weißes Hemd. Daß der Niggisch nicht gerade sympathisch war, das paßte.

Irgendwer steht hinter den Anweisungen für die Arbeiter und irgendwer wird aufgenommen. Der Betriebsleiter empfängt Georg Klein, der seit Jahren als Arbeiter beschäftigt war und nach erfolgreich bestandenem Auswahltest ins Büro wechselt, mit den Worten:

Aber wie gesagt, die Firma könne genauso gut jemand anderen nehmen. Der Firma komme es ja nicht auf Personen an, sondern einzig und allein auf die Eignung.

Letztlich fühlt sich der Unternehmer im eigenen Betrieb fremd. Franz Innerhofer schreibt in "Die großen Wörter" (1977):

... die Abteilungen, die Feinschmied ernst, im Gesicht braungebrannt und stets nach der neuesten Mode gekleidet, mit oder ohne Sonnenbrille durchschritt, hatte er nicht entworfen, sondern als fertige Vorstellung aus den USA importiert und genau nach Maß nachbauen lassen, was Psychologen, Wirtschaftsfachleute und Architekten zu einem anschaulichen Modell ausgearbeitet hatten ... Alles Architektengeschmack, Produkte, von irgendwelchen Köpfen entworfen, von irgendwelchen Händen und Maschinen gemacht ... Ein fremder Glaskasten, in dem er es selber nicht aushielt.

Die Darstellungen sind weit entfernt von der Ansicht, daß Unternehmer durch ihre Unternehmensphilosophie, ihre Zielsetzung und Verhaltensnormen, Pläne und Koordinierungsarbeiten den Ablauf der Unternehmung wie auch die gesamte Wirtschaft mitgestalten. Sie erscheinen eher als Ausführungsorgane, der Struktur der Unternehmung und den Forderungen der Umwelt ausgeliefert. Wer sich gegen diesen Prozeß der Entsubjektivierung auflehnt, geht zugrunde, wie Peter Handke an der Unternehmergestalt Quitt in "Die Unvernünftigen sterben aus" (1973) zeigt.

Dasselbe Schicksal ordnet Franz Innerhofer in »Schattseite« (1975) dem Kleinunternehmer Josef Bruckmann zu. Dieser klagt über fehlenden Entscheidungsspielraum. Er muß sich der Strategie der Konkurrenten anpassen, die als "geldgierige Narren" beschrieben werden, deren einziges Lebensziel darin besteht, einander zu überlisten und zu übertrumpfen. Er muß einen sich selbst unangenehmen Menschen spielen. Das Unternehmen wieder aufgeben kann er nicht, da er sonst bis zur Pensionierung verschuldet wäre. So lebt er den hoffnungsvollen Unternehmer vor.

Es wird ein allgemein menschliches Problem berührt, der Gefahr, daß der Mangel an Freiraum für individuelle Gestaltungsmöglichkeiten nicht nur als unangenehm, sondern als bequem empfunden werden kann, als eine Möglichkeit, eigene Verantwortung auf diese gesellschaftlichen und ökonomischen Strukturen abzuschieben.

Wie zeigt also die moderne Literatur den Unternehmer? Er ist keine Gestalt, die sie vordergründig beschäftigt, er ist uninteressant. Entspricht diese Einstellung dem gesellschaftlichen Denken und Bewußtsein der heutigen Zeit? Steht er tatsächlich bedingt durch die Änderungen im Führungsstil und den eingeengten Entscheidungsspielraum so sehr im Hintergrund? Oder ist seine Person mit den bisherigen Charakterisierungen wie Feudalherr, Pionier, Unmensch und Sündenbock ausreichend beleuchtet und das Interesse wendet sich anderen Themen zu, wie den Problemen der Arbeitswelt, der Übertechnisierung, der Vereinsamung, der Verunsicherung der Menschen.

Die Bewußtseinsveränderungen durch die inhumanen Mechanismen der Zivilisationsgesellschaft, die oft bis zur Geisteskrankheit reichen, werden in den Mittelpunkt gerückt. Die Erwähnung des Unternehmers dient nur als Mittel zur Darstellung der gesellschaftlichen Ordnung. Es wird auch nicht erwartet, daß von ihm eine wesentliche Veränderung des Systems ausgehen wird, denn er ist ebenfalls eingeflochten in die immer größer werdende Eigendynamik vieler Abläufe in unserer Zeit.

Zusammenfassung

Aus welchem Grund sind Unternehmer als Thema aus der Mode gekommen? Nachdem er die Rollen des Feudalherrn, Pioniers, Unmensch und Sündenbock gespielt hat, verliert er an Bedeutung im Vergleich zu den Problemen, verursacht durch die Eigendynamik der Abläufe in Organisationen und die inhumanen Mechanismen der Industriegesellschaft. Seine Darstellung dient als Mittel, um Strukturen zu beschreiben, er wird in seiner Funktion und nicht als Mensch gezeigt.

V. Österreich - Europa

Der Beitrag der Finanzpolitik zur Lösung der österreichischen Strukturschwächen*

1. Die Finanzpolitik im Schnittpunkt wirtschaftspolitischer Zielsetzungen

In der Theorie ist es bis heute ein Streitpunkt, ob es eine autonome Finanzpolitik gibt oder ob sie in den Dienst wirtschaftspolitischer Zielsetzungen zu stellen ist. Tritt noch Gerloff für eine Gleichberechtigung der Ziele ein, so ist heute allgemein eine Vernachlässigung der fiskalischen und eine Bevorzugung der konjunkturpolitischen und redistributionspolitischen Zielsetzungen festzustellen.

Der konjunkturpolitische Aspekt der Finanzpolitik steht seit Keynes im Vordergrund und zielt als "Fiscal Policy" auf eine Beeinflussung von Globalgrößen ab. Ihr Instrument ist die antizyklische Budgetpolitik, die jedoch nur in den (nach dem Zweiten Weltkrieg seltenen und geringfügigen) Abschwungphasen funktionierte. In den Aufschwungphasen wurde regelmäßig Parallelpolitik betrieben.

Die Anwendung der "Fiscal Policy" hatte dennoch scheinbar Erfolg, da sie von einer nie gekannten Hochkonjunktur getragen wurde und die Produktionsfaktoren noch nicht voll ausgelastet waren. Die Folgen dieser Politik, die sich seit den sechziger Jahren zeigen, sind konjunkturelle Überhitzungen und die Überdeckung und Verwischung von tieferliegenden Strukturschwächen.

Das rasche Wachstum der Wirtschaft nach dem Zweiten Weltkrieg hätte die Lösung struktureller Probleme relativ leichtgemacht. Durch die Ausrichtung der Budgetpolitik auf redistributions- und sozialpolitische Aufgaben wurde aber geradezu negative Strukturpolitik betrieben. Sozialpolitik hat nämlich zunächst immer einen Konservierungseffekt und wirkt der Dynamik der wirtschaftlichen

---

Unter diesem Titel hielt Univ.-Prof. Dr. Andreae einen Vortrag in einem Seminar der Bundeswirtschaftskammer, das vom 29. bis 31. März 1967 über das Thema "Die kredit- und finanzpolitischen Aspekte der Umstrukturierung der österreichischen Volkswirtschaft" stattfand.

* Erschienen in: Wirtschaftspolitische Blätter, hrsg. von der Bundeswirtschaftskammer - Wien, Nr. 4, 1967, S. 173-176.

Entwicklung entgegen. Der Staatshaushalt wurde zu einer Institution der Einkommenserhaltung und -umverteilung. Durch das Fehlen eines klaren ordnungspolitischen Konzepts wurden in vielen Bereichen der Wirtschaft die Marktfunktionen mehr und mehr außer Kraft gesetzt. Auch diese Fehlentwicklung überdeckte das Wirtschaftswachstum.

Neuerdings soll die Finanzpolitik für wachstums- und strukturpolitische Zwecke eingesetzt werden, da einerseits die Wachstumsraten gesunken sind und es sich anderseits infolge Steigens des Staatshaushaltes an seine Belastungsgrenze zeigt, daß Haushaltsaufgaben nicht unabhängig von der Mittelaufbringung gesehen werden dürfen.

Die reale Entwicklung führt zu einem Umdenken, und man ist zu der Erkenntnis gelangt, daß Finanzpolitik mehr als Wirtschaftspolitik mit fiskalischen Mitteln ist. Sie hat Mittelbeschaffung und Existenzsicherung des Staates als gleichberechtigte Aufgaben. Sie weist also politische Eigendynamik auf. Sämtliche von der Finanzpolitik ausgehende Maßnahmen verändern auf Grund des Umfanges, der Art und des Zwangscharakters der Einnahmen- und Ausgabenpolitik die wirtschaftliche Struktur der Betroffenen. Finanzpolitik ist daher immer Struktur- und im weiteren Sinne Ordnungspolitik.

Wichtige Grundsätze der Finanzpolitik, die sich aus ihrem Wesen ergeben, sind die Orientierung an einem ordnungspolitischen Leitbild, die Beachtung der fiskalischen Zielsetzung - in der unter anderem die Manipulierbarkeit des Steuersystems ihre Grenze findet - und die Tatsache, daß sich die politische Eigendynamik der öffentlichen Finanzwirtschaft nicht von den Gesetzen des Marktes leiten läßt.

2. Die Finanzpolitik als Mittel der Strukturpolitik

Struktur- und Regionalpolitik stehen seit kurzem im Mittelpunkt der Diskussion. Strukturpolitische Maßnahmen können mehr gesellschaftliche oder mehr ökonomische Zielsetzungen haben. Strukturpolitik erfordert daher ganz allgemein eine Entscheidung darüber, welche Ordnungsform für die Wirtschaft vorgesehen sein soll. In einem marktwirtschaftlichen System muß es ihre vordringliche Aufgabe sein, die marktwirtschaftlichen Funktionen zu unterstützen.

Angesichts der seit einiger Zeit zu verzeichnenden Wachstumsschwächen in den westlichen Industrieländern werden strukturpolitische Maßnahmen fast ausschließlich unter dem Wachstumsaspekt gesehen. Da eine quantitative Vermehrung der Wachstumsfaktoren infolge Auslastung nur noch sehr schwer möglich ist, können neue Wachstumsimpulse nur noch von der Überwindung der Strukturschwächen erwartet werden.

Eine solche wachstumsorientierte Strukturpolitik hängt daher sehr eng mit der Wachstumspolitik zusammen. Sie bildet sozusagen einen wichtigen Teil der aktiven Wachstumspolitik (Bombach). Eine Unterscheidung zwischen Wachstumspolitik und wachstumsorientierter Strukturpolitik kann vielleicht so getroffen werden, daß die Wachstumspolitik - zumindest in der theoretischen Konzeption der Wachstumstheorie - vorwiegend quantitativen Charakter hat, wachstumsorientierte Strukturpolitik hat aber immer qualitativen Charakter. Ihre Maßnahmen sind darauf ausgerichtet, durch Nachfrageveränderungen hervorgerufene oder im Gefolge eines raschen Wachstums sich abzeichnende Strukturänderungen zu erleichtern und zu beschleunigen. In einer Wirtschaft mit Reserven an Produktionsfaktoren kann Wachstum ohne Strukturpolitik gesteigert werden, bei Auslastung der Produktionsfaktoren nur dann, wenn in wachstumsschwachen zugunsten wachstumsstarker Zweige Produktionsfaktoren freigesetzt werden

Strukturpolitische Maßnahmen können in drei große Gruppen eingeteilt werden:

a) Maßnahmen zur Verbesserung und zum Ausbau der Infrastruktur: Infrastrukturpolitik als Voraussetzung für marktwirtschaftliche Strukturanpassungen;

b) allgemeine Maßnahmen zur Erleichterung und Beschleunigung von Strukturänderungen: *allgemeine Strukturpolitik;*

c) spezielle Maßnahmen, die Anpassungsvorgänge erleichtern und beschleunigen sollen: *gezielte Strukturpolitik.*

Die Maßnahmen der Finanzpolitik sind - wie bereits erwähnt - immer *strukturpolitisch relevant.* Die Finanzwissenschaft hat seit längerem daraus die Erkenntnis gezogen, daß es eine *neutrale Finanzpolitik* nicht gibt.

Der Norweger Haavelmo hat 1945 darauf aufmerksam gemacht, daß auch von einem ausgeglichenen Budget expansive oder kontraktive, wachstumsfördernde oder wachstumshemmende Wirkungen ausgehen können. Nicht sosehr vom Budgetvolumen, von einem negativen oder positiven Budgetsaldo, sondern von der *Zusammensetzung des Budgets auf der Einnahmen- und Ausgabenseite* gehen langfristig strukturelle Wirkungen aus. Heute beginnt sich diese Erkenntnis langsam durchzusetzen, allerdings mehr unter dem Druck der realen Entwicklung als aus theoretischer Einsicht.

So muß als wichtigster Beitrag der Finanzpolitik zur Überwindung der österreichischen Strukturschwächen zunächst die *Überwindung der Strukturschwächen des Budgets* gefordert werden.

3. Finanzpolitische Maßnahmen zur Überwindung der österreichischen Strukturschwächen

Im Rahmen der angeführten Grenzen können strukturpolitische Effekte durch Einsatz der Einnahmen- und Ausgabenseite erzielt werden, wobei die Einnahmenseite der Ausgabenseite hinsichtlich strukturpolitischer Möglichkeiten *unterlegen* ist, da die Manipulierbarkeit des Steuersystems für strukturpolitische - aber auch für konjunkturpolitische - Zwecke ihre Grenzen in der *fiskalischen Effizienz* und in der *finanziellen und psychologischen Zumutbarkeit* für den Steuerzahler findet. Die wichtigste Maßnahme auf der Einnahmenseite wäre der Abbau der Sondervorteile einzelner Gruppen und die Verringerung der Progression. Je geringer die Progression, desto größer ist der Anreiz, Gewinne zu machen, und Gewinne sind der Garant für Strukturänderungen.

Die kürzlich angestellten Untersuchungen des Österreichischen Instituts für Wirtschaftsforschung zeigen, daß die *ständigen Aushöhlungen* für wirtschafts- und sozialpolitische Zwecke *Effizienz und Gerechtigkeitsgehalt des Steuersystems stark herabgesetzt* haben. Außerdem besteht die Gefahr, daß die Steuersubjekte die ihnen zugestandenen Anpassungserleichterungen als *Dauerzugeständnisse antizipieren.*

Bei befristeten Maßnahmen besteht umgekehrt die Gefahr, daß die Unternehmer beispielsweise so lange mit den Investitionsentscheidungen zuwarten, bis die *"steuerliche Interventionsschwelle"* erreicht ist, bei der die entsprechende Variation erlassen wird.

Die *strukturpolitische Effizienz des Steuersystems* liegt in der Möglichkeit, in einem langfristig konzipierten und in seinen Wirkungen abgestimmten Steuersystem die *Mobilität und Flexibilität* der Produktionsfaktoren *zu fördern.*

Ein zwar unvollständiger, aber die wichtigsten Punkte umfassender *Katalog diesbezüglicher Forderungen* wäre folgender:

a) steuerliche Gleichbehandlung der verschiedenen Spararten;

b) steuerliche Gleichbehandlung von Staat und Privaten auf dem Kreditmarkt;

c) steuerliche Gleichberechtigung der verschiedenen Unternehmens- und Gesellschaftsformen;

d) Verminderung der steuerlichen Belastung bei Umwandlungen von Unternehmen in Kapitalgesellschaften;

e) Milderung der Doppelbesteuerung der Aktie;

f) steuerliche Begünstigung für die Bildung von Investitionsrücklagen und für die Auflösung und Übertragung von stillen Reserven;

g) Abschaffung von fiskalisch unbedeutenden, den Kapitalverkehr behindernden Steuern.

Zum Teil sind diese Maßnahmen in den Wachstumsgesetzen schon berücksichtigt, zum Teil nur ungenügend und zum Teil überhaupt nicht. Die Wachstumsgesetze dürften im übrigen deswegen nicht den erwarteten Erfolg gezeitigt haben, weil die Investitionsbereitschaft der Unternehmer bei der gegenwärtigen Wirtschaftslage trotz der geschaffenen Erleichterungen bis heute gering ist.

Auf regionaler Ebene können zeitlich befristete Steuerstundungen und -begünstigungen zur *Schaffung regionaler Agglomerationszentren* angebracht sein, wenn der entsprechende strukturelle Trend feststellbar geworden ist. Allerdings ist dabei eine *Koordinierung regionalpolitischer Maßnahmen* durch die verschiedenen Gebietskörperschaften notwendig.

Bei den *öffentlichen Tarifen und Gebühren* sollte der Staat durch das *Prinzip der Preiswahrheit* anpassungsfördernd wirken. Dadurch wird die *Lenkungsfunktion des Preises* in Kraft gesetzt, die die strukturelle Änderung der Nachfrage sichtbar macht und die Investitionen in die wachstumsstärkeren Bereiche lenkt. *Subventionstarife* sind auf lange Sicht immer *Strukturkonservierungstarife*. Das gilt, obwohl nur mittelbar mit der Finanzpolitik zusammenhängend, auch für die Preispolitik in der verstaatlichten Industrie.

Auf der Ausgabenseite weisen die Maßnahmen auf dem Gebiet der Infrastruktur und für Anpassungsvorgänge eine sehr *hohe strukturpolitische Effizienz* auf.

Die wichtigsten Gebiete der Infrastruktur sind die Bereiche des Verkehrs, der Energie, des Gesundheits- und Wohnungswesens sowie der Bildung, Ausbildung und Forschung. Da die beträchtlichen Aufwendungen auf diesen Gebieten seit jeher den öffentlichen Haushalten vorbehalten sind, ist das *Koordinierungsproblem* wieder vordringlich. Ferner erfordern die *Höhe des Kapitalbedarfs* und die *Langfristigkeit* ein klares Konzept mit Prioritätensetzung. Die *wachstumspolitische Problematik* besteht darin, daß diese Investitionen in der Regel einen *hohen Kapitalkoeffizienten* aufweisen, was in einer Wirtschaft mit geringem technischem Fortschritt zu *inflationären Tendenzen* führen kann. Da eine Herabsetzung des Kapitalkoeffizienten nur durch technischen Fortschritt möglich ist, ergibt sich für Österreich aus dieser Sicht eine *Priorität* für Ausgaben auf dem Gebiet der *Bildung, Ausbildung und Forschung*. Dafür muß zur Erreichung einer langfristigen Wachstumssteigerung aller Wahrscheinlichkeit nach *vorübergehend ein schwächeres Wachstum* in Kauf genommen werden, ein Problem, das sich allen entwickelten Industrieländern zur Zeit stellt.

Die *Infrastruktur* auf den Gebieten des *Verkehrs und der Energie* erhält ihre Bedeutung daraus, daß sie Voraussetzung für die Beschleunigung und Erleichterung struktureller Anpassungsvorgänge ist. Hier trifft sich die Struktur- mit der Regionalpolitik, da die sogenannten Agglomerationsgebiete besondere Schwerpunkte bilden sollten.

Ferner wäre ein widerspruchsfreies Energiekonzept zu verwirklichen.

Eine besondere Bedeutung für die Mobilität der Arbeitskräfte kommt dem *Wohnungswesen* zu. Eine vernünftige, öffentlich geförderte *Wohnbaupolitik* muß darauf achten, daß Wohnungen nicht dort gebaut werden, wo keine Wohnungsnot ist oder wo langfristig sinkende Beschäftigungsmöglichkeiten gegeben sind.

Voraussetzung für gezielte Maßnahmen zur Erleichterung struktureller Anpassungen ist, daß die Anpassungsvorgänge *richtig* und *rechtzeitig* erkannt werden. Auch hiefür ist eine vorausgehende *Analyse und Prioritätensetzung* in einem Konzept notwendig. In Österreich sind die *Strukturschwächen* allerdings bereits *offenkundig* geworden.

Maßnahmen wären hier:

a) Eine *Neuordnung und Rationalisierung der Verwaltung,* die eine Leistungssteigerung und relative Abnahme der öffentlichen Personalausgaben zur Folge hätte. Voraussetzung müßte ein modernes, sich den Marktverhältnissen anpassendes Besoldungsschema sein.

b) Die Überwindung *landwirtschaftlicher Strukturschwächen,* hohe *Mechanisierungsmöglichkeiten*, geringe *Einkommens- und Preiselastizitäten* sowie starker *internationaler Wettbewerbsdruck* machen gleichzeitig Struktur- und Sozialmaßnahmen notwendig. Auf keinen Fall dürfen Subventionen alte Strukturen konservieren.

c) Anpassungshilfen für *schrumpfende Betriebe und Sektoren,* die in der *Stillegung* von Betrieben, in *Umstellungshilfen* für neue oder erweiterte Produktionsprogramme (zum Beispiel in der verstaatlichten Grundstoff- und Schwerindustrie) und in der *Stillegung von Überschußkapazitäten* (zum Beispiel in der Mühlenwirtschaft) bestehen können. Allen entsprechenden Hilfsmaßnahmen ist der Übergangscharakter und damit die zeitliche Befristung eigen.

d) *Aktive Arbeitsmarktpolitik* in Form von *Umschulungs-*, *Umsiedlungs-* und eventuell *Ansiedlungshilfen.* Regionalpolitische Untersuchungen haben ergeben, daß es nicht so sinnvoll ist, Betriebe zu den Arbeitskräften (zum

Beispiel auf das Land) zu verlegen als umgekehrt. Arbeitskräfte in die industriellen Ballungsgebiete.

e) Das *Gesundheits- und Krankenversicherungswesen* bedarf ebenfalls neuer Überdenkung. Der durch den steuerähnlichen Sozialversicherungsbeitrag erworbene Anspruch auf Krankenversicherungsleistungen führt zu einer enormen "Nachfragesteigerung nach diesen Leistungen" und damit zu hohen Kosten; abgesehen von den "social costs", die darin bestehen, daß eine statistisch feststellbare Erhöhung der Krankheitsanfälligkeit großen volkswirtschaftlichen Arbeitsausfall verursacht.

Die parafiskalischen Gebilde in finanzwissenschaftlicher Schau*

§ 1. Zur Klärung des Begriffes "parafiskalische Gebilde"

Das vorliegende Thema mag auf den ersten Blick vielleicht etwas fremdartig ja sogar weit hergeholt erscheinen. Man muß sich jedoch vergegenwärtigen, daß die Begriffsbezeichnung "parafiskalisch" doch nur das ausdrückt, was vor mehr als 30 Jahren bereits unter dem Ausdruck "hilfsfiskalisch" in die deutsche wissenschaftliche Literatur Eingang gefunden hat, um jedoch nach kurzem Echo bald wieder zu verschwinden. Die Literatur des Auslandes, im besondern Italiens und Frankreichs hatte sich dagegen des damit zum Ausdruck gebrachten Problemkreises bemächtigt und die Begriffsbezeichnung "parafiskalisch" eingeführt. Dieser inzwischen gebräuchlich gewordene Ausdruck soll daher auch von uns verwendet werden.

Wir wollen mit dem Ausdruck Parafiskus alle jene Institutionen, Organismen und Einrichtungen bezeichnen, die den Raum zwischen Staat bzw. den anderen Gebietskörperschaften und den rein privatrechtlichen Gemeinschaften und den Einzelnen ausfüllen[1]. Hierher gehören also die Kammern, die Sozialversicherungsträger und im weiteren Sinne auch die mit Rechtspersönlichkeit ausgestatteten Religionsgemeinschaften. Zwangsmitgliedschaft, das Recht zur Erhebung von Abgaben, eine auf Selbstverwaltung abgestellte innere Struktur,

---

* Erschienen in: Josef Lob, Hans Riehl und Ulrich Schöndorfer (Hrsg.), Ein Beitrag zur Ganzheitsforschung, Festschrift für Walter Heinrich, Graz 1963, S. 333-344.

1 Jürgen Ernst, Begriff und Wesen parafiskalischer Gebilde, Diss. 1959, Innsbruck, Seite 109: "Es muß deshalb unter einem parafiskalischen Gebilde verstanden werden: ein öffentlichrechtlicher Verband in finanzwirtschaftlicher Sicht, der bezüglich seiner Zwangsangehörigen primär an sachliche und personelle Faktoren anknüpft und Aufgaben zu erfüllen hat, die das Können und Dürfen einer privatrechtlichen Gemeinschaft überschreiten, wegen ihrer sachlich, aber nicht lokal partiellen Bedeutung dagegen wiederum der direkten gebietskörperschaftlichen, insbesondere der staatlichen Regelung nicht bedürfen, und der sich der üblichen hoheitlichen Finanzmittelbeschaffungsmethoden, durch Steuern, Beiträge und Gebühren, wenn auch in technisch unvollständigerweise bedient".

Staatsaufsicht und die Absicht gemeinsame Interessen der Mitglieder zu fördern sind die wesentlichsten Kriterien, durch welche diese Institutionen gekennzeichnet sind. Der Begriff "parafiskalisches Gebilde" ist also enger gezogen als der von Othmar Spann verwendete Begriff des "Standes" und der von Walter Heinrich verwendete Begriff des "Wirtschaftsverbandes"[2].

§ 2. Zielsetzungen - Aufgaben - Bedeutung

Die parafiskalischen Gebilde decken kollektiven Bedarf und zwar solchen, der in Übereinstimmung mit dem Subsidiaritätsprinzip von kleineren zwischen- und nebengeschalteten Institutionen nicht nur besser, sondern in der Regel auch ökonomischer gedeckt werden kann[3]. Sie decken damit auch eine Art versteckten Staatsbedarf; denn würden sie nicht bestehen, so müßte der Staat ihre Aufgaben wahrnehmen.

Auch zur Sicherung der demokratischen Willensbildung von "unten nach oben" erweist es sich als zweckmäßig, selbständige öffentliche Körperschaften zu errichten und diesen kleinere Gemeinschaftsaufgaben zu übertragen. In der Unmittelbarkeit des Kontaktes zwischen Mitglied und gewähltem Funktionär in den parafiskalischen Institutionen kommt das demokratische Prinzip viel mehr zum Tragen als bei den großen gebietskörperschaftlichen Gebilden.

Die Haupttätigkeit dieser Körperschaften liegt im Bereich der Wirtschaftsgrundlagenpolitik und der Organisationspolitik[4].

---

[2] Walter Heinrich, Wirtschaftspolitik, Wien 1954, II. Bd., 2. Halbbd., Seite 53: "Wirtschafter oder Wirtschaftsgebilde gleichartiger Beschaffenheit können zu Organisationen vereinigt werden oder sich selbst zu solchen zusammenschließen, um dadurch ihre wirtschaftlichen oder überwirtschaftlichen Zwecke zu fördern. Es entstehen dann wirtschaftliche Gebilde, die Wirtschaftsverbände oder Verbandwirtschaften genannt werden."

[3] Othmar Spann, Der wahre Staat, Leipzig 1921, Seite 263: "Je mehr die ständischen Gliederungen sich zu Gesamtverbänden zusammenschließen,und in eigenen fachlichen Kammern große, leistungsfähige Körperschaften aufbauen werden, um so mehr werden sie den heutigen Staatsbehörden Verwaltungsarbeit abnehmen. Diese Arbeiten werden ja dadurch an sich nicht geringer, daß sie statt von staatlichen von ständischen Fachorganen (Gewerkschaftsbeamten, Zunftbeamten, Kammerbeamten) geleistet werden, aber diese Arbeiten werden zum Teil ehren- und nebenamtlich geleistet, sie vollziehen sich zum Teil in kleinem, übersichtlichem Kreise, und vermeiden meist den zentralistischen Überbau; so vermindert sich die Beamtenzahl wie auch die Arbeitsmenge tatsächlich. Vor allem aber bleibt die ganze Arbeit in dem fachlichen Bereiche, streift daher das zentralistisch-bürokratische Gepräge ab und mindert sich auch an formal-juristischem Einschlage."

[4] Siehe Walter Heinrich, a. a. O. Seite 197 ff. und Seite 103 ff. - I. Band bzw. II. Bd., 2. Halbband.

Die Hauptaufgaben der großen Wirtschaftskammern, nämlich der Kammer der gewerblichen Wirtschaft, der Landwirtschaftskammer und der Arbeiterkammer liegen nach Walter Heinrich[5] auf folgenden Gebieten: Wahrnehmung der arbeitsrechtlichen Interessen ihrer Mitglieder, Abschluß von Kollektivverträgen, Wahrung des Arbeitsfriedens, Teilnahme an der Verwaltung der Wirtschaft und Erstattung von Berichten und Gutachten an die Landes- bzw. Bundesregierung über äußere Wirtschaftspolitik, Finanz- und Kreditpolitik, Gewerbe-, Verkehrs-, Preis- und Kartellpolitik, Zivil-, Straf-, Patent-, Gewerbe-, Arbeits- und Wasserrecht, Fremdenverkehr und dergleichen mehr.

Der Gesamtarbeitsvertrag zwischen Arbeitgebern und Arbeitnehmern und damit ein wesentlicher Faktor zur Erhaltung des Arbeitsfriedens konnte überhaupt erst durch die Existenz von wirtschaftlichen Gesamtverbänden verwirklicht werden.

Die große Bedeutung, die den Parafisci in Verfolgung ihrer öffentlichen Zwecke für Staat und Wirtschaft zukommt, wird noch ergänzt durch die Tatsache, daß durch die Zwangsmitgliedschaft fast jeder im Berufsleben stehende Staatsbürger von dieser oder jener Institution erfaßt wird. Es ist daher absolut notwendig, daß die Tätigkeit dieser Körperschaften im Rahmen von staatlichen Gesetzen erfolgt. Die Existenz der Parafisci hat für die Finanzpolitik erhebliche Konsequenzen. Die Aufgabenbereiche der einzelnen Körperschaften erfordern die Verfügungsgewalt über entsprechende Geldmittel und diese wieder bedingen eine entsprechende Kontrolle durch staatliche Organe. Damit aber sind wir bei den hier eigentlich interessierenden Problemen.

§ 3. Die Finanzwirtschaft der Parafisci

Im folgenden soll nun die Finanzwirtschaft der parafiskalischen Gebilde, im besondern jene der Kammern untersucht und die finanzwissenschaftliche Problematik dargestellt werden.

Die Finanzgewalt der Parafisci ist von der des Staates abgeleitet. Die katholische Kirche allerdings behauptet, daß sie als "societas perfecta" eine originäre Finanzgewalt besäße, ohne daß diese vom Staat abgeleitet werde[6].

Die finanzpolitische Willensbildung erfolgt nach den individuellen Verfassungen der einzelnen Parafiscen. Hiebei treten alle Spielregeln in Erscheinung,

---

5 Walter Heinrich, a. a. O.

6 Darüber Streit zwischen Kirchenrecht und Staatskirchenrecht, da letzteres behauptet, daß auch die Finanzgewalt der Kirche derivativ sei wie bei allen anderen.

von der mehr oder weniger autoritären bis zur demokratischen. Die Techniken der finanzpolitischen Willensbildung sind verhältnismäßig ähnlich wie beim Staat. Auch hier nimmt der Haushaltsplan einen fest kanalisierten Weg durch die Staatsgewalten und ist ein Instrument der Kontrolle für den jeweils mit der Macht Betrauten.

Die Kammern betreiben eine sog. Aufwandswirtschaft, d.h. der erforderliche Bedarf wird geschätzt und danach die Einnahmen festgelegt. Die Art der Buchführung ist als Mischsystem zwischen Kameralistik und kaufmännischer Buchhaltung anzusehen. Es wird zwar am Beginn eines Finanzjahres ein Budget erstellt, während des Jahres aber nach den Grundsätzen der Doppik vorgegangen und zwar unter Anwendung des Durchschreibeverfahrens. Die budgetierten Sollbeträge werden zu Kontrollzwecken auf den Konten vermerkt. Der Jahresabschluß wird nicht in Form einer Einnahmen- und Ausgabenrechnung erstellt, sondern in Form einer Vermögensbilanz und einer Erfolgsrechnung. Wir finden hier die sehr interessante Tatsache bestätigt, daß offenbar auf Grund der weniger bürokratischen Verwaltung neue Wege begangen werden und so die Parafisci der staatlichen Verwaltung einen Schritt voraus sind.

Der Beschluß über den Haushaltsplan, die Prüfung des Jahresabschlusses und die Genehmigung desselben erfolgt durch die im Gesetz vorgesehenen Organe. Im Falle der Landeskammer der gewerblichen Wirtschaft für Wien sind für diesen Zweck folgende Organe vorgesehen: Beschluß über den Haushaltsplan durch die Vollversammlung, das sind die gewählten Vertreter der Fachgruppen; Prüfung des Jahresabschlusses durch das Kontrollamt der Bundeskammer und Genehmigung durch das Bundesministerium für Handel und Wiederaufbau.

Die Haushaltsführung erfolgt bei den Kammern auf Grund einer Haushaltsordnung. Bei Bilanzierung wird vor allen Dingen der Grundsatz der kaufmännischen Vorsicht angewendet, d.h. die Gebäude werden zum Einheitswert angesetzt und Inventarien sofort abgeschrieben.

Werden diese Gebilde mit den Augen der traditionellen Finanzwissenschaft betrachtet, dann sehen wir, daß sie gegen eine Reihe von Haushaltsgrundsätzen verstoßen, so z.B. gegen das Prinzip der Vollständigkeit des Budgets - wir haben nicht mehr ein öffentliches Budget für die gesamte Wirtschaft, sondern mehrere - und gegen das Prinzip der Non-Affektation.

Negativ muß vermerkt werden, daß die auch vom Staat her bekannte Publizitätsscheu bei den Parafiscen besonders hoch entwickelt ist.

Eine wesentliche Aufgabe der Finanzwirtschaft der parafiskalischen Gebilde wird es sein müssen, dafür Sorge zu tragen, daß das Budget jährlich ausgeglichen ist, um Experimenten vorzubeugen. Sobald ein bestimmtes parafiskalisches Gebilde eine bestimmte Größe überschreitet, wird es für die Finanzpolitik als Ganzes interessant. Dies gilt nun in erster Linie nicht für die Kammern oder Kirchen, sondern für die Sozialversicherungen. Diese haben in den meisten Staaten eine solche Größe erreicht, daß sie zu einem ausschlaggebenden Faktor für die Politik werden und sich die Frage der Einordnung des jeweiligen Sozialbudgets in das Nationalbudget stellt. Die mannigfaltigen Wirkungen, die auch von den Budgets der Parafisci ausgehen, müssen in der Konjunktur- und Strukturpolitik berücksichtigt werden. Dies ist mit ein Grund, warum der Staat sich eine gewisse Einflußnahme auf die Finanzwirtschaft der Parafisci vorbehalten hat.

§ 4. Ausgabenpolitik

Die Struktur der Ausgaben unterscheidet sich bei den Parafisci stark von jener der Gebietskörperschaften. Bei vielen Parafisci spielt der finanzpolitische Eigenbedarf die Hauptrolle, so bei den Kirchen und teilweise bei den Kammern. So stehen die Personalausgaben stark im Vordergrunde. Im Budgetjahr 1960 betrugen diese z.B. bei der Kammer der gewerblichen Wirtschaft für Wien 36,5 % und bei der Bundeskammer sogar 38 % (Siehe Beilagen 2 und 4). Eine noch größere Rolle aber spielen bei obgenannten Kammern die Ausgaben für Wirtschaftsförderung, welche mit 43 bzw. 49 % aufscheinen.

Der Finanzbedarf für Transferzwecke spielt die dominierende Rolle bei allen mit dem Sozialfiskus zusammenhängenden Institutionen. Von großer Bedeutung für die Ausgabenseite des Budgets ist schließlich besonders bei den Kirchen der sog. versteckte Bedarf. Dieser besteht im wesentlichen aus den sog. leturgischen Diensten der Mitglieder. Eine Untersuchung in einer Pfarrei ergab, daß diese Dienste das Doppelte des ausgewiesenen Etats ausmachten.

Bei den Parafisci zeigt sich eine starke Tendenz zur Anhäufung von Vermögen. Dies ergibt sich aus einem gewissen Sicherheitsstreben. Da diese Institutionen manchen Fährnissen ausgesetzt sind und keine Garantie ewigen Lebens haben wie der Staat, hoffen sie, dem durch eine Anhäufung von Rücklagen von Vermögensreserven zu steuern. Die Kammern sind z.B. verpflichtet, eine sog. Gebarungsreserve anzulegen, die die Höhe eines durchschnittlichen Budgetvolumens erreichen soll. Die Zuweisungen an die Gebarungsreserve erfolgen vor allem aus allfälligen jährlichen Gebarungsüberschüssen (siehe Beilage 4). Neben der Gebarungsreserve finden sich in den Vermögensbilanzen der Kammern noch eine ganze Reihe weiterer Fondsgebarungen (siehe Beilage 1 und 3).

§ 5. Einnahmenpolitik

Zentrale Bedeutung bei den Einnahmen der Parafisci haben die Beiträge. Gemeint sind damit nicht Beiträge in Form von Anliegerbeiträgen, sondern die Beiträge im Sinne von regelrechten Vereinsbeiträgen. Diese Beiträge - Umlagen oder wie immer sie genannt werden - sind de facto Steuern, denn sie werden zwangsweise erhoben ohne spezielle Entgeltlichkeit. Sie betrugen z.B. bei der Wiener Kammer der Gewerbl. Wirtschaft und bei der Bundeskammer der Gewerbl.Wirtschaft im Budgetjahr 1960 90 % aller Einnahmen (siehe Beilagen 2 und 4).

Das Beitragswesen ist durch Gesetz geregelt und bei den einzelnen Parafisci verschieden. Als Beispiel sei hier wieder die Kammer der Gewerbl. Wirtschaft herangezogen. Die Fachgruppen haben ein Recht auf die Erhebung einer sog. Grundumlage, die aber von den Landeskammern eingehoben wird. Der Ertrag gehört den Fachgruppen, welche auch die Höhe nach verschiedenen Kriterien (Sozialversicherungsbeiträge, Gesellschaftsform etc.) festlegen. Den Landeskammern steht davon ein bestimmter Anteil, in Wien z.B. 10 % zu. Die Fachgruppen erzielen des weiteren Einnahmen aus dem Titel der sog. Einverleibungsgebühr bei Neuanmeldung von Gewerbebetrieben. Die Höhe muß vom Bundesministerium für Handel und Wiederaufbau genehmigt werden. Diese Gebühr wird von den Fachgruppen selbst eingehoben. Auch von diesen Einnahmen steht der Landeskammer ein Anteil zu - in Wien z.B. 10 %. Die Landes- und die Bundeskammer bekommt die sog. Kammerumlage. Diese wird als Zuschlag zum Gewerbesteuerhebesatz von den Finanzämtern erhoben und den Kammern weitergeleitet. Der Zuschlag ist derzeit für die Bundeskammer 9 %, für die Wiener Landeskammer 22 %. In anderen Ländern steigt dieser Zuschlag bis zu 35 %. Die Finanzämter bekommen für die Erhebung 3,5 % des Ertrages.

Die Technik in der Erhebung der Beiträge ist bei den einzelnen Parafisci durchaus verschieden. Teilweise erfolgt sie wie eben gezeigt im Weg der Organleihe über die Finanzämter und teilweise nehmen die einzelnen Parafisci die Einhebung selbst vor, so z.B. die Kirchen und die Sozialversicherungsträger. Ökonomischer ist es zweifellos, sich bei Einhebung der Beiträge der staatlichen Finanzämter zu bedienen. Wie oben gezeigt, müssen die Kammern 3,5 % des Ertrages an den Staat abgeben, während etwa der römisch-katholischen Kirche die Erhebung in Eigenregie 10 % kostet.

Ein besonderes Problem, auf das ich hier im Rahmen der Einnahmenpolitik hinweisen möchte, ist bei den Sozialversicherungen gegeben, wo ja grundsätzlich das Versicherungsprinzip herrscht - also das Prinzip der speziellen Entgeltlichkeit. Nur durch die Einführung des Solidaritätsprinzips wird ein steuerähnliches Element in den Sozialversicherungsbeitrag hineingetragen. Da die Beiträge proportional dem Einkommen sind, zahlt derjenige, der ein höheres Einkommen bezieht, absolut mehr als derjenige mit einem niederen Einkommen, obwohl die Leistungen - zumindest im Bereich der Krankenversicherung - für alle gleich sind.

Die Gebühren spielen auf der Einnahmenseite der Parafisci eine untergeordnete Rolle, da es sehr schwer ist, im Verhältnis zwischen einer öffentlichen Körperschaft und dem Privaten eine Gebühr zu erheben. Wir sehen es z.B. bei den Sozialversicherungen, wo die Einführung einer Gebühr für Krankenscheine großen Protest ausgelöst hat. Wir sehen es aber auch sehr gut bei der Kirche, weil ja mit den Gebühren hier aufs engste der Simonieverdacht verbunden ist. Kirchliche Leistungen können nur sehr schlecht gebührenpflichtig abgegeben werden, ohne klarzumachen, daß hier kein Verkauf stattfindet, sondern daß infolge des Wesens der Gebühr derjenige, der die öffentliche Leistung provoziert hat, sich an den speziellen Kosten, die dabei entstehen, im Wege der Gebühr beteiligt. Ein solch komplizierter Gedankengang ist aber meist nicht nachvollziehbar, infolgedessen verzichtet man lieber auf die Gebühren, als eine abschrekkende Wirkung auf die Inanspruchnahme der entsprechenden Leistungen erzielen zu wollen.

Die sog. Erwerbseinnahmen spielen nur noch bei der Kirche eine wesentliche Rolle, wenngleich auch dort durch die Einführung des sog. Kirchenbeitrages die Entwicklung vom "Unternehmerstaat zum Steuerstaat", um mit Fritz Karl Mann zu sprechen, eingesetzt hat.

Selbstverständlich haben die Parafisci auch die Möglichkeit der Kreditaufnahme. Hier tritt das Problem der sog. "werbenden Zwecke" auf, wie wir es besonders bei der in Österreich aufgelegten "Kirchlichen Aufbauanleihe" gesehen haben. Inwieweit kann man Anleihen aufnehmen zum Bau "unproduktiver Anlagen" oder besser gesagt von Anlagen, die selber keinen werbenden Zweck darstellen und gewissermaßen Rückzahlung und Verzinsung aus sich selbst leisten. Damit ist die Frage der Verschuldungsgrenze aufgeworfen, die im Grunde genommen da liegt, wo aus dem ordentlichen Haushalt noch genügend Mittel vorhanden sind, um Verzinsung und Tilgung zu gewährleisten.

Gewisse Mittel bekommen die Parafisci im Wege des Finanzausgleiches, also von den fiskalischen Institutionen. Hier spielt das Verhältnis der parafiskalischen Institutionen zum Staat eine wesentliche Rolle. Dieses Verhältnis ist nicht immer gut und es gibt sehr viele Fälle in der Geschichte, wo auf Grund eines schlechten Verhältnisses die Mittel langsam oder überhaupt nicht mehr flossen. Wesentliche Zuschüsse vom Staat bekommen vor allem die meist defizitären Sozialversicherungsträger und auf Grund eines erst jüngst abgeschlossenen Vermögensvertrages die römisch-katholische Kirche.

Neben diesen gewissermaßen klassischen Einnahmen haben die parafiskalischen Institutionen noch Einnahmen, die beim Staat sozusagen im Absterben sind: Nämlich Spenden in Geld und Naturalform, Kollekten, Stiftungen seitens der Mitglieder etc. Diese Art von Einnahmen wird umso größer, je enger die Verbindung zwischen Mitglied und Institution ist.

§ 6. Kritische Würdigung

Abschließend möchte ich das Wesentliche hervorheben und nochmals die Bedeutung dieser Gebilde würdigen. Ich teile das Urteil über ihre Bedeutung in zwei Elemente ein: nämlich in ein ökonomisches Urteil und ein außerökonomisches (metaökonomisches) Urteil.

Zum ökonomischen Urteil sei festgestellt, daß die parafiskalischen Institutionen auf dem Prinzip der Funktionsübernahme beruhen. Sie übernehmen die Funktionen, die sonst dem Einzelnen zufallen, ziehen sie bei sich zusammen und befriedigen sie kollektiv. Oder sie übernehmen die Funktionen, die sonst dem größeren Kollektiv zufallen und befriedigen sie nach dem Subsidiaritätsprinzip. Ökonomisch sind diese Gebilde immer dann zweckmäßig und sinnvoll, wenn die übertragenen Staatsaufgaben oder die übernommenen Privataufgaben auf diese Weise kostengünstiger, also billiger erfüllt werden können. Dieser Begriff der Funktionsübernahme ist deswegen von großer Bedeutung, weil man sonst sehr leicht geneigt ist, vordergründig von Belastung zu sprechen im Zusammenhang mit parafiskalischen Zwangsbeiträgen. Man spricht im Zusammenhang mit den Sozialversicherungsbeiträgen immer wieder von der sog. sozialen Belastung ohne zu bedenken, daß diese ja einer Funktionsübernahme entspricht, d.h. also, daß im Budget des Arbeitnehmers selbst die Ausgaben für Krankheit, Altersvorsorge usw. wegfallen können. Es handelt sich also nicht um eine echte Belastung bei den Sozialversicherungsbeiträgen, sondern es handelt sich um eine Leistung und Gegenleistung. Nur soweit das Solidaritätsprinzip Platz greift und zwar in dem schon erwähnten Sinne, liegt eine echte Belastung vor. Und deswegen ist nicht nur psychologisch, sondern auch faktisch ein Vergleich zwischen Lohnsteuer und Sozialversicherungsbeitrag unzulässig. Auch bei kritischer Würdigung der Beiträge der Kammermitglieder darf nicht übersehen werden, daß von den Kammern eine Fülle von Leistungen und Diensten für die Kammermitglieder erbracht werden, die von dem Einzelnen überhaupt nicht oder nur zu erhöhten Kosten zustandegebracht werden könnten.

Wende ich mich nun dem außerökonomischen Urteil zu, dann bedeutet die Existenz der parafiskalischen Institutionen, daß eine optimale gesellschaftliche Ordnung möglich ist, daß zwischen Staat und Einzelnem die Vielfalt gesellschaftlicher Instanzen stehen kann, gesellschaftlicher Instanzen, die ohne finanzwirtschaftlichem Untergrund nicht existieren könnten. Wir wissen, daß gerade im Dritten Reich die Ausschaltung dieser Zwischeninstanzen im wesentlichen durch Aushöhlung der Finanzgewalt erfolgt ist und daß dann die politische Gleichschaltung kein besonderes Problem mehr darstellte. Wir werden also sagen müssen, daß sowohl der Föderalismus, was die Gebietskörperschaften angeht, wie der Parafiskalismus notwendige Unterlagen für einen vielfältigen Gesellschaftsaufbau sind. Der hl. Thomas von Aquin sagte, daß Ordnung Einheit in der Vielheit ist. Ich möchte dies finanzwirtschaftlich abwandeln und sagen: Die Finanzordnung beruht auf der Einheit der staatlichen Finanzwirtschaft und ihrer Oberhoheit, aber in der Vielheit der parafiskalischen Institutionen.

Beilage 1

VERMÖGENSBILANZ DER KAMMER DER GEWERBLICHEN WIRTSCHAFT FÜR WIEN, zum 31.12.1960

Aktiva

Anlagevermögen (Kammer)		
Gebäude	29.714.520,--	
Wertpapiere	17.954.031,75	
Im Bau befindl. Anlagen	10.111.530,87	57.780.082,62
Umlaufvermögen (Kammer)		
Forderungen		16.094.131,66
Flüssige Mittel		154.750.743,62
Aktive Posten d. Rechnungsabgrenzung		367.363,80
Anlagevermögen (Fonds)		
Gebäude	3.025.500,--	
Wertpapiere	13.575.752,50	16.601.252,50
Umlaufvermögen (Fonds)		
Forderungen		1.903.099,45
Flüssige Mittel		6.268.837,42
		253.755.511,07

Passiva

Kammervermögen	51.274.151,35
Rücklagen (unechte Fonds) Hauserneuerungsfonds etc.	165.629.961,54
Verbindlichkeiten	11.412.001,20
Rückstellung	500.000,--
Passive Posten d. Rechnungsabgrenzung	165.207,61
Fondsvermögen	
Kammerfonds (Stipendien, Altersversorgung etc.)	15.681.789,95
Pensionsfonds	9.091.399,42
	253.755.511,07

Beilage 2

ERFOLGSRECHNUNG DER KAMMER DER GEWERBLICHEN WIRTSCHAFT FÜR WIEN, zum 31.12.1960

Ausgaben	IST	SOLL
Personalaufwand	26.036.111,66	23.942.200,--
Funktionärsaufwand	972.633,45	1.011.300,--
Sachaufwand (Fahrt, Büro, Druckkosten, Miete und Gebäude, Inventar, Bibliothek, Repräsentation, Gebühren u. Steuern	2.465.755,50	
Verschiedenes,	8.648.261,76	7.778.800,--
Wirtschaftsförderung, Subventionen, Mitgliedsbeiträge	28.736.458,--	29.184.400,--
Außerordentlicher Aufwand	13.041,83	
	60.406.506,70	61.916.700,--

Einnahmen	IST	SOLL
Umlagen		
Kammerumlagen	70.450.459,44	49.603.800,--
Grundumlagen	5.934.418,29	5.740.300,--
Grundumlagen Rückstände	272.522,84	
Gebühren (Einverleibungsgeb. etc.)	2.958.503,84	2.174.900,--
Zinsen	6.704.528,48	3.522.000,--
Strafgelder	599.488,52	500.500,--
Einnahmen aus Gebäuden	285.064,99	287.800,--
Verschiedene Einnahmen	153.763,38	87.400,--
	87,358.749.78	61.916.700,--

Beilage 3

VERMÖGENSBILANZ DER BUNDESKAMMER DER GEWERBLICHEN WIRTSCHAFT, zum 31.12.1960

Aktiva

Anlagevermögen		
Gebäude	47.598.911,07	
Beteiligungen	12.500.000,--	
Wertpapiere	9.935.250,--	70.034.161,07
Umlaufvermögen		
Forderungen		3.243.135,13
Bar und Guthaben bei Geldinstituten		92.705.313,21
Posten der Rechnungsabgrenzung		93.210,46
Pensionsfonds (im wesentl. Wertpapiere)		17.282.352,63
		183.358.172,50

Passiva

Kammervermögen	70.034.161,07
Rücklagen (Gebarungsreserve u. versch. Fonds)	69.073.728,98
Verbindlichkeiten aus durchlaufender Verrechnung	20.340.329,79
Sonstige Verbindlichkeiten	4.809.169,95
Passive Rechnungsabgrenzung	1.818.430,08
Pensionsfonds	17.282.352,63
	183.358.172,50

Beilage 4

ERFOLGSRECHNUNG DER BUNDESKAMMER DER GEWERBLICHEN WIRTSCHAFT, zum 31.12.1960

Ausgaben	IST	SOLL
Personalaufwand	23.701.165,30	22.042.700,--
Funktionärsaufwand (Fahrt u. Aufwandsentsch.)	884.314,07	919.000,--
Sachaufwand	11.143.209,60	8.674.000,--
Fahrkt., Büro-Druck, Gebäude und Mieten, Inventar, Bibliothek, Repräsentation, Gebühren u. Steuern, Verschiedenes, Wirtschaftsförderung, Subventionen, Mitgliedsbeiträge etc.	27.230.710,42	28.029.100,--
	62.959.399,39	59.664.800,--

Einnahmen:	IST	SOLL
Kammer-Umlagen (Gewerbesteuerzuschlag)	70.582.186,20	52.700.000,--
Zinsen	4.465.515,86	4.469.300,--
Gebäudeeinnahmen	2.383.407,48	367.000,--
Verschiedenes	267.915,16	190.000,--
	77.699.024,70	57.726.300,--

Gebarungsüberschuß S 14.739.625,31, der zum Großteil, ca. 11.300.000,-- der Gebarungsreserve zugeführt wurde.

Probleme, Erfordernisse und Möglichkeiten der Industriepolitik in Österreich*

Aufgaben der staatlichen Industriepolitik

Bestand, Wachstum und optimale Ergiebigkeit moderner Industriewirtschaft sind ohne koordinierende Einflußnahme des Staates nicht mehr zu sichern. Hiefür können wenigstens drei Gründe angegeben werden: Da sich der Entwicklungsstand einer Wirtschaft auch im Grad der Spezialisierung der darin inbegriffenen Einheiten ausdrückt, hängen Funktion und Ertrag der Gesamtwirtschaft sehr stark von der verbundsmäßigen Zuordnung und von der Beschaffenheit des Verkehrs- und Nachrichtengefüges ab, wofür in den meisten Industrieländern staatliche Kompetenzen maßgeblich sind.

Bei ständiger Erweiterung der staatlichen Wirtschaftsaufgaben und der damit in Zusammenhang stehenden Ausdehnung des Anteils der öffentlichen Etats am Bruttosozialprodukt nimmt die Gesamtheit der staatlichen Wirtschaftsdispositionen maßgeblichen Einfluß auf die Beschaffenheit, Entwicklung und Ergiebigkeit des Industriesektors. Das finanzielle Risiko des Vordringens in das Neuland der Technik (etwa im Sektor Atomkraft und Raumfahrt) ist ohne staatliche Auftragsvergabe oder doch zumindest ohne staatliche Unterstützung der Forschungsbemühungen nicht mehr für einzelne Unternehmen tragbar.

In dem Umfang, in dem der Staat per Gesetz eine Veränderung und Neuaufteilung der Einkommensströme vornimmt, etwa dabei den Sektor des Sozial- und Alterskonsums durch Verwirklichung wohlfahrtsstaatlicher Vorstellungen begünstigt, wird hiedurch der zur investiven Verwendung im Produktionssektor zur Verfügung stehende Kapitalfonds beeinträchtigt. Also nicht nur die staatliche Wirtschaftsdisposition, sondern auch die staatliche Verfügung über die bereitstehenden Mittel und Ressourcen, dies im Wege von Zinssubventionen, von sozialversicherungsrechtlichen Regelungen, Rentendynamik, Arbeitnehmervermögensbildung durch Eigenheimbau und ähnliche Gesetze, beeinflussen maß-

---

* Erschienen in: Wirtschaftspolitische Blätter, hrsg. von der Bundeswirtschaftskammer - Wien, Nr. 4/5, 1968, S. 325-332.

geblich den Umfang der der Wirtschaft zur produktiven Disposition verbleibenden Mittel.

Eine zielgerichtete staatliche Industriepolitik hätte die angedeuteten Wechselwirkungen zu berücksichtigen und für solche Verwendung der der Volkswirtschaft zur Verfügung stehenden Ressourcen Sorge zu tragen, daß auf lange Sicht ein gleichmäßig wachsender volkswirtschaftlicher Ertrag zur Verfügung steht und somit gleichermaßen Wachstum der Produktion und des Konsums der Bevölkerung ermöglicht.

Somit wäre als *eine der Hauptaufgaben* wirkungsvoller Industriepolitik die Verantwortung für die Bereitstellung der von der Industrie benötigten Produktionsfaktoren Kapital und Arbeit ermittelt. Als *zweite* ebenso wesentliche *Hauptaufgabe* ist die bewußte Integration der Industrie der eigenen Volkswirtschaft in den Weltmarkt anzusehen.

Wenn ein Land klein ist

Je kleiner ein Land ist, desto stärker wird seine Volkswirtschaft auf die weltwirtschaftliche Integration angewiesen sein, um in die Vorteile wirtschaftlicher Arbeitsteilung und technischen Fortschritts zu gelangen. Wohl werden in einem kleineren Land die Unternehmensgrößen nicht zwangsläufig die Dimensionen des großen Weltmarktkonkurrenten zu erreichen brauchen. Jedoch wird es ebenso stark seine Industriezweige spezialisieren müssen und wird dabei diejenigen Industriezweige zu bevorzugen haben, die am ehesten aus der Struktur des eigenen kleinen Landes heraus und auf Grund der im eigenen Land erarbeiteten technischen Kenntnisse auf dem Weltmarkt konkurrieren können. In verschiedenen Branchen gibt es unterschiedliche optimale Unternehmensgrößen. Ein kleines Land wird sich um die Förderung jener Branchen zu bemühen haben, die schon bei geringer Unternehmensdimensionierung optimal arbeiten können.

Wandel der Ziele und Maßnahmen der Industriepolitik

Industriepolitik wurde und wird jedoch keinesfalls überall und immer als Politik industrieller Koordination und Bereitstellung der für industrielles Wachstum notwendigen Ressourcen (Kapital, Arbeit, Energie und Verkehrsinfrastruktur) oder gar als auf weltwirtschaftliche Integration zielende Außenhandelspolitik verstanden.

Schon die Definitionen in Lehrbüchern lassen Industriepolitik als ein viel bescheideneres Bemühen des Staates erkennen, gewissermaßen als eine Zusammenfassung aller das industrielle Geschehen in der Volkswirtschaft beeinflussenden Maßnahmen. Weddigen definiert Industriepolitik als "machtmäßige Beeinflussung der Industrie im Dienste von Gemeinschaftszwecken".[1]

Viktor Gutmann leitet Industriepolitik von dem Ereignis der Industrialisierung ab. Zum Aufbau der modernen Industrie habe eine Vielfalt von soziologischen und individuellen Kräften beigetragen. "Dort, wo die Wirksamkeit dieser Kräfte bewußt im Sinne einer Zielsetzung beeinflußt wird, ist von Industriepolitik zu sprechen."[2] Guttmann schränkt ein, daß die Entwicklung der Industrie während der letzten zwei Jahrhunderte keineswegs in toto das Ergebnis zielbewußter Industriepolitik gewesen sei: "Staatliche und sonstige öffentlich-rechtliche Einflüsse wurden nach der dieser Phase der Entwicklung entsprechenden Auffassung als ‚Inbegriff von Maßnahmen zur Erhaltung und Erweiterung der Grundlagen der industriellen Produktion' definiert. Dieser Auffassung der Industriepolitik entsprachen die zeitlich beschränkten und gegenüber dem Übergewicht individueller Auf- und Ausbauleistung nur subsidiären Eingriffe. Industriepolitik blieb ihrem Wesen nach etwas Äußerliches und wurde von den Kritikern des Interventionismus als störend im freien Ablauf der Wirtschaft empfunden."[3]

Solche Kritik an der Industriepolitik war vor allem dann berechtigt, wenn diese Politik nicht Wachstum und optimale Ergiebigkeit der industriellen Wirtschaft vorrangig verfolgte, sondern konkrete industrielle Einzelziele anstrebte. So wurde Industriepolitik in verschiedenen Epochen verstanden als eine der Unabhängigkeit vom Außenhandel und Ausland dienende Autarkie-Politik, wie sie etwa in der Zeit des Merkantilismus, aber auch im Dritten Reich betrieben wurde. Industriepolitik wurde in der Vergangenheit auch nicht selten in den Dienst der Rüstungspolitik gestellt, und verstand sich, auch wenn es nicht besonders hervorgehoben wurde, als eine der Förderung der Schwerindustrie dienende Politik.

Neuerdings sind in verschiedenen westlichen und östlichen Ländern zwei weitere Ziele zum eigentlichen Gegenstand der Industriepolitik geworden, nämlich die Beschäftigungspolitik und die dem Wandel des Wirtschaftssystems und der soziologischen Struktur im Staat dienende Gesellschaftspolitik. Eine auf

---

1 Weddigen, W.: Industrie, Katholisches Soziallexikon, Wien, 1964, S. 442 ff.

2 Vgl. Guttmann, Viktor: Industriepolitik, I. Theorie; Handwörterbuch der Sozialwissenschaften, Band 5, Göttingen, 1956, S. 272 ff.

3 Vgl. Guttmann, Viktor: a. a. O., S. 272.

Vollbeschäftigung aller einheimischen Arbeitskräfte ausgerichtete Politik wird in der Regel nur auf kurze Sicht planen und die Erhaltung der gegebenen Arbeitsplätze im Auge haben. Sie ist somit eo ipso fortschrittsfeindlich, gegen die Rationalisierungstendenzen und die damit verbundene Arbeitskräftefreisetzung mißtrauisch und ablehnend, und unterdrückt durch Gewährung weitestgehender Sicherheit an alle Arbeitnehmer die private Initiative zur Weiterbildung, zur beruflichen Vorsorge durch nebenberufliche Ausbildung im Hinblick auf einen Berufswechsel, beeinträchtigt die regionale Mobilität der Arbeitnehmer und somit die Fungibilität des Faktors Arbeit. Wirtschaftliches Wachstum und industrielle Entwicklung erfordern jedoch eine beständige fachliche und regionale Anpassung der Produktionsfaktoren, also des Kapitals und der Arbeit, an die ertragreicheren Möglichkeiten, erfordern somit die Freisetzung von relativ unrentabel beschäftigten Arbeitnehmern, die für egiebigere Arbeitsplätze und Berufe geschult und dort neu eingesetzt werden sollen. Wo die Industriepolitik das Postulat der Vollbeschäftigung und des Lohn- und Gehaltseinkommenwachstums, somit der inländischen Konsumsteigerung akzentuiert, behindert sie gleichermaßen die ergiebigere Verfügung der Industrie über den Faktor Kapital, der durch die mit Vollbeschäftigungspolitik einhergehende Einkommenspolitik geschmälert und verteuert wird.

Stärker noch als durch Beschäftigungs- und einkommenspolitische Ausprägung der Industriepolitik kann das wirtschaftliche Wachstum und die Ergiebigkeit des Industriepotentials beeinträchtigt werden durch eine Ausrichtung der Industriepolitik auf den System- und Funktionswandel der industriellen Wirtschaft, etwa durch Verlegung der Planungsinitiativen von der Konzernspitze in mit neuen Kompetenzen ausgestattete Ministerien oder durch eine Gleichschaltung unternehmerischen Handelns im Wege der überbetrieblichen gewerkschaftlichen Mitbestimmung. Industriepolitik, die so verstanden wird, könnte schließlich darin gipfeln, die industriellen Betriebseinheiten zu verstaatlichen und ministerieller Zentralverwaltung zu unterstellen. Soweit solches Handeln nicht gesellschaftspolitisch und soziologisch motiviert, sondern als erforderliche Anpassung der Wirtschaftsfunktion und der Unternehmensverwaltung an großindustrielle Organisationsformen interpretiert wird, liegt entweder bewußte Irreführung oder ein logischer Denkfehler vor.

Es wird noch zu prüfen sein, inwieweit *Industriepolitik in der jüngeren Vergangenheit* auch in *Österreich* von den hier gezeigten Leitbildern geprägt war, oder aber, ob Industriepolitik die wirtschaftliche Entwicklung des gesamten Landes und aller Wirtschaftsbereiche, also auch der Landwirtschaft und des Handwerks, durch Weltmarktintegration einer reichlich mit Kapital und mit qualifizierten Arbeitskräften ausgestatteten und anpassungsfähigen Industrie praktiziert wurde.

Jede Industriepolitik sollte selbstredend davon ausgehen, daß im Wege der Interdependenz von Löhnen und Lebensbedingungen innerhalb des Staatsraumes durch die in den Weltmarkt integrierte und besonders ertragreiche Industrie der Wohlstand aller Bürger und Arbeitnehmer, also auch derjenigen, die weder direkt noch indirekt mit der Industrie zu tun haben, gehoben wird. Solche Betrachtung erfordert, daß der ergiebige Sektor Industrie nicht zu stark vom Fiskus gemolken wird, jedenfalls nicht stärker, als es das Gebot des Wachstums durch Selbstfinanzierung aus zur richtigen Kapitalallokation führenden Gewinnen erlaubt.

Die vorstehenden Überlegungen lassen erkennen, daß unter Industriepolitik im Verlauf der Vergangenheit teilweise entgegengesetzte wirtschaftspolitische Ausrichtungen und Maßnahmen verstanden wurden.

Was ist und was braucht die Industriepolitik?

Wir meinen, daß Industriepolitik in einer freien, mit dem Weltmarkt verbundenen Unternehmerwirtschaft als Angelpunkt der Wirtschafts- und Finanzpolitik des Staates zu gelten hätte. Ohne eine aktive Mitwirkung des Staates bei der volkswirtschaftlichen Koordination und bei der Bereitstellung der Produktionsfaktoren und der Verkehrs- und Energieinfrastruktur kann eine industrielle Organisation überhaupt nicht entstehen, geschweige denn funktionieren. Die Ergiebigkeit der Industrie eines Landes wird stets von der Qualität der staatlichen Industriepolitik abhängen.

Angelpunkt der Wirtschaftspolitik wird die Industriepolitik allerdings nur dann und dort sein können, wo der industrielle Sektor innerhalb der gesamten Volkswirtschaft ein ausreichend großes Gewicht besitzt und sofern das im industriellen Sektor eingesetzte Kapital eine höhere Rendite erzielt als in anderen Wirtschaftssektoren, etwa in der Landwirtschaft, im Handwerk, im Handel oder im Fremdenverkehr. Trifft diese Voraussetzung zu, dann hat der Staat die Industrie als Wohlstandsmotor für die Gesamtwirtschaft zu nutzen und zu entwickeln, was auch Vorkehrungen zur gegenseitigen Befruchtung und zum Ausgleich des Wohlstandsgefälles zwischen Industrie und anderen Sektoren einbeschließt. Industriepolitik dürfte daher nie auf Kosten der Landwirtschaft, des Handwerks und des Handels erfolgen, sondern sollte, richtig praktiziert, diese Sektoren ebenfalls fördern und zu höherem Wohlstand hinführen. Industriepolitik hätte somit nicht nur zu entscheiden über die Aufteilung der vorhandenen Mittel unter die verschiedenen Sektoren, über ihre rechtzeitige Bereitstellung und

Vorausplanung gemäß der erwarteten wirtschaftlichen Entwicklung, sie hätte nicht nur zu entscheiden über regionale Standortprobleme und damit im Zusammenhang stehende Beförderungsmaßnahmen, die Ausgestaltung der Verkehrswege und des Verkehrsmittelvolumens, die Berufsförderung und die Spezialisierung der Arbeitskräfte für die volkswirtschaftlich bevorzugten und gemäß der Struktur des Landes ergiebigsten Wirtschaftszweige, es wäre auch Sache der Industriepolitik, auf die Beschaffenheit des Wirtschaftssystems, der im engen Zusammenhang damit stehenden Wirtschaftsethik und des Wirtschaftsrechts, insbesondere des Gesellschaftsrechts und des Wettbewerbsrechts einzuwirken. Soweit Weichenstellungen für die wirtschaftsrechtliche und wirtschaftsstrukturelle Entwicklung nötig sind, sollte diese im Rahmen der Industriepolitik rechtzeitig erfolgen, was eine langfristige und mehrjährige Abschätzung der zukünftigen Entwicklungen erforderlich sein läßt. Besonderes Anliegen der Industriepolitik hätte die Förderung von Universitäten und Forschung und die Bindung der hier ausgebildeten Akademiker und erzielten Forschungsergebnisse an die eigene Volkswirtschaft durch geeignete einkommenspolitische Differenzierungen zu sein.

Viktor Guttmann weist zutreffend darauf hin, daß infolge der Interdependenzen aller wirtschaftspolitischen Eingriffe jede Maßnahme in irgendeinem Wirtschaftsbereich zu Einwirkungen auf die Industriewirtschaft führt. Daraufhin sollte auch jede wirtschaftspolitische Maßnahme geprüft werden. Der Staat hätte also seine ökonomischen Dispositionen stets auf die Distributions-, Allokations- und Wachstumseffekte industrieller Natur hin zu beobachten. Dies ist nur im Wege der Koordination der gesamten wirtschaftsrelevanten hoheitlichen und fiskalischen Einflußnahmen des Staates möglich. Doch wirkt moderne Industriepolitik - wie gesagt - über den Bereich des Ökonomischen hinaus.

Zur Industriepolitik gehören die Steigerung der Arbeitsdisziplin, die Beeinflussung des Technisch-Zivilisatorischen im Bewußtsein der Bevölkerung und der Arbeitnehmerschaft, der Fortschrittsfreudigkeit der Unternehmer sowie der "Anpassungsfähigkeit und Humanität nicht nur im Sinne der Berücksichtigung der Würde der menschlichen Persönlichkeit im industriellen Vollzug, sondern der Anpassung dieses Vollzugs an persönliche Eigenart der Mitarbeiter zur Sicherung und Steigerung des Leistungseffektes menschlicher Arbeit."[4]

Guttmann möchte den Begriff "Industriepolitik" weder rein juristisch als Inbegriff von Maßnahmen noch rein wirtschaftspolitisch als Kampf und Gegensatz der gewerblichen Betriebsformen noch rein soziologisch als hauptsächlich

---

4 Vgl. Guttmann, Viktor: a. a. O., S. 273.

organisatorisches Problem betrachtet wissen. Die begriffliche Klärung müsse aus der vielfältigen Eigenart dieser Tatbestände heraus gewonnen werden.

"Industriepolitik ist somit die Summe der Eingriffe einer Vielfalt kooperierender Instanzen mit dem Ziel der Ermöglichung, Erhaltung, Anpassung und Erweiterung der Industriewirtschaft. Sie erhält ihr Gepräge je nach Eigenart der in der industriepolitischen Kooperation gewichtigsten Instanz. Je nachdem werden auch Form und Technik der Industriepolitik verschieden sein. Überwiegt die staatliche Instanz, so wird der Schwerpunkt bei einer ausgiebigen industriepolitischen Gesetzgebung liegen. Ist das Gewicht der Verbände und Kammern oder der Unternehmungen zu Zusammenschlüssen groß, wird vertraglichen Abmachungen, Arbeitsrichtlinien, Ausbildungs- und Propagandamaßnahmen besondere Bedeutung zukommen. Das Übergewicht großer Unternehmungen wird auf dem Wege der Verhandlungs- oder Kampfstrategie für zweckmäßig gehaltene Wirtschaftsgrundsätze und Verfahrensweisen aufzwingen."[5]

Ausgangsposition und Möglichkeiten in Österreich

Eine Konfrontation dieser Ansätze mit der industriellen Wirklichkeit in Österreich erfordert die Darstellung der Situation und der für richtig gehaltenen, auf den Weltmarkt ausgerichteten und die Industrie als Wachstumsinstrument für die Volkswirtschaft erachtenden Politik sowie die Darstellung der insoweit bestehenden Probleme und der gegebenen industriepolitischen Möglichkeiten und Erfordernisse.

Die industriepolitische *Ausgangssituation* in Österreich ist gekennzeichnet von weitgehender Immobilität der Arbeitskräfte, einem empfindlichen Mangel an Kapital infolge Kapitalbindung in unrentablen Sektoren, infolge der Kapitalverwendung für konsumtive Zwecke im Sozialbereich und infolge Mangels an Ermunterung der Bevölkerung zur Kapitalbildung durch Sparen, zumal eine umfassende Alters- und Krankenversorgung die eigeninitiative Vorsorge durch Kapitalbildung entbehrlich macht.

Auf den *Zusammenhang zwischen versorgungsstaatlicher Entwicklung und mangelndem industriepolitischem Wachstum* machte kürzlich die Deutsche Bundesbank im Geschäftsbericht für 1967 aufmerksam. Die Bundesbank zeigt sich besorgt darüber, daß durch ständige Erhöhung der Sozialversicherungsbeiträge die private Sparkapitalbildung spürbar abnehmen könnte, was wiederum

---

[5] Vgl. Guttmann, Viktor: a. a. O., S. 273.

Rückwirkungen auf den Umfang der möglichen produktiven Investitionen nimmt, somit also auch auf den Umfang der Außenwirtschafts- und Forschungskraft und des Sozialkonsums der Zukunft.

In *Österreich* hat die versorgungsstaatliche Entwicklung bereits jene *Grenze überschritten,* in der eine Verstetigung des erreichten Sozialkonsumumfanges möglich wäre. Durch Beeinträchtigung des der industriellen Entwicklung zur Verfügung stehenden Kapitalfonds erfolgt zugleich eine Beeinträchtigung der zukünftigen Wohlstandschancen der österreichischen Bevölkerung. Vor allem wird dadurch die Fähigkeit zur Integration in den Weltmarkt und zum Wettbewerb, damit also zum Ausgleich der Außenhandelsbilanz stark beeinträchtigt. Außerdem kann sich Österreich infolge der hier verfolgten versorgungsstaatlichen Ziele mit den damit verbundenen hohen Steuern und eigentumsfeindlichen Tendenzen auch nicht die Vorteile ausreichend nutzbar machen, die sonst unterschiedlich entwickelten Volkswirtschaften auf dem Weltmarkt gegeben sind. Detlef Lorenz analysiert in der "Dynamischen Theorie der internationalen Arbeitsteilung" (Berlin, 1967) die für unterschiedlich entwickelte Wirtschaften gegebenen *Chancen beim Handels- und Kapitalaustausch.*

Danach treten an Stelle der Kosten Preisvorteile, die in der herkömmlichen Außenhandelstheorie als ausschlaggebend für den internationalen Handel angesehen werden, die Entwicklungsvorteile. Es handelt sich um zeitlich begrenzte und erst mit der weltwirtschaftlichen Entwicklung sich ergebende Vorzugsstellungen einzelner Volkswirtschaften bzw. der mikroökonomischen Einheiten in diesen Volkswirtschaften.

Österreich könnte aus seinem *geringeren Industrialisierungsstand den Vorteil des Erwerbs von Kapital und "Know how"* durch ausländische Firmenniederlassungen auf österreichisches Staatsgebiet ziehen, seinerseits dafür eine ausgebildete Infrastruktur und disziplinierte sowie kostenbegünstigte Arbeitskräfte anbieten. Die Beteiligung des Auslandes am österreichischen Wirtschaftswachstum und die Integration der österreichischen Volkswirtschaft in den Weltmarkt sind jedoch stark beeinträchtigt durch die bereits erwähnten wohlfahrtsstaatlichen Tendenzen und eigentumsfeindlichen Steuergesetze.

Zutreffend bemerkte kürzlich Hanni Konitzer zu der "Politik der versäumten Gelegenheiten" über die Konzentration in Österreich:

"Ein schweres Handikap für Zusammenschlüsse und Beteiligungen innerhalb der österreichischen Industrie, aber auch für eine enge Zusammenarbeit mit ausländischen Partnern, ist die umfangreiche österreichische Verstaatlichung, die weitaus größte im freien Europa. Da die Republik Österreich bisher an ihrem hundertprozentigen Gesellschaftseigentum an den verstaatlichten Unternehmen nicht rütteln läßt, ist deren Bewegungsfreiheit für Partnerschaften sehr beschränkt. Als Ausweg wird neuerdings die Errichtung von Tochtergesellschaften gewählt. Fachleute meinen jedoch, daß solche Auswege nicht genügen, um die brennenden Probleme der verstaatlichten Unternehmen zu lösen. Der absolute Kapitalmangel des Alleineigentümers Staat auf der einen Seite, die ungenügende und immer mehr in Rückstand geratende technisch-wissenschaftliche Potenz der Unternehmen auf der anderen Seite läßt es bei einigen, bereits in bedrängter Lage befindlichen Gesellschaften höchst fraglich erscheinen, ob sie ohne enge Anlehnung an einen gewichtigen Partner ihre Konkurrenzfähigkeit halten oder wiedererlangen können."[6]

Konitzer nennt eine *Reihe weiterer negativer Details der österreichischen Industriesituation* und macht deutlich, daß Staat und Unternehmerschaft selbst an der betrüblichen Entwicklung Schuld tragen. Obwohl es im österreichischen Interesse gelegen wäre, in Industriezweigen, in denen das kleine Österreich niemals mit großen Weltkonzernen mithalten kann, internationale Konzerne nicht nur als Lizenzgeber, sondern auch als Partner mit Risiko- und Kapitalbeteiligung zu gewinnen, sei manche vorhandene Möglichkeit in den vergangenen Jahren nicht genützt worden. Soweit solche Möglichkeiten genutzt wurden, sei es oft zu spät und dann zu ungünstigeren Konditionen als ursprünglich möglich geschehen, so etwa im Falle *Siemens*. Obendrein seien heute die Unternehmen aus EWG-Ländern lange nicht mehr so stark wie früher daran interessiert, ein Tochterunternehmen in Österreich als Brückenkopf in der EFTA zu gründen und auszubauen. Das gleiche gilt für die noch vor einigen Jahren attraktive Vorzugsstellung Österreichs für die *Handelsvermittlung zwischen Ost und West.*

"Das Direktgeschäft zwischen den westeuropäischen Industriemächten und den kommunistischen Staaten funktioniert jetzt so, daß eine Vermittlerrolle Österreichs nicht mehr sehr gefragt ist. Unter diesen Vorzeichen hat es Österreich heute schwer, Versäumtes nachzuholen. Ohne daß der österreichische Staat nun endlich eine moderne Industriepolitik betreibt, wird es überhaupt nicht gehen".[7]

Doch ist es nicht nur so, daß Österreich die vorhandenen Chancen des Ausbaues der Mittlerdienste zwischen Ost und West nicht nutzte, zudem treten neuerdings die *Ostländer als Konkurrenten Österreichs im Westen* auf und unterbieten die ehedem günstigen österreichischen Preise auf dem europäischen und

---

[6] Vgl. Konitzer, Hanni: Politik der versäumten Gelegenheiten, Frankfurter Allgemeine Zeitung vom 14. März 1968, Nr. 63.

[7] Vgl. Konitzer, Hanni: a. a. O.

auf dem Weltmarkt. Gewiß mag hier ein Lohndumping vorliegen, von dem Österreich aber viel stärker als andere Industrienationen betroffen wird, weil es auf Grund der geringer dimensionierten, gleichwohl ebenso spezialisierten Industrie doch nur geringere Ausweichmöglichkeiten, geringere Möglichkeiten des Strukturwandels im Exportsortiment besitzt.

Doch nicht nur *Strukturüberalterung, Immobilität von Arbeitskräften, Kapitalmangel, ungünstige Ansiedlungsbedingungen für ausländische Unternehmen und eine ungünstige Außenhandelsstruktur und Außenhandelsbilanz* kennzeichnen die industrielle Situation des Landes, fast besorgniserregender noch ist der *Mangel an Übereinstimmung zwischen Lebenshaltung und Wirtschaftskraft und der Mangel an Abstimmung zwischen sekundärem und tertiärem Sektor der Volkswirtschaft.*

Diskrepanz zwischen Lebenshaltung und Wirtschaftskraft

Raymond Aron unterscheidet zwei grundlegend verschiedene Gesellschaftstypen, nämlich die agrarische und die industrielle Gesellschaft, danach, wie die Bedürfnisse in ihnen beschaffen sind. In der agrarischen Gesellschaft gebe es von der Tradition geprägte Bedürfnisse mit handwerklichen und traditionellen Arbeitsweisen, in der industriellen Gesellschaft würden sich die Bedürfnisse dagegen von Jahr zu Jahr verändern und wachsen.[8]

Nach den vorliegenden Statistiken kann Österreich nun nicht als typisches Beispiel einer industriellen Gesellschaft bezeichnet werden, jedenfalls nicht, so weit es sich um die anteiligen Relationen von sekundärem und tertiärem Sektor handelt. Gleichwohl ist Österreich von seinen Konsum- und Sozialbedürfnissen und von ihrem Wachstum her nicht nur faktisch auf dem Stand der industriellen Gesellschaft angelangt, sondern der Anspruch auf wachsende Leistungen der Wirtschaft durch den Konsumenten und der Übergang vom Leistungs- zum Bedarfsdenken bei den Menschen wird durch den Staat und die Parteien auch noch gefördert. In der ökonomischen Wirklichkeit sieht das dann so aus, daß die Nation über ihre Verhältnisse lebt und sowohl Geldwertschwund als auch ökonomischen Vertrauensschwund im In- und Ausland erleidet.

Obwohl die SPÖ in dem von ihr vorgelegten Entwurf der ökonomischen Versammlung der SPÖ für ein *Wirtschaftsprogramm* über "Reform der österreichischen Wirtschaft" eine frühzeitige Vergreisung der österreichischen

---

[8] Aron, Raymond: Die industrielle Gesellschaft; Bücher des Wissens der Fischer-Bücherei Nr. 636, Frankfurt, 1964, S. 139.

Wirtschaft konstatiert, propagiert sie doch zugleich den versorgungsstaatlichen Ausbau Österreichs, also die Erstickung der Privatinitiative der Menschen, somit auch die Beeinträchtigung des von Natur aus doch sorgsamen Umganges mit den Mitteln und die Ausrichtung des Denkens nach dem Bedarf, nicht nach der Leistung sowie auf den im Konsum inbegriffenen Geltungsnutzen. Österreich soll sich also den Versorgungsluxus eines hochentwickelten Industrielandes leisten, wiewohl es dadurch eben die noch ausstehende Entwicklung zum modernen Industriestaat mangels ausreichender persönlicher Initiative und mangels ausreichender Kapitalakkumulation gerade behindert.

"Während in Österreich die Beschäftigungsquote des Sekundärsektors seit fünf Jahren bei 40 Prozent stagniert, liegt diese Quote in den meisten industriell entwickelten Ländern Europas entweder schon jetzt wesentlich höher oder ist noch im Ansteigen begriffen. So zum Beispiel beträgt der Anteil des Sekundärsektors an der Beschäftigung in Deutschland derzeit 48 Prozent, in Schweden 45 Prozent, in der Schweiz 50 Prozent, in Belgien 45 Prozent, in Holland 42 Prozent und in England 47 Prozent, wobei allerdings zu beachten ist, daß in allen diesen Ländern dem Rüstungssektor eine gewisse Bedeutung zukommt, was in Österreich nicht der Fall ist. Im Durchschnitt der industriellen Länder liegt der industrielle Beschäftigungsanteil nach einer jüngst veröffentlichten Studie des internationalen Arbeitsamtes bei 45 Prozent."[9]

Fehlmeinungen und Irrwege?

Die SPÖ sieht als *Strukturmangel* vor allen Dingen den *hohen Anteil der Land- und Forstwirtschaft,* also des primären Sektors mit 21 Prozent 1965 in Österreich an. Zweifellos ist dies ein struktureller Mangel.

Jedoch ist er teilweise auch bedingt in den besonderen landwirtschaftlichen und geographischen Verhältnissen Österreichs. Richtiger wäre es, wenn von der SPÖ der Umfang des tertiären Sektors, der Umfang der Dienstleistungen also, die mit 39 Prozent nahezu das Niveau des Sekundärsektors erreichen, kritisiert würde. Im Dienstleistungssektor kommt nämlich nicht nur die österreichische Bedeutung als Fremdenverkehrsland zum Ausdruck, sondern mehr noch das Ausmaß an unproduktiver Verwaltung und der Luxus eines Dienstleistungskonsums, den sich das Land allenfalls so lange leisten konnte, als die Fremdenverkehrskonkurrenz und die Außenhandelskonkurrenz der inzwischen

---

9 Vgl. Entwurf der ökonomischen Versammlung der SPÖ für ein Wirtschaftsprogramm: Reform der österreichischen Wirtschaft, S. 12.

unterbietenden Ostländer noch nicht wirksam war. In ihrem industriepolitischen "Entwurf" begeht die SPÖ aber nicht nur diagnostische Irrtümer, sie gibt auch zweifelhafte Empfehlungen für die weitere Industrialisierung des Landes, wobei man der Sozialistischen Partei zugute halten muß, daß sie mit den entwickelten Thesen den lange Zeit als gültig erachteten Schablonen von Schumpeter und Galbraith folgt. Die SPÖ propagiert die weiterführende Konzentration in der österreichischen Wirtschaft und gesteht neuerdings sogar eine kontrollierte Kooperation mit ausländischen Unternehmen zu. Der Entwurf läßt jedoch offen, warum und ob sich ausländische Firmen bei solcher "Kontrolle" in Österreich engagieren sollen. Für eine Reihe von Autoren sozialistischer Gesinnung sind industrielles Wachstum und Sozialisierung der Wirtschaft miteinander verbunden, ja bedingen einander sogar. Ein Beispiel hiefür bietet die Schrift von Ernest Mandel über "Die EWG und die Konkurrenz Europa - Amerika". Mandel, ein überzeugter Marxist, glaubt, die Gefahr einer sich anbahnenden Amerikanisierung Europas durch Sozialisierung oder durch Vergesellschaftung der Produktionsmittel bannen zu können. Dabei denkt Mandel in den Begriffen des "Besitzbürgertums", der "Anarchie der Marktwirtschaft", spricht von der Ausbeutung der Arbeitskraft durch das Privateigentum, um schließlich den Gewerkschaften und der Arbeiterbewegung zu empfehlen, endlich den Sozialismus zu verwirklichen.

Mandel schreibt, daß einer "Konzentration der Wirtschaftsmacht in wenigen Händen die bewußte demokratische Kontrolle der Wirtschaft durch die assoziierten Produzenten" vorzuziehen sei, die in sozialisierten Großbetrieben und durch zentral geplante Investitionen die Möglichkeiten modernster Technik voll und ganz ausschöpfen könnten. Mandel scheint davon überzeugt, daß eine von Funktionären gesteuerte Planwirtschaft rationeller arbeitet und dem Konsumenten und Arbeitnehmer ein besseres Leben zu sichern imstande ist als die freie Unternehmerwirtschaft. Jedenfalls unterstellt dies Mandel für eine hochindustrialisierte Wirtschaft.

Ähnliche Gedankengänge fand man in der Neuzeit auch bei Burnham und bei Galbraith, der in dem jüngst vorgelegten Buch "Die moderne Industriegesellschaft" (Hamburg, 1968) den Trend industrieller Entwicklung zur staatlichen Planung hin vorzeichnet.

"Die Notwendigkeiten der modernen Technik erzwingen nach Galbraith immer mehr Planung und eine immer engere Verbindung mit dem Staat, der durch Forschung, Rüstung, Raumschiffahrt ein ständig steigendes Volumen der

Staatsausgaben produziere und zu einer neuen Symbiose von großem Staat und Großunternehmertum führe."[10]

Chancen und Erfolge der Kleinen und Mittleren

Die zentrale These des neuen Buches von Gaibraith beruht darin, daß die industrielle Planung eine weitgehende Loslösung der Großfirmen von den Gesetzen des freien Marktes bewirkt. Das Großunternehmen sei dem Markt und dem Wettbewerb nicht mehr unterworfen. Statt dessen wären nun Strategie und Praxis der Planung und Kontrolle der Märkte maßgeblich. Zugleich würden die Firmen immer größer, um die moderne Technik überhaupt zu ermöglichen. Diese Vorstellung von der Zwangsläufigkeit des Firmenwachstums und des Konzentrationsprozesses bei wirtschaftlichem Wachstum und industrieller Entwicklung ist ebenso verbreitet wie falsch. Der Irrtum über solche Zwangsläufigkeit beinhaltet zugleich für Österreich neue Chancen und Hoffnungen für die zukünftige Teilhabe an weltwirtschaftlichem Wachstum bei richtiger und konsequenter Industriepolitik.

Als Irrtum wurde die Vorstellung, daß der Fortschritt von den Giganten kommt, kürzlich von den Amerikanern selbst entlarvt. Eine empirische *Untersuchung des amerikanischen Senatsunterausschusses für Antitrust Gesetzgebung* widerlegte in fast fünfmonatigem Hearing über die Konzentration die Auffassungen der Epigonen Schumpeters. Danach seien von den 61 wichtigsten Erfindungen seit 1900 bis 1964 40 von Einzelgängern, sechs von kleineren Unternehmen und nur 15 von Firmen mit über 500 Beschäftigten beigesteuert worden. Die epochemachenden Erfindungen des Fernsehens, der Raketentechnik, des Insulins, des Kreiskolbenmotors, von DDT und dem Düsenantrieb stammen nicht aus Industriekonzernen. In der hochkonzentrierten US-Aluminiumindustrie entfallen von den hier bedeutsamen 149 Verarbeitungserfindungen nur 17 auf die Großfirmen. Alle sieben Basiserfindungen der oligopolistischen Mineralölindustrie stammen von Außenseitern. In der Stahlindustrie wurde keine der 13 wichtigsten technischen Neuerungen von den Großfirmen, jedoch die Hälfte von unabhängigen Erfindern herausgebracht.

Schließlich ist das von der VÖEST entwickelte LD-Verfahren auch ein Beispiel für den Fortschrittsdrang der Kleineren in der Branche auf Weltebene.

---

[10] Vgl. Gross, Herbert: Kein Markt mehr für die Marktwirtschaft? Handelsblatt Nr. 69 vom 6. April 1968.

Aber noch auf andere Weise hat das Beispiel der Einführung des LD-Verfahrens deutlich gemacht, daß der Fortschritt von kleineren Firmen, nicht aber von den Giganten vorangetrieben wird. Gerade die Marktmacht der großen Stahlfirmen in den USA ermöglichte die Blockierung des mit neuen Investitionen verbundenen LD-Verfahrens. Dieser scheinbare kurzfristige Vorteil für die US-Stahlgiganten führte zu einem beträchtlichen volkswirtschaftlichen Verlust für Amerika. Nach den Ergebnissen einer von Wissenschaftern der US-Harvard-Universität vorgelegten Untersuchung wurde infolge der oligo- polistischen Marktpolitik der US-Unternehmen in den fünfziger Jahren für fast 50 Millionen Tonnen falsche Kapazität, nämlich SM-Öfen statt Anlagen für das LD-Verfahren gebaut, dies, obwohl eine Tonne Stahlkapazität (LD-Kapazität) 1955 nur 15 Dollar kostete gegen 40 Dollar mit dem SM-Verfahren. Hätte die US-Industrie ihre SM-Öfen durch LD-Kapazitäten im Umfang von 87 Millionen Tonnen ersetzt, so wären dazu im Laufe der Jahre nur 1,3 Milliarden Dollar nötig gewesen, ein Bruchteil des Investitionsaufwandes in diesem Jahrzehnt. Man hätte 0,5 Milliarden Dollar an Kosten gespart und die Fixanlagen um 1,7 Milliarden Dollar vermindert. Die Ertragsrate wäre von 7,6 Prozent auf 11,6 Prozent, das heißt um zwei Drittel gestiegen. Mangels Wettbewerbs war die US-Stahlindustrie zu dieser Umstellung in den Herstellungsverfahren und zur Produktivitäts- und Rentabilitätserhöhung aber nicht gezwungen. Übernommen wurde daher das LD-Verfahren in den USA anfänglich nur von kleineren Stahlunternehmen, die auf die Verbesserung der Ertragsrate von 7,6 Prozent auf 11,6 Prozent, wie sie durch Verfahrenswechsel möglich war, angewiesen waren und so ihren Marktanteil erhöhen wollten.

Die *Bereitschaft zum Risiko*, das zeigt auch dieses Beispiel, ist bei den mittelgroßen Firmen viel stärker. Hier wird auch in sehr viel höherem Umfang, bezogen auf den Umsatz und teilweise sogar bezogen auf den Geldbetrag, in Forschungszwecke investiert. Die Forderung nach Durchsetzung des technischen Fortschritts in der österreichischen Wirtschaft und nach Herausbildung produktiverer Wirtschaftsstrukturen ist berechtigt. Durch willkürliche Konzentration und Stärkung des Sektors der verstaatlichten Industrie, wie sie von der SPÖ vorgeschlagen werden, kann dieses Ziel aber kaum erreicht werden. Statt dessen käme es darauf an, optimale Betriebseinheiten zu bilden und im Hinblick auf eine europäische Arbeitsteilung diejenigen Fabrikationen zu bevorzugen, in denen optimale Betriebseinheiten bereits bei einem Beschäftigtenstand zwischen 100 und 500 Personen gegeben sind.

Eine staatliche Kontrolle und gewerkschaftliche Einflußnahme auf das volkswirtschaftliche Geschehen ist allerdings in einer hochkonzentrierten Gesellschaft sehr viel eher möglich.

Vielleicht erklären sich auch daraus die sozialistischen Konzentrationsempfehlungen?

Technischer Fortschritt - Initiativspielraum

Fragwürdig wird die inzwischen von allen österreichischen Parteien unterstützte Empfehlung zur Zusammenarbeit einheimischer mit ausländischen Firmen in Anbetracht der steuerpolitischen und einkommenspolitischen Gegebenheiten und Forderungen für die Zukunft. Die Ausländer können an der Kooperation bei gleichzeitiger Proklamierung einer noch stärkeren Steuerprogression durch die SPÖ doch wohl kaum interessiert werden. Allenfalls ergäben sich daraus weitere Kooperationen auf Lizenz und Patentbasis, was die österreichische Außenhandelsbilanz belastet und die technische Lücke sowie die Abhängigkeit von den Weiterentwicklungen im technischen Standard der Lizenzgeber noch größer werden läßt. Diese Sorgen werden noch verstärkt bei Kenntnis der Statistik über den österreichischen Anteil an den in Österreich zur Auswertung gelangenden Patenten. Waren 1961 noch 27 Prozent aller Patentanmeldungen aus Österreich, so belief sich dieser Anteil 1966 nur noch auf 21 Prozent. Darüber hinaus ist die geringe Höhe der Forschungsaufwendungen von 0,3 Prozent des Bruttonationalprodukts zu beklagen, zumal es sich dabei nur um ein Zehntel des Aufwandes vergleichbarer Industrieländer handelt.

Es wäre jedoch falsch, diesen Rückstand in den Forschungsbemühungen vor allem den Unternehmern anzukreiden. Ihre mangelnde Risikobereitschaft hat die Ursache nicht in Bequemlichkeit oder Verantwortungslosigkeit, sondern in dem in Österreich nur noch in geringerem Maß vorhandenen Initiativspielraum für Unternehmer. Schließlich handelt es sich bei der Risikobereitschaft nicht um eine angeborene Eigenschaft, die unabhängig von den Ertragsaussichten wirksam werden könnte. Wenn das so wäre, dann würde eine dezentralisierte private Unternehmerwirtschaft keine Ertragsvorteile gegenüber einer zentral geplanten Wirtschaft mobilisieren können; denn dann bestünde in der Unternehmerwirtschaft ebenso wie in der staatlichen Planwirtschaft die Gefahr von Fehlinvestitionen infolge Mangels an Zurückhaltung bei unsicheren Geschäftsaussichten. Eine staatliche Planwirtschaft neigt stets dazu, volkswirtschaftliche Überkapazitäten in einer Branche zumindest dann zu behalten, wenn sie Ausprägung in technisch modernen Anlagen finden. Die verantwortlichen Funktionäre berücksichtigen nicht, daß sie auf diese Weise Kapital und Arbeit in ertragslosen und oft sogar verlustreichen Produktionen binden. Eine Planungszentrale wird sich zudem schwerer zur Korrektur vor noch nicht allzu langer Zeit gefaßter Entschlüsse und der dabei sich vollziehenden Offenbarung von Fehlentscheidungen durchringen können, als dies mehr oder minder zwangsläufig auf dem Markt im Zusammenspiel von Industrieunternehmen und Banken der Fall sein muß.

Wo Unternehmer in beträchtlichem Umfang Erwartungsparameter im Bereich staatlicher Aktivität zu berücksichtigen haben, und sei es als Kunden von in Staatsbesitz befindlichen Konzernen, da werden sie ihre Risikobereitschaft auf ein der Ungewißheit willkürlicher, kurzfristiger Datenveränderung angemessenes Maß herabschrauben.

Konkrete Möglichkeiten mit Auflagen

Richtig ist, daß eine wirkungsvolle Industriepolitik in Zukunft die Initiativen und Kräfte freien Unternehmertums wieder lebendig werden lassen müßte, die Bevölkerung erneut zum Leistungsdenken hingeführt und zum Konsumverzicht im Interesse von Investitionen, also zum Sparen, angeregt werden müßte. Die Beispiele Japan, Schweiz und das Deutschland der fünfziger Jahre erweisen, daß nur durch eine hohe Investitionsquote, also durch ein Engerschnallen des Konsumgürtels bei gleichzeitiger freier Entscheidung des Unternehmers über die Disposition der Sparmittel ein maximales Wirtschaftswachstum und eine optimale Wirtschaftsstruktur erzielt werden können. Österreich könnte auch heute noch seine geographische Mittelstellung zwischen West- und Osteuropa nutzen und in dem sich anbahnenden Prozeß der Integration Gesamteuropas eine wichtige ökonomische Rolle spielen.

Das Land bietet sich als Kooperationsstandort für Ost-West-Firmen an, die aus psychologischen Rücksichten Tochtergesellschaften auf halbem Weg und in drittem, neutralem Gebiet gründen wollen. Bei Schutz privaten Eigentums, Freistellung privater Unternehmerinitiative und einer darauf abgestellten Steuerpolitik dürfte es nicht allzu schwierig sein, Auslandskapital ins Land zu holen, auf diese Weise auch die in Österreich ausgebildeten Wissenschafter im eigenen Land zu halten und ihnen hier mit dem Ausland vergleichbare Arbeitsplätze und Entfaltungsmöglichkeiten zu bieten.

Vor allen Dingen gilt es jedoch, die *Sozialpolitik* und die auf *Konsum* und auf konsumtive Sozialinvestitionen ausgerichtete Strukturpolitik zu überdenken und im Hinblick auf höheres Sparvolumen und auf Erhöhung des Sparwillens des Einzelnen abzuwandeln. Dabei sollte nicht etwa die soziale Sicherheit der Menschen gemindert werden, sie sollte, zumindest teilweise, der privaten

Initiative des Einzelnen wieder anheimgegeben und so der dabei angesammelte Sparbetrag der produktiven Nutzung in der Industrie zugeführt werden.

Die Industriepolitik als Angelpunkt der Wirtschaftspolitik schlechthin hätte allerdings *Grenzen der industriellen Entwicklung und Förderung* zu beachten. Solche Grenzen sind gesetzt in der Aufrechterhaltung aller jener Wirtschaftsbetätigungen und Wirtschaftssektoren, die für eine Minimalversorgung des Landes für den Fall des Zusammenbruchs des ausländischen Verkehrsnetzes und des internationalen Handels, etwa in einem Krieg, ausreichen.

Die *Sicherheit des Landes* muß man sich etwas kosten lassen, und das geht notwendigerweise zu Lasten der der Industrie zur Verfügung stehenden Mittel. Da als letzte Ziele des Wirtschaftens die Bewahrung der staatlichen Unabhängigkeit, die Sicherung der Existenz der Wirtschaft, die Behauptung der Freiheit des in Familie und Gesellschaft gebundenen Bürgers und die Verschaffung befriedigenden Erlebens für den Menschen zu sehen sind, müßte die Wirtschaftspolitik diese nicht rechenbaren Werte bei der Aufteilung der Mittel unter die Sektoren demnach berücksichtigen. Das *Bauerntum* in Österreich ist nun einmal nicht nur ein wirtschaftlicher Faktor, kann nicht nur an seinem ökonomischen Ertrag gemessen werden, sondern hat auch eine Bedeutung in regionalpolitischer Hinsicht und im Hinblick auf Volkscharakter und österreichischer Tradition, die ihrerseits etwa beim Fremdenverkehr auch wiederum als ökonomische Werte in Erscheinung treten. Überhaupt sollte man sich bei aller Notwendigkeit der Datenvorausplanung doch in Wirtschafts- und Industriepolitik davor hüten, nur nach den quantifizierbaren Kosten und Nutzen zu urteilen und die scheinbar *unsicheren Werte* dabei außer Ansatz zu lassen.

Zu diesen unwägbaren Werten gehört auch das bislang noch mangelnde *Bewußtsein des jungen Menschen* in Österreich, für sein Land, seine wirtschaftliche Entwicklung und die Sicherheit zukünftiger Generationen eigene Opfer erbringen zu müssen. Es ist Sache der Wirtschafts- und Industriepolitik, in der Bevölkerung eine *industrielle Mentalität* und ein daraus erwachsendes *Verantwortungsbewußtsein* zu wecken. Die für eine erfolgreiche industrielle Entwicklung erforderliche Ausschöpfung der geistigen Reserven des Landes steht bislang aus. Vorläufig stammen von 100 Hochschülern nur sieben aus Arbeiterfamilien. Dies hat eindeutig *materiell-psychologische Ursachen.* Der *Arbeitersohn* vermag nicht einzusehen, warum er entgegen den Möglichkeiten seiner Spielgefährten aus der Kindheit nun mit karg bemessenem Taschengeld und unter in seiner bisherigen Umwelt kaum gewürdigten und kaum bekannten Entbehrungen und geistigen Strapazen, unter Angst vor Prüfungen, jahrelangem Arbeiten tagsüber und halbe Nächte hindurch zu einem Beruf gelangen soll, der ihm kaum wesentlich mehr einbringen wird als die im Einkommensniveau so stark angehobene handwerkliche und industriell-körperliche Arbeit. Es ist für den Arbeitersohn eine materielle Frage, ob er ab dem 14. Lebensjahr Geld verdienen soll und vom 22. Lebensjahr an schon nahezu das gleiche Einkommen hat wie sonst erst als fertiger Akademiker mit 26 Jahren. Ein Hochschulstudium wird heutzutage nicht mehr aus materiellem Interesse, sondern vielmehr aus Gründen des *Sozialprestiges* und Ursachen geistiger Affinität zur beruflichen Umwelt der Eltern ergriffen. Ein materieller Vorteil liegt für die Mehrzahl der Hochschulabsolventen in dieser Ausbildung nicht.

Berücksichtigt man dies, dann erkennt man als eine der wesentlichen Aufgaben langfristiger Industriepolitik die *Weckung des Bildungsinteresses* in der österreichischen Jugend. Dies wird einmal durch eine deutlichere Differenzierung der Einkommen geistiger und körperlicher Berufe zu geschehen haben, zum anderen durch die Aufklärung der Jugend und durch die Erhöhung des Prestiges derjenigen jungen Menschen, die bereit sind, ohne große materielle Vorteile Opfer an Zeit und geistige Strapazen in der Jugend auf sich zu nehmen.

Zusammenfassung

Bedeutung und Ausmaß der Industriepolitik wurde soweit abgesteckt, daß aus der rohen Skizze nun deutlich wird: Industriepolitik ist eine besondere Ausrichtung der gesamten Wirtschaftspolitik auf die Entwicklung des technischen Niveaus und des wirtschaftlichen Fortschritts eines Landes mit seiner Industrie. Industriepolitik, so verstanden, wie hier gezeigt, ist also Politik auch für die Landwirtschaft, für den Handel, für das Handwerk. Ein Staat mit moderner Industrie kann seiner Struktur gemäß und mit dem Ziel der Sicherung der Existenz und der Behauptung im internationalen Handel sinnvollerweise überhaupt nur eine auf die Industrie des Landes zugeschnittene Wirtschaftspolitik betreiben. Die Unternehmer haben sich in den Dienst dieser Wirtschaftspolitik zu stellen, haben ihrerseits jedoch auch ein Anrecht darauf, daß sie freie Hand zur Einführung des technischen Fortschritts und einen ausreichenden Finanzierungsspielraum über die Gewinne zur Finanzierung neuer Investitionen erhalten. Gewiß ist es richtig, daß mit zunehmender Industrialisierung Staat und Unternehmer immer stärker aufeinander angewiesen sind, was aber nicht zur Planwirtschaft oder Sozialisierung führen muß, sondern eher höheres Verständnis und engere Kooperation zwischen Unternehmern, staatlichen Instanzen und Bürgergruppen im Rahmen der neuen Form pluralistischer Gesellschaft erfordert.

Das Problem der europäischen Unternehmensführung*

Blick in die Vergangenheit

Es ist keine Erkenntnis unserer Tage, daß aller Fortschritt in der Ingeniosität des Menschen seinen Ursprung hat. Energie und Wagemut in Verbindung mit Urteilskraft und Einfallsreichtum befähigen die Menschen, die Gesetze der Natur in höherem Umfang der eigenen Lebenserhaltung und Vermehrung zunutze zu machen, als andere Lebewesen es vermochten. Auch Tiere haben Arbeitskraft und bilden Kapital, indem sie Vorräte anlegen. Arbeit und Boden aber sind nur Hilfsmittel, die so lange brachliegen müßten, als es an der Ingeniosität und dem Wagemut mangelt, diese Mittel zu nutzen und im Hinblick auf höchste Effizienz der eingesetzten Arbeit zu kombinieren.

Nun sind Intelligenz, Phantasie und Entschlußkraft bei den Menschen nicht gleichmäßig verteilt. Daher hat sich im Laufe der Geschichte, zwangsläufig und im Interesse aller Menschen, eine Gruppenbildung mit hierarchischem Aufbau durchgesetzt, die mit unterschiedlichen Vorrechten und Abhängigkeitsverhältnissen für die hinzugehörenden Mitglieder ausgestattet ist.

Im Verlauf der Entwicklung schwoll der Fundus an Einsichten in die Naturgesetze und in die Möglichkeiten ihrer Nutzbarmachung so stark an, daß erfolgreiche Führung nicht mehr allein durch Persönlichkeit und Intuition, sondern nur bei gleichzeitigem Erwerb der dem Wissensstand der jeweiligen Zeit entsprechenden Kenntnisse und Gesamtzusammenhänge möglich war.

Dieses Wissen verlieh den Führungspersönlichkeiten noch größere Unabhängigkeit und Macht als ihren Vorfahren und begründete so schließlich den modernen Kapitalismus, der durch den Wettbewerb der Fähigsten zum Nutzen aller Menschen derart ausbalanciert wird, daß es weder auf Dauer Machtmißbrauch noch ein gemächliches Verweilen in diesem Wettlauf zu der jeweils weiterführenden Rationalisierung des menschlichen Tuns geben kann.

---

* Erschienen in: Wirtschaftspolitische Blätter, hrsg. von der Bundeswirtschaftskammer - Wien, Nr. 4/5, 1969, S. 266-273.

Hohes Bildungsniveau aller Führungskräfte ist die Hauptvoraussetzung des Wachstums

Dieser Blick in die Vergangenheit zeigt uns, daß Persönlichkeit, Wissen und Können - das Bildungs- und Geisteskapital - höher zu bewerten sind als die materiellen Produktionsfaktoren, die erst vom Geist Leben eingehaucht erhalten. Schon Friedrich List formulierte: "Die Kraft, Reichtum zu erzeugen, ist unendlich viel wichtiger als der Reichtum selbst."

Diese Kraft, Reichtum zu erzeugen, ist aber weder ohne weiteres vererbbar noch allein in der Natur eines Menschen gegeben, vielmehr bedarf sie in der Regel einer unter äußerster Selbstdisziplin über Jahre hinweg vollzogenen Ausbildung und Persönlichkeitsbildung.

Somit determiniert das Ausbildungsniveau der Führungskräfte in Wirtschaft und Politik - denn alle Führungskräfte insgesamt im Staat (nicht nur in der Wirtschaft) bestimmen durch Befähigung und Handlung die Effizienz des volkswirtschaftlichen Arbeitsprozesses - den technischen, ökonomischen und politischen Standard eines Landes sowie seine Stellung in der Welt.

Allerdings nutzt die hervorragende Ausbildung der Führungskräfte in Politik, Verwaltung, Unternehmen und Verbänden wenig, wenn es nicht einen breiten Unterbau fachlich ebenso gut oder sogar besser ausgerüsteter Mitarbeiter gäbe.

Dies führt unvermeidlich zu der Erkenntnis, daß es kein spezifisches Bildungs- und Ausbildungsproblem für Angestellte oder selbständige Unternehmer geben kann. Allenfalls wo Unternehmer als Erben in die Fußstapfen des erfolgreichen Vaters treten, mag es ein spezifisches Problem der Unternehmerbildung geben. Dieses beansprucht jedoch nicht soviel Aufmerksamkeit wie derzeit der Frage der Managerschulung in der westlichen und östlichen Welt eingeräumt wird. Die Kritiker sind bei genauer Analyse der Problematik sehr schnell darin einig, daß es eigentlich kein Problem unzureichenden Fachwissens gibt. Beklagt wird statt dessen der Mangel an Ausbildungsmöglichkeiten für das Gebiet "Unternehmensführung". Hier stellt sich nun die Frage, ob spezifische unternehmerische Talente überhaupt lehrbar sind.

Wer ist als Lehrer berufen?

Ehe man dieser Frage nachgeht, müßte man prüfen, wer als Lehrer berufen wäre. Denn das Problem besteht eben darin, daß es im herkömmlichen Ausbildungswesen von Schulen und Universitäten keine überlegenen Persönlichkeiten gibt, die dank den in der Praxis gewonnenen Erkenntnissen allgemein verbindliche Einsichten deduzieren und in wissenschaftlicher Manier (systematisch, widerspruchsfrei, vollständig und wahrhaftig) zu lehren, also ohne interessenbedingte Wertungen und in der Darstellung jeweils unterschiedlicher Bedeutung von Thesen, Lehrsätzen und Erkenntnissen für verschiedene Firmengrößen und Branchen, für unterschiedliche Aufgaben in Unternehmen, Gewerkschaften, Verbänden und Staatsverwaltungen als Grundeinsicht weitervermitteln können.

An den Universitäten hat man dieses Handikap erkannt und versucht, es gewissermaßen durch eine Umkehrung der Werte zu bewältigen. Statt jungen, befähigten Menschen Führungseigenschaften und Managerkenntnisse zu vermitteln, wollte und will die Wissenschaft die Wirtschaft in ein Geflecht rechenbarer Beziehungen bringen und sie so für den mit schon mathematischem Verstand ausgestattenen Spezialisten manipulierbar machen.

Jedenfalls ist dies die Denkrichtung sozialistischer, bis vor kurzem von der "materiellen Interessiertheit" abstrahierenden Managerausbildung des Ostens, und es ist lange Zeit auch die dominierende Richtung in Volkswirtschafts- und Betriebswirtschaftslehre der westlichen Länder gewesen.

Entscheidungskraft und Initiative

Heute beginnt man einzusehen, daß eine nur rechenbare Bewältigung der ökonomischen Wirklichkeit durch die Manager in Verwaltungen und Unternehmen nicht nur mit hohen Reibungsverlusten verbunden ist, sondern mit der eigentlichen Aufgabe, die den Führenden gestellt ist, im Grunde genommen nichts zu tun hat. Die Führungsaufgabe des Unternehmers erstreckt sich nämlich nicht auf rechenbare Einheiten, sondern auf die Menschen in dem Unternehmen und in der Umwelt der Märkte für Güter, Kapital und Arbeit sowie in der politischen Sphäre von Gemeinde, Staat und Land. Wohl benötigt der zur Menschenführung befähigte Unternehmer die zur Nutzung von Entscheidungshilfen und Informationsauswertungsgeräten notwendigen Einsichten in Denklogik und Mathematik. Dies können aber immer nur Hilfsmittel sein, nicht der Gegenstand spezifischer Unternehmerausbildung. Nun mag es gewiß stimmen, daß diese Hilfsmittel in den USA frühzeitiger und umfangreicher, vor allen Dingen in bezug auf den gesamten Lehrstoff, an den Hochschulen doziert wurden als in Europa. Die zweifellos höhere Qualifikation des US-Managements erklärt sich aber nicht vorrangig aus solchen praxisgemäßeren Ausbildungschancen, sie erklärt sich vielmehr aus der von dieser anders beschaffenen Ausbildung ausgehenden auch anderen psychologischen Einwirkung auf die karrierehungrigen Hochschulabsolventen. Nicht das Durchspielen von Entscheidungsprozessen vermittelt den Vorsprung, entscheidend ist dieses dadurch unterbewußt und indirekt in jedem Augenblick des Studiums wachgehaltene Bewußtsein, du wirst später auf dich allein gestellt sein, du wirst Entscheidungen zu treffen haben, deren Richtigkeit über deine Zukunft mitbestimmen. Du wirst Initiative zu entfalten und Gedanken zu kreieren haben, sonst gehörst du zu dem Heer der Handlanger, die, ob mit Diplom oder ohne, bei mehreren Mißerfolgen zu lebenslanger Routinearbeit auf minderbezahlten Plätzen verurteilt sind. Der amerikanische Manageraspirant hat keine berufliche Sicherheit. Das Diplom allein verbürgt weder höheren Lebensstandard noch gar gesicherte Lebenspositionen. Selbst Spitzenmanager können in den USA fristlos gekündigt werden jedenfalls in der Regel! Und dies ist nicht nur eine theoretische Möglichkeit, sondern die oft und immer wieder beobachtete Praxis unsentimentaler und auf den Erfolg und die persönliche Leistung ausgerichtete Geschäftspolitik.

Gewiß betrifft das nur den angestellten Manager. Der Eigentümer-Unternehmer aber verliert nicht nur seine Position, sondern auch das selbst oder von den Vorfahren erarbeitete Vermögen, wenn er sich nicht durch eigene Leistung in dem in den USA sehr viel erbarmungsloseren Wettbewerb der mittleren und kleinen Firmen untereinander und gegen über den Hechten, den Giganten behaupten kann.

Leistung statt bloßer Pflichterfüllung und Sicherheit

In Europa wird den Menschen dagegen von klein auf die Fürsorgepflicht des Staates zugesichert, hier heißt die Maxime nicht "Leistung", sondern "Pflichterfüllung", hier erfolgt die Anstellung nach Diplomen, nur bis in die unterste Führungsbasis hinein ist eine nahezu vollkommene Sicherheit des Arbeitsplatzes oder doch zumindest des ihm entsprechenden Einkommens von Staat, Gesellschaft und Wirtschaft gewährleistet. Was in Europa fehlt, ist die als Fortschrittsstachel wirkende persönliche Sorge, ohne eigene besondere Leistung auch als hochqualifizierter Akademiker in das Heer der namenlosen minderbezahlten, wenn auch in ihrer Uniformität einigermaßen gesichert lebenden Masse zurückfallen zu müssen.

Somit tut gewiß eine neue Ausrichtung der Vorbereitung unserer Jugend auf das Leben und den unerbittlichen Zwang zur Bewährung der Menschen in der Wirtschaft und des ganzen Landes in der Völkerfamilie not - aber auch das ist wieder kein spezifisches Unternehmerproblem!

Woher weiß man denn von vornherein, ob in einem Menschen die Führungseigenschaften stecken, die ihn zum Unternehmer befähigen? Somit kommt es darauf an, ein möglichst breites Bildungsreservoir auszuschöpfen und den Impuls zur persönlichen Leistungssteigerung, zu initiativem Handeln, zu selbständigen Entscheidungen in alle Absolventen von Volksschulen, Oberschulen, Hochschulen und Wirtschaftsakademien einzupflanzen.

Aber ist dies möglich ohne einen Wandel im Sicherheitsdenken, das die Gesellschafts- und Sozialpolitik in Europa bestimmt? Am Ende entstammt doch alle wirkliche Sicherheit nur der entsprechenden Leistung eines Volkes. Somit wäre es auch im Zusammenhang mit diesem Problem richtig hervorzuheben, daß die Menschen in Europa durch eine andere Gestaltung von Sozialpolitik, Steuerpolitik, Gesellschaftsauffassung und Bildungseinrichtung auf das Erfordernis zu höchsten eigenen Leistungen hingeleitet werden müßten. Sicherheit ja - aber nur in dem existentiell erforderlichen Umfang, der unterhalb der Schwelle erstrebenswerten Sozialprestiges liegt.

Nelson Rockefellers Vorschlag einer "negativen Einkommensteuer" würde in Europa eine höhere Effektivität des Leistungswillens bewirken, als alle denkbaren und anderswo praktizierten Methoden der Ausbildung und Managerschulung es ermöglichen. Der Gedanke der "negativen Einkommensteuer" basiert auf der Überlegung, daß die Verbindung einer vom Leistungsprinzip getragenen Gesellschaft mit der Gewährung existentieller Sicherheit für jeden Menschen sowohl höchste Effektivität manueller und geistiger Arbeit als auch ein unübertroffen hohes Maß an Menschenwürde für den Einzelnen zu bewirken vermag. Die eigene Leistung verschafft Selbstbestätigung und Sicherheit, die allgemeine Existenzsicherung durch den Staat nimmt die Furcht vor Not und Elend, nicht aber vor gesellschaftlicher Deklassierung und das wirkt als Leistungsstachel. Wer von Alter und Gesundheit her in der Lage ist, ganztägig zu arbeiten und dies tut, und wer nicht dazu in der Lage ist, soll nach dem Prinzip der "negativen Einkommensteuer" ein Mindesteinkommen garantiert erhalten, das, sofern es - je nach dem Familienstand - nicht erreicht wird, durch unmittelbare Zuschüsse des Staates ausgeglichen wird. Die Steuererhebung soll erst über der Grenze dieses Mindesteinkommens ansetzen. Solches System zwingt den Einzelnen zu hohen Leistungen, zumal wenn es mit Vorkehrungen zu höherer Arbeitsmobilität und mit einem Wandel der Einstellung zu Zeugnissen und Diplomen in der Wirtschaft verbunden ist.

Verhängnisvolles Sicherheitsdenken

Das den Menschen in Westeuropa von Staat und Gesellschaft vermittelte Sicherheitsdenken ist die eigentliche Ursache für den technologischen Rückstand hinter den USA und Japan. Die Menschen werden in Schule, Universität und Betrieben dazu erzogen, Anweisungen auszuführen, ihre Arbeit ordentlich zu machen und bei alledem möglichst keine den Gesamtorganismus störende

Eigeninitiative zu entfalten. Eine im Verlauf von 30 Lebensjahren solchermaßen begründete Mentalität erweist sich selbst bei hervorragenden Fachkenntnissen als ungeeignet für die Übernahme von Führungsaufgaben und Verantwortung in Wirtschaft und Staat. Den Hunger nach Erfolg, den Mut zur selbständigen Entscheidung kann man dann aber nicht mehr in Seminaren und Kursen nachreichen. Zweifellos sind Möglichkeiten der periodischen Vervollständigung des Managerwissens, der Bekanntschaft mit Einsichten in modernere Führungsmethoden, die durch neu eingeführte technische Hilfsmittel ermöglicht werden, für die Bewahrung eines qualitativ hohen Führungsniveaus unerläßlich. Ohnehin kann ja nur über solche turnusmäßigen Begegnungen zwischen Wissenschaft und Praxis eine Nutzung der von der Technik und vom wissenschaftlichen Fortschritt gegebenen Möglichkeiten, etwa der Datenverarbeitung, in der Gegenwart erreicht und somit ein Markt für die mit dem Wissensgut verbundenen Produkte hergestellt werden.

Die Notwendigkeit der beständigen Übernahme neuer Erkenntnisse durch die Führungsschicht, jedenfalls soweit diese Erkenntnisse die Qualität des "dispositiven Faktors" verbessern können, ergibt sich so selbstverständlich aus der Tatsache der Beschleunigung des technischen Fortschritts, daß es eigentlich überhaupt nicht notwendig sein sollte, darüber zu sprechen.

Unentbehrliche Planung

Da ein Beharren am Überkommenen, verbunden mit weitverbreiteter Selbstgefälligkeit, in Europa allgemein ist, sieht sich die wirtschaftliche Führungsschicht - soweit sie nicht der unmittelbaren Drittländerkonkurrenz in ihrer Branche ausgesetzt ist - nicht genötigt, vom hohen Roß herabzusteigen und nach effektiveren Möglichkeiten und Methoden der Unternehmensführung Ausschau zu halten. Der Markterfolg sei ohnehin sicher, und für derartige wirklichkeitsfremde theoretische Unterrichtungen hätte man als Praktiker ebensowenig Zeit wie für politische Betätigung - das ist die herrschende Meinung! Glücklicherweise kommen diese Unternehmer nicht auch auf die Idee, ihre Zeit als zu kostbar für das Studium der den Arbeitsprozeß rationalisierenden Methoden und Maschinen zu erachten. Hier sind sie schon aus technischem Interesse und aus Gründen der Steuervermeidung an der Übernahme des in neuen Geräten ausgeprägten technischen Fortschritts interessiert. Sie machen sich aber nicht klar, daß der Wert ihrer Zeit, ihres Arbeitseinsatzes eben in dem Einsatz zur Ermittlung ergiebigerer und für die Mitarbeiter befriedigenderer Kombinationen von Maschinen, Rohstoffen, Hilfsmitteln, Mitarbeitern und Marktmöglichkeiten besteht. Die Ergiebigkeit einer solchen Kombination hängt nicht nur von der Beschaffenheit der zu kombinierenden Produktionsfaktoren, sondern maßgeblich auch von der zeitlichen Abstimmung, also von der Ersparnis an Zeit, Zinsen und Löhnen während des Wirtschaftsprozesses ab. Das Bemühen hierum versteht man als Planung, die um so wirkungsvoller ausfällt, als ihre Vorbereitung selbst weniger Aufwand und Zeit beansprucht.

Früher verbot sich langfristige Detailplanung oft deshalb, weil der dafür erforderliche Zeitaufwand über den Nutzeffekt hinausgegangen wäre oder aber erst dann zu Ergebnissen geführt hätte, wenn sich entweder die Plandaten schon wieder geändert hätten oder die Leistung längst erbracht sein mußte. Heute bieten jedoch Datenverarbeitung und Netz-Plantechnik Möglichkeiten langfristig zuvor festgelegter und vereinbarter zeitlicher Arbeitsintegration sowie kurzfristig optimaler Kombination von Produktionsfaktoren, deren man sich aber als Unternehmer nur bei genügender Einsicht in die methodischen Zusammenhänge bedienen kann.

Dieses Beispiel steht für viele im Zusammenhang mit der Untersuchung der Frage, warum der beständige durch Schulung und Seminare zu pflegende Kontakt zwischen der Führungsspitze und der Wissenschaft sowie anderen neue Führungsmethoden verkaufenden Branchen eventuell höheren Unternehmenserfolg bringen kann als die Bemühungen zur Rationalisierung der Produktionsstruktur.

Besinnung auf den Vorrang der Marktbedienung

Hand in Hand mit dem insoweit erforderlichen Bewußtseinswandel in der Unternehmerschaft müßte ein Umdenken von der Produktion hin zur Marktbedienung erfolgen. *Über den Erfolg des Unternehmens entscheiden Nachfrage und Markt, nicht aber primär Angebot und Fabrikation.* Wichtiger als die Verbesserung der Produkte ist die Beurteilung des Grades zukünftiger Marktsättigung, das Aufspüren neuer Märkte, dies im geographischen wie im qualitativen Sinne. Die großen Unternehmenserfolge der letzten 20 Jahre sind nahezu ausschließlich im Wege der Erkundung von Marktlücken erzielt worden. Das in Zeiten allgemeiner wirtschaftlicher Not oder der Existenz der breiten Masse am Rande des Minimums herrschende Prinzip der "Produkttreue" ist längst abgelöst worden in den fortschrittlichen Unternehmen von der Maxime der "Problemtreue", die eine Berücksichtigung möglicher Substitutionskonkurrenz in der eigenen Tätigkeit beinhaltet. Ein Beispiel hiefür ist die im Stahlunternehmen Mannesmann vorangetriebene Forschung auf dem Gebiet der Herstellung von Kunststoffrohren.

Abwanderungsgefahr

Das Umdenken in den Führungskreisen der Wirtschaft steht wohl in engem Zusammenhang mit dem hier erörterten Problem der Managerausbildung, vermag aber dieses Problem nicht zu lösen, nicht einmal teilweise. Die aus der Gewißheit des Erwerbs der sozialen und materiellen Sicherheit mit dem Diplom erwachsende Mentalität bewirkt nicht nur einen zunehmenden Mangel an Manageraspiranten, die mit persönlichkeitsbestimmten Führungseigenschaften ausgestattet sind, schlimmer noch ist, daß die aus Veranlagung eigenwilligen und erfolgshungrigen jungen Akademiker, Kaufleute und Techniker in der Alten Welt resignieren, sodann in jährlich zunehmendem Maße ihr Glück im "Kontinent der unbegrenzten Möglichkeiten" versuchen. Der Weg führt meist gar nicht direkt in die USA, sondern zu amerikanischen Tochterunternehmen in Deutschland, Frankreich und Großbritannien, was mit der Verlegung der nationalen Forschungsmöglichkeiten in multinationale Unternehmen einhergeht und das Defizit der Lizenzbilanz auch dann vergrößert, wenn die Forschungsergebnisse dieser Weltkonzerne maßgeblich durch die Grundlagenforschung und Grundausbildung an den eigenen Hochschulen vorbereitet worden sind.

In Österreich stehen insoweit die Dinge besonders schlecht, als die Abwanderung, der "brain drain", zusammenfällt mit einem im Verhältnis zu den Anforderungen der Zukunft von Jahr zu Jahr unzureichenderen Ausbildungsvolumen an Schulen und Universitäten. Wenn die derzeitige Bildungsintensität in Österreich beibehalten wird, dann muß sich schon bald ein wachsender Fehlbestand an Fachkräften aller Art, von Akademikern über Abiturienten bis zu den Facharbeitern hin ergeben. Allein an Akademikern werden 1980 zirka 50.000 mehr benötigt, als es 1961 der Fall war. Kaum zwei Drittel der benötigten Akademiker werden zu dieser Zeit herangebildet werden. Ähnlich dürfte dann die Lücke zwischen Nachfrage und Heranbildung bei Abiturienten und Facharbeitern aussehen. Vor allen Dingen ergibt sich infolge der Einkommensnivellierung durch die Steuern kein Leistungsanreiz mehr für Mangelberufe. Das Einkommen kann jedenfalls nicht mehr als Regulator für die den zukünftigen Erfordernissen gemäße Berufswahl dienen. Der perfektionierte Ausbau des Sozialsystems begünstigt eher die Einkommen von Ärzten und Soziologen, während es geradezu erschreckende Lücken im Angebot von Lehrern und Technikern sowie von Naturwissenschaftern und zweckfreier Forschung zu geneigten Absolventen von Universitäten gibt. Belegt werden diese Feststellungen durch Untersuchungen von Dr. Josef Steindl, der auf Grund von Projektionen des Wirtschaftswachstums sowie der Bevölkerungsentwicklung und von Annahmen über unvermeidliche Veränderungen in der österreichischen Wirtschafts- und Berufsstruktur eine Studie unter dem Titel "Bildungsplanung und wirtschaftliches Wachstum" verfaßt hat. Steindl verweist darauf hin, daß das traditionelle Gleichgewicht der österreichischen Intelligenz - derzeit etwa 14.000 Mediziner, Ingenieure und Juristen, aber nur rund 8000 Lehrer - in Zukunft vollkommen umgestoßen werden muß, wenn diese Zukunft bewältigt werden soll; in 15 Jahren wird man doppelt soviel Ingenieure und zweieinhalbmal so viele Lehrer benötigen, jedoch mit der gleichen Zahl von Medizinern und Juristen wie bisher auskommen können, wenn das Sozialsystem nicht eine noch stärkere Einkommensumverlagerung zu Ärzten und Zahnärzten, Kliniken und Unfallhospitalen hin veranlaßt. Steindl folgert konsequent, daß in Österreich Staat und Wirtschaft zusammenwirken müssen, um Bildungsreserven zu erschließen und die den Zukunftsanforderungen gemäße Berufswahl zu begünstigen, das Studium zu verkürzen und der Abwanderung von hochqualifizierten und mit initiativem Tatendrang ausgerüsteten besten Kräften durch Einräumung von Führungschancen und Verantwortung auch schon an jüngere Persönlichkeiten entgegenzuwirken.

Vorrang der Menschenführung

Nur so, von der Basis her, wird sich das Problem der Managerausbildung in Österreich lösen lassen. Die Praktiken der "Harvard Business School" nutzen Österreichs Unternehmerschaft als Vorbild wenig. Die amerikanischen Hochschulen, insbesondere Harvard, haben gerade in den letzten Jahren Ziele, Inhalt und Formen des Managerstudiums überprüft und entscheidend revidiert. Neuerdings steht nicht mehr die Lehre von der Unternehmensführung im Vordergrund, sondern die Notwendigkeit von der Menschenführung und damit das psychologische Rüstzeug, das zur Bewältigung der Führungsaufgaben nötig ist. Nicht zuletzt ist dies der Grund für den Erfolg amerikanischer Offiziere in der US-Wirtschaft. Für den Offizier hatte die Menschenführung stets Vorrang. Waffensysteme und technische Fertigkeiten kamen und kommen auch heute erst in der Bedeutung für die Kampfkraft der Streitmacht nach den Befähigungen zur Menschenführung und den hiefür erforderlichen Charaktertugenden und Persönlichkeitsmerkmalen. Autorität, geboren aus verbindlichem Wesen, Selbstbeherrschung, Kontaktfähigkeit, und verbindliches Verhalten in der zu führenden Gemeinschaft sowie Verantwortungsbewußtsein für Mitarbeiter und Schutzempfohlene sind die wesentlichen Eigenschaften der Menschenführung.

Zusätzlich benötigt der Unternehmer Mut zum Risiko und die innere Bereitschaft zur vorurteilsfreien und originellen Betrachtung.

Die Lehre von der Unternehmensführung ist jahrelang in Harvard spezialisiert worden. Wäre nicht bei den Absolventen zugleich die Gewißheit wachgehalten worden, daß am Ende ihr Erfolg von der persönlichen Bewährung abhängt, dann hätte man als Ergebnis dieses Studiums wohl viele hervorragende "Professoren der Unternehmensführung", nicht aber vitale, allem Neuen aufgeschlossene, dennoch aber vorsichtig disponierende Unternehmer produziert.

"Ein Spezialist weiß mehr und mehr über weniger und weniger, bis er schließlich alles weiß über nichts; ein allgemein Gebildeter weiß weniger und weniger über mehr und mehr, bis er schließlich nichts mehr über alles weiß."

Amerikanisches Ausbildungsdilemma

Dieser Ausspruch des Philosophen Barton Perry charakterisiert wahrscheinlich am besten das US-Ausbildungsdilemma für Manager. Man weiß, daß man auf die Vermittlung spezieller Kenntnisse von Methoden, Techniken und Modellen, mit denen sich bestimmte Einzelaufgaben erfolgreich lösen lassen, nicht verzichten kann. Anderseits sieht man in den USA ein, daß wichtiger noch für die Angehörigen der Führungsschicht eine zu räumlichem und zeitlichem Weitblick befähigende Bildung, Vorurteilsfreiheit in der Betrachtung von Problemen und Lösungen, der aus großem Allgemeinwissen allein ermöglichte Überblick über Systemzusammenhänge und die Fähigkeit zur Delegation von Aufgaben, zum Einsatz von Expertenwissen und zur Koordination von Mitarbeitern, zur Kombination aller den Erfolg des Unternehmens maßgeblichen Faktoren ist. Das Problem, vor das sich Harvard wie andere US-Managerschulen (zum Beispiel Catech in Kalifornien) gestellt sehen, besteht darin, daß viele jetzt als wichtig erkannte Unternehmereigenschaften nicht lehrbar sind und, soweit diese Befähigungen lehrbar sind, sie nicht von jedermann gelehrt werden können, weil die Vermittlung von "Persönlichkeit" nur durch Persönlichkeiten erfolgen kann.

Augsburger Unternehmeruniversität

Diese Erkenntnis ließ das Modell der Augsburger Unternehmeruniversität konzipieren. Die wirtschaftswissenschaftliche Fakultät dieser 5. bayrischen Universität soll nach den Vorstellungen des Gründungsausschusses hinsichtlich ihrer Struktur keine Parallele im deutschen Hochschulwesen haben. Vielmehr will man von vornherein die Fakultät als eigenständige moderne Hochschule für die künftigen Führungskräfte der Wirtschaft einrichten und entwickeln. Dabei hat man aus dem amerikanischen Dilemma die Lehre gezogen, in weit höherem Maße als sonst an deutschen Hochschulen üblich, Praktiker auf die Lehrkanzel zu bringen, also ein ganz besonderes System der Lehrbeauftragung zu erproben und zu praktizieren. Zudem hofft man, auf diese Weise auch den Inhalt des

Studiums wesentlich verändern zu können, man erhofft sich also, Impulse aus der Praxis und die Vermittlung eines praxisnahen, von psychologischen Erfahrungen befruchteten und vom Vorbild der lehrenden erfolgreichen Wirtschaftspersönlichkeiten geprägten Studiums anbieten zu können. Gegenstand der theoretischen Darbietungen werden ebenfalls nicht vornehmlich die klassischen Fächer der Betriebswirtschaftslehre sein, sondern das Management von morgen, das ein umfassendes Studium Generale erfordert.

Schließlich soll in Augsburg auch die in Amerika bewährte Praxis der Studienbeschränkung auf einen möglichst kurzen Zeitraum bei gleichzeitig gegebener Möglichkeit zu regelmäßigen Wissensauffrischungen in "Feriensemestern" Anwendung finden, wie sie für 1969 von der "Business School" geboten werden, die die Universität Köln bei Bonn eingerichtet hat.

Die Verwirklichung dieser Planung hängt noch von dem Aufbau der Universität in Augsburg selbst ab, womit nicht allein der technische Aufbau, sondern auch die Klärung aller rechtlichen Fragen und die personellen Vorkehrungen gemeint sind.

Dieses Augsburger Modell könnte für Österreich weit eher als Vorbild dienen als die amerikanischen Beispiele oder aber jene Ableger der US-Managementausbildung, wie man sie in Lausanne beim "Institut pour l'Etude des methodes de direction de l'Entreprise" (IMEDE) oder in Fontainebleau beim "Institut Europeen d'Administration des affaires" (Insead) findet. Diese Ausbildungsstätte arbeitet ebenso wie jene in Lausanne eng mit der amerikanischen Harvard Business School zusammen.

Gefahr für die europäische Wirtschaft

Derartige europäische US-Ableger bergen übrigens eine besondere Gefahr für die europäische Wirtschaft in sich: Die Bedeutung des Diploms dieser Institute wird (zumal die Studiengebühr 10.000 sfr beträgt) möglicherweise noch höher eingeschätzt, als es ohnehin schon hinsichtlich des Prestiges von Diplomen und Doktograden der Fall ist.

Tatsächlich vermitteln jedoch solche Zeugnisse bestenfalls eine relative Aussage über die wissenschaftliche Befähigung des Absolventen, nicht aber über die erst in der Praxis sich erweisende Führungseigenschaft und den echten unter Belastung gegebenen Leistungswillen.

Da das europäische Management aber gerade an dem Mangel an erfolgshungrigen explosiven jungen Persönlichkeiten mit Tatendurst und Willen zum Leistungswettbewerb und zur Verantwortungsübernahme leidet, da es die Selbstgefälligkeit der Prädikatsabsolventen wie einen Klotz am Bein hängen hat, da es bislang eher den Respekt vor dem Alter und der Erfahrung als jugendliche Aufgeschlossenheit und persönliche Leistung honoriert, könnte die Hochachtung vor solchen Managerdiplomen die Fehlentwicklung eher noch auf die Spitze treiben als korrigieren. Nicht ein neues Elitediplom, sondern weit eher ein regelmäßiges Kontaktstudium im Fünfjahresabstand, wie es von dem Sachverständigengremium unter der Leitung von Professor Schmölders in Köln als zehnwöchiges Studienprogramm des "Universitätsseminars der Wirtschaft" konzipiert ist, vermag den Ausbildungsstand des europäischen Unternehmernachwuchses direkt und indirekt - indirekt über die dann anhebende höhere Konkurrenz - zu verbessern.

Grundausbildung des gesamten Unternehmernachwuchses

Wichtiger noch ist aber die grundlegende Reform der Basisausbildung aller sich für unternehmerische Führungspositionen vorbereitenden Akademiker. Dabei sollte kein Unterschied in der Ausbildung für die verschiedenen Führungsebenen gemacht werden, weil andernfalls die Besetzung des mittleren Managements und der Spitzenpositionen schon während der Ausbildung ohne Berücksichtigung der persönlichen charakterlichen und mentalitätsbedingten Eigenschaften präjudiziert würde. Auf gleicher, möglichst kurz gehaltener und auf das Wesentliche beschränkter Grundausbildung müßte vielmehr die weiterführende Ausbildung in der Wirtschaft bei gleichzeitiger Wahrnehmung der Möglichkeiten eines Kontaktstudiums aufbauen, wobei sich im Wege der sich nun in der Praxis herausstellenden unterschiedlichen Eignung und Leistung die Auslese für die höheren und höchsten Führungsaufgaben von selbst ergibt. Diplome würden dann nur noch am Anfang der Berufslaufbahn die Bedeutung einer Eintrittskarte haben und nicht mehr über Stellung und Gehalt entscheiden.

Umdenken der etablierten Unternehmer und Manager

Solcher grundlegender Systemwandel im beruflichen Werdegang erfordert zugegebenermaßen ein Umdenken gerade bei denjenigen, von denen sich viele schon seit Jahren oder Jahrzehnten auf ihren Lorbeeren in Wirtschaft, Verwaltung, Verbänden und Gewerkschaften ausruhen; denn sie müßten nicht nur zukünftig von dem Prinzip der Vergabe von Erbhöfen Abstand nehmen und sich selbst gegen den Leistungswettbewerb der Jungen behaupten, sondern obendrein in größerem Umfang, als bisher praktiziert, verantwortungsvolle Positionen für die erfolgreichen Leute zwischen 25 und 40 Jahren möglichst freiwillig räumen, um dafür Zeit und Elan in politische Verantwortung einzubringen. Solange es an dieser Bereitschaft im Kreis der etablierten Manager mangelt, sind alle Bemühungen um eine andere Mentalitätsausrichtung und bessere Fachvorbereitung für die Unternehmensführung mehr oder minder wirkungslos.

Vor allen Dingen müssen endlich die Eigentümerunternehmer erkennen, daß ihre Verantwortung über den Bereich der betrieblichen Gemeinschaft und der verwalteten Kapitalien weit hinauslangt, daß sich diese Verantwortung auch auf Politik und Gesetzgebung, auf die Bewahrung eines freiheitlichen und den Leistungswillen fördernden Systems erstreckt und der Unternehmer der Verantwortung nur durch persönlichen Einsatz, durch Zeitaufwand für Politik und Verbandsarbeit sowie durch die Bereitstellung beträchtlicher Mittel für diese Aufgaben und für Spenden an die zweckfreie Forschung, die in zehn bis zwanzig Jahren seinem Nachfolger die Basis eines konkurrenzgleichen Arbeitens in dann noch größeren Märkten sichern soll, Genüge tun kann.

Das Problem der europäischen Führungsschicht wird letztlich umrissen von dem Tatbestand der "Resignation" gegenüber gesellschaftlichen Wandlungen, Strukturänderungen in Wirtschaft und Märkten und einer von dem akademischen Marxismus polemisierten, in der Öffentlichkeit herbeigeführten, nicht verhinderten gesellschaftspolitischen Isolation, der man sich machtlos konfrontiert meint.

Ein resignierender Unternehmer ist kein Unternehmer mehr, sondern nur noch Unternehmensverwalter, wie ihn sich der mehr auf pragmatische Evolution als auf Revolution bedachte Parteisozialismus seit langem herbeiwünscht. Damit schließt sich der Kreis, denn als Ursache wird wie am Anfang der Betrachtung die falsche Einstellung der Bevölkerung zu Wirtschaft und politischer Selbstbehauptung deutlich, eine Einstellung, die von "Pflichterfüllung" geprägt ist und von dem Gedanken, mit dem eigenen Tun sein Auskommen zu finden. Mit solcher Einstellung hätte Europa nach 1945 nicht aufgebaut werden können. Die Erfolge machten satt und selbstgefällig und dienten als Argumente gegen die junge nachrückende Generation, die sich - wie es immer wieder zu lesen ist - "an den Leistungen der Väter ein Beispiel nehmen soll". Heute sehen sich Unternehmersöhne und Unternehmerväter mit einem sich wandelnden System konfrontiert, das ihnen wohl eine Stellung in "konzertierten Aktionen" und "globaler Wirtschaftspolitik" einräumt, aber nicht mehr. Man erwartet von ihnen, daß sie die Verantwortung für die Unternehmen mit den Gewerkschaftssyndikaten bei paritätischer Mitbestimmung teilen und sich im vorgeblichen Interesse erhöhter volkswirtschaftlicher Übersichtlichkeit und Ordnung in die Abhängigkeit der Großen der Branche begeben.

Die "mittlere" Unternehmerschaft

Jüngste amerikanische Untersuchungen erweisen, daß der Fortschritt in Technik und Wirtschaft von den mittleren Firmen kommt, die Aggressivität im Wettbewerb durch den Erfolgshunger selbständiger Unternehmer angestachelt wird und die Freiheit im Land sowie die Vermeidung von Machtmißbrauch nur gewährleistet sind, wenn sich die Großwirtschaft auf einer breiten Basis selbständiger und zur Ablösung der Giganten in den Marktpositionen jederzeit sprungbereiter Eigentümerunternehmer aufbaut.

Dabei wird als "mittlere" Unternehmerschaft nicht das Handwerk und das Kleingewerbe, sondern die in technisch optimaler Größe dimensionierten, spezialisierten Unternehmen mit 1000 bis 10.000 Beschäftigten und hoher Kapitalintensität verstanden. Nicht den ausufernden "Mischunternehmen", die durch Kapitalverfügung zusammengehalten und durch Börsenaktionen im Nominalwert vorübergehend aufgeblasen werden, gehört die Zukunft, sondern den durchorganisierten, allein auf gewinnbringende Produkte und Produktionsabschnitte ausgerichteten Unternehmen mit der für Produktion und Kapitalbeschaffung jeweils optimalen Dimension. Jedes Mehr an Größe würde dann ein Mehr an Unwirtschaftlichkeit implizieren. Jedes Weniger an Größe erfordert Kooperation oder Konzentration. *Die Bereitschaft zu optimaler Größe und Leistungswettbewerb* ist es, die heute den europäischen Unternehmern wieder in Erinnerung gerufen und durch Änderungen des Wettbewerbs- und Steuersystems erzwungen werden müßte. Sie sollten gleichzeitig begreifen, daß von ihrem Einsatz die politische Ausgestaltung des zukünftigen Wirtschaftssystems abhängt. So wie die Dinge jetzt liegen, ist das auf Sozialbedarfsdenken und Sicherheitsstreben ausgerichtete Einkommens- und Bildungsgefüge in Westeuropa nicht nur ursächlich für den Mangel an Ehrgeiz und Wagemut bei den Führungskräften, sondern auch für den Mangel an Kapital und somit an Finanzierungschancen für die Forschung und vor allem an Finanzierungsmöglichkeiten zur industriellen Auswertung neugewonnener technischer Erkenntnisse verantwortlich. Die Sozialverschwendung für "soziale Beregnung", für die Finanzierung des Sicherheitsdenkens - dies ohne Rücksicht auf echten Bedarf und Notlage -, treiben den Zins so hoch, daß die besonders risikoreiche und hinsichtlich der zukünftigen Ertragsfähigkeit ungewisse Investition von Mitteln zur Produktion, von am Markt noch nicht eingeführten Gütern zumindest für mittlere Unternehmen zu riskant, weil zu teuer ist, während es den Großunternehmern an der nötigen Geschwindigkeit und Elastizität in den Entscheidungsgremien mangelt, wie sie zur kurzfristigen Übernahme technischen Fortschritts in die industrielle Auswertung nötig wären. Der amerikanische Botschafter bei den europäischen Gemeinschaften, J. Robert Schaetzel, hat

Anfang 1968 in einer Rede in Düsseldorf auf diese Zusammenhänge hingewiesen und klargemacht, daß das wirtschaftliche Zurückbleiben Europas hinter Amerika, auch wenn es in verschiedenen Erscheinungsformen (im Managerniveau, in der Kapitalarmut und in der unzureichenden Marktgröße) Ausdruck findet, dennoch der gleichen Wurzel entstammt: Letztlich lebt Europa über seine Verhältnisse, es investiert falsch und daher zuviel und oft sogar uneffektiv in die soziale Sicherheit, so daß es sich daher im Grunde genommen auf lange Sicht gar mit größerer Unsicherheit und geringerem Wohlstand begnügen muß, denn jede heute sozial konsumierte Währungseinheit fehlt dem technischen Fortschritt zum Durchbruch und den Investitionen für morgen und übermorgen.

Das Beispiel Japan

Japan wurde durch Kapitalarmut und technischen Rückstand nicht daran behindert, sich auf den dritten Platz im Rang der "westlichen" Industrienationen und in verschiedenen Branchen auf den zweiten oder sogar ersten Platz hinaufzuarbeiten, weil das Volk bereit war, bei nur geringer sozialer Grundsicherung auf dem individuellen, also möglichst hochgeschraubtem entsprechendem Standard zu leben. Wohl kann man in Europa vom einfachen Arbeiter solches Leistungsdenken nicht verlangen, doch kommt es bei ihm dort, wo nach Leistungslöhnen honoriert wird, noch am ehesten zur Geltung, während der Unternehmer, der seinem Wesen nach Mut zum Neuen und zum Risiko haben sollte, nicht nach Leistung, sondern allenfalls nach Umsatzhöhe prämiiert wird, wenn er ein angestellter Manager ist, und als Eigentümerunternehmer im Falle unzureichender Gewinnerzielung dank der Steuerprogression die von ihm wahrgenommenen "social benefits" (Verkehrs-, Energie-, Bildungs-, Sanitärinfrastruktur) vom Konkurrenten finanziert bekommt, der bei eventuell gleichem Umsatz beträchtliche Gewinne auf Grund hoher Leistung erzielt und entsprechend hohe Steuern zur Bezahlung der "social costs" abzuführen hat.

Das Problem der europäischen und auch der österreichischen Unternehmensführung kann daher nur durch einen Wandel des gesellschaftlichen und wirtschaftlichen Bewußtseins und Systems gelöst werden, vor allem durch den Vorrang der persönlichen Leistung vor sozialer Vollsicherung. Gelingt diese Lösung, wird es Europa leicht fallen, den Vorsprung der USA und Japans zu verringern.

Österreich und der europäische Binnenmarkt*

1. Einführung

Das Verhältnis von Staaten zueinander wird zunehmend komplexer, da:

- die Kommunikationsdistanzen schrumpfen und somit
- die Reaktionszeiten sich verschnellern müssen (z.B. irrtümlicher Nuklearalarm)
- der technologische Fortschritt bisherige Kriterien der »Staatsmacht« (ökonomische Stärke, Einwohnerzahl, Fläche) relativiert (z.B. neue Waffensysteme in der Hand kleiner aggressiver Staaten)
- die generelle ökonomische Krise des Kommunismus zwar partiell eine Annäherung bringt, aber gleichzeitig das Abrücken von ideologischen Grundsätzen ein gefährliches Spannungspotential aufbauen kann
- die (staats)politischen Beziehungen zunehmend »oligopolistisch« strukturiert sind, d.h. es bilden sich (Staats)Blöcke, um effizienter ihre politischen/wirtschaftlichen Ziele zu erreichen (z.B. ASEAN-Staaten, EG, OPEC usw.).

Das Reaktionsmuster eines in eine Staatengruppe eingebetteten Staates X läuft anders ab als das eines Einzelstaates Y. Während beim Einzelstaat Y viel direktere (einfachere) Kosten-Nutzenbeziehungen zu anderen Staaten gelten dürften, sind diese Beziehungen bei Staatenblöcken mehrfach determiniert, nämlich:

a) von den Beziehungen der beiden Staaten X und Z zueinander
b) von den Auswirkungen des Staates X zu seinen Integrationspartnern X(1), X(2), X(3), ... X(n) und in der weiteren Folge
c) von den Auswirkungen der Beziehungen der integrierten Staaten X(1), X(2), ... X(n) auf den Staat Y und der daraus resultierenden zukünftigen Konsequenzen auf den Staat X.

In diesem Sinne werden auch die spezifischen Beziehungen Österreichs zu den USA zu interpretieren sein.

---

* Erschienen in: Wettbewerbspolitik an der Schwelle zum europäischen Binnenmarkt, Referate des XXII. FIW-Symposions, FIW- Schriftenreihe, Heft 134, Köln 1992, S. 41-52.

Staaten schließen sich dann einer Staatengemeinschaft an, wenn der Saldo des Erwartungswertes der bewerteten Vor- und Nachteile der Integration ihnen höher erscheint als jener bei Nichtintegration.

Das Verhältnis eines Staates zu anderen Staaten wird durch eine Vielzahl von Faktoren determiniert, die unterteilt werden können in:

a) primär ökonomische Faktoren
b) primär außerökonomische Faktoren
c) als Reaktionsparameter zwischen a) und b) die synergetischen Faktoren.

Mit Synergismus soll bezeichnet werden, daß die Kombination der ökonomischen und außerökonomischen (positiven/negativen) Faktoren eine neue Qualität der Beziehungen schafft. Es dürfte hier eine »kritische Masse« geben, bei deren Erreichen der Synergismuseffekt auftritt - analog einer Kernspaltung, wo bei einem bestimmten Punkt eine marginale Änderung eines relevanten Faktors eine Kettenreaktion auslöst - im Bereich des Staatswesens wird diese Reaktion durch Kumulation ökonomischer und außerökonomischer Faktoren repräsentiert (z.B. marginale zusätzliche Provokationen führen zu einer politischen Krise [z.B. Libyenkrise]).

Synergetische Faktoren sind nun jene Bedingungen, welche gewissermaßen die Parameter der »kritischen Masse« (d.h. der politischen Reaktionsschwelle) darstellen (wie z.B. die Zusammensetzung des Parlamentes, die Persönlichkeitsstruktur der staatlichen Entscheidungsträger usw.).

2. Ursachen der gegenwärtigen intensiven Diskussion über einen eventuellen EG-Beitritt Österreichs

Die seit einem Jahr dauernde intensive Diskussion hat mehrere Ursachen[1].

2.1 Ökonomische Ursachen

2.1.1 Innere Ursachen

Hier ist die Überzeugung vieler Politiker zu nennen, daß es für den europäischen Markt für Österreich keine realistische Alternative gäbe.

---

[1] Neue Zürcher Zeitung vom 21.2.1988; 25.9.1982; 29.10.1983; 16.12.1987; 13.12.1981; 12.3.1987; 6. 10. 1972; 3. 10. 1972.

2.1.2 Äußere Ursachen

Von außen wirkte die EG-Zielsetzung eines europäischen Binnenmarktes (mit seinen vier Freiheiten: Freiheit des Waren-, Personen-, Kapital- und Dienstleistungsverkehrs), andererseits auch das sich abzeichnende Herantasten des Comecon an die EG. Die Erfahrungen der verstaatlichten Industrie zeigen auch, daß eine international verflochtene Wirtschaft sicherere Arbeitsplätze schafft als eine nationale verstaatlichte.

2.2 Psychologische Ursachen

Die gegenwärtige Unsicherheit und Orientierungslosigkeit in Österreich, bedingt durch genügend bekannte Probleme, schafft ein starkes Stimulans nach einem zukunftsorientierten positiven Thema. Auch der Schock durch die französische Visumpflicht für Nicht-EG-Bürger, sowie die fehlende Möglichkeit Österreichs als »Kultur-Großmacht« an der Kulturrepräsentation der EG teilzunehmen aktualisieren dieses Thema. Ebenso sind zu nennen die geschichtliche und kulturelle Verflechtung Österreichs mit den EG-Ländern, sowie die durch den Zusammenschluß reduzierte Kriegsgefahr zwischen europäischen Ländern.

3. Auswirkungen auf die ökonomischen Faktoren des Verhältnisses Österreichs zur USA im Falle eines EG-Beitritts Österreichs

3.1 Auswirkungen auf die Gütermärkte

Österreich ist sowohl auf der Import- als auch auf der Exportseite eindeutig auf Europa und innerhalb Europas auf die EG fixiert.

Von den gesamten österreichischen Importen entfielen 1985

- 82% auf Import aus Europa, davon
  - 62,0% auf EG-Importe
  - 8,0% auf EFTA-Importe
  - 3,7% auf US-Importe

Von den Exporten entfielen

- 81% auf Exporte nach Europa, davon
  - 56,0% auf EG-Exporte
  - 10,8% auf EFTA-Exporte
  - 4,7% auf Exporte in die USA

Somit liegt die »Bedeutung« der USA beim Import bei einem 1/17 und der Exporte bei einem 1/12 jener der EG. Betrachten wir primär nur die Exporte. Die Frage lautet:

Haben die US-Beziehungen dann nur 1/12 der Bedeutung der EG-Beziehungen? Deren Beantwortung hängt

1. von der Entwicklung der ökonomischen Beziehungen zu den USA und zur EG ab und
2. von außerökonomischen Faktoren, die weiter unten erörtert werden.

Die Dynamik der österreichischen Importe als auch der österreichischen Exporte verläuft gleichartig. Der US-Anteil an den österreichischen Importen sinkt (1986 um 0,5 Punkte) wie auch jener der österreichischen Exporte (1986 um 0,7%-Punkte).

Der Anteil an der EG steigt bei Importen (1986 um 4,9%) und bei den Exporten (1986 um 4,1%). Die Abnahme der amerikanischen Handelsbeziehungen dürfte nicht nur auf Abwertungsursachen beruhen, sondern auch strukturelle Ursachen haben (siehe unten).

Diese Polarisierung Österreichs auf den EG-Raum hat jedoch den Nachteil, daß das Engagement Österreichs auf den asiatischen Wachstumsmärkten (ASEAN-Staaten mit ihrem enormen Nachfragepotential) viel zu gering ist - diese Zukunftsmärkte werden gegenwärtig sehr intensiv von den USA und Japan bearbeitet. Diese Situation ist für Österreich insofern problematisch, als Österreich weder direkt (am asiatischen Wachstumsmarkt) noch indirekt (über die USA) am größten Zukunftsmarkt der Welt sich engagiert - leider bringt die Einbindung in die EG in dieser Richtung zur Zeit eher wenig, da die EG auf diesen Märkten ebenso eher abstinent ist.

Folgende Zahlen belegen dies: 1970 überstieg der Außenhandel der USA mit Europa jenen mit den ostasiatischen Ländern um fast 50% - seit 1980 hat sich die Relation umgedreht Die EG exportiert 2% nach Japan - die USA 11%[2].

Die unterentwickelte österreichische Exportgüterstruktur ist neben Abwertungsursachen ein Grund für den rückläufigen Warenaustausch mit den USA. Dies zeigt sich daran, daß 2/3 der österreichischen Exporte nur bis maximal 300 km reichen. Die mangelnde Internationalität der österreichischen Wirtschaft zeigt der Indikator S je exportiertes kg. Die Schweiz erzielt pro kg exportierter Ware S 82,-; Österreich nur S 17, - .

Weitere Indikatoren einer mangelnden Internationalität Österreichs sind:

---

2 Androsch, Hannes: Chance und Herausforderung Europa, CA-Broschüre.

- Internationale Flüge ab Wien: nur 25 000 im Gegensatz zu 55 000 ab Zürich und 76 000 ab Frankfurt
- wenig multinational tätige Unternehmen in Österreich
- Forschungsintensität in Österreich nur die Hälfte anderer Staaten
- wenig hoch entwickelter Geld- und Kapitalmarkt
- kontraproduktives Steuer-, Subventions- und Wettbewerbsrecht (z. B. Kartelle in Österreich - Anti-Trust in den USA)
- vermutlich starke kontraktive Effekte infolge des auswuchernden Sozialstaates was durch die jetzige Steuerreform nicht beseitigt werden dürfte.

Ein Beitritt Österreichs zur EG bringt in gewissen Bereichen (theoretische) Vorteile, welche bei einer alternativen Annäherung an die USA nicht entstehen könnten, z.B.:

- bessere Arbeitsmöglichkeiten für österreichische Arbeitskräfte im Ausland
- Möglichkeit des Kabotageverkehrs bei Frächtern (d.h. durch weniger »erzwungene« Leerfahrten bessere Auslastung der Transportkapazitäten
- Beseitigung der Diskriminierung im passiven Veredelungsverkehr

Kommt es zu einem Beitritt, so liegt der große Vorteil darin, daß Österreich in vielen (nicht allen) Bereichen der Wirtschaft Normen unterliegt, welche eine größere Effizienz des volkswirtschaftlichen Produktionsapparates bewirken - nämlich durch

1. Liberalisierung/Wettbewerbsintensivierung: In vielen Bereichen ist ein strafferes Wettbewerbsrecht vonnöten, um konkurrenzfähig zu bleiben bzw. zu werden, wie etwa in der verstaatlichten Industrie, Schiffahrt, Eisenbahn, Luftfahrt.

2. Freihandelsvorteile kommen relativ stärker zum Durchbruch als z.B. bei einer alternativen Annäherung an die USA, weil die österreichische Wirtschaft einen geringen Exportradius besitzt.

3. Positive Kaufkrafteffekte. Bei einem Beitritt würde z.B. die 32%-ige Umsatzsteuer fallen - dies entspräche einer Steuersenkung von jährlich S 3,5 Milliarden. Wollte man den normalen Mehrwertsteuersatz um einen Prozentpunkt senken, hinterließe das in der Einnahmenrechnung der Republik jährlich ein Minus von S 7 Milliarden.

Infolge der Liberalisierung ergäbe sich allgemein die Tendenz zu einem größeren Produktangebot und Produktpreissenkungen, was wiederum zu einem Anstieg der bei gegebenem Einkommen real verfügbaren Gütermenge und somit des individuellen Wohlstands führt. Durch den Wegfall von Preisdifferenzen zum

Ausland würde viel Kaufkraft im Inland verbleiben, welche theoretisch auch zur Nachfrage nach US-Gütern verwendet werden kann.

Infolge der Internationalisierung des österreichischen Handels und der größeren Niederlassungsfreiheit käme es zu einer raschen Konzentration im Handel, so daß die Marktmacht des Handels im Verhältnis zur Industrie steigen würde. Negative Auswirkungen ergäben sich auf die Nahversorgung, weil der Anteil der Supermärkte steigen würde.

Nähert sich also Österreich der EG, ist aller Voraussicht nach eine Abflachung der österreichisch-amerikanischen Handelsbeziehungen zu erwarten, da das große EG-Produktangebot das US-Warenangebot substituieren würde. Problematisch wäre dies in jenen Bereichen, in welchen die EG-Bestimmungen den Import von vergleichsweise besseren US-Gütern - und der Technologievorsprung der USA zeigt sich in vielen »intelligenten« Produkten - diskriminieren würde. Inwieweit diese Effekte auftreten, hängt davon ab, wie weit Integrationsvorteile durch das Freihandelsabkommen von 1972 bereits wirksam sind.

Allerdings muß hier auch die Entwicklung der EG als Ganzes betrachtet werden. Kommt es dazu, daß eine liberalere EG-Politik durch protektionistische Maßnahmen nach außen abgeschirmt wird, könnte dies einem kleinen Land wie Österreich mehr schaden als einem großen[3].

Hierzu muß die mögliche »Protektionsstruktur« einer zukünftigen EG-Politik betrachtet werden. Wenn nämlich die EG nur Kapital und Arbeit stärker diskriminieren würde, wäre das nicht unbedingt ein Nachteil für Österreich bei Nicht-Integration[4]. Ein freizügiger Außenhandel (ohne Freizügigkeit von Kapital und Arbeit) kann dann einer vollen Freizügigkeit vorzuziehen sein, wenn z.B. ein starker Zustrom ausländischer Arbeitskräfte befürchtet werden müßte. Die USA hätten, wenn sie nicht Anfang des Jahrhunderts die Einwanderungsfreizügigkeit beschränkt hätten, einen derart starken Zustrom (billiger) Arbeitskräfte (vor allem Chinesen) gehabt, daß die Einkommen nicht so stark gestiegen wären wie mit der hohen Kapitalintensität.

Diese Problematik würde im Beitrittsfall durchaus auch auf Österreich zutreffen, wenn ausländische Arbeitskräfte (vor allem aus der Türkei) in die wirtschaftlich stärkeren EG-Länder, wie Österreich, drängen.

---

[3] Socher, Karl: unveröffentlichtes Arbeitspapier "Argumente gegen einen EG-Beitritt".

[4] Ebenda.

Infolge von »trade-diverting-Effekten« könnten etwa bisherige österreichische Handelsströme in die oder aus den USA behindert und in die EG umgelenkt werden, obwohl dieser Austausch bei Freihandel günstiger wäre. (Voraussetzung hierbei: liberale Handelspolitik der USA). Dem trade-diverting-Argument muß jedoch insofern begegnet werden, daß auch eine gewisse Wahrscheinlichkeit besteht, daß österreichische Unternehmen an Außenhandelsströmen der EG teilnehmen können, die bei einer Nicht-Integration Österreich nicht tangieren würden.

Auch die Tatsache, daß der COMECON sich langsam an die EG herantastet, könnte sich bei einer Nicht-Mitgliedschaft nachteilig auswirken, wenn derartige Handelsströme (durch günstigere EG-Bedingungen) substituiert würden.

Was die Protektionspolitik der beiden großen Blöcke EG und USA betrifft, so fällt auf, daß diese immer weniger fähig sind, die ihnen aufgrund ihres Gewichtes zukommende welthandelspolitische Verantwortung tatsächlich zu tragen. Den Worten über handelspolitischen Liberalismus und über ökonomische Vorteile des Freihandels folgen vielfach keine konkreten Taten. Ein Beispiel: Die GATT-Schutzklausel in Artikel XIX schreibt klar vor, daß allfällige Kompensationsansprüche innerhalb neunzig Tagen nach Inkrafttreten unilateraler Schutzmaßnahmen einzuführen sind (um Ausgleichsverhandlungen führen zu können). Trotz dieser eindeutigen Vorschrift beschlossen die USA und die EG *eigenmächtig* eine Fristverlängerung von 90 auf 130 Tage[5].

Neben dieser allgemeinen Tendenz existieren für die USA gewisse »allergische« Bereiche wie

- Subventionierung des EG-Agrarmarktes
- Hochtechnologieexporte in den Osten
- Subventionierung des EG-Stahlsektors.

Dies ist auch dadurch bedingt, daß im US-Senat starke Gruppen den Präsidenten innenpolitisch bedrängen - so drohte Senator John Heinz aus Pennsylvania, einem Stahlstaat, Präsident Reagan mit offenem Widerstand im Senat, wenn nicht ausreichende Protektionsmaßnahmen im Stahlbereich getroffen werden.

Im allgemeinen zeigt sich jedoch der Eindruck, daß zwar dem EG-Block gegenüber (immerhin ein Wirtschaftsblock mit über 300 Millionen Menschen und somit ungefähr gleich stark wie die USA) gewisse Protektionsneigungen bestehen, daß die USA aber gegenüber Nicht-EG-Ländern durchaus den Freihandels-

---

5 Neue Zürcher Zeitung vom 3.7.1981.

gedanken vertreten. Dies zeigt der jährliche Bericht des Handelsbeauftragten des US-Präsidenten, in welchem Freihandelshemmnisse z.B. von Österreich (Zölle auf Mandeln, Schokolade mangelndes Copyright für US-Filme usw.) identifiziert werden.

Eine mögliche Gefahr einer immer größer werdenden EG ist allerdings darin zu sehen, daß es dadurch auch immer schwieriger wird, die wachsenden Interessenkollisionen auf einen gemeinsamen Nenner zu bringen. Der ungefähr gleich große Wirtschaftsblock der USA kann mit geringeren Reibungsverlusten geführt werden als eine EG. Auch die Gefahr, daß die EG zu immer mehr Eingriffen tendiert, besteht. Landwirtschaft und Stahlbereich sind abschreckende Beispiele. Auch die kürzlich von Kanzler Kohl unter Schwerarbeit zusammengebrachte Einigung auf dem EG-Gipfel zeugt von diesen realen Gefahren.

Kommt keine Integration Österreichs zustande, so gelten in Österreich völlig andere Rahmenbedingungen und Entwicklungslinien, nämlich: die Liberalisierungspolitik muß »hausgemacht werden«. Der oft erhobene Einwand, daß Österreich auch ohne Integration eine Liberalisierung einleiten müßte, klingt unter den österreichischen Verhältnissen etwas unrealistisch. Österreich hätte doch auch bis jetzt schon genügend Zeit gehabt, seine Wirtschaftspolitik an jenen Grundsätzen zu orientieren, wie sie z.B. für die USA gelten.

Die Trägheit in der Verwirklichung ökonomischer Effizienz wird in Österreich verursacht durch

a) leistungsfeindliches Steuersystem

b) übertriebenes Sozial- und Subventionssystem, welches volkswirtschaftlich beachtliche Fehlallokationen von Kapital und Arbeit zur Folge hat

c) (zumindest bisher) starke Stellung der Gewerkschaften und deren dominanter Einfluß auf die Regierung

d) erfolgreiche Berücksichtigung von Gruppeninteressen (das österreichische Einkommensteuergesetz ist ein legalisiertes Sammelsurium von Gruppenzugeständnissen).

Unter diesen spezifisch österreichischen Bedingungen muß man eher zur Ansicht gelangen, daß die österreichische Politik froh sein muß, eine einleuchtende Begründung für die Übernahme strengerer Vorschriften infolge eines EG-Beitritts anbieten zu können.

Abschließend muß also festgestellt werden, daß zwar die Nichtteilnahme an der EG vielversprechende Entwicklungsmöglichkeiten bieten könnte (Vorbild Schweiz im Finanzbereich und bei den Multis), aber ob Österreich die zu diesem

Ziel nötigen Schritte konsequent alleine in einem vertretbaren Zeitrahmen zustande bringt, muß bezweifelt werden. Entwicklungsrückstände können nämlich nur sehr schwer und mit hohen Anstrengungen überwunden werden.

Eine Schlüsselstellung nimmt sicher der Agrarmarkt ein, obwohl die EG der wichtigste Partner Österreichs ist. Teilweise ist die EG-Agrarpolitik kongruent mit der gegenwärtigen österreichischen (z.B. Forderung des bäuerlichen Kleinbetriebes). Im wesentlichen herrscht jedoch in der EG Ratlosigkeit in Sachen Agrar. Dies zeigen die periodischen Konfrontationen über die Finanzierbarkeit des Agrarbudgets, welches inzwischen 2/3 des EG-Budgets beansprucht. Eine Übernahme der EG-Agrarordnung mit ihren ausufernden Überschüssen auf vielen Teilmärkten wäre für Österreich sicher kein Fortschritt. Österreich müßte als wirtschaftlich relativ starkes Land wahrscheinlich mehr Finanzleistungen für den Agrarsektor erbringen, als beim gegenwärtigen österreichischen System.

Bei einem Nicht-Beitritt wäre Österreich beim Finden eines optimalen Agrarsystems flexibler, so könnte z. B. das von Präsident Reagan vorgeschlagene Programm, (und allerdings auch zum Teil von der EG nun angepeilte System) die Agrarpreisstützungen in Direkt-Einkommentransfers umzugestalten, konsequenter versucht werden[6]. Tritt Österreich der EG bei, tritt es sozusagen in den Club des größten Agrar-Konkurrenten der USA ein. So sind die daraus eventuell entstehenden Konflikte mit den USA durchaus ernst zu nehmen, da der »Agrarkrieg« USA : EG andere wichtige Märkte beeinflussen kann.

3.2 Auswirkungen auf die Dienstleistungsmärkte

Der Tertiäre Sektor ist in den verschiedenen Ländern unterschiedlich entwickelt. Er lag gemessen an den Gesamtbeschäftigten in Österreich mit ca. 55% (BRD 53%) ziemlich unter jenem der USA mit 68%. Integrationseffekte im Tertiärsektor sind somit von großer Bedeutung. Für das rasche Wachstum der Beschäftigung im Dienstleistungssektor waren vor allem die Bereiche Fremdenverkehr, Erziehung, Gesundheit und Vermögensverwaltung verantwortlich[7].

3.2.1 Finanzmärkte - Kapitalverkehr

Das rasche Wachstum der Beschäftigung im Kreditapparat zeigen folgende Zahlen. Zu Beginn der siebziger Jahre arbeiteten dort rund 31000 Mitarbeiter (1,3% aller unselbständig Beschäftigten), 1985 waren es bereits 65000 (2,4%).

Auswirkungen einer Integration wären:

---

[6] Socher, a.a.O.

[7] Androsch, a.a.O.

- Durch die Liberalisierung des Kapitalverkehrs würden all jene Gründe für das deutsch-österreichische Zinsgefälle wegfallen, die mit den institutionellen Unvollkommenheiten der österreichischen Finanzmärkte zusammenhängen.
- Niederlassungsfreiheit der EG-Banken würde vor allem zur Verschärfung im Großkundengeschäft führen.
- Erleichterung der Transaktionen privater Haushalte.

Dem leichteren Kapitalfluß innerhalb der EG (Betriebsansiedlungen durch EG-Unternehmen in Österreich erleichtert) würde wahrscheinlich eine restriktivere Behandlung ausländischer Kapitalströme gegenüberstehen. Der Zufluß von US-Kapital würde schwieriger und die damit verbundenen Wachstumseffekte für Österreich gingen zum Teil verloren - so wäre es z.B. fraglich, ob es unter diesen Bedingungen zu einer Investition von General Motors in Wien gekommen wäre.

Eine wesentliche Chance im Fall einer Nicht-Integration wäre, daß Österreich ein bedeutender Finanzplatz - wie die Schweiz - werden könnte. Gerade die großen personellen Erfordernisse wären für den österreichischen Arbeitsmarkt wertvoll. Das Bankgeheimnis ist in Österreich sogar besser als in der Schweiz und bei Auflhebung der Devisenkontrollen könnte sich eine rasche Entwicklung ergeben[8]. Der dadurch induzierte Kapitalzufluß könnte für die Modernisierung der österreichischen Wirtschaft eine wichtige Rolle spielen. Momentan wird die Wiener Börse seitens der USA eher als »Spielwiese« denn als ernster Finanzplatz betrachtet.

Allerdings muß man sich auch die Frage stellen, ob überhaupt der Bedarf für ein weiteres Finanzzentrum - gar in nächster Nähe der Schweiz - besteht. Das zunehmend problematische Verhältnis zwischen Real- und Symbolökonomie ist ein weiterer Grund. Die internationalen Geld- und Kapitalmärkte sind gleichsam nicht mehr Diener, sondern bestimmen zunehmend selbst die realwirtschaftliche Entwicklung[9]. Dies führt zu beachtlichen Fehlallokationen (eine Investition, die sich beim Kurs von 18.-/$ rentiert, kann bei 12,-/$ wirtschaftlich obsolet sein). Zur Verdeutlichung: der Welthandel wird jährlich auf ca. US$ 1900 Milliarden geschätzt, die täglichen Umsätze allein in New York, London und Tokio betragen US$ 200 Milliarden - in rund neun Tagen schafft die Symbolökonomie den Umsatz der Realökonomie eines ganzen Jahres!

---

8 Socher, a.a.O.

9 Androsch, a.a.O.

Was die währungspolitische Seite der Integration betrifft, ergeben sich keine Vorteile. Der Schilling ist schon jetzt im EWS mehr integriert als manch andere EG-Währung. Die Hartwährungspolitik könnte Österreich wahrscheinlich sogar besser weiterführen, als wenn es zukünftig zu einer weicheren Politik gezwungen würde[10] (wie es der Deutschen Bundesbank schon heute unter französischem Druck ergeht). Eine Abwertung des Schillings würde vor allem auch den US-exportorientierten österreichischen Unternehmungen ein gefährliches Ruhekissen bieten.

3.2.2 Fremdenverkehr

Auch in diesem Bereich würde eine EG-Mitgliedschaft nicht viele Vorteile bringen, denn der Fremdenverkehr ist bereits praktisch vollkommen integriert. Ein negativer Einfluß bei einem Beitritt könnte sich sogar dadurch ergeben, daß die Transitprobleme weiter zunehmen, da Österreich dann keine Sonderregelungen (Tonnagebeschränkung, Nachtfahrverbot) durchsetzen könnte.

Es könnte weiter zu einem Ausverkauf gerade jener Flächen mit der höchsten Wertschöpfungskapazität kommen, wenn dann auch Ausländer österreichische Grundstücke erwerben könnten - in jedem Fall aber dürfte ein starker preistreibender Effekt bei Grundstücken zu erwarten sein. Da gerade ausländische Interessenten - vor allem sich in Schwierigkeiten befindende Betriebe, was in der FV-Branche keine Seltenheit ist - österreichische FV-Betriebe erwerben werden, ist daraus ein nicht unbeträchtlicher Kapitalabfluß ins Ausland zu erwarten.

Der US-Tourismus dürfte von diesen Faktoren - mit Ausnahme der Transitbelastung - eher wenig berührt werden, in diesem Fall geht es mehr um ein qualitativ hochwertiges Angebot und die notwendigen Rahmenbedingungen hierzu (z.B. Sicherheit für amerikanische Gäste) sowie um währungsbedingte Kaufkraftüberlegungen.

3.2.3 Transportwirtschaft

Die Transportwirtschaft hat sich nach den Warenströmen zu richten. Diese werden bei einer Mitgliedschaft verstärkt in den EG-Raum fließen. Bei einer alternativen Verstärkung des US-Handelsvolumens würde die österreichische Transportwirtschaft weniger Zusatzfrachten bekommen, da Österreich im Überseeverkehr keine nennenswerten Kapazitäten besitzen dürfte.

Bereits kurz erwähnt wurde der Vorteil des Kabotageverkehrs im Fall der EG-Mitgliedschaft (eine Warensendung geht z.B. von Bozen nach Köln, am

---

[10] Socher, a.a.O.

Rückweg geht eine Sendung von Köln nach München, eine andere von München nach Bozen. Ein EG-Frächter könnte alle Sendungen übernehmen, ein österreichischer Frächter muß zur Zeit zwischen Köln und München leer fahren).

Tritt Österreich der EG bei, so kann das Argument der enormen Transitbelastung eventuell bei den Beitrittsverhandlungen ins Treffen geführt werden, wenn nicht gar ein Beitrittsansuchen mit der EG-Forderung nach freiem Transit verbunden wird. Gerade für das Fremdenverkehrsland Tirol eine schwere Last.

Ein EG-Beitritt würde bei der österreichischen Schiffahrt, Eisenbahn und Luftfahrt einen hohen Anpassungsbedarf infolge starkem Produktivitätsrückstand erfordern, ansonsten könnte es, bedingt durch Kostenunterschiede, zu Verlagerungen im Flugverkehr von Wien nach München kommen. Gerade bei weit entfernten Destinationen wie den USA würde dies beachtliche Umsatzeinbußen zur Folge haben.

3.2.4 Forschung und Entwicklung (F & E)

Die gegenwärtige Situation Österreichs bei der F & E ist auch im Fall einer EG-Mitgliedschaft nicht tragbar, denn

- Forschung und Entwicklung wird in Österreich derzeit nur halb so stark gefördert wie in anderen Ländern,
- umfangreiche Begleitmaßnahmen wären notwendig, um nutzbringend an EG-Forschungsprojekten teilnehmen zu können wie
  - großzügigere Dotierung der Forschungsbudgets
  - Elitenbildung statt Massenuniversität.

Die Teilnahme an EG-Forschungsprojekten kann für Österreich sogar schädlich sein, wenn keine anschließende Marktumsetzung erfolgt.

Eine alternative Teilnahme an US-Forschungsprojekten dürfte für die österreichische Forschung einen noch größeren Nutzen bringen, da die Reputation der USA im Bereich der Technologie sprichwörtlich ist. Bei einer funktionierenden Marktumsetzung könnte Österreich einen großen Entwicklungssprung machen und gleichzeitig seine Warenstruktur verbessern und den gegenwärtig zu geringen Exportradius vergrößern.

4. Auswirkungen auf die außerökonomischen Faktoren des Verhältnisses Österreich : USA im Falle eines EG-Beitritts Österreichs

Das Verhältnis Österreich : USA wird wesentlich auch von nichtökonomischen Faktoren bestimmt.

4.1 Neutralität Österreichs

Frühere Bedenken gegen einen EG-Beitritt Österreichs aus Neutralitätsgründen sind durch die Arbeit des Innsbrucker Völkerrechtlers Hummer überholt worden, d.h. Beitritt ist mit Neutralität vereinbar.

Allerdings ist zu bedenken[11], daß durch einen Beitritt der Art. 4 des Staatsvertrages Probleme bereiten könnte. Dieser Art. 4 verbietet nicht nur eine politische oder wirtschaftliche Vereinigung mit Deutschland, sondern auch Vereinbarungen, die eine solche Vereinigung fördern oder die Unabhängigkeit Österreichs beeinträchtigen. Theoretisch könnte dieser Einwand von den USA kommen.

4.2 Verteidigungspolitische Überlegungen

Die Haltung der Sowjetunion zum Beitritt Österreichs wird um so reservierter sein je mehr sie in der EG nicht nur eine wirtschaftliche, sondern auch politische Einheit sieht. Eine Mitgliedschaft Österreichs könnte das Verhältnis der gesamten EG zur UdSSR belasten. Der der EG zugrunde liegende Gründungsgedanke war ja der der politischen Integration. Allerdings hat die UdSSR einen wichtigen politischen Teilerfolg in der »Entwaffnung der politischen Einheit Europa« bereits errungen.

Der zwischen Gorbatschov und Reagan geschlossene Vertrag über den Abbau der automaren Mittelstreckenraketen bringt in erster Linie Vorteile für die UdSSR. Denn:[12]

1. Der Abbau dieser Raketen ist technologisch kein Verzicht, weil diese Geräte durch den technischen Fortschritt ohnedies bald veraltet sind.
2. Diese Abrüstung ist eine Umrüstung, denn diese Raketen können an anderen Stellen der Welt politisch »besser« eingesetzt werden.

---

11 Socher, a.a.O.

12 Sinowjew, A.: Der Westen ist zu leichtgläubig, in: Industrie, Nr. 4, 1988, S. 10 ff.

3. Die UdSSR könnte über 50% ihrer Waffen vernichten, ohne daß eine wesentliche Schwächung ihrer Armee erfolgt - die restlichen 50% könnten immer noch die Welt vernichten.

4. Die UdSSR wäre bei einer (konventionellen) Mobilisation in zwei Tagen, die USA erst in Wochen bis Monaten in Europa.

5. Der Abbau von Atomwaffen ist gefährlich. Da immer gefährlichere und besser lokalisierbare Waffen entwickelt werden, kann der Einsatz derartiger Waffen durch die Angst vor der Globalwirkung der Atomwaffen deren Einsatz verhindern.

Das Verhältnis USA: Europa wurde also durch den Raketenabbau weiter erodiert (auch die Möglichkeit, daß die UdSSR leichter an westliche Hochtechnologie herankommen dürfte, spielt eine wichtige Rolle) und bietet der Sowjetunion größeren Spielraum, die Amerikaner aus Westeuropa herauszudrängen.

Wieso sind die USA auf diese Strategie eingestiegen? Mögliche Ursachen wären:

- Präsident Reagan brauchte innenpolitisch diesen »Erfolg« und vertraute auf die beiden europäischen Atomkräfte Frankreich und Großbritannien.
- Europa spielt in den Überlegungen neuer Waffensysteme eine spezielle Rolle.
- Die Blockbildung in Europa und die daraus entstehenden Reibungsflächen (»Agrarkrieg«, »Stahlkrieg« USA : EG) vermindern das (momentane) militärische Engagement der USA in Europa.

Im Fall einer EG-Mitgliedschaft hätte Österreich die Möglichkeit, auch sicherheitspolitische Überlegungen stärker in die EG einzubringen (Neutralitätsstatus!).

4.3 Sonstige Beziehungen

An der Tatsache, daß bereits jetzt Wien ein Zentrum der internationalen Diplomatie ist, dürfte sich auch im Fall des EG-Beitritts wenig ändern, es bestünde vielmehr auch die Möglichkeit, die vorhandenen Kapazitäten für EG-Behörden/Veranstaltungen intensiver zu nützen.

Exkurs: »... und was würde die Schweiz tun?«[13]

---

[13] Zeller, Willy: unveröffentlichtes Arbeitspapier.

Für die Schweiz gelten andere ökonomische Gegebenheiten als für Österreich (viele international tätige Großunternehmen, höherwertige Exportstruktur als Österreich stabile Außenhandelsbeziehungen in alle Teile der Welt). Dies spiegelt sich in einer eindeutigen Ablehnung eines hypothetischen Beitritts der Schweiz zur EG wider.

Elemente der Schweizer Position sind:

- Es wird wohl eine Intensivierung der Vertragsbeziehungen zur EG angestrebt, es muß aber parallel und traditionellerweise auf die Universalität der Außenwirtschaftspolitik geachtet werden.
- Die Schweiz will den Handel mit allen Weltregionen ausbauen (USA, Japan, Schwellen-, Entwicklungs- und Staatshandelsländer). Dies würde eine Eingliederung in die EG-Zollunion unmöglich machen.
- Die außenhandelspolitische Autonomie wird als neutralitätspolitisch unerläßlich erachtet.
- Die bilateralen Beziehungen der Schweiz zu den USA sind nicht von spezifischem Belang. Das generelle Bedürfnis der Schweiz lautet selbstbestimmte Außenwirtschaftspolitik. Auch der Abschluß von bereits 125 bilateralen Abkommen mit der EG erleichtern es der Schweiz, Entwicklungen abzuwarten.

Die österreichische Position ist wesentlich schwieriger und von mehr Imponderabilien gekennzeichnet. Dies zeigt sich auch im Resumee der WIFO-Studie[14]: »Mit hoher Wahrscheinlichkeit ist aus wirtschaftlicher Sicht die wirtschaftliche Anbindung Österreichs an die EG zu empfehlen«. Eine Nicht-Teilnahme ist nur zu rechtfertigen, wenn erstens eine von der EG wesentlich abweichende Wirtschaftspolitik verfolgt werden soll oder wenn zweitens einige der Anpassungskosten in die fernere Zukunft verschoben werden sollen.

---

[14] Österreichisches Institut für Wirtschaftsforschung, Österreichische Optionen einer EG-Annäherung und ihre Folgen, Wien 1988.

VI. Freizeit

Spekulationen über die Zukunft der Freizeit*

Wir leben noch nicht in einer "Freizeitgesellschaft": dieses Fazit kann aus unseren bisherigen sozio-ökonomischen Überlegungen unbesorgt gezogen werden. Wo ihre Existenz behauptet wird, werden meist in unzulässiger Weise Einzelerscheinungen verallgemeinert, dramatisiert und im Hinblick auf bestimmte Werturteile, die selten explizit formuliert werden, interpretiert. Aber immerhin: die Freizeit, ihre Verteilung und Verwendung, insbesondere dann, wenn sie konsumwirksam ist, ist ein wesentlicher Faktor des Wirtschaftsprozesses geworden, in manchen Bereichen sogar ein bestimmender: wenn irgendwo, dann sind im Tourismus und den mit ihm verknüpften sozialen und wirtschaftlichen Erscheinungen die Vorboten einer künftigen Freizeitgesellschaft zu sehen.

Damit ist die Frage noch nicht geklärt: wohin steuert die Gesellschaft? *Kommt die totale Freizeit?* Spekulationen über die Zukunft sind ein beliebtes Spiel, besonders wenn man den zeitlichen Horizont sehr weit wählt; dann können einem hinterher die falschen Prognosen nicht vorgeworfen werden, weil man schon unter der Erde liegt. Trotzdem sind sie nicht ganz sinnlos: sie können Grundzüge einer künftigen Politik entwerfen, in kühnen Sprüngen weite Ziele nennen, die die Politik anzustreben hätte; sie können Anregungen geben, auch wenn sie nicht gleich in konkrete Vorschläge münden. Nicht jede Überlegung muß ja einen unmittelbaren, sozusagen ökonomischen Zweck haben, ihre Schlußfolgerungen müssen nicht schon das Leben des nächsten Sonntags betreffen. Vielleicht fällt doch ein verwertbares Nebenprodukt ab; wenn nicht, so hat es nicht geschadet, und zumindest braucht ein Zweiter nicht denselben Irrweg zu gehen.

Nicht marginale Änderungen der Freizeit wollen wir nun diskutieren,[1] sondern einige radikale Hypothesen über die Freizeitverhältnisse einer Gesellschaft, der vielleicht - je nach Alter - wir selbst noch, sicher aber unsere Enkel oder

---

* Erschienen in: Clemens-August Andreae, Ökonomik der Freizeit. Zur Wirtschaftstheorie der modernen Arbeitswelt, rowohlts deutsche enzyklopädie, Ernesto Grassi (Hrsg.), Sachgebiet: Wirtschaftswissenschaften, Reinbek bei Hamburg 1970, S. 218-224.

[1] Vgl. hierzu Liefmann-Keil, a.a.O., S. 243; oder Arbeitszeit und Produktivität, 3. Band, S. 113 ff., und de Grazia, a.a.O., S. 140.

Urenkel angehören werden. Die ökonomischen Rahmenbedingungen dieser Gesellschaft werden sich sehen lassen können, sofern keine Naturkatastrophen oder Kriege dazwischenkommen. Eine einfache Zinseszinsrechnung beweist es: halten die Wachstumsraten des Sozialprodukts von gegenwärtig rund 3 - 4 % an, so erhöht sich das Sozialprodukt in 100 Jahren auf das 20- bis 50fache. Hier könnte freilich schon die Kritik ansetzen und meinen, diese Raten seien zu hochgegriffen. Bei einer Wachstumsrate von 2 % pro Jahr würden sich die Einkommen in 100 Jahren immerhin versiebenfachen.[2] Die industrielle Produktion wird weitgehend automatisiert und der Großteil der Menschen in der tertiären Produktion beschäftigt sein[3] - sofern man es noch der Mühe wert findet, zu arbeiten; wenn man freilich wie Galbraith der Meinung ist, daß die Gesellschaft das Produktionsproblem bereits gelöst hat[4] oder daß sie es in absehbarer Zukunft gelöst haben wird, so stellt sich das *Freizeitproblem* mit aller Schärfe.

Grundsätzlich würde die steigende Produktivität - und es ist nicht einzusehen, warum sie nicht weiterhin steigen sollte - Arbeitszeitverkürzungen gestatten; die Wachstumsrate des Sozialprodukts würde sich dann entsprechend verlangsamen. Wie die Entscheidung ausfällt, kann aus den nun von der Theorie des Arbeitsangebots her hinlänglich bekannten Gründen nicht mit Sicherheit vorhergesagt werden - das Zeitalter der Muße, das Gabor schon für die nächste Generation prognostiziert hat,[5] kann auch in 100 Jahren "bis auf weiteres" hinausgeschoben werden. Nicht nur die relative Stärke der Einkommens- und Substitutionseffekte[6] ist ungewiß. Freizeit ist auch Konsumzeit. Der Konsum erfordert in der Regel verfügbares Geld, und das benötigte Einkommen korreliert bis zu einem gewissen Grade mit der Arbeitszeit - hier treten gegenläufige Effekte auf, die erwarten lassen, daß man auch in Zukunft nicht eindeutig zwischen Arbeitszeitverkürzung und Einkommenserhöhung bzw. Erhöhung der realen Güterversorgung wählen, sondern beides brauchen und wünschen wird: man geht daher einen Mittelweg, der eine lange Anpassungszeit ermöglicht und nur eine *langsame Zunahme der Freizeit* erwarten läßt.

Für diese Ansicht spricht noch ein zweites Argument: wenn immer wieder von der *Überflußgesellschaft* die Rede ist, die das Produktionsproblem gelöst hat und eigentlich müßig gehen könnte, wenn nicht öffentlicher Verbrauch

---

[2] Vgl. hierzu Jöhr, Gedanken über die Wirtschaft, S. 383-392.

[3] Vgl. hierzu Fourastié, Die große Hoffnung, S. 102 ff.

[4] Gesellschaft im Überfluß, S. 309; vgl. auch Keynes, Wirtschaftliche Möglichkeiten, S. 267 ff.

[5] Menschheit morgen, S. 14. Vgl. ferner Silbermann, Das Bild des Jahres 1980.

[6] Vgl. oben S. 32 ff u. 195 ff.

(Rüstung!) und der durch Werbung angeheizte Verschwendungskonsum die volkswirtschaftlichen Ressourcen in überflüssiger Weise beanspruchten, so enthält diese Behauptung sehr bedenkliche Vereinfachungen. Erstens besteht diese Gesellschaft noch nicht, sondern muß durch einen langwierigen Industrialisierungsprozeß der sog. dritten Welt erst geschaffen werden (denn heute kann sie nur auf regionaler oder nationaler Ebene eine gewisse Geltung beanspruchen); dabei ist zu beachten, daß nicht nur das Weltsozialprodukt entsprechend gesteigert werden muß, sondern auch das Sozialprodukt pro Kopf. Die Eindämmung der Bevölkerungsexplosion wird unabdingbare Voraussetzung für den Erfolg dieser Bemühungen sein. Und wenn dies gelingt: ab welchem Punkt befindet sich die Gesellschaft im "Überfluß"? In den nächsten 100 Jahren ist zwar mindestens eine Versiebenfachung der Einkommen zu erwarten. Ein Arbeiter mit heute 10.000 DM Jahreseinkommen würde dann über 70.000 DM heutiger Kaufkraft verfügen. Lebt er deshalb im "Überfluß"?[7] Daß der Begriff des Existenzminimums flexibel ist und die Bedürfnisse mit den Einkommen wachsen, ist nicht allein (wenn überhaupt) eine Folge des sog. Konsumterrors der Werbung; der Mensch paßt sich einfach seinen erweiterten Möglichkeiten an, zumal die Erhöhung der Einkommen sehr langsam vor sich geht und nicht als einschneidend empfunden wird. In den negativen Urteilen über die überfließende (und letztlich überflüssige) Gesellschaft dürfte daher ein gerüttelt Maß an moralischer Wertung des Konsum- und Sparverhaltens impliziert sein.

Wie dem auch sei: der Einkommensbedarf für Zwecke der Freizeit wird auch in einer Überflußgesellschaft erhalten bleiben und mit den Möglichkeiten für neue Freizeitverwendung steigen. Eine drastische Einschränkung der Arbeitszeit auf Kosten sonst möglicher Einkommen und Güterversorgung ist aus dieser Sicht her nicht zu erwarten. Der Erdenbürger des 21. Jahrhunderts, meint Jöhr, werde seinen Arbeitsmonat kaum in eine Woche monotoner Arbeit und drei Wochen völliger Muße einteilen: «So weit wird . . . die Arbeitszeitverkürzung nicht gehen. Dazu ist die Anziehungskraft der künftigen Möglichkeiten der Bedürfnisbefriedigung im Bereiche der dauerhaften Konsumgüter, der Ferienreisen und der Dienstleistungen viel zu groß. Aber wir müssen mit der Möglichkeit rechnen, daß die künftige Arbeitszeit auf 2/3 der heutigen absinken wird.»[8]

---

[7] Vgl. auch Jöhr, a.a.O., S. 392 u. 379 f.

[8] Ebd., S. 395. Vgl. auch Fourastié, Die 40 000 Stunden, S. 7 ff u. 96 ff; ferner Sociology and Social Research, a.a.O., und Die Freizeit wird das große seelische Problem. Wie der Bundesbürger im Jahre 1975 leben wird, Der Spiegel, Nr. 48/1966, S. 75 ff.

Die Entwicklung des Verhältnisses von Arbeit und Freizeit wird aber nicht nur durch ökonomische Bedingungen, also vor allem das Wachsen der Produktivität und der Einkommen, geprägt werden; auch metaökonomische Variable wären in die Analyse miteinzubeziehen. Die gegenwärtige *sozialpsychologische Struktur der Gesellschaft* läßt widersprüchliche Einstellungen zur Freizeit erkennen: einerseits betont man, «wie wichtig und nützlich doch Feierabend und Muße seien»[9], andererseits gibt es kaum noch eine Klasse der Müßiggänger, wie es in früheren Gesellschaftsformen häufig der Fall war. «In neuerer Zeit ist, besonders in den Vereinigten Staaten, die Klasse der Nichtstuer zumindest als deutlich erkennbares Phänomen so gut wie verschwunden. Nichts zu tun gilt nicht mehr als lohnend oder auch nur als anständig.»[10] Freizeit wird im Bezug zur Arbeit gesehen: man hat sich zu erholen (von der Arbeit und für die Arbeit), zu kräftigen und fortzubilden. Maximierung des Sozialprodukts ist oberstes gesellschaftliches Ziel; Begriffe wie "Leistungsgesellschaft" und "Wachstumsfetischismus" apostrophieren diesen Zustand. Die Steigerung der Produktionsleistung ist die Ideologie dieser Gesellschaft, ihr Motto *efficiency* und *stability*[11]; diesen Werten haben sich alle anderen unterzuordnen.

Die neuere Gesellschaftskritik hat den dieser "Produktions- und Leistungsgesellschaft" innewohnenden *Konfliktstoff* erkannt; «in der Tat: wenn Produktivität und Effektivität die leitenden Werte der Gesellschaft sind und daher auch die durchgängigen Prinzipien des funktionalen Zusammenwirkens ihrer Mitglieder - dann wird eine strenge Ordnung härtester Arbeitsdisziplin notwendig. Diese Notwendigkeit wird noch durch die Eigenart der (von der Rationalität geforderten) technisch industriellen Produktionsweise verschärft: sie verlegt den Entwurf des Erzeugnisses wie des maschinellen Arbeitsganges in zentrale Dispositions- und Schaltstellen; die arbeitenden Menschen außerhalb dieser Experteneliten sind nur Ausführende, die mit ihrer Tätigkeit lediglich einen vorgefertigten Raster auszufüllen haben, und zwar ohne die geringste Abweichung. Unschematische Eigeninitiative würde nur Schäden und Störungen, ja unter Umständen Katastrophen hervorrufen . . . Das Produktionssystem begründet eine anonyme Diktatur der Produktionszwecke; Leistungsforderung reduziert den Menschen zum *homo faber*, zum Arbeitswesen, das ganz nach außen orientiert und nur für seine Funktion gedrillt und *"fit"* erhalten wird; die gesellschaftliche Kooperation verliert den menschlichen Gehalt und versachlicht sich; sie wird durch diese Objektivierung zwanghaft . . . Das Ergebnis lautet: es gibt in dieser Gesellschaft zu wenig

---

[9] Galbraith, a.a.O., S. 292.

[10] Ebd., S. 296.

[11] Vgl. Huxley, Brave New World, S. 14.

Freiheit und zu wenig Glück . . .»[12] Wenn diese Diagnose zutrifft, so ist die Freizeit jener Ort, in den der Mensch vor der *Monotonie* und vor allem dem *Zwangscharakter der Arbeit* flüchten kann, die Freizeit ist gerade wegen der inhumanen Produktionsbedingungen notwendig, um einen *Ausgleich* zu schaffen, einen Zeitraum, in dem - ähnlich wie in der Krankheit - niemand von ihm eine Leistung verlangen darf.

Es ist möglich, daß von dieser sozialpsychologischen Begründung her ein wesentlicher Anstoß zur Freizeitverlängerung ausgeht, zumal wenn die ökonomischen Probleme der Menschheit ihrer Lösung entgegensehen. Dieser Effekt könnte aber nur dann größeres Ausmaß annehmen und sich nicht auf marginale Kürzungen der Arbeitszeit beschränken, wenn die *Ziele* der Gesellschaft *neu formuliert* werden. Die *Leistungsgesellschaft* kann letztlich nur Erholungs- oder allenfalls Bildungsurlaube zugestehen, eine *Freizeitgesellschaft* hätte aber eine neue Wertordnung zur Voraussetzung: eine neue Wohlfahrtsfunktion müßte geschaffen werden, die die Rangordnung von Einkommen, Freizeit, Macht, Selbstbestimmung und anderen, möglicherweise erst zu erfindenden Kriterien festsetzt. Daß die Zeit dafür wohl noch nicht reif ist, zeigt sich daran, daß eine solche Zielkorrektur zwar mitunter empfohlen, aber ebenso häufig mit widersprüchlichen Argumenten verknüpft wird; dabei steht seit einiger Zeit allerdings nicht die Freizeit, sondern die Arbeitssituation im Blickpunkt des Interesses; doch ist es möglich, daß sich aus diesem punktuellen Ansatz eine Grundsatzdiskussion entwickelt, die auch die Rolle der Freizeit in Frage stellt. Ein Beispiel für diese nicht bis zum Kern der Problematik vorstoßende Denkweise ist darin zu sehen, daß häufig eine stärkere Beteiligung des einzelnen am Entscheidungsprozeß in Wirtschaftsunternehmungen oder Universitäten ("Mitbestimmung" und "Demokratisierung") grundsätzlich befürwortet wird, um den Menschen im Arbeitsprozeß den Übertritt vom «Objekt zum Subjekt» zu ermöglichen, andererseits aber betont wird, daß technische Gegebenheiten eine radikale Durchführung dieser Maßnahmen verhindern würden: «Keine Form von Mitbestimmung, keine erdenkliche Weise von Demokratisierung von Unternehmensverfassung kann irgendetwas an der *conditio humana* im Arbeitsleben der fortgeschrittenen Industriestaaten verändern, denn diese *conditio* wird bestimmt von der technisch-arbeitsteiligen Produktionsmethode; allein durch sie sind die gesellschaftlichen Zwänge bedingt, gegen die sich eine untergründige Revolte erhebt . . . Sicher gehört auch die Universität zu den gesellschaftlichen Institutionen, die noch eines erheblichen Maßes von weiterer Demokratisierung durch Mitreden und Mitbestimmen . . . bedürftig sind. Aber diese Demokratisierung wird nur dann

12 Wort und Wahrheit, 1968/3, S. 195 f. Der Autor dieses Artikels verschweigt leider seinen Namen.

nicht zerstörend wirken, wenn sie nach dem Prinzip des direkt Betroffenseins und der rechtlichen Zuständigkeit . . . differenziert ist. Dieses Prinzip gilt, abgewandelt je nach der Art der Institution, allgemein. Überall, wo es ignoriert wird, folgt daraus Funktionsschwäche und schließlich Auflösung.»[13] Man könnte auch andere Beispiele für diese Argumentation nennen, doch dürften die beiden genannten Themen die aktuellsten sein. Gemeinsam ist diesen Gedankengängen, daß nicht erkannt wird, daß letztlich "Funktionsschwäche" oder "Auflösung", ganz allgemein: Ineffizienz, vielleicht gar nicht Kriterien für die Wünschbarkeit dieser Maßnahmen sein können, sondern daß sich in der Tat möglicherweise eine umfassende gesellschaftliche Zielkorrektur anbahnt. Dies wäre konsequent, da es nicht angeht, einerseits die Reformierung eines Systems zu propagieren, andererseits aber achselzuckend darauf hinzuweisen, daß es gar nicht geändert werden könne, weil seine "Effizienz" sonst gestört würde. In der Debatte um die Universitätsreform ist diese Haltung einmal treffend mit dem Satz umschrieben worden: «Reformiert darf werden, aber ändern darf sich nichts.»

Effizienz ist letztlich ein relativer Begriff, ebenso wie Rationalität. Es kommt immer darauf an, im Hinblick auf welches Ziel die Effizienz bzw. Rationalität eines Systems oder einer Einzelmaßnahme beurteilt wird. Entschließt sich die Gesellschaft, in Hinkunft mehr auf das unmittelbare befriedigende Erleben des Individuums als auf das mittelbare über eine Maximierung des Sozialprodukts Gewicht zu legen, und wird im neuen System dieses Ziel erreicht, so ist das System "effizient", auch wenn das statistisch errechnete Wachstum dadurch vermindert würde. In dem erst zu formulierenden neuen Zielbündel müßte auch der Freizeit eine neue Rolle zugedacht werden, die vor allem von der funktionellen Bindung an die Arbeitswelt zu lösen wäre. Es wäre auch der Vorschlag Galbraiths zu erwägen, Realisierungen zusätzlichen Wohlstands weniger durch Arbeitszeitverkürzungen vorzunehmen als durch leichtere und angenehmere Gestaltung der Arbeit selbst; auch diesem Vorschlag stehen freilich traditionelle Ansichten über die Rollen von Arbeit und Freizeit entgegen: Arbeit ist hart, und in der Freizeit erholt man sich davon, lautet die gängige Auffassung. «Den Wunsch nach mehr Freizeit findet man nicht verwerflich, aber dem Gedanken, der Mensch sollte sich an seinem Arbeitsplatz weniger anstrengen, widersetzt man sich heftig. Hier spielen ältere Auffassungen mit. Wir finden jede Tendenz, nicht immer ein Maximum an Kraft einzusetzen, höchst bedenklich, ganz einfach deshalb, weil das lange Zeit eine sehr wichtige wirtschaftliche Tugend war.»[14] In der Konsequenz würde dieser Vorschlag wahrscheinlich darauf hinaus-

---

13 Ebd., S. 201 f.

14 Galbraith, a.a.O., S. 293.

laufen, eine gewisse Rückbildung des Verhältnisses von Arbeit und Freizeit vorzunehmen, indem beide Lebensbereiche letzten Endes wieder ineinander übergehen. Wenn Arbeit und Freizeit ineinander verwachsen, wie es im Mittelalter der Fall war, so gibt es auch kein Freizeit-"Problem"; damit soll nicht einer «mittelalterlichen Zukunft» das Wort geredet, sondern nur auf mögliche Implikationen der Entwicklung hingewiesen werden.

Jedenfalls steht möglicherweise ein langwieriger *Umdenkungsprozeß* in Sachen Arbeit und Freizeit bevor. Es ist langfristig nicht wahrscheinlich, daß die Arbeitsleistungen erhöht werden, und ebensowenig, daß man sich für die totale Freizeit entscheidet. Möglicherweise bildet sich kürzerfristig wieder so etwas wie eine "Normalarbeitszeit" heraus: in der Betrachtung der historischen Entwicklung von Arbeit und Freizeit hatte sich ja gezeigt, daß in der gesamten vorindustriellen Epoche die Jahresarbeitszeit sich nicht wesentlich geändert hat, während der Zeit der Industrialisierung scharf anzog und seit Ende des 19. Jahrhunderts wieder auf das alte Maß von rund 2000 Stunden zurückgeht. Völliges Nichtstun ist auf jeden Fall unerträglich, das haben auch empirische Untersuchungen bewiesen;[15] der Arbeitspuritanismus auf der anderen Seite dürfte eine zeitgebundene Erscheinung sein, die im Abklingen begriffen ist. Mittelfristig wird die Arbeitswoche auf 30 oder 20 Stunden zurückgehen, so daß die Freizeit die Arbeitszeit quantitativ und qualitativ - in der Bedeutung für die Lebensgestaltung - überholt; und wählt man schließlich einen sehr weiten Zeithorizont, so wird dann das Begriffspaar Arbeit und Freizeit vielleicht aus unserem Sprachschatz verschwunden sein. Das Leben hat zu einer Einheit zurückgefunden.

---

15 Vgl. insbesondere Hebb, Die Triebe, S. 435 f.

VII. Wirtschaft und Kunst

Kunstwerke zwischen Ästhetik und Ökonomik*

Nehmen wir einmal an, jemand käme auf die exzentrische Idee, eine Brücke einzupacken. Wie reagiert eine Gesellschaft auf ein derartiges Ereignis? Nun, nach unserer Erfahrung reagiert sie dadurch, daß sie darüber redet. Und beim Reden verständigt sie sich auf eine Reihe von Bewertungen. Die Kunstkreise verständigen sich auf eine ästhetische Bewertung. Die Aktion wird in das vorhandene Stilraster unter Land-Art oder Konzeptkunst eingeordnet, die Betrachter versuchen zu begründen, warum sie das Werk für "gelungen", "provokativ", "kühn" oder einfach "schön" halten. Politische Kreise bewerten die Aktion unter Aspekten der Verkehrssicherheit, der Staatssicherheit. Käme der Verpacker etwa auf die Idee, statt einer Brücke ein politisches Gebäude einzupacken, dann würde die politische Bewertung sicher sehr deutlich artikuliert werden. Und dies ist ja auch geschehen, denn, Sie werden es erraten haben, Christo wollte den Reichstag in Berlin verpacken und die Politiker haben gesagt, nein.

Es ist verführerisch, an dieser Stelle von politischer und ästhetischer Bewertung zu extemporieren. Aber mein Metier ist das des Ökonomen und an dessen Grenzen will ich mich, zumindest in diesem Vortrag, halten. Es ist also das Verhältnis von ästhetischer und ökonomischer Bewertung, auf das ich meine und offensichtlich auch Ihre Aufmerksamkeit richten möchte.

Und, Herr Bundesminister, ich relativiere nichts. "Contra facta non valet argumentum" hat Thomas von Aquin gesagt. Und ich denke gerne an meine kluge Assistentin Johanna Ramharter zurück, die in der Tat als erste eine solche Untersuchung vorgelegt hat. Freilich, Herr Bundesminister, man kann daraus verschiedene Schlußfolgerungen ziehen. Zum Beispiel die Folgerung, die der Bundesminister Lacina kürzlich gezogen hat, als er davon gesprochen hat, das eine oder andere aus der staatlichen Verwaltung herauszunehmen. Denn das, was Johanna Ramharter herausgefunden hat, ist schlicht und einfach ein verteilungspolitisches Argument für die Privatisierung der Salzburger Festspiele.

Ich darf an dieser Stelle aber allen meinen Vorrednern danken, daß sie mir das ökonomische Feld bereitet und damit den Widerstand, der in einer kulturellen

---

* Festrede, erschienen in: Salzburger Festspiele 1986, Schriftenreihe des Landespressebüros, S. 31-39.

Versammlung gegen ökonomische Argumente herrschen muß, ein wenig herabgesetzt haben.

"Kunstwerk". Übrigens was Christo angeht: es gibt auch eine juristische Bewertung von Christo. Der Oberste Gerichtshof der Republik Frankreich hat die Verpackung des Pont Neuf in Paris zum Kunstwerk erklärt. Was freilich nur juristisch bindet und nicht ästhetisch, auch nicht ökonomisch, so weit aus dem Juristischen keine ökonomische Konsequenzen entstehen.

"Kunstwerk" - schon im Wort steckt neben der ästhetischen die ökonomische Interpretation eines Gegenstandes. Sicher können wir also im Fall der verpackten Brücke auch mit einer wirtschaftlichen Wertung der Aktion rechnen. Wir beobachten in der Tat nicht nur eine, sondern ein Bündel solcher Bewertungen. Zu diesen Bündeln gehören die Bewertungen, die notwendig sind, um eine Brückenverpackung zu finanzieren und zu produzieren.

Und Christo macht das immer in Form einer eigens gegründeten Aktiengesellschaft ohne jede Subvention. Und Präsidentin dieser Aktiengesellschaft ist seine Frau, Jean Claude. Dazu gehören die Bewertungen all derer, die die verpackte Brücke für ihre eigenen Zwecke verwenden: Galeristen, Fotografen, Zeitschriften und Kritiker. Und schließlich gehören zu dem Bündel die Bewertungen derer, die sich auf den Weg zur Brücke machen, um sich in ihrer wahrscheinlich einmaligen Atmosphäre selbst zu inszenieren. Und als der damalige Bürgermeister von Paris, Chirac, sah, was dort passierte, erklärte auch er die Brücke verpackt - zum Kunstwerk.

All diese Bewertungen machen den ökonomischen Wert der verpackten Brücke aus - nur ein Wert fehlt: der Preis der Brücke. Aber die Brücke wird ja gar nicht verkauft. Verkauft werden Fotografien, Reproduktionen und Texte, die voll sind mit ästhetischen, politischen und sonstigen Wertungen. Alle diese Produkte müssen hergestellt, vertrieben und gekauft werden. Ein bemerkenswerter wirtschaftlicher Mechanismus kommt also in Gang, wenn einer eine Brücke einpackt, auch ohne sie verkaufen zu wollen.

Die verschiedenen Bewertungen, mit denen eine Gesellschaft auf eine derartige Aktion reagiert, geben uns Auskunft über das Befinden der Gesellschaft. Eine Gesellschaft gilt als lebendig und autonom, wenn Bewertungen in ästhetischen, politischen, ökonomischen und anderen Kategorien je unabhängig voneinander gebildet werden, wenn also nicht eine der Kategorien alle anderen dominiert. (Und ich darf dem Herrn Bundespräsidenten danken, daß er genau das heute getan hat, nämlich gesagt hat, ein Kunstwerk darf nicht nur ökonomisch bewertet werden.) Sie gilt als ausgeglichen und widerstandsfähig, wenn die Bewertungen in der relativen Rangordnung der verschiedenen Kategorien nicht zu stark voneinander abweichen.

Die Wertungen ergänzen und brauchen einander. Was mit diesem "Einanderbrauchen" gemeint ist - darauf möchte ich im Fall des Verhältnisses von ästhetischer und ökonomischer Wertung nun näher eingehen. Ich möchte zeigen, daß der ästhetische Erfolg von Kunstwerken wesentlich davon abhängt, wie erfolgreich sie sich der Wirtschaftsmechanismen bedienen. Ich möchte aber auch zeigen, daß der wirtschaftliche Erfolg von Unternehmungen davon abhängt wie erfolgreich sie sich ästhetischer Mechanismen bedienen.

Eines solchen ästhetischen Mechanismus hat sich soeben der Präsident der Deutschen Bundesbahn bedient. Er hat im Hauptbahnhof Frankfurt eine Kunstausstellung eröffnet, genannt die Kunststation. Und wen hat er gezeigt? Den berühmtesten österreichischen Künstler der Gegenwart, Arnulf Rainer. Mitten im ökonomischen Getriebe ein österreichischer Künstler in der deutschen Kunststation.

Seit die Kultobjekte zu Sammelobjekten und die Mysterienspiele zu Festspielen wurden, sind die Hersteller und die Verbraucher von Kunstwerken nicht mehr ein und dieselben. In jedem Kunstsektor haben sich eigenständige wirtschaftliche Formen gebildet, mit Hilfe derer das Angebot von Bildern, Büchern oder Aufführungen auf die Bewertungen durch Nachfrager trifft. Jeder dieser Märkte, sei es das Kunstauktionswesen, das Verlagswesen oder das Theaterwesen, ist ein in sich einigermaßen geschlossenes Gebilde - ein Gebilde, das wenig Ähnlichkeit hat mit jenen Märkten für tägliche Gebrauchsgüter, über die wir unsere Lehrbücher schreiben.

Es wäre aussichtslos, in wenigen Sätzen einen differenzierten Eindruck von all diesen Märkten zu entwickeln. Beschränken wir uns auf ein Beispiel. Der Markt für verpackte Brücken ist zu klein, deshalb wähle ich einen anderen, vielfältigeren Markt: den Markt für Musikfestspiele. Zugegeben, das ist ein Markt, der selbst unter den Kunstmärkten zu den kompliziertesten überhaupt gehört. Gerade diese Eigenschaft erlaubt es uns aber, mitzuverfolgen, wie es gelingt, auch für Ereignisketten dieses Umfangs und dieser Verschiedenartigkeit Mechanismen zu entwickeln, die die dabei entstehenden Probleme wirtschaftlicher Bewertung dauernd neu lösen. Außerdem hat das Beispiel den Vorteil, daß wir alle wissen, wie es sich anfühlt, bei einem solchen Fest dabei zu sein. Sie können also vermutlich einige der Aussagen, die ich im folgenden zusammengestellt habe, an sich selbst nachprüfen.

Festspiele sind Gesamtkunstwerke. Sie bestehen aus einer Abfolge von Kunstereignissen, und sie funktionieren nur dann, wenn die Voraussetzungen an

Größe, Baulichkeiten und Atmosphäre gegeben sind, die aus der gastgebenden Stadt für wenige Wochen einen inszenierten Raum werden lassen. Lange Zeit waren nur wenige Städte in der Lage, dieses Kunststück zu liefern. In den jüngsten Jahren ist aber das Angebot an Festspielen rapide angestiegen. Ökonomen sprechen in solchen Fällen von nachstoßendem oder imitativem Wettbewerb, und unter wirtschaftspolitischen Gesichtspunkten ist dagegen auch nichts einzuwenden. Es gibt kein Patent auf Festspielkonzepte, und mein Salzburger Kollege Nikolasch hat auch ein Festspiel in Millstatt eröffnet, mit großem Erfolg. Ich habe es mir gerade angehört. Es gibt also kein Patent.

Jeder darf, so er kann, die erfolgreichen Methoden der Marktinnovatoren kopieren und variieren. Diese dauernde Suche nach der besseren Lösung, nach der Chance, der Erste zu sein, kennzeichnet den Wettbewerb, und Friedrich August von Hayek, der mit Salzburg so eng verbundene Nobelpreisträger, ist nicht müde geworden, die gesellschaftspolitische Bedeutung des Wettbewerbs als Entdeckungsverfahren zu preisen.

Den Festspielunternehmen der ersten Stunde, die sich an ihre Monopolstellung gewöhnt haben, fällt es nicht immer leicht, mit der neuen Situation fertig zu werden. Was rät hier der Wirtschaftstheoretiker? Nun, es gibt zwei denkbare Strategien. Die eine ist, man kauft den Markt leer - eine ziemlich kostspielige Methode, außerdem wachsen immer junge Talente nach. Die andere, anstrengendere, ist die, Innovationen zu machen. Und gerade die Marktführer sind da oft zögernd. Denn das Suchverfahren der Innovation bringt viele Flops mit sich und muß sie mit sich bringen. Und die wenigen großen Erfolge müssen die vielen Flops tragen helfen und wer traut sich schon über eine solche Strategie?

Märkte werden nicht nur durch innere, sondern auch durch äußere Konkurrenz in Bewegung gehalten. Beim Festspielmarkt ist es insbesondere der Markt für Tonträger, der ständig im Auge behalten werden muß. Die Gefahr liegt weniger in der Abwanderung der Festspielinteressenten zur Schallplatte, zur CD-Aufnahme oder zum Videoband. Festspiele bieten nun einmal mehr als akustische Erlebnisse, wir werden darauf noch zu sprechen kommen. Nein, das Problem liegt bei den knappen Ressourcen, die in den beiden Märkten eingesetzt werden. Die langfristigen Verträge der Musikkonzerne engen die Verfügbarkeit der Künstler so ein, daß bei der Zusammenstellung der Programme weniger die gewünschte ästhetische Qualität als die urheberrechtliche Machbarkeit in Frage steht. Die Kaufkraft, die im Markt für Musikreproduktionen konzentriert ist, beeinträchtigt den Markt für lebendige Aufführungen. Mit einem solchen Verdrängungswettbewerb ist den Musik- und Medienkonzernen nicht gedient. Jeder

Eingriff in die Freiheit der Kunst - und dazu gehört auch die Freiheit der Kombination von Ensembles- wird kurzfristig mit einem Verlust an ästhetischem Wert und langfristig mit einem Verlust an wirtschaftlichem Wert bezahlt.

Damit ist in ersten, groben Strichen der ganze spezifische ökonomische Mechanismus skizziert, den wir "Markt für Festspiele" nennen und auf dem die Unternehmen um die Kaufkraft der Kunstinteressierten konkurrieren. Gehen wir nun einen Schritt weiter: Wie sehen die Unternehmen aus, die ein derartig kompliziertes Produkt anzubieten verstehen? Wie gelingt es, zahllose Entscheidungen und Bewertungen so zu koordinieren, daß Jahr für Jahr wieder der Zauber des Gesamtkunstwerks entsteht? Dieser Zauber hat, wie das meistens beim Zauber der Fall ist, recht nüchterne Grundlagen. So, wie der Zauber eines Feuerwerks auf relativ simplen Gesetzmäßigkeiten der Verbrennung und Lichtentwicklung bestimmter chemischer Substanzen beruht, so baut auch der Zau-ber von Festspielen auf relativ einfachen Gesetzmäßigkeiten wirtschaftlicher Kosten- und Ertragsrechnung auf. Nur, wenn diesen Gesetzmäßigkeiten Rechnung getragen wird, kommt es zum Bühnenzauber, zum Festspielgesamtkunstwerk oder, in der profanen Sprache der Herstellungstechniker, zum "Produkt".

Erlauben Sie mir, daß ich Sie trotz dieser Profanität für wenige Minuten in den ökonomischen Maschinenraum entführe. Wir begeben uns also in das Innere der Festspiele, so, wie wir ins Innere eines Luxusdampfers hinabsteigen würden. Keine Angst, gar so stickig und unangenehm wird es nicht werden. Seit Fellinis "Traumschiff" wissen wir, daß auch im Maschinenraum von Luxusdampfern gesungen wird.

Die Lehrbücher sagen uns: hergestellt wird dann, wenn der Ertrag die Kosten übersteigt. Tut er es nicht, dann kommt kein Markt zustande. Wie setzen sich nun Kosten und Ertrag im Fall von Festspielunternehmen zusammen? Was beeinflußt die Relation, in der die beiden Seiten dieses Bewertungsverhältnisses zueinander stehen? Mit der Kostenseite werde ich kurzen Prozeß machen. Mich stört es nicht, wenn bei einer Aufführung Champagner getrunken wird. Ich leide nicht unter Neid. Wir setzen also Kosten und Ertrag in Beziehung. Hinter den Kosten steht ein Produktionsvorgang, zusammengesetzt aus Einzelschritten, die schon in kleinen Festspielorten eine interessante Komplexität erreichen. Dieses Gebiet überlasse ich gerne den betriebswirtschaftlichen Kollegen. Tatsächlich haben sie bemerkenswerte Ergebnisse über die Produktionsfunktionen von Theatern, Opernhäusern und Balletttruppen herausgefunden.

Eine Anmerkung darf ich mir aber als Finanzwissenschaftler nicht versagen: Kostenkontrolle ohne die Möglichkeit der Einbehaltung von Restgewinnen ist unmöglich. Dieses Ergebnis bestätigt die Ökonomie fast tagtäglich aufs neue, sei es in Moskau, London oder Wien. Ohne frei verfügbare Restgewinne - und genau das ist der Fall, wenn die öffentliche Hand die Finanzierung übernimmt - werden Gewinne in Form von persönlichen Vorteilen gemacht und als Kosten verbucht. Es entstehen Kosten der Repräsentation, Kosten von Vergünstigungen an sich und an andere, die dadurch gefällig gemacht werden, und Kosten für Honorare, die so hoch liegen, daß der, der sie verteilen darf, von den Kandidaten hofiert wird. Wenn es aus anderen Gründen unumgänglich erscheint, daß Festspielunternehmen unter Leitung nicht der unsichtbaren, sondern der öffentlichen Hand produziert werden, dann muß umso größere Sorgfalt darauf verwendet werden, daß die ästhetische Leistung mit dem geringstmöglichen Einsatz finanzieller Mittel erbracht wird. In diesem Punkt ist, zumindest, was die Salzburger Festspiele angeht, schon einiges dazugelernt worden. Man muß aber zugeben, daß sowohl die Praktiker als auch wir Theoretiker erst am Anfang der Verbesserungsmöglichkeiten stehen.

Otto Schenk hat schon recht, man darf nicht so sparen, daß man es sieht. Und er hat damit etwas Richtiges ausgesagt, was auch der österreichische Rechnungshof, dem hier ein Denkmal gesetzt werden sollte, richtig ausgesagt hat. Er hat gesagt, es kommt nicht darauf an, die geringstmöglichen Kosten zu machen, denn das wäre null, sondern es kommt darauf an, Kosten und Ertrag in ein vernünftiges Verhältnis zu setzen. Und nun wissen wir jedenfalls, wie gewaltig der Ertrag dieser Spiele ist. Das erlaubt dann auch Kosten.

Lassen wir also die Aufwendungen so, wie sie sind, und wenden wir uns der Ertragsseite zu. Bei einfachen Industrieprodukten besteht sie aus nichts weiter als aus der Summe der Preise, zu denen die Waren verkauft worden sind. Einfach sind Kunstwerke aber, wirtschaftlich gesehen fast nie. Ob es sich um verpackte Brücken oder um verknüpfte Konzertveranstaltungen handelt, in jedem Fall finden wir uns inmitten von kniffligen wirtschaftstheoretischen Problemstellungen.

Die vielleicht wichtigste davon läßt sich folgendermaßen zusammenfassen: Wenn eine wirtschaftliche Tätigkeit anderen zugute kommt oder schadet als denen, die unmittelbar an der Transaktion beteiligt sind, dann sprechen wir von positiven oder negativen externen Effekten. Diese externen Effekte haben in der Umweltdiskussion eine gewaltige Bedeutung bekommen, wir kennen sie aber auch in der Bildungs- und Kulturdiskussion seit langem. Wenn solche Effekte nicht in die wirtschaftliche Bewertung eingingen, wenn es nicht gelänge, alle Nutznießer zahlen zu lassen und die Benachteiligten zu entschädigen, kommt es zu einer Unter- oder Überversorgung mit dem entsprechenden Gut. Bei Festspielen liegen nun die positiven externen Effekte zum Greifen nahe. Da ist einmal die Umwegrentabilität, die dem Dienstleistungssektor zugute kommt. Da sind des weiteren die schwerer meßbaren Prestigeeffekte, die Ruhm und Reichtum der Stadt, des Landes und des Staates mehren. Da sind die kaum kalkulierbaren Effekte auf das Know-how und das Können österreichischer Musiker. Wenn also 40 Prozent der Kosten der Festspiele aus öffentlichen Kassen und aus dem Fremdenverkehrsfonds der Stadt Salzburg bezahlt werden, dann handelt es sich um nichts anderes als um die wirtschaftliche Bewertung dieser positiven externen Effekte. Bezogen auf die Mitglieder der Salzburger Handelskammer könnte man es so formulieren: Sie zahlen den geschätzten Festspielgästen eine kleine Prämie fürs Kommen.

Neben diesen positiven Effekten sollte man aber nicht die negativen vergessen, die jedes Mammutunternehmen, gleichgültig, ob Staudamm oder Festspiele, mit sich bringt. In den Vereinigten Staaten wäre es zum Beispiel notwendig, bei der Veranstaltung von Festspielen ein environmental impact study anzufertigen. Dann würde man zum Beispiel erfahren, daß auf der Getreidegasse die Vorteile der menschlichen Nähe in die Nachteile der menschlichen Enge umgeschlagen sind. Unser Psychologisches Institut hat eine Untersuchung über Schipisten gemacht und festgestellt, wenn ein einzelner Schifahrer weniger als 700 m^2 zur Verfügung hat, wird er aggressiv.

Die Öffentlichkeit der Güter, die produziert und verteilt werden sollen, ist ein grundlegendes Problem, mit dem sich Staatswissenschaftler in vielen Bereichen, nicht nur in der Kulturpolitik, auseinandersetzen müssen. Bei der marktwirtschaftlichen Lösung werden eben die erwähnten externen Effekte vernachlässigt. Also greift man in der Regel auf politische Entscheidungen zurück. Und hier stocke ich jetzt.

Es gibt eine Untersuchung des Wissenschaftszentrums in Berlin, das in Deutschland, England und USA festgestellt hat, wie sich die Bewertungen der Bevölkerung von denen der Politiker unterscheiden. Wobei interessant ist, daß die Bewertungen der Politiker ganz identisch sind mit den Bewertungen der Erzbischöfe, Gewerkschaftsführer und Handelskammerpräsidenten. (Vorsicht, das dicke Ende kommt!) In der Frage der Kultur sind alle drei Nationen auf der politischen Ebene der Meinung, man sollte mehr Steuergelder dafür ausgeben. Die Basis meint, man sollte dafür weniger ausgeben, dafür mehr für Umweltschutz und alternative Energietechnik. Das ist eine schwere Herausforderung, die man im Auge behalten muß, und es ist interessant, daß die völlig parallel verläuft. Wir, die Universitäten, haben in der Untersuchung noch Glück, wir kommen gerade noch plus minus null heraus. Das Volk ist ungefähr damit einverstanden, was in den Universitäten geschieht, aber in der Kulturpolitik ist es ganz eindeutig negativ eingestellt. Dieses Ergebnis wird nun durch Volksabstimmung in der Schweiz bestätigt, die zum Teil für das Theaterleben katastrophale Folgen hätte, wenn sich die Politiker nicht ein Herz genommen hätten. Übrigens, in der Schweiz hat es sogar eine Hochschule einmal schlimm getroffen und auch diese hat dann ein ganz anderes Verhältnis zum Steuerzahler herstellen müssen, ehe die Volksabstimmung zu ihren Gunsten aus ging. Trotz des beträchtlichen Anteils der öffentlichen Gelder kommt im Fall der Festspiele der überwiegende Teil der Erträge aus privaten Quellen, eben aus dem Verkauf der Eintrittskarten. Wiederum liegen die Dinge nicht einfach. Die Lehrbücher sagen: Die Preise werden am besten so gebildet, daß der Meistbietende den Zuschlag erhält. Auch ich habe vor der Salzburg Association diese These vertreten und seit der Zeit einige Schwierigkeiten mit bestimmten Berufsgruppen. Ich habe also die These vertreten und vorgeschlagen, alle Karten bei Sotheby's in London zu versteigern. (Oder bei Christie oder im Dorotheum; ich möchte niemanden diskriminieren.) Ich habe mich also überzeugen lassen, daß diese Strategie zu kurzfristig wäre. Aller Wahrscheinlichkeit nach würden Weltkonzerne die Karten in großen Kontingenten aufkaufen und an verdiente Mitarbeiter und Kunden weitergeben.

Was spricht nun gegen die Kunden von Weltkonzernen? Nichts gegen den Einzelnen. Gegen die Menge aber der Umstand, daß die Eigentümer von Festspielkarten nicht einfach anonyme Kunstkonsumenten, sondern Mitspieler sind, von denen das Gelingen des Gesamtkunstwerks abhängt. In der Konsumtheorie nennen wir das, daß der Produktionsakt erst während des Konsums stattfindet. Lancaster hat das ausgeführt. Folglich muß dafür gesorgt werden, daß nicht nur die Qualität und die Vielfalt der aufführenden Künstler, sondern auch Qualität und Vielfalt des Publikums den geforderten Ansprüchen entspricht. Insofern ist das Kartenbüro der Salzburger Festspiele kreativ. (Der Chef hat auch bei mir den "Doktor" gemacht, doch, das ist alles in Ordnung!) Solche Ansprüche lassen sich durch sorgfältige Marktdifferenzierung erfüllen. Das bedeutet, daß man sich genau überlegt, welches Kartenkontingent über den Förderverein, welches über den Markt, über Festspielbüros, nach ökonomischer Leistungskraft, nach anderen Gesichtspunkten an die Presse, an junge Musiker, an politische Amtsträger verteilt wird. Zwangsläufig entstehen bei solchen Quotierungen Vorteilsmitnahmen, können Gefallen erwiesen und abgegolten werden. Aber die Abweichung vom Tugendpfad des Marktes muß wohl hingenommen werden, solange keine bessere Form der Qualitätssicherung des Publikums gefunden werden kann.

Ich habe versucht zu zeigen, wie vielfältig die öffentlichen und privaten wirtschaftlichen Bewertungen miteinander verschlungen sein müssen, um die Produktion von so vielfältigen Ereignissen, wie es Festspiele sind, zu ermöglichen. Verschöbe sich dieses Gleichgewicht, weil entweder die staatlichen oder die privaten Nachfrager zu der Ansicht kommen, daß ihre Kaufkraft anderswo besser genutzt wird, dann würde binnen kurzem auch der ästhetische Wert der Festspiele leiden.

Damit entlasse ich Sie wieder aus dem Maschinenraum, wir steigen wieder an Deck und atmen die frische Seeluft. Ich brauche kaum hinzuzufügen, daß die wissenschaftliche Arbeit vieler Kollegen in der Erforschung eines jeden dieser Bestandteile steckt. Arbeiten, die von mir nur kurz gestreift wurden. Mir war wichtig zu zeigen, wie differenziert das Ineinanderwirken ökonomischer Mechanismen funktionieren muß, um komplexe ästhetische Werte produzieren zu können. Wenn diese Mechanismen nicht zur Verfügung stehen, dann sind künstlerische Ausdrucksformen und ihre Verbreitung radikal reduziert auf den unmittelbaren Lebenskreis der Künstler. Die Gesellschaft zerfällt in Einzelkulturen.

Ich habe eingangs schon erwähnt, daß die Behauptung, ästhetische Wertbildung setze angemessene wirtschaftliche Mechanismen voraus, sich auch umkehren läßt. Das heißt, man kann vermuten, daß die wirtschaftliche Wertbildung angemessene künstlerische Mechanismen voraussetzt. Damit komme ich zum letzten Thema meiner Ausführungen.

Ein erster wirtschaftlicher Effekt der Kunst ist die sogenannte Umwegrentabilität. Gerade im Fall der Salzburger Festspiele sind die Wirkungen auf das Gesamteinkommen der Region akribisch untersucht worden. Eine ähnliche Studie hat sich mit der ökonomischen Auswirkung des Amsterdamer Kunstsektors befaßt, und in beiden Fällen erreichen die errechneten Werte erstaunliche Größenordnungen. Solche Untersuchungen haben dem Theoretiker in jüngster Zeit noch einmal Auftrieb gegeben durch das Konzept des simultanen Konsums. Wer nämlich über viel Geld und wenig Zeit verfügt, und das hängt meistens sehr eng zusammen, dann muß er, wenn er konsumiert, viel und alles zugleich konsumieren. Und das bedeutet dann, Modellkleider tragen, repräsentieren, Automobile vorführen und Kunst konsumieren. Auf die Umwegsrentabilitätsforscher warten neue Aufgaben. Der Einfluß der Wirtschaft geht aber meines Erachtens über diesen letztlich doch etwas banalen Aspekt hinaus. Lassen Sie mich dazu abschließend zwei Gedanken vortragen.

Der erste Gedanke nimmt als Ausgangspunkt die Beobachtung, daß Kunst ein Kommunikationsphänomen ist. Man redet über Kunst, indem man ästhetisch wertet. Man kann Kunst auch benützen, um über anderes zu reden. So gewendet, wird das Kunstwerk zum Rahmen für den Betrachter. Ein Beethoven-Klavierkonzert und eine Mozart-Sinfonie werden zum Rahmen für die große Pause. Und in dieser Pause findet sie dann statt, diese hochentwickelte und hochstilisierte Form der Kommunikation, die ich "High Touch" nennen möchte. Der Begriff "High Touch" ist keineswegs so ironisch gemeint. Er bezeichnet eine Kommunikationsform, die den Erfordernissen der High-Tech Gesellschaft adäquat ist. Je mehr High-Tech je mehr High-Touch.

In den Pausen innerhalb der Kunstwerke werden neue Moden und Trends geboren. Kontakte werden gesucht und gefunden. In den viel längeren Pausen zwischen den Aufführungen bleibt dann Zeit, um zum Produzenten zu werden: man inszeniert sich selbst. Wenn jeder Teilnehmer nicht nur Zuschauer ist, dann werden Festspiele zu Festen. Und Nietzsche hat zu Recht gesagt, was nützen uns alle Kunstwerke, wenn wir die größte Kunst, das Feiern der Feste, nicht mehr beherrschen. Artaud hat gesagt, die Menschen spielen am liebsten selber Theater. Und in diesem Sinne wird Salzburg zur Szene. Nicht der Fürst lädt ein, nicht der Landeshauptmann, man feiert sich selbst. Eine Gesellschaft feiert sich, sei es auf den verpackten Brücken über die Seine, sei es in den inszenierten Räumen von Bayreuth, Spoleto oder Salzburg, auf Dampfern. Sie feiert sich ebenso wie vor Jahrtausenden die jungen Stadtgemeinschaften sich im Mysterienspiel gefeiert haben. Regelmäßig wiederkehrende Feste sind also nicht nur für traditionelle Gesellschaften wichtig, sondern gerade die innovativen, sich schnell verändernden Gesellschaften geben diesen die unerläßliche Stabilität, die Voraussetzung ist für innovatives Verhalten in allen Lebensbereichen, sei es in der Wissenschaft, der Politik oder der Wirtschaft. Lassen Sie mich das agrarpolitisch ausdrücken, das, was hier stattfindet, ist Fruchtwechselwirtschaft. Wir nehmen Abschied vom Feld der Politik, der Wirtschaft und der Wissenschaft und wenden uns dem Feld der Kunst zu, ein von unserem Gehirn oft zuwenig beakkertes Gebiet.

Der zweite Gedanke ist vor allem von dem Wirtschaftstheoretiker und Kunstökonomen Michael Hutter, der Lehrbeauftragter an meinem Institut ist, entwickelt worden. Hutter hat in einigen Studien angeregt, daß Fortschritte in den Kunsttechniken unsere Wahrnehmung langfristig so stark verändern, daß dadurch neue wirtschaftliche Produktionen entstehen. So hat er beispielsweise nachgewiesen, daß und wie die Erfahrung der Zentralperspektive sowohl die Technik der Kartographie als auch die Entwicklung der projektiven Geometrie beeinflußte. Er kann zeigen daß die Erfindung der Zentralperspektive in der Kunst die Navigation erst ermöglicht hat und die Hochseeschiffahrt. Ein anderes Beispiel: der Durchbruch der isometrischen Rhythmik in der Musik des 13. Jahrhunderts, der das Zeitempfinden der Epoche vom traditionellen, zyklischen zu einem linearen, eben auf Fortschritt gerichteten gewandelt hat, in dem wir uns heute noch befinden. Sogar Zeit und Raum, diese grundlegenden Kategorien unserer Wahrnehmung, sind Hutter zufolge nicht vorgegeben, sondern wer den im zivilisatorischen Prozeß erst mühsam geschaffen. Die Abweichung in der Wahrnehmungsform, die verschiedene Kulturen entwickelt haben, werden uns auf jeder Reise, die uns aus der abendländischen Zivilisation hinausführt, leidvoll oder genußvoll bewußt.

Nur die hohe Sensibilität des Künstlers ist der Sensor für die Entwicklungen, die nachher im ökonomischen Bereich auftreten. Und wir haben in den letzten Tagen hier in Salzburg in den Räumen der Salzburg Association ein Symposion über Licht abgehalten. Weil hier eine neue Kunstrichtung entsteht, während früher der Beleuchtungsmeister nur ein Techniker war wird er jetzt zum Künstler, so wie früher die Anästhesie mit Trompeten oder Hammer erfolgte und heute ein Kunstwerk geworden ist.

Dieses Symposion, unter der geistigen Stabführung von Schneider-Siemssen und unter Sponsorship von Osram, hat gezeigt, daß hier eine Industriefirma den Versuch unternimmt, von den Künstlern zu lernen und nicht die Künstler zu belehren und die Sensibilität der Kunst zu nutzen für neue High-Tech-Produkte.

Aus den ästhetischen Wertungen, so will ich diesen Gedanken zusammenfassen, werden anscheinend die Maßstäbe gewonnen, die zu neuen wirtschaftlichen Wertungen führen. Ich glaube, daß kluge Unternehmer diese Zusammenhänge längst erkannt haben. Abs hat vor vier Jahren in seiner Festrede von dieser Stelle aus eindringlich darauf hingewiesen, daß Geschichtsbewußtsein und Kunstgeschichtsbewußtsein "die verwirrende Vielfalt des Alltags klärt und Zukunftsängste sublimiert. Eingebunden in diese endlich wieder zu schaffende Kontinuität zwischen Vergangenheit und Zukunft, könnte unsere Zeit Unsicherheit und Ängste mindestens teilweise bewältigen." Angst bewältigt man nicht, indem man ihr nachgibt, sondern, indem man auf sie zugeht.

Mir scheint, daß die Chancen für ein solchermaßen gesteigertes Bewußtsein des greifbaren Wertes ästhetischer Auseinandersetzung nicht schlecht stehen. Eine breite Schicht hat in den vergangenen Jahrzehnten gelernt, mit ästhetischen Werten umzugehen und sie sich zunutze zu machen. Für Kulturpessimismus im elitären Sinn von Adorno besteht also kein Anlaß. Im Gegenteil - eher ist ein gewisses Mißtrauen gegenüber dem allerorts und auf alle Kunstgattungen sich beziehenden Kulturboom am Platz.

Vielleicht ist Ihnen aufgefallen, daß ich bei meinem Vortrag versucht habe, das nicht unbegründete Vorurteil zu entkräften, daß Ökonomen sich heute in imperialistischer Manier in sämtliche Lebensbereiche einmischen. Der Herr Bundespräsident hat hier die Bremse angezogen - und mit Recht. Die neue Ökonomie ist nämlich bescheidener. Sie respektiert die Autonomie anderer gesellschaftlicher Wertungen. So kann ich, also auch als Ökonom, der Lyrikerin Hilde Domin zustimmen, die in ihrem bemerkenswerten Essay "Wozu Lyrik heute?" schrieb: "Das Gedicht, glaube ich, ist ein Gebrauchsartikel eigener Art. Es wird gebraucht, aber es verbraucht sich nicht wie andere Gebrauchsartikel ... Es ist ein magischer Gebrauchsartikel, etwa wie ein Schuh, der sich jedem Fuß anpaßt, der ohne ihn den Weg in das Ungangbare nicht gehen könnte, den Weg zu jenen Augenblicken, in denen der Mensch wirklich identisch ist mit sich selbst."

Heißt das, daß Gedichte, verpackte Brücken und Festspiele ständig zwischen ästhetischer und ökonomischer Bewertung hin- und herpendeln? Heißt das, daß Kunstwerke eine Art perpetua mobilia sind?

Mag sein. Vielleicht ereignet sich so Gesellschaft.

Wirtschaft und Kunst im Wohlfahrtsstaat*

Vorwort

In den westlichen Industrieländern verbreitet sich eine Kombination von Marktwirtschaft und Demokratie dergestalt, daß das Verteilungsdenken das Leistungsdenken überwuchert. Galt dies bisher für die Wachstumsbereiche Bildung, Gesundheit und Einkommenssicherung, so tritt nunmehr der Kunstsektor hinzu. In der Tradition von Mäzenatentum und höfischer Kultur gewinnt die öffentliche Intervention in die Kunstmärkte zunehmende Bedeutung bis hin zu einem Recht auf Kunst. Dieses beinhaltet eine Existenzgarantie für Künstler ebenso wie einen Zugang zur Kunst zum Nulltarif.

Andererseits hat eine Studie des Wissenschaftszentrums in Berlin ergeben, daß im Falle der Kulturpolitik die Parlamente und die Führungsschicht höhere Staatsausgaben befürworten als der Rest der Steuerzahler. Hieraus läßt sich vielleicht der Schluß ziehen, daß der Staat sich zu Recht ein wenig aus der Kulturfinanzierung zurückziehen sollte, um dem vordringlichen Kultursponsoring der Privaten mehr Raum zu lassen.

I. Einleitung
Das Wachstum des Wohlfahrtsstaates

Europa erlebte in den letzten vier Jahrzehnten nicht nur den physischen Wiederaufbau seiner vom Krieg schwer in Mitleidenschaft gezogenen Kulturen, es bildete sich auch zunehmend ein gesellschaftspolitischer Konsens über die Verbesserung der sozialen Gerechtigkeit und Hebung des Lebensstandards.[1] Dieser Konsens fand seinen Ausdruck im Wachstum des Wohlfahrtsstaates.

Die expansiven öffentlichen Maßnahmen nach dem Krieg wurden in Deutschland und Österreich (den Ländern, mit denen sich diese Studie befaßt) anfänglich sehr positiv beurteilt. Die Regierung galt als fähig, und man sah in ihr den zen-

---

* Vortrag vom 8. Mai 1989, erschienen in: Schriftenreihe der Juristischen Studiengesellschaft Karlsruhe, Heft 186, Heidelberg 1990.

[1] OECD, Economic Studies, 1985, S. 11.

tralen Motor für die Erreichung der neuen sozialpolitischen Ziele. Und ohnehin wuchs die Wirtschaft so rasch, daß höhere Staatsausgaben leicht finanziert werden konnten, ohne daß das heikle Gleichgewicht zwischen öffentlichem und privatem Sektor gestört wurde. Von 1963 bis 1973 stieg das Bruttoinlandsprodukt (BIP) in Österreich und Deutschland im Schnitt um über 5,1 bzw. 4,5 Prozentpunkte im Jahr. Gelegentlich lagen die jährlichen Zuwachsraten sogar über 6 Prozentpunkten.[2]

So rasch die Wirtschaft aber auch wuchs, die öffentlichen Ausgaben stiegen noch schneller. 1960 lag z.B. in Österreich der Anteil der gesamten Staatsausgaben am BIP bei 36 %,1987 war er auf über 52 % angestiegen.[3]

In den Nachkriegsjahren kam es nicht nur zu verstärkten (finanz- wie ordnungspolitischen) Eingriffen der öffentlichen Hand, sondern auch zu einer Verschiebung der Schwerpunkte, entsprechend der zunehmenden Bedeutung des Wohlfahrtsstaates.

Da die Infrastrukturprogramme der 50er Jahre allmählich den Nachholbedarf an Kollektivgütern abdeckten, verlagerten sich die Staatsausgaben weg von Endverbrauch und Investitionsgütern hin zu jenen Ausgaben, die im allgemeinen mit dem Wohlfahrtsstaat assoziiert werden (Gesundheit, Bildung, Einkommenssicherung).[4] So stiegen zum Beispiel die Ausgaben der österreichischen Regierung für soziale Sicherheit von knapp über 17 % des BIP im Jahr 1960 auf beinahe 28 % des BIP im Jahr 1987. Transferzahlungen der österreichischen Regierung an Einzelpersonen stiegen im selben Zeitraum ebenfalls, von 13 % auf 21 % des BIP.[5]

Die Ölpreisschocks Mitte der 70er Jahre brachten das Ende des Nachkriegsbooms, aber auch eine generelle Neubewertung der Rolle des öffentlichen Sektors. Das jährliche Wirtschaftswachstum, gemessen am BIP, fiel in den 15 Jahren von 1973 bis 1988 in Österreich und Deutschland auf durchschnittlich 2,31 bzw. 1,96 Prozentpunkte.[2]

Dieselben Faktoren, die zu der allgemeinen Expansion der Sozialausgaben geführt hatten - demographische Veränderungen, Ausweitung der Zielgruppen, sowie Verbesserung der Dienstleistungen[6] - bewirkten aber nun einen Sperrklinkeneffekt in den Ausgaben für Gesundheitswesen, Bildung und Einkommens-

---

2 Statistisches Handbuch für die Republik Österreich, 1988.

3 OECD, Economic Survey Austria, 1989, S. 42.

4 OECD, 1985, S. 11.

5 Statistisches Handbuch für die Republik Österreich, 1988, S. 164 und 249.

6 OECD, 1985, S. 18.

sicherung. Während das BIP stagnierte oder gelegentlich sogar sank, stiegen diese Ausgaben weiterhin leicht an. Die Einnahmen konnten nicht mehr Schritt halten. Der Finanzierungssaldo des öffentlichen Sektors fiel in der Zeit von 1974 bis 1982 in Österreich und in Deutschland (wie fast überall) auf -2,1 bzw. -3,2 % des BIP. Von 1967 bis 1973 hatte dieser Prozentsatz 0,6 bzw. -0,1% des BIP betragen.[7]

Entwicklung der Regierungsausgaben und Einnahmen als Anteil am BIP[8]

% __________ Gesamteinnahmen ----------- Gesamtausgaben %

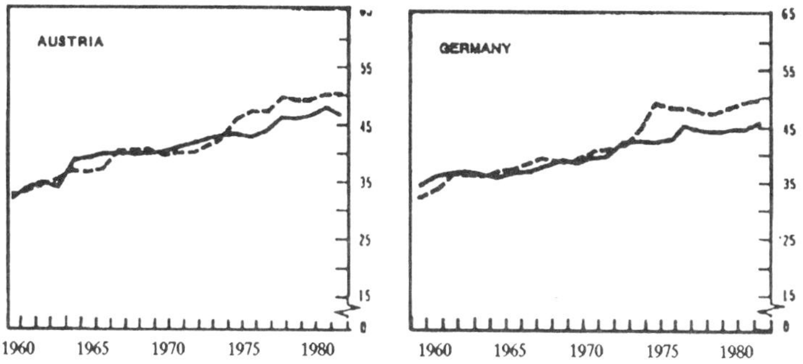

Da die Vorstellungen von den "wünschenswerten" öffentlichen Ausgaben ständig die Vorstellungen (des Steuerzahlers) über "wünschenswerte" Belastungen übersteigen, ergibt sich ein Defizit - ein Problem, das auch heute noch höchst aktuell ist.[9]

Neben den Problemen der Finanzierung des Wohlfahrtsstaates haben auch die mäßigen und manchmal sogar negativen Ergebnisse der vielen verschiedenen Regierungsprogramme zu einem Umdenken über die Rolle des öffentlichen Sektors geführt. So wurde z.B. auch die landläufige Theorie, daß die Regierung durch aktive fiskal- und währungspolitische Eingriffe Konjunkturstörungen in der Wirtschaft ausgleichen könnte, nun ernsthaft in Frage gestellt.

Der Optimismus der 50er und 60er Jahre wurde noch weiter dadurch abgekühlt, daß Regierungsausgaben- und Steuerprogramme sich oft als "nachteilig für Ressourcenallokation, wirtschaftliche Anreize, Entscheidungsverhalten des Konsumenten und Freiheit des Einzelnen erwiesen".[10]

---

7 OECD, 1985, S. 36.

8 OECD, 1985, S. 32-33.

9 Bird, The Displacement Effect, 1972, S. 455.

10 OECD, 1985, S. 12.

Obwohl also die Ziele soziale Gerechtigkeit und höherer Lebensstandard nach wie vor ihre Gültigkeit haben, stößt staatlicher Interventionismus zur Erreichung dieser Ziele zunehmend auf Kritik und wird teilweise vorsichtiger angewandt.

II. Wirtschaft und Kunst im Wohlfahrtsstaat

In diesem historischen Kontext expansiver staatlicher Aktivitäten ist daher leicht einzusehen, daß "die Kunst" als Sektor der Wirtschaft, der:

- Hunderttausende Arbeitsplätze bietet (in Deutschland allein geschätzte 680.000 im Jahr 1984)[11] und
- Milliarden DM des Nationalproduktes ausmacht (1984 in Deutschland über 40 Milliarden DM)[11]

bei den wohlfahrtsökonomisch orientierten Regierungen von Österreich und Deutschland auf reges Interesse stieß. Die wirtschaftliche Bedeutung des Sektors und das hohe Maß akzeptierten (erwarteten?) Interventionismus der Regierung hat zu einem gewissen Institutionalismus in der Kunst geführt. Eine ganze Maschinerie von Gesetzen und Subventionen wurde entwickelt und wird nun nicht nur dazu eingesetzt, "die Kunst" um ihrer selbst willen zu fördern, sondern vielleicht noch mehr, um den Sektor so zu manipulieren, daß er dem Staat in seinen allgemeinen Allokations-, Distributions- und Stabilisierungsfunktionen (im besonderen seiner Finanzpolitik) entgegenkommt (bzw. diesen unterworfen wird).

Regierungsmaßnahmen im Sektor der Kunst können unter anderem als notwendig erachtet werden, um:

- den "wünschenswerten" Versorgungsgrad mit Kunst zu gewährleisten, da Kunst ja ein meritorisches Gut ist, oder
- entsprechend den Vorstellungen der Gesellschaft von einer "fairen" Verteilung eine Anpassung von Einkommen oder Reichtum zu erzielen, oder
- einen hohen Beschäftigungsstand, (annehmbare Preisstabilität?) und ein entsprechendes Wirtschaftswachstum zu halten.[12]

Die in den 70er und 80er Jahren wachsende Zurückhaltung und Kritik an den staatlichen Aktivitäten hat dazu geführt, daß, wie in anderen Wirtschaftssektoren, auch in der Kunst die Rolle des Staates in Frage gestellt wurde. Untersuchungen wurden durchgeführt, Bücher geschrieben, Expertenpanels veranstaltet und Lehrstühle geschaffen, um die vielen offenen Fragen zu diskutieren.

---

11 Institute für Wirtschaftsforschung 1988, S. 4.

12 Musgrave/Musgrave, 1989, S. 6.

Ein erster Schritt wurde 1980 von der UNESCO mit ihrer "Empfehlung zur internationalen Normung der staatlichen Finanzierung von kulturellen Aktivitäten" gesetzt.[13]

Weitere Arbeiten wurden von einer Reihe österreichischer und deutscher Kulturökonomen und Forschungsinstitute unternommen, die versuchten, die Hauptparameter des Sektors so zu definieren, daß sich die gängige Wirtschaftstheorie auf ihn anwenden läßt.

Diese Studie befaßt sich im folgenden mit deren Auffassung von Kunst und Kultur im allgemeinen und ihren Vorstellungen von den (komplementären) Rollen der staatlichen und privaten Finanzierung des Sektors im besonderen.

III. Was ist Kunst?

Artikel 40 der Verfassung des deutschen Bundeslandes Rheinland-Pfalz besagt, daß der Staat unter anderem dafür verantwortlich ist, künstlerische und kulturelle Aktivitäten zu fördern. So lobenswert die Absichten der Verfasser dieses Artikels auch sein mögen, sie ließen ein "kleines" Definitionsproblem offen. Nämlich:
- Was ist unter "Kunst" oder "künstlerischer Aktivität"zu verstehen?
- Was ist "Kultur" oder "kulturelle Betätigung"?

Kurz:
- Was sind "die Künste"?

Die Frage ist kein wenig relevantes rechtliches Problem in einem einzigen deutschen Bundesland. Für einen Wirtschaftssektor, der endlich allgemeine internationale Aufmerksamkeit (Anerkennung?) erfährt, ist es von größter Bedeutung, daß dieses Definitionsproblem gelöst wird.

1. Abstrakte Antworten

Das Problem der Definition von Kunst und Kultur ist keineswegs neu. Goethe und andere Denker haben sich mit dieser abstrakten Frage auseinandergesetzt und sie mit ebenso abstrakten Antworten zu interpretieren versucht. Für Goethe z.B. ist "Kultur" so umfassend, daß darin alles von Eß- und Trinkgewohnheiten über Philosophie bis zu Umweltproblemen enthalten scheint.[14]

Nach einem pragmatischeren Ansatz ist Kunst einfach das, was immer die Künstler als solche betrachten.[15]

---

13 UNESCO 1980.

14 Institute für Wirtschaftsforschung, 1988, S. 22.

15 Andreae/Keuschnigg, Kunst und Wirtschaft 1982, S. 24.

Ein anderer Ansatz versucht, "die Künste" nach ihrer "Alltagsbedeutung" zu definieren. Zum Beispiel kann man zwischen den allgemeinen Typen der "bildenden Kunst" unterscheiden (Literatur, Graphik, Malerei, Bildhauerei, Architektur oder Musik) oder zwischen den spezifischeren Typen der darstellenden Kunst (Drama, Musik und Tanz).

2. Statistische Definitionen

Ein dritter Ansatz entsprang dem nationalen wie internationalen Wunsch, die verschiedenen Elemente (des Wirtschaftssektors, der mit der Kunst zusammenhängt) so zu klassifizieren (normen), daß verläßliche statistische Daten erhoben werden können. Solche Daten (einmal abgesehen von großen Problemen bezüglich Zuverlässigkeit und Vergleichbarkeit, die erst noch gelöst werden müssen) könnten dann für Zeitreihen oder für internationale Querschnittsanalysen verwendet werden.

Auf nationaler Ebene haben die zuständigen Statistikämter, Kultusministerien und anderen Regierungsstellen alle ihre eigenen statistischen Systeme eingeführt, die gemeinsame, aber auch widersprüchliche Elemente enthalten. Eine Regierungsstelle schließt z.B. in ihrer Definition des Sektors Kunst und Kultur Bibliotheken mit ein, eine andere Kunstschulen. Das mag problematisch erscheinen (und ist es sicher auch), aber rührt eben davon her, daß jede öffentliche Stelle andere rechtliche Kompetenzen und daher andere Möglichkeiten zur Datenerfassung hat.

Das kann zu höchst unterschiedlichen Resultaten führen, wenn man berechnen will, wieviel die Regierung nun wirklich jedes Jahr für "die Förderung künstlerischer und kultureller Tätigkeiten" ausgibt. Die folgende Tabelle gibt als Beispiel vier verschiedene Versionen für ein und dieselbe Sache: die Höhe der bundesdeutschen Staatsausgaben auf diesem Sektor im Jahr 1984 laut einer internationalen und drei "amtlichen" Statistiken.

Statist. Definition von:	Staatsausgaben i.d. BRD für Kunst und Kultur 1984	
	Mrd. DM	% BSP
Statistisches Bundesamt:		
- laut UNESCO-Definition	15,4	0,9 %
- laut eigener Definition	6,0	0,3 %
Kultusministerium	6,9	0,4 %
Deutscher Städtetag	8,7	0,5 %

Daten der Wirtschaftsforschungsinstitute: Seite 28.

3. Internationale Normung

Ein positiver Schritt in Richtung einer internationalen Standardisierung jenes Teils des Sektors, den eine Regierung durch direkte finanzielle (im Gegensatz zu ordnungspolitischen) Maßnahmen beeinflussen kann, wurde 1980 von der UNESCO unternommen. Ihre "Empfehlungen zur internationalen Normung der staatlichen Finanzierung kultureller Aktivitäten" umfaßt in den elf Kategorien kultureller Betätigung auch einige ungewöhnliche Punkte:

0 Kulturelles Erbe
1 Druckerzeugnisse und Literatur
2 Musik
3 Darstellende Kunst
4 Bildende Kunst
5 Film und Fotographie
6 Hörfunk und Fernsehen
7 Soziokulturelle Aktivitäten
8 Sport
9 Natur und Umwelt
10 Allgemeine Kulturverwaltung[16]

4. Wirtschaftswissenschaftliche Definition

Einen vierten Ansatz zur Beantwortung der Frage "Was ist Kunst?" bietet die Anwendung von Terminologie und Verfahren der Mikro- und Makroökonomik. Manche glauben, das Wesen der Kunst an sich schließe solche Überlegungen von vorneherein aus. Aber das ist ein Irrtum. Die Künste bieten einer nicht unwesentlichen Zahl von Menschen einen Lebensunterhalt; und die Ausgaben für Kunst konkurrieren mit anderen Verwendungszwecken um begrenzt verfügbare Ressourcen.[17]

a) Kunst als marktfähiges Gut

Kunst ist ein Gut, und wie alle anderen Güter wird es produziert und konsumiert, hat bestimmte Kosten und wird häufig subventioniert.[18] Die Kunst wird zum Gut, da sie auf den Markt gebracht wird.[19] Der Kunstmarkt selbst unter-

---

16 Institute für Wirtschaftsforschung, 1988, S. 24.

17 Andreae/Keuschnigg, S. 24.

18 Andreae, Ökonomie der Kunst, in: 20 Jahre Tiroler Volksbildungsheim Grillhof, 1982, S. 57.

19 Andreae/Keuschnigg, S. 10.

scheidet sich auch nicht sehr von anderen Märkten. Die Künstler (ob Maler, Schauspieler oder Autoren) produzieren ein Gut und wollen, wie alle anderen, von ihrer Arbeit leben können. Und dazu bringen sie ihre Güter auf den Markt und verkaufen sie. Der Käufer bezahlt den Preis, nimmt das Produkt in Besitz und sichert damit den Konsum für sich (das gilt für Theaterkarten genauso wir für Gemälde!), wobei er auch, wenn er will, alle anderen davon ausschließen kann. Die Kunst auf dem Markt ist ein Individualgut (mit oder ohne Konsumausschluß) und unterliegt den Gesetzen von Angebot und Nachfrage.[20]

b) Kunst als rivalisierendes Gut

Rivalisierende Güter sind jene Güter, deren Konsum durch eine Person (oder eine Gruppe von Personen) den Konsum durch andere Personen ausschließt. Typische Güter, für die dieses Ausschlußprinzip gilt, sind Autos, Hamburger oder Theaterkarten. Kunst ist ein rivalisierendes Gut, wenn sie von privaten Einzelpersonen gekauft und "privat" konsumiert wird.

c) Kunst als nichtrivalisierendes Gut

Nicht-rivalisierende Güter sind in ihrem Konsum nicht auf eine bestimmte Person beschränkt. Parks, Freilichtkunstausstellungen oder auch Fernsehwellen sind Beispiele für nichtrivalisierende Güter. Wie viele Personen sie auch konsumieren, sie stehen immer noch anderen ebenfalls zur Verfügung. Kunst hat nun sozusagen eine Doppelnatur: künstlerische Kreativität ist "eingefangen" in einem physischen Medium (Leinwand, Papier, Stahl...). Die Kreativitätskomponente ist nichtrivalisierend: ganz gleich wie viele Menschen die Mona Lisa bewundern, sie wird nicht "aufgebraucht".

d) Kunst als Kollektivgut

Wenn auch für die physische Komponente der Kunst das Ausschlußprinzip nicht gilt, kann man Kunst als öffentliches Gut bezeichnen, das heißt, für nichtrivalisierenden und kollektiven Konsum. Beispiele dafür sind öffentliche Plastiken, historische Gebäude, auch ein Stadtbild. Kunst als Kollektivgut ist schwer, wenn überhaupt, vermarktbar, weil es schwierig ist, den Preis festzusetzen und zu bestimmen, wer bezahlen soll. Typische Kollektivgüter in anderen Sektoren sind Staatsverteidigung oder Umweltschutz.

---

[20] Ibd. S. 24.

e) Kunst als meritorisches Gut

Meritorische Güter sind Güter, welche die Gesellschaft (oder eine Regierung, die bemüht ist, für die Gesellschaft zu sorgen) als so generell positiv erachtet, daß dem Staat die Aufgabe übertragen wird, eine angemessene Versorgung zu gewährleisten. Meritorische Güter können rivalisierende, nichtrivalisierende, Individual- oder Kollektivgüter sein. Ausschlaggebend ist, daß sie die Gesellschaft als wertvoll ansieht. Beispiele sind die öffentlichen Subventionen einer Oper, Kauf und Ausstellung bestimmter Kunstwerke, oder die Förderung von Kunstausstellungen.

f) Der Preis der Kunst

Der Marktpreis eines verkäuflichen Kunstwerkes wird in den meisten Fällen nicht so sehr von den Produktionskosten bestimmt, als davon, wieviel der Käufer zu zahlen bereit ist.[21] Eine Ausnahme bildet natürlich die arbeitsintensive darstellende Kunst (Theater, Oper, Film, Konzerte), wo eine große Anzahl von Künstlern, Handwerkern und Verwaltungspersonal die Produktionskosten zu einem Engpaßfaktor machen.

Andererseits hat ein Maler außer seinen eigenen keine Personalkosten, und sein Materialaufwand ist so niedrig, daß die Gesamtproduktionskosten in seiner Preisstrategie keine große Rolle spielen.[22]

Der Preis, den ein Künstler (ob Maler oder Filmstar) für seine Arbeit erzielen kann, ist weitgehend eine Funktion dessen, was der Markt erträgt; d.h., er hängt davon ab:
- wie hoch die Käufer die Kreativität und Fähigkeit des Künstlers einschätzen, und
- wie groß die Zahl der potentiellen Käufer ist.

g) Kunst als superiores Gut

Angenommen, ein bestimmter Künstler hat einen gewissen Ruf, so hängt die Zahl der potentiellen Käufer meistens noch von einem weiteren Faktor ab - von der Wirtschaftslage. Kunst wird im allgemeinen als superiores Gut angesehen: Anstieg (bzw. Verschlechterung) des Lebensstandards (real oder imaginär) führt zu einer Zunahme (bzw. Abnahme) in der Nachfrage.

---

21 Ibd. S.11.

22 Ibd. S. 27.

h) Kunst als Freizeitbetätigung

Die Zunahme der Freizeit beeinflußt ebenfalls die Nachfrage nach Kunst in einer Volkswirtschaft. Für die meisten Menschen ist Kunstgenuß eine Freizeitbeschäftigung. Ähnlich wie beim Geld gilt - je mehr Freizeit die Bevölkerung hat, um so mehr Zeit hat sie für die Kunst. Dabei muß die Kunst allerdings mit anderen Freizeitaktivitäten (Sport, Unterhaltung) um die Aufmerksamkeit der Konsumenten konkurrieren. Dieser Punkt mag banal klingen, aber man darf nicht vergessen, daß:

- hohe Einkommenssteuern im Wohlfahrtsstaat die Freizeit "billiger" machen (fast jeder Europäer macht vier bis fünf Wochen Urlaub);
- die im Wohlfahrtsstaat für die meisten Arbeiter tarifvertraglich vereinbarte Arbeitszeit alle paar Jahre weiter verkürzt wird und damit der Freizeitökonomie immer größere Bedeutung zukommt.

i) Kunst als Investitionsgut

Für einige ist Kunst auch ein Investitionsgut. Wie Edelmetalle oder Immobilien wird Kunst oft als Möglichkeit angesehen, den realen Geldwert zu "schützen" oder sogar zu erhöhen. Abgesehen davon, daß die Vermögenssteuer auf jeden Fall sehr hoch ist, ist die Spekulation mit Kunst allerdings nie frei von Überraschungen.[23]

IV. Wie fördert der Staat die Kunst?

In Deutschland und Österreich ist der Staat der größte Kunstförderer, während die Privatwirtschaft nur eine geringe Rolle spielt. Laut einer Untersuchung hat die bundesdeutsche Regierung 1984 für Kunst über 6 Milliarden DM an Steuergeldern und Krediten aufgewendet.[24] Wie der Staat die Kunst fördert, sieht man am besten wieder am Beispiel Rheinland-Pfalz.

Wie schon erwähnt, ist die Förderung von Kunst und Kultur durch den Staat in der Verfassung verankert. Die Landesregierung bemüht sich, dieser Aufgabe durch die folgenden Maßnahmen nachzukommen:

- Ankauf von Kunstwerken für ihre Museen und öffentlichen Gebäude
- Subventionen für Ausstellungen
- Auftragsvergaben für spezielle Werke, und
- Wettbewerbe und Kunstpreise

---

23 Ibd. S. 33.

24 Institute für Wirtschaftsforschung, S. 8.

Eine der wichtigsten Maßnahmen sieht das Land in seiner "2 %-Klausel" für Kunst am Bau. Nach dieser Bestimmung (die Rheinland-Pfalz als erstes deutsches Bundesland einführte) sind 2 % des Baubudgets für ein neues Regierungsgebäude für Kunst aufzuwenden.[25]

Dr. Georg Gölter, Kultusminister von Rheinland-Pfalz, sieht in dieser "automatischen" Nachfrage nach Kunst einen Weg, den Künstlern die Arbeit nicht nur zu erleichtern, sondern in einigen Fällen überhaupt erst zu ermöglichen. Gleichzeitig weist er darauf hin, daß das Ergebnis nicht einer "Vereinnahmung" der Kunst durch den Staat gleichkommen dürfe; das könnte ihm im nachhinein manchmal sogar zum Spott gereichen. Die Freiheit der Kunst sei genauso ein Kennzeichen einer Demokratie wie der freie Markt.

Was die Zusammenarbeit mit der Privatwirtschaft anbelangt, so hält er sie für entscheidend für das Überleben des Künstlers.

Die Erfüllung dieser Aufgabe bringt natürlich Belastungen für den Staat. So entfielen z.B. 1982/83 im Haushalt des Kultusministers, der immerhin über 50 % des gesamten Landespersonals zu verantworten hat, mehr als 70 % auf Personalkosten.

Zusätzlich zu den von Rheinland-Pfalz angewandten Maßnahmen gibt es eine Reihe weiterer Möglichkeiten für staatliche Kunstförderung:[26]

- Zweckbindung eines bestimmten Prozentsatzes des Baubudgets für neue öffentliche Einrichtungen
- Aufträge für die Ausstattung von bestehenden öffentlichen Gebäuden mit Gemälden und Plastiken
- Ankauf von Kunstwerken für öffentliche Museen
- Kunstwettbewerbe, Stipendien
- Bau neuer öffentlicher Galerien, Unterstützung von Privatgalerien
- Bau von Museen
- Erhaltung und Restaurierung historischer Denkmäler
- Förderung von internationalem kulturellem Austausch
- Förderung von kulturellen Aktivitäten an Schulen und Universitäten
- andere Subventionen von Kunst, Volkskunst und Volksbräuchen

---

[25] Gölter, in: Andreae/Keuschnigg, S. 19.

[26] Schlenck, Das Mäzenatentum der Innsbrucker Banken, 1985, S. 40.

V. Warum sind die staatlichen Kunstsubventionen heute so hoch?

Wie schon erwähnt, waren die Nachkriegsjahre in Europa durch zunehmende "Beteiligung" der Regierung in jenen Wirtschaftssektoren gekennzeichnet, die üblicherweise mit dem Wohlfahrtsstaat assoziiert werden. Dieses staatliche Eingreifen war sowohl finanz- als auch ordnungspolitischer Art (wobei diese Studie sich vor allem auf die fiskalpolitischen Aktivitäten konzentriert).

Wie ebenfalls bereits festgestellt wurde, richtete sich das Interesse der Regierung aber auch auf die Künste, einen Wirtschaftssektor, der indirekt für die herkömmlichen wohlfahrtsökonomischen Ziele von Bedeutung ist.

Die meisten Europäer scheinen die umfangreichen staatlichen Aktivitäten auf diesem Sektor recht selbstverständlich hinzunehmen. Schließlich sei das "nicht anders als in anderen Sektoren der Wirtschaft". Für Nicht-Europäer, die so weitgehende staatliche Interventionen nicht gewöhnt sind, aber auch für jene Europäer, die sich der Probleme des modernen Sozialismus bewußt geworden sind, stellt sich unweigerlich die Frage:

"Warum subventioniert denn die Regierung die Kunst überhaupt?"

Eine Antwort darauf ist nicht leicht. Einige Beobachter meinen, es müsse etwas mit den häufigen Kriegen der letzten 200 Jahre zu tun haben.[27]

Sicher waren die Kriege des letzten Jahrhunderts besonders verheerend, und es ist auch unbestritten, daß - obwohl der öffentliche Sektor mindestens gleich, wenn nicht mehr gelitten hatte als die Privatwirtschaft - Wiederaufbau und Förderung der Kunst durch den Staat immer als Mittel galt, das Selbstvertrauen eines schwer gezeichneten Volkes wiederherzustellen.

Mittlerweile liegt aber der letzte Krieg in Europa über 40 Jahre zurück und umfangreiche staatliche Aktivitäten auf dem Sektor Kunst lassen sich mit diesem Argument wirklich nicht mehr rechtfertigen.

Der wahre Grund scheint vielmehr der zu sein, daß es einer Regierung, die generell die Ziele von mehr sozialer Gerechtigkeit und höherem Lebensstandard verfolgt, durch

- allgemeines Wirtschaftswachstum und
- die Unterstützung ihrer Wähler

möglich wurde, beinahe alle rechtlichen und finanzpolitischen Instrumente einzusetzen, die sie für nötig erachtet. Die Unterstützung durch die Wähler kommt

---

[27] Ibd. S. 38.

dabei in Form von hohem Steueraufkommen und Verzicht auf höheres Einkommen aus dem Wirtschaftswachstum.

In ihrem Appell an die steuerzahlenden Wähler rechtfertigen Politiker diese großen Opfer dann mit ihrer Version der Wirtschaftstheorie.

VI. Warum subventioniert der Staat die Kunst?

Die zur Begründung von Interventionismus auf dem Kunstsektor am häufigsten zitierten "ökonomischen" Argumente beziehen sich darauf, daß die freie Marktwirtschaft gelegentlich quantitativ oder qualitativ nur suboptimale Ergebnisse bringt.

Daß der Markt nicht ständig optimale Ergebnisse liefert, beruht auf dem Problem der Finanzierung nichtrivalisierender Kollektivgüter.

Quantitativ suboptimal heißt, daß alle einen Vorteil davon hätten (oder zumindest niemandem ein Nachteil entstünde), wenn der Markt in der Lage wäre, die betreffenden Kollektivgüter zu liefern. Eine Alpenstadt wie Innsbruck z.B. könnte sicherlich mehr Touristen anziehen, wenn der Erhaltung des mittelalterlichen Stadtbildes mehr Aufmerksamkeit gewidmet würde. Diese Denkmalpflege wäre ein kollektives Gut. Die Ergebnisse (das höhere Einkommen aus dem vermehrten Touristenstrom) kämen allen kostenlos zugute. Die Art der erforderlichen Investitionen macht es aber fast unmöglich, ein solches Programm ohne Hilfe des Staates in die Wege zu leiten.

Qualitativ suboptimal sind jene Ergebnisse, wo den Erwartungen der Gesellschaft (oder jener, die die Gesellschaft "lenken") in Bezug auf meritorische Güter nicht entsprochen wird. Einkommensverteilung, Lebens- und Arbeitsbedingungen sind Beispiele für Faktoren, die vom Markt manchmal nicht in dem Maß berücksichtigt werden, wie es für "richtig" oder "gerecht" gehalten wird. Es gibt viele Beispiele für meritorische (Kunst-) Güter: Theater, Opern, Freilichtplastiken, Volkskunstmuseen etc. Das sind Güter, die zwar vielleicht vom Markt angeboten werden (private Theater, Bankenskulpturen, etc.), aber nicht in dem für wünschenswert gehaltenen Ausmaß. Diese Güter können rivalisierend sein (stark subventionierte Theaterkarten) oder nicht-rivalisierend (symbolische Eintrittsgebühren für Museen).

VII. Die Rolle der Privatwirtschaft

Es gibt zwar noch nicht sehr viele Untersuchungen und bisher nur wenig Daten, aber es scheint doch, daß Kunstförderung für deutsche und österreichische Unternehmen mehr und mehr an Bedeutung gewinnt. Europäische Firmen, große wie kleine, haben immer schon reges Interesse an den Aktivitäten ihrer amerikanischen Kollegen gezeigt und übernehmen erfolgreiche Strategien gerne in ihre eigene Unternehmensplanung. So hat die Förderung der Künste als indirekte Methode zur Gewinnsteigerung offensichtlich in Europa Anklang gefunden.

Für die Firmen, die aktiv Kunstförderung betreiben, war der wichtigste Grund dafür laut Umfragen die Stärkung und Pflege des "Corporate Image". Ein zweiter Grund ist die Motivierung der Mitarbeiter durch die Verschönerung des Arbeitsplatzes. Ein dritter Wunsch, durch einen positiven Beitrag zur Lebensqualität der Gemeinde kulturelles Verantwortungsbewußtsein zu zeigen. Ein vierter Grund, warum europäische Firmen die Künste fördern, ist die Möglichkeit der Kapitalanlage.[28]

Von den verschiedenen Gründen, die von europäischen Unternehmen als Erklärung für ihre Kunstförderung angeführt werden, erbringt nur einer, nämlich Kunst als Investition, irgendwie quantifizierbare Resultate. Solche investitionsbezogene Aktivitäten haben jedoch häufig nicht die gewünschte Werbewirksamkeit und fallen daher weniger ins Gewicht.

Vermehrte private Kunstförderung, aus welchen Motiven auch immer, wird im allgemeinen nicht als Möglichkeit gesehen, die staatlichen Aktivitäten auf diesem Sektor zu ersetzen, sondern sie vielmehr zu ergänzen und dadurch das Angebot zu vergrößern. Die öffentliche Hand, so stellt man sich vor, solle sich um die kostenintensiveren Elemente (Theater, Oper, Museen, Bibliotheken) kümmern und es der Privatwirtschaft überlassen, für ein entsprechendes Angebot an dynamischeren Gütern (einmalige Ausstellungen, etc.) zu sorgen.

In einem Punkt scheinen sich jedenfalls alle Fachleute einig: eine solche Zusammenarbeit kann nur dann erfolgreich funktionieren, wenn der Staat beträchtliche steuerliche Abschreibmöglichkeiten garantiert.[29]

VIII. Literatur

Andreae, Clemens-August, Ökonomik der Kunst, in: 20 Jahre Tiroler Volksbildungsheim - Grillhof, 1982.

Andreae, Clemens-August/Christian Keuschnigg, Kunst und Wirtschaft, Köln, 1983.

---

[28] Bongard, Corporate Collecting, in: Andreae/Keuschnigg, S. 115-119.

[29] Andreae/Keuschnigg, S. 48.

Bird, The Displacement Effect, 1972.

Eisler, Die Unbekannte Sammlung, Wien, 1979.

Institut für Wirtschaftsforschung, Die Volkswirtschaftliche Bedeutung von Kunst und Kultur, Berlin, 1988.

Musgrave/Musgrave, Public Finance in Theory and Practice, fifth edition, New York, 1989.

OECD, Economic Studies: The Role of the Public Sector, Paris, 1985.

OECD, Economic Surveys: Austria, Paris, 1989.

Österreichisches Bundesamt für Statistik, Statistisches Handbook für die Republik Österreich, Wien, 1988.

Schlenck Christoph, Das Mäzenatentum der Innsbrucker Banken (Diplomarbeit), Innsbruck, 1985.

Der Michael Jackson des 18. Jahrhunderts

Fiktive und reale Vermarktung*

»Eine Gesellschaft gilt als lebendig und autonom, wenn Bewertungen in ästhetischen, politischen, ökonomischen und anderen Kategorien je unabhängig voneinander gebildet werden, wenn also nicht eine der Kategorien alle anderen dominiert. Sie gilt als ausgeglichen und widerstandsfähig, wenn die Bewertungen in der relativen Rangordnung der verschiedenen Kategorien nicht zu stark voneinander abweichen. Die Wertungen ergänzen und brauchen einander... Ich möchte zeigen, daß der ästhetische Erfolg von Kunstwerken wesentlich davon abhängt, wie erfolgreich sie sich der Wirtschaftsmechanismen bedienen. Ich möchte auch zeigen, daß der wirtschaftliche Erfolg von Unternehmungen davon abhängt, wie erfolgreich sie sich ästhetischer Mechanismen bedienen.« Diese Anmerkungen aus meiner Rede zur Eröffnung der Salzburger Festspiele 1986 führen uns direkt zum Thema: Die Kunstkreise verständigen sich auf eine ästhetische Bewertung. Als autonome Gruppen bilden sie zunächst einen Minderheitskonsens über die Qualität eines Kunstwerks. Erst allmählich und unter Mitwirkung aller anderen oben genannten Mechanismen, vor allem aber der ökonomischen, entsteht ein Mehrheitskonsens. 53 Prozent der Österreicher lieben Mozart heute sehr. Damit gibt es in Österreich mehr Mozart-Verehrer als Interessierte an klassischer Musik. In der Liste der populären klassischen Komponisten kann nur noch Johann Strauß (Sohn) mithalten.[1]

An der Bewertung eines Kunstwerks wirkt aber auch der Staat mit über die Erhaltung und Subventionierung von Opernhäusern, Orchestern, Konzertsälen usw. Seine politische Bewertung steht, was Mozart angeht, in der Tradition des Fürstbischofs von Salzburg und des Kaisers.

Für die Unterstützung bei der Anfertigung des Manuskriptes danke ich meiner Mutter Illa Andreae (Autorin und Musikkritikerin) sowie Frau Eva Schintlmeister, die zu unserem Thema eine Diplomarbeit schrieb.

* Erschienen in: Wolfgang Amadeus - Summa summarum, Das Phänomen Mozart: Leben, Werk, Wirkung, hrsg. von Peter Csobádi, Paul Neff Verlag 1990, S. 316-321.

[1] Fessel und GfK-Institut, Repräsentativumfrage Österreich 1989, 1000 Personen in: Journal Juli/August 1989, S. 17.

Die ökonomische Bewertung eines Kunstwerks findet in marktwirtschaftlich organisierten Staaten aber hauptsächlich am Markt statt. Das Individuum genießt die Musik Mozarts als meritorisches Gut, d. h. zu Preisen, die unter den Marktpreisen liegen, weil der Staat sie subventioniert. Dies gilt für Aufführungen mit lebenden Dirigenten, Sängern und Orchestern in Opernhäusern und Konzertsälen. Etwas anders liegen die Dinge bei Rundfunk- und Fernsehsendungen, die entweder aus Gebühren und/oder Werbung finanziert werden. Hier profitieren die Minderheitshörer von den Mehrheitszahlern, obwohl nach den oben erwähnten Ziffern dies gerade für Mozart nicht zutreffen muß. Wieder anders ist die Situation bei Schallplatten, Tonbändern und Videoaufzeichnungen. Hier muß der Kunde den vollen Preis zahlen, vielleicht bei Mozart mehr als bei anderen, ohne daß der Komponist oder seine Erben davon profitieren.

Der berühmteste Österreicher lebte von 1756 bis 1791. In Österreich erlischt das Namensrecht einer Person mit deren Tod. Das bedeutet, daß sich jede Person oder Firma den Namen Mozarts aneignen kann, ohne dafür Gebühren zahlen zu müssen. In Österreich erlischt das Urheberrecht 70 Jahre nach dem Tod des Urhebers. Mozart ist also ein freier Komponist, das bedeutet, daß die AKM, die staatliche Verwertungsgesellschaft der Autoren, Komponisten und Musikverleger, für Aufführungen keine Gebühren verrechnet. Doch lassen wir Zahlen sprechen: Diese und die folgenden Zahlen hat die junge Musikerin Eva Schintlmeister im Rahmen ihrer Diplomarbeit an meiner Lehrkanzel zusammengetragen. Im ORF wurden 1988 über die Lokalprogramme 5.400 und über Ö1 11.754 Sendeminuten Musik von W.A. Mozart ausgestrahlt. Der Anteil Mozarts an der Gesamtzeit der gesendeten sogenannten E-Musik beträgt rund 7,7 Prozent. Wäre Mozart ein geschützter Komponist, dann müßte der ORF für die 17.154 Minuten S 792.231,– an die AKM entrichten.

Das internationale Musikzentrum in Wien baut im Hinblick auf das Mozart-Jahr 1991 eine Datenbank auf, in die alle im Fernsehen gesendeten Werke Mozarts aufgenommen werden. Diese Datenbank ist noch nicht vollständig, dennoch stellte das IMZ einen Ausdruck aller in Österreich ausgestrahlten Sendungen zur Verfügung. Im Mozart-Ton- und Filmmuseum in Salzburg besteht ebenfalls eine Mozart-Datenbank, die alle jemals vom Fernsehen aufgezeichneten Werke Mozarts enthält. Mit Hilfe dieser beiden Datenbanken läßt sich abschätzen, daß der ORF 1988 rund 200 Minuten lang Musik von Mozart ausgestrahlt hat. Hierfür müßte der ORF rund S 188. 000,– an Gebühren an die AKM zahlen.

Von der AKM werden natürlich auch die in öffentlichen Aufführungen dargebotenen Werke verrechnet. Aus den rund 2.700 Konzertprogrammen, die bei der

AKM für das Jahr 1988 zur Verfügung standen, wurde eine Stichprobe gezogen. Die Mozart zustehenden Tantiemen pro Konzert können ganz einfach aus dem Gesamtbetrag der AKM-Abgaben für das Konzert berechnet werden, indem man die Dauer der Musikstücke aus der Feder Mozarts ins Verhältnis zur Gesamtdauer des Konzertes setzt. Auf diese Weise konnte errechnet werden, daß W. A. Mozart im Jahr 1988 rund 2 Millionen Schilling Tantiemen kassiert hätte. Bei einer zusätzlich durchgeführten Untersuchung sämtlicher Veranstaltungen, die die 13 größten Konzertveranstalter Österreichs im Jahr 1988 durchgeführt hatten, konnte ungefähr der gleiche Betrag ermittelt werden.

In Österreichs Opernhäusern, Landestheatern und Festspielhäusern wurden die Mozart Opern im Jahre 1988 113 mal aufgeführt. Das ergibt eine Gesamtspielzeit von 19.108 Minuten. Im Salzburger Marionettentheater wurden außerdem noch Mozart-Opern in gekürzter Fassung 113 mal mit einer Gesamtspieldauer von 14.235 Minuten dargeboten. Der Veranstalter muß dem jeweiligen Musik-Verlag, dessen Notenmaterial er verwendet - im Fall des Marionettentheaters der Grammophongesellschaft, dessen Tonträger die Musik liefern - die Überlassung der Rechte zu einer öffentlichen Aufführung abgelten. 1988 dürfte sich der Gesamtbetrag aller entrichteten Gebühren auf rund 670.000 Schilling belaufen haben. Insgesamt kann der Jahresumsatz der Musikverlage mit gedruckten Mozartwerken in Österreich allein für das Jahr 1988 auf rund 6,7 Millionen Schilling geschätzt werden.

Genauso wie die Musikverlage geben leider auch die Platten- und Videofirmen keine genauen Auskünfte. Meine Diplomandin schätzt den Umsatz von mit Mozart bespielten Tonträgern auf rund 9,5 Mio. Schilling im Jahr. Das entspricht dem Verkauf von 75.000 Tonträgern. Diese Zahl dürfte ziemlich vorsichtig angesetzt sein, denn 75.000 Käufer sind nur 1 Prozent der österreichischen Bevölkerung. Diese Zahl läßt sich andererseits nicht auf die Welt hochrechnen, weil Mozart naturgemäß in Österreich besonders bekannt und beliebt ist.

Auch wenn Mozart zu Lebzeiten nicht arm war, führte doch seine Art, das, was er besaß, immer gleich auszugeben und anderes, z. B. die teuren Badekuren für seine Frau, dazu, daß er nie genug Geld hatte. Mozarts Ruhm begann sich zu Lebzeiten erst kurz vor seinem Tod auch finanziell niederzuschlagen, als sich Reiseeinladungen nach England und Rußland häuften und Mäzene bereit waren, Mozart finanzielle Unabhängigkeit zu verschaffen. In den letzten 10 Jahren vor seinem Tod, die er in Wien verbrachte, dürfte sein Einkommen zwischen 3.000

und 4.000 Gulden jährlich betragen haben[2], das sind umgerechnet etwa 1 Million Schilling jährlich. Diese Summe ersparen sich die Mozart-Veranstalter. Wesentlich wichtiger ist jedoch beim »vermarkteten Mozart« sein Ruhm, der ihn zum umfassenden Werbeträger gemacht hat. Schon Karl Marx meinte in »Das Kapital«, Hamburg 1867, S. 1: »Der Reichtum der Gesellschaften, in welchen kapitalistische Produktionsweise herrscht, erscheint als eine ungeheure Warenansammlung, die einzelne Ware als seine Elementarform.« In dieser ungeheuren Ansammlung kann sich die einzelne Ware nur profilieren, wenn sie mit Hilfe eines Wort- oder Bildzeichens unterschieden werden kann. Waren verkaufen sich nämlich wegen ihrer Verschiedenheit und nicht wegen ihrer Gleichheit.

Wenn das Bild jenes von Mozart und das Wort seinen Namen darstellt, ist das Warenzeichen über 200 Jahre lang bekanntgemacht und schon immer im Zusammenhang mit höchster Qualität gesehen worden. Bei Warenzeichen spricht man von Marktgeltung bei einem Bekanntheitsgrad von 15 bis 35 Prozent. Wenn schon 53 % der Österreicher Mozart sehr lieben, wird diese Ziffer weit übertroffen. Das Warenzeichen wird auf der Umhüllung der Ware abgedruckt und führt zur Markenpräferenz oder, um mit Erich Preiser zu sprechen, zum »Monopölchen«. Der Produzent von Waren, die mit Mozart ausgezeichnet worden sind, erhält also einen höheren als den Marktpreis vergleichbarer Güter. Hierbei gibt es noch ein paar Feinheiten, handelt es sich doch um sogenannte Sprungwerbung, weil der Einzelhandel übersprungen wird, andererseits besteht aber auch die Gefahr der Nachahmung, wie dies vor allem in Südostasien der Fall zu sein scheint.

Gleichwohl genießt der Konsument nicht nur das Produkt, sondern auch die Aura von Mozart. Illa Andreae hat das so ausgedrückt: »Ein österreichischer Likör von raffiniertester Natur, der sich deshalb Liqueur schreibt, hat neuerdings als Mozart-Liqueur die Herzen von Musikliebhabern und die Gaumen von Freunden der berühmten weltbekannten Mozart-Kugeln erobert. Durch ein aufwendiges Herstellungsverfahren ist es gelungen, zarten Nougat mit feiner Schokolade und aromatischem Kirschwasser zu einem Cremeliqueur zu verschmelzen, eine himmlische Versuchung, der Wolfgang Amadeus seinen Namen und seine Töne leiht«.[3] Die Markentreue führt zur Entlastung des Konsumenten. Sie mindert sein subjektives Kaufrisiko, vorausgesetzt der Produzent läßt sich von

---

[2] Braunbehrens, Mozart in Wien, München 1988, S. 154. Siehe dazu auch die Beiträge: Rudolph Angermüller, Ich will besser bezahlt sein als die anderen, S. 51, und Michael Karbaum, Mozart - summa summarum, S. 322.

[3] Alle Schnäpse dieser Welt, Busse-Seewald, Herford 1988, S. 182.

Mozart inspirieren, wenn er Produkt- und Prozeßinnovation betreibt. Allerdings ist die Markentreue größer bei höherem Alter und sinkendem sozialem Status.

In die Untersuchung meiner Diplomandin wurden nur Firmen einbezogen, die Produkte mit dem Namen Mozart, Amadeus oder Nannerl in Österreich registriert haben. Mit schriftlichen Anfragen bei den 43 in Betracht kommenden Firmen konnte eine Rücklaufquote von 48,8 Prozent erzielt werden. Die größten Umsätze verbuchte der Markt für Süßwaren. Die Firmen verkauften Süßes vom Mozart-Polsterl bis zur Mozart-Rolle um rund 400 Mio. Schilling, wobei der Markt für Mozart-Kugeln in Österreich allein mit ungefähr 300 Mio. Schilling angenommen werden kann. Es handelt sich jeweils um Endverbraucherpreise. Mit Speiseeis mit den Namen Mozart-Becher, Mozart-Knödel usw. werden rund 40 Mio. Umsatz erzielt. Die Umsätze auf dem Markt für Spirituosen dürften mit 25 Mio. Schilling anzusetzen sein. Auf dem österreichischen Tabakmarkt wurden 1988 Mozart-Produkte für rund 2 Mio. Schilling umgesetzt. Der österreichische Käsemarkt präsentiert sich erstaunlich stark in bezug auf Mozart, rund 70 Mio. Schilling wurden 1988 in Österreich umgesetzt. Schließlich konnten auf dem Markt für Bekleidung und Accessoires 1988 rund 14 Mio. Schilling erwirtschaftet werden.

Laut Auskunft der Firma Stars & Conceptions, einer in Salzburg ansässigen Agentur, die Künstler für Werbezwecke an Firmen vermittelt, kann der weltweite Bekanntheitsgrad Wolfgang Amadeus Mozarts mit dem Michael Jacksons verglichen werden. Der amerikanische Popstar bezieht von der Firma Pepsi Cola 10 bis 15 Mio. Dollar an Werbehonorar pro Jahr. Stars & Conceptions meint, daß Mozart jährlich zwischen 15 und 30 Mio. Dollar durch weltweite Werbung mit seinem Namen verdienen könnte. Da vorausgesetzt werden kann, daß die fraglichen Firmen derartige Honorare nur zahlen werden, wenn sie davon überzeugt sind, noch wesentlich mehr durch den Einsatz dieses Namens als Markenzeichen zu verdienen, bekommt man eine Vorstellung, um welche Größenordnungen es sich bei den Gewinnen aus dem »vermarkteten Mozart« handeln dürfte. Auch dem Vergleich mit dem zur Zeit äußerst populären deutschen Tennisspieler Boris Becker kann Mozart standhalten. Becker wird in den nächsten 3 Jahren als Werbeträger rund 5 Mio. Mark allein von der Bayerischen Molkerei Müllermilch erhalten. Vom größten Rackethersteller der Welt, Kunnan Lo in Taiwan, wird er 18 Mio. Dollar dafür kassieren, daß er 5 Jahre lang ausschließlich dessen Tennisschläger schwingen wird.[4]

---

[4] TOPSPIN, offizielles Organ des österreichischen Tennisverbandes und seiner Landesverbände, Oktober 1989, S. 20.

Einen analogen und in bezug auf unser Thema aussagekräftigen Fall haben wir mit dem Namen »Mozart« in der Vermarktung des DDSG-Flaggschiffes. Die folgenden Informationen stammen von Kommerzialrat Dkfm. Dr. Helmut Zolles, Generaldirektor der Ersten Donau-Dampfschiffahrts-Gesellschaft.

Als im Dezember 1985 das neue Luxus-Kabinenschiff der DDSG in Auftrag gegeben wurde, wurden Überlegungen für die Namensgebung des Schiffes angestellt. Die Auswahl an möglichen Namen schränkte sich auf zwei mögliche ein: Johann Strauß oder Wolfgang Amadeus Mozart. Die Entscheidung für den Namen Mozart war, das bestätigt die Praxis, sicher richtig. Das Schiff ist heute in Fachkreisen auf allen wichtigen Märkten ein Begriff. Egal, ob in den USA, in der Bundesrepublik Deutschland, in Großbritannien, Brasilien oder Japan, ja sogar in den Golfstaaten und in der Türkei ist die MS »Mozart« bei allen maßgeblichen Reisebüros »das österreichische Spitzenschiff auf der Donau«.

Die MS »Mozart« ist mit einem Aufwand von 5 Millionen D-Mark an direkten Werbe- und Vermarktungskosten über 3 Jahre am Markt erfolgreich eingeführt worden. Flächendeckend in Österreich, der BRD und der Schweiz, in Norditalien, den USA, Brasilien und seit Herbst 1989 auch in Japan. Vergleichsweise wurde Anfang der achtziger Jahre die damals neue MS »Astor« von TUI International mit einem Aufwand von 28 Millionen D-Mark auf nur vier Märkten eingeführt (BRD, Großbritannien, Schweiz, Österreich).

Wesentlichen Anteil an den niederen Markt-Einführungskosten für das DDSG-Schiff hatte der Name »Mozart«, der in allen Werbemitteln als Wort-Bildmarke in Verbindung mit einem Foto des Schiffes verwendet wird. Der enorme internationale Bekanntheitsgrad des Namens Mozart stützt somit erfolgreich das Produkt »Luxusschiff auf der Donau durch Österreich«.

Um dem Bereich Schiffahrt das große Geschäft Luftverkehr hinzuzufügen, sei die Werbekampagne der österreichischen Fluglinie Lauda Air erwähnt. Am 8. Januar 1990 berichtet Peter Vujica in der Wiener Tageszeitung »Der Standard« aus Sydney:

»In Sydney ist es heuer schon Mozart geworden. In einem zehntägigen Festival will man dem Salzburger Meister Gutes tun. >Lauda's Mostly Mozart< nennt sich das Unternehmen. Österreichs unaufhaltsamer Boeing-Aufsteiger sonnt sich als dessen generöser Generalsponsor . . . Weil aber, wie man den Annalen des Rennsports mit Stolz entnehmen kann, Lauda sehr oft schon schneller zu sein pflegte als die anderen, hat er auch sämtliche Rathaus- und Hof-Mozartverwerter seiner Heimat im perfekten Alleingang abzuhängen verstanden und läßt in Sydney heuer schon das geschehen, was in unseren heimatlichen Breiten erst für das kommende Jahr zu befürchten ist. Als Perfektionist, der er ist, schaffte er zunächst einmal durch geeignete Vorkehrungen die äußere Glaubwürdigkeit für seinen Flug in Polyhymnias Gefilde und taufte sein teuerstes Stück, eine nagelneue Boeing 767, auf den Namen von Österreichs unsterblichen Nachtmusikanten.«

Nach Luxusschiff und Großraumflugzeug nun das Opernhaus. Wenn Jacobs Kaffee die Wiener Staatsoper in ein Kaffeehaus verwandelt und damit nach Japan auf Tournee geht, hat er die wohl einzige Chance, mit seinem Kaffee auf dem japanischen Markt zu erträglichen Kosten zu reüssieren. Dieses Beispiel des Kunst-Sponsoring zeigt den Zusammenhang zwischen privater Kunstsubventionierung und damit verbundener Werbewirkung.

Doch was geschieht mit Mozart, wenn er vermarktet wird? Erfährt dadurch der ästhetische Wert seiner Musik eine Veränderung? Gewiß nicht. Auf dem Umweg über die ökonomischen Mechanismen wird er einer größeren Anzahl von Menschen nähergebracht. Ich kann als Ökonom der Lyrikerin Hilde Domin durchaus zustimmen, die in ihrem Essay »Wozu Lyrik heute?« schreibt: »Das Gedicht, glaube ich, ist ein Gebrauchsartikel eigener Art. Es wird gebraucht, aber es verbraucht sich nicht wie andere Gebrauchsartikel . . . Es ist ein magischer Gebrauchsartikel, etwa wie ein Schuh, der sich jedem Fuß anpaßt, der ohne ihn den Weg in das Ungangbare nicht gehen könnte, den Weg zu jenen Augenblicken, in denen der Mensch wirklich identisch ist mit sich selbst.«

Zum Schluß stellen wir die Frage: »Hat Mozart sich selbst vermarktet?« Vergleichen wir Karajan mit Mozart, so zeigt sich in unerhörter, ja atemberaubender Weise die Begabung Karajans, sich selbst, sein Künstlertum zu vermarkten, mit nie vorher festgestelltem Erfolg Riesensummen zu verdienen, sein Künstlertum wie seine Person zu wirtschaftlichem und künstlerischem Rang hochzusteigern.

Mozart war solch einer Weise, zu Macht und Geld zu kommen, weltenfern. Gewiß, er brauchte Geld, um seiner Alltagssorgen Herr zu werden, um seine Späße zu bezahlen, Billard, Tanzereien, »Stubenmädeleien« - Entspannungen, die er dringend brauchte, um ein triviales Gegengewicht gegen die ungeheuren Anspannungen seines Genies zu gewinnen. Er hat sich in ärgsten finanziellen Nöten bis zur Demütigung in seinen Bettelbriefen erniedrigt. Aber er war unfähig, das ihm durchaus zustehende Geld - wie etwa Händel oder Gluck - zu erwerben. Mozart hatte überhaupt keine Anlage, sich zu vermarkten.

Er hat einfach dem Geist gehorcht, der ihm Ideen und Werke einflößte, die wie bei keinem anderen Genie alle Probleme des Menschen durch die äußerste Einfachheit der Formen wie durch die großartigsten Verwebungen der Kompositionen darstellen, lösen oder endgültig ungelöst lassen. Mozarts eigenes Wort zu

Kaiser Joseph, »keine Note zuviel«, drückt die Schöpfer kraft des Geistes am wahrsten aus.

Daher ist es auch fragwürdig, ob Mozart seine heitersten Melodien - etwa *Papagenos* Lieder - in Stunden eigener großer Heiterkeit komponiert hat. Oder entsprechen seine traurigen, trostlosen verzweifelten Werke seinen eigenen Stimmungen? War er bei den dMollTonleitern der »Don Giovanni«-Ouvertüre, die sich beim letzten Auftreten des Komturs noch unheimlicher anhören, selber in seiner Gemütsverfassung der Hölle nahe? Hat er wie *Figaro* Witz, Humor und Aggression gegen die herrschende Klasse empfunden? Hat er die tiefen seelischen Leiden der *Gräfin Rosina* über die Untreue des Gatten selber gelitten? Hat er *Susannas* bezaubernde geheime Macht über alle Geschehnisse, *Susannas* reines Glück der Liebessehnsucht gespürt ?

Es ist nicht bewiesen, daß Mozart alle menschlichen Gefühle, Stimmungen und Aufschwünge des Herzens während einer Komposition durchlebt, durchlitten hat. In seinem Genius lag nur alles beschlossen, was seine Musik aussprach, aber nichts war dem Augenblick unterworfen. Es ist durch nichts zu beweisen. Wohl aber weiß man, daß er selbst in trostlosesten Stunden ein Werk bis in die letzte Note hinein der Vollkommenheit nahegebracht hat. Gleichviel, ob er seine großen Symphonien, Klavierkonzerte, seine Kompositionen für Violine, Klarinette, Holz, Blech, Saiten- oder Menschenstimmen schuf.

Es läßt sich nicht eindeutig beantworten, was die großen Mozart-Verehrer an Mozart lieben. Haben die einen ihre Freude an der spielerischen Heiterkeit, so erschauern die anderen an der Dämonie, die ihnen manchmal im Dur noch tiefer eingeht als im Moll. Erzittern die einen über die Koloraturen der *Königin der Nacht*, so dringt *Sarastros* Baß den andern bis in die Abgründe ihres Gemütes.

Wer will sich vermessen, Mozart wirklich zu kennen, zu verstehen, zu begreifen? Worte über ihn bleiben immer nur Bruchstücke.

Schafft die Vermarktung Mozarts den ganzen, den einzig richtigen Mozart? Oder bringt der marktwirtschaftliche Instinkt der Werbung auch nur Stückwerke, die aber genügen, Mozart als »Gebrauchsartikel eigener Art« (Hilde Domin), der sich nicht »verbraucht«, weltweit bekannt und beliebt zu machen?

Ein ganz persönliches Bekenntnis soll diese Überlegungen schließen. Über die Hälfte der Österreicher soll ihren österreichischen Mozart »sehr lieben«. Man muß einmal die Gesichter der Österreicher prüfen, wenn sie Mozart hören. Ihr Gesichtsausdruck spricht, gleichsam von Natur, das alles aus, was die Vermarkter Mozarts so gern erreichen möchten, nämlich die Seelen der Menschen eins werden zu lassen mit Mozarts Musik, mit dem vom Geist geschaffenen Verkünder einer Kunst, die schon die jenseitige Welt ahnen läßt.

Der Mensch wird wirklich »identisch mit sich selbst«.

Dem entspricht der Gesichtsausdruck der Österreicher, wenn sie Mozart hören.

Der große Theologe Karl Barth hat das Wort geprägt: »Die Engel singen Mozart.«

VIII. Die Universität als Wirtschaftsfaktor

Die Universität als Wirtschaftsfaktor*

Kaiser Leopold I. hat die Universität Innsbruck aus offensichtlich wirtschaftlichen Gründen aufgebaut. Nach dem Aussterben der Tiroler Habsburger zog der Hof von Innsbruck weg. Dies bedeutete einen wirtschaftlichen Verlust, der kompensiert werden sollte durch einen Aufschlag auf das Haller Salz, mit welchem die neue Universität 1669 ihren Start nahm. So nüchtern stellen sich die Dinge dar, und so nüchtern möchte ich als Ökonom versuchen, Ihnen die Dinge und Zusammenhänge darzustellen. Sie werden dabei Zeuge jenes Imperialismus der Ökonomen, die versuchen, sich überall hineinzudrängen; ich möchte daher gleich klarstellen, daß - so sehr ökonomisches Denken heute am Platz ist - die Ökonomie immer in einer dienenden Rolle zu sehen ist.

Als im Dritten Reich die Tausend-Mark-Sperre verhängt wurde, geriet Tirol in eine schwere Wirtschaftskrise, weil die Touristen ausblieben. Ganz ähnliche Effekte würden auftreten, würde die Universität eines Tages geschlossen. Wäre Innsbruck keine Hochschulstadt, dann würden sämtliche öffentlichen und privaten Gelder, die zur Finanzierung des Hochschulbetriebes und des Lebensunterhaltes der Studenten bestimmt sind, ausbleiben. Um überhaupt erfassen zu können, was dies zur Folge hätte, ist es notwendig, den Umfang dieser Finanzmittel und die Wege Ihres Eindringens in den Wirtschaftskreislauf Innsbrucks zu verfolgen. Das möchte ich im folgenden überblicksmäßig tun. Da es eine wissenschaftliche Untersuchung darüber noch nicht gibt, müssen wir uns mit - mehr oder weniger groben - Schätzungen der meisten Größen begnügen. Bekanntlich ist selbst die gröbste Daumenschätzung besser als die Nichtbeachtung eines solchen Effektes. Es gibt solche Untersuchungen jedoch über verschiedene deutsche Universitäten und ihre Standorte, und von einer davon über die Stadt Münster und ihre Hochschulen - möchte ich die Vorgangsweise und einzelne Annahmen übernehmen.

Was sind das also für Gelder? Zunächst fließen Steuermittel, die in ganz Österreich aufgebracht werden, nach Innsbruck, um die Personal- und Sachausgaben der Universität zu bestreiten.

---

* Antrittsrede des Rektors Univ.-Prof. Dr. rer. pol. Clemens-August Andreae. Erschienen in: Veröffentlichungen der Universität Innsbruck, Nr. 138, S. 7-17.

- Laut Rechnungsabschluß 1980 betrug der Sachaufwand der Universität Innsbruck 160 Millionen Schilling. Davon ist natürlich in Innsbruck nur nachfragewirksam, was auch in Innsbruck ausgegeben wurde. Um darüber etwas aussagen zu können, wäre eine detaillierte Analyse der Aufwendungen erforderlich. In der Münsteraner Untersuchung wird geschätzt, daß etwa 65 % der Sachausgaben in Münster getätigt werden. Wenn wir das gleiche Verhältnis auch für Innsbruck unterstellen, erhalten wir einen nachfragewirksamen Anteil von 104 Millionen Schilling.

- Die Personalausgaben beliefen sich auf 450 Millionen Schilling. Davon sind zunächst Steuern und Sozialversicherungsbeiträge abzuziehen, da diese ja vom einzelnen nicht in Innsbruck ausgegeben werden können. Nach Auskunft der Handelskammer dürfte der Anteil der Abgaben an der Bruttosumme zwischen 40 und 50 % liegen. Es werden also als Untergrenze 225 Millionen Schilling als Nettoeinkommen verbleiben. Da manche Universitätsbedienstete nicht in Innsbruck wohnen und wohl die meisten gelegentlich Urlaubsreisen unternehmen, kann zunächst nicht angenommen werden, daß das ganze Nettoeinkommen in Innsbruck ausgegeben wird. Wenn wir einmal annehmen, daß nur 85 % dieser Nettosumme Innsbruck zuzurechnen ist, so wären dies etwa 190 Millionen Schilling.

- Wenn beispielsweise eine Sekretärin der Universität ärztliche Behandlung in Anspruch nimmt und die Sozialversicherung das Arzthonorar begleicht, so fließen Teile der zuvor abgezogenen Sozialversicherungsabgaben wieder nach Innsbruck zurück. Insgesamt dürfte es sich dabei um Beträge in zweistelliger Millionenhöhe handeln. Der Betrag von 20 Millionen Schilling dürfte wohl eher eine Untergrenze darstellen.

- Nach unseren bisherigen Überlegungen werden von den Ausgaben der Universität etwa 50 % in Innsbruck nachfragewirksam. Unter der Annahme ähnlicher Verhältnisse bei den Bibliotheksausgaben (1980 insgesamt 13,6 Millionen Schilling) kommen dazu noch ungefähr 7 Millionen Schilling.

- Ein Teil der Hochschulbediensteten bezieht Nebeneinkünfte für erbrachte Dienstleistungen. Über die Höhe dieser Nebeneinkünfte herrscht im allgemeinen Schweigen. Jede Schätzung wird von zwei Seiten angegriffen werden: einmal von den Betroffenen, die einwenden werden, so viel würden sie nie und nimmer verdienen, und zum anderen von der Bevölkerung, der gelegentlich etwas über die astronomisch hohen Einkünfte einzelner Primarärzte zu Ohren kommt und die die Schätzung daher für viel zu niedrig hält. Es dürfte gerechtfertigt sein, an einen zweistelligen Millionenbetrag zu denken. In Anlehnung an die Münsteraner Untersuchung sollen diese Einkünfte aber nicht in die Überlegungen einbezogen werden.

- Die Finanzmittel, mit denen die Studenten Ihren Lebensunterhalt bestreiten, stellen, soweit die Studenten von ihren Eltern oder der öffentlichen Hand unterstützt werden, einen weiteren Zufluß von Kaufkraft nach Innsbruck dar. Wie hoch sind diese Mittel? Die Handelskammer schätzt, daß die Studenten im Jahr 600 bis 650 Millionen Schilling in Innsbruck ausgeben. Bei etwa 16.000 Studenten (Stand Wintersemester 1980) hat demnach ein Student durchschnittlich etwa S 40.000,- pro Jahr zur Verfügung.

- Hätte Innsbruck keine Hochschule, wäre seine Bevölkerung höchstwahrscheinlich kleiner. Als hochschulbedingte Bevölkerung wollen wir die Hochschulbediensteten und die Studenten sowie die von ihnen miterhaltenen Familienangehörigen betrachten. Als Familienmultiplikator, d. h. die Anzahl der durchschnittlich mitzuversorgenden Angehörigen, nehmen wir - in Anlehnung an die Münsteraner Untersuchung - zwei für die Hochschulbediensteten und eines für die Studenten an. Das ergibt eine hochschulbedingte Bevölkerung von etwa 20.500 Personen, anteilsmäßig rund 17 % der Innsbrucker Bevölkerung. Es ist wahrscheinlich, daß das Budget der Stadt Innsbruck kleiner wäre, wenn ihre Bevölkerung kleiner wäre. In einer ersten Annäherung wollen wir unterstellen, daß etwa 17 % der Budgetausgaben, also lt. Voranschlag für das Jahr 1980 ungefähr 300 Millionen Schilling, indirekt durch die Existenz der Universität bedingt sind.

- Addieren wir die ermittelten Schätzwerte, so erhalten wir einen ersten Überblick über die durch die Universität bedingte Primärnachfrage im Raum Innsbruck, insgesamt etwa 1.221 Millionen Schilling.

1,2 Milliarden Schilling - das liegt bereits in der Größenordnung des ordentlichen Haushalts der Stadtgemeinde Innsbruck (Voranschlag 1980: 1,4 Milliarden Schilling). Zum Vergleich: Das gesamte frei verfügbare Jahreseinkommen der Selbständigen und Nichtselbständigen in Innsbruck betrug nach Auskunft der Handelskammer vom Frühjahr dieses Jahres etwa 11,8 Milliarden Schilling.

Natürlich betrifft diese Nachfrage nicht alle Wirtschaftszweige gleichermaßen. Eine stichprobenartige Umfrage bei Betrieben, die vermutlich stärker betroffen sind, wie der Buchhandel, das Gastgewerbe oder die Verkehrsbetriebe, bestätigte, daß eine Belebung des Geschäftsganges spürbar ist, was sich besonders dann zeigt, wenn sie nachläßt, beispielsweise in den Ferien.

Die Stadt Innsbruck partizipiert an dieser Nachfrage im Umweg über Steuern. Das Getränkesteueraufkommen der Stadt Innsbruck betrug im Jahre 1980

65 Millionen Schilling. Daran dürften Studenten erheblich beteiligt gewesen sein, wenn auch möglicherweise nicht so stark, wie es einem in der Bevölkerung verbreiteten Vorurteil entspräche. Das Stadtsteueramt wagte jedenfalls keine Schätzung dieses Anteils.

Diese Nachfrage ist übrigens auch ein Element der Stabilisierung des Wirtschaftsablaufs, da sie dem allgemeinen Konjunkturverlauf kaum folgt. Das Budget der Universität hat eine ständig wachsende Tendenz und verhält sich dabei ziemlich azyklisch. Die Bauinvestitionen der letzten Jahre - die ich in der vorhergehenden Zusammenstellung nicht beriicksichtigt habe, weil es sich nicht um regelmäßig wiederkehrende Ausgaben handelt - hatten sogar einen antizyklischen Effekt! Der Einbruch der Baukonjunktur konnte dadurch weitgehend aufgefangen werden. Die Erfahrungen der letzten Jahre haben gezeigt, daß die Entwicklung der Studentenzahlen konjunkturunabhängig ist. Vermutlich gilt das auch für ihre Ausgaben, da sie ja in jedem Fall ihren Lebensunterhalt bestreiten müssen.

Die nicht aus Innsbruck stammenden Studenten können in mancher Hinsicht mit Touristen verglichen werden; ich möchte sie "Wissenschaftstouristen" nennen. Im Gegensatz zu den Urlaubern aber kommen sie zu Zeiten nach Innsbruck, in denen im Fremdenverkehr Flaute herrscht. In der Fremdenverkehrshochsaison haben sie Ferien, in denen sie in der Regel nicht hier sind. Dadurch wird eine gleichmäßigere Auslastung der Kapazitäten erreicht. Auch das ist ein Element der Stabilisierung.

Dazu kommt noch, daß die Universität als größter Arbeitgeber Innsbrucks rund 2.200 attraktive und krisenfeste Arbeitsplätze anbietet. Wenn wir - analog zu der Überlegung, daß ohne die Universität das Budget der Stadtgemeinde Innsbruck kleiner wäre davon ausgehen, daß die Stadt ansonsten auch weniger Personal beschäftigen würde, sind weitere sichere Arbeitsplätze auf die Existenz der Universität zurückzuführen. Derzeit beschäftigt die Stadtverwaltung rund 1.900 Mitarbeiter; 10 % davon wären bereits 190 Arbeitsplätze. Nach dieser Rechnung können wir insgesamt etwa 3 % der in Innsbruck zur Verfügung stehenden Arbeitsplätze auf die Existenz der Universität zurückführen .

Daneben gibt es eine Reihe von Einwirkungen der Universität auf das Wirtschaftsleben der Stadt, die nicht so leicht in Geld meßbar sind.

Zunächst tritt sie ja nicht nur als Nachfrager, sondern auch als Anbieter auf. Sie versorgt nicht nur sich selbst, sondern auch ihre Umgebung mit ihren Absolventen, also hochqualifizierten Arbeitskräften; sie bietet auch Produkte an, die "hirnintensiv" sind, d. h. viel Know-how enthalten. Das reicht von Wettervorhersagen über die diversen Gutachten bis zu neuen Technologien. In der Regel siedeln sich am Standort von Universitäten auch andere Hersteller "intelligenter" Produkte an, die vom Innovationspotential der Hochschulen profitieren wollen.

Für die Universität als Produzent gilt natürlich das gleiche wie für alle anderen Hersteller: sie muß nachfragegerecht und kostengünstig produzieren. Nachfragegerecht bedeutet, daß die Universität in erster Linie für die Abnehmer ihrer Leistungen da ist und nicht zur Selbstverwirklichung der dort Beschäftigten - wobei ich das Vergnüqen an der Tätigkeit nicht leugnen möchte. Und was kostengünstig heißt, brauche ich Ihnen wohl nicht zu sagen. Die Management-Verfahren, die die Privatwirtschaft zur Erreichung dieser beiden Ziele entwickelt hat, können sicher zum Teil auch an der Hochschule verwendet werden. Diesem Bereich möchte ich in den nächsten zwei Jahren besonderes Augenmerk schenken. Natürlich erfordert die Einführung neuer Verfahren Zeit, vielleicht mehr als die zwei Jahre, die einem Rektor gegeben sind. Er kann daher nur säen, wo andere ernten werden, genauso wie er nur ernten kann, wo andere gesät haben.

Zu diesen betriebswirtschaftlichen Erfordernissen gehört auch, daß die Universität sich selbst besser verkaufen muß. Sie muß über sich selbst informieren - das ist sie nicht nur ihren Erhaltern, den Steuerzahlern, schuldig; das ist auch eine unerläßliche Voraussetzung dafür, daß sie das Vertrauen ihrer Umwelt gewinnt. Sie muß darüber hinaus eine Corporate Identity gewinnen. Hinter diesem neudeutschen Wort versteckt sich die alte Vorstellung, daß sich sowohl die an der Universität Tätigen als auch die Bevölkerung mit "ihrer" Universität identifizieren.

Die Bildungsangebote einer Universität sind in der Regel einem weiteren Kreis als nur den Studenten zugänglich, die sich auf das Berufsleben vorbereiten. Ich möchte besonders auf die Angebote zur beruflichen Weiterbildung, beispielsweise auf den in Zusammenarbeit mit der Handelskammer entstandenen Exportlehrgang, und auch auf die Möglichkeiten eines Seniorenstudiums hinweisen, für das in diesem Semester erstmals ein eigenes Vorlesungsverzeichnis entstand. Eine weitere Öffnung der Universität in dieser Richtung halte ich für wünschenswert.

Ein für die Bevölkerung sehr wichtiger Aspekt dürfte die Tatsache sein, daß das Landeskrankenhaus Innsbruck zugleich Universitätsklinik ist. Als Universitätsklinik verfügt es über mehr - und wahrscheinlich qualifizierteres - Personal und über eine bessere technische Ausstattung. Die dadurch ermöglichten komplizierteren Diagnoseverfahren bringen nicht nur dem einzelnen Patienten, sondern auch der Volkswirtschaft insgesamt Vorteile: zunächst sind sie zwar meist teuer, im Endeffekt ersparen sie aber Kosten, wenn man bedenkt, daß erst eine rasche und sichere Diagnose die Einleitung der richtigen Therapie ermöglicht und damit die Krankheitsdauer verkürzen hilft.

Die Auswirkungen der Universität auf die Wirtschaft Innsbrucks sind natürlich nicht nur positiver Art. An der Lage am Wohnungssektor können vermutlich nur Vermieter und Verkäufer etwas Positives finden, weil sie von den hohen Mieten und Grundstückspreisen profitieren. Die rund 14.500 Studenten, die nach Berücksichtigung der vorhandenen 1.400 Heimplätze auf den freien Wohnungsmarkt angewiesen sind, wissen darüber bestens Bescheid. Aber natürlich leiden auch Wohnungssuchende, die mit der Universität nichts zu tun haben, unter dem knappen Angebot und den hohen Preisen.

Auch zu den Problemen im Verkehrswesen trägt die Universität ihren Teil bei. Dabei können die Probleme der innerstädtischen öffentlichen Transportmittel als im wesentlichen gelöst angesehen werden, wenn auch der eine oder andere hin und wieder Gelegenheit hat, sich über überfüllte Verkehrsmittel, Verspätungen o. ä. zu ärgern. Das eigentliche Problem liegt im Individualverkehr. In der Münsteraner Untersuchung wird angenommen, daß jeder dritte Student und jeder zweite Hochschulbedienstete den Weg zur Hochschule im eigenen Auto zurücklegt. Vermutlich sind die Innsbrucker Studenten nicht so gut situiert, vermutlich ist auch eine Reihe von ihnen mit den öffentlichen Verkehrsmitteln, die sie ja kostenlos benützen können, zufrieden. Nehmen wir aber einmal an, daß jeder fünfte Student ein Auto besitzt, desgleichen jeder zweite Hochschulbedienstete, dann werden dadurch immerhin bereits 4.300 - meist zentrumsnahe - Parkplätze beansprucht.

Soweit einige Überlegungen zum wirtschaftlichen Stellenwert der Universität für ihren Standort. Jetzt möchte ich mein Betrachtungsfeld ausdehnen und mich der Frage zuwenden, welcher Stellenwert der Institution Universität in einer Volkswirtschaft zukommt.

Wir geben alljährlich eine Menge Geld für den Hochschulbereich aus; im heurigen Jahr sind dafür im Bundesvoranschlag mehr als 9 Milliarden Schilling vorgesehen. Häufig wird daraus geschlossen, daß die Leistungen, die der Hochschulbereich hervorbringen wird, eben 9 Milliarden Schilling wert sein müssen. Denn die Vorstellung, daß etwas genau so viel wert ist, wie seine Bereitstellung gekostet hat, ist in der öffentlichen Meinung tief verankert. Das ist aber eine sehr irreführende Vorstellung. Ein Vergleich mit der industriellen Produktion mag dies deutlich machen: Einen Schuhfabrikanten, dessen Schuhe genau so viel wert sind wie ihre Herstellung gekostet hat, würden wir als wenig erfolgreich bezeichnen - er würde ja keinen Gewinn erzielen. Gewinn entsteht erst dadurch, daß seine Schuhe mehr wert sind als ihre Herstellung gekostet hat.

Am Markt, wo er seine Schuhe verkauft, bildet sich aufgrund des Verhältnisses von Angebot und Nachfrage ein Marktpreis, der eine Bewertung der Schuhe unabhängig von den Kosten ihrer Herstellung ermöglicht. Der Marktpreis sagt vielmehr etwas über den Nutzen der Schuhe für den Erwerber aus. Wenn über einen längeren Zeitraum dieser Marktpreis die Kosten nicht deckt, wird die Schuhproduktion eingestellt werden müssen, und die dadurch freiwerdenden Produktionsfaktoren, also Gebäude, Maschinen, Arbeitskräfte usw., werden rentableren Vorhaben zugeführt.

Im Bereich der Leistungen, die die öffentliche Hand im Rahmen ihrer hoheitlichen Tätigkeit erstellt, liegen die Dinge anders. Diese Leistungen werden nicht am Markt angeboten, sondern einer bestimmten Personengruppe - oft kostenlos - zur Verfügung gestellt. Ein Marktpreis kann sich dabei nicht bilden. Dies erschwert die Bewertung dieser Leistungen, macht es aber andererseits keineswegs überflüssig, eine solche Bewertung zu versuchen. Bei einer Bewertung nur nach den Kosten der Herstellung würde sich im Extremfall für die unwirtschaftlichste Produktionsweise der höchste soziale Nutzen errechnen.

Die sozialromantische Vorstellung, daß Güter, wie etwa Bildung oder Gesundheit, so wichtig sind, daß sie auf jeden Fall, d. h. ohne Berücksichtigung der Kosten, von der öffentlichen Hand bis zur Ausschöpfung der technischen Möglichkeiten bereitzustellen sind, teile ich nicht. Die Aussage, daß es zu viel Bildung gar nicht geben könne, ist kurzsichtig: sicher mag ein hoher Bildungsstand der Bevölkerung aus vielerlei Gründen wünschenwert sein. Weil aber die Güter, die uns zur Verfügung stehen, knapp sind im Verhältnis zu unseren Wünschen, bedeutet mehr Bildung in jedem Fall einen Verzicht auf etwas anderes. Dieser Zusammenhang läßt ökonomische Überlegungen angebracht erscheinen.

Seit man erkannt hat, daß das Wachstum des Sozialprodukts eines Landes nicht nur der Vermehrung der Produktionsfaktoren Arbeit und Kapital, sondern zu einem Teil auch deren Verbesserung zuzuschreiben ist, werden Bildungsausgaben als Investitionen in das sogenannte Humankapital betrachtet. Was liegt also näher, als eine solche Investition genau so zu behandeln wie alle anderen Investitionen, und sich zu fragen, was ihr Ertrag ist. Denn wenn wir eine effiziente Allokation unserer Ressourcen, d. h. ihre sinnvolle Aufteilung zwischen verschiedenen Verwendungsmöglichkeiten anstreben, muß der Ertrag der Investitionen in das Humankapital verglichen werden mit dem von Investitionen in andere Formen des Kapitals. Nehmen wir für einen Augenblick an, daß der Ertrag von Investitionen in das Humankapital zufriedenstellend gemessen werden kann. Wenn er dann größer ist als der von Investitionen in andere Kapitalformen, können wir daraus schließen, daß es sinnvoll ist, weiterhin in das Humankapital zu investieren. Dieses Argument gilt natürlich auch umgekehrt: Wenn Investitionen in industrielle Anlagen den größeren Ertrag erbringen, sollte diesen der Vorzug gegeben werden. Unser Problem in diesem Zusammenhang ist aber, daß es keineswegs so einfach ist, den Ertrag von Investitionen in das Humankapital zu messen. Dieses Problem steht im Mittelpunkt der Diskussion über die optimale Allokation von Ressourcen.

Das Ergebnis einer Kosten-Nutzen-Analyse für den Hochschulbereich, bei der sämtliche Vorteile einer Maßnahme sämtlichen Nachteilen gegenübergestellt werden, wäre sicher eine gern gesehene Grundlage für die politischen Entscheidungen in diesem Bereich. Bei einer solchen Analyse treten aber zwei schwerwiegende Probleme auf. Zum einen ist es schwierig, im einzelnen zu ermitteln, welche Effekte gerade durch die Hochschulausgaben hervorgerufen wurden. Zum anderen ist es schwierig, ermittelte Effekte in Geld zu bewerten. Insgesamt gibt es noch keine wirklich befriedigenden Lösungen dieser Probleme. Ich möchte mich im folgenden mit einigen Fragen einer solchen Analyse beschäftigen.

Neben den bereits erwähnten Budgetmitteln und den direkten Kosten der Studenten für Studienmaterial etc. verursacht der Hochschulbereich noch indirekte Kosten: auf der Seite des einzelnen im Sinne von entgangenem Einkommen, also Mehreinkommen, das er erzielen könnte, wenn er nicht Student, sondern in den Produktionsprozeß eingegliedert wäre; und auf seiten der Gesellschaft im Sinne von entgangenem Sozialprodukt, also Gütern und Dienstleistungen, die aus dem selben Grund nicht hergestellt werden können. Die Höhe dieser indirekten Kosten kann mit einiger Schwierigkeit noch geschätzt werden, was bei einer anderen Kategorie, den intangiblen Kosten, beinahe unmöglich ist. Die Freizeit, die einem Studenten im Abschlußsemester dadurch entgeht, daß er mehr als 40 Stunden in der Woche für sein Studium aufwendet, oder das gegenüber einem Berufstätigen kleinere Sozialprodukt gehören beispielsweise in diese Kategorie.

Welche Leistungen erstellt nun eine Hochschule? Sie bildet Studenten aus; sie betreibt Forschung und bietet Dienstleistungen an. Dazu kommen noch die im Bereich der Selbstverwaltung erbrachten Leistungen.

Betrachten wir einmal die Forschung. Sichtbare Ergebnisse der Forschungstätigkeit sind Publikationen, deren Anzahl ständig zunimmt. Kein Wunder, denn 80 bis 90 % der Wissenschaftler, die jemals gelebt haben, sind Zeitgenossen. Demgegenüber leben über 95 % aller Menschen, die jemals gelebt haben, heute nicht mehr. Das ist allerdings nichts grundlegend Neues. De Solla Price weist in seinem Buch "Little Science, Big Science - von der Studierstube zur Großforschung" nach, daß die Zahl der Wissenschaftler einem exponentiellen Wachstumsgesetz folgt - je mehr es gibt, desto schneller werden es noch mehr; etwa alle 10 bis 20 Jahre verdoppelt sich ihre Zahl.

Etwa um die Mitte des 17. Jahrhunderts wurden die ersten wissenschaftlichen Zeitschriften gegründet, und die Wissenschaftler begannen, Aufsätze anstelle von Büchern zu schreiben. Als, etwa 150 Jahre später, die Zahl dieser Zeitschriften etwa 300 erreicht hatte, erschienen erstmals Abstract-Zeitschriften, also Zeitschriften, in denen nicht Aufsätze veröffentlicht, sondern bereits anderswo publizierte Arbeiten kurz besprochen werden. Auch die Zahl dieser Abstract-Zeitschriften ist inzwischen unüberschaubar geworden, sodaß ein Markt für computergestützte Informationsdienste entstand.

Wenngleich die Anzahl der Publikationen als Maß für die Produktivität der Wissenschaftler als Gesamtheit möglicherweise brauchbar ist, so sagt sie doch nichts aus über den Nutzen der Arbeit eines einzelnen Wissenschaftlers oder einer einzelnen Hochschule. Das wäre allenfalls dann möglich, wenn alle Publikationen von vergleichbarer Qualität wären. Wer aber würde es wagen, einen Aufsatz von Einstein über Relativitätstheorie zu vergleichen mit 100 Aufsätzen von Dr. X über die Elasitizitätskonstanten verschiedener Holzarten (eine pro Aufsatz) der Wälder im unteren Basutoland.

Marktwirtschaftliche Elemente der Bewertung finden sich bei uns - anders als im angelsächsischen Bereich - nur noch im Bereich der Nebentätigkeiten von Hochschulangehörigen, etwa in den Honoraren für Gutachten. Für praktische Zwecke hat sich ansonsten eine quasi-richterliche Vorgangsweise durchgesetzt. Die Bewertung wissenschaftlicher Arbeiten zum Zweck der Vergabe von Preisen oder von Förderungsgeldern erfolgt durch Kommissionen, die sich ihrerseits auf Gutachten stützen. Das ist aber ein nur bedingt brauchbares Verfahren.

Sicher sind Arbeiten, für die der Autor den Nobelpreis erhält, wichtig, und sicher gibt es Zeitschriften, in denen nur qualitativ hochwertige Beiträge zu finden sind. Aber diese Kriterien ergeben nur ein Auslesesystem für die Spitze und können zur Beurteilung des Mittelfeldes nicht herangezogen werden. Es geht also darum, einen anderen Maßstab für die Wichtigkeit einer Arbeit zu finden.

Diese Frage ist u. a. Gegenstand einer neuen Wissenschaftsdisziplin, der Scientometrie. Sie hat zwei für unsere Fragestellung interessante Verfahren entwickelt: die Zitatenanalyse und die Referenzanalyse. Die Referenzanalyse gibt Aufschluß darüber, wie viele (angegebene Quellen) ein Autor für seine Arbeit benützt hat. Bei der Zitatenanalyse geht es um die Frage, wie oft eine Arbeit als Grundlage für künftige Arbeiten gedient hat, indem sie dort zitiert wurde. Da es eine der Funktionen wissenschaftlicher Arbeiten ist, als Unterbau für weitere Forschungen zu dienen, scheint das ein brauchbares Verfahren für deren Beurteilung zu sein. Selbst wenn man berücksichtigt, daß die Ergebnisse durch Gefälligkeitszitate oder durch verwendete, aber nicht angegebene Quellen usw. verzerrt sind, dürfte doch der Schluß zulässig sein, daß eine Arbeit, die in einem Jahr hundertmal zitiert wird, wichtiger ist als eine, die überhaupt nicht aufscheint. Referenz- und Zitatenanalyse haben übrigens auch zu anderen interessanten Ergebnissen geführt, z. B. zu Aussagen über die Schnellebigkeit von Wissensgebieten. Während in der Elektronik die Hälfte der in einem bestimmten Zeitraum zitierten Quellen jünger ist als eineinhalb Jahre, beträgt die entsprechende Halbwertszeit in der Physik 4,7 und in der klassischen Philologie 20 Jahre.

Die Suche nach geeigneten Indikatoren zur Bewertung von Forschungsergebnissen wird weitergehen. Ob wir darüber hinaus jemals in der Lage sein werden, den Nutzen von solchen Ergebnissen in Geld auszudrücken, ob wir also sagen werden können, die Ergebnisse eines Projekts, das eine halbe Million Schilling gekostet hat, sind, sagen wir, 600.000,- Schilling wert, ist eine offene Frage. Da es aber im Wesen von Ideologien liegt, sich durch Tatsachen nicht beirren zu lassen, wird es für die Praxis ganz unerheblich sein, ob wir eine solche Aussage machen können oder nicht. Ob wir öffentlich finanzierte Forschung haben werden und wie viel Mittel sie zur Verfügung haben wird, wird dann - genauso wie heute - eine politische Entscheidung sein, und zwar eine, über die im großen und ganzen Einigkeit besteht. F. Machlup meint dazu: "Der gesellschaftliche Nutzen von Grundlagenforschung ist unschätzbar, während die gesellschaftlichen Kosten wahrscheinlich nicht allzu hoch sind."

Wie sieht es mit dem Nutzen der Lehrtätigkeit aus? An der Universität werden Akademiker "produziert". Es wird in der Regel beobachtet, daß Akademiker ein höheres Nettoeinkommen erzielen als Nichtakademiker. Das ist ein Ertrag der Investition Hochschulbildung, der dem einzelnen zugute kommt. Allerdings dürfte es nicht zulässig sein, dieses höhere Einkommen - nach dem Grundsatz: Post hoc, ergo propter hoc - zur Gänze der Hochschulbildung zuzuschreiben. Warum nicht? Wenn, was eine plausible Annahme ist, der Anteil einer Altersgruppe, der ein Hochschulstudium erfolgreich abschließt, im Durchschnitt intelligenter und stärker leistungsmotiviert ist als der Rest, ist es wahrscheinlich, daß er auch ohne Hochschulstudium ein höheres Einkommen erzielt hätte als der Rest der Altersgruppe.

Da es bei einer Hochschulausbildung nicht, wie z. B. bei einer praktischen Berufsausbildung, eine starre Bindung zwischen Ausbildung und Beruf gibt, steht den Hochschulabsolventen durch ihre Ausbildung in aller Regel ein breiteres Spektrum an Berufsfeldern und Tätigkeitsbereichen offen. Damit besitzen sie ein höheres Maß an Flexibilität. Auch das ist ein dem Individuum zuzuordnender Ertrag des Hochschulstudiums.

Was sehr häufig übersehen wird - möglicherweise wegen der Meßprobleme, die dabei auftreten - ist, daß wohl niemand auschießlich wegen des zukünftigen Nutzens studiert, sondern daß ein Teil des Nutzens bereits während des Studiums anfällt. Hochschulbildung ist also nicht nur ein Investitionsgut, sonderns enthält einen großen konsumativen Anteil. Insoweit, als jemand Freude über neu erworbenes Wissen empfindet oder als Student eine gewisse Narrenfreiheit genießt, wird das Studium konsumiert und nicht investiert

Wenn Politiker propagieren, daß das Studium als ein "Wert an sich" betrachtet werden müsse, so ist damit das Studium als Konsumgut gemeint. Investitionsgüter werden im allgemeinen nicht um ihrer selbst willen erstellt. Der Nutzen aus dem Konsum von Hochschulbildung kommt natürlich ausschließ!ich dem Konsumenten, also dem Studenten, zugute.

Neben diesem individuellen Nutzen treten aber auch sogenannte externe Effekte auf, d. h. Nutzen, die nicht dem einzelnen Studenten zugute kommen. Zu den am häufigsten untersuchten gesellschaftlichen Erträgen gehört der Zusammenhang zwischen Bildung und Wirtschaftswachstum. Zwischen der Höhe der Bildungsausgaben und des Sozialprodukts in einer Volkswirtschaft besteht eine Korrelation. Das heißt aber noch nicht, daß ein kausaler Zusammenhang besteht, daß also höhere Bildungsausgaben immer zu höherem Wirtschaftswachstum führen. Die in diesem Zusammenhang durchgeführten Untersuchungen umfassen meist die gesamten Bildungsausgaben und sagen nichts über den Einfluß der Hochschulausgaben allein aus. Man kann nur vermuten, daß ein Teil des bildungsinduzierten Wirtschaftswachstums auch durch Investitionen in die Hochschulbildung erklärt werden kann.

Vermutlich gilt auch hier der allgemeine Trend, daß Bildung ganz allgemein eine gute Investition ist, daß aber die unteren Bildungsbereiche den größten Ertrag aufweisen und daß daher Hochschulbildung nur am Rande eine "gute Investition" ist.

Verbunden mit den höheren Einkommen der Akademiker sind auch wegen der progressiven Ausgestaltung der Einkommensteuer überproportional höhere Steuerzahlungen. Für die Bundesrepublik Deutschland betrugen die daraus resultierenden direkten Steuermehreinnahmen im Jahre 1970 rund 3 Milliarden Deutsche Mark.

Demgegenüber vermeidet die Gesellschaft andere Kosten in Form von beispielsweise nicht-anfallender Arbeitslosenunterstützung, weil Akademiker seltener arbeitslos werden, usw.

Daneben fließen der Gesellschaft eine Reihe von nicht in Geld meßbaren Erträgen zu, von denen ich einige aufzählen möchte:

- Die Bildung der Eltern wirkt sich auf die Qualität der Erziehung der Kinder aus.
- Bildung steigert die Qualität der Arbeit. Was sich davon nicht im Einkommen niederschlägt, ist ein gesellschaftlicher Ertrag.
- Bildung verstärkt die Fähigkeit, rationale wirtschaftliche und politische Entscheidungen zu treffen. Sowohl unser Wirtschaftssystem, die Marktwirtschaft, als auch unsere Staatsform, die Demokratie, setzen diese Fähigkeit bei ihren Mitgliedern voraus.

Wiederum stehen wir bei der Abwägung von Kosten gegen Nutzen vor einem Bewertungsproblem. Nur die monetären Größen vergleichend und Bildung zur Gänze als Investitionsgut betrachtend, zeigen auch die vorsichtigsten Schätzungen, daß der Ertrag höherer Bildung in der Nachbarschaft des Ertrags von Sachinvestitionen liegt Einer nicht mehr ganz taufrischen Untersuchung über die Situation im Jahre 1969 in den USA zufolge, verzinsen sich eine Collegeausbildung nach Steuern mit 15 %, ein Mastergrad mit 7,7 % und eine Promotion mit 3,6 %. Wenn man die Wachstumsrate der öffentlichen Ausgaben für den Hochschulbereich einerseits und die wachsenden Studentenzahlen andererseits betrachtet, muß man zu dem Schluß kommen, daß die Beteiligten glauben, daß die Investition sich lohnt.

Bisher haben wir uns gefragt, ob es gesamtwirtschaftlich vertretbar ist, Ressourcen aus dem Bereich der Privatwirtschaft abzuziehen und für den Hochschulbereich zu verwenden. Um diese Frage beantworten zu können, haben wir Überlegungen angestellt, was die Kosten und was andererseits der Nutzen eines Bereiches für eine Volkswirtschaft sind. Eine ganz andere Frage ist die nach den Verteilungswirkungen der Hochschulausgaben - die Frage also, wer einerseits die Kosten trägt und bei wem andererseits der Nutzen anfällt. Hierzu einige Überlegungen für den Bereich der Lehre:

Ungeachtet aller Probleme bei der Bewertung und somit bei der Vergleichbarkeit dieser Kosten und Nutzen kann folgende These aufgestellt werden: Die betroffenen Individuen, also die Studenten, tragen einen kleinen Anteil an den Kosten der Investition Hochschulstudium, bei ihnen fällt aber andererseits der größte Teil des Nutzens an. Es gibt Autoren, die meinen, die externen Effekte der Hochschulausbildung, d. h. der Nutzen, der nicht dem einzelnen Studenten zugute kommt, sei vernachlässigbar klein. Das legt die Frage nahe, ob wir es hier mit einer weiteren Anwendung des Prinzips von der Privatisierung der Gewinne und der Sozialisierung der Verluste zu tun haben. Th. Schultz weist darauf hin, daß wir für gewöhnlich Investitionen in das Sachkapital nicht als Geschenke in das Eigentum einzelner Individuen überführen, und stellt im Anschluß daran die Frage, warum wir es bei den Humankapitalinvestitionen tun. Die einzige Antwort auf diese Frage ist, daß damit bestimmte politische Ziele verfolgt werden.

Ein zentrales Anliegen der Bildungspolitik der letzten Jahre war das Streben nach Chancengleichheit. Dem lag die Erkenntnis zugrunde, daß, während früher die soziale Stellung ausschließlich vererblich war, heute hauptsächlich Qualifikation und Leistung des einzelnen dafür ausschlaggebend sind. Aus diesem Grund wird unsere Gesellschaft auch als meritokratische Gesellschaft bezeichnet. Qualifikation und Leistung hängen aber immer noch eng mit der Herkunft des einzelnen zusammen. Die Vorstellung war nun, mit Hilfe bildungspolitischer Maßnahmen besonders den bisher benachteiligten Gruppen zu den gleichen Startchancen im Wettbewerb am Arbeitsmarkt zu verhelfen. Mittlerweile sind aber immer mehr Zweifel daran laut geworden, ob eine solche Korrektur überhaupt möglich ist. Es gibt Anzeichen dafür, daß die Entscheidung über die Ausgangsposition des einzelnen bereits gefallen ist, bevor er überhaupt mit staatlichen Bildungsmaßnahmen in Berührung kommt. Und das ist jetzt unabhängig davon, ob man Persönlichkeitsmerkmale wie etwa Intelligenz auf Umwelteinflüsse zurückführt oder ob man sie für vererblich hält. Denn auch der milieutheoretische Ansatz erkennt an, daß die frühkindlichen Einflüsse die wichtigsten sind. Es ist zumindest plausibel, daß die Einstellung des Elternhauses zu Bildung und Ausbildung die Kinder prägt, was ihre Zielsetzungen und ihre Motivation betrifft.

Der Wegfall von finanziellen Hindernissen durch die Abschaffung der Gebühren für die Hochschulausbildung und durch Gewährung von Stipendien hat bisher nicht zu einer wesentlichen Erhöhung des Anteils der Studenten aus Arbeiter- oder Bauernfamilien geführt. Das dürfte weniger darauf zurückzuführen sein, daß die Stipendien zu niedrig sind, als darauf, daß es auch andere als finanzielle Barrieren der Inanspruchnahme des Gutes Hochschulbildung gibt, die stärker auf die unteren sozialen Schichten einwirken als auf die oberen.

Die Betrachtung der Zusammensetzung der Studentenschaft legt den Schluß nahe, daß Hochschulbildung ein sogenanntes superiores Gut ist, d. h. ein Gut, das mit steigendem Einkommen überproportional nachgefragt wird. Durch die öffentliche Bereitstellung dieses Gutes ergeben sich daher folgende Verteilungswirkungen: Es findet eine Umverteilung zugunsten der Studierenden statt, deren erwartete Einkommen höher sind als die der Steuerzahler. Das heißt, wenn wir von den Lebenseinkommen ausgehen, daß die einkommensschwachen Schichten die einkommensstarken Schichten subventionieren. Besonders paradox ist in diesem Zusammenhang, daß das gegenwärtige Finanzierungssystem gewiß nicht nur, aber auch nicht zuletzt von Leuten verteidigt wird, die sich auf Karl Marx berufen.

Möglichkeiten, diese Verteilungswirkungen zu mildern, werden diskutiert. Schweden erhebt eine Akademikersteuer von denjenigen, die ein Studium absolviert haben. Vorgeschlagen werden auch eine Rückzahlungsverpflichtung für die sozusagen als Kredit gewährte Universitätsausbildung und andere Modelle. Ihnen allen ist der Gedanke gemeinsam, daß diejenigen, bei denen der Nutzen der Ausbildung anfällt, auch die Kosten tragen sollen.

Über einen anderen Mechanismus bewirkt das gegenwärtige Finanzierungssystem allerdings eine gleichere Verteilung der Einkommen: Es ist anzunehmen, daß der Nulltarif die Nachfrage nach Studienplätzen verstärkt. Aber auch für die "Produktion" von Hochschulabsolventen gilt das Gesetz vom abnehmenden Grenzertrag, das besagt, daß der Nutzen einer weiteren produzierten Einheit umso geringer ist, je mehr davon bereits existieren. In anderen Worten, der Nutzen des ersten Akademikers in einer Volkswirtschaft ist ungleich größer als der des hunderttausendsten. Wenn nun das erzielbare Einkommen eines Hochschulabsolventen von dem Nutzen, den er für die Volkswirtschaft darstellt, abhängt - und daß dies so ist, schlägt die sogenannte Grenzproduktivitätstheorie der Einkommensverteilung vor -, dann wird dieses Einkommen mit zunehmender Zahl der Absolventen kleiner werden. Zusammen mit einer wegen der kleineren Zahl derselben genau umgekehrten Tendenz bei den Facharbeitern wird diese Entwicklung zu einer Einkommensangleichung führen, was wir auch vereinzelt bereits beobachten können.

Ob jemand in eine Hochschulausbildung investiert, ist seine eigene Entscheidung. Jede Investition ist mit einem Risiko behaftet, was ihren Ertrag betrifft. Dieses Risiko sollte beim Betroffenen bleiben. Ich halte nichts von der Forderung, daß der Staat, wenn er schon Studienplätze zur Verfügung stellt, auch noch dafür sorgen sollte, daß die Absolventen der Hochschulen angemessene und gut bezahlte Arbeitsplätze erhalten. Mit einer solchen Garantie würde an den Erfordernissen des Marktes vorbei investiert. Denn wenn sich ein Studium nicht mehr lohnt, ist das ein Zeichen dafür daß wir schon genug Akademiker haben.

Lassen Sie mich zum Schluß noch ausführen, warum ich die Universität trotz ihrer langen Tradition für eine ganz moderne Institution halte:

Von der Kulturrevolution des Jahres 1965 sind drei Werte übriggeblieben, die heute allgemein akzeptiert sind: der Wert der Selbstverwirklichung, der Wert der Partizipation und der Wert des Umweltschutzes. Ich glaube, daß die Universität Hort dieser drei Werte sein kann. Umweltschutz: Die Universität belastet die Umwelt nur wenig. Sie verbraucht kaum Rohstoffe, wenig Energie und reichert keine Müllhalden mit ihren Abfallprodukten an. Selbstverwirklichung: Nirgendwo hat jemand mehr Chancen, sich selbst zu verwirklichen, als an der Universität. Und Partizipation: Die Universität ermöglicht heute ein hohes Maß an Mitbestimmung, als deren Anhänger ich mich bekenne. Allerdings muß ich dem hinzufügen, daß es eine Mitbestimmung ohne Mitverantwortung nicht geben kann.

Lebenslauf

Clemens-August Andreae wurde am 5. März 1929 in Graz als Sohn des o.Univ.-Prof. Dr. Wilhelm Andreae und dessen Frau Illa, geb. Lackmann, geboren. Er maturierte 1946 am Landgraf Ludwig Gymnasium in Gießen und begann sein Studium mit einem philosophischen Kurs an der Hochschule St. Georgen, Limburg, immatrikulierte dann an der Rechts- und Staatswissenschaftlichen Fakultät der Philipps Universität in Marburg/Lahn, wo er 1949 das Diplom-Volkswirt-Examen bestand und 1950 zum Dr. rer. pol. promoviert wurde.

1950/51 war er als Volontär bei der Stahlwerke Bochum AG tätig und bereitete sich auf eine Karriere in der Industrie vor. Aus wissenschaftlichem Interesse besuchte er das Seminar von Prof. Dr. Günther Schmölders an der Universität in Köln, fiel dort durch seine aktive Mitarbeit auf und Prof. Schmölders bot ihm die Stelle als wissenschaftlicher Assistent am Institut für Finanzwissenschaft an der Universität Köln an.

Am 20.7.1955 wurde er auf Grund seiner Habilitationsschrift "Finanzielle Stabilität als Richtschnur der Finanzpolitik" für wirtschaftliche Staatswissenschaften an der Wirtschafts- und Sozialwissenschaftlichen Fakultät der Universität Köln habilitiert. 1958 wurde er als ao.Univ.-Prof. auf den Lehrstuhl für Politische Ökonomie an die Universität Innsbruck berufen, an der er 1962 zum o.Univ.-Prof. ernannt und auch Vorstand des von ihm 1965 gegründeten Instituts für Finanzwissenschaften wurde.

An der Universität Innsbruck war Clemens-August Andreae im Studienjahr 1965/66 Senator und stand als Dekan im Studienjahr 1966/67 der Rechts- und Staatswissenschaftlichen Fakultät, sowie nach der Teilung der Fakultät im Studienjahr 1976/77 der Sozial- und Wirtschaftswissenschaftlichen Fakultät vor. In den Studienjahren 1981 bis 1983 war er Rektor seiner Universität.

Zu den Schwerpunkten seiner Amtstätigkeit als Rektor zählte die Internationalisierung der Universität. Die Beziehungen der Universität Innsbruck zu ausländischen Universitäten, insbesondere zu Padua, New Orleans und Notre-Dame sowie zum Großherzogtum Luxemburg und zum Fürstentum Liechtenstein wurden intensiviert. Auch die Kontakte mit den Universitäten Thailands wurden verstärkt. Einen weiteren wesentlichen Bereich seines Wirkens bildete der Wissenschaftstransfer. Erstmalig in Österreich wurde ein Innovationstransferausschuß geschaffen, dessen Ziel die Förderung der Zusammenarbeit zwischen Industrie und Wissenschaft ist.

Die Forschungen von Clemens-August Andreae bezogen sich auf die Geld- und Finanzpolitik, die Wettbewerbsordnung, die Mittelstandspolitik, die Ökonomie der Freizeit, der Gesundheit und der Kunst, was sich auch in einer Vielzahl von selbständigen Publikationen, Abhandlungen in Fachzeitschriften und Aufsätzen auch in Tageszeitungen des In- und Auslandes dokumentierte.

Seine Lehrveranstaltungen hielt er aus Finanzwissenschaft, Wirtschafts- und Sozialpolitik. Seit 1968 veranstaltete er zusätzlich zu seinen akademischen Vorlesungsverpflichtungen noch eigene Hochschulkurse aus Finanzwissenschaft und seit 1981 aus Gesundheitsökonomie. Er nahm Gastprofessuren 1984 an der University of Notre-Dame, Indiana, USA und 1985 an der Chinese University in Hongkong wahr.

Clemens-August Andreae gehörte dem Gründungsausschuß der Universität Augsburg 1972 und Lüneburg 1982 an. 1985 wurde er in das Kuratorium des österreichischen Rundfunks berufen. Berufungen auf Ordinariate an der Universität Salzburg 1968 und an der Hochschule für Verwaltungswissenschaften in Speyer 1972 lehnte er ab.

Er gehörte dem Forschungsinstitut für Wirtschaftsverfassung und Wettbewerb in Köln, dem Institut Universitaire International Luxembourg und als Vorsitzender dem wissenschaftlichen Beirat der Studiengesellschaft für Mittelstandsfragen e.V. an.

Clemens-August Andreae war Mitglied der Akademie der Wissenschaften und der Literatur zu Mainz, des Vereins für Socialpolitik und des International Institute of Public Finance.

Für sein Wirken wurde Clemens-August Andreae mit dem Großen Goldenen Ehrenzeichen und dem Großen Ehrenzeichen für Verdienste um die Republik Österreich, dem Großen Bundesverdienstkreuz und dem Bundesverdienstkreuz 1. Klasse der Bundesrepublik Deutschland, dem Komturkreuz des Verdienstordens der Republik Italien, dem Ritterkreuz des päpstlichen Silvesterordens, dem Ehrenzeichen des Landes Tirol, dem Großen Goldenen Ehrenzeichen des Landes Steiermark und dem Verdienstkreuz der Stadt Innsbruck ausgezeichnet. Die Freie Ukrainische Universität in München hatte ihm den Dr. phil. h.c. verliehen.

Er war mit Ilse Andreae, geb. Konrad, seit 1962 verheiratet und hat zwei Kinder, Maximilian und Maria-Theresia.

Clemens-August Andreae ist auf dem Rückflug von einer wissenschaftlichen Exkursion nach Hongkong mit anderen Kollegen und Studierenden der Universität Innsbruck am 26. Mai 1991 durch den Absturz einer Maschine der Lauda-Air über Thailand ums Leben gekommen.

Schriften des Vereins für Socialpolitik

Neue Folge

217 **Wirtschaftsethische Perspektiven des Drogenproblems.** Hrsg. von K. Homann. 118 S. 1992 ⟨3-428-07428-9⟩ DM 74,– / öS 578,– / sFr 74,–

218 **Die wirtschaftliche Neuordnung Europas.** Erfahrungen und Perspektiven. Jahrestagung des Vereins für Socialpolitik in Lugano 1991. Hrsg. von E. Kantzenbach. Zugleich Beiheft 1 „Zeitschrift für Wirtschafts- und Sozialwissenschaften". 130 S. 1992 ⟨3-428-07468-8⟩ DM 58,– / öS 453,– / sFr 58,–

219 **Beschäftigungsentwicklung und Arbeitsmarktpolitik.** Hrsg. von E. Kantzenbach und O. G. Mayer. 153 S. 1992 ⟨3-428-07578-1⟩ DM 84,– / öS 656,– / sFr 84,–

220 **Europa vor dem Eintritt in die Wirtschafts- und Währungsunion.** Hrsg. von D. Duwendag und J. Siebke. 244 S. 1993 ⟨3-428-07577-3⟩ DM 112,– / öS 874,– / sFr 112,–

221/I **Bildung, Bildungsfinanzierung und Einkommensverteilung I.** Hrsg. von R. Lüdeke. 150 S. 1993 ⟨3-428-07600-1⟩ DM 94,– / öS 734,– / sFr 94,–

222/I **Soziale Integration in Europa I.** Hrsg. von G. Kleinhenz. 209 S. 1993 ⟨3-428-07739-3⟩ DM 92,– / öS 718,– / sFr 92,–

223 **Privatisierungsstrategien im Systemvergleich.** Hrsg. von H. J. Thieme. 214 S. 1993 ⟨3-428-07773-3⟩ DM 88,– / öS 687,– / sFr 88,–

224 **Umweltverträgliches Wirtschaften als Problem von Wissenschaft und Politik.** Jahrestagung des Vereins für Socialpolitik in Oldenburg vom 30. September – 2. Oktober 1992. Hrsg. von H. König. Zugleich Beiheft 2 „Zeitschrift für Wirtschafts- und Sozialwissenschaften". 166 S. 1993 ⟨3-428-07771-7⟩ DM 58,– / öS 453,– / sFr 58,–

225 **Europäische Gemeinschaft — Bestandsaufnahme und Perspektiven.** Hrsg. von E. Kantzenbach und O. G. Mayer. 188 S. 1993 ⟨3-428-07860-8⟩ DM 92,– / öS 718,– / sFr 92,–

226 **Umweltschutz und Entwicklungspolitik.** Hrsg. von H. Sautter. 289 S. 1993 ⟨3-428-07868-3⟩ DM 124,– / öS 968,– / sFr 124,–

227 **Beiträge zur Standortforschung.** Hrsg. von H. Todt. ⟨3-428-07881-0⟩. In Vorbereitung

228/I **Wirtschaftsethische Perspektiven I.** Theorie, Ordnungsfragen, Internationale Institutionen. Hrsg. von K. Homann. 334 S. 1994 ⟨3-428-07882-9⟩ DM 134,– / öS 1.046,– / sFr 134,–

229/I **Finanzierungsprobleme der deutschen Einheit I.** Staatsverschuldung, EG-Regionalfonds, Treuhandanstalt. Hrsg. von K.-H. Hansmeyer. 173 S. 1993 ⟨3-428-07879-9⟩ DM 86,– / öS 671,– / sFr 86,–

229/II **Finanzierungsprobleme der deutschen Einheit II.** Aufbau und Finanzierung der sozialen Sicherung. Hrsg. von K.-H. Hansmeyer. 153 S. 1993 ⟨3-428-07880-2⟩ DM 82,– / öS 640,– / sFr 82,–

230 **Geld- und Währungspolitik in kleinen, offenen Volkswirtschaften: Österreich, Schweiz, Osteuropa.** Hrsg. von D. Duwendag. 107 S. 1994 ⟨3-428-07878-0⟩ DM 68,– / öS 531,– / sFr 68,–

231 **Industriepolitik im Widerstreit mit der Wettbewerbspolitik.** Hrsg. von P. Oberender. 125 S. 1994 ⟨3-428-07883-7⟩ DM 74,– / öS 578,– / sFr 74,–